公益財団法人 日本証券経済研究所〔企画・監修〕
深見泰孝・二上季代司〔編著〕

地方証券史

オーラルヒストリーで学ぶ地方証券のビジネスモデル

一般社団法人 金融財政事情研究会

はしがき

この20年、日本の証券会社経営は常に転換を求められてきた。１９９９年10月に株式委託売買手数料は完全に自由化され、それまで株式ブローカー業務に多くを依存してきた日本の証券会社は、そのビジネスモデルを根底から覆される環境変化に見舞われた。株式委託売買手数料の完全自由化は、インターネットの普及と時を同じくしたため、格安手数料を武器にしたインターネット証券（以下、ネット証券と略記）が参入した。ネット証券の参入は、従来、対面証券会社が主要顧客としてきた顧客のネット証券への流出を招き、株式ブローカー業務を主軸に置いた経営からの転換が求められた。

そこで、各社は資産管理型営業を標榜し、ゴールベース・アプローチをとり始めた。従来、証券会社の運用アドバイスは、銘柄情報に偏していたとされるが、顧客の資産形成に寄与するアドバイスの提供へと変化させ、顧客のライフプラン実現に向けたポートフォリオの構築、そしてその管理を通じてフィーを得るコンサルティング営業へとビジネスモデルを転換させてきた。

そして、近年ではテクノロジーの発展によるＦｉｎＴｅｃｈが広がり、ロボットアドバイザーやＰＦＭ（Personal Financial Management）の登場、スマホ専業証券や積立投資専門証券会社の登場など、証券業界をめぐる競争環境の変化には、目を見張るものがある。

その一方で、日本の家計金融資産は高齢層に偏重しており、証券会社の顧客層の高齢化は深刻な問題となっている。加えて、地方では人口流出に伴って、相続財産の都市部への流出が予想され、ある調査では相続によって家計金融資産の50％以上が首都圏や近畿圏に流出するとしている。これは、地方に本拠を置く地方証券会社にとっては、これまでに経験した経営環境の変化以上に深刻な課題が突きつけられているといえよう。

このように、地方証券会社はテクノロジーの発展による競争環境の変化に加え、顧客資産の流出という大きな課題を抱えている。しかし、これまで地方証券会社を学術的に取り上げた研究は、ほとんど皆無であった。私ども日本証券経済研究所は数年前より『日本証券史資料　昭和続編』の編纂に取り組んでおり、その作業の一環として、現在およびかつての証券会社経営者などの証券関係者に対してインタビューを実施している（その内容は当研究所発刊の『証券レビュー』に掲載）。本書はこうした活動もふまえ、当研究所の研究員である深見泰孝（駒澤大学准教授、当研究所特任研究員）、二上季代司（当研究所主席研究員）が、地方証券会社の経営や変遷について学術的に取り上げて研究を行った成果として刊行されたものである。本書は二部構成になっており、各地域の主要証券会社の経営者へのインタビューの部分と、それをふまえた分析が行われている。後者では、地方証券会社の意義や、地方証券のビジネスモデルの変遷を明らかにしており、この分野の数少ない学術的研究として、多くの関係者の方に参考にしていただけるものと思う。これからも、地方証券会社は経営環境の変化に応じて、業務の再構築が行われていくこととなろうが、本書がその一助となれば望外の喜びである。最後に、ご多忙のなか、インタビューに快く応じてくださり貴重なお話をお聞かせくださった証券各社の経営者の皆さまに、厚く御礼申し上げたい。

公益財団法人日本証券経済研究所

理事長　**増井　喜一郎**

【編著者略歴】

深見　泰孝

駒澤大学経済学部准教授／公益財団法人日本証券経済研究所特任研究員

２００９年　滋賀大学大学院経済学研究科博士後期課程修了　博士（経済学）

日本証券経済研究所研究員、主任研究員、駒澤大学専任講師を経て、２０１７年度より現職

・単著「戦時期の証券会社経営について―山一証券を中心に―」『証券経済研究』第97号ほか

・共著『図説　日本の証券市場　２０１８年版』（日本証券経済研究所、２０１８年）、『証券事典』（金融財政事情研究会、２０１７年）

・受賞：２０１１年　第１回日本保険学会賞（論文の部）

二上　季代司

公益財団法人日本証券経済研究所主席研究員／滋賀大学名誉教授

１９８０年　大阪市立大学大学院経営学研究科博士課程単位取得修了

１９９２年　大阪市立大学より学位授与　博士（商学）

日本証券経済研究所研究員、主任研究員、滋賀大学教授、日本証券経済研究所主任研究員を経て、２０１９年度より現職

２００８～２０１４年度　証券経済学会代表理事

・単著『日本の証券会社経営』（東洋経済新報社、１９９１年）ほか論文多数

・共著『図説　日本の証券市場　２０１８年版』（日本証券経済研究所、２０１８年）、『証券事典』（金融財政事情研究会、２０１７年）、『証券市場論』（有斐閣ブックス、２０１１年）、『金融システム論』（多賀出版、１９９７年）、『日本型金融システムの転換』（中央経済社、１９９４年）ほか多数

目次

第1章 地方証券とは何か

第2章 北海道証券界の歴史を語る——北海道証券座談会

第3章 東北証券界の歴史を語る――後藤毅氏証券史談

第4章 新潟証券界の歴史を語る――新潟証券座談会

第5章 北陸証券界の歴史を語る——今村九治氏証券史談

第6章　長野証券界の歴史を語る——岡宮照行氏証券史談

第7章 京都証券界の重鎮に聞く——勝見昭氏証券史談 393

第8章 広島証券界の歴史を聞く——打海啓次氏、打海英敏氏証券史談

第9章 香川証券の歴史を語る――中條安雄氏証券史談……511

第10章 四国証券市場の歴史を語る――上広雅吉氏証券史談

第11章 山陰証券界の特質を聞く――今井陸雄氏証券史談

第12章 九州証券界の歴史を語る——九州証券座談会

第13章 激動の沖縄証券界の歴史を語る——富山積氏証券史談

第14章 地方証券のビジネスの変遷

第1章

地方証券とは何か

二上　季代司

1 はじめに

本書には北は北海道から南は沖縄まで、各地で営業展開する地方証券会社12社へのインタビューが収められている。ところで、「地方証券」に光を当て、これをわが国証券業界全体のなかに位置づけた学術的文献は、これまでほとんど見当たらない。

「地方証券」という用語は、一般呼称である。全国に営業展開するほどの規模ではなく、本店を中心に比較的狭い地域を営業エリアとする証券会社は「地場証券」と呼ばれるが、そのなかで三大都市（東京都、大阪市、名古屋市）以外の地域を営業エリアとする証券会社、これが「地方証券」のイメージである。もっとも、近年では地銀系証券会社が急増しているが、親銀行と一体的な経営戦略（「銀証連携」）を持ち、実際の営業態様もかなり異なる（後述）ため、いわゆる「地方証券」とは区別したほうがよい。

仮にこのように地方証券をとらえたとき、その現状をどのように理解すればよいのだろうか。交通通信網の発達、株券の電子化、インターネットの普及等によって、地域間の情報格差は限りなく縮小し、受発注や受渡場所としての地方店舗の存在意義は低下している。加えて、少子高齢化とこれに伴う次世代への財産相続によって、金融資産は地方から都市部へ流出しつつある。こうした経営環境の厳しさは、地方証券のみならず地域金融機関にも共通する。それが地銀系証券会社の急増する背景でもあろう。

以下では、地方証券を大都市に所在する証券会社と比較することにより、「地方証券」という類型が日本の証券業界のなかでどのような位置を占め、どのような意義を持つのか、それを明らかにしておきたい。

なお、戦後から今日まで地方証券がどのようなビジネスを展開してきたのか、その歴史的変遷については、本書所収の深見泰孝氏の論文（第14章）が詳しい。やや重なる部分もあるが、深見論文が「タテ」の分析だとすれば、本書はほかの類型との比較を通じて、空間的に地方証券を検討した「ヨコ」の分析に当たる。「タテ」「ヨコ」の両方があわさって、地方証券のよりいっそうの理解に資すれば望外の喜びである。

2 地域別金融資産の動向

最初に、地方証券のビジネス環境を確認するため、都道府県別の金融資産残高シェアをみておこう。図表1は総務省統計局が5年ごとに行っている『全国消費実態調査』の結果を加工し、貯蓄総計と主要項目の都道府県別残高シェアを直近の2時点（２００９、２０１４年）についてみたものである（注1）。貯蓄総計に占める預貯金、株式および債券（ともに投信含む。以下同じ）の割合は、２０１４年では預貯金62・2％（２００９年比プラス０・６％、以下同じ）、株式9・6％（プラス１・９％）、債券３・３％（マイナス１・１％）となっている。

こうしたなかで、地域別シェアをみると、貯蓄総計では、東京・大阪・愛知の三大都市圏と関東地域のシェアが上昇する半面、それ以外は軒並みシェアを低下させている。とりわけ、株式・債券では、東京のシェア上昇が突出し、大阪、愛知も若干の上昇をみせている。この結果、三大都市圏のシェアは株式が26・8％から37・0％へ、債券は22・6％から32・2％へ大きく上昇している。

こうしたシェア変化の要因としては、この間の株価上昇による評価額の増加のほか、地方から都市部への資金移動があげられよう。そうした金融環境の変化を念頭に置き、地方証券の動向を次にみよう。

図表１　金融資産の地域的分布（2014年）

		東京	大阪	愛知	関東	近畿	中部・東海	北海道・東北	北陸・甲信越	中国・四国	九州・沖縄
貯蓄総計		12.7%	6.7%	6.8%	26.1%	10.1%	6.3%	8.4%	6.3%	9.1%	7.6%
		+2.2%	+0.2%	+0.2%	+0.6%	−0.2%	−0.4%	−0.4%	−0.7%	−0.6%	−0.9%
預貯金		11.8%	6.7%	6.5%	26.4%	10.0%	6.4%	8.8%	6.5%	9.3%	7.7%
		+1.1%	0.0%	−0.1%	+1.4%	−0.2%	−0.3%	−0.2%	−0.6%	−0.3%	−0.8%
株式・株式投信		20.9%	7.9%	8.3%	27.1%	10.5%	6.1%	3.9%	3.9%	7.0%	4.6%
		+8.7%	+1.2%	+0.4%	−2.0%	−1.9%	−0.8%	−0.5%	−1.5%	−2.5%	−1.1%
債券・債券投信		18.6%	5.5%	8.1%	31.0%	8.4%	5.1%	4.8%	5.2%	7.3%	6.0%
		+9.1%	+0.4%	+0.1%	−2.3%	−1.1%	−1.0%	−1.0%	−2.1%	−0.7%	−1.5%

（※１）　数値は調査年の11月末現在。

（※２）　上段は2014年の残高シェア、下段は2009年と比較したシェア増減。

「東北」は青森、岩手、宮城、秋田、山形、福島。「関東」は茨城、栃木、群馬、埼玉、千葉、神奈川。「北陸」は富山、石川、福井。「甲信越」は新潟、長野、山梨。「中部・東海」は岐阜、静岡、三重。「近畿」は滋賀、京都、兵庫、奈良、和歌山。「中国」は鳥取、島根、岡山、広島、山口。「四国」は徳島、香川、愛媛、高知。「九州」は福岡、佐賀、長崎、熊本、大分、宮崎、鹿児島。

（出所）　総務省統計局『全国消費実態調査』より作成。

3　地方証券の社数

まず、地方証券の社数の推移をみておこう。免許制導入（１９６８年）から山一證券破綻直前（１９９６年末）まで、証券会社の新規参入は、①外国証券業者法（１９７１年）に基づく外国証券業者、②金融制度改革法（１９９２年）に基づく銀行の証券子会社を除けば、きわめて限定的であった。１９９６年末、外国証券業者56社、銀行の証券子会社19社を除くと２１３社であり、免許制導入当時と比べ44社減少となっている（才取会員を除く）。

そこで、外国証券業者を除く国内証券会社だけを取り上げ、その本店所在地別に社数をみると、都道府県ベースで東京98社（免許制導入時と比べ6社増、以下同じ）、大阪28社（11社減）、愛知15社（2社減）、その他44道府県合計91社（18社減）となる。

ところが、山一破綻と登録制再導入（１９９８年末）

図表2　類型別証券会社数（都道府県ベース）

本店所在地別	伝統的証券業者				非伝統的証券業者			外資系	合計
	大手・メガバンク・その他銀行系	上場証券	地銀系証券	中堅・中小証券	ネット	FX	その他非伝統的		
【2007年3月】									
東京	14	11	1	58	11	12	31	69	207
大阪		4		12		3	2		21
愛知		1		11					12
地方			4	62		2			68
合計	14	16	5	143	11	17	33	69	308
【2018年10月】									
東京	9	9		22	12	16	35	74	177
大阪		3	1	7					11
愛知		2		9					11
地方		1	21	41					63
合計	9	15	22	79	12	16	35	74	262

（出所）『金融庁の一年』各年版、日本証券業協会『証券業報』「協会通知」、各社ディスクロージャー誌に新聞報道その他を加え、筆者作成。

により、新規参入の半面、合併・事業譲渡・自主廃業など退出が繰り返されるようになり、証券業界はにわかに流動的となった。登録制再導入は兼業規制の撤廃とセットになっており、２０００年以降になると、証券業をまったく営まない業者も日本証券業協会（以下、協会と略記）に加入するようになった。

地方証券のほぼ全社は伝統的な証券業務を営んでいる。そこで、証券業界における位置づけとその存在意義を確認するために、協会加盟業者を①業務特性、②株主構成の2点から類型区分して、共通の土俵の上で本店所在地別に業者を比較検討する必要があろう。

図表2では、①業務特性、②株主構成の2つの基準で協会加盟業者を類型化し、登録制再導入後、10年ごと（２００７年３月末、本稿執筆時＝２０１８年10月）に社数の変化をみた。ここでは、伝統的な証券業務を一般顧客向けに対面営業で行っている業者を「伝統的

証券業者」と一括した。それ以外の業者としては、非対面営業のネット証券、伝統的な証券業務を営んでいない業者（外為証拠金業者＝ＦＸ、投資運用・助言業者、ファンド組成業者など）、一般顧客相手ではない業者（ＰＴＳなど）があるが、これらを「非伝統的証券業者」として区別した。

次に、株主構成に留意して、支配株主が外国籍である証券会社を「外資系証券会社」と定義した（注２）。支配株主が銀行の場合は、規模や地域性も考慮してメガバンク系、地銀系、その他銀行系と類型化している。株式を上場している証券会社の場合には、規模格差に留意して、大手証券とそれ以外の「上場証券」に分けている（注３）。

このように類型化したうえで、図表2をみると、東京には伝統的な証券業者以外に、非対面のネット証券、ＦＸ、投資運用・助言業等の非伝統的業者が集中し、加えて外資系証券会社も中長期的に増加傾向にあることがわかる。むしろ、伝統的な証券業者数は、東京でも一貫して減少傾向にある。１９９６年の東京本店国内証券会社は98社であったが、翌年の山一證券倒産、その後の証券再編成により、登録制による新規参入を含めても、２００７年には84社、２０１８年では40社と減少している（その他本社移転による増減もある）。

他方、地方本店業者は、オーナー系の多い「中堅・中小証券」「地銀系証券」「上場証券」、つまり一般顧客相手のリテール証券業者のみである。これら3類型だけを取り出してみれば、２００７～２０１８年まで、東京・大阪・愛知本店業者は計98社から53社へ、地方本店業者は66社から63社へ、むしろ三大都市圏とりわけ東京本店業者の減少が著しいのである。

以上から、①伝統的証券業務において地方所在の証券会社数のウェイトは決して低下していないこと、②しかしそのなかでも地銀系証券の社数が増加し、旧来の中堅・中小の地方証券の社数は10年前と比べ3分の2になっていること、③全体としてみると日本証券業協会に加盟する協会員のビジネスが大きく変わりつつあり、そのなかで伝統的証券業務全体のウェイトが低下していること、この3点を考慮しつつ地方証券の意義を検討する必要があるだろう。

図表3　主要財務項目の類型別シェア

	純資産	役職員	純営業収益	販売・一般管理費
中堅・中小証券	7.5%	13.3%	5.5%	6.5%
	6.5%	9.2%	3.3%	4.0%
上場証券	7.3%	12.8%	7.2%	7.6%
	7.4%	13.6%	6.8%	7.6%
地銀系証券	0.5%	1.0%	0.5%	0.4%
	1.5%	2.7%	1.4%	1.5%
ネット専業大手5社	3.8%	1.4%	4.1%	2.8%
	6.0%	2.4%	6.0%	4.1%
合計	19.0%	28.5%	17.2%	17.2%
	21.3%	27.9%	17.5%	17.3%

（注1）　上段は2007年3月期、下段は2015年度。
（注2）　純業務収益は証券業における売上高に相当するものである（「受入手数料＋純金融収入＋売買損益＋その他営業収益」）。
（出所）　二上［2018ａ］、表3より筆者作成。

そこで、以下では、地方所在の証券会社について中堅・中小証券と地銀系証券を区別し、リテール証券業者のなかで地方の中堅・中小証券はどのような位置にあるのか、まず現状を確認しよう。次いで、わが国証券業界全体のビジネスがどのような方向に向かって変化しつつあるのか、そのなかで地方証券の意義を検討してみたいと思う。

なお、先に分類した類型のうちリテール証券業務を行っているのは、大手・メガバンク系証券、上場証券、地銀系証券、中堅・中小証券、ネット証券である。このうち大手・メガバンク系はホールセール業務を併営しているので、そのバランスシートや収支状況をリテール営業に特化している地方証券と同列に比較できない。そこで、上場証券、地銀系証券、中堅・中小証券を「リテール3類型」と包括し、時にはネット証券のうち専業大手5社も比較の対象に加えて、その収入構成、費用構成を検討してみた（注4）。

ちなみに、主要財務項目において中堅・中小証券、上場証券、地銀系証券、ネット専業大手5社（ＳＢＩ、楽天、松井、マネックス、カブドットコム）の4類型が協会員全体に占める割合はほぼ18～28％程度である（図表3）。この10年間の変化としては、中堅・中小証券のシェアが低下する半面、ネット専業大手5社、地銀系証券のシェアが上昇している。なお2014年4月以降、3月期決算の義務づけがなくなり、2016年3月期決算の場合も、2015年度決算の表記にしている。

4　収入構成

まず、リテール3類型（以下、3類型と略記）の収入構成についてみる。図表4では、参考としてネット証券専業大手5社の収入構成も掲げてみた。また、中堅・中小証券については、本店所在都市別に、①三大都市（東京都、大阪市、名古屋市）および②その周辺（関東・甲信越、近畿、中部・東海）と③その他地方（北海道・東北、北陸、中国、四国、九州・沖縄）の7地区に分けて収入構成を計算している。

(1)　収入構成

収入構成の変化について、3類型を比較してみると以下のとおりである。

第一に3類型ともに株式委託手数料および信用取引関係収益への依存度を低下させている。1999年の手数料の全面自由化以後、委託手数料率の低下が続き、これに対処して、信用取引を含む株式ブローカー業務への依存度を低下させていると考えられる（ただし、その低下の度合いには3類型の間に違いがある。後でみるように、その程度は業務・商品の多様化の進捗度の違いを反映している）。

図表4　収入構成の類型間比較（2007年3月期vs2015年度）

	社数	委託手数料	引受・売出手数料	募集手数料	その他手数料	純金融収入	トレーディング損益	（参考）信用取引依存度
中堅・中小証券	143	56.3%	0.4%	6.0%	7.5%	5.6%	23.2%	16.1%
	83	50.5%	0.2%	11.5%	9.7%	6.2%	18.2%	14.3%
上場証券	16	44.9%	1.7%	16.2%	12.4%	4.4%	20.4%	12.9%
	16	31.6%	1.7%	19.7%	12.7%	3.0%	29.1%	9.4%
地銀系証券	5	54.7%	0.4%	21.7%	9.5%	3.2%	10.5%	8.5%
	14	20.7%	0.2%	25.4%	21.0%	0.8%	31.7%	4.8%

【参考】

ネット専業	5	63.0%	0.8%	1.6%	6.7%	25.4%	1.7%	45.6%
大手5社	5	41.5%	0.6%	3.2%	7.1%	28.6%	10.8%	69.6%

【中堅・中小証券本店所在都市別】

東京都	57	51.6%	0.1%	5.3%	11.0%	6.7%	24.5%	21.5%
	20	49.2%	0.2%	4.8%	8.7%	7.2%	23.9%	19.7%
大阪市	12	55.3%	0.3%	4.9%	4.2%	7.3%	27.0%	13.4%
	8	49.0%	0.3%	15.3%	11.3%	5.2%	17.0%	14.4%
名古屋市	9	40.9%	0.2%	4.0%	4.4%	3.2%	45.1%	13.3%
	7	45.1%	0.0%	7.8%	8.1%	8.7%	28.3%	8.7%
関東・甲信越	12	70.9%	0.4%	11.3%	6.1%	4.3%	6.9%	12.4%
	9	49.9%	0.4%	18.5%	10.6%	4.6%	12.9%	15.4%
近畿	13	67.2%	0.1%	4.1%	3.0%	3.0%	22.5%	10.6%
	9	70.6%	0.0%	10.7%	7.7%	5.7%	1.4%	10.2%
中部・東海	9	90.1%	0.0%	7.2%	3.6%	1.6%	−2.5%	9.6%
	6	50.5%	0.0%	21.1%	7.4%	13.5%	5.4%	5.7%
その他地方	31	72.9%	2.1%	9.8%	5.6%	4.6%	4.4%	11.9%
	24	55.1%	0.5%	17.7%	11.2%	3.3%	9.5%	9.8%

（注1）　上段は2007年3月期、下段は2015年度。
（注2）　純業務収益に占める比率。
（注3）　信用取引依存度は信用取引受取利息・品貸料を委託手数料で除したもの。
（注4）　その他地方は、北海道・東北、北陸、中国、四国、九州・沖縄の合計。
（出所）　二上［2019ａ］より再引用。

第二に株式ブローカー業務にかわる業務多様化の方向性として、3類型の間に違いがみられる。上場証券、地銀系（そしてネット専業大手5社も）は募集業務のほかトレーディング利益への依存度を高めているが、これとは逆に、中堅・中小証券はトレーディング利益の依存度を低下させている。

なお、図表4において、中堅・中小証券を本店所在都市別にみた場合には、かなり異なった計数になっている。このことは、上記に指摘したことがあくまでも「平均値」であって地域差があることを物語る。もっとも、この地域的な差異には、「地域的な要因」のほか、各社の「個別的要因」もあることに注意する必要がある。

(2) 1人当り粗収入額からみた業態比較

そこで、営業収益を構成する主要項目の収入額を役職員1人当りに換算して各類型を比較することにより、株式委託業務にかえてどの業務に活路を見出そうとしているか、検討してみた。また、中堅・中小証券は地元密着型の営業を行っている事例が多いことから、地域的な特徴がみられるかどうかも検討すべく、本店所在都市別の比較検討も行った（図表5）。

これによると、株式ブローカー業務に起因する収入源（株式委託手数料と信用取引関係収益）は3類型ともに低下している。かわって、投信（受益証券）関係収益が増えている。つまり、どの類型も投信営業に注力している。特にネット専業大手5社および地銀系の投信関係収益の増加が著しい。

また、大きく異なっているのは、「トレーディング損益」である。すなわち、「株式のトレーディング損益」では中堅・中小証券だけが大きく減額している。また、「債券トレーディング損益」では地銀系証券の増額が著しい。ネット専業大手5社では「その他トレーディング損益」が著しく増えている。

このトレーディング損益の増減の相違は、類型間の取扱業務の相違を反映している。中堅・中小証券の株式トレー

図表５　主な商品・業務別収入の生産性（１人当り粗収入金額）

（単位：千円）

	株式委託手数料	信用取引収益	受益証券手数料	トレーディング損益				営業収益
					株式	債券	その他	
中堅・中小証券	9,843	1,586	1,501	4,075	3,430	622	24	18,389
	7,323	1,044	3,134	2,832	1,508	1,330	－6	15,549
	－2,519	－542	1,633	－1,244	－1,922	709	－30	－2,840
上場証券	10,715	1,380	5,957	4,902	2,385	2,255	261	24,651
	6,371	599	7,047	6,277	2,435	3,297	545	21,554
	－4,344	－782	1,090	1,375	50	1,042	284	－3,097
地銀系証券	10,011	850	5,583	1,934	729	1,200	5	18,762
	3,857	186	9,250	6,999	1,240	5,722	36	22,089
	－6,153	－664	3,667	5,065	512	4,522	31	3,328

【参考】

ネット専業大手５社	79,841	36,370	3,618	2,125	－55	1,076	1,104	137,193
	42,340	29,470	10,274	11,898	10	1,969	9,919	109,761
	－37,501	－6,900	6,657	9,772	65	893	8,815	－27,432

【中堅・中小証券本店所在都市別】

東京都	9,214	1,984	1,369	4,393	4,165	185	42	18,916
	7,271	1,432	1,568	3,735	2,275	1,486	－26	15,657
	－1,943	－552	198	－658	－1,890	1,301	－69	－3,259
大阪市	10,371	1,392	1,313	5,068	3,191	1,879	－2	19,489
	7,296	1,050	5,451	3,006	1,456	1,550	0	17,689
	－3,075	－342	4,138	－2,061	－1,735	－329	2	－1,800
名古屋市	8,903	1,186	1,311	9,831	7,767	2,064	0	22,536
	7,637	666	2,830	4,930	3,858	1,085	－13	17,392
	－1,266	－520	1,519	－4,901	－3,909	－979	－13	－5,144
関東・甲信越	10,766	1,338	2,397	1,047	836	158	54	15,942
	6,964	1,070	4,210	1,884	301	1,568	14	14,573
	－3,802	－268	1,813	837	－534	1,410	－39	－1,369
近畿	9,435	999	842	3,164	3,105	60	0	14,753
	8,004	813	2,319	165	－248	413	0	11,905
	－1,431	－186	1,477	－2,999	－3,353	354	0	－2,848
中部・東海	12,574	1,207	1,324	－349	－364	57	－41	15,053
	6,561	376	2,683	721	269	381	71	13,450
	－6,013	－831	1,359	1,070	633	325	112	－1,602
その他地方	10,974	1,311	1,953	668	516	138	14	15,816
	7,427	729	3,442	1,317	64	1,253	0	13,924
	－3,547	－582	1,489	649	－451	1,115	－14	－1,892

（注１）　上段は2007年３月期、中段は2015年度、下段は両年度比較での増減。

（注２）　収入ごとに役職員数で除した金額である。

（注３）　「信用取引収益」は、信用取引受取利息・品貸料。「受益証券手数料」は募集手数料、代行手数料を中心に受益証券に関連する手数料を含む。「トレーディング損益」の「その他」は主として外為売買損益である。

（注４）　「営業収益」は、手数料収入＋トレーディング損益＋金融収益＋その他営業収益。

（出所）　図表４に同じ。

ディング損益は東証における株式ディーリングによるものである。２０１０年に東証が新売買システム「アローヘッド」を導入して以降、アルゴリズム取引が容易になったため、「注文控え」情報をみて投資判断するディーリングでは発注が出遅れて利益をあげにくくなった。このため、中堅・中小証券の株式トレーディング損益の減少は、東証の会員権（注5）を持つ近畿、名古屋、東京、大阪所在の業者に集中している。

他方、上場証券の株式トレーディング損益の増加は、外国株の店頭仕切り売買の「スプレッド益」による。この間、アメリカ株の相場が堅調であり、東証における株式ディーリングの不調を補ってあまりあったのである。また債券トレーディング益は外債の店頭仕切り売買によるものであり、地銀系証券（および上場証券も）はその取扱いに注力したからである。最後にネット専業大手5社の「その他」トレーディング損益は、ＦＸ取引の店頭仕切り売買によるものである（注6）。

外国株や外債の取扱いには、海外証券特有のハードルがある。それは「市場アクセス」（商品の調達）と「決済」である。現地の証券取引所への取次あるいは現地市場からの買入れ、そしてセデルやユーロクリアなどクロスボーダー清算機関の利用には、開示義務や格付取得などそれなりのコストが必要である。

上場証券は、情報開示その他の必要な措置をすませており、また地銀系証券は、親銀行による信用補完をはじめ種々のサポートが得られる。これと比較して、非上場の中堅・中小証券の場合、上記のハードルをクリアするのは不可能ではないが、多くの経営資源を注入し、コスト負担もいとわない覚悟が必要である。それゆえ、ごく少数の業者しか手がけていない（注7）。また、ネット専業大手5社は上場会社もしくはメガバンクの傘下にあり、上記の上場証券や地銀系証券について述べたことが当てはまる。また、店頭ＦＸはもっぱらネット経由のため「システム投資」が必要である。この面から商品・業務の多角化戦略にとって店頭ＦＸの取扱いでは、ネット専業大手5社は比較優位な位置に立っている。

(3) 投信営業の地域間格差

このようにみると、中堅・中小証券の多角化戦略は、いきおい「投信営業」に傾注することになる。「投信営業」への注力は、どの類型においても1人当りの投信関係収益が増えているが、中堅・中小証券の1人当り投信関係収益は、初期段階での水準が低かっただけに増収額は「上場証券」よりも大きくなっている（図表5）。

次に本店所在都市別に細分化し、そこに地域的な格差があるかどうか、それをみる。直近（2015年度）の1人当り投信関係収益は、「大阪」本店業者が最も高く、次いで「関東・甲信越」「その他地方」「名古屋」「中部・東海」「近畿」と続き、「東京」が最も低い。これをさかのぼって2007年3月期でみても、「関東・甲信越」「その他地方」が高い。

つまり、東京以外の、どちらかといえば地方業者のほうが投信営業に早くから傾注してきたのである（注8）。東証の会員業者には株式のディーリングによって売買益追求の余地があったが、東証非会員業者には、その機会がなかったのである。そこで、非会員業者および地方取引所単独会員業者の多くは、比較的早くから投信営業に注力してきた、と考えられる。

5 費用構成

次に、販売・一般管理費などの費用構成についてみる。図表6は、類型別にみた販売・一般管理費の内訳である。これによると、ネット専業大手5社を除き、どの類型も人件費が最大費目である。

図表6　類型別販売・一般管理費の構成

	取引関係費	人件費	不動産関係費	事務費＋減価償却費	租税公課・貸倒引当金等
中堅・中小証券	17.3%	56.4%	10.0%	12.0%	4.3%
	16.4%	56.9%	9.2%	13.4%	4.2%
上場証券	17.3%	51.1%	11.3%	16.1%	4.2%
	15.8%	48.9%	10.5%	18.5%	6.3%
地銀系証券	16.0%	58.2%	10.1%	11.4%	4.3%
	35.6%	38.8%	5.6%	17.1%	2.9%

【参考】

ネット専業大手5社	33.4%	10.3%	16.2%	32.6%	7.4%
	33.2%	12.7%	10.7%	34.5%	8.9%

【中堅・中小証券本店所在都市別】

東京都	16.5%	55.4%	10.5%	13.1%	4.5%
	16.3%	56.2%	9.5%	13.7%	4.3%
大阪市	18.9%	54.5%	11.3%	11.7%	3.7%
	16.4%	55.0%	9.6%	15.9%	3.2%
名古屋市	18.1%	56.3%	8.4%	12.8%	4.3%
	18.4%	57.1%	8.5%	12.1%	4.0%
関東・甲信越	16.0%	60.6%	8.9%	10.6%	3.9%
	13.9%	60.5%	8.4%	12.4%	4.8%
近畿	17.2%	60.6%	10.7%	7.6%	3.8%
	14.0%	59.6%	11.5%	11.8%	3.1%
中部・東海	20.4%	58.6%	7.9%	7.5%	5.6%
	12.3%	65.4%	6.6%	9.2%	6.5%
その他地方	17.5%	58.7%	8.9%	10.0%	4.9%
	18.1%	55.9%	8.9%	12.3%	4.7%

（注1）　上段は2007年3月期、下段は2015年度。
（注2）　販売・一般管理費を100とする比率。
（出所）　図表4に同じ。

また、取引関係費のウェイトが高いのはネット専業大手5社のほか、近年では地銀系証券が急上昇している。逆に中堅・中小証券では大阪、関東・甲信越、近畿、中部・東海でウェイトが低下している。事務費プラス減価償却費では、ネット専業大手5社でそのウェイトが高く、次いで、地銀系、上場証券で高まっている。この費目は、システム関係費用を含むため、ネット専業大手5社においてウェイトが高くなる。

そこで、3類型（およびネット専業大手5社）ならびに本店所在都市別に取引関係費、人件費等について、順次、その細目をみておく。

(1) 取引関係費

まず1人当りの取引関係費をみると（図表7）、おしなべて低下しているが、地銀系証券だけが突出して急増している。

【支払手数料】

こうした地銀系証券の取引関係費増加の主因は、「支払手数料」の急増にある。支払手数料は、非会員業者が証券取引所への発注に際して会員業者に支払う手数料等を含むが、地銀系だけが飛びぬけて多い理由は、親銀行への支払手数料が多いからだ、と考えてよい。地銀系証券は親銀行を金融商品仲介業者とする委任契約を結んでおり、取引が成立するたびに親銀行に手数料を割り戻す。それは「支払手数料」として経理処理される。地銀系の投信（受益証券）関係収益および債券トレーディング損益の増加が著しいが（図表5）、他方で、支払手数料がこれほど増加しているということは、親銀行からの投信や外債等の注文取次がそれだけ多かったということを意味する。

【取引所・協会費】

次に、「取引所・協会費」をみると、どの類型も、ウェイトを下げている。

図表7　取引関係費に占める各費目のウェイト

	支払手数料	取引所・協会費	通信・運送費	広告宣伝費	その他	1人当り取引関係費(千円)	同左増減(千円)
中堅・中小証券	23.9%	24.9%	35.5%	8.8%	6.9%	2,683	−372
	33.0%	17.0%	35.4%	7.6%	7.1%	2,311	
上場証券	17.3%	14.6%	36.0%	15.1%	17.0%	3,280	−426
	32.4%	7.5%	31.6%	15.1%	13.5%	2,854	
地銀系証券	35.7%	13.1%	37.3%	7.8%	6.1%	2,177	4,185
	79.7%	1.2%	12.8%	3.7%	2.5%	6,362	

【参考】

ネット専業大手5社	18.6%	26.5%	34.8%	19.5%	0.6%	21,714	−3,672
	29.5%	25.3%	23.4%	21.1%	0.7%	18,043	

【中堅・中小証券本店所在都市別】

東京都	16.9%	34.4%	35.7%	5.6%	7.5%	2,745	−338
	28.4%	28.6%	32.2%	4.1%	6.6%	2,407	
大阪市	18.5%	17.4%	41.3%	14.0%	8.8%	3,271	−777
	28.1%	11.3%	42.5%	9.8%	8.3%	2,494	
名古屋市	21.6%	27.8%	33.0%	13.1%	4.4%	3,166	−286
	28.0%	21.4%	35.2%	8.2%	7.2%	2,879	
関東・甲信越	34.3%	14.8%	33.2%	11.9%	5.8%	1,953	−233
	26.2%	9.1%	38.8%	17.5%	8.3%	1,720	
近畿	32.7%	29.7%	27.8%	4.6%	5.3%	2,133	−554
	40.8%	8.8%	39.6%	4.3%	6.5%	1,579	
中部・東海	67.3%	1.8%	23.9%	2.2%	4.8%	2,561	−1,019
	49.4%	2.8%	34.9%	4.5%	8.4%	1,542	
その他地方	42.7%	6.2%	35.3%	9.4%	6.4%	2,175	140
	51.8%	4.1%	31.0%	7.4%	5.8%	2,315	

（注1）　上段は2007年3月期、下段は2015年度。
（注2）　取引関係費を100とする比率。
（注3）　1人当り取引関係費の増減は2007年3月期と比較した数字。
（出所）　図表4に同じ。

取引所・協会費の大部分は、証券取引所の「取引参加料金」からなる（注9）。したがって、その有無や大小は、①取引所の会員（取引参加者）であるか否か、②取引所への発注件数と約定高に応じて決まる。

図表7において、地銀系証券が大きく落ち込んでいる理由は、この間、新規に参入した地銀系証券9社のうち8社が取引所非会員であったためである。上場証券および中堅・中小証券の低下は、国内株のブローカー・ディーラー業務から経営資源をほかの業務へシフトさせた結果、委託売買・自己売買の発注が減少したためである。

このうち、中部・東海およびその他地方の証券会社の多くは、非会員業者であるため、もともと「取引所費」の占めるウェイトは低かった。他方、東京、大阪、名古屋ならびに関東・甲信越、近畿の本店業者については、会員業者が多く含まれ、「取引所費」のウェイトも高かったが、これらについても低下している。その理由は、国内株のブローカー・ディーラー業務の陣容を縮小し、投資信託の販売をはじめ、ほかの業務への多様化・多角化を図っており、取引所への発注・取引高が少なくなっているからである。

【通信・運送費】

この費目では、東証等からリアルタイム相場情報を取得するための専用回線使用料が最大項目を占める。会員・非会員を問わず、東証等の相場報道システムに直接接続を行う場合、または外部の情報ベンダーから取得する場合も、専用回線使用料が計上される。

その他、郵便料、電話代などが含まれるが、証券類の受渡しに伴う費用に関しては、株券の電子化（2009年）に伴い、この部分の費用は大きく節減されている。なお、この費目については、類型間に大きな違いは認められない（注10）。

【広告宣伝費】

広告宣伝費のウェイトは、ネット専業大手5社において比較的高い。ネット専業大手5社は、原則的に営業員を持たない。したがって、対面営業の業者のように顧客への勧誘は営業員による外交に訴えることはできない。これにかわって宣伝広告による勧誘手段に依存する程度が高く、取引関係費に占める同費用のウェイトはほかの類型比較で高くなっている。

(2) 人件費

人件費は、3類型では販売・一般管理費の最大費目を構成する（図表6）。人件費の細目をみたものが図表8である。まず人件費全体の1人当り人件費をみると、2007年3月期の時点では、上場証券が最も高く、次いで中堅・中小証券、地銀系証券となる。また地域的にみると、名古屋、大阪、東京の三大都市、さらに近畿、関東・甲信越、中部・東海の都市圏周辺と続き、最も低いのがその他地方となる。物価水準や就業機会その他からみて、人件費のこのような地域的格差は首肯できるところである。

ところが、その10年後の2015年度をみると、上場証券、中堅・中小証券、地銀系証券の順は変わらないが、地域的には人件費の減少度合いに違いが生じており、三大都市および近畿の人件費減少が大きく、逆に人件費が相対的に低かった中部・東海や関東・甲信越、その他地方において高止まりした結果、地域間格差が縮小しつつあるようにみえる。その理由は以下のとおりである。

【歩合外務員報酬】

第一に東京、大阪、名古屋、近畿では人件費に占める「歩合外務員報酬」のウェイトが高かったが、東京を除いて、大きく低下している。歩合外務員の報酬は稼得した手数料に比例するが、多くは株式委託手数料であり、それが減少している以上、歩合報酬も当然に減少する。

第二に、これらの地域では歩合外務員の数そのものが減っている（注11）。歩合外務員は投信・債券その他、株式以

図表8　人件費に占める各費目のウェイト

	役員報酬	従業員給料	歩合外務員報酬	その他報酬給与	1人当り人件費（千円）	同左増減（千円）
中堅・中小証券	8.8%	59.2%	9.8%	22.2%	8,753	−741
	8.6%	61.3%	7.8%	22.3%	8,011	
上場証券	3.1%	59.4%	7.6%	29.9%	9,694	−869
	3.7%	68.6%	2.5%	25.3%	8,825	
地銀系証券	6.3%	65.6%	2.8%	25.3%	7,902	−962
	3.7%	69.7%	0.4%	26.2%	6,940	

【参考】

ネット専業大手5社	8.8%	60.6%	1.4%	29.2%	6,685	231
	5.4%	63.5%	0.0%	31.1%	6,916	

【中堅・中小証券本店所在都市別】

東京都	9.0%	57.8%	11.5%	21.6%	9,224	−933
	7.4%	59.1%	13.5%	20.0%	8,292	
大阪市	6.4%	60.7%	11.5%	21.4%	9,436	−1,055
	6.5%	65.9%	5.9%	21.7%	8,381	
名古屋市	6.6%	58.7%	14.4%	20.3%	9,844	−908
	8.1%	55.4%	12.7%	23.8%	8,936	
関東・甲信越	8.8%	63.3%	3.2%	24.8%	7,381	105
	8.0%	66.7%	0.7%	24.6%	7,486	
近畿	12.9%	53.8%	11.3%	22.0%	7,511	−773
	14.0%	58.6%	6.7%	20.7%	6,738	
中部・東海	14.8%	59.1%	1.8%	24.3%	7,350	876
	11.9%	53.3%	0.8%	34.0%	8,227	
その他地方	10.4%	62.7%	1.6%	25.4%	7,314	−179
	12.8%	63.8%	0.5%	23.0%	7,136	

（注1）　上段は2007年3月期、下段は2015年度。
（注2）　人件費を100とする比率。
（注3）　1人当り人件費の増減は2007年3月期と比較した数字。
（出所）　図表4に同じ。

外の「募集物」営業については消極的である。投信営業を積極化しようと思えば、社員営業への転換は自然な選択だったように思われる。実際、社内における外務員比率のなお高い東京本店業者では、投信関係の増収の程度は小さいが、大阪をはじめその他では、顕著に1人当り投信関係収益が増えているのである（図表5）。

【従業員給料】

他方、関東・甲信越、中部・東海、その他地方では「従業員給料」や「その他報酬給料」が高止まり、あるいは増えている。その理由として、人材採用面での地銀系証券との競争があげられよう。これらの地域では、地銀系証券の新規参入や営業規模拡大が相次いだ。地銀系証券の所在する地域は、関東・甲信越では神奈川、千葉、栃木、新潟、長野、中部・東海では静岡、三重、その他地方では島根・鳥取、岡山、山口、福岡、愛媛などである。

地銀系証券は、当該地域での「地銀ブランド」のプレミアム効果もあるため、当該地域の地方証券は、地銀系証券の従業員給与と比べて、若干ながら高くしなければ人材採用面で競り負けるおそれがあった、と考えられる。それが当該地域における中小証券の従業員給与が高止まりする要因ではないかと思われる。

(3) システム関係費

勘定系・情報系の統合システム構築・維持費用は、その多くが事務費や減価償却費として計上される。システム要員の給与は人件費に含まれるが、ネット専業大手5社以外で自前のシステム要員を抱える業者は限られており、多くは大手証券系の経済研究所や計算センター等に外部委託している。この場合には事務委託費として処理される。また情報機器やソフトウェアの購入に伴う減価償却費もシステム関係費に含められるだろう。

事務費および減価償却費の合計額は増えており、販売・一般管理費に占めるウェイトも高まっている（図表6）。それはシステム関係費の増加を反映するものであろう。1人当りのシステム関係費が大きいのはネット専業大手5社であるが、3類型では、上場証券、地銀系証券、中堅・中小証券の順となる。特に地銀系証券において増加の程度が著しい。

6 営業利益

次に、純営業収益と販売・一般管理費、その差額である「営業利益」を1人当りに換算してみると、図表9のようになる。1人当り純営業収益が増えているのは地銀系証券だけだが、販売・一般管理費のほうも地銀系証券だけが増えている。すでにみたように、地銀系証券の営業力は親銀行との仲介契約によってかさ上げされている可能性がある。

むしろ注目したいのは、本店所在都市別にみた中堅・中小証券である。三大都市およびその周辺の関東・甲信越、近畿では東証会員業者が多く、株式トレーディング利益はかなり多かったのだが、それが望めない「その他地方」の純営業収益は、それらと比べても遜色のない金額である。東証会員権を持たず、株式ディーリングの余地がなかった地方証券は、比較的早くから投信など募集営業に取り組んできたのである。ところが、販売・一般管理費をみると２０１５年度に増えているのは、関東・甲信越、中部・東海、その他地方であり、その結果、これらでは営業利益の落ち込みが比較的大きい。その要因は「人件費」の高止まりにある。すでにみたように、地銀系証券の参入により、これらの地域では証券従業員の需要が強まっている。

全国的に営業展開する大手証券や準大手証券にとって、地方水準より給与が高い営業員を地方店に配属させることは採算性を悪化させる。これまでは、そこに地方証券の存在理由の一つがあった。ところが、地銀系証券の積極的進出により、その存在意義が縮小しつつあるとすれば、人件費をはじめ経費構造をより根本的に見直す必要性が生じているの

図表9　1人当り営業利益

（単位：千円）

	純営業収益	販売・一般管理費	営業利益	増(減)益
中堅・中小証券	17,554	15,525	2,029	−992
	15,125	14,088	1,037	
上場証券	23,972	18,982	4,990	−1,931
	21,110	18,051	3,059	
地銀系証券	18,404	13,574	4,829	−678
	22,027	17,875	4,152	

【参考】

ネット専業大手5社	127,671	64,943	62,728	−14,692
	102,418	54,382	48,036	

【中堅・中小証券本店所在都市別】

東京都	17,946	16,647	1,300	−947
	15,111	14,758	353	
大阪市	18,793	17,326	1,467	658
	17,373	15,248	2,125	
名古屋市	21,805	17,472	4,333	−2,937
	17,056	15,660	1,396	
関東・甲信越	15,205	12,189	3,016	−1,275
	14,120	12,379	1,741	
近畿	14,082	12,388	1,694	−1,557
	11,435	11,298	137	
中部・東海	13,984	12,540	1,444	−858
	13,156	12,570	586	
その他地方	15,094	12,454	2,640	−1,839
	13,565	12,764	801	

（注1）　上段は2007年3月期、下段は2015年度。
（注2）　純営業収益、販売・一般管理費、営業利益を役職員数で除した金額。
（出所）　図表4に同じ。

かもしれない。

他方、冒頭でみたように、地方から都市部への金融資産の流出が止まらないのであれば、都市部の友好証券との業務提携等を通じて預り資産のトレースを図り、ビジネス機会を消失させない工夫を模索する必要があるだろう。

7　今後の証券ビジネスの潮流

以上、リテール証券業務の領域内で、地方証券の経営実態とその存在意義を検討した。次には、リテールの領域から、日本の証券業界全体のビジネスの潮流に視野を移し、そのなかで「地方証券」の今後を展望してみよう。

登録制再導入から20年が経過し、協会には証券業務をまったく営まない業者も加入するようになった。それだけではなく、既存の証券会社の収入構成も大きく変化した。純業務収益のなかで委託手数料、引受手数料、募集手数料のいずれにも分類できない「そのほか手数料」のウェイトは、バブル崩壊直前の7・1％（1990年3月期）から山一破綻直前には15・3％（1997年3月期）、その10年後には31・7％まで上昇して現在に至っている（注12）。「そのほか手数料」の明細は不明だが、各社の開示資料その他から類推すると、「M&A等に関する相談・仲介」「海外グループ会社向け情報提供・サポート」「FXの委託手数料」「投信代行手数料」「一任運用受任」「投信委託」に関する収益が見受けられる。

これらのいくつかは、外資系証券業者のほかFX専業者や投資運用業者などの「非伝統的証券業者」の主たる収益項目である（注13）。外資系証券業者は1980年代後半から、「非伝統的証券業者」は1990年代末の登録制再導入から「協会員」として加入し始めたが、その存在の拡大が、上記の「決算概況」の変化をもたらした主たる要因である。

いま一つの要因は「伝統的証券業者」自体のビジネスが変化しつつあることである。「M&Aの相談・仲介」の案件数では国内大手およびメガバンク系証券が外資系と並んで上位にある。また投信の代行手数料は大手から中小までかなりの規模にまで積みあがっているし、ラップアカウントの取扱いも大手・準大手・中堅クラスまで広がり、「投資一任受任手数料」も増えつつある。

つまり、収益構成からみる限り発行会社向け、投資家向けともに「アドバイザリー手数料」が増えているのであり、日本の証券業界は「注文執行よりもアドバイザリー」のウェイトが高まっているのである。それは一言でいえば、狭小となった新規投資機会に直面した過剰な資本が既存事業の組み換え（M&A）や金融資産の入替えによってリターン向上を目指そうとアドバイスを欲している姿である。では、そうした潮流は具体的には、証券業界への参入・退出状況に、どのようなかたちで反映しているのか。

2008年のリーマンショックの後遺症で、協会の会員社数は2009年をピーク（315社）に減り続けたが、アベノミクス効果もあって株式相場の立ち直りとともに、2015年のボトム（249社）から再び増加し、2018年10月には262社にまで回復した（図表2）。そこで、2016～2018年の3年間についてみると、協会への新規加入は28社、脱退は15社である（注14）。

いま、新規加入28社の内訳をみると日系は16社、外資系が12社である。日系16社では地銀系証券の新規加入が最も多く6社、次いで情報技術を利用した新しい金融・証券サービス業（スマホ証券やロボット・アドバイザーなど）を展開する「フィンテック業者」5社などが数のうえで目立っている。

他方、外資系12社では、外国銀行の証券子会社が5社と多い。業務特性の観点からみると投資運用業者（投信委託、年金などの一任運用、不動産ファンド運用）が4社となっている。外国銀行の証券子会社の多くも親銀行の取扱商品（当該国の債券や投信、私募ファンドなど）を、わが国機関投資家向けに紹介し、その販売をサポートする業務が多い。

つまり、ここ数年の新規参入業者は、①地銀系証券、②「フィンテック業者」、③投資運用業者が目立っているのである。しかも、前二者は日系の業者に、後者は外資系に多い。

他方、協会からの退出業者は15社。うち日系は12社、残る3社は外資系である。脱退事由をみると、吸収合併等の再編成による脱退が6社（うち外資系1社）、このうち4社は大手・準大手が対面営業主体の業者を吸収合併したものである。その他、業態転換や本業強化を目的とする証券事業からの撤退もみられる。

【外資系投資運用業者等の参入】

まず、「投資運用業者」の参入の背景についてみておこう。投資運用業者が第一種業を追加登録して協会に加入する事例は、とりわけ外資系に多い。ところで、投資運用業者があらためて第一種業を追加登録する理由は何か。開示資料その他から推測できることは、自らの組成したＥＴＦや外国籍投信、私募投信などをわが国の機関投資家に紹介することに主たる目的があるように思われる。それは外資系投資運用業者に限られるものではなく、外銀系証券子会社にも当てはまる。自ら組成する商品あるいは海外親会社・銀行の外国籍投信、ファンドなどをわが国機関投資家に紹介し、売り込むためには、第一種業を登録しておいたほうがよい、という判断である。外資系の場合には、紹介し売り込む商品が外国籍が多いという特徴がある。

２０１２年から始まった「アベノミクス」による株式相場の回復は、異次元金融緩和によってもたらされた部分が大きいが、その影響で日本の債券市場は事実上、ほとんど機能マヒを起こしている。その結果、極度の運用難に陥っているわが国機関投資家、なかでも融資機会の乏しい地方銀行にとって、外国籍の債券、私募投信、各種ファンドは、相対的に魅力が高いようにみえる。とりわけ「私募投信」は、商品設計の自由度が高いうえに、銀行決算上「そのほか有価証券」に分類できるので、地方銀行にとって売買益（解約益）を「業務純益」に計上するなどの決算対策の手段に使いやすいのである。外資系投資運用業者、外銀系証券子会社やデリバティブ取扱業者の対日進出にはそうした背景を考えれば理解しやすいだろう。

【地銀系証券の増加】

他方、国内では地銀系証券の参入が加速している。直近3年間で6社が新規に第一種業に登録、協会に加入しているが、このほか、既存の地方証券を最近になって買収した3つの事例（おきぎん証券＝旧おきなわ証券、とちぎん証券＝旧宇都宮証券、南都まほろば証券＝旧奈良証券）を加えると9社である。この結果、地銀系証券は3年前の14社から23社へと急増している。

地銀系証券子会社の業務内容は、先の委託調査でも明らかにしたように（注15）、親銀行と金融商品仲介業契約を結んで、銀行顧客に投資信託や外国債券を売り込むことを収益の柱としている。親銀行にとっては、仲介手数料を役務収益に計上できることや、運用先に困る預金を証券子会社の口座へ移して投信や外債に転換させることで、預貸率の低下を食い止める効果もある。また、親銀行自体が投信や外債運用に熱心であることも関係しているのであろう。

【フィンテック業者の出現】

いま一つ注目すべきは、「ロボット・アドバイザー」を駆使した投資運用業者の参入である。現在、2社が第一種登録業者として協会に加入しているが、顧客対象としては個人、しかも1件当りの取引金額がきわめて少額の顧客を対象としており、これまで外資系投資運用業者について述べたところとはまったく顧客対象が異なる。

投資一任業務の歴史は、機関投資家から個人投資家へ、富裕層から零細投資家層へ、大口から小口へと向かう歴史である。投資一任業務のプロセスは、①顧客プロファイリングの作成を通じたリスク許容度の判定、②当該リスクのなかで最適なリターンを持つポートフォリオの選択、③発注、④定期的なモニタリング、⑤リスク許容度から離れた場合のリバランス、などからなる。さらにこのプロセスの準備段階として、⑥ポートフォリオに組み込む各種ファンド（その運用会社）の調査、優良ファンド（運用会社）の選定、パフォーマンス評価といった「ゲートキーピング」の作業が必要である。これら一連の作業にはかなりの固定費がかかるため、従来は小口ではとても採算がとれず、以前はある程度のロット以上の顧客からの受任しかなかったのである。

ところが、近年の情報技術（ＩＴ）の急速な進展によって、こうした一連の作業を「自動化」する「ロボット・アドバイザー」が出現した。また、ＥＴＦ市場が拡大し、ＥＴＦを組み入れることで国際的な最適ポートフォリオの作成も可能になった。この結果、小口でも国際分散投資をうたい文句にした一任運用サービスが出現することになったのである。

同様に、スマートフォンを利用した「スマホ証券」もＩＴの進化によって可能になった業態である。日本株やアメリカ株を千円単位で昼夜を問わず売買執行するサービス、テーマごとに10銘柄からなるポートフォリオを10万円でパッケージ売買できるサービス、クレジットカード保有者を対象に３０００円から投信の積立が可能なサービスなどが現れている。

また、ネット証券の間では「ＳＯＲ（スマート・オーダー・ルーティング）」注文（注16）を受けている業者がみられるが、これをさらに進めて、東証出来値より有利な価格で執行できた場合に、その差額の半分を徴収することを条件に手数料をゼロにするサービスも出始めている。以上のような新しい証券サービスは、ＩＴ関連のスタートアップ企業から生まれてきており、これらがここ数年の間に証券業界に参入し始めている。

8 おわりに――最近の状況と地方証券――

以上のように、ここ数年の証券業界への参入・退出状況をみたときに、地方証券にとって示唆されるものはなんだろうか。

まず、今後も参入が続くと思われる外資系投資運用業者、外銀系証券子会社は地方金融機関や機関投資家向けに販路の開拓に乗り出しているが、彼らはリテール向けの販路を自ら持つことはないだろう。つまり、地方証券との販売提携の余地はあるだろう。過去、コメルツ証券等と地方証券との業務提携（海外金融商品の販売や資料提供）など、類似例はあった。外国籍のファンドや私募投信等は、リターンの面で魅力的なものが多いだけに、地方証券の抱える顧客層にアピールできる品ぞろえという面でもそうした業務戦略は一考の価値があるだろう。

半面、こうした金融商品は、為替や信用リスクをはじめ複雑なリスクを持つものも少なくなく、販売においてリスクの評価・管理をよほど厳格にしなければならないだろう。

次に、地銀系証券であるが、彼らの参入の背景として親銀行本体の収益環境の厳しさがある。特に、異次元金融緩和政策により本業の業績悪化が最近、著しくなっている。地方証券にとって、銀行本体やその証券子会社が投信販売や外債販売に熱心であることは、投信や外債に対するイメージ向上に寄与する半面、販売面や証券従業員採用の面で競合関係にある。ただ、47都道府県あるなかですでに23社にまで増えていること、さらには地銀自体も再編成が進行中であることから、地銀系証券の新規参入は、そろそろ飽和状態に近づいているのではないかと考えられる。

最後に「フィンテック業者」の出現であるが、いまのところ、その参入は始まったばかりであり、対象がきわめて小ロットの資金であるため、預り資産も大した金額にはなっていない。

現在の個人顧客層をみると、証券保有者層の大宗は60歳以上の高齢者である。「団塊世代」から次世代への財産相続も始まっており、それはまた地方から都市への資産流出とも重なる。高齢者に資産が集中してきた理由については詳しい検討が必要だが、考えられる理由としては、持ち家志向が強いなか、壮年期には住宅ローンを抱えて余裕資金に乏しいが、日本的雇用慣行の一環として、定年後にまとめて退職金が支払われるといった事情が大きく働いていたのではないかと思われる。

そうした事情は、終身雇用などの日本的雇用慣行が崩れつつあり、退職金相当額の月例給与への組入れや確定拠出型企業年金の拡大などと相まって、変化しつつある。その結果、高齢者マーケットの先細りと次世代マーケットの潜在的拡大が進行しつつあるのではないだろうか。そうした状況下、これまで採算があわないと考えられてきた若年層の小口顧客を、証券業務の一連のプロセス（アドバイス、注文執行、バックオフィス）の自動化によって開拓しようとする動きは、次世代向けのマーケットの潜在的拡大に沿った動きであり、今後も継続する傾向のものと思われる。

こうした次世代マーケット開拓の先兵となった感のある「フィンテック業者」に対して、大手・メガバンク系証券のほか、他業態からも資本参加や業務提携を通じた参与の動きがある。既存の証券業者の戦略は、そうした「フィンテック」を自ら手がけるというよりも、ＩＴ関連のスタートアップ企業が手薄なコンプライアンス、その他の証券関係インフラ面で協力することで、ともに潜在的なマーケットを育成しようということであろう。そして、顧客の預り資産が積みあがり、よりオーダーメイドのアドバイザリーを欲するようになれば、自らの顧客ターゲットとしようと考えているのではないだろうか。地方証券にとっても、そうした事業機会を逃さないように留意すべきであろう。

【注】

1　以下、詳細は二上［２０１８b］。

2　日本証券業協会では、海外で設立された証券業者の在日支店を「外国証券会社」と定義する。しかし、外国証券在日支店の多くは２００６年以降、「国内法人化」しており、これでは海外の大手投資銀行の在日拠点は、ほとんど「国内証券」となってしまう。そこで本稿ではこれとは異なる定義を用いる。もっとも、日本の証券会社が海外居住者によって買収されれば「外資系証券会社」と定義し直すので、数値が連続しなくなる。

3　非上場であっても、持株会社が上場しており、当該証券会社がその中核子会社である場合は上場証券に含む。

4 収入および費用構成の記述は、二上［２０１９ａ］による。資料としては、協会員の財務データが２００７年3月期～２０１５年度の10年間につき利用可能であり、これを用いた。なお、決算年度は２０１４年以降、3月期決算を義務づけなくなったので、２０１５年については「２０１５年度」と表記している。

5 証券取引所の株式会社化に伴い、会員権は「株主権」と「取引参加者権」に分かれたので、正確には「取引参加権」であるが、旧来の呼称のほうが慣用句として通用しているようなので、本文中でも「会員権」という呼称を使用している。

6 トレーディング損益に関する検証については、二上［２０１８ａ］および［２０１９ａ］を参照されたい。

7 中堅・中小証券でも例外的に外国株に注力している業者は存在するが、それは経営者の独自の判断によるものである。

8 このなかで大阪がやや特殊であるが、それは、特定A社が投信営業にきわめて熱心で、これが大阪の数字を上方へ引き上げている。

9 取引参加料金は、①基本料（取引参加資格に応じる）、②取引料（取引高に応じる）、③アクセス料（注文件数に応じる）、④売買システム施設利用料（利用する売買施設の種類に応じる）よりなる。また、日本証券クリアリング機構で行われる証券決済の手数料（清算手数料）も、「取引所・協会費等」に計上される。なお、相場報道システムの利用料については「通信・運送費」として処理される。

10 固定手数料制の時代には、非会員業者が会員業者へ支払う売買委託手数料の実質的な割引手段として、「通信・運送費の実費戻し」という手法が使われた。このため、会員業者の通信・運送費がかさ上げされ、非会員業者のそれは縮減されるというかたちで、両者間の通信・運送費にかなりの格差が認められたが、いまはそうした慣行は消失している。

11 東京本店業者の場合、人件費に占める歩合外務員報酬の割合は上昇しているが、この間、社数は58社から20社へ38社も減少している。その結果、退出した業者から離れた外務員の一部が残存している業者に移籍し、そこでの歩合比率を高めた可能性がある。

12 日本証券業協会「協会員の決算概況」による。

13 これらは、「投信代行手数料」を除き、「有価証券関連業」以外の第一種金融商品取引業（ＦＸや金利など証券以外の店頭デリバティブ取引業）や「付随業務」「届出業務」「第二種金融商品取引業」「投資運用業」などから生まれる収益である。

14 以下、詳しくは二上［２０１９ｂ］。

15 詳しくは、二上［２０１９ａ］。

16　ＳＯＲ注文は東証の立会取引、立会外取引（ＴｏＳＴＮｅＴ）、ＰＴＳなど複数市場を比較して最良気配の市場に自動的に発注する注文形式である。

【参考文献】

日本証券業協会『証券業報』各月号
日本証券業協会『協会員の決算概況』各年度
二上季代司［２０１８ａ］『証券会社経営の時系列的分析』（日本証券業協会委託調査）
二上季代司［２０１８ｂ］「金融資産分布の地域的変化について」『証研レポート』１７１０号
二上季代司［２０１９ａ］『証券会社経営の時系列的分析―リテール３類型を中心に―』（日本証券業協会委託調査）
二上季代司［２０１９ｂ］「証券業界への参入・退出等の最近の状況」『証研レポート』１７１２号

第2章

北海道証券界の歴史を語る

——北海道証券座談会

（参加者：佐々木ツヤ氏、定登氏、上光三郎氏、松浦良一氏、山本實氏）

本章では北海道証券界の歴史を取り上げる。北海道には１９４８年時点で12社の地場証券が存在し、翌１９４９年には地場証券が27社を数えた。ところが、１９５２～１９５７年の6年間で再編が進み、21社が登録取消や廃業によって市場から退出し、１９６８年の免許制移行時までに4社に再編された。その後、２０１４年に1社参入したものの、その一方で3社の退出がみられたため、現時点では2社が北海道を本拠として営業を行っている。

本章に掲載するのは、上光証券〔現在の北洋証券〕から山本實氏、松浦良一氏、上光三郎氏、いまは東海東京証券となった扶桑証券にご勤務された佐々木ツヤ氏、そして札幌証券取引所から定登氏にお集まりいただいて座談会を開催した際、筆者らのいくつかの関心とそれから派生した話題について、伺った内容をまとめたものである。

今回の座談会にご参加いただいた方々の御所属の会社を少し説明すると、上光証券は雑穀取引から始まり、食糧統制が始まった１９３６年に証券売買を兼業し、以後、北海道の有力地場証券として発展を遂げてきた会社である。また、扶桑証券は１９５９年に設立された日興証券系の会社である。この会社は、１９８４年に現在の東海東京証券の前身会社の一つである東京証券と合併したわけであるが、それまでの間、道央、道南地域を中心に営業していた会社である。そして、札幌証券取引所は１９５０年4月1日に、東京、大阪、名古屋、京都、神戸、広島、福岡、新潟に続く9番目の証券取引所として立会が開始され、北海道経済にとって欠くことのできない経済インフラとして、発展を遂げてきた。

さて、筆者らは次の諸点に注目して座談会に臨んだ。まず1点目として、北海道は産業構造上の特徴として、第一次産業の比重が高く、金融事情の特徴には、銀行の預金シェアが低く、信用金庫や農協のシェアが高いことがあげられる。一方、証券投資に目を転じると、１９４６年の『全国消費実態調査』では、金融資産に占める証券の比率は4・1％であり、全国最低を記録している。証券業にとっては非常に厳しい市場環境で、北海道の証券界がどのような変転を経て、今日に至ったのか、これが筆者らの1点目の関心である。

次に、2点目として上光証券の創業から、現在に至る歴史に注目した。上光証券の特徴として、ディーリングに消極的であることと、10年ほど前まで、株式ブローカー業務に強く依存した経営が行われていた。ところが、近年、債券や投資信託などの募集営業の比重を急激に高めている。この転機は何をきっかけとしたのか。また、募集商品への比重の上昇に関連して、近年、商品の「見える化」、地域に貢献できる商品の開発をしておられることも特徴としてあげられる。加えて、販売チャネルの整備でも、近年、ミニ店舗を開設するなど、他社とは異なるチャネル戦略をとっているように思える。これらをふまえて、今後、どのような方向性を目指されるのかが、筆者らの関心の2点目である。

他方、地方証券取引所は、バブル崩壊後かなり強い逆風が吹き続けた。まず、従来、複数の取引所に重複上場していた企業が、リストラの一環として重複解消を進め、上場料収入の減少に直面した。これと並行して、テリトリー制の廃止やToSTNeTの開設も行われ、後者により、地方取引所での売買の大半を占めたクロス取引が激減し、取引参加料収入も減少した。そして、テリトリー制の廃止により、地元企業がその地域の取引所を通過して、最初から東京証券取引所に上場する事例が全国的にみられるようになった。また、単独上場銘柄の減少に対して、新興市場を整備して上場企業の誘致を行ったが、これも同時期に、東京、大阪の取引所にも上場基準の緩和された新興市場が整備され、そちらに上場する企業が多く、上場予備軍の東証志向の根強さが明らかとなった。地方証券取引所への単独上場銘柄の減少は、その取引所の存在意義を問うとともに、存廃問題にまで発展したわけだが、これまで札幌証券取引所では、特色を明らかにし、アイデンティティを持った市場を目指して、改革を続けてこられた。そこで、筆者らの3点目の関心は、地方証券取引所の存在意義と、これまでの取組みに対する結果をどう評価するかである。これら筆者らの関心に基づき、お話を伺っている。

▼小樽の経済的地位の低下と札幌への集中

――本日はお忙しいなか、ありがとうございます。本日の座談会は大きく3つに分けまして、北海道経済の歴史、それからマーケットの特徴と証券界の歴史についてお聞きした後、上光証券のお話をお伺いできればと思っております。そして最後に、札幌証券取引所の歴史や課題なりをお伺いしたいと思っております。

早速、最初のテーマからお伺いしたいと思いますが、まず北海道の経済、それから北海道証券界の歴史についてお話をお聞きしたいと思います。北海道の産業構造をみると、第一次産業の比重が非常に高く、昔からベンチャー企業の育成や、産業構造を変化させないといけないということが強くいわれていました。第一次産業の比重が高いという経済構造は、本州の各県とはかなり違っているように思います。また、金融面での特徴としては、銀行のシェアがあまり高くなくて、信用金庫や系統金融機関のシェアが非常に高いですね。そういうふうな北海道経済の特徴が証券界にどのような影響を与えたのか。また、商売上、本州の会社と比べてやりにくいところがあったのか、あるいはまた、やりやすいところがあったのかというようなことをまずはじめにお聞きしたいと思います。

そこでまず、北海道経済の歴史からお聞きしようと思いますが、北海道経済の中心は、戦前は小樽が中心でした。それが戦後は札幌に中心が移りますが、それはどういう経緯で経済の中心が変わっていったのでしょうか。

上光　これは人口の関係だと思います。戦前は、小樽にも関西系以外の都市銀行さんは、ほとんどみんなあったと聞いています〔1939年時点の小樽には、第一銀行、三井銀行、三菱銀行、安田銀行、横浜正金銀行が出店していた〕。当時、小樽の人口は20万人ぐらいだと思うんですけれども、戦後、あっという間に札幌の人口が、40万人とか50万人に増えていきました。やっぱり人口の関係なんだと思います。

――戦前の小樽は、満州や樺太、旧ソ連との貿易が盛んでしたね。ところが、日本が敗戦を迎えて、朝鮮や旧満州などへの取引が全部なくなってしまった。他方で、外地から北海道へ引き揚げた方が、札幌に行ってしまった結果、小樽経済が低迷し始め、いまに至ったというふうなことをお聞きしているんですけれども、そのあたりはどうでしょうか。

定　北海道は、1869年に開拓使が札幌に置かれましたですね。北海道の開拓に必要な機材ですとか荷物の陸揚げ港だったのが、小樽だったんですね。ところが、小樽には平地が少ないですから、開拓使は札幌に置いたわけです。そして、石炭がある、農地だということで、どんどん内陸の山を切り開いて石炭を掘ったり、農地を開拓していったんです。要するに、北海道は資源と食料の供給基地というかたちで発展していったわけですね。

そして、ご指摘のような小樽の衰退、札幌への集中という流れをより強くしたのが、札幌オリンピックだと思います。札幌オリンピックを機に、大きくガラッと変わったと思います。はじめての北海道博覧会は、小樽でもやっていたんですね〔開道50周年を記念して、1918年に行われた北海道博覧会は、札幌の中島公園、北1西4工業館に加え、第三会場として小樽区水族館でも開催された〕。それぐらい戦前の小樽は本当に栄えていました。ところが、札幌オリンピックを機に、札幌には地下鉄ができ、再開発も進みましたので、札幌にどんどん人が集まりだしたと思うんです。それに加えて、炭鉱の衰退による離職者の方や農家の方々も、職を求めて札幌に集まってきました。こうして、札幌オリンピックを機に、札幌が経済の中心になっていったというふうに認識しております。

――あと、私は1965年に小樽商大〔小樽商科大学〕に入学したんですけれども、その頃はだいぶ減ったとはいっても、対ソ貿易関係の外国船が小樽港には結構来ていたんですね。ところが、あれが衰退して、いまや外国船なんて来ることはまずない状況になっています。また、漁港関係の仕事もほとんどなくなっちゃって、残ったのは何かというと、ガラスの工芸品とかなんですよ。あれも、もともとは、漁網を浮かしておくガラス玉の技術をベースに、ガラス

細工、ガラス工芸を始めたんですね。

定　浮き玉ですよね。

――そうです、浮き玉です。そして、私が小樽商大に教員として赴任した頃、下水道を整備しないで、運河に全部下水を流し込んでいましたんで、小樽運河に行くとごみ捨て場みたいな悪臭がしていたんですね。当時、大学のなかでも小樽運河をどうするかというのは意見が二分されていまして、あんな汚いところは全部埋めちゃえという先生方も結構多かったんです。他方で、埋め立てたら、また別のところに下水が行くだけの話なので、埋めてもほとんど意味がないという先生方もおられました。結果的には、半分残すという折衷案で、現在のかたちになったんですね。

山本　小樽の低迷は、石狩湾新港などの開発はあまり影響していないんですか〔石狩湾新港の開発は、1970年に国家プロジェクトとして開始され、1982年に東埠頭の一部が供用開始された〕。

――石狩湾新港はあまり影響していないと思います。小樽運河の右側に倉庫群がありますよね。あの倉庫の表のほうは、だいたい海産物のお店ばっかりだったんです。

定　そう、そう。この裏手が海になるんですね。

――そうですね。

佐々木　この建物の正面のほうは、みんな店屋さんでしたね。

定　先ほどおっしゃったように、これは掘り立てた運河じゃなくて、〔倉庫群が右側に写った写真をみせながら〕左側半分を埋め立てた運河なんですね。

佐々木　そう、そう、そう。珍しいそうですね。

定　運河の半分を埋め立てて、道路にしたんですよね。

――先ほど、私が学生時代、小樽港には外国船が来ていたという話をしましたが、当時、学生のアルバイトにウオッチ

マンというのがあったんですね。ウオッチマンというのは、港に入ってくる外国船を監視する仕事なんですね。特に火が危ないですから、それを2泊3日とかで監視しに行くんです。何もすることがないので体は楽で、しかも、イギリス船とかに行くと、船員と英会話ができるわけですよ。それで実利も兼ねて、学生の間では結構人気のアルバイトだったんですけれども、そういうのも途中からまったくなくなりましたね。

上光　僕、生まれは小樽なんですよ。僕が子どもの時は、はしけのなかで生活されている方もたくさんおられたんですよ。

――私は学生時代、小樽の銀行員さんのところに下宿していたんですけれども、彼は小樽の資産家を営業で回っていらっしゃったんですが、その頃、札幌よりも小樽のほうが、個人資産が多いということをよくおっしゃっていましたね。

佐々木　皆さん、近江とか新潟から出てきて、小樽で商売をして資産をなしたんです。札幌にはそういう人はあまりいない。

上光　上光家ももともとは福井なんです。苦しくなって、北前船で逃げてきたんでしょうかね（笑）。

▼小樽への金融機関の出店とその衰退

――上光証券は長い間、小樽が本店でしたね。

上光　そうです。札幌に本店を移したのは1986年かな〔上光証券は、1986年9月に本店を小樽から札幌に移転している〕。

佐々木　私は15、16歳の時に、戦争で拓銀に吸収された旧北海道銀行の札幌支店にいたんです。

上光　小樽の日銀さんの真向いが旧道銀さんの本店でしたね。いまは、中央バスさんの本店になっていますが……。

佐々木　そう、そう。昔、札幌には日銀がなかったからね。まだ銀行員の頃に、現送っていって、銀行に集まったお金を持って、小樽の本店を経て、日銀へ持って行くのに付いて行きましたよ。

――小樽はいま、証券会社の店舗は、上光さんの支店だけですよね。

上光　そうです、そうです。

――ほかはもうありませんよね。

松浦　そうですね。

上光　子どもの頃は小樽に四大証券が、みんなあったんですけれどもね〔小樽への四大証券の店舗展開は、大和証券が1939年8月に支店を開設し、山一證券が1950年4月に小樽出張所を開設している。また、日興証券（現在のSMBC日興証券）は1956年に小樽臨時投資相談所（後に小樽支店）を開設しているが、野村證券の小樽への店舗展開は、社史では見当たらない〕。

――いまはもうありませんよね。

上光　ええ。日興さん、山一さん。野村さんはあったかどうかちょっと定かではないですが……。

――いま、野村はないですね。

佐々木　野村さんはないわ。

上光　日興さんと山一さんはありましたよね。大黒屋さんのところに山一さんがあって、いまの北海信金さんの小樽支店があったところに、日興証券さんがあったんですよ。当時、丸井〔今井〕デパートの向かい側にあったんですよ。

――ところが、証券会社の店舗もなくなるということは、それだけ小樽の経済的な地位が落ちたということ……。

上光　もう、むちゃくちゃ落ちましたね。

――急激に落ちましたよね。先日、ＮＨＫの「ブラタモリ」という番組で、小樽が特集されていましたが……。

上光　僕、みました。急激に低迷したから建物が残っていると、タモリさんもいわれていましたよね。

松浦　やっぱり大きかったのは鉄道だと思うんですよね。手宮から幌内の炭鉱を鉄道で結びましたよね。これが日本で3番目の鉄道ですね〔日本の鉄道は、1872年に新橋―横浜間鉄道、1874年に大阪―神戸間鉄道が開業し、1877年には大阪―神戸間鉄道が京都まで延伸した。これに続いて1880年に、官営幌内鉄道の手宮―札幌間が開業し、1882年には札幌―幌内まで延伸した。この幌内鉄道は幌内炭鉱から産出された石炭を、小樽港へ運搬する目的で敷設された〕。

佐々木　日本でね。

松浦　ええ、日本でですね。ですから、北海道の鉄道は旅客じゃなくて、貨物鉄道を中心にして発展していっていますので……。

佐々木　石炭を出していましたからね。

――後の北海道炭砿鉄道ですね。

松浦　ええ。ですから炭鉱を通じて、室蘭と岩見沢も通じていたわけですよね〔幌内鉄道が北海道炭砿鉄道に譲渡された後、1892年に室蘭―岩見沢間が開業した〕。これとソ連との貿易が原動力になって、小樽は成長していきましたよね。

佐々木　私は証券会社を退職してから、小樽の料亭で10年もお客さんに小樽の説明をしていましたから、小樽のことは少しは詳しいんですけれども、小樽に石炭を出す港をつくる時に、もともと室蘭につくるという話だったんですよ。でもね、昔の開拓の人がつくった道が、札幌と小樽にあったらしいんです。それを活かそうということで、小樽に港をつくったんだそうですよ。

▼スターリン暴落による証券会社の淘汰

――上光証券が株式会社になったのが、1938年ですけれども、当時、すでに北海道には株式の売買をしている取扱店が190店あったと……。

上光　そうなんですか。すみません。ちょっと存じ上げない。

――先代の〔上光〕正治さんが、1983年のインタビューで、190店ぐらいあったというふうに、おっしゃっているんですね。

上光　そうですか。

――戦後、それがザーッと少なくなって、いま、地場証券は御社だけですよね。

上光　当社も何度か、あまりいい調子じゃない時もありましたけれども……。

佐々木　スターリン暴落の時に、私は〔札幌〕証券取引所で働いていたんですよ。当時、2日か3日のうちに、証券会社がバタバタバタとなくなっちゃった。昔は、お客さんの注文に向かったり、のんだりしていましたでしょう。ですから一遍にパーになっちゃった。

上光　証券会社が、お客さんからもらった注文を取引所に出さないで、思惑をやっちゃうんですよ。

佐々木　いまはできないことだけれども、ノミ行為とかね。そういうのが多かったわけですよ。だから、もうあっという間に……。

――じゃあ、戦後、北海道の証券会社が淘汰された最初は、スターリン暴落前後ということですか。

上光　そうですね。

佐々木　だって、あの時値段がつかなかったんですよ。私、取引所で働いていましたから、市場に行ってみていたんだから……。

上光　日経平均が５００円を超えたのが、昭和30年代でしょう〔日経平均が５００円を突破したのは、１９５６年６月のことであった〕。日経平均は１００円から始まったけれども、朝鮮動乱の時だってそんなにいってないはずですよ〔朝鮮戦争が勃発した１９５０年６月～１９５３年７月の日経平均の推移は、最も安かったのが１９５０年６月につけた86円17銭、一方で最も高かったのは１９５３年２月につけた４７４円43銭であった〕。

佐々木　その後、本当にダウ１０００円を維持するのに大変だったこともありましたね。

上光　山一さんがパンクした時、３年間ぐらいで１８００円から１０００円までズーッとコケたんですよ〔日経平均が証券恐慌前の最高値をつけたのは、１９６１年７月の１８２９円74銭であった。それから株価は低迷を続け、山一證券が経営危機を迎えた１９６５年５月には、１０８１円51銭まで下落し、その後、１０２０円49銭まで下落した〕。それで動かなくなっちゃったから、みんな参っちゃったんです。どっちかに動いていれば、まだ証券会社は商売になるんですけれども、止まっちゃったんです。横にズーッとはっているんですね、チャートをみると……。

▼扶桑証券の設立とその背景

――小樽の経済的な地位が低下していく一方で、札幌の地位があがっていったわけですが、北海道の証券界の歴史について少し振り返っていきたいと思います。札幌証券取引所が開設された頃、会員証券が17社ありまして、地場の業者が12社あったと聞いております〔札幌証券取引所開設時の地場証券は、函館証券、宝生証券、北興証券、北明証券、北門証券、小樽証券、山田屋証券、富久屋証券、札幌証券、北日本証券、上光証券、紅葉屋証券の12社であった〕。ところがこれらの多くが、先ほどおっしゃったように、思惑でほとんど廃業されるわけですね。一方で、1959年になりますが、扶桑証券〔現在の東海東京証券〕が新たに設立されます。この扶桑証券というのは、函館証券が親会社であったとお聞きしているんですけれども……。

佐々木　いえ、違います。

――あっ、違うんですか。

佐々木　全然違う。これね、結局スターリン暴落以降、あまり業界がよくなかったものですから、札幌に証券会社がなくなったんです。それで、うち〔函館証券〕の社長の大坂谷〔貞治〕さんが、財務局に「札幌に財務局はあるのに、札幌には証券会社がないじゃないか。札幌に証券会社を一緒につくってくれ」と随分頼まれたんです。そういうことで、さぁ、どこから資本をもらってくるかと……。けれども、集めるたって大変だから、もういまだからばらしてもいいと思うんだけれども、表に出さないという約束で、日興証券から資本をもらってきたんです。それで、札幌からも名義のみの株主さんを集めて、それこそ定山渓鉄道の人とか、川上大次郎さんとか、それからタクシー会社をつくった人だとか、当時、一流とされた経済人を並べて、証券会社をつくったんです。それが、扶桑証券なんです。

――大坂谷さんというのは、もともと何をされていたんですか。

佐々木　証券会社です。函館証券の社長だったんです。それを弟に譲って、札幌に出てきたんです。ですから、弟は弟でやれということで札幌に出てきましたので、函館証券と扶桑証券はいっさい関係がなかったんです。

――もともと函館証券を経営されていた方が、事業を弟さんに譲られて、札幌にお出になって……。

佐々木　当時、大坂谷さんは〔北海道証券業〕協会の協会長だったの。それで、財務局からそういうふうに頼まれて、函館証券のメドがついたから弟に譲って、札幌に住まいも全部変えて……。

定　札幌証券取引所設立の時は、札幌に山田屋証券というのがあったようですね。それが北洋に名前が変わって、さらに新成証券へと名前が変わったんですけれども、その新成証券が結局成り立たなくなって廃業するのと同時期に、扶桑証券が設立されたんです。

佐々木　そういえば新成証券というのはあったかもしれない。ただ、扶桑証券とは全然関係ないんですよ。

定　全然関係ないですよね。だけど、札幌にあった新成証券がつぶれて、札幌の証券会社がゼロになるんですよ。それと同時期に、佐々木さんがおっしゃったように、扶桑証券が札幌を本店に創業されるんですよ。

佐々木　それは財務局にいわれたんですよ。

上光　それで扶桑さんが、東京証券〔現在の東海東京証券〕さんと一緒になった理由がわかりました。日興さんの資本が出ているから……。

――1984年ですね〔扶桑証券は1984年、東京証券に合併された〕。

佐々木　東京証券と一緒になる時も、いろいろなことがあったんですよ。

――日興証券が扶桑証券に出資されたわけですが、そのねらいはなんだったんですか。

佐々木　日興証券は資本を出すと……。いま考えれば、注文を回したところが東京の新興証券〔現在の内藤証券〕だったんです。だから、自分のところの系列に注文を通せというのが条件だったんだと思います。だけど、新興へ注文を通したために、なんぼ働いたってそろばんが黒字にならんのですよ。それで私が、「怒られてもいいから、日本協栄証券〔現在の証券ジャパン〕を使いたいと、日興に頼みに行ってくれ」といったんですよ。というのは、当時、協栄は後でなんぼかの手数料を払うだけで、札幌証券取引所上場銘柄は、手数料がタダだったの。なんぼ働いたって、この手数料の差額分だけ赤なんです。それで、大坂谷さんが日興証券に頼みに行ってくれて、「佐々木、許可してもらってきた」とおっしゃるから、「よかったね」と私もいったんですよ。それから、扶桑証券は協栄証券に注文を回すようになったんです。先ほどもいいましたが、協栄証券を通すと、札幌上場の銘柄は、手数料が一応ないんです。

後でなんぼか払ったんですけれども……。

上光　ええ、ちょこっとね。通信費みたいなことで。

佐々木　それから、扶桑証券はちょっと黒字になったんです。それで、黒くなったから、土地と建物を買って……。

上光　あの時、〔再委託手数料を〕二十数％払っていたんです。

――母店にですか。

上光　母店に。いくらか戻しはあるんですけれども、協栄証券さんだと、手数料が半分以下になるから、われわれみたいな地場の経営は楽になったんですよ。

佐々木　少し戻してはもらったんですけれども、やっぱり協栄を通すよりも全然高いわけです。2割ぐらいは違うんですよね。

上光　全然違いますよね。大きいんですよ。

――だいたい5分戻しですよね、昔は〔1972年以前の東京証券取引所の受託契約準則では、再委託手数料率は、証券業協会所属業者が委託した場合の手数料は一般料率の50％と規定されていた〕。

上光　だいたい半分ぐらいというんだけれども、実はもうちょっと戻してくれているんですね。

――通信費とかという名目でですよね。

上光　そうです。通信費というかたちをとってね。

佐々木　別なかたちで資金をくれるとか。

上光　だから、半々というのがルールはルールなんだけれども、まぁ色をつけて、25％ぐらい払っていたんでしょうかね。

佐々木　もっと払っていたと思う。

——扶桑さんの母店は、新興証券さん。

佐々木　母店はね。一応、はじめは新興証券だった。

——後に日本協栄証券へと母店を変えるわけですか。

佐々木　うん。なんぼやっても、どうしてもそろばんがあわないから、頼んでおいでって、社長にいってね。

——日興証券が出資したのに、母店は日興じゃなくて新興なんですか。

佐々木　表向きは違うけれども、実際は日興が資本金を出しているんですから、日興が指示したんだと思います。いろいろやるのでも、特に大きなことをやる時は、日興の許可を得なきゃならない。まして、日興系列の新興さんを母店にしていたのをやめるんですから、向こうにとってもうちは一般のお客さん以上にはいいわけでしょう。でも、こっちにしてみれば採算があわないんだから……。

——なるほど。日興の指示で、日興系列の新興を母店にして取引されていたわけですか。

佐々木　そう、そう。いま思えば、そうだと思うんです。ただ、社長が亡くなっているから、実際のところはわからないんですけれども……。そもそも、日興から資本をもらったことも、私にはいってくれたけれども、「誰にもいうなよ」といわれていたことですから……。だから、何十年も黙っていた……。

——たしか新興証券は、合併して……。

佐々木　いま、合併してなくなっているでしょう。

上光　なくなっちゃった。新日本と和光が合併してできた新光証券〔現在のみずほ証券〕じゃないですよ。

——わかります。新興はたしか大阪の日本証券と合併したんじゃないですか〔新興証券と日本証券は１９８１年10月に合併し、その後、１９９８年に山加証券と合併して日本グローバル証券となった。その後も二度の名称変更があって、２０１４年に内藤証券が吸収合併した〕。

上光　そうでしたっけ。

佐々木　そう、そう。そうかもしれない。

――日本証券は結局、日本グローバル証券になって、ライブドア証券、かざか証券〔現在の内藤証券〕になったと思いますね。

上光　そう、そう、そう。そうです、そうです。

――なるほど、わかりました。そういうことですね。じゃあ、もともとは函館証券のほうが、ある程度メドがついたので弟さんに譲って、日興証券から出資してもらって、まったく新しい証券会社として、扶桑証券をつくられたわけですね。

佐々木　だから、函館証券から1銭の援助も受けていなかった。ただ、大坂谷さんが函館に行けば、昔のお客さんは応援してくれたんだろうけれども、しかし、会社としては扶桑証券と函館証券は、全然いっさい関係ない。

――どういう関係から、日興に資本を出してもらいに頼みにいらっしゃったんですか。

佐々木　それは上の人の関係でしょうね。

――あぁ、個人的な。

佐々木　大坂谷さんはちっと変わった人でしたけれども、結構有名な人で、五島慶太だとか、いろいろな人と親交がありましたからね。

――じゃあ、函館証券が日興を母店にしていたということではないんですね。

佐々木　いえ、それは違うと思います。

上光　函館証券さんはどこに出してたの。

佐々木　函館はどこだかね。忘れたけれども、日興証券ではないです。

▼扶桑証券と東京証券の合併

――なるほど。わかりました。それで、その扶桑証券が1984年、東京証券に合併されるのは、先ほどおっしゃったように、もともと日興から……。

上光　その関係でしょうね。実質的に子会社だったんだから……。

佐々木　日興証券札幌支店に、青木〔良昭〕さんという支店長さんがいたんです。これが有名な支店長だったんですけれども、その人が新興証券の専務になったんです。私も用事があって、新興にちょこちょこ行きますでしょう。この青木さんとは、昔から飲み友達みたいに仲いかったんですよ。しばらくしたら、今度は東京証券の専務になっちゃった〔青木氏は、1981年に東京証券専務に就任している〕。だから、東京に行けば、「来い」といわれたので、お昼ご飯をごちそうになったり、晩にごちそうになったりしていたんです。そうしたら、ある時社長にも何もいわないで、私だけに「合併しないか」とおっしゃったわけ。うちにしてみても、コンピュータの時代になってきているし、いろいろとコストもかかってきていたから……。そのうちに、向こうから正式に話が出て、合併したんだけれども、おそらく青木さんのあれがきっかけだと思います。

この合併の裏話だけれども、後からだれだったかは忘れたけれども、聞いた話では、どうも東京証券は上場したかったんだけれども、できない何かがあったらしいんですね。それでうちと合併して、それが大変うまくいったから、上場できたんで助かったんだっていう話だそうですよ。うちも割合に資産がありましたからね。

上光　1987年でしたっけ、東京証券が上場したのは〔東京証券は、1987年に東証2部と大証2部に上場した〕。

佐々木　忘れた。

上光　そのくらいだと思いますよ。

佐々木　合併したのは、私の定年の時だったよ、たしか。

――合併したのは、１９８４年ですね。

上光　それから間もなく上場されたと思うんですよ。初値が１２００円だったことは、いまだに覚えているもん。

佐々木　東京証券の名前もね、買ったんです。もともとあそこは六鹿証券〔現在の東海東京証券〕という名前だったでしょう。それを、東京証券っていい名前だねっていうことで、市場から何千万円だかで買ったんですよ。それは記憶にあるんです。どこから買ったんだろう。それが日興系のあれだったというのは記憶にあるんです。

――東京証券という名前を買った。

佐々木　それは、入札して買ったというのは記憶にあるんです。

――たしか東京証券は六鹿でしたね。それで、その後、遠山と日興投販と合併しましたよね。それが合併した時に東京証券という名前にしたと思うんですけれども、その名前を買ったということですか〔１９８１年に、東京証券が遠山証券、日興証券投資信託販売を吸収合併している〕。

佐々木　いや、遠山とかと合併した時は、すでに東京証券だった。

定　記録には、旧東京証券と遠山と日興投信販売の３社合併だと残っていますね。

上光　だから、東京証券の日興証券さんにおける位置づけは、野村さんにとっての国際証券みたいなものなんですよね。

――扶桑証券が東京証券に合併された後は、北海道の地場証券は、上光さんと、東宝証券と、函館証券の3社になりますよね。

佐々木　そうですね。東宝さんは、たしか長男さんだったと思うんだけれども、新日本証券に勤めていらっしゃったんだよね。

上光　40年前に、その方がロサンゼルスで勤務されていたんですよ。よくご両親とごちそうになったことがありますよ。この方は双子だったんだけれども、片方がちょっとあまりよくなかったんだ。

佐々木　そう。それで、事故を起こしたんだよね。

――そういう個人的なことで経営がおかしくなったわけですか。

佐々木　遠因でしょうね。双子のうちの1人は新日本証券〔現在のみずほ証券〕にいて、その人はしっかりしていたよね。

上光　立派になったよね。役員ぐらいまでなったんですよ。だけれども、もう1人の方がヤクザ絡みの競馬のなんだかをやって……。

佐々木　旭川でノミかなんかをやって、新聞沙汰になったよね。それで、仕方ないってね。大坂谷さんが「困った」っていっていたもの。

上光　死んだ親父ととっても仲がいかったんですよね。

佐々木　そう、そう。あそこら3人はみんな仲いかったんだよ。上光さんと……。

上光　大坂谷さんとはけんかばかりしていたらしいけれども……。

▼東宝証券と旭川経済界

――いま、話題になりました東宝証券は、旭川の経済界がつくったというふうに聞いているんですけれども、それはたしかなんですか。

上光　ええ。山崎家がオーナー家だったんですけれども、それがいまお話した事故があったので、それで地元の繊維会社とかに、お金を出してもらわれたんですね。それで、後に、北海道銀行さんとか、新日本証券さんなんかが出資して、再度やり直したんですよ。

――その事件があってから。

上光　ええ。

――ということは、もともとから証券会社をされていて、経営が傾いた時に、旭川の経済界から支援してもらったということですか。

上光　そうですね。実は当社が、東宝証券さんの母店をさせていただいていたものですから……。

――あっ、そうなんですか。

上光　ええ。それで旭川には支店をつくっちゃいけませんよということで、当社は支店を旭川に出せなかったんです。それで、ジッとしていたら、ほかの大手さんが旭川にみんな出てきましてね。当社は店を出せなかったんです。昔は結構、義理人情の世界だったものですから……。

佐々木　社長連中がみんな義理人情に堅くてね。いろんな話がありますよ。

――じゃあ、上光さんは東宝の取次母店をされながら……。

上光　取次をやらせていただいていたものですから、店を出せなかったというね。

――函館証券の母店もされていたんですか。

上光　いえ、函館は札証の会員ですから。

――あぁ、そうだ。函館は会員ですね。東宝証券の話に戻しますと、1975年頃に、北海道銀行と新日本証券が出資したわけですね。バブル期になってきますと、銀行が証券会社に出資するというのは散見しますけれども、北海道銀

行の東宝証券への出資は、かなり早いかと思いますが、このあたりの経緯とかは何かご存じですか。

上光 それはちょっと正確には存じ上げないんだけれども、旭川の経済界として、証券会社を残したかったんでしょうね、きっと……。そういったことで銀行のお力をお借りしたんじゃないかと思いますけれども……。

松浦 いまの北海道銀行さんは、1951年に旭川の経済界がつくったんですよね〔北海道銀行は、戦後復興に伴う資金需要に応えるため、旭川で行われた全道中小企業者大会と全道商工会議所大会で設立が決議され、1951年に設立された〕。

上光 あぁ、そうか。そういうことですか。

松浦 ええ、そうですね。ですので、その関係もあって多分、東宝さんに……。

――戦後地銀ですね。

松浦 推定ですけれども……。

――そして、オーナーの息子さんが新日本証券にいらっしゃったので、その関係もあって……。

上光 それで人のやりくりもできるようになったと思いますけれどもね。

――バブル期には、銀行の優良貸出先がだんだん減ってきて、新たに証券ビジネスに参入するために、証券会社に出資するというのがよくみられたパターンだと思います。一方、証券側は、銀行からの出資を受け入れることで、銀行との関係を強化して法人営業を強化したいという思惑があったと思うんですけれども、東宝証券のケースはそういうことじゃなくて、救済するために銀行が出資したと……。

上光 あそこに関しては、そんなかたちと思いますね。

佐々木 東宝がなくなったのは、山本さんが上光さんにいらっしゃってからでしたか。

上光 会長がおられた時は、まだ東宝証券はありましたよ。当時、菱田〔轉〕さんとか、道銀からいらっしゃった方が社長をおやりになっていたから……。

――東宝証券が自主廃業したのは、1998年ですね〔東宝証券は、1998年8月31日に自主廃業した〕。

佐々木　じゃあ、私とはすれ違いだ。私は合併した時に、60歳なので定年で辞めようと思ったら、社長から「絶対辞めるな」といわれたんですよ。「コンピュータに顧客情報を入れたら、お前の客が半分もあるでないか。絶対死ぬまでいてくれ」っていわれて、歩合〔外務員〕で77歳までいたんです。それで15年前に辞めたから、ちょうどその頃だわね。

――歩合外務員で……。

佐々木　そうです。77歳まで働きました。

山本　たしかに、東宝証券には道銀から菱田さんがいらっしゃいましたね。

上光　そうなんですね。道銀の小樽支店長をやられた菱田さんに、吉田〔準〕さんという方が社長をおやりになって……。

佐々木　思い出した、思い出した。

山本　よかった時に、時計台の斜め向かいに立派なビルをお建てになったんですよ。

上光　山京ビルですね。

山本　私が上光証券に来た時にあいさつへ行ったら、菱田さんがちょうどそのビルにいらっしゃって、そこでお互い仲よくやろうやと話をしたのを覚えています。

――たしかに東宝証券というのは、バブル前後にかなり積極的に店舗展開していましたね。

上光　頑張って北見にお出しになられたり、札幌にも出したりしていましたしね〔東宝証券はバブル期まで、店舗は旭川、北見のみだったが、バブル期に札幌、函館に進出していた〕。

▼債券主体の営業と顧客開拓

——ちょっと話を戻しますが、佐々木さんのお話のなかで、佐々木さんがお辞めになる時に、会社のお客さんの半分が、佐々木さんのお客さんだったとおっしゃっておられましたけれども、どういった方を顧客開拓されていらっしゃったんですか。

佐々木　いいお客さんばっかり。私は新規開拓ってしたことがないんです。お客さんがみんなお客さんを連れてきてくれたんです。札幌のいいところの奥様とか有名な方を連れて来てくれたんです。それこそ、お客さんは大事にしましたけれども、ほんとに、ほんとにいいお客さんばっかりでした。お客さんにいったことは、「株は好きなのをやりなさい」と……。私が主として売っていたのは、債券ばっかりだった。その頃、おかげさんで興銀〔日本興業銀行〕さんとか長銀〔日本長期信用銀行〕さんとか、みんな、じかにもらえたの。

——あぁ、ワリコーとかワリチョーですね。

佐々木　はい。本店からはワリチョー、ワリコー、ワリシン、どれもようけもらえない。

上光　割当てでしたものね。

佐々木　うん。一方で、地方債や電力債なんかは札幌で売る分が足りなくて、本店からいろんなのをもらった。ただ私は、投信はいっさい売りませんよと……。そのかわりに、みんなが売れない国債とか債券を全部私1人で売ったというわけじゃないけれども、でも8割方は私が売ったね。

——主として債券ですか。

佐々木　主として債券。ですから、お客さんはあんまり傷つかないで、私が辞めるといった時も、価格が額面以上になっていて、「これから5年置いていてもらえる利息よりも、まだ高く売れるから売りなさい」といっても、「いや、売らない」といって、持っていていただいた。それでもね、損は出なかったの。

――77歳ということは、いまから15年前ですから、お辞めになったのは2001年頃ですね。

佐々木 そのくらいかな。そして、辞める時に、小樽の海陽亭さんがお客さんだったんで、今度辞めるからとあいさつに行ったら、「すぐにうちに来い」とおっしゃっていただいて、その後、海陽亭に行ったんです。海陽亭は老舗の料亭でしょう。だから、「何するの」と聞いたら、今度、観光で建物内の見学を始めるし、売店もつくるからっておっしゃるわけよ。だから、売店のレジぐらいならできると思って行ったの。そしたらなんの、行ったら支配人が、「佐々木さん、あんたは玄関番。電話を聞いて予約を受けなさい。それから、お客さんにお弁当でもなんでも売りなさい」とおっしゃるの。それで、しばらくしたら、支配人が亡くなっちゃって、さあ大変だというので、じゃあ、私やりますよと、経理から全部引受けて、10年ぐらいやったんです。楽しかったです。

――佐々木さんのこれまでのお話をお聞きしていますと、お客さんはあまり回転させるほうではないわけですね。

佐々木 ない。男の人で何人か、好きでやっている人はいましたけれども……。

――主たるお客さんは女性なんですか。奥様方ですか。

佐々木 でもないです。結構社長さん方もいました。

――社長さん方の奥様方を取り込んだわけでもない。

佐々木 そういうわけでもないですね。そういう新規開拓ということはいっさいしたことがない。全部黙っていてもお客さんのほうから来てくれたから……。

――向こうから紹介で来てくれた……。

佐々木 どこかに飲みに連れていってもらった時に、家内からチラッと聞いているけれども、「家内もやっているから、俺も仕方ない、やったろうか」という感じでね。

上光　佐々木さんが一番人気になったのは、ロクイチ国債が急落した時でしょう。みんな買っていたんだから。

佐々木　私は割引金融債に割引電話債券。あれ当時、額面300万円のものが100万円以下で買えたの。それから国債も買っときなさいといってね、ロクイチ国債をお客さんに買ってもらっていたの。

上光　だって、ロクイチ国債は市場価格で85円ぐらいまで下げたでしょう。

――13％台かなんかにまでなりましたね。

上光　そうです、そうです。逆算すると十何％、それでも売れなかったんだから。その時に、佐々木さんはそれを売っておられたわけで……。

佐々木　利回りが1割以上ついていたしね。結構売ったよ、私。

上光　ロクイチ国債が売れなくて、困っちゃってできたのが中国ファンド〔中期国債ファンド〕ですからね。

――そうですね。国債を組み込んだ商品として、機関投資家向けには新国債ファンド、個人向けには中国ファンドをつくりましたね。株はあまりやられなかったんですね。

佐々木　でも、新規上場とかというと、扱わなきゃなんないけれどもね。たとえば、ゴルフをやっている人が、ゴルフの友達をみんな連れてきてくれるの。だから、私は「こんにちは」とか「すみません」なんて、いっさいいったことがない。そのかわり、お客さんに対しても、連れてきた人にも責任がありますから、変なことはできませんでしたよ。だから、私は扶桑証券、東京証券で計42年、その前に〔札幌証券〕取引所にも5年いましたから、証券業界で47年過ごしましたけれども、楽しく過ごさせてもらいました。相場は上がったり下がったりして、天井3日の底値100日の世界でしたし、スターリン暴落も経験して、すごい時にいたんだもの。上光〔三郎〕さんは知らないだろうけれども、その後も、1000円を維持するのが大変だという時代も経験したもの。

上光　僕、まだおしめしていましたから。

佐々木　そうか、その頃上光さんは、まだ証券会社にいないんだ。

――先ほど、佐々木さんは投信を売らないとおっしゃっていましたね。

佐々木　私は、投信は売らなかった。

――それはどういう考えからですか。

佐々木　自分が納得しないものは売らない。だから、「札幌支店分の投信の割当てはみんなでやってちょうだい。そのかわりに債券が売れなかったら、私がいつでも引受けるから」といって、やっていました。投信でいえば、大坂谷さんが「大変だ、佐々木」とおっしゃるから、「どうしたの」というと、「新興証券から投信を売れといわれた。100万割当てだぞ。どうしたらいいべ」といってきたの。でも、大坂谷さんが拓銀に買ってもらったので、大坂谷さんと「あぁ、よかった」っていったのをいまでも覚えています。あれが、扶桑証券の投信販売の第一号でした。

一方で、利付債券は札幌支店の割当てが足りなくてね。割引金融債はどっかりともらえるように、道をつけていたから、同業者の旭川のお店なんかにも分けてあげたりしたの。だって当時、債券はすごい時代だったものね。

――同業者にも分けてあげていたとおっしゃいましたが、この同業者というのは、北海道の同業者ですか。

佐々木　そう、そう、そう。旭川の東宝さんなんかも、どうしてもといわれてあげたりしていました。なんぼでもくれるように、ちゃんと渡りをつけてあったからね。

――それは新興がくれるんですか。

佐々木　いえいえ。銀行から直接……。

――なるほど、発行銀行が……。

佐々木　長銀さん、それから日債銀〔日本債券信用銀行〕さん、興銀さん、みんな仲いかった。

上光　昔は、割債はなくてなくて、取り合いっこでしたからね。

佐々木　そのかわり、次長さんたちが毎晩私のところにグチをこぼしてくるの。それを慰めてあげたりしてね。

上光　あれ、無記名だから、金持ちがみんな買ってくれるんですよ。ところが、証券会社でやると、証券会社は預り証が出るから、本当はバレているんですよ。

佐々木　そのかわり、全部現物だったもの……。

▼暗黙裏の出店調整

――先ほど、東宝さんの母店をされていたので、旭川にはお店を出せなかったというお話でしたが、やっぱり地域ごとの縄張りといったらあれですけれども……。

上光　なんとなく、暗黙のうちに……。

――出店する時には、その地域の会社の許しを請わないといけなかったわけですか。

上光　なんとなく、頂戴しているのに荒らしに行っているみたいですので……。日本協栄証券さんも、営業母体を持たないということで設立して、われわれの母店になってもらっているわけですので、協栄証券さんも「それやっちゃいけないよね」ということと同じだと思うんですよ。協栄証券さんも、ピーク時には売買高が、東証でもかなり上位に入っていましたから。

――伝票の件数がですか。

上光　ペラの枚数は日本一ですから。

佐々木　新潟とか九州とか、みんなあそこを母店にしていたからね。

上光　全部ですからね。

――小口の注文が多かった……。

上光　そうです。当社みたいなちっちゃい注文をたくさん受けるんですよ。だから枚数はすごい多いんです。

佐々木　新潟、京都、福岡もみんな協栄さんを母店にしていたでしょ。結局、〔重複〕上場分は手数料なしにしてくれたから。

――そのかわり、出店関係では一応配慮したというか……。

上光　うん、ちょっと……。

――調整していたわけですね。

上光　いま、リース会社さんがそうみたいですよ。人の陣地を荒らさないですよね。ここはオリックスがいっている、ここはカナモトがいっているよねと。そうするとめんどうくさいから、力のあるところはM＆Aをかけちゃって、他社の営業地域でも営業できるようになると聞いたことがあります。

――そうすると、旭川は東宝証券、函館は函館証券、札幌は……。

上光　近辺は上光だと思っていたら、函館さんもおいでになって、それで亡くなった父が、大坂谷さんとよくけんかしていたようですよ。

佐々木　正治さんて人は大変。うちの大坂谷さんも大変な人だったね。

――道東のほうにも上光さんは出されていましたね。

上光　帯広に出していたんですけれども、あれは私の祖父の関係なんです。つまり、雑穀をやる時、帯広の雑穀が小樽に来て、うちから船でウラジオストクに……。

――ロシアに輸出されていたわけですね。

上光　上光家がいちばん儲かっている時ですね。その時、運河のほうの倉庫もいくつか持っていたようなんです。

――上光証券は、もともと雑穀のスタートですよね。

上光　そうです。その当時に森商店さんをＭ＆Ａしたんですけれども、そこが株を少しおやりになっていたんですね。それを合併したので帯広に店舗があるんです。息子さんはずっと当社で、帯広支店長なんかをやっておられましたね。

――森商店は、帯広ですか。

上光　帯広ですね。そこはもともと雑穀で勝負しているから、動かないと嫌だとかというような感じの方に、信用取引を非常に活発にやっていただいたんですね。いまでも冬場は特に信用取引を活発にされますね。だから、１年間一生懸命雑穀で儲けたカネを、株でなくしている人もまだおりますけれどもね。

――信用取引のお客さんはだいたい雑穀関係……。

上光　圧倒的に信用取引ですね。カネがめんどうくせえからってね。

▼北海道の投資家層と投資行動

――漁業関係はどうなんですか。

上光　漁業はあんまりですね。小樽に少しおられましたけれども、１９５５年ぐらいからだんだん衰退してきましたからね。

**――雑穀関係の方が多いということですか。なるほど、意外でした。北海道といえば、戦前はニシン御殿、戦後はホタテ御殿で知られるように、漁業で一獲千金を目指された方が非常に多かったと思うんですけれども、証券会社の主た

るお客さんというのは漁業の方だったんですか。それとも先ほど少しお話になられましたけれども、農家の方ですか。

上光 いや、そうとは限りませんね。医者もいるし、通常どおりです。

佐々木 本州みたく基本的な資産家というのはあまりいないから……。

上光 いないです。

――いらっしゃらないんでしょうか。

佐々木 富山や近江なんかの人で向こうからおいでになって、「小樽で商売したい」といって、頑張ってお金を貯めた方は結構いましたよ。札幌なんか資産家っていないんですよ。

上光 本当にいないんですよ。

佐々木 屯田兵で入って、土地をもらって、いま、その土地を持っていれば、それが資産になるかなっていうことですから、資産家っていないんです。

上光 基本的に歴史が百数十年ですからね。比べものにならないでしょう。

佐々木 みんな本州から来て、札幌で商売なさった方たちが、地道に貯めて資産を築いたわけですから……。

上光 だから、家計金融資産のうち、投資するお金がいちばん少ないのが北海道なんですよね。たしかナンバーワンは京都でしょう。

――多いのですか。多いのは東京なんです。

上光 東京が多いですか。

――ええ。ただ、京都は戦災に遭っていませんし、それから古いですから、多いのは多いんですけれども……。

上光 北海道って、トップの半分以下なんですよね。

――そうですね、家計金融資産に占める証券の比率が、北海道は4・1%。平均が9・2%ですから、半分以下ですね。

上光　半分以下でしょう。

――やっぱりそんなもんなんですか、お客さんをご覧になっていて……。

上光　それと、面積が広すぎて、きっとすべてを回れないんでしょうね。

――雪もありますしね。営業効率が悪い。

上光　悪いです。

佐々木　会社の運転手さんに頼んで、ジョンバを持ってお客さんのところに行って雪かきしましたよ。女の人にしても、まずそれが仕事でしたから……。

――北海道は暖かいところへ行きたいと思っても、逃げられませんよね。北海道は周りがみんな海ですから。

上光　北海道は田舎ですよね。だって本州のことをいまだに「内地」っていいますもん。

佐々木　そう、そう、そう。まだ「内地、内地」っていっている。

――資産家があまりいらっしゃらないわけですが、どういう方を中心にお客さんを獲得されたんでしょうか。先ほどのお話ですと、お医者さんとかをお客さんにされたんですか。ほとんど本州と変わらないですか。

上光　やっている仕事は全国一緒だと思いますよね。金持ちに証券マンが群がるに決まっているので……。

佐々木　まぁ、いまならコンピュータ時代だから、全然違いますでしょう。ただ、私どもの時でも、それこそちょっと発展系の人は株をやってみたいとか、少しずつ聞きかじって、本を読んだりして、お見えになっていましたね。しかし、うんとお金持ちは、おそらく株なんてあんまりしなかったんだろうね。銀行さんに預金していたと思いますよ。それか債券を買うとかね。

松浦　そうですね。どちらかというと、地方のお客様は札幌に土地を買われて、アパート経営とか、そちらのほうが盛んだったんじゃないですかね。

——不動産投資ですか。

松浦　ええ。それも札幌一極集中の一つの要因になっていると思いますね。

——札幌に。

松浦　ええ。ホタテ御殿なんかの人は、結構やっぱり札幌に……。

——札幌で不動産投資をされているわけですか。

松浦　ええ。自宅に……。ホタテ御殿はオホーツクにありまして、計画経済で予測できますので……。

佐々木　なるほど。だから北見で商売になるんだ。

松浦　自宅にエレベーターを入れるほど、結構大きい家なんですよ。

佐々木　御殿だものね。

松浦　それでも、そんなに大金持ちではないんですよね。ですから証券投資しても、せいぜい5億円ぐらいですよ。本州であれば20億円とか30億円とかされるんでしょうけれども……。

佐々木　だって内地の資産家と桁が違いますよ。

松浦　1桁違いますよね。やっぱり歴史がないだけに……。ただ、帯広で農業をやられている方は、一部私どものお客様になっていただいておりますけれども、外車が2、3台並んでいる方もいらっしゃいますよ。

——東京農大がオホーツクにキャンパスを持っていまして、そこへ毎年行っていたんですけれども、北海道の農業って、まったく人手を使わないんですよね。機械でつくれないものは、いっさいつくらないらしいですね。

佐々木　だって、手作業でやってたんでは仕事にならないですもん。

——そして、効率をものすごく重視していますね。

佐々木　はい、冬はないんですからね。

——そして、持っていらっしゃる方はものすごく土地をお持ちで、大規模にやられていますでしょう。それに、ものすごくお金もお持ちじゃないですか。そういうところはやはり顧客として開拓されている……。

松浦　ええ、一部ですけれどもね。そんなに多くはないですけれども……。

佐々木　あんまりね。それこそ多くの人は、銀行や農協に行っていると思いますよ。

——農家の方は農協で預金するほうが多いですもんね。

松浦　いまもやっぱり多いですね。

佐々木　農協自体、自分たちがつくったわけでしょう。だから、やっぱり無理しなきゃなんないんですよ。

松浦　開拓農業の農協というのもありますしね。

——開拓農業。

松浦　ええ、戦後、自分たちだけでつくったんですよね。北海道なんだけれども辺ぴなところに……。

佐々木　本州みたいに土地がないというんでないんだから、農地を広げようと思えば、みんな開拓していかなきゃならない。

——土地はありますからね。

佐々木　開拓していけばある。

——原野とかですね。話は戻りますけれども、総務省の『全国消費実態調査』の結果によりますと、家計の金融資産に占める証券の比率の全国平均が9・2%なんですが、北海道在住の方のそれは4・1%で最低なんです。株式投資をする層が薄いということは、これでハッキリわかるわけですが、これは昔からそうなんですか。それとも、拓銀がつ

ぶれた後、かなり北海道経済というのは厳しくなりましたから……。

上光　その前からですよ。

佐々木　本州のような資産家がいないということです。

――前からですか。そもそも資産家がいないから。

佐々木　金持ちがいない、あんまりね。ちょっとした金持ちはいるんですけれども……。

松浦　やっぱり歴史がないというのが、いちばん大きいですね。

佐々木　札幌なんか１００年ちょっとですからね。

松浦　あと、官依存体質ですね。

定　貯金しないですからね。

佐々木　北海道の方は貯金しないです。変な話だけれども、北海道は開拓地でしょう。昔、本州で食いつぶしたり、何かした人が、ここで一起こししようと結構来ているんです。また、屯田兵で来て、長く功績があった人が土地をもらったりしているんですけれども、資産家というのは、屯田兵で来て資産をもらった人と、北海道に行って一起こししようと、一生懸命やった人が若干資産家になったりしたくらいで……。

――いまのお話との関連で、僕は大学院時代、京都の金融機関の歴史を調べていたんですけれども、京都で銀行をつぶした人が「外地へ行く」といって、北海道に行って事業をしているんですよ。当時は、一発逆転を志して北海道へ来ていた人もいたようですね。

佐々木　そう、外地。

上光　そうですよね。いや、外地。本当に外国ですよ。

佐々木　北海道に行って一起こししようと思って来たのが基本的な始まりで、土着の人で金持ちというのは、おそらくいないと思いますね。

上光　いません、いません。

――全国的に資産家は実物資産で持っていますでしょう。山林だとか。北海道の場合は、土地が多いですか。

佐々木　函館の相馬〔哲平〕さんとかになると、桁違いに持っていらっしゃって、函館の8割持っているとかいうぐらいだし、本州でも青山に……。私は、ちょっと相馬さんの専務と仲がいかったんで、「佐々木さん、青山に俺の土地があるから、行ってみてきてくれ」といわれて行ったことがあるんですが、青山通りにまだあるの。売らないんです。そしてまた、杉林を持っている。とにかく北海道は、そういうモノは絶対売らないね。だから、残っている家では、あの人がいちばんかもしれないね。

上光　そうだね。法人では王子製紙が圧倒的に土地持ちですからね。北海道の1％ぐらいがきっと王子製紙の山林だと思いますよ。

佐々木　パルプの原料だからね。相馬さんの場合は杉だから、別な思惑で植えているわけだけれども……。

上光　昔、材木商の方に結構お金持ちが多くてね。随分商いをしていただいていましたよ。だけど、材木がカナダから来るようになって、全滅しちゃったけれども……。最近、少しまた盛り返しているらしいですけれども……。

――和歌山なんかは、材木商が結構投機的なことをやっていたんですけれども、北海道の材木商はどうでしたか。

佐々木　北海道は、石炭炭鉱の時のトンネルの……。

上光　枠組みのね。

佐々木　坑道の。あれがかなり有望で、だから松はデカかった。

上光　えらい儲かった。それから枕木だとか。

佐々木　枕木とかね。

――線路のね。

佐々木　炭鉱のトンネルの坑木は、みんな北海道の松だった。

――そういう人たちは、和歌山と違って、あまり投機的なことはされなかったんですか。

佐々木　基本的に本州のお金持ちと、頭の考え方が違っていたよね。

――和歌山とか奈良は、吉野ダラーとかね。

上光　吉野ダラーね。乱暴な相場を張るんですね。千葉のピーナツダラーとか、結構いろんなのがございましたからね。

佐々木　本当に本州の人と北海道の人と、モノの考えが違いますよ、基本的に。

――全国的に少子化、高齢化が大問題になっているんですけれども、北海道でもやっぱり高齢化が……。

松浦　ええ。先進高齢化地域ですよね。

定　全国1位じゃないですか。高齢化率は……。

松浦　札幌は福岡と違って、高齢化率がものすごく高いんですよ。福岡はIT関係で若い人が集まってきますけれども、札幌は北海道の地方で働かれていた方が、60歳で退職されて、札幌に来られますから……。ですから、札幌は同じように人口が増えていても、老齢の方の人口が増えていますから、活力が違うんですよね。

――それはなんでですかね。やっぱり札幌のほうが生活環境がいいんですか。

佐々木　だって冬、雪があったり、田舎だったら病院も大変でしょう。教育も札幌に来ればそういう心配がないから……。

松浦　やっぱり医療の関係があると思いますよ。

佐々木　医療と教育の関係が大きいよね。だから年寄りが多い。

——コンパクトシティというのがそうなんでしょう。

松浦　ええ、そうですね。それでサ高住〔サービス付き高齢者向け住宅〕なんかも札幌がいちばん足りないんです。

——私も叔母が札幌にいるんですけれども、ご主人が亡くなってしばらくすると、雪かきが大変だというので、一軒家を売っぱらっちゃってマンションに……。

上光　そうですよね。

佐々木　老人ホームも、札幌は随分できていて、特養〔特別養護老人ホーム〕でなかったら飽和状態じゃないと、不動産業者さんがおっしゃっていましたけれどもね。

松浦　それでも数字的にはまだまだ足りないんです。

佐々木　そうなの。いつも入居者を募集しているよ。

松浦　オペレーターでやっぱり変わってきていますね。二極化してきていますからね。

▼北海道での未上場取引の状況

——では話題を変えまして、北陸は未上場株の売買がいまでも多いですね。北海道は取引所が札幌にあるわけですけれども、戦後まったく未上場株の取引というのはなかったんですか。

上光　いえ、『札幌証券取引所50年史』には出てくると思うんですけれども、札証店頭というのがあったんです。たとえば、こちらに丸井デパートとか、北海道レーヨン、それから定鉄〔定山渓鉄道〕なんかも公開していましたよね、佐々木さん。

佐々木　定鉄もやっていました。

上光　定山渓鉄道です。五島慶太です。

――あぁ、強盗慶太ですね。

上光　そうです。それで、北海道中央バスという会社があるんですけれども、1955年ぐらいに五島さんが乗っ取りに来て、当社が防戦買いをしていたほうなんですよ。日興証券さんは強盗慶太の一味で、それでいまだに北海道中央バスさんは、ちょっと動くと「買ったのはだれだ」と電話が来るんです。教えられないよね、そんなこと。だけれども、いまだに北海道中央バスさんはえらい株価に神経質になっていますよ。

――バス会社が……。

上光　ええ。北海道中央バスさんのPBRは0・25倍ぐらいなんです。だから株式を全部買って、資産を整理したら4倍になるという株なんで、ビクビクしていますよ。

――いまでも未上場株の取引はあるんですか。

上光　一部、テレビ局のSTV〔札幌テレビ放送〕とかが、当社を通じて時々動きがあるんですけれども、いまはないですね。

――じゃあ、少しではあるけれども、まだいまもあるわけですね。

上光　ただ、これはあるとはいえないでしょうね。どなたかが亡くなって株券が出てきたから、「どうなの」とご相談に来られて、放送局に電話すると、「じゃあ、うちの子会社で買うよ」というようなパターンでしてね。だから、常に同じ値段で売買できますからね。

――じゃあ、相続の時に少し出てくるという程度ですね。

上光　そうです。仏壇のなかから出てきたとか、その程度ですよ。

――じゃあ、積極的に売買とかいうんじゃなくて、たまたま出てきたから「これどうしたもんだろうか」というような

程度のものですね。

上光　そうですね。会社さんも〔株主を〕なるべく北海道のうちに集めたいんですね。

――株主をですか。

上光　ええ。そのほうが管理が楽ですからね。

――じゃあ、そういう株式というのは、基本的には発行会社が引き取ってくれるわけですか。

上光　そうです、そうです。ただ、それすらも知らないお客さんもおられますので、「一遍ちょっと整理してみませんか」といったことがあるんです。

――お客さんにですか。

上光　というか、発行会社さんに。そうしたら、連絡がとれないとか、いろんなことがあるんですね。たとえば、株主さんが亡くなって、お子さん、お孫さんの代になっているのに、名義は亡くなった方のままだったり、そんなこともあるようですね。

――失念株をどうするかは、株券の電子化の時に問題になりましたよね。それとはあまり関係ないんですか。

上光　あれは保振〔証券保管振替機構〕の話ですから、関係ないです。こちらのは未上場株ですから。

▼独特な北海道の金融事情

――なるほど。わかりました。次に少し話題を変えまして、今度は北海道の金融事情についてお聞きしたいんですけれども、北海道は銀行のシェアが低い一方で、信用金庫や農協などのシェアが高いですね。これはどういう背景事情があったんでしょうか。

松浦　やっぱり官依存体質があるんでしょうし、北海道は面積が広いので、銀行さんの場合、営業が細やかに行けないということで、地域ごとにある信用金庫さん、農協さん、郵貯さんの存在感が高まっていることが背景にあると思いますね。

――稠密に店舗を出しているところに、お客さんは行っているということですかね。

松浦　そうですね。

――預貸率も低いですよね。

松浦　そうですね。

佐々木　昔の無尽会社さんだものね、信金さんやみんなね。

上光　そうですね。北洋銀行さんもね。

――第二地銀がそうですね。

松浦　そうですね。

佐々木　拓殖無尽が北洋無尽になって、いまの北洋銀行になっているんだよね〔拓殖無尽は1940年に函館無尽と、1944年に小樽無尽と合併した。この小樽無尽が北洋無尽に改称し、戦後、現在の北洋銀行となる〕。

上光　旧北海道銀行さんと北洋銀行さんは、全部小樽発祥なんですよ。

佐々木　いや、いまの北海道銀行は全然違うの。

上光　いやいや、戦前のやつがね。

佐々木　戦前のやつはね。

上光　戦前の旧北海道銀行は寿原家ですからね。

松浦　そうですね。戦後の北海道銀行さんは、旭川の経済界がつくったものですから、同じ名前ですけれども、まったく違う銀行なんですね。

上光　北洋銀行さんも寿原家なんですよ。ご親戚がつくったんですよ。

佐々木　結局、北海道銀行も、銀行が合併したりなんかして札幌に銀行がなくなったから、北海道全部の経済界で支援してつくって、札幌に本店を出したという……。

――もともと旭川がつくった北海道銀行を……。

佐々木　まぁ、主にやったのは旭川の経済界かもしれないけれども、札幌に本店を出すからね。札幌の人も、つくるのに協力してくれっていわれて、みんなで団結してつくったと、私は随分聞いています。

――じゃあ、北海道銀行は、北海道経済界が一体となってつくったというわけですね。

佐々木　そうですね。それと、北海道の銀行は支店さんと、あと信金さんとかだけだから、拓銀以外には普通銀行ってないでしょう。

上光　相互銀行ばっかりでしたもんね。

佐々木　相互銀行さんだったからね。

上光　昔、北海道銀行さんは札幌証券取引所単独上場でしたが、１９８５年ぐらいに東証に上場されたんだっけ……

〔北海道銀行は１９６２年5月に札幌証券取引所に上場したが、１９８５年10月に東証二部市場にも上場した〕。

佐々木　私はそういうのは全然わからない。ただ、大坂谷さんが扶桑証券をつくった時に、道銀の頭取さんと仲がいかったらしくて、あんたんちの融資はみんな任せておけという話だったらしいの。ところが、ある時社長が怒って帰ってきたから、私が「どうしたの」といったら、「道銀が駄目だといった」といって、怒っていたんです。それで今度、拓銀さんに行ったら、拓銀さんの偉い人に大坂谷さんの知人がいて、頭取さんが、だれだっただろう……。

松浦　広瀬〔経一〕さんのことですか。

佐々木　広瀬さんのあたりの頃。だから、全部うちで〔運転資金を〕融資してやるからって、本当に拓銀さんにはお世話になりましたよ。もう無担保で、金利の安い資金を貸してくれました。

上光　当社なんか、もともと北陸出身なものですから、メインバンクはずっと北陸銀行さんだったんです。

――あぁ、そう書いてありましたね。

上光　ええ。ところが、山本会長が当社の社長に就任された頃から、拓銀さんとの親密さに一段と拍車がかかっていったと思いますね。

佐々木　本当かどうかは怪しい話なんだけれども、うちは、拓銀さんとも道銀さんとも仲いかったんです。拓銀さんは、うちを子会社にしたいというふうな考えもあったんだと思うんです。だから、いろいろなことしてくださっていたんですけれども、東京証券と合併することになると、話が違ってくるわけですよ。それまで、うちは拓銀さんにずっといろいろなものをもらっていたけれども……。

――いろんなものをもらっていたというのは……。

佐々木　株式や債券の注文です。

――あぁ、注文。拓銀から扶桑証券に注文が来ていたわけですか。

佐々木　はい、扶桑証券時代にね。だいぶ頂戴して助かりました。

上光　拓銀は北海道経済にとって、本当に大きい力でしたよ。なくなって本当に困りましたよ。本当に戻してもらいたいですね。北海道経済がパンクしましたよ。

▼北海道拓殖銀行の破綻と北海道経済への影響

――拓銀の破綻は1997年でしたね〔北海道拓殖銀行は、バブル期に貸し付けた不良債権問題が原因となって、1997年11月17日に経営破綻した〕。

上光　1997年でしたっけ。

――1997年の11月でした。山一破綻の直前ですね。

佐々木　いまだからもう時効だけれども、「必ず買い戻しますから」といって、拓銀にクロスで持ってもらっていたり、頼んでいたんですよ。だから、私たちは拓銀が破綻するなんて、夢にも思わなかったですよ。

上光　よく益出しクロスの注文なんかももらっていましたからね。あれは1粒で二度おいしい。2倍儲かりましたからね。非常にありがたかったんですよ。

松浦　三洋証券さんが破綻したでしょう。あれがきっかけで、インターバンクで資金がとれなくなってしまったことが……。

――コールがとれなくなりましたね。

松浦　当時、グッドバンク方式とバッドバンク方式で処理することが、ほぼできあがっていたんですね。しかし、三洋証券の破綻が引金となり、インターバンクであっという間に資金がとれなくなり、万事休すです。それで、山一さんも拓銀と同じ理由で破綻しました。

上光　山一さんはとってもお人柄のいい証券会社でしたね。まぁ拓銀さんのお力もあったと思うんですけれども、当社みたいなちっぽけな会社にも、商品をいただいたり、随分親切にしていただきましたよ。

――業界の人で山一を悪くいう人はいないですね。

上光　いないですね。だからつぶれた。いい人だから。

――なんでも聞けば教えてくれるとか。

上光　そうなんです。

――親切な会社とか、皆さんよくおっしゃいますね。

上光　当時、当社なんか、転換社債の割当てがなかなかもらえなかったんですけれども、山一さんはドーン、ドーンとくださった。もう時効ですからいっちゃいますけれども、あれはプラチナカードなんですよ。株でやられた人にそれで補てんするんですよ。

――母店が山一ではないのに、それでも山一はある程度割り当ててくれたわけですか。

上光　割り当ててくれるんですよ。山一さんは法人も強かったし、主幹事も多かったし、大手証券会社だから、いろんな商品が手に入るわけですよね。当社あたりには絶対もらえないような商品を、何千万円単位でドーンといただけるんですよ。売った途端に2割儲かるんですから、本当に最高の商品なんですよ。お客様が１００万円やられても、その商品で挽回すると、機嫌が直るものですからね。

――拓銀の破綻は北海道経済に大きく影響したと思いますが……。

山本　拓銀の破綻は１９９７年でしたけれども、拓銀の破綻が北海道経済に与えた影響を、帝国データバンク札幌支店が調べておりまして、それによると、いわゆる拓銀が破綻したことによる北海道経済の影響を、次のように発表されております。

１つ目は、拓銀が経営破綻した１９９７年11月17日～１９９８年11月の約1年、拓銀をメインバンクとした道内企業だけで１１２社が倒産し、負債総額は1兆８０６９億６５００万円にものぼった。２つ目として、拓銀のグループ企業を除くと、倒産企業は102社で、負債総額は1455億900万円。3つ目に、一方で1996年1年間の道内企業の倒産件数、総数は7038件で、負債総額が2295億1900万円でした。これを比べますと、拓銀に支えられてきた企業の大型倒産が、いかに相次いであったかが明らかになるはずですというようなことが書いてあります。拓銀破綻が北海道経済に与えた影響は非常に大きかったと思われます。

▼特色ある上光証券の経営

――大型倒産が多かったというのは、覚えています。やはり拓銀破綻の影響は大きかったわけですね。では、次に、上光証券の歴史を振り返っていきたいと思いますが、先ほどから少しずつ御社の歴史的なお話は出ておりますので、比較的新しいことを中心にお聞きしたいと思います。

御社はもともと雑穀取引から始まって、そして1936年に証券業に転身されたというふうに、調べましたら書いてあります。雑穀取引時代は、かなり投機的なお客さんを相手に、お商売をされていたというようなことが書いてありました。この座談会にあたり、御社の決算を少しみせていただいたんですが、あまりディーリング損益というのが出てこないんですね。特に、2003年以降は、ディーリング損益ゼロが続いております。これは御社の特徴かと思うんですけれども、御社がディーリングに対して消極的な理由をお聞きしたいんですけれども……。

上光　これは内輪の話で、直接父がいったわけじゃないんですけれども、父が学校を出た頃、戦争なんですよ。本人は戦争に行くのに、結構お金はあったらしいんです。ところが、それを全部満鉄〔南満州鉄道〕の株にしちゃったらしいんですね。それが終戦を迎えて、ご苦労さまとなったので、それからしないのであって……。

――あぁ、1回失敗されて懲りたわけですね。

上光　ええ。満鉄にしないで金でも買っておけばよかったんですけれども、満鉄を買っちゃったものですから、それからですよ。
佐々木　昔は行政も、かなりうるさいことをいっていましたしね。うちらでも、あまりしていませんでしたよ。うちは小さいから。
上光　結局、先ほどもお話しましたけれども、北海道の証券会社がつぶれた理由は、みんな思惑でなくなっているんですよ。自分で相場を張って……。
佐々木　向かったり、のんだりというのもあるけれども、やっぱり自分でもやっていたというのも……。
――他社がつぶれたということもあるし、それからご自身も満鉄株で失敗されたので、懲りたというところもあるということですか。
上光　ありますね。でも、うちの父は、個人としては株をやっていましたよ。ただ、やる銘柄は5銘柄ぐらいで、戦後すぐの松下電器だとか、三菱地所、東京海上など、昔の特定銘柄だった銘柄しか持っていませんでしたけれどもね。
――いまもディーリングはあまりされていないですよね。
松浦　ええ。私も、ディーリングは原則としてやるなという引継ぎを受けていますので……。
上光　ただ、株式持合いの関係がありますので、その分の株は多少持っていますよ。
――政策保有はされるけれども、積極的に値上り益をねらってということはいっさいされないわけですね。
上光　しないですね。また、当社には腕のいい人がいないんですよね。相場張って勝ったのは、山種〔山崎種治氏〕さんぐらいですよ。山種さんはみんなが買っている時に、株を売って儲けたんですから。
佐々木　売りの山種っていったね。
松浦　でもおかげさまで、相互持合いをやっていますので、ニトリさんの株とか、アインファーマシーズさんの株とかを持っていますので……。

上光 とんでもない含みになっているんですよ。

松浦 そういう面では、含みが倍ぐらいになっていますからね。

上光 ただ相場が崩れると、受入手数料も減るのに加えて、含みもなくなるという話なので、なんともむずかしい商売ですね。

▼株式依存からの脱却と「3本の矢（株式・債券・投信）プラスワン（生命保険）」

――もう一つ決算からみえる特徴としまして、御社は株式依存がかなり高かったように思います。2006年の決算まで、受入手数料に占める株式の委託売買手数料の比率が8割前後でした。多くの証券会社さんはバブル期ぐらいから、もしくは遅くても手数料自由化前から、投資信託とか、募集物にかなり営業をシフトさせていると思います。そこで、お聞きしたいのは、御社が生き残ってこられた要因は、どういうところにあったとお考えでしょうか。やっぱり拓銀さんとの提携……。

上光 いえ、そればかりじゃなくて、やっぱりお客さんに無理をさせないという営業なんでしょうか、地場独特の……。大手さんは転勤なんかがおありになるけれども、当社などは逃げようがないので、絶対お客さんを守ろうという意識があって、要するにノルマで営業マンを縛って、ぐちゃぐちゃ動かそうという精神はないんです。これからそれがいいかどうかはわかりませんよ。そういったことがあったですね。やっぱり地元に密着した証券会社ですし、小さな町ですからね。地方へ行っても、上光のやることならと……。

佐々木 お客さんを大事にしたというね。

上光　うん。絶対にそれはあると思いますね。大手さんに負けないサービスをできているのかなと……。株が8割とおっしゃるけれども、株がワーッと動くと、いまでもそうなんですよ。これに対して債券、投信の部分はフラットですから、相場がよくなると絶対株の手数料はあがるに決まっています。どこの証券会社でも同じだと思いますね。それと、投信であまりいい結果が出ているお客さんがいないのと、いまの投信は特にわかりにくくなっているので……。

昔、いちばんメインだった中国ファンドなんかは、だいたい支店の人件費がまかなえるぐらい、手数料が落ちていたんですけれども、あれがなくなったのは非常に痛いですね。それと、先ほど佐々木さんがおっしゃっていた、割債ですね。あれが駄目になっちゃったということですね。それから、債券も利鞘がないものですから、手数料がどんどん絞られていって、なかなか債券で稼げる商品がないというんでしょうかね。今後どうなるかわかりませんけれども……。ご存じのように、債券を売ってちょっと痛い目に遭っていますが……。

――収入構造が変化し出したのは、松浦さんが社長になられた頃からだと思いますが、経営方針を転換されたのでしょうか。

松浦　私が社長になって9年になります。就任して早々にサブプライムローンの問題が顕在化して、翌年にリーマンショックがありました。それまでご指摘のとおり、株式の一本足打法で来たんですね。これでは生き残れない。投信は株式に連動して下がる時は一緒に下がります。その反対の動きをするものといえば、債券しかないということで、債券に注力するようになったんです。ただ、株式は忘れないと……。これは銀行との差別化という面でも、いちばん強みのある商品だから、株式、債券、投信、この3本の矢、プラスワン〔生命保険〕を標榜しまして、債券に少しずつ入っていったわけですよね。

9年計画でやってきたんですけれども、最初の3年間は一般債券をとりあえずやってみようということで、当時やっていたのは北電債〔北海道電力債〕を細々と取扱っていたんです。社債では北電債しかやっていなかったんですね。

――電力債ですね。

松浦 ええ。しばらく道債も、札幌市債も取扱っていなかったんですけれども、それも再開し、外債にもチャレンジしました。しかし、外債については、株のお客様が多いものですから、為替は当社のお客様にはあまりなじみませんでした。それから、仕組債ではEB債を手がけたんですね。EB債はノックインした場合、現物の株式で戻ってきますが、お客様も料理の仕方をご存じで、余裕を持って対応していただいています。EB債は現在債券の柱になっています。

その後、中間の3年間というのは、手づくりの債券類ということで、いま、問題になっているレセプト債を取扱いました。これは私が銀行時代に買取りをやっていましたので、仕組みはある程度理解していました。将来債権の問題がありましたが、オプティファクターの〔児泉収〕社長が協和銀行〔現在のりそな銀行〕の出身だったので、まぁ信頼できるだろうということで、ご指導いただきながら約1年間検討したんです。そして、2010年1月から私どもは取扱ったんですけれども、オプティファクターの社長は病気がちな人だったんですよね。それで、社長が入退院を繰り返して、その後は息子さんが来たんですよ。この方は生保出身の方でまったく素人なんですね。だから、アーツ証券の川崎〔正〕社長とくっついたんだろうと思うんですよ。それで真面目に買取りをやっていなくて、商品審査、モニタリングが甘く、お客様に多大なご心配とご迷惑をおかけし、本当に申し訳ございません。

そのほかに、保釈保証金の立替などを使途とした「保釈保証金流動化債券」の販売をし、メガソーラーファンドも取扱いました。メガソーラーは苫小牧市の所有地に、地元の土屋ホールディングスさんという東証二部上場の会社と組みました。地産地消でお客様も地域貢献できますし、実際に見学にも行けます。そして、毎月ホームページに稼働率が出ますし、しかも稼働率もいいということで、既存のお客様とは別のお客様に結構新規で買っていただきました。

それから、もう一つの柱になっているのがヘルスケア・インフラファンドですね。これはサ高住、それから優良老人ホームなどに投資しますが、上場までのブリッジファンドということで、新生銀行さんなどと組んでやっています。北海道の施設もありますので、そこも見学に行けるということで、比較的好評です。

最後の3年間は当社の80周年もあり、「3本の矢〔株式・債券・投信〕プラスワン〔生命保険〕」の体制を安定化させようということでやってまいりましたが、最後の年にレセプト債の問題が発覚しました。本当に残念です。今回、当局からご指摘いただいたレセプト債などは、いま、全額回収しようということで、早期償還も含めて対応しています。

――たしかに松浦社長になられてから、株式関連収入が30％で、債券が40％と、かなり債券の比率が高くなっていきますね。おもしろいなと思ったのは、ヘルスケアファンドとか、ある程度、預金よりも高い利回りが期待できて、しかも、地域に貢献するようなものを商品化されていきますよね。

松浦　これからは地場の証券会社は、地域に貢献できないと生きていけないのではないかと思います。

――去年、金融庁の長官が森〔信親〕さんにかわりましたよね。それで、地域金融機関に対して、従来の検査マニュアルをやめて、要するに、各地域の金融機関を地域への貢献度で評価することを非常に前面に出していますよね。それから、保険会社に対しては、いま、手数料の開示をうるさくいっていますね。もう一つは、大手証券会社に対しては、いわゆる野村證券と野村アセットマネジメントの関係のような、いわゆる系列の問題ですね。

松浦　癒着の問題ですね。

――それを非常にうるさく言い始めていますね。金融庁の行政方針としては、もう不良債権問題というのは山を越え

て、これからは地域経済の活性化に金融機関がどういうふうに貢献するかという方向に変わってきているような感じがするんですね。

松浦　そうですね。

——私も調べていて、ヘルスケアファンドやメガソーラーファンドは、これから地場証券が生き残っていく1つの道筋じゃないかなと思ったんですね。どこかと組んで地域に貢献するような商品をつくって、地域のお客さんからお金を集めてきて、それを地域のために還元して、買ってもらった人にも喜んでもらう……。

松浦　構想としてはブリッジファンドですので、将来的には札証さんに、北海道ファンドとして上場できればということで、定〔登〕専務さんとは打合せをしているんですけれども……。

定　北海道は意外と金融詐欺が多いんですよ。金融詐欺が多いということは、投資をしたいんだけれども、その先がないんですね。たとえば北海道の物件が一千数百億のJ－REITに入っていても、目にみえないですよね。ところが、たとえば札幌リートみたいなのがあれば、この物件に私が投資できるんだとか、ヘルスケアファンドだったら、ここの施設は私が投資したと、目にみえます。そういうものが必要なんだろうと思うんですね。ですから、そういうものをつくっていきたいねというのが、私どもだけじゃなくて、結構いま、話が出ていまして、その一つの取っかかりを、松浦社長がいま、つくってくださっているというところなんですね。

——あと、ご当地でいうと、2005年に「北の夢大地」という投資信託も販売されていますね。

松浦　そうですね。これも道内の企業さんに投資する投資信託ですね。その第二弾として、北海道新幹線が今年〔2016年〕の3月26日に開業したのを記念に、「北の夢切符」を販売し、好評を得ています。

——そういう商品ですと、お客さんに説明する時もしやすいですね。

松浦　しやすいですよね。これからの商品というのはシンプルで、やっぱり見える化をしていかないと駄目なのかなと思うんです。

――御社のヒアリングにあたって、御社のことを調べていて思ったんですけれども、株だけから取扱商品を広げていかれる時に、お客さんの資産形成に少しでも役立てていきながら、しかし一方で地域に貢献していくという方向性で経営されようとしておられるのだろうと思ったんです。今後も、そういうお考えで経営をしていかれようと考えておられるのでしょうか。

松浦　そうですね。裾野の拡大という面では、まだ計画よりちょっと少ないんですけれども、積立投信を主体にしていまやっています。計画では、毎年１０００口座ずつ増やしていこうということで始めたんですけれども、３年目に入りますが、実態的には１５００口座ぐらいです。ＤＣ〔確定拠出年金〕はちょっとお客様にとって、バーが高すぎるんですよね。何十年もお持ちになりますから……。それよりは、いつでも解約できますよ。お子さんの入学資金にも充てられますよ。そして、それに充てていただいたら、また次の目標のために繰り返し、繰り返しやっていただく。そのあたりから入っていかないと、北海道の場合は、大衆化が進められませんね。収入も低いですし、それから貯蓄も低いですから。いまは1万円からにしていますけれども、本当は５０００円にしたいんです。だけど、５０００円にすると採算があわなくなるものですから……。

――手数がかかりますからね。

松浦　ええ。そこは社会貢献という意味で、いま、検討はしているんですけれども……。口座振替手数料の引下げを銀行さんにもお願いしているんですけれども、銀行さんも苦しくなってきていますから、なかなか「うん」とはいわないですね。

――また、ヘルスケアファンドとかメガソーラーファンドなどで、新たな顧客層を……。

松浦　そうですね。新たな層の開拓には、やっぱり見える化した商品で……。

――しかも、ある程度利回りが期待できるもので……。

松浦　そうですね。いまだったら1%で十分だと思うんですけれども……。銀行の定期預金の100倍ですからね。

――1996年に、懸賞付き中国ファンドというのも御社は販売されていましたよね。調べれば調べるほど、なかなかおもしろいことをしていらっしゃるなと思ったんですね。

上光　北海道銀行さんが、宝くじ付きのなんとかという定期預金とかを販売されましたけれども、時期的には当社のほうが先ですね。おそらく、数千円の商品券なんかをお渡ししたようなことだったと思うんですけれども……。当時、あまり高額の商品を出すと、何か怒られたと思うんですね。

――景表法〔不当景品類及び不当表示防止法〕かなんかで……。

上光　それで、そこそこのところでやろうかということだったと思いますね。

――地場証券でありながら、かなり積極的にいろんなことに取り組まれていて、ほかの地場証券とはちょっと違うと思うんですね。

松浦　これから生き残っていくためには、やっぱり株式をされる一部のお客様だけを相手にしていますと、構造的にもう……。東証の売買代金の2割は個人として、その8割はネットでされていますから、対面の証券会社は構造的に株だけですと厳しい。ですから、多角化を図っていかないと、生き残れないと思いますね。

――先ほど、北海道が日本で最も高齢化しているとおっしゃっていましたが、そうしますと、相続に伴う資産流出も考えられますね。

松浦　そのために生保を入れて、次世代につなごうとしています。生保の販売も、節税対策と相続対策を兼ねていま、結構伸びてきています。証券会社がそこまでやっているのかということになると、相続された方も、安全なものであればお付き合いしましょうとお考えいただけるようになり、継続率が高まりましたね。

▼拓銀との提携と法人業務の強化

――少し時代をさかのぼりまして、1989年に山本さんが拓銀からいらっしゃるわけですが、先ほども少し触れましたが、当時、各都市銀行は優良貸付先が減ってきて、証券ビジネスに参入するため、中小証券に出資し、系列化を進めていました。やはり、山本さんが拓銀からいらっしゃった銀行側の意図は、証券ビジネスへの参入にあったのでしょうか。

山本　1989年に私が拓銀の常務から上光証券に来ました。拓銀にとっての意図ですけれども、これは1つには、証券との業際問題をにらんで、都銀各行が中小証券の系列化を進めているなか、拓銀は関係証券を持たず、出遅れていたので、これを契機に本格的な証券戦略を進める体制を固めることだったと思います。2つ目は、上光証券には拓銀自体が5％出資しており、ノンバンクのたくぎん抵当証券とかたくぎんファイナンスなども入れた拓銀グループ全体としても35％の出資をしていました。3つ目として、上光証券では、拓銀から出向した者が、法人部担当役員に1人と、ほかに2人おりましたので、人材面での提携強化はもう時間の問題とみていましたので、両方のあうんの呼吸があったと思います。また、4つ目として、外債発行の後押ししかできなかった金融機関としては、銀行借入れより社債、株式発行など直接金融を強化することは、取引先との関係を維持できるメリットもあったと思います。

こういうことも作用しまして、拓銀が上光証券と提携関係を強化していったわけです。その結果、1989年からの幹事会社の実績は、相当成果が出たと思います。

――拓銀さんは、業際問題の関係から、関係証券を持つという思惑で出資をされたということだったんですけれども、受け入れられた側の上光さんのほうは、やはり法人業務に進出したいという思惑はあったんでしょうか。

上光　それは拓銀さんのお力をお借りして、はじめてできたことなので……。僕は辞めるまでほとんどＩＰＯ関係をやっていたんですけれども、やっぱり拓銀さんの力が絶大でしたね。それは肌でハッキリ感じています。だから、拓銀さんを本当に返してもらいたいですよ。

――ホームページを拝見させていただきましたら、御社がＩＰＯの幹事会社になられた会社の数が44社あったんですよね。このほとんどは１９８９年以降なんですよ。それはやっぱり拓銀の取引先関係が背景にあったと考えてよろしいですか。

山本　相当……。

上光　相当多いと思います。

山本　道内のいろんなところに行きましたですね。

上光　当時、社長でおありになった時は、必ず発行会社に一緒に行ってもらいました。

山本　そういうことをしなければ、幹事になれませんでしたからね。ですから、いろいろなところに担当者と一緒に行きましたね。

――１９８９年４月に札幌銀行の売出し、その半年ぐらい後にニトリ……。

上光　ニトリさんは札幌証券取引所単独上場でございます。

松浦　そのあとは、だいたいジャスダックに行っているんですよね。

――それから共成レンテム、カナモト、ダイカ〔現在のあらた〕と続いていきますよね。

上光　当時、ジャスダックなんか店頭とバカにしていたんですよ。証券取引所に上場するというのは、非常に価値がありましてね。こういっちゃあれですけれども、店頭銘柄は信用担保にならなかったんです。他方、札幌証券取引所上場銘柄は担保になるんです。格が違うぞということで、アークスさんなんか、「札幌証券取引所は敷居が高すぎて入れなかったから、ジャスダックに行った」と、よく会長がおっしゃっているんだけれども……。

松浦 たしかに銀行の担保掛け目も、札証さんのほうを高くしていましたですね。

上光 そうですか、銀行も。

松浦 規定上もそうなっています。店頭銘柄については、ちょっと流動性に欠けるということで、担保にみられないものもありましたね。

上光 店頭上場という言葉じゃなくて、店頭公開という言い方をしていましたからね。当時やっぱりちょっと差をつけていたんですね。

——日本の法律では、取引所以外の市場類似施設は禁止ということで、あまり同じような言葉を使わないですね。

上光 そうなんですか。

▼拓銀破綻が与えた影響

——ええ。さて、拓銀破綻直前の1997年に、御社は増資をされましたけれども、その時かなり山本さんはご苦労されたんじゃないかと思うんですけれども……〔1997年10月に、上光証券は資本金を3億円から5億円にされた〕。

上光 相当ご苦労されたと思います。銀行が溺れかけているのに、お金を持ってきちゃったわけですから。

松浦 拓銀の破綻でいちばんご苦労されたのは山本元社長でして、山本さんが当社の資本金を3億円から5億円に増資した時に、拓銀破綻の1カ月前に、2億円を出資させたんですよね。それがなければ多分、生き残っていなかったと思います。

——そのあたりのことを、お話になれる範囲で結構ですので、ちょっとお聞かせいただけたらというふうに思うんです

が……。

上光　1カ月前か2カ月前でしょう、あれは。

松浦　そうです。10月に完了したんですよね。

上光　こういっちゃあれですけれども、いい仕事していますよね、本当に。

――あの頃は、最低資本金の引上げの改定があったんでしたっけ〔1993年3月の証券取引法施行令の改正で、引受け、売出しを行う会社のうち幹事会社以外の会社は、1998年4月1日までに、資本金を2億円から5億円にせねばならなかった〕。

上光　いや、あれは引受けの関係で5億円とか、なんか途中で変わったんですよね。

松浦　ええ、それもあったんですよね。

上光　IPOの関係でね。

松浦　IPOの関係で、資本金5億円にしないと……。

上光　そうです。資本金を5億円にしないと引受けができないということがあって……。

山本　拓銀が倒産したから、資本金を2億円増やしたということでは、直接にはないんですけれども……。やはりいろんな関係で、あの時のことは、私もハッキリ覚えていないんですね。ちょっと記憶も薄れているんですけれども、いずれにしても、2億円を増やさなければならなかったんですよ。

上光　いちばんはIPOの関係だったと思うんですけれども、それで3億円から5億円に資本金を引き上げたんじゃないですか。

――証取法を改正した時に、元引受けの最低資本金の引上げを……。

上光　改正であったんだっけ。

――ただ、猶予期間が何年かあったと思うんですけれども……。そうじゃなかったですかね。

上光　猶予期間がないと対応できませんものね。いきなり今日からといわれても……。

――でも、つぶれる寸前によく出しましたね。

上光　それは、ゴマするわけじゃないけれども、当時の山本社長の交渉力なんでしょう。

――当時、拓銀は火の車……。

上光　もうグチャグチャでしょう。

――ですよね。その時に「2億円出してくれ」といって、すんなりは出してくれなかったんじゃないでしょうか。

山本　申し訳ないんだけれども、記憶がハッキリとしていないところがあるんですよね。

――なるほど。一方で、拓銀が破綻した時に、先ほどのお話ではグループも含めて35%の株式を保有していたとおっしゃっていましたが、その株式を持ってもらう先を探さなければなりませんよね。

山本　結局、もちろん拓銀はもうないものですからね。私も拓銀出身なものですから、拓銀と取引があった優良先を回りまして、新たに持ってもらった株主さんのほとんどが、拓銀の取引先だったと思うんですね。取引がないところもありましたけれども、それは北洋さんの〔高向巌〕副頭取さんにお願いに行ったり、北電さんも協力してくださいましたし、あるいは、有名な伊藤組さんにもお願いに行きまして、10万株を引受けていただいて、そうやって非常に皆さん協力してくれました。

――北電も出資してくれたんですか。

山本　これはもう大変だったんですよ。北電さんの〔戸田一夫〕会長さんは、札幌証券取引所の理事にもなっていただいていたんですね。私も取引所の理事をやっていましたから、顔は知っているんです。それで、特別に会っていただいて、協力していただきました。

また、当時の財務局長さん〔中村英隆氏〕とは非常に親しくしていましたが、もともと九州の熊本におられた方でして、九州の前田証券〔現在のFFG証券〕さんとも顔見知りだったんです。それで、こちらに来られて、「あんた大丈夫か。もしむずかしいのなら、私が声をかけてやってもいいんだよ」とおっしゃってくださって、「いえ、心配しないでください」ということで、全部100％集めました。その前に、その局長さんは東京の国立国会図書館に栄転されていたものですから、時折、東京へ出た時にはあいさつに行って、お話していたんです。その時に、「どんなメンバーになりましたか」とお聞きになりましたので、「こういうメンバーです。おかげさんで100％集まりました」といいましたら、「いや、あんた、北海道でこんなに優良な株主ばかりそろっている会社なんてないぞ」と冷やかされましたけれども、当時の財務局長さんも喜んでくれました。

そういう経緯があって、なんとか集めることができたんですけれども、非常にいろいろ思い出があります。

▼東証会員権取得の理由

――御社は2005年に東証の総合取引参加者資格を取得されたわけですけれども、その前にも一度、東証の会員権を買おうとされたことがあるように伺ったんですが……。

上光 1953年だか1954年だかに、父がある会社さんから会員権を買う約束をしていたんですね。ところが、カネを払いに行こうと向こうに行ったら、急に値上げしたから、ケツをまくって帰ってきたらしいですよ。

――それまではどちらを母店とされていたんでしょうか。

上光 日本協栄証券さん、いまの証券ジャパンさんですか。それと、山丸証券〔現在のばんせい証券〕さんです。コンピュータがない時代は、場立ちがガタガタやっていましたので、出来値が非常に遅いんですよ。たとえば、いま、成行きを出したとしても、返事が戻ってくるのが1時間半後ぐらいなんですよ。

──それは日本協栄ですか。

上光 ええ、協栄証券。手を振っているわけですからね。場立ちが行って、持ってきて、約定をあげるというかたちでしたから。ただ、お金持ちはわがままなもので、「早くしろ」とおっしゃるので、山丸証券さんにも注文を出していたんですね。たしかに手数料は少しお高かったんだけれども、山丸証券さんは「いいよ」と場況をみながら、仕切ってくれるんですね。だから、山丸さんにもつないだ経緯がございますね。

──御社が山丸を母店とされたのは、仕切ってくれたからとおっしゃっていましたが、そもそもお付き合いがあったんですか。

上光 いや、親父が東京に出て、証券業をやる時に、非常にお世話になったんですね。それで、向こうに当社の母店になっていただいて、注文を先ほど申し上げたように発注していたことがきっかけです。山丸さんの何がいいかというと、仕切ってくれたこともありますけれども、非常に受渡しが真面目な証券会社なんですよ。ある会社なんかは、受渡しがグチャグチャで、カネは送ってこない、株券はよこさないというところもあったらしいんですけれども、山丸さんは非常に堅く、しっかりされていたんですよ。

──山丸というのは、もともと新潟の反町さんが東京に持っていた店なんですね。反町さんは、兄弟がたくさんいらっしゃって、御兄弟も兜町で商売をやっていらっしゃったんですよ。その息子さんが山丸を経営していた時に、その方は保険業のほうがいいということで、大東京火災〔現在のあいおい損害保険〕をつくられたんです。その時に、営業権を番頭さんに譲ったんで、反町家とは断絶するんですけれども、商売上のつながりはずっとあったようなんですね。

上光 実は、私の長兄も学校を出てから当社に来るまで、ずっと山丸にいたんです。

──先ほど、日本協栄証券に注文を出したら、時間がかかってしようがないとおっしゃっていましたが、それはいつぐ

らいのことですか。

上光　ずっとですよ。１９８４年12月からコンピュータ化されたと思うんですけれども……。

――電子化されてから、他社ではすぐにできるのに、日本協栄はできない。要するに、機械化すると各社と比べられるので、それで日本協栄がどうしようもなくなったという……。

上光　いや、コンピュータ化されたのは、東証さんが一挙にそれをやってくださったので……。

――１９８２年ですよね、たしか。

上光　そうですね、たしかそのぐらいだと思います。

――二部銘柄からですよね。ちょっとそこでお聞きしたいんですけれども、最初、１９７４年に相場報道システムが機械化しますよね。それで、１９８２年になると、東証が二部銘柄から売買をシステム化し始めていきます。そして、だんだんと10年ぐらいかけて、全銘柄をシステム売買にしていきますよね。そうすると、日本協栄証券としてもそれに対応しないと……。

上光　やっていけませんから。

――やっていけませんよね。それで、上光さんは、日本協栄をいつまでも母店にしていたら遅くてしようがないというので、ほかにつなごうとされたわけですか。

上光　いえいえ、当時、中国ファンドを取扱った時に、勧業角丸証券〔現在のみずほ証券〕の子会社のコンピュータ会社〔勧業角丸情報サービス〕のシステムをつないでいたんですね。協栄さんも、ＪＩＰ〔日本電子計算〕という会社をおつくりになったと思うんですけれども……〔日本電子計算は、１９６２年に日本証券金融の機械計算部を分離独立して設立された〕。

――日本電子計算ですね。

上光　それの関係ですね。だから、約定が速くなったのは1984年ですよね。

佐々木　うちはもうその頃は支店だったから……。

上光　あぁ、そうか東京証券でしたね。あれからどこに出しても、約定が数十秒で返ってくるようになりました。

――じゃあ、別に日本協栄とつないでも差障りはなかったわけですね。

上光　ええ、コンピュータ化されると……。だから、昭和40年代、50年代がつらかったんですね。それは場立ちの関係もあるんですね。注文がこんなに多いのに、場立ちが少ないから。当時の東証は、ポストに分かれていましたでしょう。それで、なかに実栄証券がいて、鞘を抜いていましたでしょう。

――才取人ね。

上光　才取ですね。

――日本協栄はペラの数が4社に次いでいたというぐらい多かったらしいですね。

上光　間違いないですね。だって、当社みたいなちっぽけないろんな会社と、日本中全部つながっているわけですから。

佐々木　それ専門だったんだからね。

――そうすると、東証に場立ちもそれなりにいないと対応できないですよね。

上光　それがどうなんですかね。向こうの経営ですからね。どうお考えになったかわからないんだけれども……。

――だから遅かったんですね。

上光　ええ。それで、札証さんのなかに協栄さんがありましたから、向こうで約定が出ると、重複上場はこちらで鏡をやるわけですよ。

――写真相場ね。

上光　だから、自慢じゃないですけれども、上光が東証の会員権をとったから、札証さんが苦しくなったといっても過言ではないです。

佐々木　クロスがなくなるから。

――出さなくなっちゃった……。

上光　協栄を使った取引は、ここでクロス入れるから。当時、上場銘柄が二百いくつかあったんですよ。

――上光証券は2005年に、東証の総合取引参加者の資格を買われますね。京都の証券会社の人に、京都証券取引所が大証と合併した時に、大証の会員権をとろうという考えはなかったかと聞いたんですが、コストがあわないと……。

上光　あわないですよ。

――むしろ、取り次いだほうが安いとおっしゃっていたんですけれども、なぜ上光さんは総合取引資格を取得されたのかなと思いまして……。

上光　実は、東京証券取引所から「買ってくれ」と頼まれたんです。

――向こうから来たんですか。

上光　来ました。しかし、東証さんの話とは別に、たまたま日興証券が、日興ビーンズとマネックスが一緒になったかなんかで、1枚あまったそうなんですよ。それで安くするからということで、じゃあ、買いましょうと……。

――そういうことですか。

上光　あまりにお安かったので……。バブルの頃は、十数億円していましたからね。それに比べれば相当安く手に入るので……。どうもあれは、半年間の間に転売しないと無効になるらしいですね〔東京証券取引所の取引参加者規程によれば、取引参加者は同一種類の取引資格を2つ以上保有できず、取引資格の喪失を申請した取引参加者が取引資格を喪失すると、取引資格を譲り渡すことができると規定されているが、その期間は規定されていない」。

――そうなんですか。だから、割り引いてでも売りたかったわけですか。それで、御社としても採算があうから買われたということですね。京都の方は、会員権を買うと採算があわないし、母店につないでいるほうがコストが安いから、会員権をとろうなんて思わなかったとおっしゃっていたんです。

上光 当社もやっぱり年間これぐらいやらないと、つないだほうが安いよという数字はあるんですよ。だから、株式の売上げがあがってくると、当然採算はとれますよね。それと、田舎者ですけれども、ステータスがほしかったわけです。

――会員権は半年間、たなざらしになったら意味がなくなるとおっしゃっていましたけれども……。

上光 たしか会員権が自動消滅すると、だれかがいっていたんです。ちょっと正確ではないです。

――しかし、この時期には東証は株式会社化していましたし、独禁法の適用除外も外されましたので、参加権の枠を設定すること自体が独禁法違反になるので……。あまるとか、あまらないとかという話じゃないんじゃないかと思うんですけれども……。

上光 そうなんですかね。でも、当時、半年間転売できないと権利が喪失するとかいう話を聞いたと思うんですよね。当時、証券会社の合併が相次いでいまして、随分東証の会員が減っていたわけなので……。

▼営業の効率化に向けた取組み

(1) ミニ店舗の開設

——それでは、上光さんに関するご質問は最後になりますが、2008年頃から、エドワード・ジョーンズのようなミニ店舗の開設を進められたかと思うんですけれども、その意図なんかをお聞かせいただきたいと思います。いちよしも東京中心に、プラネットブースといってミニ店舗を開設しています。いちよしの場合、もともと大阪の会社で、東京にお店がないから、顧客との接点を増やす目的で、ミニ店舗をたくさんつくっているんですね。御社の場合も、北海道は広いですから、顧客との接点を増やすことが目的なのでしょうか。

松浦　もともとの発想は、募集物をどう売っていこうかということなんですね。そして、効率的にお客様を回れるように、2009年4月にエリア管理体制を敷いたんです。札幌は、東西南北、中央と、5つのブロックに分けて、次課長と担当者のペアで、ブロックを受け持つという格好にしまして、1人は朝から外交に出て行く、もう1人は店に残って、注文を受けて対応したり、電話で提案型のセールスをするという体制にしました。

ただ、北海道は広いですし、さっきお話したとおり、雪が多いんですよね。夏は30分で行けるところも、雪が降っちゃうと1時間以上かかっちゃいます。それだったら、お客様に近づこうということでミニ店舗をつくったんです。最初に新札幌につくったわけですが、14坪ぐらいの本当に狭いところなんです。そこに、所長と担当者2人にパートさん1人の4人の店を、2012年10月にオープンしたんです。ローコストオペレーションで運営していることに加え、ちょうどその直後からアベノミクスが始まりましたので、3カ月で黒字になりました。

いまは、生保を使った節税とか、相続商品も時間をかけて売っていまして、これがいま、どちらかといえば、柱になってきていますね。損益分岐点も低いですから、黒字になっているんですけれども、体力的に次々と店を出せませんので、いまは東に出しただけですけれども、将来的にはもう少し挑戦してみる価値はあるかなと思っています。ですから、エドワード・ジョーンズのようにと大上段に構えたそんな発想ではなくて、北海道ならではの事情が背景にあって、効率的にお客様に近づくための方策です。大手さんの店舗は、都心にすべて集中していますから、郊外に出てくるのに時間がかかりますから弱点でもあります。そういったところのお客様に近づくという意味で、試しに出しておるというのが実態です。

――じゃあ、北海道の気候が背景にあるわけですね。

松浦　気候と北海道の面積ですね。面積は広く人口密度は低いものですから、それをどう効率的にカバーしていくかが背景ですね。

――ミニ店舗の開設方法ですが、みずほ銀行は銀行内店舗で出店していますが、そういうこともアイデアとしては考えておられるわけですか。

松浦　一度、私が社長になる前にやっていたみたいですけれども、あまりうまくいかなかったみたいですね。先ほどもお話があったとおり、拓銀とは親密なお付き合いをさせていただいていたんですけれども、北洋銀行さんとはそこまでの関係にはなっていないんですね。資本面では銀行本体と関連会社で当社株式の11％強を持っていただき、人材面でも私のほか役員3名が北洋銀行の出身でありますが……。

(2)　信用金庫との顧客紹介業務

――北海道で証券会社の店舗があるという地域は、上光さんが札幌、小樽、室蘭、新札幌、苫小牧、帯広、北見です

ね。他社は、野村が札幌、函館、旭川、釧路、帯広。後の証券会社は、1店とか2店ですよね。

松浦　1店と2店ですね。

――いま、おっしゃったように、御社がかなり田舎にも店舗をつくっていらっしゃるというのは、むしろ信金とかとの提携を考えてということですか。

松浦　いや、そうではありません。結果的にそうなったということですね。

――はじめからそうではなくて……。

松浦　ええ。当社は北見支店を2006年10月に出していますけれども、これは旭川の東宝証券さんが北見に支店をお持ちだったので、そのお客様をねらって支店を出しましたので……。

上光　また、東宝証券さんから人もいただいていますので……。先ほどお話ししましたように、母店だったことや、人の陣地は荒らせないというのがありましたし、室蘭の場合はM&Aです。

――室蘭証券と……。

上光　ええ。それをM&Aいたしました。先ほど申し上げたように、帯広もM&Aですね。苫小牧は新店舗を出しましたけれども……。

――苫小牧は新店なんですね。新札幌もそうですすね。

上光　新札幌は、先ほど申し上げたような……。

――ミニ店舗ですね。

上光　空中店舗的なものですね。

松浦　函館は本州に目が向いていますから、奥地から出ていっても駄目なんですよね。

佐々木　また、人口が減って、資産家もいなくなっちゃったね。

松浦　それもありますけれども……。

上光　函館の人は、札幌のことを「奥のほう」といいますからね。それに、新幹線ももうこれでいいとおっしゃっていますからね。

松浦　そう、そう。札幌は奥地とおっしゃいますね。旭川については、検討の余地はあるかなというふうに思っていますけれども……。

上光　旭川は日興さんも空中店舗ですからね。

――金融庁が地域への貢献度で地域金融機関を評価しようとしているというお話をしましたが、非常に効果をあげていて、モデルにしている地域金融機関が3つ、4つあがっているんですね。北海道では稚内信金が結構評判になっているんですけれども、あそこはちょっと変わったところですね。

上光　強すぎますからね。ただ、理事長が変わりましたしね……。

――金融庁が稚内信金を絶賛しているようですね。

松浦　そうですか。

――ああいうビジネスモデルをやれという感じでしたね。

上光　本当に資本比率が高いですよね。

――えっ、そうなんですか。

上光　預金が集まる体制ができています。

松浦　そこで、ディーリングに力を入れておられます。

上光　さすがの拓銀さんも、稚内さんにはかなわなかったようですもんね。

――最後、劣後債の引受けを断ったみたいですね。

松浦　そうですね。

――僕のところのＯＢが日興証券にいるんですけれども、日興証券は三井住友銀行に買収されてから、ほとんどが銀行からの紹介客らしいんですよ。御社の場合も、銀行からの顧客紹介というのはあるんですか。

松浦　北洋銀行さんとは、顧客紹介に関して業務提携していますが、銀行さん自身が投資信託にかなり力を入れておられることもあって、正直なところあまり紹介はないんですよね。だから、信用金庫さんとの提携に踏み切っています。

――信用金庫との提携では、苫小牧、網走、室蘭とも話がありましたね。

松浦　それはもうねらっています。いま、実際に提携しているのは、小樽信金さんと札幌信金さんだけですね。北海道には信金さんが23ありますが、そのうち投信を積極的に販売しておられるところは1桁ですから、今後は、私どもの支店がある地域の信金さんで、投信を扱っていない信金さんであれば、お役に立つことができるだろうということで……。札幌信金さんの場合は、投信を販売していますが、品ぞろえの強化だということでやっていただいています。

▼札幌協栄証券と日本協栄証券

――次に、札幌証券取引所に話題を移したいと思います。札幌証券取引所のお話にかかわって、日本協栄証券の話からお聞きしたいんですけれども、その前に、札幌協栄証券というのを北海道の地場証券でつくられていますよね。

上光　いやいや、それが協栄証券ですから。それが全国まとまったわけでしょう。あれ、佐々木さん、そうですよね。札幌協栄というのは、昭和……。

――１９５３年設立なんですね。

上光　ええ。それが、当社も東証に発注しなくちゃいけないんですが、手数料がお高いということで設立したんですね。だから、札幌証券取引所からも何名か、協栄証券さんにお移りになった方がおったと思いますよ。

――札幌協栄、それから新潟協栄、それから……。

上光　福岡ですね。

――3社ですね。

上光　3社ですよね。各地のわれわれみたいのが、手数料がお高いのでつくったんですよ。日本協栄証券は、札証に重複上場している銘柄は、手数料が大幅に安いんですよ。当時、主要銘柄を中心に二百何社、上場していたと思うんですね。手数料が高いのでつくったと聞いています。

――札幌協栄はどこにつないだんですか。どこかにつながないと、東証に注文ができませんが、それはご存じない。

佐々木　わからない。

上光　札幌証券取引所の『50年史』に出ていませんか。

――一応、みたんですけれども、『50年史』に載っていないんですよ。『50年史』では、1953年に札幌協栄証券会社をつくったことしかないんです。これは察するに、会員がバラバラに母店に出していたら……。

上光　カネがかかってしようがない。

――カネがかかってしようがないから、札幌協栄証券をつくってそこに一本化して、そこから東証につないだと……。ただ、札幌協栄は東証の会員権を持っていないんですよ。そして、この札幌協栄証券というのは、それ以前に北海道証券金融会社という会社があって、証券金融業務をやっていたんですよ。そこを改組して、証券金融業務は日証金に売って、日本協栄証券をつくるんですよ。

上光　そういうことですか。

▼地方証券取引所の独特な場口銭

――次の話題に移りまして、北海道ではかなり早くから支店会員が、重複上場銘柄の注文を本店を通じて東証に出していたというふうに聞いておりますが、そのあたりについて、ご存じのことがございましたら、お聞かせいただきたいなと思っております。

定　先ほどの話と関連しますが、道内でそもそも株式を持っている人が少なかったので、札証は注文自体が少なかったわけです。だから、売りたくても、買いたくても、売れないし買えないから、東京に注文を出す支店さんが多かったという話を聞きましたですね。ですから、やっぱり板の厚さなのかなと感じでおります。実はいま、地方の取引所で商いをしようかという動きはポツポツとあるんですよ。ただ、圧倒的に東証に流れていますね。それがたまに回り回って、スポッと入ってきたやつがポンと来るという感じですね。

――支店会員が本店を通じて東証へ出した場合も、札証は場口銭をとっていたというふうなことも社史で読ませていただいたんですけれども、これはどういうふうに会員を納得させたといいましょうか……。

定　これは、すごく古い話なんですよ。１９５３年の規則だったと思うんですけれども、札幌証券取引所の売買だけではなかなか収支も厳しいので、それを補完する意味で、札幌支店が扱った市場外取引についても、札幌証券取引所で扱ったようなかたちにして、いくらかその分をいただきましょうという仕組みをつくったんですね。それは当時、札幌だけじゃなくて、福岡や名古屋にもあったみたいです。

――京都もありましたね。

定　ところが、福岡は完全に会費の見直しをされましたが、札幌はその制度を残したままだったものですから、会費の見直しが遅れたんですね。それで、そういうのが残っていたというのが実態なんです。あくまでも札幌支店の商い分に対していただいたという話です。このルールはいま、完全に見直しまして、福岡の会費体系をモデルにして、2013年6月からは、新しい会費体系をつくりましたので、もういまはないです。

――いまはもうないわけですか。

定　はい、いまはないです。

――先ほど上光さんが、協栄証券を通じて取引をされていたというお話をされましたけれども、それも全部同じ扱いにされていたんですか。それとも対象は支店会員だけですか。

定　それは違うと思います。地場の会社さんの場合は、そのままじゃないですか。「つなぎ取引」は、市場外取引ではないという考えだったと思います。

――次に、この札幌協栄は京都や神戸がやっていたのを真似して、「つなぎ取引」というのを始めたと考えていいんですか。

佐々木　でしょうね。

定　だと思いますね。

――「つなぎ取引」というのは、要するに、札幌の単独会員が札幌に出しても、対当する注文が札証にはないと……。

佐々木　地場証券を生かすために始めたんです。

――対当する注文がないので、札幌協栄がいったん、対当する注文を出して、他方で、同じ注文を東証にも同量、同じ値で出していたと考えていいわけですね。

佐々木　すべておわってから、伝票を書くんですよ。

――一応、手続は違うけれども、おわってからね……。

佐々木　その時だけ全然関係ない。

――それは主として、じかに出してもいいけれども、そういうふうにするのは主として……。

佐々木　いや、結局、母店に出していると手数料の半分をとられるわけです。協栄を使ってクロスをすると、上場物は一応手数料が要らないんですよ。そして後で、出来高のなんぼかを協栄の分にしたんですが、そのほうが手数料が安いんですよ。だから、うちみたいな小さな会社でも生きられたんです。つまり、母店の手数料との差がありますから、それで息を吹き返したんです。

――じゃあ、特別会員制度に対する場口銭も、会員に課していた場口銭とは違うんですか。

定　違うと思いますね。いまはもう特別会員が不在なので、ちょっとわかりませんが、場口銭の徴収標準率は、低く設定していると思います。

佐々木　おそらく普通の場口銭よりは安いと思いますよ。

▼地方証券取引所の衰退と札幌証券取引所

――時代が進むにつれて、だんだんと地方証券取引所の地盤低下が始まっていきます。これへの対策として、広島や福岡では単独上場銘柄の獲得に奔走されます。広島や福岡では、地場企業の地方取引所への上場志向が強かったのに対し、札幌や新潟では店頭市場への登録を希望したというふうに聞いております。そして、店頭市場の東京一本化、それから店頭市場の機械化が、そうした流れをいっそう加速させたといわれているんですけれども、これは取引所にとって非常に大きな影響があったんでしょうか。

定　影響があったというふうに聞いております。特に、先ほど上光さんが取引所と店頭登録は違うよという、非常にありがたいことをおっしゃってくださったんですけれども、それでも実態としては、店頭登録をすると新聞に市況が出るわけです。一方、札証の上場銘柄は地元紙には出ますけれども、全国紙の地方版以外にはなかなか出ないんです。そういった違いもあるのと、どこから聞いたかは忘れちゃったんですが、店頭市場が間もなく取引所になるからと、それで証券会社さんが店頭に持って行ったという話は聞きました。ですから、一時期、店頭登録を選んだ企業さんが多かったと思いますね。

——しかし、上光さんが拓銀さんと提携されて、そして拓銀のネットワークを使いながら、地場企業を札証に上場させていかれましたね。こういう流れが一時あったわけですけれども、1998年にテリトリー制が廃止されて、最初から東証に上場できるようになりました。また、東証がToSTNetを開設しましたので、地方取引所で行われていたクロス取引も、全部そっちに流出していきますね。これをきっかけに、広島や新潟、京都の取引所は合併を検討していくんですけれども、札証ではそういう議論というのはなかったんでしょうか。

定 議論はなかったというふうに聞いています。その当時の取引所の先輩に聞きましたら、話はあったそうなんです。新潟が東証さんと統合する時に、札幌はどうするのと聞かれたのか、札幌も一緒に合併しないかといわれたのか、そこまではハッキリ覚えていないみたいなんですけれども、当時の伊藤〔義郎〕理事長にそういう話があったという言い方をしていました。

その時に、伊藤理事長は「札幌は独自でやっていきます」と、ハッキリいったそうです。その真意はわからないんですけれども、おそらく伊藤さんは、取引所は地域の経済インフラだという言い方をよくしていらっしゃいましたので、取引所は北海道にとって大事だという思いがあったんだろうと思いますね。これは推測ですけれども……。

——これは取引所の伊藤理事長の決断ですが、経済界は札証の存続に対して、どのようなお考えなのでしょうか。

定 これは２００６年から、経済四団体のトップとの意見交換会を、２０１０年まで毎年開催していまして、札証の現状をご説明いたしますとともに、札幌証券取引所を存続させるかどうするかは、ご意見をいただいておりました。経済団体さんのお考えとしては、2010年12月に行いましたこの意見交換会で、総意として「存続すべき」という結論でしたので、これからも札証は必要というふうにお考えいただいていると思います。

——一方で、会員側ではどうだったんでしょうか。

上光　たしか新潟が東証と合併した時に、単独上場銘柄は東証二部に行ったんでしたっけ。

——東証の二部ですね。

上光　閉鎖した時に、上場企業さんのお力の関係もあると思うんですね。たしか、何年か経過した時点で、東証の上場基準をクリアできなければ、上場廃止だよというようなことだったと思うんですよ。つまり、合併時に東証二部に上場はできても、その後も二部で上場し続けられるのかということを、伊藤理事長は随分ご心配されたのかなと思います〔東証と広島証券取引所、新潟証券取引所との市場統合時には、3年間、上場廃止基準の激変緩和措置がとられた〕。

定　3年ルールですね。たしか。

上光　そうですね。それで、クリアしなかったら上場廃止だよという条件があったと思いますので、その時に単独上場の銘柄が、それぐらいのお力があるのかをご心配されて……。

——経過期間3年でしたっけ。

定　3年ですね。

上光　たしか3年です。

——広島では、「いや、むしろ東証上場のほうが、地場の企業が喜ぶんだ。だから広島は閉鎖してもいいよ」と、みんなでそういうふうに決まったと……。

上光　広証と比べてみまして、札証が劣るというわけじゃないんですが、福岡単独上場の企業なんかでも、東証にいても十分通じる企業があるんですよ。ただ、九州は抜けたら駄目だよと、みんなで手を組んでいるそうです。だから、福証に残っておられるような話もよく耳にします。九州の第一交通さんは、北海道まで足を延ばしてきて……。

――各地のタクシー会社を買収していますね。

上光　しています。北海道でも定鉄という東急系のタクシー会社を買ったり、相当な力があるんです。2、3年前にIRがあったものですから、「札証にも上場してよ」と社長にいったんですけれども、「いやいや、九州は福証以外には出られないんだよ」といわれましてね。だったら、「重複上場してください」といったんですけれども、「駄目、駄目」とお断りになられたことがありましたね。

▼アンビシャスの設置と上場企業獲得に向けた施策

――2000年頃に、ほかの地方取引所は合併を進めていったわけですが、札証は新興市場アンビシャスを開設されます。これと同時に、アンビシャスクラブも立ち上げられて、地元企業の発掘をかなりされたというふうに聞いております。新興企業を対象とした市場をつくられたねらい、理由をお聞かせいただけたらと思うんですね。

定　これはまだ私がいなかった時のことですけれども、当時、ナスダックジャパンから始まって、名古屋さんのセントレックス、東証さんはその前の年にマザーズを立ち上げられていました。それで、やっぱり札幌にもそういった市場があったほうがいいだろうと……。北海道の場合、規模の小さな企業が多いので、マザーズに行くにも形式基準、要するに数字の部分がクリアできないんですね。だったら、北海道の企業のサイズにあわせたものが必要だろうということで、候補先も何社かありましたので、アンビシャスを立ち上げたんだということを聞いております。そして、アンビシャスを、本則市場と並立する市場に育てたいというのが、当時の意図だったというふうに聞いております。

――ただ、調べてみますと、1992年にも地域産業育成銘柄制度というのをつくられたり、1996年にもベンチャー向け特則市場をつくられたりしているんですけれども、大変失礼ながら、どうもあまり機能したようには思えないんですが……。

定　そのような取組みをしたのかもしれませんが、その当時のことは承知していないので、すみません。それで結局、全国的な動きのなかで、新たな市場が必要だという判断をされたんだろうと思います。そして、アンビシャスクラブも、これは上場応援団であり、その候補生も含めて、今後アンビシャスへの上場に向けて頑張ろうという意図で、翌年立ち上がったわけです。

――いまもアンビシャスクラブというのはあるみたいですが、具体的にどういうことをされているんですか。

定　アンビシャスクラブは、要するに応援団なんです。事務局を札証がやっている団体ですが、そもそもは上場候補生を発掘しようというのが主たる目的だったんですけれども、いまはなかなかそういうかたちでは動いていないですね。いまは、不定期ですけれども、ここで小規模のランチ形式のセミナーをやっていますので、そのセミナーへのご参加を呼びかけるとか、そういったことをしております。でも、現状の活動をもう少し発展させて、何かしたいねというのが、ずっと残っている課題ではあるんです。

――広島でお話をお聞きしました時は、単独上場銘柄がないと地方の取引所は生き残っていけないので、広島は商工会議所とかも巻き込んで、経済界と連携しながら候補生を探していったというお話をされていましたね。札証さんでは、地元経済界と連携して……。

定　アンビシャスクラブは、あくまでも札証に上場を目指す企業に集まってくださいということでスタートしたというふうに聞いております。ですから、組織立ったものというよりも、むしろ集まった企業のなかから何かをやっていこうという、そういったかたちでの活動だと私は思っているんですけれども……。

――上場予備軍の……。

定 発掘場所ですね。要は、何かの取っかかりをつくってあげようという、そういった場所だったと思いますね。

――これには地場の証券会社さんも、協力的なんですか。

上光 たとえば、札幌証券取引所さんで上場を目指す企業を呼んで、会社の説明なんかをしていただくと、われわれも営業というんですか、上場のお手伝いをということになりますので、非常に重要な情報を得る場所だったと、私は思っております。素晴らしいと思いますよ。今年でしたか、何社かお集めになられてセミナーをおやりになられましたけれども、IPOは秘密裏に動くことが多いので、素晴らしい情報もいただけるし、これならお手伝いしたいねという会社に出会うこともありますし、社長のぶっちゃけ話が随分出たり、非常に重要な情報を得られる場ですので、今後もぜひ続けていただきたいですね。証券会社にとっても、非常に役立っていると思います。

▼アンビシャス市場の地元回帰と特色づくり

――次に、アンビシャスが創設された当時、新興市場が東京、名古屋、大阪、福岡と各取引所につくられ、市場の特徴というのがだんだんみえないようになったかと思うんですが、アンビシャスに特色をつけるための取組みとして、行われたことをお話いただけませんでしょうか。

定 私たちがこのアンビシャスの市場改革をやったのは、2012年6月なんです。その前の年に、金融庁をはじめ各証券取引所、それから監査法人、ベンチャーキャピタルなど、いろいろなところが集まって、「新興市場の信頼性回復及び活性化に関する協議会」というのをやったんですよね。それは年に何回も議論をして、金融庁主導で俗に金太郎あめといわれている、全国の新興市場のコンセプトをもう一度見直したらどうかという話があったんです。それで、私どもも2012年6月にアンビシャスの全面的な市場改革をやったんですね。

当時、プロマーケットもできていたものですから、実は私たちはもっとドラスティックにやりたかった部分があるんですけれども、なかなかそうはいかなくて、いざ特徴を出せといわれて、特徴を出そうと考えても、金商法〔金融商品取引法〕上の制約が多いんですね。金融庁とも相談したんですけれども、法改正を伴うものは駄目だといわれまして、なんとか現行の法律のなかでできるものをやろうということでやったんですけれども……。


——どういうコンセプトで改革されたのでしょうか。


定　この市場改革のコンセプトですが、従来は本則市場と並立する市場にするということで、高い成長性のある企業、つまり、主にベンチャー企業を対象にしていたんですけれども、近い将来に本則市場へステップアップするための市場、要するにファーストステップの市場にしようじゃないかと……。

それからもう一つは、ベンチャー企業もいいんだけれども、高い成長性を持つ中小企業、それから安定的な成長を続けている中小、中堅企業も対象にしよう。言ってみれば、北海道経済に貢献する、北海道となんらかのつながりを有するものも対象にしたんです。従来は、本則市場の規模を持つ会社と、高い成長性が見込める会社の間にある企業は、札証の市場をまったく使えなかったんですね。でも改革後は、従来は札証の市場をお使いいただけなかった中堅企業さんも安定成長を続け、地元に貢献しておられるのであれば、市場を使えるようなかたちにしたらいいんじゃないか。そして、ステップアップを図ってもらおうということで、対象を広げたんです。

もともとアンビシャスは、全国の企業を対象にしていたんですけれども、門戸を広げたことで、どこの市場にも相手にされない企業が、アンビシャスに来ているんじゃないかという、変な見方がされるようになりまして、それはやっぱりよくないので、北海道となんらかのつながりを求めたほうがいいんじゃないか。要するに、北海道と関連性を持っている企業であれば、私たちもよく理解できるし、ご推薦いただく証券会社さんも、よくみていただけるんじゃないかということで、北海道とのつながりを設けたんです。

さらに、上場審査基準の見直しもしました。何を変えたかというと、上場時の時価総額基準を廃止したり、それから株主数も緩和しました。当時アンビシャスに上場するには、株主を200名必要としていたのですが、100名にしました。その後、東証のマザーズも株主数を減らしていますし、ジャスダックも時価総額基準を見直したと思います。だからある意味では、私どもが特徴を出そうと思ってやったことに、ほかの市場が追随してきたので、またアンビシャスの特徴が、だんだんなくなってきたかなという感じもしています。

ただ、入り口はちょっと広げた半面、国内の廃止基準あるいはチェック機能に関しては、私どもが取り入れられるものは全部取り入れようということで、廃止基準はすごく厳しくしましたので、入り口は広いけれども厳しい市場にしたわけです。

――ということは、アンビシャスは、あくまでも北海道の経済に貢献できるような……。

定 そうです。地元経済に貢献していただける会社を……。ですから、北海道に本支店があるところは説明ができますよね。しかし、お店はなくても、どこかの食品メーカーが加工品をつくる時に、北海道の食材を40％も使っているとすると、北海道とすごいつながりがありますよね。北海道に貢献していることを、外部に対してなんらかの説明ができる企業さんであれば、そこは利用していただいてもいいんじゃないかと考えているんです。だから、限定列挙はしていないんです。北海道とのつながりを対外的にきちっと説明できる企業さんであれば、どうぞお使いくださいという言い方なんですね。

――どこも同じような市場だったわけですが、北海道に貢献するという条件をつけることで、特色を出していって、魅力的な市場をつくろうというふうにお考えになったわけですね。

定 そうですね。それと企業がステップアップするためのファーストステップにしてほしいと思っています。札証に上場することによって、企業がどんどん成長してくだされば、地域への貢献もできるし、地域の雇用の場も生まれますよね。そして、人口問題の改善にもつながってくるんだろうと考えています。そうした意図もあるんですね。

現実に、北の達人コーポレーションという企業が、アンビシャス改革をする直前の2012年5月に上場したんですけれども、その後すぐに本則市場、さらには東証二部に重複上場して、昨年11月には、東証一部に上場しました。わずか3年半で東証一部に上場されたんです。北の達人コーポレーションが上場した時、時価総額はわずか6億円だったんですよ。これではマザーズには到底上場できないですよね。でも、市場の特色をうまく使って、企業さんが頑張ることによって、そういうステップアップも可能になるんですよ。非常にいいモデルになったと思いますね。

そして、市場改革後の安定成長を続けている、地元に地域貢献している企業の上場第一号は、昨年6月に上場したエコノスさんです。ここは社歴50年の老舗企業です。

――ちょっとずれるんですけれども、2013年8月の日経新聞〔『日本経済新聞』〕に、当時の札証の小池理事長が、「東証への上場を目指す北海道企業のいわば登竜門として、札証を使ってほしい。東証へ移る際には、適用する上場基準や手数料の面で優遇措置をとってもらえるよう協力を求める」とおっしゃっているんですね。これはどうなったのでしょうか。

定 結局、正式に動いたわけではないので、なかなかうまく「あぁ、そうですか」とはなりませんでしたね。それはそうなんですけれども、でもそういった企業を育てたいということなんです。

たとえば、ニトリさんの話が先ほど出ましたが、1989年に札証に上場されました。そこからスタートして、2002年に東証にも上場されて、いまや日本を代表する企業になられました。それと同じように、たとえば健康コーポレーション、いまはRIZAPグループという名前になりましたが、あの会社は2006年に、札証のアンビシャスに上場されたんですね。いまもアンビシャス上場企業ですけれども、時価総額は1100億円以上の企業になっているんです。

アンビシャスなり新興市場をつくった時は、上場企業も玉石混交だったと思うんですね。でも、いろいろな問題もあって、きちっとしなきゃ駄目だということで、新興市場も既存市場も何も同じようなかたちになっちゃったんですけれども、それでもアンビシャスは、小さい規模でも夢がみられる企業が集まる市場にしたいという思いがありますね。

――まさに大志を抱いてここに来てほしいということですか。

定　そうです。ですから、志のある方はどうぞ使っていただきたいと思っております。

▼魅力的な市場づくりと新規上場企業獲得に向けた施策

――よくわかりました。このほかにも市場改革のため、2003年に札証未来戦略研究会、2009年には北海道資本市場会議を、取引所のなかに設置されましたけれども、そこではどういう議論をされたんでしょうか。

定　札証未来戦略研究会は、北海道大学でベンチャー企業などを研究しておられた、濱田〔康行〕先生に座長をお願いして行った研究会です。この研究会では半年ぐらいで提言書をまとめましたが、福証さんとか全取引所にヒアリングに歩きました。この研究会の提言としては、たとえば、グリーンシートに登録している銘柄を、アンビシャスに持ってくればいいですとか、あるいは札証を株式会社化しなさいとかですね。それからまた、東証と対峙できるようなものを、大阪証券取引所も構想を出していましたが、ああいったものですとか、いろいろなことをあそこの提言のなかに書いてあるわけですよね。

ところが、提言は受けましたけれども、なかなか取組みは進んでいなかったんです。しかし、2008年、伊藤理事長の最後の期に、会員外理事にいまの私どもの小池〔善明〕理事長、それからアークスの横山〔清〕社長に就任していただきました。その時に札証の現状をふまえて、何ができるのか、何ができないのか、一度整理してみたらどうかという話がありまして、その時に野村證券の当時の山口〔英一郎〕支店長と、上光証券の当時の木村〔美太郎〕会長にもお入りいただいて議論したのが、北海道資本市場会議のそもそものスタートなんです。

札証未来戦略研究会の報告書のなかに、やっぱり北海道の資本市場は大事だよ、だからきちっと一度整理しなきゃならないよねというのがありまして、じゃあ、北海道資本市場会議を立ち上げようということになったんです。そのメンバーには、道庁さんに入ってもらおう。それから金融機関さんにも入ってもらおう。それから、ベンチャーキャピタルさんなり、監査法人さんにも入ってもらおう。そして、経済界にも入ってもらおうとしたんですけれども、なかなか経済界は、ご理解をいただけなかったというのが実態なんですね。

――では、北海道資本市場会議では、どのような議論をされたのでしょうか。

定 北海道資本市場会議でどういったことが議論がされたかですが、これはホームページにも載せているんですけれども、当時のやりたいねと考えていたいろいろな話から、こんなことできないか的な話まで全部検討しています。こういったことを検討して、今度は実行ですよねという話になって、また何か議論するテーマがあれば、再開しましょうということで、北海道資本市場会議は2012年5月の開催後、いったん小休止にしています。

――上場企業を増やす取組みもされていたとお聞きしているんですが……。

定 それは、「金融機関の地域の成長支援に関する協力協定」のことですね。これは、北海道には道銀さんと北洋銀行さん、それから信金さんがあります。23金庫ある信金さんは個別に協定を結ぶのはむずかしいので、その元締めに信金協会さんという団体がありますので、そことそれぞれに金融協定を結びまして、株式上場に関する個別相談対応や上場に関する情報提供、そのほか何か市場誘導業務ができないかということで、いま、スタートしています。

——金融機関と提携して市場誘導をしようとされたんですね。

定　はい。それともう一つは、北海道資本市場会議のメンバーにもなっていただいていたんですけれども、監査法人さんやベンチャーキャピタルさん、証券会社さんの代表を集めて勉強会をやりましょうと……。われわれとしては、北海道にＩＰＯをする企業を増やしたいわけですが、ＩＰＯをするまでにはいろんなサポートをする方々がいらっしゃいますよね。だから、そういった方々の意見も知りたい。あるいは協力したいということで、地方でＩＰＯセミナーを開いたり、勉強会も同時並行で立ち上げたんですね。それで、「成長塾」という企業の成長に向けた勉強会をＩＰＯを目指す企業、あるいは意識の高い人を集めて行ったりしているんです。九州のＩＰＯ挑戦隊までいきたいんですけれども、あそこは県をはじめ、経済界も含めてがっちり一枚岩でやっているものですから、なかなかあそこまではいけていないのが現状です。ただ、サポーターの方々の協力のおかげで、成長塾というのを行っているんですね。

また、地方でのＩＰＯセミナーは、旭川や帯広、釧路、北見、函館の各信金さんの会議室をお借りして、地域の企業さんにもご案内いただいております。そういった動きは、全部北海道資本市場会議からつながっている動きになっています。

——安倍政権以前から地域活性化が叫ばれていますが、経済産業省がいまから12、13年前に、全国を9つぐらいのブロックに分けて、各地域で将来性あるいは成長が見込める業種や部門をピックアップして、そこを重点的に育成、成長させるという産業クラスター戦略を進めていますよね。僕はたまたま去年、あれはその後どうなったのかなと思って、経済産業省のホームページをみたら、まだあるんですよね。ああいうものが一方で続いているのに、それ以降の政権がまたいろんな構想を進めています。さらには、札証さんは札証さんでこういう構想を推進されますと、語弊があるかもわかりませんが屋上屋を重ねているような感じを受けるんです。いままでやってきたことを総括して、成果

と今後の課題をきちんとふまえて、次の構想が出てくると、外部からはわかりやすいんですけれども、前のものが残ったまま、次々に新たなプロジェクトが出てくると、どうなっているのという印象を受けるんですね。そのあたりは、札証さんではどういうふうにお考えなのでしょうか。

定　正直いいまして、コーディネートするところがなかなかないんだろうなと思います。要は、いっていること、思っていることは、皆さん一緒なんですね。ですから、私どもも資本市場会議を立ち上げる時に、経済界にもお声がけしていますし、思いが同じところは一緒にできないかなということは思っているんですけれども、なかなかそれがうまくまとまらない。じゃあ、待っているだけ時間ももったいないので、できる人だけでも集まってやりましょうかとなるんですね。

先ほどの産業クラスターの話も、当時の北電の戸田会長が始められて、北海道内でも随分議論しました。それは道経連が引き継がれて、その後の食クラスター連携協議体につながっているんだろうと思うんです。しかし、私どもも会員にはなっているんですけれども、私どもは取引所ですから、それが現実に上場の話につながるかを考えますよね。ただ、なかなか上場ということにつながるお話にならないものですから、じゃあ、私どもは企業さんを対象として、こういったことをやったほうがいいだろうということで、これをやっているわけなんです。

▼確固たるアイデンティティを持つ市場に向けて

――それともう一つ、これも随分昔のことですが、私が金融審議会のワーキンググループのメンバーだった時に、名古屋、福岡、札幌の各証券取引所の方から、参考人として説明を受けたんですね。アメリカにはニューヨークの証券取引所に対して、ナスダックが独自のアイデンティティを持ったマーケットとして存在していますよね。ナスダックで

の上場を選考する最大の理由は、ナスダック市場は、非常に技術レベルの高い、優れた企業が集まっているマーケットだというアイデンティティがあるものだから、グーグルやアップルをはじめとするIT関連の企業は、だいたいニューヨークには上場しないで、みんなナスダックに上場するわけです。しかも、大きくなってもニューヨークに移るなんて、動機そのものがないわけです。こういうきちっとしたコンセプトというか、アイデンティティを持ったマーケットをつくりたいというのが、当時の金融審のメンバーの共通的な理解というか認識なんですね。

ところがマザーズにしろ、アンビシャス、福証のQ-Board、名古屋のセントレックス、あるいはそれ以前であれば店頭市場でもそうだったと思うんですが、どれも結局、そこで育成しても、みんな東証に行ってしまいます。だから、新興市場は次々と新しい企業を発掘していかないと、マーケットとして維持できないという宿命を抱えているので、これを断ち切りたいというのも金融審のメンバーの共通の認識としてあったと思うんですね。ところが最近、だれもそれをいわなくなっちゃっているので、それは日本では無理なのかなと思ったりもするんですが、そのあたりはどうなんですかね。いきなり札証にとどまれというのは、なかなかむずかしい話かもわからないですが……。

定 実は似たような議論は1回したことがあるんです。カナダのトロント証券取引所には、SPAC〔Special Purpose Acquisition Company〕という上場形態があったり、業種別に上場基準を決めているんですね。これを、札幌でもできないかと北海道資本市場会議で議論したことがあるんです。でも、金商法の壁と、立ち上げたとしてもはたして認知されるだろうかと……。要は、日本の風土のなかで、SPACのような特別目的会社を上場させたり、業種別に異なる上場基準を設けた市場をつくっても、はたして使ってもらえるだろうか。証券会社さんがそれに賛同してくださるだろうかとなって、ちょっと時期尚早かもしれないですねという結論におわったんです。

ですから、市場の特徴を出すというのは、本当にむずかしいというのが現実でして、仮にジャスダックが医療分野に特化したとしても、いまの日本ではなかなかおっしゃるようになるまでには、ちょっとむずかしいかなと思います。たとえば、農業生産法人は上場していいよということになれば、北海道では手をあげるところがあるかもしれません。でも、現実にはいろんな制約があるわけですから、その制約のなかでいま、何ができるだろうかとなると、北海道資本市場会議などで議論、検討しながらやっていくしかないと思うんですね。なんか残念ながらできない言い訳をしているようになってきましたね。

松浦　たとえば、サッポロドラッグストアーさんが、サツドラホールディングスになって、東証一部に上場されたんですけれども、そこは最初に上場したのが、ジャスダックだったんですね。その後、カムバックサーモン〔1978年に汚染のため鮭が遡上しなくなった豊平川に、鮭を呼び戻すべく行われた市民運動〕で札幌市場に重複上場されて、そこで株主を増やして、東証一部に上場されたんです。こちらで説明会やIRをされますと、人が集まるんですけれども、東京でやってもおらが企業じゃないですから、相手にされないんですよ。ですので、サツドラホールディングスさんのような使い方も、札証の1つの活用方法かなと思うんです。そうして、成長してまた東京へ戻っていくということができますので……。

定　いまのサツドラさんの話ですけれども、札証に上場していなくても、北海道に関係する優良な企業が、他市場に3年以上上場していれば、他市場経由で新規上場した時には、上場手数料を無料にしているんです。その第一号がアークスさんという道内の大手スーパーさんで、いまは東証一部上場になっておられます。第二号がアインファーマシーズさんで、現在は6社にこの制度を使って上場していただいています。そこは札証に上場したからと、積極的にIRもやっていただいております。

このビルの2階に100名規模の会議室がありまして、そこでも札証主催のIRをやっています。これは、各証券会社さんから個人投資家の方に往復はがきを出していただきまして、返事は取引所に送っていただいております。いまは口コミでどんどん広がっておりまして、年間だいたい11回、18社から20社ぐらいの企業さんにご参加いただだいて、ＩＲ説明会をしていただいております。結構、定員をオーバーするくらいご参加いただいております。この説明会にご参加いただいた方の反応も上々でして、直接説明を聞く場ができてよかったとか、証券会社さんがされるＩＲ説明会と違って、取引所がする説明会には営業色がないですから、そういったことで結構喜んでいただけますね。いちばん喜ぶのは企業さんが用意されるお土産かもしれませんが……。

上光　いまの定さんのお話ですが、当社は札証上場企業以外の会社のＩＲを引受けて、集客するというお手伝いをさせていただいているんですけれども、おもしろいのは本州の企業さんが、こちらで説明会をおやりになると、株主さんが絶対来るそうですね。それだけ説明を聞く機会がないのかと……。だから、札証さんで常に年間十数回していただけるというのは、すごく大きなことなんですね。当社がお手伝いしている会社さんは、札証さんに上場されていませんので、ホテルなどでワンフロアを借りてやるんですけれども、常に満席です。先ほど、北海道の家計金融資産に占める証券の比率が４・１％とおっしゃって、たしかにこれは相当低いんですけれども、投資に対する意欲はあるんですよね。新しいニュースを聞いてみたいという方が非常に多いので、いまは上場企業に限られておられるようなんですけれども、非常に意味がある取組みだと思いますね。

――札証さんや証券業協会のような、非営利法人が主催する懇談会や説明会に私も呼ばれるんですけれども、その時のアンケートや参加者とじかに話したりすると、証券会社主催のものに参加すると、しつこく勧誘されるんじゃないかという警戒感があるんですよ。私も函館や長崎、松山とか何カ所か行っていますけれども、口をそろえて、非常に皆さん関心はあるんですけれども、「下手に行くとしつこく付きまとわれるから嫌だ」とおっしゃるんですね。

上光　当社がお手伝いしているのは、当社主催じゃなくて、業界専門誌さん主催ですので、お客さんから参加して来られますよ。そして、あれ買ってと……。

――皆さん、関心は高いと思いますけれどもね。

上光　高いですね。それで、株主がいまはすぐにわかりますのでね。北海道の在住の株主が増えたよとなると、その分、当社も潤えますので……。

――マイナス金利が始まってから、証券投資する人は増えてきているんですか。

上光　それは、その前からですね。プラスの金利の時からそうですよ。あまりにも低すぎますからね。あんなもの、金利じゃないですから。

▼地方証券取引所の存在意義

――まぁ、そうですね。最後になりますが、地方の取引所の存在意義について、どのようにお考えでしょうか。

定　私どもは、北海道にあること自体が大事なんだろうなと思うんです。というのは、それこそ、取引所には発行市場と流通市場の役割がありますが、流通市場は私どもも東証さんのシステムを使っています。それはもう全国に1つでいいと思うんですね。でも、発行市場は、北海道の企業さんが、いきなり東証に上場しようとしても、上場基準がありますから無理なところもあります。であれば、札証をステップアップに使っていただければいいと思うんです。そういった企業が増えることによって、地域も潤いますし、雇用の場も増えていくという好循環が生まれますので、ないよりあったほうが絶対にいいと思うんです。だから、いかにそれをわかっていただいて、使っていただけるかだと思っているんですね。

先ほど話題に出ました稚内信金元理事長の井須〔孝誠〕さんは、昔、お会いした時に、「定さん、僕のところはあること自体に意義があるんですよ」とおっしゃっていました。同じように、経済インフラといっても、使われなければインフラにならないわけですから、いかにわかっていただいて、使っていただけるかが課題だと思っているんですね。

いま、取引所はどこもそうでしょうけれども、発行市場と流通市場だけじゃなくて、ＩＲやセミナー開催をされたり、情報発信に力を注いでいます。また、学生さんなどが来られて、話を聞きたいとか、あるいはみせてくださいという要望も増えていますので、こういった機能もやっぱり大事なんだろうなと……。

地域にとって、取引所があって、上光さんのような証券会社さんにもお手伝い、ご協力をいただいて、全道でＩＲやセミナーをできれば、少しずつ認知されてくるのかなと思います。私ども自身も、地域に貢献するためにありますので、そんな意識でおります。

――やっぱりアメリカとかでも、投資教育をやっていますけれども、それは売りましょう、買いましょうとかを教えているんじゃなくて、経済の仕組みや証券投資が持つ意味を教えるのが中心ですよね。そういうことを取引所さんがされて、投資人口を増やしていこうという取組みをされようとしていることがよくわかりました。

定　そうです。金融が自分たちの生活とどう関係しているのか、社会とどうつながっているのかを教えてくれるところが少ないですよね。でも、ここに来られたら、そういうことをお話できます。家計と企業や国、地方公共団体にはこういう金融のつながりがあるんですよ。皆さんとこういうふうにつながっているんですよ。取引所や、証券会社、銀行とこういうふうにつながっているんですよ、とお話をさせていただいています。子どもたちにそういうことを教える役割も、取引所にとっては大事かなと思っているんですね。

よく銀行はメガバンクを頂点に、地銀、信金があるように、東証のような世界と対峙する取引所も必要でしょう。ただしかし、その下に地方の信金さんみたいに地方の取引所もあっていいんじゃないかなと考えているんですね。

先ほど北海道の歴史の話が出ましたが、小樽では大正末期から昭和にかけて、北のウォール街といわれたそうです。ものすごい人が小樽に来たわけですよね。いま、海外から観光客が来られていますけれども、北海道が元気になることによって、日本に貢献できるのであれば、こんな素晴らしいことはないですよね。ちょっと大きなことをいってしまいましたけれども、そのように考えております。

――時間がだいぶ超過いたしましたので、これでおわりにしたいと思います。本日は大変長時間、お時間を頂戴いたしまして、どうもありがとうございました。

◎本稿は、佐賀卓雄、二上季代司、深見泰孝が参加し、２０１６年8月24日に実施された座談会の内容をまとめたものである。

第3章

東北証券界の歴史を語る

――後藤毅氏証券史談

本章では東北証券界の歴史を取り上げる。東北地方には1948年時点で22社の地場証券が存在し、翌1949年には地場証券が27社を数えた。ところが、東北証券界では3度の再編があり、1度目は1949~1952年、2度目はスターリン暴落後の1954~1955年、そして免許制移行の直前に3度目の再編が起こり、この3度の再編で25社が登録取消や廃業によって市場から退出し、1968年の免許制移行時までに4社に再編された。その後、1982年に福島の郡山証券が日本証券と合併し、2013年に大北証券がいちよし証券に吸収合併され、東北の地場証券は2社となったが、2015~2016年に福島、宮城で地銀系証券が誕生し、現時点では4社が東北地方を本拠として営業を行っている。

本章に掲載するのは、荘内証券の後藤毅氏のオーラルヒストリーである。荘内証券は約70年の歴史を持ち、また東北地区では最も多い店舗数を持つ老舗証券会社である。また、荘内証券の特徴として、債券販売で創業したこともあり、地場証券としてはかなり早い時期から、ブローカー業務依存からの脱却に取り組まれていたことがあげられる。

さて、このヒアリングに際し、筆者らは次の諸点に注目してヒアリングに臨んだ。まず1点目として、一般的に金融ビッグバン以前の地場証券は、ブローカー業務に依存する業者が多かったが、荘内証券では1968年の免許制開始前から、債券営業に注力していたことである。なぜ、そうした文化が生まれたのかが、筆者らの1点目の関心である。

2点目が、東北での証券投資の実態である。荘内証券が立地する酒田の街は、米の集積地であるとともに、江戸時代以来、米会所、米穀取引所があり、米相場が開かれていた街である。また、酒田五法を編み出した本間宗久を生んだ街でもある。他方で、金融広報委員会が2004年に行った調査では、東北6県の貯蓄残高が平均で960万円、そのうち預貯金が57・9%であるのに対し、株式、投資信託への投資額が2・2%にとどまり、山形も2・8%にとどまっている。ちなみに大都市部（千葉、東京、神奈川、愛知、大阪）では、貯蓄残高が1318万円、そのうち預貯金が57・0%、株式、投資信託への投資額が7・2%であり、貯蓄残高に占める預貯金比率にはそれほどの差がみられないが、証券投資の比率は著しく低い。そこで、筆者らは東北地方の証券会社経営は、相場が好きな少数の大口顧客（農家や山林地主など）と長期的な顧客関係を維持し、経営を成り立たせているのではないかと仮説を立て、その点についてお聞きした。これが2点目の関心である。

次に、昨今、地方創生が叫ばれているが、東北地方は人口流出に直面している。特に、荘内証券が営業地盤とする山形県、秋田県は人口流出が顕著にみられる地域でもある。こうした人口減少と相続に伴う資産流出に対して、荘内証券ではどのような施策で対応されているのか、これが筆者らの3点目の関心である。最後が、東北地区の地場証券はヒアリング当時2社であった。しかも、その2社が山形県を本拠とした会社だったわけだが、その理由はなぜか。そして、なぜ東北経済の中心である仙台に地場証券が存在しないのか。これが筆者らの4点目の関心である。これら筆者らの関心に基づき、お話を伺っている。

▼債券販売から始まった荘内証券の歴史

――それでは始めさせていただきたいと思います。本日のお話は、前半と後半に分けまして、前半は御社の歴史とトップマネジメントについてお聞きしたいと思います。また、後半では、東北6県の証券界の歴史を振り返っていただいて、印象に残っておられることや、東北の地場証券の特徴といったことをお話いただければと思います。

まず、御社は1944年12月に設立されたとお聞きしておりますけれども、当時は戦争中ですし、有価証券業整備要綱によりまして、証券業者の整理統合がかなりされていた時期だと思います。御社の成立ちは、複数の業者が集まって設立されたのか、あるいはまた、そうではなくて、御社が単独でつくられたのか、そのあたりの設立の経緯についてお聞きしたいのですが……。

後藤　当社は、先々代の和嶋茂兵衛がつくった和嶋債券部を母体にして、市内の同業者を吸収して、1944年12月に設立されました〔有価証券業整備要綱では、山形県には証券業者は1社とする予定であったが、和嶋氏ら業者が陳情し、複数の証券業者が認められることとなり、和嶋債券部が酒田市内の同業者を吸収して、荘内証券が設立された。なお、その際、本間家をはじめ、酒田市内の経済人などが出資に応じたとされる〕。和嶋債券部というのは、1927年に創立されまして、〔日本〕勧業銀行〔現在のみずほ銀行〕の債券を売っていたんです。山形県内で最初に債券を販売したのが和嶋債券部で、この地域に証券の知識を広めるのに、一役買っていたようです〔和嶋債券部は1927年4月に設立され、勧業債券を販売していた。また、『和嶋債券月報』を刊行して、経済や証券投資に関する知識の啓蒙も行っていた〕。どういう経緯で、勧業銀行の債券の販売に携わったのかはよくわかりませんが、戦争が激しくなった時に、勧業銀行の資料とかいろいろな帳簿類とかを酒田に疎開させようか、という話合いもされていたようで、かなり勧業銀行との関係は密接だったと思います。

――勧業銀行の……。

後藤　勧業銀行が焼失をおそれた書類や帳簿類を、和嶋債券部に避難させようかという話まであったようです〔荘内証券が設立された頃、東京への空襲が激しさを増したため、和嶋茂兵衛氏の自宅に帳簿などが運ばれたとされる〕。幸い、戦火によって勧業銀行が焼失することはなかったんですけれども……。

――当時、東京大空襲などがありましたから、友好な取引先などに書類などを預かってもらおうという動きがいろいろあったと思いますね。

後藤　おそらくその流れだと思いますよ。この頃は、私はまだこの会社に入社していませんから、詳しいことはよくわかりませんけれども、当社の社史にそういうことが書かれています。

――勧業債券を販売されたということですが、販売されたのは、勧業大券か宝くじ付きの債券のどちらですか〔日本勧

業銀行は普通債券と特殊債券を発行し、普通債券には、勧業大券と勧業小券があった。勧業大券は額面金額が50円以上で、発行条件はその時々の金融情勢によって決まり、償還の際に割増金がつかない一般社債と同質の債券であった。他方、勧業小券は日本勧業銀行だけに発行が認められた債券であり、額面金額は50円以下で、発行条件はそのつど、大蔵大臣の認可を受けていた。また、債券を抽選償還する際、元金に一定金額を上乗せする割増金が付与された。この債券は「済崩販売」といわれる月賦販売が行われ、初回の払込みがおわれば抽選の権利を得られた)。

後藤 いわゆる勧業銀行の債券を取扱っていたことは知っていますが、細かなことまではちょっとわからないですね。

――どちらを販売されていたかは、ご存じではないわけですね。

後藤 はい。戦後、宝くじがついたものが随分あったらしいですけれども、この頃はそういう債券があったのかどうかも存じ上げません。

――勧業債券というのは2種類発行されていまして、いまでいう利付債みたいなものと、宝くじ付きの少額債券の2種類出していたんです。

後藤 ああ、そうですか。それは社史に書かれていなかったので、存じませんでした。

――そうですか。どちらを販売されていたかは書かれていないんですね。

後藤 はい。

――1927年につくられた和嶋債券部というのは、本店は酒田にあったんですか。

後藤 はい、酒田です。

――和嶋債券部は和嶋茂兵衛さんがつくられたとおっしゃっていましたが、となりますと、和嶋というのはオーナーのお名前ですね。

後藤 そうです。オーナーの名前です。

――和嶋茂兵衛さんは和嶋債券部を始められる前、いったい何をしていらっしゃったんですか。米の取引とかでしょうか。

後藤　両替商です〔和嶋家は両替商を営んでいたとされる〕。

――両替商だったんですか。1927年に和嶋債券部をおつくりになられたわけですが、それからいまの荘内証券になるまでは、どういう過程をたどられたんでしょうか。

後藤　先ほども少しお話いたしましたが、社史によれば、当時、この地域にも複数の証券業者らしきものがあったようなんですよね。それで、先ほどもいいましたように、戦時中のことですから証券業者の統合が命令されて、山形は1社にまとめよということになっていたんです。しかし、山形というのは内陸と庄内とでは、まったく経済圏が別物ですので、そうした特殊な事情を説明したようなんです。それで、1社にまとめるのではなく、大蔵省から複数の業者が認められたわけなんです。ですので、当社は、庄内地方にあった複数の業者をまとめて発足したようです。

実は設立当時、野村證券にいらっしゃった奥村綱雄さんが、当社の役員をされているんです。だから、設立した頃は、野村證券から営業のバックアップを受けていたんですね。また、当社の二代目社長、和嶋茂男という方も、このご縁で野村證券に入社されているんです。

――戦時中、このあたりに複数の証券業者があったということでしたが……。

後藤　おそらくあったんだと思います。

――戦争中に証券業者は法人化しなきゃいけなかったことと、統合が命令されましたので、その時に和嶋債券部が中心となって、複数の業者をまとめ上げて現在の荘内証券をつくられたんじゃないかなという感じがいたしますね。ところで、奥村さんが取締役をされていたとのことでしたが、奥村さんがこちらにいらっしゃったのは、どういう理由だったんでしょうか。

後藤　いや、よくはわかりませんが、和嶋茂兵衛と個人的な付き合いがあったんだと思います。

――荘内証券は和嶋債券部を中心に、個人商店をまとめ上げて設立されたわけですね。そして、和嶋家の後裔の方が二代目を継がれたということでしたが、和嶋家以外の後裔の方は、御社にいらっしゃらないんですか。

後藤　現在は先代の和嶋茂男の息子さんが、鶴岡支店に勤務していますが、それ以外の方はおりませんね。

――和嶋家の後裔の方がいらっしゃるけれども、糾合した側の後裔の方は、もうこの会社にいらっしゃらないわけですか。

後藤　ええ。和嶋茂兵衛さんの孫に当たる方だけで、それ以外の後裔の方はおりませんね。

――そうしますと、後藤様はオーナーである和嶋家以外の方で、はじめての社長になられたんですか。

後藤　はい、そうです。実は、いまでも鮮明に記憶に残っていることがあるんですよ。それは、先代の和嶋社長から私が社長のバトンタッチを要請された取締役会なんですよ。1999年5月7日のことです。先代が入院療養中の酒田市内の病院の一室を借りての取締役会（決算役員会）が行われたんです。その時、議長である先代から、「自分も1964年に代表になってから、今日までやってきた。ここにきて体調も万全ではないので、社長を交代し、若返りを図りたい」との発言がありまして、私が社長に指名されたんです。

――病室での取締役会だったわけですか。

後藤　そうです。二代続いたオーナー企業である荘内証券でしたが、私のような高卒で入社し、プロパーとして長年やってきたものが代表になるとは、思いもよりませんでした。

▼免許取得と債券営業への注力

――なるほど。わかりました。後藤様は1959年に会社にお入りになられまして、最初に営業部門に配属されたというふうにお聞きしているんですけれども、終戦直後は東北6県に、証券会社が27社ありました。

後藤　東北6県でね。

――はい。つまり、青森、秋田、岩手、福島、宮城、山形で27社あったんですけれども、山形では終戦直後から、御社と山形証券だけだったんですか。

後藤　いや、酒田に3社あったんですよ。この10万都市に、当社と酒田証券〔現在のSBI証券〕、それからお米屋さん出身の荒木証券〔現在のSBI証券〕と、地場証券が3社あったんです。

――当時、地場証券の多くは株式を中心に営業をされていたと思います。おそらく御社もそうだったんじゃないかと思います。そうしますと、免許取得にはご苦労もあったのではないかと思いますので、免許取得にかかわるお話を次にお聞かせいただけますでしょうか。また、あわせて証券恐慌の頃のお話をお聞かせいただければと思います。

後藤　当社で苦労したのは、1963年に新庄営業所で不祥事がありまして、当時の資本金を上回る損失を出したことがあるんです。それで当局から相当やられたんでしょうね。私はその頃一営業員でして、関係部署にはおりませんでしたが、「経営者交代」とそのあたりまでいわれたんじゃないですか。

――監督当局から……。

後藤　当局からこのままじゃ駄目だと……。それで、先々代の和嶋茂兵衛が、当時まだ奥村綱雄さんがおられた時ですから、野村證券へ人材の派遣を要請しに行ったんですよ。その時に、奥村さんが「じゃあ、息子さんをお返ししましょう」と……。

――野村證券にいらっしゃった……。

後藤　そうです。先ほどもいいましたように、先代の和嶋茂男は15年くらい、野村證券に勤めておられました〔和嶋茂男氏は、1948年に野村證券に入社し、場立ちから本店営業部、仙台支店、山形支店を経て、上野支店長、公社債引受課、日比谷支店長などを歴任し、1964年1月に野村證券を退社して、荘内証券の社長を務められた〕。

――なるほど。15年ほど野村證券でご勤務されていたわけですね。

後藤　そうです。そして、当時は、野村證券の数寄屋橋と日比谷の支店長を兼ねておったんですね。将来を嘱望されておったらしいので、そのまま野村證券にいれば、おそらく相当のところまでいったんでしょうけれども、先々代の和嶋茂兵衛が人材派遣を要請したところ、「息子さんをお返ししましょう」ということになって、先代の和嶋茂男が当社に戻ってくるんです。

――野村證券に入社されていた二代目さんが、帰ってこられたということですね。

後藤　戻ってこられたんです。先代の和嶋茂男は、野村證券で公社債引受課におったこともあって、当社へ帰ってきてから、「これからは株だけではいけないぞ」と……。当社はもともと和嶋債券部を前身としているというお話をしましたが、そういうこともあって債券もある程度はやっておったんです。取扱高としては株式ほどでもないんですけれども、当時から当社は、株式一本やりというわけではなかったんです。債券もある程度取引があったんですよ。しかし、先代が野村證券での経験から、「割引債を中心に、募集物で人件費を稼ごう」とおっしゃって、それが合言葉になったんですね。

営業現場は、「あらら、すごいことをいう人だな」と思いましたよ。というのも、それまでも割引債を取扱ったことはあったんですけれども、取扱高としてはそんなになかったんですよ。しかし、これをきっかけにして割引債の大キャンペーンを始めまして、本当に人件費を割引債で稼いだんですよ。当時は割引債をいくら売っても、これでやめろということはなかったですからね。ワリコー、ワリチョー、ワリフドーとか、とにかくたくさんありましたので……。それまで当社は株式を中心としていたわけですが、「債券営業も必要である」ということで、みんな債券営業にも注力しましてね。それで、ゆくゆくは株式で6、株式以外で4を稼ごうというのが、長らく当社の社是になったんですよ。

――この頃ですと、電話債も取扱っておられたんですか。

後藤 もちろん取扱っていました。ちょうど農村部で集団電話の架設が始まりましてね。それで各地区の公民館とかに営業員が出向きまして、電話債の買取りもしていましたよ。また、それ相応の額面にまとまれば、大手顧客に転売したりもいたしました。

――野村證券にトレーニーでいらっしゃった方って、自分の会社に戻ると、債券営業の重要性を説かれる方が多いように思うんですけれども……。

後藤 特に先代は、野村證券で公社債引受課にいたこともあって、債券営業のノウハウを積んできていましたので、そのノウハウをどんどん取り入れて、みんなで債券営業に注力したんですよね。当時、割引電話債券を使って投信販売のセールスなどをしていましたよ。

――割引電話債券を使っての投信販売とは、具体的にはどのようなセールスをしておられたのでしょうか。

後藤 額面の50％は割電を買っていただいて、残った50％で投信を買っていただくわけです。

――なるほど。債券営業に注力されたということですが、ということは、当時は歩合外務員の方はあまりいらっしゃらなかったんですか。

後藤 当社にはいないです。

――全員、社員営業だったんですか。

後藤　私が入社する前には、歩合外務員がいたようなことも聞いていますけれども、私が入社してからは、歩合外務員は当社にはいないです。

――1959年に入社されたわけですが、同じ年に本荘と新庄に営業所を……。

後藤　ええ。私は1959年に入社したわけですけれども、私は次男坊で、本来は地元には残る気がなくて、上京志向が強かったんです。地元の県立商業高校を卒業したら、東京に行って働きたいと思っていました。ところが、学校から「地元に荘内証券という会社があるけれども、受けてみないか」と推薦されまして、面接に行くことにしたんです。そうして、試験と面接がおわって学校に帰りましたら、合格通知が来ていたんです。これも1つの縁かなと思いまして、荘内証券に入社したわけです。入社した年の6月に新庄と本荘に営業所ができまして、それから一気にドーンと従業員が増えたんですね。

――ちょうど株式ブームの時期ですね。

後藤　ええ。入ってからしばらくの間、株価は上昇していましたから、みんな戦力になりましたので……。

――1961年7月まで、株価はあがっていきますからね。

斉藤　例の岩戸景気ですね。

――この時期に、後藤様を含めて新卒は何人ぐらいとられたんですか。相当な人数をとられたんですか。

後藤　私が入社した年は、新卒が本店には3人、鶴岡支店には2人かな。あと新庄と本荘に営業所ができた6月前後から、中途採用で十数人入ってきたと思います。

――ということは、1年間に20人程度ですか。それで御社の社員が100人ぐらいになったんですか。

後藤　いや、その頃はまだそんなにはいっていません。だって、私が入社した時の当社の社員数は、30人いたかいないかだったと思いますので……。

――そのなかで20人弱が新入社員ですか。

後藤　まぁ、それは新卒ばかりじゃなくて、中途採用であちこちから中年のおじさんも入ってきましたからね。

――そして、証券恐慌の直前から割引債の販売に注力されて、それが認められて免許取得ということですか。

後藤　一応そういうことだと思います。ちょうど免許をいただく頃、私は鶴岡支店で営業をやっておりました。当然、鶴岡支店の目標管理額というのがありますので、それをいち早くクリアするべく、免許のことはそっちに置きまして、成績をあげるのに必死でした。ですから、先代の社長から「免許が下りた」というのは電話で聞きましたが、あまりそれまでの経過というのは、詳しくはないんです。

――ということは、免許取得に関する苦労とか、そういう話はあまりご存じないですか。

後藤　あまり知らないですね。社史に載っていることぐらいしかわかりません。

――当時のこととして印象に残っているのは、割引債の販売をともかく一生懸命やったということですか。

後藤　そうです。あの頃は本当に一生懸命やりました。ですから、ある程度株式が悪くても、そこそこコミッションは入ってきていましたよ。

――手数料がですね。免許を取得する過程で、御社単独ではむずかしいから、他社と合併せよとかいう、そういう話はなかったんですか。

後藤　そういう話はいっさい聞いていませんね。だから、なかったと思いますよ。しかし、酒田にあったほかの2社は、1968年の免許制移行の時に一緒になったんですが、免許基準を超えることができなくて、日栄証券〔現在のSBI証券〕と一緒になったんですね〔免許基準として、最低資本金額基準や財務面での基準が設けられた。前者は東京、大阪、名古屋以外の非会員業者の場合は2000万円、後者は過去数年間の市況沈滞時の手数料収入の実績を基準に、有価証券売買損益を除外して収支均衡することをメドに支出を圧縮することが求められた〕。そして、日栄証券の酒田支店になったわけです〔酒田証券は1967年6月に、日栄証券へと営業譲渡している〕。いま、日栄証券はSBI証券になっていますけれども……〔日栄証券は2003年にソフトバンク・インベストメントに買収され、SBI証券となった〕。

――債券の募集をそれだけしていれば、当局としては、安定経営の基盤があるとみたんじゃないでしょうかね。

後藤 先代が1964年に当社へ帰ってきて、第一番目に説いたことは、債券の募集に注力することでしたね。野球でいえば、ほしいものは投手力だ。株はバッティングみたいなもので、3割打つ時もあれば、2割しか打てない時もある。しかし、ピッチャーは何勝かする投手は必ず各チームにいるわけですから、勘定できるんだ。証券の世界でいえば、それは割引債だよと……。

斉藤 これは本当に野村イズムですよね。

後藤 私は、先代から奥村綱雄さんのダイヤモンド経営について、得々と聞かされましたね。「ダイヤモンドは多方面に全部光らなきゃ、よいダイヤモンドとはいわない。証券会社も同じだ。どこからみても光るような会社であれ」とよくいっていました。これが奥村綱雄さんのダイヤモンド経営だよと……。

▼つなぎ先の変更と関係強化

――こうして免許を取得されたわけですが、荘内証券は会員業者ではございませんけれども、注文はどちらにつないでいらっしゃったんですか。野村證券ですか。

後藤 現在は三菱UFJモルガン・スタンレー証券につないでおります。私は1959年に当社へ入社しましたが、その当時は、本店と新庄営業所は野村證券の山形支店につないでおったんです。そして、鶴岡支店が日興証券〔現在の

ＳＭＢＣ日興証券〕の新潟支店につないでおったんです。それから、本荘営業所は大和証券の秋田支店につないでおったんですよ。

――御社は奥村さんが役員になっていらっしゃったわけですけれども、つなぎ先は野村證券一本ではなかったんですね。支店ごとにつなぎ先を変えておられた理由は、何かあるのでしょうか。

後藤　当社のつなぎ先は、野村證券一本ではなかったですね。いちばん多くの注文が野村證券の山形支店に行きましたけれども、野村證券一本ではありませんでした。それは、信用取引の枠の問題があったことが背景にあるんです。当時、信用取引の枠が非常に厳しかったらしいので、その枠を確保するために発注先を変えていたようです。

――当時は、信用取引の枠が各社に割り当てられていたから、１社だけだとちょっと割当額が少ないので、発注先をばらして……。

後藤　そのとおりですね。しかし、それでは問題が起きてきたんです。たとえば、野村證券に入っている担保物件を、ほかの証券会社へ売ったとかね。

――それはお客さんの都合で、野村證券へ担保物件として入れたものを、こっちにと……。

後藤　基本的には先ほどいいましたように、本店は野村證券山形支店、鶴岡支店が日興証券新潟支店、本荘営業所は大和証券秋田支店と決まっているんですが、当時はセールスマンもそこまで頭が回らなくて、どんどん注文を出して、どこでもいいから発注したんでしょうね。担保物件をあちこちに売るわけですよ。そうすると、受渡しが大変なわけですね。

――なるほどね。いまと違って、厳格にはされていませんからね。それで、一本化しようと……。

後藤　まあまあ、そうですね。こういう不都合が出てきまして、それである時期に廣田証券へ一本化したんです。

――なるほど、わかりました。信用取引の枠の問題から３社に分散して発注していたのを、廣田証券に一本化されたと

のことですが、廣田証券に一本化されたのは何年ぐらいのことですか。

後藤　1962、1963年かな。

――つなぎ先を廣田証券に一本化されたわけですが、信用取引の枠は確保できたんでしょうか。

後藤　できたんだと思います。だからこそ、発注先が複数あることによる不都合を解消するために、廣田証券に一本化したわけですから……。そして、1964年に先代社長の和嶋茂男が野村證券から帰ってくるんです。先代が野村證券にいた時、上司に奥村義雄さんという方がおられて、その方が光亜証券〔現在の三菱UFJモルガン・スタンレー証券〕の社長をされていたんですよ。そういう関係から、1967年8月につなぎ先を光亜証券に変更したんです〔奥村義雄氏は1966年11月から、1975年11月まで光亜証券の社長を務められた〕。

――それで1967年ぐらいから光亜証券に一本化されたわけですね。

後藤　そうです。ただ、光亜証券に一本化するのも相当な時間がかかったんですよ。建玉の問題とかいろいろありましたから、時間をかけて光亜証券に一本化したんです。

――廣田さんとのお付き合いというのは、どういう関係から始まったんですか。

後藤　それは、当時の鶴岡支店長が、非常にシンプルな店構えと仕事のやり方がいいということで、先々代の社長に紹介したんですね。それで、先々代の社長が「じゃあ、そこにするか」ということで、廣田証券に一本化していったんです。

――しかし、先代社長がお戻りになられて、再度つなぎ先を光亜証券へと変えられたわけですね。それで光亜証券が3社合併で国際証券となり、さらに三菱UFJモルガン・スタンレー証券になりましたので、いまのつなぎ先が三菱UFJモルガン・スタンレー証券になるわけですね〔光亜証券は、1981年に八千代証券と野村投資信託販売と合併し、国際証券となった。その後、国際証券は2001年に三菱系の証券会社4社と合併して三菱証券となり、さらに2005

年にＵＦＪつばさ証券、２００９年にはモルガン・スタンレー証券と合併し、三菱ＵＦＪモルガン・スタンレー証券となる〕。

後藤　そういうことです。つなぎ先が光亜証券に変わると、それまでと違ってタイムリーな情報が、光亜証券から入ってくるようになりましてね。特に、八千代証券と光亜証券、野村投信販売の3社が一緒になって国際証券になってからは、それまでなかったような非常にタイムリーな情報がたくさん入ってきました。

また、光亜証券とは人的なつながりも深めていったんですよ。１９６９年頃からだったと思いますが、それから20年くらい東京と酒田を隔年で行き来して、両社で野球の試合をやっていたんですよ。それで人のつながりが随分できまして、若い人は若い人なりに情報交換もできるようになりましたし、そういう交流を通じても、両社の関係が強固なものになっていきましたね。

――つなぎ先を光亜証券に変えたことにより、情報が入りやすくなったことを利点としてお話になられましたが、ほかにはなかったのでしょうか。

後藤　光亜証券が合併した八千代証券は、外債に非常に強かったんですね。ですから、国際証券になってからは、われわれの知らない商品をいろいろ教えてもらいました。特に外債、ゼロクーポン債は非常に大々的に当社でも取扱いました。非常にうまみのある商品でしたし、当社で一番の収益源だったのではないでしょうか。ゼロクーポンは、期間が経てば必ずあがりますし、為替の思惑とも絡むんで、為替と償還差益の両面で利益を追求できますので……。おそらくゼロクーポン債の販売は、全国の地方証券のなかでも、当社は早かったんじゃないかと思いますね。

斉藤　われわれがゼロクーポン債を取扱ったのは、１９８1年頃からだと思います。それ以来、ずっと取扱ってきましたし、ゼロポン〔ゼロクーポン債〕でもいろんなゼロポンを取扱いましたからね。

後藤　最初はたしか、キャタピラーのゼロクーポン債の取扱いから始めたと思うんですね。それからＩＢＭとか、アーチャー・ダニエルズ、ガス・ド・フランス、ＧＥなど多数取扱いました。お客様のニーズとも合致していましたので、あの当時でも取扱高が大幅に増えまして、邦貨換算で180億円くらい取扱ったと思います。

――それも先代のお考えですか。

後藤 それもありますし、先ほどもいいましたように、当社が注文をつないでいた光亜証券が国際証券になりまして、旧八千代証券はそっち方面に非常に強みを持っており、野球大会などを通じて、旧八千代の人とも仲よくなりまして、そういう商品も出してもらったんですよ。

――八千代証券といえば、平木〔三郎〕さんですよね。

後藤 そう、そう、平木さん。旧八千代証券の人たちとの人脈がきっかけになって、それでやったんですね。最近では、一般企業のゼロクーポン債は取扱わないで、トレジャリーストリップス債一本でやっていますよ。

▼本間宗久を生んだ酒田の投資家の特徴

――先ほど発注先を複数にされていたのは、信用取引の枠の問題があったとおっしゃっておられましたが、1社に発注していたのでは割当枠が少なかったわけですよね。ということは、逆にいえば信用取引を多用されていたとも解釈できますよね。つまり、御社のお客さんというのは、相場の好きな方が多かったんですか。

後藤 当社のお客様というのは、地元の商店主の方であるとか、それから魚屋さん関係とかが主でしたね。酒田は毎日魚があがりますので、魚屋さんは魚の相場を毎日しておられるわけですよね。あと、酒田は米の集散地ですし、本間家もありましたし……〔本間家は酒田の豪商で、酒田五法を考案したとされる。米相場で莫大な富を得た本間宗久も、本間久四郎光本の三男である〕。私が入った頃は、大手のお客様が2、3人おられまして、毎日大きな商いをしておられましたよ。

——山形といいますと、酒田は庄内米ですし、それから置賜地方は生糸の産地ですよね。

後藤　内陸はね。

——だいたい、米とか生糸というと商品相場が連想されますけれども、特に酒田には、お隣にあります本間家に代表されるような相場師もいらっしゃいましたね〔荘内証券本店の隣には、本間家旧本邸がある〕。ですから、歴史的には相場好きなお客さんが多かったと思うんですが、そういったお客さんはあまりおられなかったんですね。

後藤　私が入った頃は、やっぱり商店主さん、魚屋さんですね。そして老舗の旦那衆。あと、この地域には鉄興社〔現在の東北東ソー化学〕、花王とかがあったわけですけれども、そういう会社の社員が、そんなに大きいお金ではないですけれども、お客様になってくださっていて、頭数としてはたくさんおられました。

——酒田といえば本間宗久さんですし、酒田五法発祥の地ですから、ちょっと意外な感じですね。

後藤　本間宗久の酒田五法、ローソク足、罫線はいまや全世界で使われていますよね。「酒田照る照る　堂島曇る　江戸の蔵前雨が降る」という俗謡があるんですよ。

——よく「酒田照る照る　堂島曇る　あいの土山雨が降る」とか、いろんな言い方がありますよね。

斉藤　地元酒田にこのような相場の神様がいたんですね。宿命めいたものを感じます。

——私どもでつくっております『日本証券史資料』の戦前編第9巻に、相場道文献ということで、本間宗久の残したものを復刻して収録したのですが、やはり御社にはチャーチストが多いんですか。

後藤　いまは全部ネットで出ますのでね……。昔は自分で引いてやっておったんですけれども、当時はお客様も自分の持っている銘柄を全部、自分で罫線をつけておられたもんですよ。

——お客さんも。

後藤　2ミリとか3ミリの方眼紙につけていらっしゃいましたよ。いまはインターネットで検索すれば出てきますもの……。

――ちょっと話がずれましたが、御社は商店主さん、旦那衆を主たるお客さんとされていたとのことですが、たとえば、山林地主だとか、そういう人はいらっしゃらなかったんですか。

後藤　山持ちは株よりは割引債でしたね。割引債を中心にドサッと買う人は、山持ちにおりましたですね。

――株ではなくてね。

後藤　株じゃなくて。

――旦那衆というのはどういうお商売をされていた方なんでしょうか。

後藤　何代も続いてきた鋳物屋さんとかそういった老舗、それからセメントの二次製品を扱う方、時計屋さんとかですね。私の記憶では、時計屋さん、歯医者さんが多かったですね。歯医者さんは金歯の関係で、金相場に非常に敏感でしょう。ですから、投資に乗りやすいお客様が多かったですね。

それと先ほども少し話が出たかと思うんですが、酒田は米の集積地であり、また、本間宗久が有名ですが、江戸時代には帳合米取引が盛んに行われていました。そして、明治になってからも酒田米会所、後の酒田米穀取引所がありまして、米の取引が行われていたこともあり、相場に対する理解は高い地域だと思うんですよね。ただ、お客様は農家や山林地主ではなく、老舗や時計屋さん、歯医者さんが多かったと記憶しています。

――では、別に農家や山林地主が、御社のお客さんに多かったわけでもないわけですね。

後藤　農家でも大きい人はおりましたよ。おりましたけれども、そう絶対数がいなかったですから。それと、農家の方はどっちかというと保守的ですから。そんなに、何度も取引をしてくれるとかいうのはなかったですね。やっぱり商店主さんとか、そういう人は早かったですね。

――回転が速いですか。

後藤　回転が速いというか、見切りも早かったしね。

――昔、酒田や鶴岡に米の取引所がありましたけれども、あの頃はやっぱり農家の方たちも相場はされていたわけですよね。

後藤　私は、それはわからないです。

――じゃあ、荘内証券さんがお相手されている農家のお客さんは、そんなに株好きとか相場好きじゃなくて、意外に保守的な方が多かったということでしたが……。

後藤　保守的で、いわゆる持ちっ放しとか……。

――長期保有を前提に……。

後藤　何かお金が必要な時があれば、その分だけ売るとかね。そういうお客様が多かったですね。どこでも同じですけれども、戦後、いまの東北電力、当時は東北配電といっていた頃ですけれども、地元の方に株式を引受けてもらったでしょう。細かい株券なんですけれども、それをたくさんの方が持っているんですよ。そういうものを持っている人は、株式に対する理解度はある程度はありましたね。

――昔は電力株といえば資産株で、安定的に配当も出ましたから、万が一の時にも……。

後藤　額面500円のものが額面以下の払込みとか、そういう時代に買われた方がたくさんいらっしゃったんですよ。そういう方々がお持ちの株式は、最初こそ小さかったんですが、だんだん株主割当増資などが行われまして、うまみが甘受できるような大きさになったんですね。それで、息子に嫁をもらうとか、一時的な出費がかさむ時に売りにいらっしゃるんです。

――たとえば、TDKの工場とかが秋田にありますね〔1940年に平沢町（現在の秋田県にかほ市）に平沢分工場を開設し、その後も秋田県内に多くの生産拠点を設けた〕。そこの関連会社の社長さんなどはいかがでしょうか。

後藤　いらっしゃいますね。本荘に当社の営業所があるんですけれども、あそこは平沢にＴＤＫの磁気テープをつくっていた主力工場があるわけですね。いまはさまざまな電子部品をつくっていますけれどもね。そういうことで、関連会社で大きいお客様が2、3人おりましたですね。ちょっと話はそれますが、ＴＤＫが東京電化といった頃に、まだ株価が安かった時があって、その時に株主になられた方々がたくさんおられたんです。その後、会社がものすごく大きくなりましたから、株価も上昇して「よかった」とおっしゃっていたのは、随分聞きました。だって、すごく値上りしましたでしょ。

――そのほかにも上場企業の工場もありましたよね。

後藤　ええ。酒田には花王があります。地元の従業員の方のなかでは、従業員持株会を通じて自社株を持たれていて、それがどんどん増えていって、退職した時にはかなりの株数になったという話も聞いていますよ。そういう人のなかから、当社の大きいお客様が何人かいらっしゃいましたよね。それこそバブルの頃、花王の株価も相当な値段になったわけですから。

――結構いらっしゃったわけですね。後藤様が荘内証券に入社された頃と、いまとではお客さんの職業というか、層というのは随分変わっているのでしょうか。

後藤　変わっていますね。先ほどいった旦那衆がいなくなった。そして、いまは若い人が、ネットでどんどん参加しているぐらいですから、当社のお客様も年の頃でいえば、40代後半から70代がいちばん多いですね。

――いまのお客さんは、40代後半から70代が多いわけですか。

後藤　そうですね。ただ、高齢化で代替りが進んでいるんですよ。ですから、特に投資信託とかで大きい商いをする時は、必ずセールスに加えて、上司、店長もしくは役員が同行して、お客様のご子息にも同席していただいたうえで、商売をやっています。そういう大きなお金を動かせる人は、相当高齢な方が多いものですから、後々いろんな問題が起こると困るので、ご子息も交えてみんなで一緒に相談しながら商売をしています。だから、当社はそんなにお客様が離れていっていませんね。

――御家族にも承認していただいたうえで、お商売をしておられるということですか。

後藤　そう、そう、そうですね。同席していただいてね。

▼東北地区での未上場株取引の歴史

――ちょっと話が変わるんですけれども、北陸は未公開株の取引が盛んですよね。東北はどうなんですか。そんなにはないですか。

後藤　当社に限っていえば、いまはないです。ただ、荘内銀行さんとか、いまはきらやか銀行になりましたけれども、山形相互銀行や殖産相互銀行が上場する前は、銀行株の取引はありました。

――それはお取扱いをされていたんですか。

後藤　当社でも、上場前の地元銀行株は取扱いましたけれども、普通の製造業とか、そんなものは当時からないです。

――たとえば、バス会社とか電鉄会社とか、そういう会社の株式の取引もないですか。

後藤　庄内交通という会社がありますけれども、株主には優待をくれたんですよ。以前はその会社の株式に、多少の需要がありましたね。ただ、売る人がいないんですよ。

――優待がほしいから。

後藤　優待で全線パス券をくれたんですよ。皆さんご存じかわからないですけれども、いわゆる「浜のあば」といいますか、市場から町に魚を売りにきた「しょいっこ」のおばちゃん方がいるでしょう。

――はいはい、行商されていた方ですね。

後藤　行商のおばあさんたち。その人たちが全線パス券がほしいものですから、1回もつとなかなか売りが出てこないんですよ。一方で、お客様のなかには、「売り注文が出たら教えてくれ」という方もいらっしゃるんですね。それで売り注文が出ますと、われわれが仲介して、相対取引をしてもらっていましたけれども、売りがほとんど出ませんからね。あと、わかる人は、上場前で地元銀行の株式の値段が額面近くだった頃は、利回り的に採算があうから、「売りが出たらとにかく全部持ってこい」とおっしゃるお客様もいらっしゃいました。

――なるほどね。ほかの地方では、地元百貨店株なんかも売買されていたという話を聞いたことがあるんですけれども……。

後藤　ここにも地場の百貨店がありますし、持っている人はおったんですけれども、流通はなかったですね。

――じゃあ、地元銀行が上場してから、未上場株の取引はほとんどないということですね。

後藤　いま現在は、当社では地場の未上場株の取引はないです。ゼロに等しい。

――未上場株取引に関連して、ちょっとお話をお伺いしたいんですけれども、ちょうどビッグバン前後に、仙台でベンチャー向けの新興市場をつくるとかいう話はなかったですか〔1997年頃に、財団法人東北産業活性化センター会長で東北電力会長の明間輝行氏や、東北大学の西沢昭夫氏らが中心となって、中小・ベンチャー企業育成のための電子取引システム「SENDAQ」を構築する計画があった〕。

後藤　さあ、それは知らなかったです。

――たとえば、大阪でナスダックジャパンとか、新興企業向けのマーケットができましたけれども、そういう類いのものを仙台でつくろうという話があったと聞いたんですけれども、そういう話をお聞きになったことはありませんか。

後藤　その頃は営業の現場を走り回っていましたので、そちらのほうに頭がいっていませんので、そういう話は知らないですね。

▼貯蓄商品を用いた顧客開拓と長期にわたる顧客関係の維持の秘訣

――山形にはもう1社、山形証券がありますよね。山形証券のホームページをみておりますと、あそこは新興国の投資信託に結構力を入れているように思うんですね。御社でも、先ほどのお話ですと先代社長が野村證券から戻られて以来、債券の募集で収益の4割を獲得することを目指して、早くから取扱商品の多角化を図られているとのことでしたが、投資信託はどうなんですか。

後藤　株以外で4割ということでね、投資信託も当然やっていましたよ。ですから、市況が思わしくない時は、株が4割、株以外が6割という時代もありました。その時は、パトナム社の投信を随分募集しました。それから、ちょっとずれますけれども、ジャンボとか、いろんなものを募集しましたね。

――あぁ、山一證券がつくったジャンボですね。

後藤　それから、あとファミリーファンドですね。あれも募集しましたよ。それから、ユニット型の投資信託も随分売りましたね。また、中国ファンドも募集しましたよ。50周年記念キャンペーンでは中国ファンドを最重要商品と位置づけ、1994年12月末時点で残高が100億円に達しましたから。当社が昔から公社債営業にも尽力していたことは、先ほどからお話しているとおりですが、1982年10月には証券貯蓄部を設けて、公社債や投資信託といった貯蓄商品を使って、長期的に取引してくださる新規のお客様の開拓を図っていました。

――御社では、先代社長が野村證券から戻ってこられた1964年から、株式営業からの脱却を始めたということですが、ずっとそれは脈々と続いていたということですか。

後藤　そういうことですね。目標としたのが株式6、その他4の割合で収益を得ることでしたからね。それで、株式が駄目な時に、債券や投資信託の募集に励みましたので、結果的にいわゆる株式以外で6割を稼げるようになったんです。

斉藤　ですから、われわれはビッグバンの前から、そういう下地をつくっていたんですよ。だから、そうした流れがあったことが、ちょっとほかの地場証券とは違うところじゃないかなと思いますけれどもね。

――バブルの頃は、山形でもかなりのお客さんが押し寄せて、株を買ったりされたものですか。東京では、法人営業か営業特金とかいろいろありましたけれども……。

後藤　当社は営業特金とかそんなのはいっさいなかったです。だいたい、酒田というか、庄内一円では財テクをしていた企業の話は聞いたことがありません。

――たとえば、法人が株を買いに来たとか、そういうのはあまりないんですか。

斉藤　ほとんど個人ですよ。

後藤　当社は99・9％個人営業です。先々代が会社を起こされた時に、ピープルズ・キャピタリズムということをよくおっしゃっていたそうです。

――証券民主化ね。

後藤　だから、いちばん多かった時、当社は５００人ぐらい株主がいたんですよ。

――この会社ですか。

後藤　設立当初から１００株、２００株と、当社の株式を買ってくださった方がたくさんいらっしゃったんですよ。いまは、その当時に買われた株が、増資、増資で、ある程度まとまった株数になっていますけれども……。いまでも当社には３６０人か３７０人くらいの株主さんがいらっしゃいます。だから、地方の証券会社でこんなに株主がいて、大丈夫かと心配されますけれども……。

――その株主さんというのは、だいたいの方がお客さんになっていらっしゃるんですか。

後藤　だいたいお客様になっていただいております。そこらあたりが当社の強みですね。

――300人以上の株主さんが……。

後藤　いま、364、365人かな。ただ、やっぱり代替りがありまして、その時に引き取ってくださいということで、少しずつ減ってはきていますが、それでも360人くらいの株主さんがいらっしゃいます。

――設立当初、500人も株主がいらっしゃったというお話ですけれども、それは和嶋茂兵衛さんが……。

後藤　われわれが増資の時に、いろいろなお客様を回って、株を持ってもらったんです。

――引受けてもらったんですね。

後藤　そうです。自分のお客様のところへ行って、当社が今度増資しますから少し持っていただけませんかと……。そういうことで、さまざまなお客様に100株とか200株を持ってもらったんですよ。当時は1株50円ですから、100株持ってもらっても5000円、200株持ってもらっても1万円ですからね。その当時、当社の株式を買っていただいた方は、増資のつど、株数が増えていって、いまではある程度の株数になっているんですよ。

――それで、これだけ細かい株主さんがたくさんいらっしゃったと……。

後藤　そうです。

――しかも、その株主さんの多くがお客さんにもなってくれているから……。

後藤　全員じゃありませんけれどもね。ただ、取引をする場合は、当社を利用していただいております。

――ピープルズ・キャピタリズムの精神が、御社の株主構成と顧客構成の両面でちゃんと根付いて、それが現在も続いているということですね。

後藤　そうですね。ただ、一時期、無配が続きましてね。その頃には手放す株主さんもおられましたけれども、幸いこの頃は、安定配当していますので、株主さんには喜んでもらっていますよ。

斉藤　株主さんがお客様になってくださって、その株式を代々引き継いでいただくわけですよ。そうすると、父親が荘内証券の株を持っていたなと、それがきっかけになって、その方のご子息とまたつながりが出てくるというか……。

――そうですか。中小証券の場合は、数人大きなお客さんがいて、その人たちがグルグル回してというのが割と多いんですけども……。

後藤　昔はそうでしたよ、私が入社した頃は、やっぱり大きい人がいらっしゃいましてね。それ相応にまとまったものを売買される方がいらっしゃいました。

――じゃあ、これだけ株主が増えたのは、後藤様が入られてからということですか。

後藤　当社は、私が入社した頃、資本金は1200万円でした。それが2000万円になって3000万円、4000万円、5000万円となったんですね〔荘内証券は、1960年2月に資本金を2000万円にし、1961年7月には3000万円に増資している。さらに、1963年12月には資本金を4000万円に、1964年2月には5000万円に増資している〕。昔から株主は多かったんですが、先ほどお話ししましたとおり、先代社長が当社に戻ってくるきっかけになった営業所の不祥事があって、その時に、立て続けに増資をしたんですよ。その時に、既存の株主さんだけじゃなくて、新規の株主さんもつくる必要が出てきて、みんなが歩き回ったんです。それで、「じゃあ、お付き合いしましょう」といって、株主になってもらった方もたくさんいらっしゃるんです。もちろん、当社のお客様以外の方にも、株主になっていただいております。

――それはまた、株主探しでえらく大変なご苦労をされたわけですね。

後藤　友達とか、そういう人にもお願いして、株を持ってもらった覚えがありますよ。

――地縁とか友人、お客さんとかにも持ってもらって、それで５００人の株主を集められたわけですね。

後藤　いちばん多かった時で、それぐらい株主がいらっしゃいました。いまは３６０人前後ですが……。

▼ネット証券との競合と対面営業の利点

――先ほど酒田証券が日栄証券になったというお話を伺いましたけれども、日栄証券はその後ＳＢＩ証券になりましたよね。やはりネット証券にお客さんは流出しているんですか。

後藤　ええ、そうですよ。

斉藤　ただ、意外とネット証券を使いながら、当社のお客様になっている方もいらっしゃるんですよ。

後藤　ネットで取引していると、気がついたらお金がなくなっておったということもあるんですよ。

――ああ、毎日のようにやっていると……。

後藤　そう、そう。自分の世界に入っちゃうもんですから。

斉藤　ネットが7で、こっちが3かもしれないし、こっちが8でネットが2かもしれないですけれども、両方を使っているお客様もいらっしゃるんですよ。

――証券業協会が出している調査では、ネット証券を使っている人は、意外に60代も多いじゃないですか。

斉藤　多いです。

――高齢者でも、対面型からネットに移行される方もいらっしゃるわけですか。

後藤　いらっしゃるでしょうね。ただ、いまいったように、対面が懐かしくなっていらっしゃるお客様もあるんですよ。

斉藤　人間っておもしろいもので、ネットで取引するのもいいんだけれども、やっぱり声が聞きたいんですよね。ですから、先ほどいったように、ネット7、対面3というように両方を使って、アドバイスも聞きたいんでしょうね。

後藤　多くのお客様がネットでの取引では、そんなに大きな取引はやっていないんですよ。大きい取引はやっぱり対面が多いんですよ。

――ある会社の人もいっていましたけれども、ネットでも口座を持っているお客さんに、「なぜ電話取引を続けるんですか」と聞いたことがあるそうです。そうすると、お客さんは、「最後の一押しがほしいんだ」と答えたそうですよ。決断する前の最後の一押しがほしいんですって……。

斉藤　人間って、そんなものでしょう。やっぱり不安なんですよね。

――自分の判断が本当に正しいのか、最後に一押ししてほしいんでしょうね。

斉藤　「行きましょうや」とね。

――それがほしいんですって。それはおっしゃっていましたね。

後藤　ですから、今村証券さんは対面とネットを上手に融合して、商売をやっておられるんじゃないですかね。

――今村証券は執行はネットでするけれども、アドバイスとかは全部対面でしておられますね。

斉藤　われわれは社員にきっちり給料を支払って、株主の皆さんにも配当ができて、そこそこの身の丈にあった経営をして、それで地域のお客様を大事にしていくことができれば、それでいいんですよ。というのは、当社は大手証券と違いまして、ここから逃げも隠れもできませんからね。ですから、現在本店を入れて6店舗あるんですけれども、とにかく地域に密着した営業をすることを心がけていますし、「厳しい営業はやりなさんなよ」と常にいっています。

――決算をみていますと、非常に積立と内部留保がたくさんありますね。

後藤　内部留保はしているつもりです。

――かなりありますよね。

後藤　そうですか。昔からの財産です。ですから、とにかく無駄遣いはしない。ここは南洲遺訓が盛んなところなんですよ。戊辰戦争がおわった後、庄内には薩摩軍が入ったんです。

――西郷隆盛がこの地を治めたんでしたね。

後藤　会津には長州が入って、ああいうふうになったわけですけれども、庄内には西郷隆盛が入って、非常に善政を敷いたんですね。鶴岡の殿様の家老は、わざわざ薩摩まで行って、西郷南洲に教えを乞うたんですよ。その教えをまとめたのが南洲遺訓なんですよ。南洲翁は、経理の基本は「入りを量りて出るを制す」であるとして、この精神が大事なんだとおっしゃっているんです。当社は曲がりなりにも、「入りを量りて出るを制す」をやっているつもりです。

――収支均衡がとれるように、出は厳しく、入りはちゃんと量っておくと……。

後藤　そういうことです。

――証券会社としてはきわめて健全なやり方ではないでしょうか。鶴岡に行っても、西郷隆盛関連の史料が結構残してありましたね。それは会津とは違いますね。

後藤　だって、会津と長州はまだ因縁があるでしょうしね。

――先の戦いというと、あそこでは第二次大戦じゃないわけですからね。

後藤　庄内は西南の役の時も、鶴岡藩士が行って殉死していますからね。たしか田原坂で殉死しているはずです。それほど傾注していたんですよ。

▼人口減少と資産流出の危機への対応

――御社のお客さんは、非常に長いお付き合いの方が多いというふうに、ある人からお聞きしたんですけれども、他方で、山形、秋田は人口減少率が非常に高いですよね。特に秋田は高いですよね。そうしますと、お客さんの代替りが始まっていって、お子さんが東京にいらっしゃる場合、相続されるとお金が全部そっちへ行っちゃいますよね。それにはどういう対応をされているのかなと思いまして……。

後藤　それはやっぱりおっしゃるとおり、いまはそういう流れですね。ただ、先ほどもいいましたように、お年寄りへの大きな商売は、家族も同席していただいたうえでやっていますので、もし亡くなられて遠方にご子息がいらっしゃる場合でも、すぐには引き揚げてはいないようですね。全部現金化するというのはまた別ですけれども、そのまま預り物件を当社に残してくださるお客様には、電話などで連絡を密にしています。ただ、人口が減っているのは確かでございまして、代替りしているのも確かです。お客様の流出をいかに食い止めるかということで、当社は通り一遍の電話とかではなくて、あくまでもフェーストゥフェースでの対応を通じて、いまのところは対処しています。

――そうしますと、相続対策のアドバイスなどは重要になってくるかと思うんですけれども、相続対策のアドバイスなどもされているんですか。

後藤　はい。それは当然セールストークのなかには入っています。

――たとえば、相続対策に使えるように、保険の販売をされたりもしておられるわけですか。

後藤　もちろん、保険の販売もやっています。

――東京の証券会社の方から、営業員を地方に派遣しているというお話を聞いたことがあるんですけどね。不思議に思って、「なんでそんなことをするんですか」とお聞きしましたら、東京で地方の資産家のお子さんをねらって顧客開拓するのは、雲をつかむような話だとおっしゃるんですよ。しかし、地方にいらっしゃるお金持ちを、いまのうちから自分のところのお客さんになっておいてもらえば、相続が起こった時に、効率的にご子息にアプローチできるので、地方に営業員を派遣しているんだという話をお聞きしたことがあるんです。つまり、御社にとっては新たなライバルが出てきているわけですけれども、それに対してはなんらかの措置をとられているのでしょうか。

後藤　私の耳に入らないのか、あまりそういう話は聞いたことがないですね。

――ああ、そうですか。

後藤　本当に地方の人口がどんどん減少していることは、われわれも現場で実感しています。これはもうどの地域でもそうです。ですから、お盆とお正月はお子さんが田舎に帰ってこられるでしょう。そういう機会を逃さないようにして、必ずお客様とそのお子さんとお会いして、いろいろなご相談にのるようにしています。

斉藤　お盆やお正月が近づいてくると、お客様に「息子さん、いつ帰ってこられますか」と事前に聞いておいて、そこで……。

――ちゃんと顔をつないでおくわけですか。

後藤　そうですね。「お盆とお正月には必ずお子さんと対面しなさい」と、営業マンにはいっています。こういう営業努力というんでしょうか、これは絶対にやっておかないといけませんから、もう再三再四営業マンにはいっています。

――じゃあ、攻めてくる側もいますけれども、守る側も守る側でそういう対応をちゃんとされているわけですね。

後藤　攻めてくる前から、きちんとできることをやっておきなさいよ、ということは指導していますからね。

――御社は、インターネットのホームページがないですよね。あれは何か意図があるんだろうかと思ったんですけれど

も……。

後藤　1回つくったんですけれども、更新するべきを更新しないとか、雑だったんですね。それならいっそのことやめてしまえと……それっきりホームページはないんです。おそらく全国でも当社だけだと思いますよ。

斉藤　いま、会長が申しましたように、特に意図はないです。これからやろうとは思っています。

――御社だけかどうかわかりませんけれども、しかし少数であることは間違いないと思います。とにかく、お客さんのお子さんともいまのうちから接触を繰り返して、預り資産を維持するように努力しておられるという……。

後藤　息子さんに限らず娘さんとか、とにかく関係者とは機会があるごとに必ず会うようにしています。

――この地域を出ていかれた方も、お盆とお正月は必ず帰ってこられるんだから、その時をねらってお客さんにアプローチをかけると……。

斉藤　そう。必ず対面しなさいと……。

――あと、日本全体がそうですけれども、家計の金融資産が預金に偏っていますよね。ここらあたりなんか特にそうじゃないでしょうか。

総理府統計をみますと、家計の金融資産に占める証券の割合というのは、東京がいちばん高くて17％なんですよ。他方で、東北6県は非常に低くて、青森が3・8％、山形がいちばん高くて5・7％なんです。あと、秋田が5・4％、岩手が5・3％、福島が5・0％と、東北6県は非常に銀行預金に偏っているんですよ。先ほどからお話を聞いておりますと、このあたりは意外に保守的だというお話ですから、御社のお客さんもやっぱり預貯金に偏っているという感じですか。

後藤　われわれは「貯蓄から投資へ」の旗のもと、新たなお金を求める営業をやっていますけれども、やはり、まだお金の運用には保守的なのではないでしょうか。ただ、最近は銀行さんで投資信託を販売するようになりましたので、投資信託はだいぶポピュラーな商品と受け止められているんじゃないですか。

――ということは、銀行が裾野を広げてくれたと……。

斉藤　ちょうど銀行での投資信託の窓販が解禁された時は、証券会社は大変になるかなと思ったんですけども、全然違いましたね。逆に投資信託というものを世間一般に広めてくれたと思いますよ。

▼東北地区に地場証券が少ない理由

(1)　なぜ仙台に地場証券が存在しないのか

――なるほど、よくわかりました。ここまで御社のマネジメントの話をお聞きしましたので、次に、東北の証券界の特徴について、お聞きしようと思います。

まず、終戦後、東北6県には27社の証券会社があったんですけれども、1968年時点で山形に2社、御社と山形証券ですね。それから岩手に大北証券〔現在のいちよし証券〕、福島に郡山証券〔現在の内藤証券〕の4社の地場証券があったわけですけれども、現在は東北6県を合わせてわずか2社しか証券会社がないんですよね。それはどうしてなのかなというのがお聞きしたいところなんです。

後藤　私が入社した頃から後、東北の地場証券とはそんなに付き合いもなかったんですが、昔、福島に郡山証券というのがあったんですけれども、それもいまはないでしょう。

――郡山証券はどうなったんですか。

後藤　この当時のことは、私はちょっとわからないですね〔郡山証券は1983年4月に、日本証券に営業譲渡している〕。私は1968年頃といえば、鶴岡支店に勤務していまして、支店の数字をあげないといけなかったので、そちらに専念していましたので、業界の事情というのには疎いんです。

――1968年時点ではありましたよね。

後藤　免許制の時はあったらしいです。ただ、それもいまはなくなりましたでしょう。長らく盛岡の大北証券さんと山形証券さんと当社と、ずっと3社で来ましたので、随分淘汰されたんだと思いますよ。私が協会に関係するようになりましてからは、ずっと3社体制が続いていたんですが、いまは2社になりましたが……。

――大北がいちよしに吸収合併されましたのでね〔大北証券は2013年3月に、いちよし証券に吸収合併された〕。

後藤　大北さんがいちよしさんと一緒になりましたので……。

――東北6県で27社あったにもかかわらず、現在は山形県にある2社しか残っていないわけですよね。ほかはもう全部なくなったにもかかわらず、山形に2社もあるというのは、何か山形特有の事情があるんですか。

後藤　うーん、どうでしょうかね。社史をみますと、1県1証券会社という指導もあったらしいですね。しかし、先ほども少しお話しましたが、内陸と庄内とでは全然文化や経済が違うんですよ。だから、無理して2社体制で認めてもらったということを書いていますね。

――1県1社というのは免許制の時ですか。

後藤　いやいや、戦時中の1944年に、1県1社だというのを、無理を押して山形と庄内に2社認めてもらったということが社史に書かれていますね。

――銀行は戦前から大蔵省が1県1行主義を標榜して、すごく推進したわけですね。そういう指導が証券のほうでもあったということですね。しかし、それは免許制の時もやっているんじゃないですか。以前、今村証券の今村〔九治〕さんがそのことに触れておられて、なぜ富山に地場証券が多いのかという質問をした際に、富山の財務部長が温

情主義で、小さな会社も残したからだという話をされていたと思います。

後藤　免許制の時に、富山の財務部長が随分緩かったから、あそこは多いんだと話されていましたね。しかし、先ほど酒田証券や荒木証券が免許基準をクリアできなかったというお話をしましたが、東北は北陸のように基準が緩いということがなかったものですから、それで減ったんだと思います〔東北地区は１９６８年の免許制が開始される時点で、地場証券が山形に2社、岩手1社に集約されていた〕。

――なるほどね。

後藤　だいたい、仙台に地場証券がないというのはおかしいじゃないですか。宮城県に地場証券がないというのは、いちばん不思議なんですよね。東北全体を見回せば、やっぱり中心は仙台ですからね。そして、その仙台には主だった銀行、証券、その他が支店を出しているわけですよ。にもかかわらず、地場証券がないんですよね。

――ありませんね。

斉藤　ないですね。

後藤　そもそも仙台という地域は、主だった製造業でも金融でもなんでも、全部支店経済なんです。地場の企業では、東北電力と七十七銀行さんなどがありますかね。

――しかし、七十七銀行は東京証券取引所の場勘銀行でしたから、証券取引は盛んだったはずですけれども……。

後藤　うん。ただ、地場証券はないですよ。どうして地場証券がないかを考えますと、4社がすべて支店を出しておって、商圏を全部押さえておったからだと思うんですよ。だから、地場証券が出て行く余地がなかったんじゃないかなと思うんですよ。

――おそらく4社は戦後すぐに支店を出していますよ〔大手4社の仙台への出店時期は、山一證券が１９４０年5月、野村證券が１９４６年10月、日興証券が１９４８年8月、大和証券が１９４８年11月と、取引所再開までに4社すべてが仙台に支

店を出店していた」。

後藤　ただ、私は、長らく続いた東北3社体制のもとで仕事をしておりましたので、大変申し訳ないですが、それ以前のことはあまりわからないんです。

(2)　なぜ山形だけに地場証券が残っているのか

――宮城県は県内に証券会社のお店が9店舗あるんですよ。岡三証券、大和証券、東海東京証券、東洋証券、ＳＭＢＣ日興証券、野村證券、みずほ証券、三菱ＵＦＪモルガン・スタンレー証券、それから山形証券が塩釜に支店を出しているんですね。それで9店なんです。宮城県内の店舗を地域でみていくと、仙台に8店舗あって、塩釜に1店舗でほかの地域にはないんですよ。

後藤　だから、いわゆる地場証券は山形証券さんだけなんですけれどもね。

――それで、山形にも9店舗あるんですよ。御社が4店舗お持ちで、あと山形証券が山形市と米沢に2店舗。それから大和証券、ＳＭＢＣ日興証券、野村證券が山形市に支店を出していて、合計9店舗で出店地域も山形市、米沢、酒田、鶴岡、新庄だけなんです。この両県を比べてみますと、山形と宮城に同じ数だけ証券会社の店舗はあるんですよ。

他方で、東北6県の証券取引を県別に比率を出してみると、宮城が占める比率が3割ぐらいなんですよ。まぁ少ないほうだと思うんですよね。そもそも宮城県内に出ている支店自体が少ないことに加えて、仙台に集中しているんですよね。これは証券取引が、仙台市だけに集中しているということですか。ほかの町ではあまり行われていないということなんでしょうか。

後藤　ほとんど仙台一極集中ですね。

――たとえば、福島県には証券会社の店舗が12店舗あるんです。

後藤　会津とか郡山にありますよね。

――福島には大和証券、ＳＭＢＣ日興証券、野村證券、丸三証券、みずほ証券、三菱ＵＦＪモルガン・スタンレー証券、水戸証券が出店していて、地域的にも会津に丸三証券、郡山に大和証券、野村證券、みずほ証券、福島に大和証券、野村證券、ＳＭＢＣ日興証券、みずほ証券と三菱ＵＦＪモルガン・スタンレー証券、いわきに大和証券、野村證券と水戸証券と出ていて、郡山、福島、いわきに集中しているような感じがするんですよね。

斉藤　これ、どうなんでしょうか。先ほどお話したんですけれども、山形でも私どもの庄内地方と内陸地方の経済圏が分かれているように、福島も郡山、いわきとでは経済圏が違うんじゃないかと思うんです。

後藤　福島には奥羽山脈と阿武隈高地によって、地域が浜通り、中通り、会津と3つに分かれていますので、あそこも経済圏が分かれているんですよね。

――東北6県を総理府統計でみますと、人口では全国の8・2%を占めているんですね。そして、預貯金が4・8%。東証での株式売買が3・6%。公社債が2・3%なんです。そして、東北6県の証券取引だけを取り出してみると、宮城と福島で6割を占めているんです。この数字は、1978年の証券百年事業の時に調べられたものなんですが、いまでも大きくは変わっていないんですか。

斉藤　私は変わっていないと思いますね。

後藤　まず、青森、秋田にないもんね。地場証券がないでしょう。

――地場の証券会社は、東北6県ではいまや山形にしかないわけですから。

後藤　いまはね。いまは当社と山形証券さんしかないわけですけれども……。

――はじめからなかったということですか。

後藤　少なくとも1968年に免許制が始まった時には、3社しかなかったですね。

――なるほどね。やっぱり証券後進地域ということですかね。

斉藤　多分、そうだと思いますね。

――そのなかで、山形だけ残っているというのが不思議ですね。

後藤　まず、身の丈にあったことしかしなかったから残ったんじゃないですか。

――山形には地場証券が、御社と山形証券の2社ありますでしょう。山形市内を拠点とする会社と、酒田を拠点とする会社と、経済圏が違うという話なのかもしれませんが、東北のほかの地域は、もうどこも地場証券がありませんよね。岩手もなくなりましたしね。岩手には証券会社の店舗が7店舗あって、大和証券、野村證券、SMBC日興証券、三菱UFJモルガン・スタンレー証券といった大手証券の支店と、大北証券を買収したいちよし証券の3店舗という感じなんですよね。

後藤　そうですよ。大北証券さんが北上と水沢、一関に営業所を3つ持っていましたからね。

――そうです。秋田県も御社が、横手と本荘に2店舗お持ちで、あとは、秋田市に大和証券、SMBC日興証券、野村證券、みずほ証券が出店しているんですよ。青森県もみておきますと、大和証券、SMBC日興証券、野村證券とSMBCフレンド証券〔現在のSMBC日興証券〕があるんです。大和証券とSMBC日興証券は青森市内に店舗を出していて、野村證券とSMBCフレンド証券が2店舗出店しているんです。野村證券が青森市内と八戸、SMBCフレンド証券が弘前と八戸に出しているんです。これで青森県内が全部で6店舗なんですよ。この地域での証券会社間の競争状況はどうなんですか。

斉藤　たとえばこの地域ですか。

――はい。御社の営業地盤ではほとんどないですか。

後藤　あまり感じないですね。４年前に野村證券が鶴岡に出張所をつくったんですよ。でも２年あまりで引き揚げました。

――撤退されたんですか。じゃあ、出してもペイしないということですかね。

後藤　そのあたりの事情はわかりません。

――地場証券が少ないのは、もともとそうだということですね。

後藤　理由を聞かれれば、もともとそうでしたとしか……。

――増えもしないわけですね。

後藤　増えもしない。ただ、１つ減りましたね。

――他方で、免許制が導入されて以来、40年ぐらい再編もまったくありませんでしたでしょう。

後藤　そうです。

――ということは、競争が回避できていたんじゃないかと思うわけですけれども、いまのお話を聞いていると、ビジネスがここで活発に行われていたわけではなく、そもそもビジネスがあまりないから、新規の参入も少なかったということでしょうか。

後藤　なんといいますか、酒田に関していえば、大手証券も魅力を感じなかったんでしょうね。だから、出てこなかったんだと思います。魅力があれば、大手証券は支店を出していたと思うんですね。

――そうですね。酒田にあるとすれば、ＳＢＩ、昔の日栄証券くらいですか。

後藤　ＳＢＩさんくらいですね。

(3) 東北経済の歴史的変化と産学連携による新たな産業の芽吹き

――話題を変えまして、戦後、東北6県の経済的な変化としては、まず、財閥解体がありまして、東北配電の株でたくさん株主ができたかと思います。それ以降、むつ小川原開発計画とか、それから東北新幹線の開通ですね。さらにはトヨタやTDKとかの工場が出てきましたよね。そういうので土地の売却代金ですとか、それから開発資金の流入があったかと思うんですけれども、そういうインパクトが商売上に何かつながったということは……。

後藤 ないです。

斉藤 当社の営業地域というのは、庄内地方と秋田の一部ですけれども、いまお話されたさまざまな開発が行われた地域は、当社の営業地域とは違うんですよ。そして、当社の営業地域への新規の進出って、意外とないんですよ。

――じゃあ、どちらかといえば、東北6県のなかでも山形、秋田以外に……。

斉藤 でしょうね。だから、太平洋側とか。

――ああ、そうか。岩手、青森、宮城。

斉藤 青森まで含むかどうかはわからないですけれども……。

後藤 トヨタが岩手に大きな工場をつくったでしょう。あのあたりには相当資金が入ってきたでしょうね。

――昔の関東自動車工業〔現在のトヨタ自動車東日本〕ですか。

斉藤 そうです。関東自動車工業ですね。

――じゃあ、あまり開発による恩恵というのは、山形、秋田にはなかったんですか。

斉藤 恩恵はないですね。

――ということは、あまり恩恵がないから、ほかの証券会社が入ってこなかったとも考えられますね。

斉藤　でしょうね。

後藤　東日本大震災でも、こちら側はほとんど被害はありませんでしたしね。ですから、震災復興関連の資金も入ってきていないですよ。

斉藤　本当にないですよ。本当に日本海側と太平洋側の地域では、全然経済が違いますから。特に、震災後はお金の流れとか、まったく違うんじゃないですか。

――ほとんどみんな太平洋側ですか。

後藤　そうですね。

――もう東北6県とひとくくりにはできないということですね。

後藤　できないです。復興資金でいえば、福島、宮城、岩手に限られます。ここの3県には、おっしゃるとおり相当の資金が入っていると思いますよ。

斉藤　太平洋側には流れていると思います。それが、じゃあこっちのほうに来るかといったら、もうほとんど来ないですからね。

――われわれは、東北6県というから一体かなと思っていたんですが、そうではないんですね。

斉藤　全然違いますよ。

――ということは、よくも悪くも大変動はないということですね。

後藤　そうです。

――しかし、他方で新たな産業が鶴岡あたりで出てきていますね。

後藤　そうですね。この地域は歴史的にいえば、鉄興社や花王、東北エプソン、日新電化〔現在の東北東ソー化学〕、東京タングステン〔現在のアライドマテリアル〕、東北電機鉄工などの工場が進出していたわけですが、最近では、プレステージ・インターナショナルのコールセンターが、2013年に酒田に進出してきました。こうした新しい産業が少しずつ出てきていますね。

斉藤　最近では、鶴岡のスパイバーという次世代バイオ素材を開発している会社、それからヒューマン・メタボローム〔テクノロジー〕という会社がありまして、これもバイオ関係の会社ですが、この会社は一昨年にマザーズに上場しましたね。こうした会社が生まれたのは、鶴岡に慶應義塾大学先端生命科学研究所のタウンキャンパスがあるからなんですよ。

――先端生命科学研究所が、鶴岡公園のすぐ脇にありましたね。

斉藤　そう、そう、そう。

後藤　その流れからの研究開発が進んでいまして……。

(4)　東北地区での銀行の証券子会社の進出

――ちょっと話が変わりますが、最近、福島に東邦銀行が証券子会社をつくりましたよね〔2016年4月に東邦銀行が、全額出資の証券子会社であるとうほう証券を開業した〕。ああいう動きをみられて、これからは銀行が出てくるという感じですか。

後藤　いま、彼〔代表取締役社長の斉藤透氏〕が東北地区の協会長をやっていますから、そういうところは詳しいと思います。

斉藤　東邦銀行が来年4月から開業するということですが、おそらくどの地域でもそうだと思うんですけれども、銀行さんが証券子会社をつくる動きというのは、これからも続くんじゃないですか。

――いままでは、銀行系証券というのは、中国地方と九州、四国、東海あたりが多くて、北のほうでは新潟証券〔現在

の第四証券〕が第四銀行の子会社になったぐらいでしたけれども、東北6県でははじめてのことですよね。

斉藤　はじめてですね。

――東北6県で、ほかにも出そうな感じがしますか。

斉藤　いろんなうわさもありますけれども、銀行系証券が出てくる可能性は、これからも十分あるんじゃないですか。随分前にも、われわれのほうでそういう話がちらっとありましたけどね。

後藤　立ち消えになった話が多いですね。しかし、そうした動きに対しては、備えておかなければならないことはいうまでもありません。当社は大手と違って、転勤もそんなに多くないし、お客様とのつながりが密なことが財産ですよ。お客様から私的なご相談も受けますしね。たとえば、冠婚葬祭のご相談を受けることもありますしね。そういうお客様との密な関係が財産だと思っていますし、こうしたお客様との密な関係を維持して、新たに参入してくる会社があれば、その会社に対抗していかなければならないと思っています。

――お客さんの家庭のなかにまで入り込んでいることが、御社の財産だと……。

後藤　もちろん、一方的に入るわけじゃなくて、向こうから問かけがあるんですよ。そういう時に、お客様のご相談にのるんですよ。それで、話のついでに保険に入りませんかといって、そこらあたりから商売に結びつくこともあるんです。

――ファイナンシャル・アドバイザー以上のことも対応されうるということですね。

後藤　売った、買ったの世界でないこともたくさんありますね。

▼秋田県不招請勧誘禁止条例に対する意見開陳

――次の話題に移りまして、２００８年に秋田県議会で、秋田県不招請勧誘禁止条例をつくりたいという議案が出てきたらしいですね。この時に、後藤様が東北証券界を代表して、それに対する反対演説をされたということですが、これはどういう経緯で、そういう条例がつくられようとしたのでしょうか。

後藤　ちょうどその日は、東京で地区評議会があって、私は朝早くから出ていたんで、そういう条例がつくられようとしていることが、新聞に出ていたのを知らなかったんですよ。それで東京に着いたら、私が東北を代表して地区評議会に出ているものですから、「秋田でこういう話が出ているけど、どうなんだ」と聞かれたんですが、何も知らなかったんですよ。そうしたら、協会の方が新聞を持っていらっしゃって、そこで新聞を読んで、はじめて知ったんです。

それから時が経ちまして、秋田県議会で不招請勧誘禁止条例の意見を聞くからという案内が来まして、協会の方にも来てもらい、細かなことまで打合せをして議会へ行ったんですよ。議会では、正面に議員さんがズラッと並びまして、こちら側には弁護士さん、銀行協会、証券業協会、生損保、それから新聞販売店さん、ヤクルトさん、化粧品会社その他がズラッと並びましてね。それで質問を受けるわけですよ。

質問は銀行協会に対するものから始まりまして、次に私に来ました。それで、私は「先生方のおっしゃることは、デメリットだけを強調して話しているんじゃないですか。マイナス面だけ強調しておっしゃっているように思います。メリットだってありますよね。不招請勧誘禁止条例がとおれば、みすみすチャンスを逃すこともあるんですよ。少なくともこの議案であげられている案件は、東北ではありません」と、強くいったんですね。

――これは、秋田県で何か事件が起こったからつくられた条例ではないんですか。

後藤　秋田県の高齢者がいちばんだまされやすいから策定するんだといっていました。ですから、これはあくまでも高齢者を対象にした条例なんですよ。

――この条例での不招請勧誘の禁止というのは、すでに商品取引には規制されていますけれども、証券も駄目という条例ですか。

後藤　先ほどもいいましたように、銀行も保険も駄目という条例ですよ。

――預金も保険も全部……。

後藤　来てほしくないところに、行かないでくれという条例ですからね。

――ヤクルトもですか。

後藤　そうです。

――呼ばれた人はみんな、不招請勧誘の禁止対象というわけですか。銀行も保険も……。

後藤　その業界を代表して、質問に答えるわけです。だから、某化粧品メーカーも対象になっているんですよ。

――訪問販売する化粧品会社もですか。

後藤　そうです。訪問販売する化粧品会社も駄目なんですよ。だから、その業界の方は、「ご婦人に美を売ってどこが悪いんですか」といっていました。

斉藤　証券や金融関係だけじゃなくて、とにかく訪問販売する会社は……。

後藤　ですから、新聞社も規制対象に入っているわけですよ。

――新聞もそうですか。

後藤　それから、ソーラー発電パネルとか、布団とかね。そういうものが全部規制の対象になっておったんです。それで、対象となる業界が秋田県議会に呼ばれたんですよ。ですから、証券業に対しては、証券業協会を通じて呼ばれまして、私が行ったわけです。

ただ、そんなに細かいところまで先生方もわかっていませんでしたよ。ただ、だまされる高齢者が多いので、不招請勧誘禁止条例をつくりたいとそういうことでしたね。それに対して銀行協会、証券業協会その他が、それぞれの立場で意見を申し上げたわけです。私は、先ほどいいましたように、「おっしゃるようなことは決してありません。少なくとも、店を構えて商売しているのに、そんなことできっこないですよ」と強くいった覚えがあります。

――じゃあ、呼ばれた業界それぞれに、それまでに何かトラブルが発生していたわけではなくて、ごく一部であったであろう業界の話を全体に広げて、この条例をつくろうとしたということですか。

後藤　そういうことです。

――この条例の審議結果はどうだったんですか。

後藤　結果は流れました。

――廃案ですか。

後藤　廃案です。

――それはそうでしょうね。

後藤　あの頃は銀行さんも投信を売っていらっしゃったわけですけれども、銀行さんがいちばんおとなしかったですね。新聞屋さんとか、生損保が強い反対意見をいっていましたね。

――生保は外務員がそのほとんどを売っているわけですからね。

後藤　布団と生損保がいちばん強く反対したんじゃなかったかと思います。

――生保レディが7割、8割売っているわけですから、各家庭への訪問を禁止されたら、契約がとれませんからね。

後藤　もし、不招請勧誘が禁止されたら、先ほどいいましたけれども、「みすみすチャンスを逃す場合もありますよ」と……。議員さんも悪いことばっかり述べるわけですよ。だから、私たちは「いや、そんなことはないです。少なくとも店を構えて商売をしている者が、こんなことできっこないじゃないですか」と……。

どこから集めてきたのか、先生方は極端な例ばっかり出すわけですよ。それで、秋田県の高齢者がいちばんだまされているので、秋田県としては条例をつくりたいと……。そういうことに、真っ向から反対したわけですね。

――一番だまされているというのは、人口当りということですか。

後藤　そうでしょうね。件数だったら、都市部がいちばん多いでしょうからね。だから比率なんでしょうね。

――でも、秋田県の中学生の成績は、日本で一番いいんですよ。

後藤　そう、そう。秋田が一番いいんですよ。ただ、人口減少率も秋田県が一番ですからね。高齢者のみで暮らしておられるお宅も多いですから。

――高校生までは秋田にいても、大学になるとみんな東京へ出てくるじゃないですか。一方で、Uターン就職先があまりないですから……。

後藤　大学に行って、Uターンする企業がないですから、そのまま帰ってこないんですわ。

――働き口がないとなかなかね。やっぱり働く場があって稼げないと、なかなか戻れないですよね。

後藤　そう。そういうことですよ。

――一次産業が中心の経済であった頃は、そこで人が働いて食べていけたわけですよね。でも、いまは一次産業で食べていくのがむずかしいことに加えて、卸売市場の価格形成機能が低下してきて、市場外で大手スーパーとかが相対取引で取引をし出すと、買い付けたお金が支払われるまでに2カ月ほどかかったりして、資金繰りに窮して廃業する人が増えていますからね。

斉藤　そういうことですよね。本当ですね。

▼東日本大震災による被害とそれに対する対応

――さて、後藤様は東北地区協会長を2002〜2011年、9年間しておられましたけれども、その在任中には東日本大震災がありましたね。多くの被害も出ましたので、銀行は印鑑がなくても、本人確認ができれば預金の引出しに応じたり、特別な措置を講じていたかと思います。おそらく、証券業界でも被災者への対応で大変ご苦労されたんじゃないかと思うんですけれども、それに関してはいかがでしょうか。

後藤　実は、山形証券さんの塩釜営業所が多少被害に遭いましたが、大北証券さんも当社も地震による被害がほとんどなかったんです。ただ、仙台と福島、特に仙台では大手証券を中心に、いろいろと不都合があったらしいです。しかし、これはすべて支店ですから、協会をとおして協会長にどうしてくれ、ああしてくれというのはいっさいなかったんですよ。

――本店がちゃんとめんどうをみたわけですか。

後藤　そうです。支店ですから、本店がちゃんと対応したんですね。もし協会を通じて、なんらかの要請があるとすれば、地場証券に被害があった場合ですけれども、地場証券は被害がなかったですから……。

――岩手にある大北証券でも被害はなかったんですか。

後藤　大北証券さんも、大きな被害はなかったですね。ちょっと戸の開け閉めがきつくなった、ということは聞きましたけれども、店舗が壊れたとか、従業員の方がけがをされたとかはなかったと聞いています。

斉藤　大北証券さんは、先ほどいったように水沢と一関と盛岡に店舗を構えておられたんですけれども、あのあたりは海岸端からは意外と離れていますからね。海岸端のほうは大変だったかもしれないけれども、離れていますからそんなに大きな被害はありませんでしたね。

後藤　北上も水沢も一関も大きな被害はなかったですから。

――山形証券は塩釜に店舗がありますでしょう。塩釜はいかがでしたか。

後藤　山形証券さんの塩釜の店は、1階がみんな水に浸かったといっていました。

――じゃあ、塩釜以外の地場の証券会社さんはほとんど被害がなかったわけですね。

後藤　そうですね。山形証券さんの塩釜営業所だけです。東洋証券の仙台にある店舗が被害を受けたと聞きましたが、本店からの指示でみんな対応したようです。ですから、協会に相談が来たということはなかったですね。

――いま、仙台には地区協会の事務所がないですよね。東京に移されましたよね。

後藤　大北証券さんがなくなりましたので、東京にまとめられました。東日本大震災の時も、余震がひどくて2カ月半くらい、東京の証券会館に引っ越したんです。仙台は余震が激しくて、事務局の皆さんがなんとかしてくれとおっしゃいましてね。それじゃあ、余震が収まるまで東京に移したらどうですかというので……。

――じゃあ、地区協会を仙台から東京へ移されたのは、大震災が原因なんですか。

後藤　いや、それは全然違うんです。2011年に大震災がありましたでしょ。その後、2012年に平和不動産が仙台の一番町の東北電力の隣にビルを建てたんですよ。それで、平和不動産から、非常によい条件でそこに入ってくださいという話があったんです。それじゃあ入ろうかというので、私の任期がおわってからそこへ入ったんです。ところが、大北証券さんがいちよし証券さんに吸収合併されましたので、地場証券が2社になりましたでしょ。2社であれば、経費節減の折でもありましたから東京の本部に移そうと……。それで、いまは月1回の地区別評議会は、仙台市内に場所を借りて、本部から事務局長にも来ていただいてやっています。

——そうですか。もう1回仙台に地区協会の事務局をつくるとかいう話も……。

後藤　山形証券さんと当社の2社ではね……。

斉藤　東邦銀行の証券子会社ができれば、東北地方に地場証券が3社になりますので、そうなればまた考えるんじゃないですか。これはなんともいえないですね。

——飛行機を使えば、東京から庄内は1時間ですからね。仙台に行くよりも早いですよね。

後藤　そう。東京がいちばん近い。55分で行けますから。仙台まで2時間半とか3時間半かかって行くのが大変なんですよ。

——仙台にいらっしゃるのに……。

後藤　うん。そう、そう。だから、ほかの地区は近くに地区協会があるので、すぐ協会に行って、モノを申すこともできるんでしょうけれども、ここはそういうことはできないんですよ。往復6時間もかけてそんなに行っていられませんから。

斉藤　特に冬の通行は難儀ですよ。日本海側の酒田から月山を越えて、太平洋側の仙台に行くわけですから。冬の月山道の難儀さは経験したものでないと、わからないですよ。

——こっち側はちょっと不便ですからね。

斉藤　不便ですよ。日本海側から太平洋側へ行くのは。ただ、東京ならいまは庄内空港ができましたから、便利になりましたよ。

——今日の話をお聞きしておりますと、東北の証券人口は他地域に比べても少ないですよね。

後藤　少ないですね。

——しかも、家計資産も全国平均よりも銀行預金が高く、堅実に貯蓄に励んでいる人が多いわけですよね。

後藤　そうですね。

――経営環境という観点では、かなり厳しい状況であろうかと思いますが、しかし、現在も堅実に営業しておられるのは、やはり地域密着、そして募集物に昔から力を注ぎ、着実に顧客基盤を形成されてきたことが大きかったということでしょうか。

後藤　そういうことです。われわれは大手さんのように、ここを撤退して別の地域で店を出すということはできないわけですから、身の丈を考えて、地域のお客様を大事にしながら、長いお付き合いをしていただく。その一方で、ご子息にもお会いして関係を築き、引き続きお取引していただけるように努力するしかないんじゃないでしょうか。

――本日は長時間、貴重なお話をどうもありがとうございました。

◎本稿は、荘内証券代表取締役社長斉藤透氏にご同席いただき、小林和子、二上季代司、深見泰孝が参加し、2015年11月24日に実施されたヒアリングの内容をまとめたものである。

第4章

新潟証券界の歴史を語る

——新潟証券座談会

（参加者：澤村義夫氏、柴田邦昭氏、反町和夫氏、間瀬廣久氏）

本章では新潟証券界の歴史を取り上げる。新潟は江戸時代には北前船の寄港地となり、幕末の日米修好通商条約による開港五港の一つにも指定された日本海側の代表的な港都である。また、米の産地として、そして物資の集積地でもあったため、日本海側の経済の中心地として発展を遂げた街である。

他方、江戸時代に米穀売買公会所が置かれて以来、米取引が殷賑を極めた。その後、明治時代になると、新潟米穀取引所が創設され、新潟米穀株式取引所となって株式取引も開始し、石油株の取引が盛んに行われた。このように株式取引が盛んに行われていた街であったため、新潟には1948年時点で27社の地場証券が存在し、翌1949年には地場証券が41社を数えた。その後、1950～1958年の間に29社が登録取消や廃業で再編されたものの、1968年の免許制移行時には8社が免許を取得していた。また、新潟では「天目下目」というオプション取引に類似した独自の投機的な取引も行われ、独自の発展を遂げてきた。しかし、1999年の委託売買手数料完全自由化前後に2度目の業者再編があり、現在は3社が新潟を本拠として営業を行っている。

本章に掲載するのは、岡三にいがた証券の反町和夫氏、国府証券の柴田邦昭氏、新潟証券取引所にご勤務された間瀬廣久氏、新潟証券組合の澤村義夫氏の4氏にお集まりいただいて座談会を開催し、そこで筆者らの以下の関心を伺ったものである。簡単に、反町氏が創業家である旧丸福証券と、柴田氏が経営されている国府証券、間瀬氏がご勤務された新潟証券取引所の沿革を振り返っておこう。

現在は岡三にいがた証券となった旧丸福証券は、1899年に反町新作商店として長岡で米穀、株式業としてスタートし、新潟最大の地場証券として発展した。1971年には岡三証券と業務提携し、2012年に新潟を本拠とする新和証券を買収、2014年には岡三にいがた証券へと改称して現在に至っている。他方、国府証券は1948年5月、佐渡島で柴田証券という社名で設立され、その後、1951年5月に佐渡勧業証券に改称、さらに1951年6月に国府証券へと再改称し、現在、新潟唯一の独立系地場証券である。最後に、間瀬氏がご勤務された新潟証券取引所は、

1949年7月に京都、神戸、広島、福岡とともに再開され、2000年に東京証券取引所と経営統合したわけだが、コロナやツインバード工業、亀田製菓、ブルボン、雪国まいたけなど、新潟を代表する企業が上場していた取引所であった。

さて、この座談会に際し、筆者らは次の諸点に注目した。まず1点目として、新潟証券取引所の会員業者は、札幌、福岡の会員業者とともに、日本協栄証券の設立に尽力したわけだが、地方取引所の衰退が会員業者に与えた影響である。次に、佐渡島を営業地盤とする国府証券は、限られた営業地盤でこれまでどのような顧客を対象に、どのような営業をされ、今日に至るのかが2点目の関心である。

そして3点目として、新潟に本店を置く証券会社が現在3社あるが、これらすべてが新潟市以外に本店を置いている理由は何かである。さらに、丸福証券は地場証券としては珍しく、かなり早い時期から現先取引や投資信託の単独募集をされている。こうした特色ある経営は、岡三証券との業務提携が可能にしたと考えられるが、岡三証券との業務提携の理由は何にあったのかが4点目の関心である。

さらに、地方証券取引所の経営問題は、昭和40年代初めから認識された問題であったが、それに対して新潟証券取引所がどのような対応をとろうとしていたのか。また、東証との経営統合を選択された最大の要因が何かが5点目の関心である。最後が、この10年間で起きた新潟県内での証券会社再編とその要因である。これら筆者らの関心に基づき、お話を伺っている。

▼日本協栄証券の設立と再委託手数料の見直し

――本日は、お忙しいなかありがとうございます。今日、お聞きしようと考えておりますのは、大きく分けて3点ばかりあります。１点目は、証券会社の経営者の皆様にお越しいただきましたので、トップマネジメントとしてのお考えなり、あるいはどういう経営を志向されたのかなどをお聞きしようと思っております。２点目は、新潟証券取引所の歴史と、東証との経営統合に至るまでの経緯についてお聞きしたいと思います。最後が、新潟の証券界の歴史をお聞きしたいと思います。本日は座談会形式で行いますので、お気づきのことがございましたら、どなたでもご自由に発言ください。

まずは、反町〔和夫〕さんのお父様である反町芝郎さんは、日本協栄証券〔現在の証券ジャパン〕設立の際、その中心にいらっしゃったと伺っております。日本協栄証券の設立は、新潟と札幌の業者が話し合ってつくられたわけですが、その際、今川証券が東証会員を脱退するというので、今川証券から東証の会員権を購入されたわけですね。こうして、日本協栄証券は東証の会員権を取得されたわけですけれども、東証の会員にすれば、自分たちと利益を異にする競争者が入ってくるわけですから、かなり抵抗があったかと思います。事実、日本協栄証券は設立後、すぐには開業していませんよね。この日本協栄証券設立に関して、ご苦労されたことなどをご存じでしたらお聞かせいただきたいんですけれども……。

反町　そうですね。私は当時、大学生から社会人になってすぐの頃ですので、父から時たま聞いた話程度しか知らないですけれども、1949年に取引所も再開されましたが、その後、日本の復興とともに、地元の投資家の皆さん方も、地場の株式だけじゃ物足りなくなって、東証の上場銘柄にも注文を出されるようになっていくんですね。その結果、東京に注文が集中するようなかたちになったわけですが、結局、その中継ぎを地場がやったんですね。

当時、新潟と長岡で証券会社が27社くらいあって盛大にやっていたんですが、東証上場銘柄の取引をしようとすると、取次母店に取次をしてもらうわけですが、そことの手数料の比率が6対4というとんでもない比率なんですね。6を取次母店がとり、地場証券は4しかもらえないんです〔東京証券取引所の受託契約準則で、1958年まで再委託手数料率は60％と規定されていた」。これではいくら頑張っても浮かばれんと……。

ご存じのように、証券界もその時は大波乱がありまして、特に地方取引所も、昔からの因習で地場独特の取引がいろいろあったわけです。しかし、それが規制を受けたために、東京へつなぐ商いしかなくなりましたので、それをみんな一生懸命やるようになったんですけれども、あまりにも高額の手数料をとられるわけです。これではもうやっていけないというので、地方取引所も存続問題が起こりました。それで、新潟証券取引所と福岡証券取引所、札幌証券取引所の3つの取引所が、地場の人たちをまとめて、連合組織みたいなものをつくって、陳情を盛んにやったらしいんです。ところが、役所からは、「自分たちが手を出す範囲ではない、お互いの話合いだ」といわれたんですが、それでは困るので、日本協栄証券をつくろうじゃないかという話が始まったと、父がいっていました。

それで、一度、ある証券会社から会員権を売ってもらえそうだという話があって、それに飛びついて一生懸命話を詰めたらしいんですけれども、流れてしまったらしいですね。ですけど、ますます東京に取引が集中しますので、地場証券がもうやっていけないと、自主廃業するところがどんどん出てきました。そういうことがあって、その流れを止めたいという話が出たので、証券局にかけ合って、今川証券〔現在のリテラ・クレア証券〕の会員権を、ぜひこちらにほしいと陳情したようです。

ただ、陳情は成功したけれども、兜町の会員証券会社が、なかなか認めようとしなかったそうです。だから、父は「男気のあるようなことをいっているけれども、いざとなると駄目なもんだな」とぼやいていました。結局、1959年頃に会社は設立されたけれども、1960年7月にようやく日本協栄証券は会員権を取得できました。

――今川証券から株を買う前に、どこかの会社が、会員を脱退される話があって、そこから会員権を買い取ろうとされたというお話でしたが……。

反町　いや、それは、どうも役所が会員権を取り上げて廃業させるので、会員権が空くという話だったようですね。

じゃあ、それをくださいということで、交渉したわけですけれども、うまくいかなかったようです。

――そういうことですか。そういう話があったわけですね。

反町　はい。

――日本協栄証券が設立される前に、新潟共栄証券という取次機関もありましたね。

反町　ええ、そこがいったん取次機関になったんですね。日本協栄証券というのは、たしか九州と新潟からスタートしたようですけれども、抵抗がなかなか強くて、1960年にようやく仕事を始めたということをいっていました。この間、父はよく東京に来ていました。私はまだ学生でしたので、父が「東京にいるからホテルに来いよ。夕飯を食べよう」といってきますので、2カ月に一度くらいは行っていました。神田の千代田ホテルという、小さなビジネスホテルでしたけれども、そこに新潟証券取引所の専務理事も一緒に来て、折衝をやっていたようです。けれども、会社の設立から2年ほどかかって、ようやく会員権を取得できたわけですが、これがきっかけとなって、手数料の配分が逆転したわけです。

――取次母店の取分が4に対して、非会員証券のそれが6になったわけですね。

反町　はい。それで一気に地方の証券会社は、財務内容が改善したようです。そして、無配で苦しんでいた会社が、配当できるようになったということは聞いていました。

――1956年に新潟共栄証券を、つなぎ取引のためにおつくりになられたわけですが、新潟共栄証券のつなぎ先が、日東証券〔後の三洋証券〕だったと新潟証券取引所の社史に書いてあるんですね。しかし日東証券は当時、新潟証券取引所の会員業者だったかと思うんですけれども……。

間瀬　いや、あとで会員になったんです。

――あとで会員になったんですか。ということは、新潟単独会員業者から新潟共栄に注文が行って、それでクロスを振

るというか、バイカイを振ったわけではないんですか。

間瀬　いや、クロスは振らなかったと思います。新潟共栄証券というのは特別会員でしたので、だから、できたのはそのまま新潟共栄と地元の会員との間でできたということですから……。

——できたということにするわけですね。取引の流れとしては、新潟単独会員業者が日東証券に注文を出して……。

間瀬　日東証券に電話をするのは、新潟共栄証券でして、市場から電話で日東証券に注文を出すんですね。

——なるほど。そういう仕組みですか。しかし、それですと新潟単独会員業者にすれば、新潟共栄をとおすためにコストが高くなりませんか。

間瀬　それはそうですね。手数料の割合はそれまでと同じ6対4ですからね。ただ、電話料とかの諸経費の問題がありましてね。

——それだけ追加の費用がかかる。

間瀬　いや、それは、たとえば日東証券持ちとか。

——あぁ、なるほど。そして、それを日本協栄証券に移すというか、一本化するわけですね。

間瀬　そうですね。そうすると、市場内取引になって、クロスというか、新潟共栄証券が相手方でなくてもいいわけですから。

——同じことを札幌でも、福岡でもやっていたわけですね。それを日本協栄証券に集約させたわけですね。

間瀬　ですから、日本協栄証券が扱うつなぎ取引が、開業から1年ちょっと遅れてスタートしていますよね。結局、あれは一般のお客さんをとらないということで、了解を得たんじゃなかったかと思います。

——あぁ、なるほど。お客さんをとらないから……。

間瀬　当分の間はとらないということで、了解を得たと思うんです。もちろん、その後はそう多くはないんですけれども、日本協栄証券もお客さんをとっているんです。

——では、日本協栄証券のつなぎ取引の開始が1年遅れたというのは……。

間瀬　東証の会員業者さんと、どういう条件をつければ、今川証券の会員権を譲ってもらえて、開業できるのかを交渉されたんですね。それで、設立はしたんですけれども、売買そのものはまだできなかったわけです。

——売買をスタートさせるには、兜町の業者としては、客をとらないと誓約せよといったわけですか。

間瀬　確たるものはないんですけれども、交渉でそういうことをいわれたんじゃないかと思います。だから、日本協栄証券は当時、一般のお客さんをとっていませんでした。その後、徐々に一般のお客さんを相手にするセクションをつくったんですね。

——先日、札幌で聞いた話ですと、東京で業者間取引を中心にしている会社が、自分たちに来る注文が流出するので反対されて、開業までに時間を要したんだとお話していらっしゃいました。

間瀬　それもありますね。

——そういうことを回避するために、自分たちは一般客はとりません。あくまでも業者間のつなぎ取引に徹しますから認めてくださいと、1年以上交渉されてようやく認めてもらえたということですか。

間瀬　そういうふうに聞いています。

▼新潟市場独自の取引仕法であった天目下目

——それで1年以上かかったわけですね。先ほど反町さんが、地場独特の商いが規制されたので、東京に取引が流出したとおっしゃっていたわけですが、この地場独特の商いというのは、どういうことだったんでしょうか。

反町　先物のはしりですね。

――天目下目というやつですね。

反町　あれは口銭がそっくり地場の業者に入りますから、当時、政府が先物を禁じていましたけれども、業者は一生懸命やっていたんです。天目下目は結局、いまでいう……。

――オプションですよね。

反町　オプションです。単純な仕組みだったんです。4日目の受渡日の値段を……。

――当てるんでしょう。

反町　そうです。

――東京でいう合百みたいなものですよね。

反町　そうです。それが盛んだったんですね。ただ、当時は先物を禁じていましたから、こっそり、しかし一生懸命やっていたんですね。

――新潟証券取引所の理事長も、それで二代目、三代目理事長が早く辞められたかと思うんですけれども……〔新潟証券取引所では、笹川加津恵理事長、小林茂良理事長が天目下目や不祥事で10カ月の間に3人の理事長が交代した〕。

反町　天目下目は、新潟と長岡の市場で行われていた独特の取引でした。

――天目下目は、初めは米で行われていたんじゃないですか。初めから株だったんですか。

反町　米は天候という先行指標がありますから、今年は夏が悪かったから、不作だろうというので米問屋は割に楽にやっていたんですね。他方、天目下目は、ほんの短期のオプションですから、ちょっと違いますのでね。

――4日目の価格ですものね。

反町　4日目の受渡しのヘッジをやっていたりしたわけですから。

――ということは、極端にいえば1950、1951年頃までは、取引所はそれの収入が大きかったということですか。

反町　うん、まぁ。とにかく電話すら引けない業者も結構いたわけですから……。電話がなければ、東京市場の出来高なんてわからなかった時代ですからね。電話そのものが、いまでいえばＩＴのはしりですから、うちは電話を引いていましたので、先代は鞘取りを得意としていましたが……。

――鞘取りね。大阪と東京の間ですか。

反町　大阪と東京の市場間の鞘を取って、値鞘を稼ぎましてね。

――新潟証券取引所の社史には、丸福証券と大阪商事〔現在のみずほ証券〕、京都の六鹿証券〔現在の東海東京証券〕の3社が、電話で定期的に連絡をとって、相場を聞いて、隔地間取引をしていたと書いてあったんですが、それも商売としてあったということですよね。

反町　ええ。

▼山一證券で感じた証券恐慌の足音

――反町さんが大学を卒業されて、丸福証券に入社されたのは何年ですか。

反町　私は大学を出てから、山一證券に3年間行っていまして、丸福証券に入社したのは、1964年です。

――山一證券では営業ですか。

反町　営業をやっていました。当時、4社は大激戦時代でした。その新兵ですので、遅くまで働きましたよ。最初は新橋の支店にいまして、その後、前橋に行きましてね。いずれも個性の強い地方で、参りました。

——1961年頃といいますと、証券会社が100人単位で採用していた頃ですね。

反町　ええ。日大講堂を借りて入社式をやったんです。ところが、証券不況がおわって振り返ってみると、50人ぐらいしか残っていませんでした。丸福証券も、当時は社員が100人以上、たしか百四十何人まで増えましたけれども、1964年の暴落からはどんどん辞めてしまいまして、結局100人を割り込んでいきました。当時は証券不況で、それから長い間苦しむわけですけれどもね〔丸福証券の役職員数は、1963年3月に143人まで増えたが、以後、1964年には130人台、1965年には100人、1966年には90人へと漸減した〕。

——反町さんはなぜ山一證券に行かれたんですか。お父様の……。

反町　私は、父が「お前、どうする」といってきましたので、「うちに帰るほかないだろう」と答えていたんです。ですので、そのために証券会社に一度入ろうと思いまして、当時、山一證券と野村證券が募集していましたが、山一證券のほうが早かったんで応募したら、「すぐここで採用してもいいんだよ」といわれましてね。とにかく、あの当時は早い者勝ちでとっていたようですね。

——じゃあ、たまたま山一だったということですね。別に特に山一でなければならない理由はなくて……。

反町　特にはないですね。ただ、向こうは私の履歴書をみながら、「あれっ、丸福証券は新潟県だったっけ」なんて、役員同士が話していましたから、それならとっておこうかと思ったんじゃないかと思うんですけれどもね。

——ということは、丸福証券と山一證券の間に取引関係があって……。

反町　取引関係はまったくないです。

——そうしますと、お父様が山一に頼まれて、トレーニーとして入社されたわけでもないわけですね。

反町　はい、ありません。ただ、当時、小池〔厚之助〕さんが〔東京〕証券業協会の会長でして、父も〔新潟〕証券業協会の会長でしたので、接触はあったと思いますけれども、私も頼みませんでした。

ところが、1964年に、山一證券のなかではちょっと不穏な空気が漂い始めていました。この時、八幡製鉄〔現在の日本製鉄〕と富士製鉄〔現在の日本製鉄〕が合併したり、大きな建設会社が次々と合併しましてね。当時は承継会社が株券の入替えをするので、1年目、2年目の社員は、夕方5時まで営業の仕事をした後、みんな本店に来いと……。それから夜中にかけて、新株を整理して発送する仕事をしていました。その間、夜中の食堂で、偉い人もみんな一緒になって、うどんなんかを食べていたんですけれども、幹部クラスの人たちが、ヒソヒソ話をしていまして、どうも山一證券に暗雲が漂い始めているなという感じがしました。

その当時、父が「管理部門で社内規定を整備しなきゃならない。お前は大学で法律を勉強したんだから、ちょっとこっちに帰ってきて、規定づくりをやってくれないか」と言い出しましてね。まぁ、それならそうしますわということで、山一證券を退社しました。その後すぐに、山一證券は……。

——日銀特融を受けますね。

反町　内部的にいろいろな問題が出てきて、1965年5月でしたね。第一回の山一の破綻が起きたのは……。

——そうですね。

反町　まぁ、そんな状況の時でした。

▼佐渡を本拠とする国府証券創業の歴史

——わかりました。次に、柴田さんにお聞きしたいんですけれども、御社は1949年に創立ですね。

柴田　一応、いまの国府証券は、1948年5月に設立したことになっているんですよね。

——資料によりますと、佐渡島には柴田証券と佐渡証券という、2つの証券会社があったように伺っておりますが

……。

柴田　父が１９３６年に柴田株式店を開業しまして、２つの証券会社があったのではなく、１９４５年に組織変更で佐渡証券になり、専務取締役に就任し、１９４８年に辞任しています。そして、その年の5月に柴田証券設立したようです。

――お父様は佐渡出身でないそうですが、どういうきっかけで佐渡で証券業を始められたんですか。

柴田　多くを語らないものですから、よくわからないんですけれども、親父は愛知県の出身なんです。もともとは名古屋の米問屋へ入って、米相場をやっていたみたいなんです。ただ、それではおもしろくないというので、どこに移ったかはちょっとわからないんですけれども、株式に移ったんです。そして、取引所のなかで場立ちをやっていたらしいんですけれども、正確かどうかはわかりません。当時のでっちは、自分の給料というのは自分で……。

――場立ちの人は、自分のお金を使って、自分で稼いでいましたね。

柴田　本人がそういったわけじゃないのでわかりませんが、そういうようなことをやっていたんじゃないかなと思うんです。それで、たまたま場立ち仲間の店に誘われて、１９３４年に両津の林証券に入社したようです。それで、そのまま佐渡に居ついちゃったということらしいんです。

――戦後、１９４８年時点で、佐渡には柴田証券というのがありますが……。

柴田　それが国府証券の前身です。設立時の名前が柴田証券だったんです。

――それから、１９５１年5月に、柴田証券から佐渡勧業証券にお名前を変えられたそうなんですけれども、それはご存じないですか。

柴田　ええ。親父は佐渡出身じゃありませんので、地元の資産家というか、好みのあった人に誘われてというか、とにかくそういう人たちと一緒に、柴田証券をつくったらしいんですね。当時はお客様との取引というよりも、自分で商いをするための会社だったようです。経営上のことで退任した直後に佐渡勧業証券へ、また1カ月後に国府証券に商号変更したようです。

――1951年ですね。

柴田　ええ。経営をめぐるトラブルから辞めちゃったらしいんですよ。その後、社長になった方が、真野町というところの出身で、会社のある佐和田町と真野町の間に、佐渡でいちばん大きな川で、昔は「こうのがわ」と読んだ「国府川」という川があったんです。そこの川の名前からとったのではないかなと思うんですね。この時、親父はおりませんでしたので、国府証券に名前を変えた由来はよくわからないんですね〔佐渡勧業証券から国府証券への改称は、1951年6月に行われている〕。

――お父様はいったん、国府証券から退かれるわけですか。

柴田　そうです。1951年5月に……。

――それで、再びまた入ってこられた。

柴田　ええ。当社の沿革では、その当時に大きな損を出したようで、減資をしているんですね。それ以来、いまでもわずかですが資本準備金が残っているんですけれども、減資をしても立て直せないので、親父に買い取ってくれないかという話になったみたいで……。

――それでお父様が買い取られたわけですね。

柴田　ええ。後援者の方がいたりしましたので、そういう方から大部分を借金したんでしょうけれども、買ったようです。というのは、資本をあらかた持っていないと、また同じようなことが起こると考えたようです。それで買い取ったらしいんですね。

――それは何年ぐらいですか。昭和30年代ですか。

柴田　１９５５年４月に常務取締役に就任してます。

――**御社は初めから、営業地盤は佐渡島に決められていたわけですね。**

柴田　そうですね。

▼新潟市に本店を置く証券会社がない理由

――**新潟証券取引所が発足した時には、新潟証券取引所の会員業者は29社で、そのうち地場が25社あったんですね。そのほかにも非会員業者がいたはずなので、新潟県内には全部で40社ぐらい、証券会社があったと思うんですね。それがいま、国府証券と岡三にいがた、それから第四証券の3社しか残っていないですね。しかも、その会社はすべて、長岡、佐渡島に本店があって、新潟市を本店とする会社はないんですよね。それはたまたまですか。**

柴田　競争が激しいから……。

――**やっぱり新潟市内に本店を置く会社がないのは、競争が激しいからですか。新潟と長岡は、地域差があるんですか。**

柴田　もともと長岡は、証券取引が盛んなところですものね。

反町　石油が出たところですから。

――**長岡ね。**

反町　長岡の東山と日本海沿岸の石地は、石油が出たところです。海岸のほうで掘り当てたのが日本石油〔現在のＪＸＴＧエネルギー〕で、東山のほうは後に日本石油と合併した宝田石油が掘り出しました。油田を１本掘り当てると、その会社の株主は、あっという間に大金持ちになったらしく、地元の投資家が新潟とは随分違ったんですね。

――そうすると、新潟と長岡を比べると、長岡のほうが圧倒的に投機的……。

反町　新潟はどちらかというと、米が中心ですからね。

――米ね。

反町　新潟は米の集積地でしたから。長岡ももちろん集積地でしたけれども、証券投資をしていた投資家が、いちばん大勢生まれたのは長岡だったんですね。

澤村　長岡に取引所もありましたよね。

反町　取引所がありましたからね。しかも、日本石油という大会社もありましたし、その周辺の工作機械メーカーもありました。新潟鉄工はつぶれちゃいましたけれども、オーエム〔製作所〕やツガミがありましたので、株式のほうが圧倒的に米穀よりも盛んになったんです〔新潟鉄工所は、2001年11月27日に東京地裁に会社更生法適用を申請し、事実上経営破綻した〕。

――機械メーカーね。

反町　工作機械メーカーを設立しています。だから、こと証券業に関しては、新潟県内では長岡のほうが草分けで、投機家がたくさん存在したということですね。

――じゃあ、同じように、佐渡島には金山があったことが、投資家の方々の気質に影響したということはお感じでしょうか。

柴田　関係ないと思いますけれどもね。

――関係ない。

柴田　もう、1955年頃には、従業員はいましたけれども、三菱金属〔現在の三菱マテリアル〕が金山を持っていたはずですから……。しかも、いまは別会社にして、観光で食べていますが、当時もそんなに人がいたわけではないんです。１９７１年あたりに、佐渡鉱山が三菱金属の営業報告書の表紙に載ったんです。あの時は金がものすごくあがった年だったんですけれども、あのあたりが三菱金属の佐渡鉱業所としてはピークだったんだろうと思いますね。

鉱石を砕いて金を取り出す作業は、だいぶ前から四国でやっていましたし、佐渡ではただ掘るだけだったんですね。だから、そんなに従業員がいたわけじゃないし、私が知っている頃には、もう選鉱場もみんな閉鎖していましたから、ただ掘り出すだけの会社だったようですね。それに、戦後すぐに発電所も止まっていましたし、もうピークは過ぎていました。

――じゃあ、先ほど反町さんがお話になった長岡の石油株のような……。

柴田　そういう華やかな業界がないものですから、そういうことでの恩恵はなかったですね。

――そうすると、佐渡島は市場としては非常に小さいと思うんですが、そこに3社の証券会社がありました。当時、そんなにお客様はいらっしゃったんでしょうか。長岡は石油絡みの投機的な人たちがいたというお話を聞きまして、納得できたんですけれども、佐渡のほうは……。

柴田　いや、そんなにお客様がいたわけじゃないと思うんですね。だから、好きな人たちが集まって、いわゆる投資会社みたいな証券会社をつくったということじゃないでしょうかね。

――あぁ、自分で……。自己で張っていたわけですね。

柴田　はい。

▼証券恐慌後の新潟の地場証券経営

(1) 募集物に注力した丸福証券

――少し話を変えまして、証券恐慌の頃、丸福証券さんは債券や投資信託の募集に注力されたかと思うんですね。『丸福証券百年史』を読みますと、電話債の買取方法がかなり詳しく書いてありました。当時、地場証券の多くは、株式のみを扱うという方針だったと思うんです。一方で、なかには少数ながらも、当時から債券などの募集物営業に注力していた会社もありまして、そういう会社の方に話をお聞きしますと、だいたいの方が大手証券にトレーニーで行かれて、そこで債券営業の重要性を知られた方が多いんですね。そして、ご自身が自分の会社に帰られた時に、募集物営業をしないと営業の足腰が強くならないから、募集物営業をされたというお話をされる方が多いんです。

反町様も、山一證券でそういうことを学ばれて、募集物に注力するように進言されたのか、それとも、お父様が先見の明があって、募集物をやらないと生き残れないとお考えになったのでしょうか。そのあたりはいかがなんでしょうか。

反町　私は山一證券では一営業マンですので、ノルマを達成することに必死でしたから、そこまで考える余裕はなかったですね。証券不況が始まった当時、父が「この不況は長引くぞ。われわれのやり方も、フローからストックに切り替えていかないと、えらいことになる」と言い出しました。それは東京でいろいろな方々とお付き合いをしている時に、これはただ事じゃないと……。先細りしている株の売り買いだけで、手数料をあげていたら駄目になっちゃうということで、急きょ、方針を転換しました。

当時、興銀〔現在のみずほ銀行〕も新潟に支店がありましたので、支店長がよく当社へ来られたんです。その時に、しばしば「うちのワリコーを売ってくださいよ」とおっしゃっていたわけですけれども、株式が忙しい時は、だれも取り合おうとしませんでした。ただ、当時、ワリコーは1万円に付き手数料を1円いただけました。株式の手数料からみると、とるに足りないものでしたが、高額の手数料ではありました。それと、興銀が利息でお客様に旅行の楽しみをプラスしたらどうですか、というアイデアを持ち込んできたこともあって、債券課をつくって、組織的に積立でやろうじゃないかということで始めました。債券の募集に注力したもう一つの要因は、当時、農集電話といいまして……。

――農集電話……。

反町　農村集団電話というものでして、これは集落ごとに電話機を置く……。

――共同で電話をつけるものですね。

反町　ええ。新潟県は猛烈に農集電話の売込みがありました。ところが当時、それに加入するには、個人で6万円の債券を買わなきゃいけないんですね〔一般加入者の電話1件当りの電話債引受額は、当初は6万円であったが、後に10万円、15万円になった〕。

――電話債ですね。

反町　ええ、電話債。ところが農家はそんな現金、持っていません。農協がそれを貸し付ければいいんですけれども、めんどうくさかったのか理由はわかりませんが、証券会社を説明会に呼んで、その会場で債券の買取りをやってくれないかという話がありました。

当時は、証券恐慌で営業マンも昼間、株式の営業が非常に閑散としていましたが、出歩いてはいますから、ここの村で農集電話の説明会が始まったよという情報を聞いてくるんですね。それで、担当の役員が指揮をして、説明会での買取りを積極化していきました。銀行もあとから加わってきましたし、郵便局も加わってきましたので、夜討ち朝駆けでチラシを配るようなことにもなりましたけれども、これはかなり大きな収益になりました。

――これはまとめてどちらにお売りになるんですか。

反町　これは市場に売りました。

――ほう。どこかの……。

反町　まぁ、農中〔農林中金〕が買うこともありましたけれども、それでもいったん市場に出していますから、市場から買っていたみたいですね。

⑵　株式委託売買に注力した国府証券

――他方、同じ時期、国府証券ではどういうことをされていたんですか。主として株式の委託売買ですか。

柴田　そうですね。別段変わったことをしたことはほとんどないですね。当時、第一証券〔現在の三菱ＵＦＪモルガン・スタンレー証券〕が母店だったんですけれども、第一証券が第一投信〔現在のＴ＆Ｄアセットマネジメント〕をつくりましたので、一時期、付き合いで投信を売ったことがありますけれども、投信を本格的に売ったことはないですね。

――株式だけ。

柴田　株式だけでやっていましたね。ただ、反町さんがおっしゃった電話債を取扱ったことはあります。佐渡の赤泊という地区は、ダイヤル式の電話が日本で最後に入ったところなんです。つまり、佐渡は電話の普及がえらく遅れていたものですから、随分後まで電話債が売買されていまして、私らも説明会に行って、一括して買い取ってきて、すぐに売っていました。ただ、本格的に債券、投信をやったということはありません。

――その当時は、どういったお仕事をされている方を、お客さんにしていらっしゃったんですか。農家の方が中心です

か。

柴田　昔は農家の方や商店主の方が圧倒的に多かったんですけれども、いまは農家の方の収入よりも、勤めている方の収入のほうが多いですから……。

――兼業農家の方ですね。

柴田　はい。専業農家はもうほとんどいませんし、商店も跡継ぎがいないので、ほとんどがつぶれちゃいましたから、いまはどちらかというとサラリーマンでしょうね。

――じゃあ、証券恐慌当時は、農家の方や商店主の方が中心だったわけですね。

柴田　農家が圧倒的に多かったですね。それは、農家の収入が多かった時代ですから。

▼東証への取引の流出と地方証券取引所問題への対策

――わかりました。続いて、1966年に地方証券取引所問題が大蔵省で取り上げられました。その際、国会で証券局長が、「地方の証券取引所は統廃合する」という主旨の発言をして、地方証券取引所問題がクローズアップされました。そして、その翌々年には、神戸証券取引所が解散いたしました〔1967年10月に、神戸証券取引所は解散した〕。新潟証券取引所の社史をみますと、当時、地方証券取引所のシェアは、3％だったそうですね。新潟は0・37％だそうです。この頃から、おそらく新潟証券取引所でも危機感が芽生え、市場振興策をお考えになられたかと思うんですけれども、何か市場振興策として議論されたことはありますか。

間瀬　私は1961年に入所したんですよ。「銀行よさようなら、証券よこんにちは」といわれていた頃です。当時、反町〔芝郎〕理事長が、高校に講演をして回られていたんです。その時、私の高校にもいらっしゃったんですね。その講演内容は、風が吹けば桶屋が儲かるというようなものでしたが、おもしろいことをいうなと思って、私は取引所に入所したわけです。1961年はまだ取引も活況でしてね。

——そうですね、ピークですね。

間瀬　市場の立会時間も短縮されるくらい活況でした。その後、山一證券が破綻するわけですけれども、活況も過ぎると、駄目になるとバタッと駄目になりますから……。そして、証券会社が駄目な時は、取引所も駄目なわけですし、一般企業も、世間も不景気ですからね。

取引所の運営は、上場会社から資本金に応じていただく上場賦課金と、上場する株式数に応じていただく上場手数料。それから、証券会社さんの資本金に応じていただく定額会費と、取引量に応じていただく定率会費で収入を得ています。取引所は利益をあげることが目的ではないわけですけれども、こういう収入構造ですから、取引が活況の時は、証券会社さんはもちろん、取引所も利益が増えるわけですよ。ただ不況の時は、証券会社さんに手数料値上げをいったって、それは受け入れてもらえませんから、なるべく活況の時には手数料の割引などはせず、内部留保を厚くして、不況の時に証券会社さんに迷惑かけないように、常にそういう考えで運営していました。だから、証券恐慌の時に、市場として何か方策を考えていたかといわれても、それはあまりないと思いますね。

——神戸は地元財界が冷たくて、神戸の取引所を支援しようという気がなかったと思うんですね。

間瀬　神戸は赤字だったでしょう。そもそも都市部は人件費が高いんですよ。神戸が解散した時、労働組合が「われわれの生活をどうしてくれるんだ」と、大蔵省に強烈な抗議に行って、国会でも取り上げられましたよね。

——すごくもめましたね。

間瀬　それから、大蔵省も地方証券取引所問題を、表立って取り上げることがなくなっていったような気がしますね。

——まぁ、あまりいうと大変ですからね。この話は大阪にいた時に、よく聞いた話なんです。ただ、神戸証券取引所は

定率会費が、ほかの取引所に比べて低かったそうです。そして、単独上場企業が1社しかなかったんですよね。ですから、神戸財界は神戸の取引所は要らないと思っていたようなんです。たとえばいま、福岡証券取引所はしっかりしていますけれども、これは福岡財界が福岡の取引所を強く支持しているから、厳しい状況でも存続していると思うんです。

間瀬　以前の理事長、下村〔史〕さんが銀行出身で……。

――福岡銀行ですね。

間瀬　ワンマンで大変な理事長だったそうですけれどもね。新潟の場合は、反町さんが理事長をしておられたわけですが、不祥事に伴い辞任された後は、新潟商工会議所の会頭に理事長をお願いしていましてね。それで就任されたのが和田〔閑吉〕さんなんです。

――ちょっと話がずれるんですが、昭和30年代初めから、すでに支店会員が重複上場銘柄の注文を、東京の本店に発注するようになって、地方の取引所から注文がどんどん流出していたと思います。その際、新潟証券取引所では2つの施策をしたと聞いていまして、1つは先ほどの新潟共栄証券、日本協栄証券の設立です。そして、もう一つが、大手4社が新潟の取引所をとおさずに、重複上場銘柄の注文を東京に出した場合は、その取引を新潟市場での売買として取扱っていたということを聞いたんですけれども、この後者はどういうことをされていたんですか。

間瀬　そんなことはしていないと思います。当時は、会員証券会社に対する市場集中義務がまだありますが、ほとんどのお客さんは注文を出す時に市場の指定をしません。当然、東京で執行されるものと考えていますから、執行する市場を特に指定しない限りは東証で執行されていたんですよね。反町さんの会社も、執行市場を新潟と指定しない限り、東証で執行されていたと思うんですよ。

たとえば、支店会員が東証で執行した後に、新潟でクロスをやってもらうことを義務づけても、有価証券取引税などの関係がありますから、ちょっと無理じゃないかと思います。もちろん、取引所としては新潟で執行してもらいたいんですよ。だから、ペナルティの意味で、上場銘柄は市場執行分と同程度の定率会費をお願いしていたということだったと思います。

▼岡三証券との業務提携

――なるほど、わかりました。では、時期をちょっと後にしたいと思います。1971年に、丸福証券は岡三証券と業務提携をされます。それまで丸福証券は、角丸証券〔現在のみずほ証券〕や金十証券を取次母店にされていたと思うんですが、なぜ提携先が岡三証券だったんでしょうか。社史を読んでみますと、岡三証券はオーナー系で、反町芝郎さんが、加藤〔精一〕さんと非常に話があったことが理由として書かれていましたが、このあたりの事情をお教えいただければと思います。

反町　話はだいぶさかのぼりますが、山丸証券や金十証券〔ともに現在のばんせい証券〕は、明治時代に丸福商店が兜町に進出した店が源流となって発足した会社です。

――ご兄弟が兜町でお店を出しておられましたね。

反町　ええ。ところが、反町茂作が保険業に……。

――火災保険ですね。大東京火災〔現在のあいおいニッセイ同和損害保険〕ですね。

反町　大東京火災を興しました。それで、株式仲買店のオーナーを辞めたわけです。その時に2人の番頭さんに、株分けをしました。これが山丸証券と金十証券なんです。

兜町での丸福は、山一證券とつながっていたみたいなんですね。それで、山一證券も分業する時に、山丸証券に人を派遣したりしたらしくて、それで山一の「山」と、丸福の「丸」をとって、山丸証券という名にされたそうです。だから、ある意味でのれん分けした会社だったんですね。ところが、山丸の経営陣とは肌があわない人もいまして、その人たちが金十証券という別の会社をつくりました。ですから、この2社は東京丸福から分かれてできた会社なんですね。それで東京丸福は、山丸と金十の2つに分かれて、撤退しました。

――金十証券は、由利家ですよね。

反町　はい。こういう関係がありましたので、当社はずっと山丸証券を、東京での取引店にしていました。ところが、先ほどお話しした山丸証券内部での内紛があった際、山丸をやめて金十証券につないだりしていましたし、角丸証券にもかなり発注していました。ところが、1971年になぜ岡三証券と業務提携したかですが、父の判断は、大証券に提携を申し出ても、いままで育ててきた大事なお客様を大切にせず、駄目にしちゃうに決まっている。それでは困ると……。

当時、父は証券業協会の会長でしたから、全国の協会長と会っているなかで、岡三証券の加藤さんが大阪へ進出して大変な苦労をされた話や、名古屋に店を出された時の苦労話などを聞き、さらに、地方証券としてのよさをどうしても失いたくない。だから、大きなところと提携しないんだという話を、会議の合間にしていたようなんですね。こういう話を聞きまして、加藤さんはなかなか腹の据わった男だと……。兜町に出てきても、どことも提携しないで、頑張っているじゃないかと……。

当時、岡三証券も投資信託を始めるので、その販売網づくりのために、役員が当社を訪ねてきておられました。また、こちらの事情として、ある事件があって、短期間で業務改善の報告を出さんと駄目だったということもありました。もちろん、提携話を大手に持ち込めば、すぐにやってくれたとは思いますけれども、丸福が吸収されてしまう懸念もありました。それで、岡三証券の加藤さんに話をしましたら、「地方証券会社はますます地方で一生懸命頑張らなきゃならんのに、大証券の息のかかったことばかりをやっていてはならない。まったくそのとおりだ」ということで、すぐ承諾してくださったそうです。ですから、当時、岡三証券とは取引関係などはありませんでしたけれども、うちの父が加藤先代を非常に高く評価していたことと、東京に進出しても大手と統合せずに、独自性を維持していた岡三証券に話を持ち込んだようです。そして、父が加藤さんと話をしましたら、すぐに「やりましょうか」ということになりました。

――この提携は、なぜ1971年なんですか。

反町　うちの会社は1944年に株式会社になった時、長岡丸福と新潟丸福は代表者が違ったんです。もともと両方の代表者は兄弟ですけれども、免許をもらうには独立でもらえる規模ではなかったので、両社が一緒になったんです。ところが、実体は丸福という社名は一緒にしたけれども、兄弟が元気な間は、長岡と新潟それぞれお互いに独立して業務にあたろうじゃないかということで、双子の会社みたいな感じですね。

――持株会社の下に2つの会社があるようなものですか。先ほど、ある事件とおっしゃいましたが、さしつかえなければお聞かせいただいてもよろしいでしょうか。

反町　1968年に免許をもらった後、長岡の役員も気づいていたようなんですけれども、1971年の大蔵検査の時に、新潟のほうに不良債権の存在が発覚しました。それで長岡も、それに絡む不良債権をいつの間にか持っていたため、是正せよという指示がありましてね。内部で調べますと、ある人から簿外で借株をやっていました。

それで、それを一気に出すと、資本が欠缺する可能性も出てきました。仮に資本欠缺になりますと大変なことですから、大蔵省からは管理体制を180度転換して、管理を徹底しなさい。そのためには、しっかりしたバックを見つけなさいという指示がありました。こうした事情を岡三証券の加藤さんに話しましたら、「じゃあ、私がバックボーンになりましょう」とおっしゃってくださって、両社が業務提携をするわけです。

――これが1971年に明らかになったわけですね。だから、業務提携を1971年にされたわけですね。

反町　はい。免許をクリアして、ホッとしている時に、検査でたまたま……。

――簿外債務というか、そういうものが見つかったわけですね。

反町　これはなんだ、ということだったんですね。

――当時、加藤さんも非常に若かったはずですね。32歳で後を継がれて、非常に苦労されて免許をとられた直後ですから、苦労をしている証券会社の力になろうということだったんでしょうかね。

反町　そうですね。

▼地場証券では珍しい現先取引の開始

――こうして、最大の危機を岡三証券との業務提携で乗り越えられたわけですね。さらに、御社の社史を読んでいますと、債券の現先取引をされていたということですけれども、当時、地場証券で現先取引をされていたというのは、かなり珍しいかと思うんですけれども、現物債券を大量にお持ちだったんですか。

反町　いや、これは岡三証券さんから導入したんですよ。岡三の債券部に、当社からも勉強のために債券課の若手を派遣していました。そして、彼らに岡三では法人相手に、どういう商いをしているんだと聞きますと、「現先です」と……。

ところが当社は、手持ちの債券が何もありませんので、岡三に「手伝わせてほしい」といって、始めました。まぁ、岡三からすれば、当社が取扱う単位なんて小さいですから、「そのくらいならいいよ」ということで、協力してもらいながら始めました。

――**どういうところが資金の出し手になったんですか。**

反町　当時は、単協〔単位農協〕が独立採算を課せられまして、どうしていいかわからない。それで、われわれが行っては、債券の現先という運用の仕方がありますよ。これは期間を自由に選べます。また、よほどのことがない限り、元本を割るようなことはありませんよ、と教えたんです。それで始めたんです。当時、野村證券が県の農協の資金を一手に獲得して、いちばん派手に現先をやっていましたね。

単位農協の運用は、余資を銀行に預けているだけだったのです。銀行としては、非常にいいお客様だったと思いますよ。しかし、銀行に預けていても、ほとんど金利がつかないわけですね。そこで、会計係が何か有利な運用を探していたようです。一方、私どもは資金が少なくても対応していましたので、相手が仲間に口コミで宣伝してくれまして、あっという間に、丸福の現先が県内に広がりましてね。農林中金からにらまれたこともありますけれども、こういう経緯で現先を取扱いました。

――**つまり、岡三証券と業務提携をされた結果、こういうことができたわけですね。**

反町　そうです。岡三にトレーニーを出していましたら、企業は現先で余資運用をやっていますよ、ということを聞いたんですね。当時、中国ファンドも出始めていましたし、多彩な運用手段がありましたけれども、農林系はリスクのあるものは駄目だったんですよ。ところが、現先だけは認められていました。

――**まぁ、国債ですしね。**

反町　ええ、国債ですから。また、初めのうちは、県庁が「50億円お願いします」なんて注文をくれたこともあったんです。

――**県庁も余資運用を現先でしたんですか。**

反町　県庁の共済が、「50億円お願い」と電話をかけてきました。そういう時は、岡三に電話をかけて、向こうにも儲けてもらうかわりに、債券を提供してもらったりしました。

――先ほど、ロットが小さくても扱っていたとおっしゃっていましたけれども、端債も扱っていらっしゃったんですか。

反町　「2、3億円、1週間お願いします」なんて、向こうから電話がかかってきましてね。そういうのも「ハイ、ハイ」といって、注文を受けてあげました。

――多分、農協相手にされたんだろうとは思ったんですけれども、農協の余資は農林中金に預けるのが一般的じゃないんですか。

反町　当時、どういうわけか、多彩な運用商品があるんだから、自分たちで勉強して、少しぐらい自分たちで運用しなさいということで、農林中金がセーブしていたんです。それで、単協は困っていましたので、私どもが勉強会をやりますと、県内から単協の担当者が大勢来ました。ところが、それが一遍に駄目になったのは、大手証券が逆現先で大失敗しましてね。

――逆現先でですか。

反町　ええ。それで、県内でも有数の農協が大赤字を出しちゃって、農林中金が急にストップをかけたんです。

――ああ、現先をやるなと……。逆現先で、ある農協が大赤字を出したということですか。

反町　ええ、そうです。それなりの規模の農協なんです。だから、おそらく数十億円近くやっていたんじゃないかと思うんですよ。

――現先でそんなに損って出るものなんですか。

反町　それが、われわれもようわからないんです。

――だって、売戻条件付きで買っているわけですよね。

反町　対象がハッキリしているんですから、「そういうことはないんだがなあ」というんですけれども、現実に新聞ダネになるほどの騒ぎになりました。たしか新聞では、７億円の損失が出たと書いてあったと記憶していますが……。

〔１９８５年12月21日の『朝日新聞』では、十日町市農協では１９７７年頃から、余資運用の一環として現先取引を開始した。規定上は現先取引を行うには、組合幹部の了解を必要としていたが、経理係長が無断で現先取引を行い、その運用損を取り戻そうとしてさらに損失を拡大させ、最終的には7億円の損失が発生したとされる〕。

――そうですか。昭和50年代の話ですか。

反町　ええ、そうですね。

▼東証会員権取得に向けた布石

――なるほど。岡三証券との提携関係を生かして、地域の農協などの余資運用もされていたということですね。よくわかりました。少し話題を変えまして、御社は１９８７年に、国債先物の取引特別参加会員に認可申請されましたが、これは東証会員権の取得に向けた動きだったという理解でよろしいでしょうか。

反町　ええ。三号免許もとったばかりですし、東京に出て行くために、当時はわが身をあまり顧みずに、なりふりかまわず、品ぞろえを増やしたということです。

――ちょうどバブルが過熱する頃ですよね。

反町　だから、東京で営業を始めました時に、兜町の各会社にごあいさつに伺ったんですが、兜町の皆さんは先を見通しておられましたので、「丸福さん、悪い時に出したね」という話ばかりで、一向に励ましの言葉はもらえませんでしたね。

――昔から東京の会員権がほしかったんですか。たとえば、大阪の地場証券では、大証の地盤低下とともに、東証会員権の取得が最大の経営課題になるわけですが、新潟でも同じようなことだったんでしょうか。

反町　いや、会員権がとてつもない値段であったことは知っていますから、父の時は、そんなことは思ってもいませんでした。しかし、当時、海外からの要請もあって、大蔵省が東証会員権の自由化をいい始めましたでしょう〔1984年3月22、23日に開催された日米円ドル委員会第二回作業部会で、アメリカが外国証券会社による東証会員権取得が可能となるよう、既存会員とは別枠の会員資格を設けることを要求している。また、サッチャー英首相も竹下総理に対して、外国証券会社に東証会員権の取得を認めるよう要請した〕。

――サッチャーさんが随分いって、政治問題化しましたね。

反町　そうでしたね。海外からの要請に従って自由化がいわれ出したわけですけれども、じゃあ、国内の業者は駄目なのかということを、すぐに問合せしました。そうしますと、「いや、売るものがあって買うのはかまわないけれども、国内の証券会社に割り当てる会員権を増やすという考えは持っていない」という回答でしたので、売り物が出てくるのを待っていたんですね。

――当時、ウツミ屋証券が16億円で会員権を買っているんですけれども、いちばん会員権が高い時ですね〔1984年12月にウツミ屋証券は、東証会員権を16億３９４２万円で取得した。また、１９８５年の東証会員権第一次開放の際、会員加入を承認された会社が、東証納入金などとして支払った経費は約11億円とされる〕。

反町　そうです。高いんです。だから、兜町の他社へごあいさつに行きますと「丸福さん、えらい時に」と同情ばっかりされまして……。

――新潟証券取引所からすると、丸福証券は地場では最大の会社ですよね。その会社が、東証会員権の取得を目指していることに対しては、仕方がないという感じですか。それともなんとか引き留めようとお考えだったんでしょうか。

間瀬　それは時代の流れですから、当然そうなるだろうとは思っていましたので……〔丸福証券は1991年に東証会員権を取得した〕。

▼「坂野レポート」と単独上場銘柄獲得に向けた取組み

――東証会員権開放の少し前に、いわゆる「坂野レポート」が出されて、そこで地方取引所無用論みたいなことをいい出し始めますよね〔1978年に、坂野常和氏が座長を務められた証券研究会で、「全国証券取引所構想」が提起された〕。このことがきっかけとなって、地方取引所の再編問題がクローズアップされるんですけれども、その頃の新潟証券取引所のスタンスとしては、積極的に何かをやろうという……。

間瀬　地道に上場会社を増やすということだけでしたね。

――単独上場銘柄をですね。

間瀬　単独上場銘柄を増やすために、いろいろな企業をリストアップしたり、東京の中小企業育成会社であるとか……。

――投資会社ですね。

間瀬　そういうところからも情報をいただいたり、また、民間ですとベンチャーキャピタル、新潟には第四合同ファイナンスという、野村證券と第四銀行の合弁会社がありましたので、そこからも上場予備軍の情報をいただいたりして、積極的にアプローチをかけていきました。雪国まいたけは、そこからいただいた情報なんですね。また、上場勧誘を専門にしていただくために、大蔵省からも1人役員を受け入れまして、この方がお辞めになられた後任には、第四合同ファイナンスの社長をされていた方に相談役になっていただき、上場促進に動いてもらいました〔1989年

11月に、元大蔵省前橋財務事務所長の宇佐美衛氏を、1996年6月には富井汪氏を採用した〕。

――それはどのぐらいの時期ですか。1980年ぐらい……。

間瀬 もうちょっと後ですね。

――なるほど。福田組が上場してから、しばらく上場がなかったですよね〔福田組が上場した1975年12月から、北越工業が上場する1980年まで、5年間新規上場がなかった〕。1980年にコンプレッサーの北越工業が上場した頃から、亀田製菓をはじめ上場企業が増えてきましたよね。

間瀬 そうです。ずっとそういう地道な努力はしていたんです。けれども、なかなか実を結ばなかったんですね。

――ということは、ずっと積極的に取引所はプロモーションをしていたわけですね。

間瀬 役員がお伺いして、説明したりしていました。

――新潟にはいい会社がたくさんありますね。ツインバード工業、亀田製菓、ブルボン、雪国まいたけなどもそうですが……。

間瀬 ブルボンは以前、北日本食品といっていました。ブルボンは、亀田製菓より早く上場しています〔ブルボンは1954年に、亀田製菓は1984年にそれぞれ新潟証券取引所へ株式を上場している〕。

――そういう上場予備軍の企業に対するプロモーションは、ずっとされていたわけですね。また一方で、上場基準を緩めた「地域産業育成部銘柄」をつくられましたが、これは大証の新二部を参考にされたわけですか。

間瀬 それよりも緩い上場基準の市場ができないかと、検討してできたと思うんです。ただ、ここにエリア制というか……。

――テリトリー制ですか〔かつては、地元企業が上場する場合、近隣の証券取引所に上場することを義務づけるテリトリー制があった。そのため、上場を希望する企業は、まず、近隣の証券取引所に上場した後、東証や大証に上場しなければならな

かった。ところが、2000年4月に大証が、7月に東証がテリトリー制を廃止した〕。

間瀬　テリトリー制というんですかね。それは制度としてあったわけではないんですけれども、その時は東証一極集中になっていましたから、大証もなりふりかまっていられないわけですよ。だから、全国で上場企業を探していたんです。規則のうえでは新潟証券取引所は、北陸と長野、群馬、山形、宮城を該当地区にしていたんですけれども、大証はそういうのは……。

――**おかまいなしですか。**

間瀬　というのは、大阪の隣に京都があるじゃないですか。だから、テリトリー制なんてほとんど機能していなかったと思うんですよ。東京証券取引所の場合は、新潟の該当地区になっている会社の方が上場の説明を受けにこられると、新潟にも取引所がありますから、「同時に上場されたらどうですか」と上場担当の方に、一言いっていただいていたように聞いていますが……。

――**まぁ、テリトリー制も新規上場の時だけで、地域の取引所に上場してしまえば、すぐに東証に上場してもいいわけですからね。ただしかし、新潟証券取引所が大阪証券取引所に対して、テリトリー制の遵守を意見されたと聞いたことがあるんですけれども……。**

間瀬　大証にですか。

――**ええ。大阪証券取引所に、テリトリー制を守って、人の地域まで進出するなとおっしゃったと聞いたことがあるんですが……。**

間瀬　でも、大阪はそんなことかまっていられないじゃないですか。

――**あぁ。つまり、大証に「テリトリー制を遵守せよ」といっても、やってくるわけですね。**

間瀬　特に北陸地方は関西に近いでしょう。

――地域的にはそうですね。また、優良会社も多かったですからね。

間瀬　そうですね。だから……。

澤村　いまの話のなかで、いわゆる地方の育成会社の話が出ましたが、当時、私、日本証券業協会東京地区協会新潟支所の支所長をやっていまして、随分事業会社を回って、店頭銘柄の勧誘をしていたんですよ。新潟は取引所もあるけれども、取引所はあまり商いがないから、逆に店頭はどうですかと……。

――ただ、取引所の上場銘柄と店頭銘柄では、上場銘柄のほうが銀行の担保掛け目が高かったり、そもそも店頭株は担保にしないなど、扱いが違ったと思うんですが、そういうことは、もうあまり意味がなかったですか。

澤村　新潟の店頭を含めた上場会社は、結局商いがあるところに出したいという意識が強いんです。店頭ですと全国銘柄みたいに、新聞に市況情報が出ますでしょう。ところが、新潟の取引所だと、地方版にしか記載されません。そうなると、投資家の見え方が違ってきます。

――そういえば、新潟の店頭銘柄というのは、あまり聞きませんね。

澤村　いや、結構あったんですよ。昔、『新潟日報』の株式欄に、店頭銘柄も載せてくれとお願いしたことがあるんです。ですから、新潟がいちばん早く店頭銘柄を毎日、新聞の株式欄に市況情報が出ていました。

▼新潟での未上場株取引の実態

――いまの関連で、新潟では未上場株の売買はどうだったんですか。お隣の富山、石川はものすごいでしょう。いまだ未上場株の値段が、新聞にも載っていますでしょう。

澤村　新潟は株主優待パスの関係だけですよね。一時、越後交通の取引が非常にあったけれども、あれ以外の会社はあまりないですね。

――越後交通だけですか。

反町　いまはもう、店頭でもあまりもう……。

澤村　ないでしょう。

反町　ない。だいたい、路線を廃止するので、優待パスの効力がどんどんなくなっていますからね。

――ああ、バスの本数が減ると……。

反町　ええ。だから、それなりにバスの本数があった時は、新学期が大変だったんですよ。ところが、この頃はバス路線がどんどん廃止されますから、バイクで通学したりしていますし、優待パスの意味がなくなってきているんですよ。

――そういうことは、大山日ノ丸証券の方も、バスが1時間に1本もないとなると、全線定期をもらったって使い道がないから、売買されないとおっしゃっていました。

反町　そうです。昔は本当に値段がついていたんですよ。ところがいまはまったく駄目ですね。第一、そういう需要がなくなっちゃっていますから。

――じゃあ、石川、富山はちょっと異常ですか。

反町　ええ。

――彼らは、市況を新聞に載せることに意味があるというんですよ。新聞で「ああ、取引しているんだ」というのを認知させると……。

反町　富山は独特ですからね。

――YKKしかり、大きくても上場していない会社がありますからね。やはりそれがあるのとないのとは、随分違いま

すか。

反町　その地方独特の特色ですけれどもね。

――越後交通の取引は、いつ頃から減り出したんですか。ここ10年ぐらいですか。

反町　越後交通も合併会社でしてね。長岡鉄道と栃尾鉄道、それから中越自動車の3社が合併してできた会社なんですよ〔1960年10月1日に、長岡鉄道が栃尾鉄道、中越自動車を合併し、越後交通に改称した〕。これを合併したのが、田中角栄さんなんです。昔は、過疎地帯の村の人たちが、みんな1株株主になって路線を引っ張ったんですよ。それが、越後交通になった途端、自社株を全部買い上げてくれと、われわれのところに注文が来ました。それで、津南の集落を走り回って、1株株主や5株株主から、株を買い取りました。もともと越後交通は、公開するつもりがまったくない会社なんです。どちらかといえば、田中王国の……。

――選挙対策ですか。

反町　司令塔みたいなつもりでいたんですかね。

――なるほど。昔、堤康次郎さんっておられましたでしょう。あの人が近江鉄道という彦根の鉄道会社を持つのも、よく似た経緯なんですよ。堤さんはあのあたりから選挙に出ているので、選挙対策として電車を持ち、バスを引いたりしているんですよね。よく似ていますね。

反町　はい。

――まぁ、それはさておき、バス路線が増えたので、子どもが学校に通っている間は、バス会社の株式を持っておいて、通学がおわればもう必要ないから売ると……。そして、また別の人がそれを買うという循環があったわけですね。

反町　ええ、そうです。それがもう需要がなくなってきたということですね。

――バス路線の減便によって需要がなくなったわけですね。

反町　いまはみんな、高校を卒業すると、軽自動車を買ってもらって……。

――あぁ、自動車ね。

反町　それで学校に通っていますから。だから、バスに乗っているのは、小、中学生の通学と病院通いのお年寄りだけですね。

――じゃあ、地元百貨店もないんですか。ほかの地域ですと、地元百貨店の5分引きがほしくて、株主になる方もいらっしゃいますけれども……。

反町　スーパー原信の優待券は、主婦の間でかなり高く評価されていますけれどもね。デパートといったって、三越と伊勢丹があるけれども……。

――地場のデパートはもうないんですか。

反町　地場のデパートはもうありません。三越と伊勢丹だけです。

――三越はもともと地場の百貨店じゃなかったですか。

澤村　昔は、小林百貨店という地場のデパートがありましたが、それが三越になったんです。

間瀬　名古屋三越の子会社になって……。

澤村　名古屋三越から、いまは三越伊勢丹になりましたから……。

▼バブル経済と証券会社の拡張政策

――じゃあ、もう地元百貨店の株式の取引もないわけですね。ちょっと話題を変えまして、バブル経済の頃のお話をし

て参りたいと思います。当時、多くの証券会社は店舗をいろいろなところに出したり、規模拡大策をとっていたように思います。当時、国府証券は営業規模を拡大しようとか、佐渡以外の営業所をつくろうといったことは考えていらっしゃったんでしょうか。

柴田　佐渡から出る気持ちはなかったでしょうね。それ以前は、親父が個人として新潟の駅前に土地を持っていたんですけれども、退いてからはそういうことはしませんでした。

――社長さんが先代から、経営を引き継がれたのは何年のことですか。

柴田　１９７４年ですが、実質的には１９７０年ぐらいからやっていたんです。私は、戦後生まれで、１９６８年入社なんですが……。

――ということは、学校を卒業されて間もなく、実質的に経営を担っておられたわけですか。

柴田　そうですね。第一証券から「来ないか」といわれたんですけれども、大きい組織でみてきても仕方ないし、うちに帰ったほうが早く仕事を習得できるかなと思って、私は学校を卒業すると、すぐにうちに帰ったんです。弟は第一証券に行きましたけれども……。

――そうですか。じゃあ、実質的に社長さんがバブル期もずっと経営を担われていたわけですね。当時、新たにお店を出されたということは……。

柴田　まぁ、バブルの頃に、両津に営業所を出していますので、拡張したといえば拡張したんでしょうね。

――両津営業所は、その時に出されたわけですか。

柴田　そうです。１９９０年に出したんです。だから、バブルがおわりに近づいていた時期ですね。実は、営業店の新設を申請した時は、本社の移転話がなかったので申請したわけですが、その後に本社を移転したんですね。だから、営業所の新設は見合わせようと思ったんです。ところが、財務事務所に相談しますと、当時の財務事務所長から、

「一度申請を出して、とおったものを取り下げるのは勘弁してほしい。なんとか出してほしい」といわれまして、両津に店を出したんです。当時、店舗を出す時には、隣接に支店がある場合は、その会社の許可が必要だったんです。

――バブルの頃もですか。

柴田　はい。ずっと生きていたんですね。当時、越後証券さんが両津に支店をお持ちだったんです。それで、両津に店を出すのをずっと反対をされていたんです。ところが、ようやく許可をもらえたので、一気呵成で店を出そうと思ったら、本社用の土地を購入し、移転することになったんです。ですから、資金をあまり固定させるのはよくないと思いましたので、本当はやめたかったんです。けれども、一度、許可したものを取り下げられると困るといわれましたので、店を出したんです。だから、バブルの頃に拡張したといわれれば、拡張したということになりますね。

――越後証券の支店があるところにお店を出されるわけですから、両津は投資が盛んな地域なんですか。

柴田　ええ、お客様も何人かおいでになったんです。

――既存のお客さんがいらっしゃったわけですか。

柴田　はい。

――この頃になりますと、中心的なお客さんは、先ほどおっしゃった兼業農家や、サラリーマンに変わってきているんですか。

柴田　そうですね。

▼佐渡が抱える特有の事情と顧客開拓

――当時、御社はお客さんとのトラブルがなく、顧問弁護士がいない。それから営業マンにノルマを課していないこと

を、社長さんがおっしゃっているのを読ませていただきました。それにもかかわらず、当時の売上げをみてみますと、1億円以上の委託手数料収入があるんです。佐渡にはかなり証券投資がお好きな方がいらっしゃったんですか。

柴田　どうなんでしょうね。そんなことでもないと思いますし、ほかの地域と比べて、そんなに多いわけじゃないと思うんですけれども、そのあたりはよくわかりません。ただ、当時、佐渡には弁護士が2人しかいなかったんです。だから、顧問弁護士はもちろんいなかったです。いまは、法テラスが来ていますけれども、1人しかいない時もあったんですね。

――弁護士さんがですか。

柴田　はい、弁護士が……。

――佐渡島に……。

柴田　はい、佐渡には……。いま、頭が痛いのは、佐渡には公認会計士がだれもいないんです。いまは新潟から来てもらっているんですけれども、その方はお1人でやっていらっしゃるものですから、今度、制度が変わると「範囲が広すぎて、受けられない」といわれているので、公認会計士を探さなきゃならんという悩みがあるんです〔2017年3月31日より、「顧客資産の分別管理の適正な実施に関する規則」が一部改正され、従来は分別管理の法令遵守に関する検証業務と合意された手続業務が認められていたが、法令遵守に関する検証業務に統一される〕。これは、佐渡島に公認会計士を使うような企業がないことの裏返しなんですよ。

だいたい、当社は効率が悪い会社の筆頭だと思うんですね。佐渡は東京23区の1・5倍の面積があるんですが、集落がものすごく離れて点在しているわけです。しかも、電話で取引をとれる地域じゃないですから、当社の営業は訪問外交が主なんです。現金がほしいという方もいらっしゃるので、いまでも営業マンが、お客様とおカネの受渡しをやっていて、検査官もビックリされるんです。こういう地域ですから、いちいち訪ねて行かねばならないわけですが、集落が点在しているので、自動車で40分ぐらいかけて行くわけです。だから、効率が非常に悪いんです。

ですので、営業マンにノルマを課すと、担当地域が決められないんですよ。近くで比較的いいお客様がいる地域と、遠くてもお客様がいるから仕方なく行く地域で、同じノルマを課すわけにはいかないんです。また、ノルマを課して、あまりに過度の取引をされても、地域が狭いので、すぐうわさが流れちゃうんです。だから、そういうことは避けたいというのもあったんですね。

もちろん、まるっきり目標数値がないのかというと、そうじゃなくて、やっぱりそれはあります。ただ、私ら経営陣が決めるんではなくて、私らは大枠の数字、たとえば「これぐらい稼いでくれると、配当が出せるよ」とか、「これ以上稼いでくれると、ボーナスがたくさん出るよ」「これを下回ると、赤字だよ。ボーナスを払えないよ」という数値は出すんです。あとは、担当地域ごとに営業マンがみんなで「自分のところはこれぐらいできるだろう」と話し合って、彼らが決めてやっているんです。

――営業マンは、佐渡の人を雇われるわけですよね。

柴田　はい。

――顧客開拓は、その人の地縁や血縁などをたどって、お客さんを開拓されていくんですか。

柴田　まぁ、先輩方がつくったお客様を受け継ぐのと、既存のお客様から紹介いただいたお客様に、自分で開拓したお客様と、いろいろな開拓の仕方があると思うんですけれども、地縁、血縁だけでお客様を開拓しているという人は、少ないように思いますね。

――バブルの頃、お客さんはサラリーマンに兼業農家が多かったとおっしゃっていましたが、それは新潟市内で働かれて、ご自宅が佐渡という方が多かったんでしょうか。それとも、佐渡で働かれて、佐渡でお住まいの方が多かったんでしょうか。

柴田　バブルの頃は、佐渡にも出先機関みたいなものですが、事業所や工場がいくつかありましたので……。結構大きな規模になった会社もあるんですけれども、佐渡は海を渡りますので、輸送コストがものすごくかかるわけですね。それで、どんどん縮小していったわけです。そうすると、そこで雇われていた人たちは失業するか、その会社の島外の事業所や工場に移るかしかないわけです。

ただ、佐渡に田んぼなどを持っていると、なかなか佐渡から離れられないんですね。だれかに土地を預ければいいかというと、そういう問題でもないので、やむなく職替えをされて、地元で勤められるという事例もあるわけです。こういう人たちは、ある程度裕福な暮らしをされていますので、お客様になってくれる可能性もあるんですけれども……。

――なるほど。都市部ですと、土地に縛られませんし、移動が自由ですから、転勤などでどんどん移動するわけですけれども、いまだに人が土地に縛られているわけですね。

柴田　いまも求人倍率は、佐渡だけが1に到達していないんです。いつもゼロポイント台なんです。とにかく、残念ながら仕事がないんです。だから、帰りたくても帰れないという事情もあるんですよ。

――一方で、お客さんが高齢化していきますと、給与収入がなくなり、年金にかわりますよね。そうすると、資産を取り崩して生活するわけですから、取引をしてくれなくなるんじゃないかと思ったんですけれども、そういうことは特にはないですか。

柴田　そんなには変わらないと思いますね。もちろん、それまでに蓄えたもので、取引していただいているんだろうと思いますけれども、そんなに減るということはないと思いますね。

――そうですか。日本全国そうですが、高齢化がだいぶ進んでいますね。そうすると、既存のお客さんの資産が、相続によって流出するという問題に直面しているんじゃないかと思うんです。それに対しては、なんらかの策などをお考

えになっていらっしゃるんですか。

柴田　高齢化は、全国どこでも中都市であれば、みんな同じ悩みを抱えているんだろうと思うんですね。ただ、私のところは、より早くその問題に直面しているんだろうと思うんです。佐渡の人口は5万6000人ぐらいしかいないのに加えて、急激に人口減少が始まっているわけですね。だから、後継ぎがいないからお店を閉める方や、お店をやっていても儲からなくなってきていますから、「おまえは外に出て働け。もう帰ってこなくていいよ」ということで、お店を閉める方が増えています。そういうことが、どんどん現実に起きてきているんですね。

皆さんのところも、主たるお客様が70歳台になっていらっしゃるんじゃないですか。せっかくお客様に長年積み立ててきてもらったものが、お客様が亡くなると、都会で住んでいる息子さんや娘さんに資産が移って、息子さんや娘さんが他社に口座を開いていらっしゃると、そこへ移るわけですよね。ですから、お客様が亡くなると、株券は相続で都市部に流出していきます。せめて売っていってくれよといいたくなりますけれども、そういう事例が多くなっているのが現実です。

――特にそれに対して何か対策というか。

柴田　まぁ、死なないでくださいねというわけにもいきませんので、お子さんが地元に残っていらっしゃる場合は、なるべく取引を継続してもらえるようアドバイスをしています。お子さんのほうが、親御さんより多くの資産を運用していただいている例もありますので、こういうことは大事にしなきゃいかんなと思っています。

――新聞で御社の決算を丹念に調べますと、２００８年頃はガタッと落ちているんですけれども、それ以外の年はずっと委託手数料収入が1億円ぐらいで安定しているように思うんです。これはどういうところに秘訣があるのかなと思ったんですけれども……。

柴田　いやいや、残念ながら安定的じゃないんです。どこでもいらっしゃると思うんですけれども、ある程度、動く主体のお客様というか、相場が好きなお客様が何人かいらっしゃるんですね。そういう人たちが動いてくれる相場の時は、ある程度収入は伸びるんです。しかし、その人たちがまるっきり動けない時もあるので、そういう時はガタンと落ちてくる。その人たちへの依存度が高いだけに、振れる可能性がありますね。

――いまはネット証券が席巻して、非常に安い料率で株式の受注をしていますでしょう。その影響は……。

柴田　やっぱりありますよ。ようやくお客様になってくれて、取引がちょっと増えてきた若い人が、移っていった事例が何件かありますからね。だいたい30代から40代ぐらいの人が移っていきますね。

――つまり、御社が手間暇かけて育てて、これから活発に取引をしてもらおうと思った人たちが出ていっちゃう。

柴田　そうですね。

――岡三にいがたも同じようなことですかね。

反町　そうでしょうね。私はもう現役から外れていますから、詳しくはわかりませんけれども、かなりやられているんじゃないですかね。一生懸命やっているみたいですけれども……。

▼手数料自由化と収入構造の多角化

――次に、時期を平成に入ってからに移していきたいと思います。平成になりますと、丸福証券は単位型株式投資信託「みのり」を単独募集されますけれども、地場証券が投信の単独販売をされるというのは、珍しい事例だと思うんです。その後、新潟では中証券〔現在の第四証券〕や越後証券も同様に投信の単独販売を始められます。丸福証券が投信の単独販売を始められたのが、1994年ですね。1994年というと、委託売買手数料の自由化がだんだん俎上に載ってきた頃です。ですから、収入構造の多様化を図られた一環だと思うんですけれども、なぜそれが投資信託の

単独募集だったのでしょうか。

反町　それは、当時の投資信託はハイリスク・ハイリターンの商品ばっかりで、ローリターンでもいいから、ローリスクの商品はないかというお客様からの要望もありました。それで、お客様の声を反映したファンドを、自前でやろうということになりました。そして、おおいに実らせていこうじゃないか、ということで始めました。

それ以前は、当社はワリコーの販売に注力していました。興銀では西のウツミ屋、東の丸福といって、多い時は年間に3000億円ぐらい売っていたでしょうか。だから、大変なストックだったんです。ところが、ワリコーがなくなって、乗り換えるものがないから、みんな投信に流れちゃったんです。それが、大変お客様に不信感を与えることになったんですね。それで、もっと身近な投信、ローリターンだけれども、できるだけローリスクの商品をお客様に提供しようよという考えで始めました。

――これは主としてどういうものに投資されていたんですか。

反町　日本投信〔現在の岡三アセットマネジメント〕に委託しまして、当時は、銀行株なんかが中心だったんじゃないかと思います。

――銀行株ですか。お客さんが名前を聞いたことがあるような、大手の企業を中心に投資されたわけですね。これはお客さんの要望に応えてつくられたわけですから、相当売れたわけですか。

反町　そうですね。30億円ぐらいの小さなファンドでしたけれども、2、3回組成したと思います。ただ、当時、ほかにも新しい金融商品がどんどんできてきて、特にMMFや中国ファンドもありましたから、われわれの当初の考え方も、じきに消えてしまいました。

――御社は、先ほど割引債をかなり売っていらっしゃったとおっしゃっていましたけれども、これは昭和40年代から……。

反町　1965年ぐらいからずっと積立式でやってきました。それで、興銀が利息で台湾旅行に出かけようというキャンペーンをしまして、当時、農協さんが一生懸命国内旅行をやっていましたから、非常に話が通じやすかったんですね。ですから、「利息で京都に遊びに行こう」というふうに募集をしますと、結構売れました。それがストックになって、ストックによる読める収入が、かなり安定的に出てきました。

▼少人数店舗構想とエリア制社員制度

――委託売買手数料自由化後、御社ではエリア制社員制度というのを導入されたようですが、この制度はいったいどういうものだったんですか。

反町　あまり私も記憶がないんですけれども、当時、一人店舗も認めるような方針が出ました。当社の社員のほとんどが、農家出身の長男なんですよ。ですから、できれば……。

――転勤したくない……。

反町　ある程度年をとったら、実家に帰りたいと希望する社員が非常に多くて、それなら、たとえば魚沼出身の人は、六日町営業所に行って、仕事を続けられるようにしたらどうだということだったんだと思います。考え方としては、多くの社員が受け入れられるものだったと思いますけれども、社長がかわると、考えを変えるということもありまして、あまり実現したという実感がないんですよね。

――じゃあ、主として少人数店舗を運営するために、地元の人を充てていくと……。

反町　ええ、将来はそういうことも考えていました。発想としては、年をとったら、両親の近くで仕事をしたいという社員がいるわけですね。また一方で、当社は歩合外務員をやめていますから、一人店舗も考えないでもないということだったんですけれども、実現はしていないと思います。

――じゃあ、そこを目指して考えられたけれども、実現はしなかったということですか。

反町　そうです。

――いま、店舗の話が出ましたが、新潟には証券会社の店舗が45店あるんですよ。そのうち、岡三にいがたが13店、第四証券が15店、国府証券が2店、後は地場以外の会社の店が15店あるんですよ。岡三にいがたは、いまは東京、大阪ともに店舗がないですね。

反町　バブルの時には東京にもありましたが、いまはやめました。

――じゃあ、東証の会員権は持っておられるけれども、東京にはないんですね。

反町　そうです。

――困りはしませんか。

反町　別に困りません。すべてつながっていますから。

――株が電子化されたし、受渡しについての苦労もないと……。

反町　はい。

――13店舗あるわけですが、それを小規模店舗に組み換えていこうというお考えがあるわけですか。

反町　それは、いまの経営陣が考えることであって、私は現役を退いているので、なんとも申し上げられません。ただ、いまのトップも、いわゆる地場証券は、大手の会社とは違った生き方をしなきゃならんということに気づいています。結局、地場証券はフェーストゥフェースが重要なんですね。ところが、フェーストゥフェースを重視して、どんどん営業マンを増やしていくと、人件費が高騰しますね。また、投信を中心とした品ぞろえにしますと、営業マンのあり方も変えていかなければなりませんね。ここが悩みどころだと思います。

——最近の証券マンをみていると、株の営業を知らない営業員が増えてきていますでしょう。

反町 心細い状況ですね。ですから、昔から株式を専門にされているお客様は、若い社員をよこすなと……。

——物足りないわけですね。

反町 証券会社の社員ではないという話でして……。

——お客さんのほうが、営業マンよりずっと知っているわけですね。

反町 だから、投信を売るために、営業マンを増やすのはどうかと、トップもおそらく思っているはずです。というのは、銀行が本業で稼げなくなって、手数料をとればいいんだというので、保険や投信をかなり販売していますから、銀行とバッティングしているんですよね。だから、いまのトップにとって、証券業はどういう方向に向かうべきかは、大きな経営課題だと思います。

▼銀行との顧客紹介業務での提携

——兜町の証券会社の経営者の方も、株がわからない人ばかりだと……。一方で、銀行はいま、資産の6%ぐらいが投資信託らしいんですよ。最近、第四証券という地銀系証券ができました。地銀系証券は、地銀が100%出資で新しくつくった会社だと、おそらくそんなにリスクのない投信しか売らないと思うので、それほど重複はしないと思うんですね。ところが、第四証券は新潟証券を買収しましたから、株のことを知っている人たちがいるので、まともにバッティングしますし、銀行がついていますから資本も充実しますね。そうすると、御社も対抗上、なんらかの新たな施策が必要になると思うんですね。この文脈で御社のことをみると、銀行さんと顧客紹介の提携をされていたと思うんですが、それはうまくいっているんでしょうか。

反町　たとえば、トキ支援ファンドなどは、北越銀行さんと組んで販売しています。まったく同じ投信を売っていますので、それで勝った、負けたをやっていますと、証券も銀行も存在価値、つまり、本業がみえなくなってくると思うんです。いま、過渡期といいますか、これから営業マンをどんどん採用していいものか、するべきではないのかが問題になっていると思います。

——迷っていらっしゃる……。

反町　かといって、パンフレットをみて、その投信がどういう商品かをすぐに理解できるお客様ばかりではありませんから、フェーストゥフェースできちんと説明をすることも、これからますます必要にはなってくると思います。だから、そのジレンマがあると思うんですね。

——大光銀行とも提携されていますね。

反町　昔の相互銀行で、第二地銀ですね。これは旧大蔵系で、いまでも頭取は旧大蔵から来ています。あの銀行は投信を売っていないんです。

——2007年に、顧客紹介の提携をされたかと思うんですが……。

反町　いや、それは部分的にやっていますけれども……。つまり、営業部長クラスが、たとえば、「自行株の安定化を図りたいから、ちょっと回ってもらえんか」みたいな話をやっているみたいですけれども、トップマネジメントが考えていることではないですね。

——そうなんですか。この提携の前後に、第四銀行が新潟証券を買収したものですから、それに対抗して、銀行との提携を始められたのかと思ったんですが、そうではないわけですね。

反町　つまり、向こうの頭取がかわるたびに、方針が変わるんですよ。大光銀行と当社はお隣同士ですから、長くいらっしゃる頭取は、うちの社長とも気軽に、いろいろとやろうじゃないかという話が出るんです。それで、総務部長なんかが来て、打合せもするんですけれども、頭取がかわった途端に、その話はなかったことにしてくれと……。

――じゃあ、そこまで深いことを考えてというよりは、たまたま機運が盛り上がったという感じですか。

反町 そうなんです。

▼大規模な証券業の再編と友好店の再編

――21世紀を迎える前後に、証券界はかなり大規模な再編がありましたが、それにかかわってお伺いしたいと思います。国府証券は、もともと母店が第一証券だったと思いますが、これはどういう関係から第一証券が取次母店だったんでしょうか。

柴田 それがよくわからないんですけれども、第一証券を母店にする以前は大和証券や山種証券〔現在のＳＭＢＣ日興証券〕とも取引があったんですね。ただ、１９６４年に免許の申請をするわけですが、その時はもう第一証券と取引していまして、あそこを拠点にして関東財務局へ通った覚えがあります。おそらく、元社長の小川〔三郎〕さんと親父が、どこで会って、どこで意気投合したのかはわかりませんけれども、それで第一証券と取引を始めたんだと思います。私が入社した１９６８年には、まだ信用取引は山種証券と取引していましたが、それがだんだん決済だけになって、取引がなくなり、そして第一証券に移っていったという経過ですね。

――第一のオーナーだった小川さんとの個人的な関係からですか。

柴田 そうです。個人的な付き合いであったように記憶しています。

――第一証券は、その後、日本長期信用銀行〔現在の新生銀行〕の系列下に入っていきますが、その時点でも、ずっと第一とは続いていたんですか。

柴田　ええ、そうですね。

――それが1999年に、新潟証券、旧中証券に取次母店を変えられますけれども……。

柴田　これは当時、中証券も第一証券のシステムを使っていたんですけれども、中証券は新潟の会員権しか持っていなかったんですね。そして、新潟でもう1社、三条証券と3社が第一証券を母店にしていたんです。２０００年に第一証券がつばさ証券〔現在の三菱ＵＦＪモルガン・スタンレー証券〕になるわけですが、その時、第一証券の友好店が10社ぐらいあったんです。それで、われわれの母店を継続してほしいとお願いしたんですけれども、第一証券が各社と合併してつばさ証券になる時の経緯から、断られたんですよ〔第一証券は、２０００年4月にユニバーサル証券、太平洋証券、東和証券と合併し、つばさ証券となった〕。

つばさ証券としては、友好店は持たない。他社に頼んでほしいという話になったんですが、その宣告を受けたのが8月だったんです。時間がありませんので、新潟証券の前社長の中野〔裕二〕さんと、母店をどうするか、それからシステムをどうするかを話し合ったんです。というのは、システムは移転費用がものすごくかかるものですから……。

――システムの移転コストですね。

柴田　当時、日証代〔日本証券代行〕が第一証券のシステムを受けることになり、東証の会員権もとったんですね。それで、そこに移ろうということになったんです。中野さんのところは、第一証券がつばさ証券になる時に、東証会員権を取得されましたので、システムだけは日証代のモノを使うことになり、三条さんも一緒に使おうということで、3社が残ったんですね。

その後、日証代が母店業務をやめたいという話になったんですが、私たちは行く先がないので、システムも同じものを使っていますし、つなぐのが楽だということで、新潟証券につなぎをやってもらったんです。そして、その後、証券ジャパンが受けてくれることになって、母店を証券ジャパンに移したわけですが、その間のつなぎを新潟証券にお願いしてやってもらったわけです。

——ということは、日本長期信用銀行が倒産して、第一証券の経営が揺らいだことが始まりなんですか。

柴田　そうなんです。だから、あの時は、もうどうしていいかわからないぐらい、いろいろな案件が集中したんですね。母店を探す時も、当時、協会の理事をしていたので、片っ端から「うちの母店になってくれませんか」と声をかけて回ったんですよね。何社かが「受けてもいいよ」とおっしゃっていただいたんですけれども、システムが違うので、それの移転費用だけで４０００万円ぐらいかかるんです。当時、山一さん、三洋さん、丸荘さんが相次いで破綻した頃でしたから、４０００万円を出せといわれても、とても出せないわけですね。むしろ、出すどころか、こちらが資金を必要としていた時期ですので、システムを移すことはできないわけですよ。だから、当時使っていたシステムを継承してくれるところで、母店を引受けてくれるところを探さなければならなくて、大変でしたよ。

——金融危機の時に、相当の苦労をされたわけですね。

柴田　ええ、バタバタしましたね。それで、日証代が引受けてくれて、日証代を母店にしたんですが、そこも母店業務をやめたいといってきたので、半年ほど新潟証券さんにお願いしたんです。そして、その後、証券ジャパンを母店にしたんです。

▼新潟証券取引所が東京証券取引所との経営統合に至った事情

——そうですか。そういうご苦労があったんですね。よくわかりました。次に、話題をガラリと変えまして、１９９７年の金融危機の時期には、地方の証券取引所にもかなり大きな影響を与える出来事があったように思います。

２０００年には、口約束みたいなものではあったんですが、テリトリー制を東証がやめました。それから、ＴｏＳＴＮｅＴを開設しまして、地方の取引所で主にされていたクロス取引も、全部東証に収容していくわけですね。こうしたことがあって、新潟証券取引所は東証と経営統合されたと思うんですけれども、東証と統合される前に、名古屋証券取引所とも交渉されたように伺ったんですが、そのあたりはどうなんでしょうか。

間瀬　それは私はわかりません。

――そうですか。新潟は東証との経営統合を選択されたわけですが、他方で、同じ地方の取引所でも、札幌や福岡は新興市場をつくって、新しい上場企業を探す道を選択されました。新潟でも、ベンチャー企業の上場などに尽力されてきたわけですが、そういう生残り策を考えるということはなかったんですか。

間瀬　それは、考えたんですよ。でも結局、取引所というのは、会員証券会社さんがいて、上場会社があって、商いがあって、証券取引所なわけです。最初の頃は、地場証券の社長さんも一生懸命でしたけれども、だんだん系列化されていき、母店から経営者の方が来られるようになると、景気の悪い時は支出を切り詰めるんですよ。そうすると、取引所の経費負担が多いと……。

――会費が高いと。

間瀬　高いという不満が出るわけですよ。そのほかにも、県や市に存続を働きかけても、あまり関心がないような感じですし、商工会議所にお話しても、積極的に応援しましょうという話にはならなかったわけですね。一方で、東証のシステム、取引システムも相場報道もそうですが、新潟の単独上場銘柄の取引をするシステムを構築するだけで、数千万円かかっているんですよ。

――それは年間のランニングコストですか。

間瀬　いやいや、システムを開発するコストがですね。しかも、それを東証の相場報道システムにつなげられるかといったら、つなげられないと……。だから、システム負担は増えていきますので、単独ではできないような状態に陥ったんです。取引所としても単独銘柄を発掘するにしても、結局、投資家に関心を持っていただけなければ、証券会社に注文が出ないわけですから、先細りになるわけですね。

こうしたことも加味されたと思いますけれども、そういったことで、地方取引所でも集まって相談はしていたと思います。地方取引所の代表は京都なんですけれども、京都はやっぱり大阪に近いし、広島も大阪に近いので、京都、広島が先にそういう話をしていたと思います。

――京都の中村〔伊一〕理事長が、いちばん早く東証に声をかけたようなんです。ところが、その話は大阪経済界に反対されて、大証と統合したみたいですね。他方、広証は最初から東証しか考えていなかったようですが……。鶴島〔琢夫〕さんに以前、新潟との経営統合のお話をお聞きしたんですが……。

間瀬　鶴島さんはお話されましたか。

――ええ。

間瀬　うちの〔牧英二〕専務理事と鶴島さんは割と仲がよくて、それで鶴島さんにご協力いただいて、経営統合をしていただいたというか、そういうような事情もあるんですね。

――お互いが行き来すると表面化するから、自宅に電話したりされたようですね。

間瀬　だから、私らは全然、そういう経緯も知らないんです。

――じゃあ、その専務理事と……。

間瀬　鶴島さんの間で交渉されていました。あと、東証の事務方がいたかと思うんですが……。

――鶴島さんによると、こういう話はあまり多くの人でやるともれるから、若手職員を1人だけつけていらっしゃったようですね。そのように話されていましたね。ですから、新潟も専務理事さん以外の方は、まったくご存じなかった

わけですか。

間瀬　知ったのは決まってからですね。

――東証との経営統合をお聞きになった時は、どういう心境だったんですか。

間瀬　地方取引所の危機は、景気が悪くなるたびに、必ず出てきていましたのでね。あぁ、またかというぐらいのもので……。

▼新潟の証券会社再編の背景と地場証券の存在意義

――次に、新潟の証券会社の再編についてお聞きしたいと思います。新潟には昔、日新証券という新日本証券系の会社に、コスモ証券〔現在の岩井コスモ証券〕系の越後証券、和光〔現在のみずほ証券〕系の新和証券、さらに丸福証券、中証券、国府証券、三条証券がありました。ところが、日新証券が自主廃業し、越後証券は中証券との合併話もあったんですが、合併前に流用問題が起きて合併は破談となり、結局経営破綻に至ります。そして、三条証券も2002年に自主廃業され、その一方で丸福証券が新和証券を買収し、中証券は新潟証券に名前が変わって、その後、簿外債務問題がきっかけとなって、第四銀行に買収されました。

これまでの新潟の証券会社の再編を振り返っていただきたいんですけれども、やはりマーケットが縮小していることが要因なのか、それともむしろ経営者のガバナンスの問題なんでしょうか。たとえば、越後証券は会社資産の流用、新潟証券は簿外債務問題というように、どちらかというとガバナンス面の問題が大きかったように思うんですけれども、再編が起こっている主たる理由は、どのあたりにあるとお考えでしょうか。

反町　これは、地場証券も一生懸命やってきましたけれども、東京の業者がどんどん入り込んできまして、株式よりも投信を一生懸命売ったわけです。他方、株式だけで経営をやっていた地場証券は先細りの一途であることに加えて、株式を持っていた資産家は亡くなっていっています。さらに、銀行も投信販売に注力してきましたので、証券業というのが特色のある業種じゃなくなってきているんですね。これは大問題ですね。

――御社は新和証券を買収されましたけれども、どういう経緯で買収されるんですか。

反町　あれは、もともとは興銀です。

――あぁ、新和証券は和光系列ですからね。

反町　興銀が「丸福さん、めんどうみてやって」とお願いされたことがきっかけだったと聞いていますけれども……。というのは、新和さんもたびたび社長がかわっていましたので、時々当社の社長に、「真剣に考えてくださいよ」という申出があったようですね。ただ、その時は、機が熟さず先送りになっていたわけですが、今回は機が熟したということなので、底流では長い間その動きが続いていたようです。

――いま、反町さんが証券業は特色のある業種ではなくなったとおっしゃいましたが、地場証券の存在意義はどういうところにあるとお考えでしょうか。

柴田　私らのお客様でも、昔と違って、いまはインターネットがありますから、大手さんと付き合おうと思えば付き合えるわけですよね。それでも、うちに残ってくれるというのは、やはりそれだけの信頼を勝ち得てきた証左だと思うんです。それと、東京のほうからみれば、われわれは大したお客様がいるわけではないかもしれませんが、地方の証券会社は、地道に地方のお客様をずっと掘り起こしてきているわけですよね。

ちょっと話はそれますけれども、五月会という関東財務局管内の非会員業者の集まりがありまして、私が会長をやっていた時は43社あったんです。ところが、皆さん合併や廃業などで辞められて、いまは5社しかないんですよ。なかには会員権をとって、辞めていった会社もありますが、だいたいが吸収、廃業なんです。だから、大変な時代になっているとすごく強く感じているわけですけれども、大手証券さんが、相手にされないような小さなお客様、それこそいちばん伝票代がかかるコストの高いお客様を、地場証券は掘り起こしてきているんだろうと思うんですね。そういう意味では、証券界にとってはおおいに貢献はしているんだろうと思うんです。

――証券人口の拡大という意味ですね。

柴田　はい、証券人口の拡大になっていると思うんです。大手さんは、そういう人を掘り起こして歩くなんてことはしていないでしょうからね。もちろん、こうしたお客様がある程度大きくなると、連れて行かれるんでしょうけれども……。だから、地方証券会社の意義は、証券人口の拡大に随分貢献してきたことなんだろうと思うんです。

このように地道に個人投資家を掘り起こしてきた地場証券が、システム化の問題から会社を辞められて、どんどん少なくなっていった結果、機関投資家に商いが集中するような市場になったと思うんですね。

――システムコストですね。

柴田　システムはものすごいランニングコストがかかるんですよ。それと、〔日本証券業〕協会が、親切にもどんどん規制をかけてくるものですから……。

――コンプライアンスのコストですね。

柴田　はい。だいたい問題を起こしているのは、地方の証券会社ではなくて、東京の証券会社なんですよ。ところが、規制は一律にかけられるわけです。そうすると、それに対するコストもものすごくかかるんです。分別管理が義務づけられたのは、丸荘さんがお客様から預かった資産を使っちゃったものですから……〔1998年12月の証券取引法改正で、顧客資産の分別管理が義務づけられた〕。

――顧客資産の流用ですね。

柴田　お客様の株券を無断で担保に入れて、カネを借りて、それを運転資金に使っていたわけですから……〔丸荘証券は、金融機関からの借入れの際、顧客からの預かった株式約35万株を、顧客に無断で担保として差し入れたとされる〕。この事件がきっかけで、分別管理が義務づけられたわけですけれども、当時、私らはお客様から預かったお金を、自己融資に回すことによって稼いでいた部分が非常に大きかったわけです。

――それが分別管理することで、できなくなった。

柴田 それがみんな預託しなくちゃいけなくなって、スズメの涙ほどの金利しかもらえないわけです。しかも、預託する、送り返してもらうというやりとりに、ものすごいおカネがかかっているんです。そういうのが収益を圧迫してきているわけです。また、最近では公認会計士を入れる問題もそうですが、われわれの規模でそんなもの必要ないと、私はだいぶ前からずっと反対はしているんです。それもものすごい負担になるわけですね。そうすると、存続すら考えなきゃならないんです。

こうしたコストアップ要因がある一方で、母店は〔再委託〕手数料を下げてくれませんから……。先ほど反町さんが母店6、非会員4で配分したとおっしゃっていましたけれども、私が入った時は、非会員業者の取分は3割だったんです。それを非会員の方が相当抗議して、取分を増やしてきたんです。ところが、その当時のほうが経営は楽でした。なぜかというと、裏のバックがあったんですよ。

――通信料とかの割戻ですね。

柴田 それだけではなくて、第一証券もそうですけれども、商いをうちに発注してくれるんです。そうすると、向こうにも25％は持っていかれるんですけれども、うちに手数料が入りますよね。今期はちょっと苦しいなというと、第一証券は投信を持っていましたので、投信の商いをポーンとくれるんですよ。そうすると、母店の手数料の取分は25％ではなくて、実際は十数％ぐらいなんですよ。だから、そんなに苦しくはなかった。ところが、いまはそんなことはとてもやってくれませんから、まるっきり裸で自分たちが稼いだ何％かをとっていかれる。しかも、それが旧手数料に対する割合なんですね。

――えっ、自由化する前の固定手数料に対して25％を支払うんですか。

柴田　ええ、25％ではなくなってきていますが、固定手数料に対してとられるんですよ。だから、私らは、いま、母店がお客様に提示している手数料をベースにしてほしいといっているんですが、なかなかいまは、友好店がまとまって、そういう話をする場を提供してくれないんですよ。

――しかし、手数料は自由化されたから、自由交渉制じゃないんですか。自由に交渉できないんですか。

柴田　友好店が集まる会合はあるんですけれども、講演会とパーティーをするだけですから、友好店同士で話しあう場がないんですよ。だから、個別で交渉しなければならないから、なかなか「うん」といってくれないんです。

――それで地方の証券会社というのは、自由化後も固定手数料時代のテーブルをそのまま使っているんですか。それには、こういう理由があったんですね。

柴田　そうです。どうしたって高いですよね。母店が自分のお客様に提示している手数料は、安くしているはずなんですが……。だから、そういうことをやられると、ますます非会員の地場証券の競争力は落ちていくわけですよ。会員さんは、手数料を自由に設定できますけれども、われわれも同じ水準まで手数料を下げると、つぶれちゃいますよ。

――われわれ、全国のいろいろな地場証券の経営者の方にお話をお聞きしているんですが、どの社長さんも地場証券の特徴として、真面目、誠実、お客さんからの信用が高いということをおっしゃっているんですが、地域から逃げられないから、悪いこともできないことが、お客さんの信頼を生んでいるんじゃないかと思うんですね。

柴田　ええ、そう思います。この間、地場証券でレセプト債を売って、やられましたね。彼らは仲間なんですが、収入をあげようとすると、ああいうのに手を出さざるをえなくなるんですよ。われわれも誘われたんですけれども、訳のわからない商品を売るのは嫌だということで、当社は販売しませんでしたが、魅力がないわけじゃないんですよ。委託手数料が入ってきますからね。

――やはり営業マンにしてみると、中身を理解できても、お客さんに説明できない商品は売りたくないということですね

柴田　そうです。

――お客さんも顔見知りの人や、非常に深く付き合っていらっしゃる方が多いでしょうからね。

柴田　投信を売るのは、銀行さんのほうが強いですよ。

――預金を投信へ移すだけですからね。

柴田　僕の友達は、「ポンとおカネが入ってきたら、「投信を買いませんか」としつこくいわれて買った」といっていましたからね。

――銀行には預金情報がありますから、お客さんがどれだけ資産を持っているかを知っていますから……。

柴田　そうなんです。

▼新潟の投資家層、企業経営者の特徴

――では最後に、新潟の投資家層についてお聞きしたいと思います。新潟といえば、戦前は石油や米の相場が盛んだったと思うのですが、それは特徴としても現れていまして、日本海側の県のなかでも、新潟在住の方の金融資産に占める証券の比率は7・5％なんです。だいたい日本海側の県は、全国平均よりもかなり低くて、いちばん底なんですが、新潟の場合はかなり高いと思うんですね。これは昔から相場の好きな人が多かったことが影響していると思うんですが、それはどうでしょうか。

澤村 取引所があったことが大きいんじゃないでしょうか。

――でも、北海道はものすごく低いんです。

反町 昔、財務部が出していた月例の資料をみると、東北6県と新潟県が同じでしたね。

――一緒ぐらいでしょう。東北もものすごく少ないんですよ。仙台がある宮城も少ないんですよ。

反町 東北6県と新潟1県の証券投資の額が同じというのは、ずっと続いていました。というのは、やはり石油のおかげで、相場の好きな人がいっぱいいいたんだと思いますね。

――やはりそれが大きいわけですか。

反町 はい。そう思います。たしかに米穀取引もありましたけれども、あれは一部の業者の取引ですから……。

――それは皆さんも同じお考えですか。

柴田 もともと新潟県民は、貯蓄性向が高いんじゃないですか。

澤村 そうかもしれないですね。

柴田 その一環として、証券投資もしていたということじゃないでしょうか。新潟の人は、教育におカネを使うんですよね。大学に行くとなると、田舎から行きますから、すごいおカネがかかります。だから、子どもが生まれると同時に、そのための貯蓄をしているんですね。そして、大学を出て、帰ってくる職場がないから東京で就職すると、向こうに家を建ててあげたり、マンションを買ってあげたりするんですね。だから、新潟県民はそもそも県民性に派手さがないことに加えて、貯蓄に熱心なんですよ。

――いま、家計金融資産が多いことが、証券投資に影響を与えたというお話でしたが、かつて新潟は、日本海沿岸唯一の証券取引所があった街ですし、明治維新の時には、5つの開港場の一つだったわけですね。しかも、ソ連圏との貿易も多かったと思うんです。いまでも、交通網は整備されていますし、越後平野というきわめて広い平野もあって、

経済的な優位性はいまでもあると思うんですけれども、経済力が証券取引に反映しているということは、あまり感じられないですか。

澤村　それはあまり関係ないんじゃないかな。

——かつて新潟は日本海側の中心地でしょう。ですので、石油という特殊な要因があったかもしれませんが、工業生産力も高かったと思うんですね。そのことが証券取引が活発な背景にあったんじゃないかと思うんですけれども、それはあまり感じられないわけですね。

間瀬　1つは、私が取引所にいたからいうわけじゃないんですけれども、取引所があることによって、証券関係の情報がマスコミで取り上げられることが多かったわけです。

——たとえば、取引所が何かすると、ニュースなどで取り上げてもらえたわけですか。

間瀬　そうです。たとえば、年末年始は大納会、大発会が取り上げられていましたし、目にする機会が多かったことが、影響していたと思うんですね。

澤村　そうですね。新聞社も取り上げてくれましたからね。

——取引所があったおかげで、証券関係のニュースなどが取り上げられていたわけですね。ところが、なかなかいまはそれが取り上げてもらえないわけですか。

澤村　そうですね。それと先ほどもお話しましたが、店頭登録をお願いするのに、未上場の企業を回ったわけですが、「なんで、こんなにカネがあるのに、人様のカネを借りて株を上場しなくちゃいけないの」と、そういう言い方をする社長さんが多いんですよね。

新潟の企業には、技術力がものすごく高い企業が多いんですよ。だから、上場してもらいたいんですが、なんで上場をしないのですかと聞くと、「人のカネなんてなくても、成長できるから要らない」とおっしゃるんですよ。燕三条なんて、そういう会社がいっぱいありますよ。

――ああ、燕三条ね。金属加工が盛んですよね。そういうところでも上場する気がない企業が多いわけですか。

澤村　そうです。

――金属加工では世界的にすごく有名ですよ。磨き技術ですね。

澤村　玉川堂に、武田金型〔製作所〕、諏訪田製作所とかね。

――すばらしい企業がありますね。

澤村　世界のトップ企業ですよ。

――ところが、上場も店頭公開もする気はないんですか。

澤村　ないんです。

――もったいないですね。

澤村　本当です。だから大手証券も、なんでそういう会社に対して、上場勧誘しないんだろうと思うんですが、上場なんてしないと頑として受け付けてくれないものね。

――今日は本当に長時間にわたりまして、いろいろと貴重なお話をいただきまして、どうもありがとうございました。

◎本稿は、二上季代司、深見泰孝が参加し、2016年10月25日に実施された座談会の内容をまとめたものである。

第5章

北陸証券界の歴史を語る

――今村九治氏証券史談

本章では北陸証券界の歴史を取り上げる。北陸地方には1948年時点で50社の地場証券が存在し、翌1949年には地場証券が57社を数えた。ところが、北陸証券界でも3度の再編があり、1度目は1950~1954年、2度目は高度経済成長の始まった1956~1958年、そして免許制移行の直前に3度目の再編が起こり、この3度の再編で51社が登録取消や廃業によって市場から退出し、1968年の免許制移行時までに13社に再編された。特に富山では8社に免許が与えられたが、地方で8社に免許が与えられたのは、富山と新潟、京都くらいである。新潟や京都の場合、取引所もあり、京都であれば戦前からの富裕層が存在し、新潟では相場好きな顧客の多さが指摘されるが、富山では特にこれといった理由も見当たらず、かなり珍しいケースといえる。その後、富山では県内の同業者による再編が4件あったが、石川、福井では再編もなく、免許制移行時の業者がそのまま存続している。現時点ではその後参入した地銀系証券1社を加えた10社が、北陸地方を本拠として営業を行っている。

本章に掲載するのは、今村証券の今村九治氏のオーラルヒストリーである。今村証券は約100年の歴史を持ち、地方証券でも特色ある経営で有名な老舗証券会社である。株式委託手数料が自由化される前は、株式営業中心の会社であったが、この20年で大きく経営方針を転換し、2014年3月期以来の決算によれば、株式委託手数料収入は約50%を下回っており、ブローカー業務依存からの脱却が進んでいる。

さて、このヒアリングに際し、筆者らはいくつかの関心を持ってヒアリングに臨んだ。その1点目は、今村証券の経営方針の転換は、何に起因したのかであった。先にも述べたとおり、今村証券はこの20年で営業の重心を株式から募集物に大転換させた。何がその基礎にあり、そしてなぜこれほどの大転換ができたのかである。

そして、今村証券は銀行からの資本を入れず、システムも自社開発を続けている。ほかの地方証券では、システムを自社開発している会社は皆無であり、このことが今村証券独自の経営戦略を支えているともいえる。ただ、システムの自社開発にはコストもかかり、経営上の負担になることは間違いない。では、今村証券はなぜシステムの自社開発という経営判断をしたのか。これが筆者らの関心の2点目である。
3点目は、全国的に証券会社は集約、撤退の方向に進んでいるが、北陸証券界には地場証券が数多く残っている。また、全国的にも珍しい未公開株取引にも積極的に取り組んでいる。このように、全国的な潮流とは一線を画す北陸証券界の特色がなぜ生まれ、現状はそれがどうなっているのかである。また、今村氏は日本証券業協会の個人投資家応援証券評議会の立上げに関係された。長寿命化や年金財政の問題から、証券投資の必要性もクローズアップされているが、家計金融資産が依然として現預金に偏っている。個人投資家の市場参入を増やすために何をすべきか、これが筆者らの関心の4点目である。これら筆者らの関心に基づき、お話を伺っている。

▼戦時合併と今村証券創業

――それでは、始めさせていただきます。今日は、前半で御社の経営にあたられた経緯なり、それからご経験なりをお聞きいたしまして、後半では、北陸の証券界というのは、少しほかの地域とは違っていますので、そのあたりをお聞きしようと思っております。

今村　そうですね。証券会社が多いですからね。

――まず、第一に御社の経営についてお聞きしてまいりたいと思います。御社は米穀取引の今村商店を前身とされ、証券業を兼業されまして、1944年に今村証券を設立されたという歴史をたどっておられます。御社は、金沢米穀取引所での取引高が連続1位で、米の取引でも十分利益をあげておられていたわけですが、証券業を兼業された経緯というのを、初めにお聞かせいただければと思います。

今村　私どもの家は安原というところの出身で、曽祖父の時に金沢に引っ越してきました。私の祖父は土地の売買でなんとか生計を維持していたわけですが、私の父親もその手伝いをするようになりました。そのうち商売替えを考えるようになり、何がいいかと考えたようです。結局、うちの父が、京都の二宮商店という商品先物の会社にでっち奉公して、そこで勉強して、石川に帰ってきて米穀取引を始めたということなんです。つまり、私の父が米穀取引を始めたようなんです。

それで、だんだん大きくしていったんですけれども、1944年になり、戦争がだんだん激化していきますと統制経済となり、米を自由に売買できなくなりまして、その10年ほど前から副業として証券業をやっていましたので、そちらを本業にせざるをえなくなったんだと思います〔今村証券は米穀取引からスタートし、金沢米穀取引所一般取引員40社中、9年連続で取引高1位を誇った。また、1933年からは証券業を兼営しているが、これは1933年に米穀統制法が制定されたためである〕。

こういう経緯で、今村証券をつくったわけなんですけれども、米穀取引をやっていた時、七尾に代理店があったんですが、そこを1944年に七尾営業所にしたわけです。こういうふうに米穀取引にルーツを持つ会社というのは、山種証券〔現在のSMBC日興証券〕さんなんかも同じ流れだったと思いますし、大阪にもそういう証券会社があります。証券会社のルーツを探ると、米穀取引から仕方なく証券業に移ったという会社も結構多いと思います。当社もそのなかの1社だったということですね。このようにして、今村証券が1944年に生まれたと聞いております。

——1944年の今村証券設立の際、4社を統合して、いまの今村証券ができたと聞いていますけれども、この4社は、志鷹吉蔵商店に藤井外治さん……。

今村　小島喜四郎さん。この小島喜四郎さんが七尾で、あと2つが金沢だったと思うんですよ。

——なるほど、ということは七尾営業所というのは、小島喜四郎商店の……。

今村　小島喜四郎さんのところですね。

――どうしてこの3社とくっつけられたんですか。

今村　これ、どういう事情だったんですかね。

――全然関係ないんですか。

今村　やっぱり好き嫌いというか、たまたま仲がよかったのでということだと思うんですけどね。

――企業整備令によって整理せよというようなことがあったのではありませんか〔戦時期に施行された企業整備令では、主務大臣が必要と認めた場合は、事業主に事業の委託、受託、譲渡、譲受、合併を命ずることが可能であった〕。

今村　そうです、そうです。

――政府の命令も気にしてということですね。

今村　そういうことですね。志鷹吉蔵商店の志鷹〔吉蔵〕さんは、合併後、今村証券に入られて、私どもの大番頭として、経理全般をずっとみておられて、私がこっちに来た頃も、まだいらっしゃいました。

――志鷹さんがですか。

今村　そうです。そういうことで、当時のお客様なんかも全部引き継いだんですよね。

――あとのお二方は、合併された後はもう関係されませんでしたか。

今村　いらっしゃらなかったですね。志鷹さんだけが私どもに入社されています。

▼免許制移行前の北陸証券界と今村証券

――戦後、免許制になるまで、たとえば兜町の証券会社のなかには、同業者取引や、自己売買で資産の大部分を形成されていく会社もあるんですけれども、北陸の会社は会員ではありませんよね。

今村　そうですね。

――北陸には戦後もたくさんの業者がありましたが、これらの会社はすべて委託売買のみでお商売をされていたわけですか。

今村　そういうことです。それぞれの母店を通じて売買させてもらっていたということです。もちろん母店は各社によって違います。当時、山一證券が強かったので、当社だけではなく北陸でも何社かは、山一につないでいました。

その後、いろいろな紆余曲折があって、山一からコスモ証券〔現在の岩井コスモ証券〕に変わるとか、いろんな変化がありました。富山の場合は、コスモ証券にかわるという会社が……。

――昔の大阪屋ですね。

今村　大阪屋ですね。たしか電話回線料を安くするためといって、富山にコスモ証券の支店を置いて、コスモ証券を母店とする会社は、コスモ証券の富山支店に注文を出していました。そうすると富山市内だから電話料金が安くなりますので……。そしてコスモ証券の富山支店が東京へ注文を出していたんですよ。だから、富山の証券会社は全部、一時コスモ証券を母店にして売買していたことがありました。そういうふうに、みんな細かくやっていたんですよ。だからもうブローカーばっかりですね。ディーリングは会員権がないとできないんですから。

ちょっと話は逸れますが、僕が当社に帰ってきた１９６８年当時、このあたりの会社はお客様からもらう手数料の半分を母店にとられていたと思うんですよ。

――割戻率が50％。

今村　割戻率は50％ぐらいだったと思います。あんまりひどいというので、徐々に少なくしていって、自由化の頃までにはだいたい２割ぐらいまでに下がっていったわけですけれども、それも4、5年に一度5％ぐらいずつ、少しずつ少しずつ割戻率を少なくしていって、こちらの取分を多くしていったというふうな歴史があります。

――通信費という名目で戻していませんでしたか。

今村　そうですね。たしかそうです。

――割戻率は受託契約準則に50％と書いてあるんですよね〔昭和40年代の再委託手数料率は、1971年11月以前に証券業の免許を受けていた証券会社に対しては、東京証券取引所の受託契約準則で一般料率の50％と規定されていた〕。

今村　なんかそうでしたかね。

――そのかわりに、通信費とかの名目で返していたと思います。

今村　なんかそうだったと思います。うちの父なんか、江戸時代の四公六民とかなんとか、あれよりかひどい、とよくいっていましたよ。

▼免許制導入に伴う業者の集約統合と小松証券の合併

――戦後しばらくは大きな変化もなく来られたわけですが、証券恐慌頃に再び変化が起こってきますね。

今村　そう、そう。証券恐慌の時に免許制が導入されることになりましたね。１９５８年当時、石川県では地場証券が10社くらいあったんですけれども、免許制になる時に、いろんな基準が設けられましたので、北陸財務局も規模が大きく、資産内容のいい会社以外は合併させて、会社の数を少なくしようとしたわけです。こうした方針のもと、いろいろと指導したんですよ。

その時に、当社は石川県のなかでは結構大きかったんですけども、規模が他社と比べて断然大きいというわけでもなかったわけです。当時、小松市に小松証券というのがありまして、そこの〔谷口与平〕社長と父とが仲がよかったので、小松証券を合併して、当社の支店にしたわけです。１９６５年当時の小松証券というのは、業務内容が結構よかったんですよ。だから他社も小松証券に「うちと一緒になってくれ、うちと一緒になってくれ」と申し出て、とり合いになったんですけれども、結局うちの父と小松証券の社長の仲がよかったので、当社と合併するに至ったわけです。合併後、小松証券は当社の小松支店になりましたけれども、その時は小松証券の番頭さんを小松支店長にしたり、何人かをそのまま雇っておりました。

――いまおっしゃったように免許制の時に、証券会社は集約、統合されたわけですけれども、石川県は3社に集約されていますね。

今村　そうです。

――ところが、福井が2社、富山は8社なんですよね。

今村　そうなんですよ。ちょっと富山だけ多いんですが、これにはちょっと因縁があるんですよ。北陸財務局には、福井に福井財務部〔現在の福井財務事務所〕、富山に富山財務部〔現在の富山財務事務所〕があるんですね。富山財務部と福井財務部は北陸財務局の下にあって、人の異動もあるんですけれども、なんだか知らないけれど、富山財務部は自分のところのテリトリーをしっかり守る。それから、福井は福井でまた守るというのがあって、必ずしも北陸財務局がすべてを指導しているわけではなくて、それぞれの県にある財務部が結構力を持っていたんです。

その時に富山財務部長だった山本〔静雄〕さんは、非常に温情主義的な人だったんですよ〔山本氏は当時、富山財務部の理財課長で証券検査官、金融検査官を兼務し、実質的に証券行政を取り仕切っていたと推測される〕。それで本来は残してはいけない、小さな会社もすべて残してしまったそうです。うちの父から聞いた話では、みんな土下座をしたという話が残っているんです。それで、温情主義的な山本さんが、みんな残してしまったんです。そういうことで、富山だけ8社も残ることになったそうです〔1963年3月時点で、北陸3県には証券会社が、福井に3社（大野、三津井、益茂）、石川には10社（今村、小松、坂本、三恵、信和、高瀬、竹松、西、日産、山城）、富山に15社（荒町、石動、岩瀬、内山、大林、島大、新林、新保、頭川、杉本、出町、砺波、富、藤岡、丸宮）存在した。その後、福井2社、石川3社、富山8社に免許が交付されるが、それまでの業者の整理状況は次のとおりであった。福井県では1963年に大野が廃業、石川県では1963年に西が登録取消、1964年に信和が廃業、1965年に三恵、日産が登録取消、高瀬が廃業、小松が今村と合併、1967年に山城が廃業した。一方、富山県では1964年に岩瀬が廃業、1965年に新保、藤岡、砺波、出町が廃業、1967年に大林が登録取消、内山が廃業した）。

――そうしますと、県を超えての統合はしなかったわけですね。

今村　ないんです。それぞれの財務部の管轄の地域は、その財務部に任せられたみたいですよ。そして、富山はたまたま山本さんが温情主義的だったので、数多く残してしまったというふうに聞いています。

――つまり、各県の財務部の方の個人的な考えが、かなり反映したということですね。

今村　そう、そう。そういうことがかなりあったと聞いています。

――厳しい人と甘い人の差が、この数に表れているわけですね。おもしろいですね。

今村　はい。

――社長さんがこちらに来られた時は、ちょうど免許制移行の時ですよね。免許制の移行で何かご苦労されたことはございますか。

今村　免許制の移行の時は帰ってきたばかりで、父が経営していたので、私はあまりその苦労というのはみていないんです。けれども、小松証券を合併する時は、僕はその時まだ大学生だったと思うんですけれども、本当に合併しても大丈夫かな、やっていけるかなとうちの父も悩んだらしく、僕に「失敗するかもわからんけど、〔小松証券を〕合併して免許をとろうと思うんだけれども、お前許してくれるやろうな」ということを、わざわざ念押しに来たことは覚えています。それだけいろいろ悩んだんだと思います。

――小松証券を合併しないと、免許基準はクリアできなかったということですか。

今村 ひょっとするとギリギリだったんじゃないかなと思います〔地方非会員業者に対しては、資本金2000万円以上が求められた〕。まあ大丈夫だったろうとは思うんですけれど、うちの父は政治力がなかったので、実力でいくしかありませんから、やっぱり神経を使ったとは思うんですよ。うまいこと立ち回ってやる人って結構いましたから、そういった会社だったら、悠々とできたんでしょうけれども……。

――先ほど、免許制への移行前はブローカー業務しかしていないとおっしゃっていましたが、この頃御社は、特定の大口顧客の売買に注文が集中していたということもなかったんですか。

今村 ないんですよ。うちは米穀取引でしょう。米穀取引というのは、ハッキリいうとばくちなんですよ。

――ええ。まあ、切った、張ったという世界ですわね。

今村 そう。ばくちなんですよ。そもそも、法人がそんなばくちをするはずがないし、ですからお客様は昔から個人なんですよ。現在もうちの特色は、個人のお客様中心の営業をしていることです。個人のお客様ばかりで、細かいお客様がたくさんいるというのが当社の特色なんです。

――だから、兜町の会社が苦しんだ経常収支率の問題も、もともとブローカー業務しかされていないから、これは問題なくクリア。資本もなんとかクリア……。

今村 そうです、そうです。

――そうすれば、あとは特に免許基準でひっかかることはなかった……。

今村 特になかったと思います。

――お客さんというのは、やはり地主さんとかが中心でしょうか。

今村 そうですよね。地主とか小さな商売をやっている人とか、それから大きな農家。それとお坊さんとか、そんな類いの方が中心でした。本当にばくちが好きな個人のちょっと小金持ちの人がお客様だったんですよ。だから、うちに大手のお客様はいないんです。うちはほんとに細かい。

だから、この間、名古屋の豊証券の伊藤〔立二〕さんと話していたら、うちのお客様の数は、3割か4割ほど、豊証券より多いんですよ。伊藤さんが「すごい多いですね」といってくれましたけれど、ただ、うちのお客様は細かいんです。細かいお客様がいっぱいいるんです。それは昔の米穀取引から来ているわけです。ですから、そういう意味では、健全といえば健全だったですね。いまいわれたように、大口の顧客がいて、その人たちの基幹店だったということではなくて、細かいお客様を中心とした商いをしていましたから。

――なるほど。じゃあ、特に免許制移行に対するご苦労はなかったということですね。

今村　当社に関しては、そんなに苦労はなかったんじゃないかなと思います。

――一方で、社長さんは1967年に山一證券に入社されたわけですが、やっぱり山一が母店だったからという関係ですか。

今村　そうですね。そんな関係ですね。ですから私が「どこで修業しようか」というと、山一證券しかなかった。

――山一證券では、どちらにご勤務しておられたんですか。

今村　当時は1回目の山一問題が起きて、会社がつぶれそうになった時ですね。日高〔輝〕さんが社長になって来られた時、私は山一證券に入ったんですけれども、1年間、大手町ビル支店で個人営業をしていました。山一はつぶれそうになって間もない時ですから、大卒は36、37人しかとりませんでしたけれども、そのなかの1人だったんです。

――しかし、よくそういう時に山一證券も受け入れましたね。

今村　それはやっぱり友好店は黙っていても、ちゃんと稼いでくれるわけですし、先ほどいったように手数料の戻りも大きいですから、山一證券としてもいいお客さんだったわけですよね。リスクも少ないですから、どこの母店も自分の支配下の地方証券をやっぱり大事にしていましたよ。

山一證券には、山一友好店会という会がありまして、そこには12、13社入っていたんじゃないですかね。2、3カ月に1回ずつ地方の会社の人たちがみんな集まって、社長を呼んで勉強会をしたり、歌舞伎座で演劇をみたり、そんなことをやっていました。いまでも母店というのは、地方の証券会社の人が東京に来た時は、ちょっとごちそうするとかいろいろめんどうをみているわけですよ。それは結局、手数料が黙っていても落ちるというメリットがあるから、そうしているわけですね。

特に昔は、推奨銘柄とかありましたよね。山一なら山一が「これがいいぞ」といえば、みんなしてワーッと買うというようなことがありましたでしょう。そういう時に指示に従って、買ってくれる部下がいたほうがいいというのもありますし、それから、〔日本証券業〕協会の選挙とか、あるいは証券界での地位を考えると、支配下の会社をたくさん持っていたほうが業界のなかでの地位が上がるとか、その他いろんな理由があったと思いますが、そういう理由から当時、会員証券は一生懸命、自分たちの支配下にある証券会社を増やそうとしていましたね。

――それで、山一證券には1年しかいらっしゃらなかったんですよね。

今村　ええ、そうです。

――それはどういう理由で……。

今村　私は父が45歳の時の子どもなので、大学を卒業する時には、うちの父はもう67歳ぐらいだったんですね。ですから、「いつ死ぬかもわからんから、早く戻ってこい」といわれましてね。そういう理由で1年間で戻ってきたんですよ。

▼第一次オンラインの構築と業務のシステム化

――山一證券をお辞めになって、今村証券に戻られてからは、どういうセクションでご勤務されたわけですか。

今村　営業ですよ。外回りの営業です。お客様の引き継ぎもありませんでしたから、とにかく必死になって新規開拓などをやりました。山一證券の時は、大手町ビル支店でそこそこ頑張って、同期では一応トップだったんですよ。それで、こっちに来たんですけど、でも、こっちに来てからは、なんか駄目でしたね。というのは、「今村証券の今村です」と名刺を出すと、「社長の息子さんですか」といわれるでしょ。あれがなんとなく嫌でね。だから新規開拓にちょっと抵抗があって、思い切った営業ができなかったというのがありましたね。

それでも、つまつまとやっていたんですけれども、入社して2、3年経った時に、うちの経理を担当していた人が、突然辞めたんですよ。この会社におっては駄目だと思ったんだと思うんですけど、とにかく突然辞めたんです。ところが、その人が経理を全部束ねていたわけですから、困りました。当時は9月決算でしたでしょ。たしか8月ぐらいに突然辞めたんです。そうするとだれも経理をできる者がいないんです。そうしたら父が、「お前、少しはわかるやろう」というので、突然、僕が経理を任されたんです。

僕は慶應出身で、簿記は必修だったんですけど、あまり熱心に簿記の勉強をしていなかったので、簿記なんて何もわからないんですよ。どっち側が借方か貸方かすら、全然わからない。いわんや仕訳なんてわからないわけです。それで、大学時代の簿記の教科書を出して、もう1回みたんですけど、ハッキリいってよくわからないんですよ。だけど決算が迫っていたので、前の年までの決算をみて、見よう見まねでこうなんじゃないかなみたいにして、決算を無理やりやりました。だけど協会にそれを出したら、協会から何度も「違う、違う」といわれて、何回もやり直ししてようやくなんとか決算を乗り切った覚えがあります。ちょうどその頃、証券業経理の統一というのが初めて出たんです〔1974年11月に、日本証券業協会が「有価証券関連業経理の統一に関する規則」を出した。それまでは旧証券業協会の規則が用いられていた〕。

――1974年ですね。

今村　そのぐらいかもわかりませんね。それをみながら必死になってやったのを覚えています。最初は見よう見まねでやっていたんですが、そのうちになんとかモノになっていって、私はいつの間にか営業から経理の仕事になったんです。

その頃、経理をやっていていちばんむずかしかったのは、信用取引の建玉管理ですね。これがむずかしくてね。お客様ごとに保証金率、代用の掛けまで計算して、代用はこれだけある、建玉はこれだけあるみたいにして、1本のそろばんに両方を置いてやりましたけど、私はそろばんだってそんなに得意じゃないですからね。本当に保証金率の管理は大変でしたが、当時、シャープが1台8万円で小さな電卓を出したんです。それを買ってもらって、電卓を使って計算して、なんとか建玉管理をしていました。いまから思えば危なっかしいことをやりましたね。

後は、当時はお客様の顧客勘定元帳も一人ひとりの元帳を、毎期末に全部手で新しい元帳へ書き写して、期を越えていました。保護預りもみんな期末に預かっているものを新しい元帳に書き換えて、それで次の期を迎えていました。いまではとてもできませんよね。だって、お客様の預りが当時と比較にならないくらいたくさんあるでしょう。しかも、お客様は期中に売ったり買ったりしますから、お客様が期中に買ったものは付け加えて、売ったのは売ったと書かなきゃいけないでしょ。それで期末になると、そのなかから残っているものだけを新しい元帳に書き写すんですからね。期末、期初はずっと徹夜して書くんです。だけど、人間ですから書写し間違いもしょっちゅうあるんですよ。残高照合書だって全部手書きですから。これも書写し間違いがしょっちゅうあるんです。だから、お客様から

「間違っているんじゃないか」といわれたり、そんなのしょっちゅうあったんですよ。

――そうすると、その経験があるからシステム化に着手しようと……。

今村　そうです。これではとにかく体が持たないと思いました。しかも、間違いだらけですから……。いま、うちの社員にそういうことをいうと、みんな「エーッ」っていいますけど、当時はみんなそろばんで計算して、手書きするわけですからね。いまではとてもじゃないけどできませんよ。

――証券界では第一次オンラインが完成するのが、だいたい1972年ぐらいですよね〔昭和40年代に大手4社を中心にシステム投資が始まり、昭和40年代後半には業務系システムを中心とした第一次オンラインが完成する〕。

今村　そうです、そうです。

――ちょうど御社のシステム化もその頃ですね。

今村　そうです。僕が山一證券にいた時は、客勘〔顧客勘定〕と保護預りとで各店舗に2台ずつ、ナショナル金銭登録機を使っていたんですね。それをガチャガチャ、ガチャガチャ、ガチャガチャッと手打ちして動かしていたんですよ。また、僕が山一に入る数年前に、山一はコンピュータを入れ始めたんです〔山一證券のコンピュータ化の歴史は1955年に始まる。1955年に計算事務の効率化を目的として、レミントンランド統計会計機が導入され、1959年にはユニバック・ファイル・コンピュータの使用が始まり、昭和30年代中頃には、コンピュータがパンチカードシステムに代替するようになっていた〕。

ところが、こちらに帰ってくると、当社はそろばん、手書きでしょ。だから、なんとかしなきゃいけないと思って、山一が使い古して廃棄した金銭登録機の古いヤツを2台、山一から買って、それをしばらく使っていました。でも、やっぱり打ち込むのは全部手打ちですから、大変なもんでしたね。

そういうことがあって、これは早くキチッとしないと会社を大きくできないぞ、というふうに思ったんですよ。そこで、1971年にリコーのRICOM-8を導入したんです。もうリコーはコンピュータをやっていませんけれども……。

――これはリコーですか。

今村　これは当時、リコーがコンピュータをちょっとやろうと思っていて、RICOM-8というのを発売したんです。その時僕は、特に信用取引が大事だと思っていたので、信用取引の建玉管理からRICOM-8を使ったんです。あと、売買報告書ですね。この2つをRICOM-8で処理するようにしたんです。

ところが、リコーがコンピュータ部門から撤退して、NECにRICOM-8の権利を移したんです。それで、NECがリコーから権利を受けて、RICOM-3200というのをつくったんです。また、その1号機をうちが入れたんです〔今村証券では、1976年にRICOM-3200が導入された〕。このシステムで2、3年やったんですけれども、最初につくった機械ですから、よく壊れるんです。それで、どうにもこうにもなりませんので、やっぱりIBMだなということになって、それから2,3年後にIBMのシステム34というのを入れたんです〔今村証券では、1979年に、IBMシステム34を導入。以後、今村証券ではIBMのサーバが導入されている〕。

――1979年ですね。

今村　はい。そこから後は、IBMのシステムを乗り換えていっています。4、5年後にはAS／38というのを入れました。それからAS／400へと2、3回システムのリプレイスをしていきました。システムのリプレイスに従って、最初にシステム化したのは、信用取引の保証金管理と売買報告書だけだったんですが、そこから客勘や保護預りもシステムで処理するようになり、それから後は全店のオンライン化もやっていきました。本当に最初は細々とシステム化をしたんですけれども、それが現在の当社のシステムのもとになっているわけです。

――御社のシステム化は中小としてはえらく早いですね。

今村　早いんです。でも、その当時は北陸の他社さんたちも元気があって、今村がやったんだから、ついていこうという動きがあって、当社がRICOM-8を入れたと新聞に書かれた後に、富山でいちばん大きかった新林証券が追随してきました。そして、新林証券がコンピュータ化した2、3年後に、今度は福井の益茂証券が岡三証券とオンラインを結びました。それから、坂本北陸証券〔現在のしん証券さかもと〕も竹菱のメルコム・モデル11というのを導入しました。こういうふうに、このあたりは今村についていこうということで、みんな頑張って結構早くにコンピュータを入れたんですよね。

——北陸は御社だけではなく、みんな早いですね。

今村　ええ、みんな早いんです。うちがシステム化したというので、負けまいと思ってみんな入れたんです。

——ハイエレコンとか……。

今村　ええ、いろいろそういうところにいまはなっています。ですけど当社の場合、自分自身の体が持たないと思ったことがきっかけとなって、経理関係からどんどんシステム化していったわけですが、それがかなり早かったわけです。

——竹菱は大阪でも強かったと思いますね。

今村　そうでしょう。

——ところで、自社でシステムを組むとなると、業者へシステム構築に向けたシステム要件をいわなきゃいけないでしょう。

今村　最初のRICOM-8というのは、リコーがつくった最初の機械だったし、RICOM-3200というのもNECがつくった最初の機械だったので、わざわざリコーとかNECの人が来て……。

——御社がつくられた処理フローやシステム要件を基に相談されたわけですよね。

今村　来て、相談して、それでつくってくれました。僕がフローチャートをつくって、こうこうこうだと説明しましたよ。

――**業務の処理工程を。**

今村　そう、そう。それをみて、彼らがつくってくれたわけです。ただ、RICOM-3200を入れた時に、初めてこれは僕だけじゃ駄目だと思いまして、コンピュータ専従の社員を入れたんです。

――**システムエンジニアですか。**

今村　システムエンジニアというか、石川高専という高等専門学校の7期生の卒業生だった吉田〔栄一〕君を入れて、彼に専従でシステムづくりを担当させたんです。いま、彼は当社の常務になって管理本部長をやっていますが、彼が私より詳しいんですね。私はフローチャートをつくったり、ある程度のことはできるんですが、プログラムを組むということまではできないので、そこから後は吉田君が全部システムをつくってきたんです。最初のシステム化の時は、私が何から何まで全部をやりましたが、その後は吉田君が当社のシステムを組んできました。

――**信用取引の経理のところからスタートしたわけですよね。その処理フローなどは社長様が……。**

今村　そう、そう。経理で苦労しましたから、フローチャートはつくれるわけです。ですから、私がフローチャートをつくって、それを基にリコーの人がプログラムを組んでいったわけです。

――**プログラムをして、システムを組んでいったわけですか。**

今村　そうです。当時は紙テープを流していました。

――**バッチ処理ですか。**

今村　バッチです。それで機械もいまだと小さなパソコン1台で十分ですが、昔はこんなに大きい機械を……。

――**ホストコンピュータですね。**

今村　ホスト。あれは真ん中にドラムが入っているんですよ。スイッチを入れるとドラムが5分ぐらいガランガラン、ガランガランといっているうちに、ようやっと通常の動作を始めるんですよ。

もちろん、野村さんとか山一證券より、当社のシステム化は4、5年遅れてはいるんですけど、当社は証券界がシステム化を始めた黎明期から、システムを入れていたということになります。

──先にシステム化していた大手証券は、リコーのR－COM－8を入れていたんですか。

今村　いや、違うんですよ。リコーは当社のシステムが第一号機ですからね。

──なんでリコーにされたんですか。

今村　それは私の高校の1年後輩が、たまたまリコーの北陸営業所にいたんですよ。それで「今村さん、なんとか入れてもらえませんか」というので、「じゃあ、入れてみるか」という話で、営業マンと先輩、後輩の間柄だったから、リコーから入れたんです。

──何か理由があったわけじゃないんですね。たまたま……。

今村　あまり理由はないんです。たまたま……。

──たとえば、山一がR－COM－8を入れていて、山一のシステムとつなぐプログラムがあったということではないわけですね。

今村　そんなんじゃないんです。たまたまなんですよ。しかし、やっているうちに、よく考えてみると、コンピュータというのは人間の頭、頭脳に当たるものと思うようになってきたんですよ。そうすると、それを人に頼るというのは恥ずかしいし、われわれがロボットみたいになってしまう。やっぱりシステムは自分たちでやるしかない、という思いがだんだん固まってきたんですよ。それで、ＩＢＭを入れたあたりから、絶対にこれからは自分でやらないと、せっかくいままでやってきたことが無になってしまうと思ったんです。ですから、そこから後は、システムをほかに任せる時は、今村証券がつぶれる時だというくらい固い信念のもとにやっています。

▼共同投信の組成と十月会

――それで第一次オンラインの構築を開始されて、第一次オンラインの完成が昭和50年代末から60年代初め頃なんですね。

今村 はい、そうですね。

――それで、ちょうどこの頃ぐらいに、香川証券や荘内証券などと一緒に単独ファンドを共同販売されましたね〔1988年3月から、アルプス証券（現在の八十二証券）、今村証券、宇都宮証券（現在のとちぎんTT証券）、岡宮証券（現在の長野證券）、香川証券、静岡東海証券、荘内証券、東武証券、中証券（現在の第四証券）、前田証券（現在のFFG証券）、武蔵証券（現在のむさし証券）の11社は、共同で独自の投資信託を販売した〕。このあたりの経緯を聞かせていただけたら……。

今村 そうですね。私が山一證券を辞めて当社に帰ってきた頃、鳥海証券〔現在のちばぎん証券〕という会社がありました。鳥海証券がまだ山一證券の子会社で、山一證券の人事部長もされた坂本〔次郎〕さんという方が、そこの社長になっておられたんです。この坂本さんという方が、証券業界のためには若い人をちゃんと育てなきゃいけないという考えの方で、山一の友好店のなかから、若い世代の人たちを呼んで、勉強会をしようと企画されたんです。それで1年に1回程度、山一證券の船橋にある研修センターで、友好店の若手を集めて、坂本さんが講師になって、証券業はこうあるべきだ、ああいうべきだということを教えてくれたことがあるんですね。

その勉強会は、山一の友好店の若い世代の人が中心なんですが、必ずしも山一とそんなに親しくなくても、今後の証券界を担うような、これはという若い人や山一とはちょっと関係ないけれども、人的な付き合いが若干あるというところも呼ばれていて、その時に香川証券さんもいらっしゃっていたわけです。

――中條〔安雄〕さんが……。

今村 中條さんは、その時はいらっしゃらなくて、香川証券というのは香川の地方財閥の平井家が経営しているんです。西日本放送とか衆議院議員の平井〔卓也〕さんとかが平井家ですが、その財閥本家の人〔平井健太氏〕が当時、社長をしていたんですけど、その人が呼ばれてきていましたね。その後、娘婿だった中條さんが後任になられたんですよ。

坂本さんの勉強会には香川証券も来ていましたし、静岡東海証券の内山〔謙一〕さんも来られていました。内山さんとはその時からの付き合いなんです。そのほかにも、日立にある臼木証券さん、東武証券さん、武蔵証券さん、それから横浜証券さんなど10社ぐらいが参加していました。

――単独ファンドを立ち上げられた会社は、前田証券を除いてみんな非会員ですね。

今村 前田証券は、当初の会員ではなかったと思うんですよ。何せ、いまいったように山一系列の規模の小さな非会員の人たちが、坂本次郎さんを囲んで勉強する会でしたから。

ところが、坂本さんがいらっしゃらなくなった後、小さいところは駄目だということになり、そのかわりにちょっと規模の大きいところも入れていこうというふうになって、少しずつ構成員が変わってきたんです。そして、坂本さんも退いてしまったので、山一系列ということでもなくなって、新しく前田証券さんが加わり、ほかにも前の中証券の社長さんとか。

――中というと、新潟のですか。

今村 新潟のです。中野〔裕二〕さんですよね。それから、岡宮証券さんが新たに参加されました。そうすると、規模がそこそこのところじゃないと話が合わないようになってきて、だんだん小さい会社が退出されて、そのかわりに新しい血が入ってきたわけです。そして、共同投信は、当社と香川証券さん、荘内証券さん、前田証券さん、それからアルプス証券さんですね。それとあと武蔵証券さん、東武証券さん、静岡東海証券さんと、宇都宮証券さんも一緒にやりましたね。

宇都宮証券さんもかつては山一系でしたが、いまは東海東京証券さんの完全子会社になってしまいましたしね。そして、八幡証券〔現在の藍澤證券〕さん、中証券さんという、ある程度の規模を持つ当時の独立系証券が集まって、勉強会をやり始めたんですよ。それである時に、たしか野村投信〔現在の野村アセットマネジメント〕の社長や東証の副理事長もされて、平和不動産の社長になられた……。

——井阪〔健一〕さんですか。

今村　井阪さん。井阪さんがまだ野村投信の社長だった頃に、このメンバーの勉強会に講師として参加されたんですよ。あの人は商売がうまいから、その時に「一緒に何かやらないか」とおっしゃるので、それにみんなが乗せられて、「それじゃあ投信をやろう」となったんです。それで「ふるさと投信」というものができあがったんです。

——この時の運用会社は、もちろん野村投信ですよね。

今村　もちろん野村投信ですよ。それで、このなかで特に元気のいいのが中証券さんや香川証券さん、前田証券さんでして、彼らがリーダーだったんですね。こういうところは、営業力がすごくあるから元気がよかったんですよ。彼らは「うちはこれだけ売った」とかいうんですよ。そうすると、野村投信も「中証券は現在これだけ売っていますよ」といって、あおり立てたりするんです。

——ノルマですか。

今村　ノルマじゃないんです。一応、どれだけ売れというのはないんだけど、うまくあおったんです。そうしたらみんなも乗せられて売ったわけですよ。ところが、これが株価のド天井の時で、基準価格が半分以下になったかな。ひどい目に遭ったわけです。それでも、その勉強会に集まっていた人たちは、まだ頑張ってやろう、まだまだ伸びようと思う人たちばっかりだったんです。

――この共同投信の販売が始まったのは、バブルの真っただなかですよね。

今村 そうです、そうです。僕はそもそも投資信託というのがあまり好きではないんです。当時、東洋経済の座談会で、みんなが「やる、やる」といっているんだけど、僕だけ「なんかどうかな」といっていたのが残っています。とにかく僕はあまり好きじゃなかったんですけど、あおられて、うちもそこそこ売ってしまったんですよ。それでひどい目に遭いました。

――投信はあまり好きじゃないという理由は、どういったところですか。

今村 現在は少しよくなったんでしょうけれども、やっぱり運用にちょっと疑問があるというか……。親会社の証券会社を通じて売買するわけでしょ。その時に昔は、手数料をちょっと余計に落としたりとか、入替えしなくてもいいのに入れ替えて売買手数料を落とすとかいった類いのことが結構あったわけですよ。だから、本当に儲けるための運用をしているのかどうか、ちょっと疑問だったんですよね。

――いまでもですか。

今村 いまはそうでもなくなったかもしれないけれど、昔は結構そういうのがあったんですよ。そういうことを知っているから、ちょっとどうかなと思っていましたね。こういう人たちが集まる勉強会も、年に何回かやっていましたが、いまでもその会合はほそぼそとではありますが、残っているんです。

ただ、この会合は、先ほどお話ししましたように、もともと独立系ということを入会のうたい文句にしているものですから、前田証券さんはふくおか証券になって銀行の子会社になったから駄目。アルプス証券さんもいま、八十二証券になってしまって、これも銀行の子会社になってしまったから駄目。それから武蔵証券さんは経営する業者が変わってしまったので、これも駄目。宇都宮証券さんは、先ほどいったように東海東京証券さんの傘下に入りましたし、八幡証券さんも藍澤證券さんに買収されてしまった。中証券も銀行傘下に入って第四証券になりましたよね。

ということで、かなり減ってしまったので、そのかわりに大熊本証券さんや、京都の西村証券さんといったところが加わって、いまは8社ぐらいでほそぼそとしてではありますが、現在も勉強会をやっています。

――非会員が多いですね。

今村　そうです。ですから会員は私のところと、それからアルプスさんが辞めた後に岡宮証券さんが戻ってきたので、岡宮さん。そして、西村証券さんで、あとは非会員ですね。香川証券さんはいくらでも会員になれる資格はあると思うんですよ。純財産は20億円以上持っていますし、それからいろいろな条件もクリアしていると思うんですけど、ただやっぱり、岡三証券さんとの関係があったりして、まだ会員権をとってはいません。

▼商品多角化と先物取引業務への進出

――話題は変わりますが、1989年には、金融先物業者免許、それから1999年には商品先物取次資格をとられましたね。戦後すぐの頃だと商品兼業の会社があったと思うんですけれど、この理由というのは……。

今村　たしかその当時、ようやっと先物を兼業してもよいというふうに行政方針が少し変わったんだと思います。私としては前身が米穀取引だったということもあるし、そういうところに少し軸足を置いておいたほうがいいかなと思ったことと、やっぱり証券業だけではちょっとわからないぞと思って、先物の分野にも手を広げようと思ったんです。

というのは、手数料の自由化などもあるし、手を広げておかないといけないという思いもあって、あえてこういう新しい部門にも入ったということですね。おそらく純粋な証券会社が、商品先物業を兼業しているというのは、いまでもうちだけしか残っていないんじゃないかなと思っているんですけどね。いまでもほそぼそとですけど先物取引はやっています。

――先物というのは商品ですか。

今村 商品です。

――商品って、しかしもうあまり売買が……。

今村 ええ。取引量が減っていますね。あそこの世界は大変な世界で、農林水産省と経済産業省が絡んでいて、なかなか本来こうあるべきだという方向に向かないんですよ。そこに金融庁も入ってきて覇権争いみたいになっていて、ちょっと痛ましいんですよね。金融庁の専管にすれば、まだまだおそらく伸びると思うんですけれども……。

――総合取引所構想もありますからね。

今村 そう、そう。あるから、早くそれがキチッとなってくれないかなと思っているんですが……。米取引が始まった時も、うちはこれいいなと思ってやったんですけど、まだやっぱり統制経済みたいで、完全な自由取引にはなっていませんね。

――堂島の取引所〔大阪堂島商品取引所〕の会員権も持っていらっしゃるんですか。

今村 会員権は持っていないですけれど、取次業者にはなっています。

――東京商品取引所のほうは。

今村 それも持っていません。取次業者にはなっていますけど……。

――10年ほど前に協会の仕事で、金沢周辺の20人くらいの投資家から2時間ほどかけて、グループインタビューをしたことがあるんです。その時、ほかの地域と比べて金沢が非常にユニークだなと思ったのは、金投資をやっている人が

多いんですよ。

今村　あぁ、それは私どもがやっているんですよ。商品先物取引は規制が厳しすぎたりして、私どもでもなかなかうまくいかないわけです。そこで、金の現物の売買もやり始めたんですよ。1999年当時は、まだ1キロ・バーが110万円くらいで安かったんです。その時に一生懸命、現物の金を売ったわけですが、いまは1キロ・バーが300万円ぐらいになっていますから、お客様はものすごく喜んでくださっているんです。1999年からの不況のなかで、結果的に唯一喜ばれたのが金の現物だったんです。

――金沢では、金の積立投資をやっているという人が結構いたんですね。

今村　積立はうちはやっていないんですけど、1キロ・バーを結構売って、いまでも、お預りしている金がうちの金庫のなかにだいぶ眠っています。これがいちばんお客様に喜ばれましたね。

――このグループインタビューは、東京、大阪、高松とかでやったんですけれど、金の話が出たのは唯一金沢だけなんですね。

今村　なるほど、なるほど。それはうちも少しはやっていたからというのがございますね。昔は、銀行も売っていましたし、それから大手証券も金を売っていたんですよ。だけど、価格がド天井の時に売っていましたから、売った後に金の価格がドーンと3分の1ぐらいに下がったので、みんなやめてしまったんです。うちは他社がやめたあたりからやり始めたので、株価低迷時に非常にお客様に喜ばれたんです。

また、当社は商品先物もやっていて、商品先物の母店が金の現物の供給元でもあったので、そこから貴金属店よりも安い値段で実物の金が仕入れられましたから、安く売って喜ばれているんです。

――この先物取次資格をとられた頃から、販売商品を増やしておられますね。

今村　そうですね。1999年は当社の商品多角化元年なんです。要するに手数料の自由化があった時に、なんかいろんなことをやらなきゃいけないという流れがありました。この時に商品先物取引も開始したんですけれども、年金保険だとか、ｉＲｏｏｔ〔アイルート〕という名前でネット取引も始めましたし、それからいま、当社の主力商品になっているＥＢ〔Exchangeable Bond：他社株転換可能債券〕を始めたのもこの時です。最初は大和証券さんと組成して６４０万円しか売れなかったんですけど、その翌年の5月には、今度は自社で組成できるようになりまして、中部電力のＥＢを当社だけで10億円売れるようになっていました。現在もＥＢは毎月30億円ぐらい売っています。つまり、１９９９年に手数料自由化が始まり、何かしなきゃいかんというなかで、商品多角化の一環として商品先物もやったということです。

商品先物はまだちょっと芽が出ていないんですが、おそらく年金保険も証券界としては最初にうちがやったと思います。

――アリコ〔現在のメットライフ生命〕ですね。

今村　アリコでやった。これはうちが最初だったと思うんですけれど、これもまだ収益を支えるというところまではいっていません。だけど一応、この時にいろんなことをやらないといけないとあがいて、いろんな商品の種をまいた。そのなかのＥＢが大きな花を咲かしたんです。

――毎月30億円ですか。

今村　はい。これが当社の株式以外のいちばん大きな主力商品です。

――すべて自社で組成されているんですか。

今村　そうです、そうです。

▼全国初のグリーンシートでの気配公表

――ちょっと時期は戻りますが、1997年にグリーンシート制度が開始されて、気配公表をされますよね。北陸の証券界は非常にグリーンシートに積極的でしたね。

今村　グリーンシートね。これは話すと本当に長い話になるんですが……。

――また、北陸というのはグリーンシートよりも前の青空銘柄の頃から取引が盛んでしたよね。

今村　そうです。北陸の場合、青空銘柄としてバスとか電車、たとえば北陸鉄道とか、富山ですと富山地鉄〔富山地方鉄道〕とかを取引していました。

――YKKもありますね。

今村　YKKもあります。YKKもありますけれど、主として、どちらかというとバス会社、電鉄会社が発行する株式の流通が盛んでしたね。これは、優待券がもらえますので、結構流通していたんですよ。たとえば、子どもや孫が高校に行っている間は、遠いところまでバスで行かなきゃいけない。だから、株主優待目的で地元のバス、鉄道株を持っているんですけれども、子どもが大学に行ってしまうと要らなくなるから、今度は売りたいというニーズが生まれてくるわけです。そうしたニーズから売買が結構あったんです。

その前にさかのぼると、結局、戦争がおわった後、日本を復興しなきゃいけないということで、いろんな産業が興きました。電鉄会社もそうですし、それからテレビ会社とかですね。その他いろんな企業が興きるんですが、なかなか銀行がカネを貸したがらないので、盛んに富山出身の代議士が、株式発行による資金調達が必要だということを後押ししていたこともあって、北陸というのは割と株式を発行して、資金を調達するのが盛んだったんですね。

その流れのなかで、いろんな会社ができて、水面下で株券も流通していたわけです。当然、青空市場ですから、売ったり買ったりすることを勧めてはいけないので、お客様からの希望に応じる「受け」の営業だったんですが、グリーンシートになると、登録すればある程度推奨もできるようになりました。そういうふうになってきたのが、ちょうど手数料自由化と同時期でした。先ほどもいいましたように当時、商品の多角化も含めて、いろんなことに手をつけなければいけなかったので、グリーンシートにも力を入れたほうがいいんじゃないか、ということを考えたわけなんです。

――気配の公表は、御社が初めてですよね。

今村　そうです。

――それにほかの北陸の証券会社も連なって……。

今村　はい。しかし以前から、北陸ではいくつかの銘柄の取引を青空市場でやっていまして、その値段を新聞に載せるという慣習がすでにあったんです。

――『北國新聞』に載っていますね。

今村　グリーンシートが始まる以前から、北陸地区協会が新聞社との仲介に立って、協会から値段を新聞社に伝えて、『北國新聞』とかいろんな新聞に値段を載せていたんです。それで値段が変わったら、業者が協会に連絡して、協会から各新聞社に連絡が行くという仕組みがあったんです〔現在は日本証券業協会北陸地区協会を通じて、気配値を各新聞社に通知する仕組みではない〕。本当はそういうことはしてはいけなかったのかもしれないですけれども、なんかそういうものができあがっていたんですよ。

それで、グリーンシートになると、お客様に勧められるようになりましたから、勧められるようになると、結局値段を動かすこともできるようになるんですよ。たとえば、お客様がある株を売りに来たとします。もう一方に、その株が公表されている値段よりも安かったら買ってもいいというお客様がいたとします。そうすると、私どもは「この値段で売ってもいいですか」と売り手に聞くわけです。それでお客様が「とにかく売れるものなら、いくらでもいい」といってくだされば、買いたいというお客様に、「これはいいと思いますけど、いくらぐらいで買ってくれますか」と聞いてみるんです。買い手が「これぐらいで」といったら、仮に大幅に値段が下がっても、売り手が「それでもいい」といってくれれば、値段を下げて売るわけです。

ところが、値段を下げると、今度は発行会社が困るという場合が出てくるんですよ。つまり、その会社の株価が下がると、ちょっと体裁が悪いというか、そういう場合もあるわけです。それで、そういう時は、発行会社へ直接行って、「こういう売り物があって、買いたいという人がいるんだけれど、値段が下がりますよ」というと、その会社が株価が下がるのは困ると思えば、発行会社が「私が買い手を探してあげるから、ちょっと待ってくれ」といってきたりするんです。それで買い手をみつけてくるんですね。そういうことで、発行会社との付き合いも深まっていくんですよ。

ただ、いままで富山の人たちは富山の人たちで、富山の会社といろいろやっていたのが、石川の今村証券がそういうふうにして激しく動くと、値段の意味とか、会社に対する影響力とか、いろんなことで自分たちの立場が崩れてしまうと思ったんでしょうね。これじゃいけないというので、富山でもみんながやり始めたんです。なんといえばいいのか微妙なんですけれど、グリーンシート制度が導入されたことによって、簡単にいえば株券の移動が激しくなったんですよね。

――**勧誘ができるようになったことによって……。**

今村　勧誘ができるようになって……。それによって、従来、この会社とは自分だけがつながりを持っていたという関係が、解体されてしまったわけです。それで幹事関係みたいなかたちになったのでみんな慌てて、それじゃあ自分たちも従来つながりを持っていた会社を登録しようということになって、競ってやらざるをえなくなってきたんです。

——それは北陸だけみたいですね〔筆者らの聞取りの限りでは、北陸地方と四国で未公開株の取引が行われている〕。

今村　どうも北陸だけですね。

——ほかの地域ではあんまり聞きません。

今村　そうなんです。石川はそうでもなかったんですが、特に富山は、お互いに「あそこの会社はあんたがやれ」とか、そんな類いの暗黙の何かがあったんじゃないかなと思うんですね。そこにうちが殴り込んだかたちになるんです。そうすると彼らとしても、これはちょっとまずいぞという話になって、みんながやり始めたということなのかなというふうに思っています。

——青空市場やグリーンシートでは、鉄道を中心に取扱っておられたことと、その理由として全線切符などが優待でもらえるので、流動性があるからとおっしゃっていましたね。一方、御社では富山第一銀行や日本海ガス、ホクコン、福邦銀行、北陸窯業といった会社の取扱いもされていますが、これはどういう理由から……。

今村　うちは、要するに青空市場でそこそこ流通していた銘柄を全部取扱うようにしたんです。実は発行会社にしてみれば、あまりそんなことしてほしくないんですよ。本当のことをいうと、コソコソとやって値段も自分で管理したいわけですよ。

——管理相場にしたいんですか。

今村　管理相場にしたいんですよ。基本的には下げたくもないし、上げたくもない。一定の値段でずっととどめておきたいんですよ。だから、うちが入っていって、値段を上げ下げすることに対して、彼らは非常に苦々しい思いをしていたんですよね、逆にいうと。グリーンシートは、発行会社がウンといわなくても、うちが登録すれば取扱えましたから。

――いわゆる勝手上場ですね。

今村 勝手上場ができましたから。だから、発行会社にしてみれば、ちょっと今村が来て困るなみたいなことはあったと思うんですよ。他方、うちとしては、売りたいという人がいれば、とにかく早くお金にしてあげたいですからね。ですから、買い手がなかなかみつからなければ、その会社に行って、「売りたいという人がいるんですよ。どうしますか」というわけです。それで、発行会社が「勝手にしてくれ」といってくれれば、うちは値段を下げて買い手をみつける。つまり、売り買い、売り買いで値段を下げていく。

そうすると新聞の株価もどんどん下がりますから、発行会社としては非常に困るわけです。だから仕方がないので、自分で買い手を探してきて、うちに紹介するしかなくなるんです。したがって、発行会社としては、なんで変なことをしたのかというふうに思っていたかとは思うんですが、うちは売りたいというお客様に、早くお金にしてあげようと思ったことと、そういう交渉の過程で、ああでもない、こうでもないといっているうちに、当社とその会社につながりもできてくるんですよ。昔、石川銀行という会社があったんですよ。

――昔の相互銀行ですね。

今村 相互銀行があったんですね。これがつぶれたわけですが、つぶれる前にこっそりと取引客を巻き込んで増資をしていたんですね。その時も危なそうだといううわさがあって、払込んだ人が売りたいと思っても、買い手がなくて売れなかったんです。それでうちに来るわけです。そうすると、うちは「わかりました。じゃあ折衝してきます」といって、石川銀行に行くんですよ。

それで「こんな売り物があるんだけど、どうしますか」というわけです。そうすると「いやいや、買い手をいま、探しますからもうちょっと待ってください」といってくるわけですよ。私どもは、「1カ月経っても買い手が現れなかったら、下げますよ」というと、石川銀行としてはつぶれかけていますから、株価を下げられると大変なことになるわけです。ですから、必死になって買い手を探してきて、そこに買ってもらうわけです。

売りたいという人の買い手探しを、私どもがお手伝いしていたわけですので、うまく売れた人からは本当に喜ばれたんですよ。だけど、「もうちょっと待ってくれ、待ってくれ」といって、売り玉がすべて売れないうちに石川銀行がつぶれた人は損をされましたが、売れた人からは本当に感謝されたんです。

だから僕としては、そういうことがありますから、〔リージョナル銘柄の〕グリーンシートというのは意味があるし、続けるべきだとずっと協会でも言い続けているんですけれど、勧誘するためにはインサイダー取引との関係で、会社情報が適時開示され、それをお客様がみることができる会社しか取扱いできなくなったわけです。

先ほどいったように、会社としては登録してもらいたくない、取扱いしてもらいたくないわけなので、当然、適時開示なんかしないんですよ。それで結局、〔リージョナル銘柄の〕グリーンシートはできなくなってしまった〔グリーンシート市場は、1997年7月から取引が開始され、2000年7月には銘柄の属性によって「エマージング銘柄」「フェニックス銘柄」「リージョナル銘柄」の3つのカテゴリーに区分された。また、その後「投信・SPC銘柄」のカテゴリーが追加され、2005年4月には「エマージング銘柄」のなかから、事業の成長性要件が欠ける銘柄を対象とした「オーディナリー銘柄」が新たに設けられた一方で、「リージョナル銘柄」が廃止された。さらに、2008年には「フェニックス銘柄」がグリーンシートから独立した〕。こうしていまに至っているんですが、グリーンシートの改善を検討する会議〔非上場株式の取引制度等に関するワーキング・グループ〕が協会内にあって、私も会議に出ているので、「これはおかしい。過去はこうこうこうだった。やっぱり売り手にとっていい市場にしないといけないでしょう」というと、消費者団体代表の人たちは「そうです、そうです」というんですよ。その人たちの話もあって、〔リージョナル銘柄に相当する〕グリーンシートというのは復活する可能性が強くなってきているんです。

その際、私としては、「その場合は勝手上場を認めてほしい」といっているんですよ。そうしたら金融庁はインサイダー取引の問題もあるので、大変困ってしまって、しようがないから投資グループ〔株主コミュニティ〕というのをつくって、その投資グループのなかだけで売り買いできるようにするという、こういう制度になりそうなんです〔2014年5月23日に金融商品取引法が一部改正され、2015年5月から株主コミュニティ制度が創設された〕。

最初、投資グループってどんなのかわからなかったんですけど、会員バーみたいなものなんです。初めて来た時に、「私、会員になる」というと、住所や名前を書いてもらえば、すぐに会員になれるという仕組みなんですよ。そうすると、結局、単なる形式だけの問題で、どうも〔リージョナル銘柄の〕グリーンシートとほとんど変わらない仕組みになるんだろうな、と思っているんですよ〔新たに設けられる非上場株式の取引制度では、インサイダー取引規制の適用対象外とされるため、適時開示義務などの発行者の負担が軽減された制度が予定されている〕。

そういうことで発行会社は本当はしてほしくないと思っているんですが、僕は本来、株式を持っている人が自由に売れるべきだと思っているので……。

――そうですね。嫌だったら、定款に譲渡制限とかをつければいいんですから。

今村 そう、そう。だけど譲渡制限のついた株式も、うちはやっていたんですよ。

――〔譲渡制限を〕つけていても……。

今村 つけていても売り買いしていたんです。それで買い手の人には、「これは譲渡制限がついていますよ。だから名義書換えしてくれなかったら、配当がもらえませんけれども、それでもいいですか」といって、買ってもらうんですね。

――買う人がいるんですか。

今村 いますよ。発行会社がきっと「ウン」といってくれると思っているんですね。

――会社がですか。

今村　発行会社が「ウン」といってくれるはずだと思って、そういう株を買う人もなかにはいますよ。だから、グリーンシートの問題について協議する時に、「譲渡制限付きでも流通できる。うちなんか流通させていましたよ」ということ、「ああ、そうなんだ」とみんないうんですよ。だから、今度の新しい投資グループでも、おそらく譲渡制限付きでもやるというふうになるはずです。買い手がそれで「ウン」といえばいいわけですから。そういうかたちで決着するはずです。

――未公開株ではYKKが人気でしたね。

今村　ＹＫＫは仕手化するといいますかね、ちょっと得体のしれないグループが買いあおるということがあったんですよ。とにかくすさまじい値段になるということがあったんです。ですから、私どもは危ないなということで、あまり近づかなかったんですけれども、それでもいいから買いたい、売りたいという人もいましたので、それを突き合わせるということはしました。ただ、うちはＹＫＫについては、そんなに深く入り込んだというわけではありません。むしろ廃業した富証券〔富証券は２０１２年に島大証券と経営統合した〕が、ＹＫＫには結構深く関与していたと聞いていますけれどね。

――ということは、富山地方鉄道や北陸鉄道、富山第一銀行といったところを……。

今村　そうですね。これが主ですね。

――しかし銀行株を買っても、定期券とかもらえませんでしょう。

今村　ただ、銀行は上場する時に、値段が上がるんじゃないかという期待がありますし、富山第一銀行については、結構個人株主が多いんですよ。それは、証券民主化運動の時に、お金持ちの人たちに頼んで、持ってもらっているんですね。そういう人が代替りすると、相続した人が売りたいと思うんです。ところが、売ろうと思っても買い手がいない。じゃあ、どうするかとなると、われわれがその間に入って動くわけです。ですから富山第一銀行については、いまでも、結構大口の売り物が出たりします。そうすると、「こういう売り物がありますけれども、だれか買い手はいませんか」と、まず銀行に持って行くんです。

本来はグリーンシートの値段というのは税務の値段にならないんですけれど、いまはそうではないというんですが、富山第一銀行に関しては、相続税計算の時に売買している値段が税務の値段にもなったんです。

――グリーンシートの相場は、公示価格じゃないんですか。

今村　ないんです。だから駄目なんですよ。だけどある程度、流通があったり売買高が大きかったりすると、どうも〔公示価格に〕なったみたいですよ。税務署がグリーンシートの値段を公示価格にする銘柄が、全国で10ぐらいあったとか聞いたことがありますけれども、富山第一銀行はそのなかの一つだったらしいです。最近は違うとか聞いたので、いまはよくわかりませんけれど……。こういうこともあって、富山第一銀行も値段をあんまり上げるわけにもいかないし、下げるわけにもいかないんです。それでうちが持って行くと、富山第一銀行はたくさん取引業者がありますから、結局そこにはめ込むわけですよ。

――しようがないから必死になって自分で探すわけですね。

今村　必死になってはめ込むんです。

――しかし、この発端となる青空市場というのは、ほかの地域でもあってもおかしくない話じゃないですか。

今村　ところがなぜかないんです。北陸だけなんですよね。それはなぜかというと、やっぱり新聞に値段を出しているというのが大きいと思いますよ。

――地区協会が出されていたというのが……。

今村　出していたのが……。いまでも出しているんです。いまでも地方紙には、ちゃんとその欄があるんです。北國新聞、北陸中日新聞、それから北日本新聞とか、そういう地方紙の主だったところに、ちゃんと地方株の青空の値段が載っているんです。

――新聞に青空市場の値段が載っているという話は、ほかにもたとえば、島根の一畑電鉄とかもあるんじゃないですか。ああいうのは載っていないんですか。

今村　それは載っていません。

――北陸だけですか。

今村　北陸だけだと思いますよ。新聞社の理解があるというか、歴史があるから載せてくれているんでしょうけれどね。また、それだけみている人がいるということです。だから新聞社も消せないんです。やっぱり値段を載せなかったら意味がないんですよ。また、そういうふうにして、みんな新聞をみたらだいたい値段がわかるから、流通するんですよ。これぐらいで売れると思うから、それじゃあ売ろうかというニーズも生まれるんです。値段がわからないと、売ろうという気にはなりませんが、値段が出ていれば、これぐらいで売れるんだなと思いますし、買いたいという人も、これぐらいで買えるんなら買いたいというニーズも生まれてくるんですよ。

先ほどお話した今度できそうな投資グループという新しい仕組み〔株主コミュニティ制度〕も、協会は新聞に値段を載せることに対して、「どうかな」といっているんですよ。だけど「これは、載せなかったら意味ないよ」と、僕は言っているんです。その会議に出席されていたある方も、「そらそうだ。価格がいちばん大事なんだから、価格を知らせるのは当たり前でしょう」といってくれています。

――これは業者が気配値をつけて、地元新聞に気配値を公表しますよね。そうすると、気配値をつけた証券会社でなくても、売りたい人はどの証券会社であっても、株を持って行けば、相手を見つけてくれるわけですか。

今村　うーん、というわけです。グリーンシートの時は、登録しないと自由に動けないみたいなところがあったので、みんな慌ててグリーンシートに登録していましたけどね。

やっぱり勧誘するという行為というのは、勧誘しなくても、勧誘とみられかねないじゃないですか。たとえば、お客様が店頭へ「これを買いたい」といらっしゃっても、それに対して何かいうと勧誘だととらえられる可能性もありますからね。その時にグリーンシートの銘柄なら、少し踏み込んでも、まあいいだろうみたいな感じだったと思いますね。

――2005年にグリーンシートからリージョナルが消えて、益茂証券以外の北陸地場証券は、グリーンシートの取扱いをやめていきますよね。

今村　そうです、そうです。

――この時に、インサイダー規制が入って、発行会社が困ったわけですね。

今村　そうです。

――益茂証券はいまもやっているわけですか。

今村　益茂さんは、いまは「春うららかな書房」という古本屋の銘柄だけをやっています。

――御社はやっていないんですか。

今村　うちはもうやっていません。ただ、北陸鉄道とかを青空市場としては取扱っていますよ。そういうのをお客様が売りに来られたら、「はい、わかりました。買い手を探しますから、ちょっと待っていてください」といって、買い手を探してあげます。通常の場合は、とにかく売りのほうが断然多いんですよ。売りのほうは山のようにあって、順番待ちなんです。買い手があったらパッと渡せるようには、一応なっているんです。

――相続したけれども、もう要らないというニーズが多いんですか。

今村　そう、そう。そういうのが多くて、とにかく売りたいという人のほうが多いんです。だから、僕は値段を下げればほかにもっとたくさん買いたいという人が出てくると思うので、下げようとすると、発行会社は「下げないでください」というんです。その理由はよく知りませんけれど、発行会社がそういうのを担保にしてカネを借りたりしているんじゃないですか。だから、あまり下げたくないんじゃないですかね。

――じゃあ、青空市場として売買を受けられるのは、どこの会社であっても一応は……。

今村　いまのところは、それはいいんです。

――いまのところは一応引受けると……。

今村　受けています。また、新聞に出ている〔青空の〕値段には、今村証券調べと書いてあるんです。

――なるほど。今村証券調べと出ているから、ここに持って行けばと……。

今村　来てくれとはいっていませんけれど、今村証券が値段をつけているようにみえるので、当社にお客様は来てくださいます。

――それでお客さんが集まってくるというわけですね。グリーンシートでの気配の公表というのは、第二次全店オンラインと関係あるんですか。

今村　これは別に関係ないですね。特に関係はないです。

――いただいた資料に、第二次オンラインで情報を流すとありますが……。

今村　それも少しはあったんですけど、必ずしも直接的なことはなかったと思いますね。

――じゃあ、この第二次全店オンライン構築というのはなんですか。

今村　簡単にいうと、1人1台パソコンを配ったということですね。野村證券が1人1台パソコンをやったのと、うちは同じ時期に1人1台パソコンを配っているんです。これをするためには、それ用のオンラインの構築も必要だったので、1人1台パソコンに対応するためのオンライン整備だったと思います。

――ということはＬＡＮを引いて、全社員のパソコンをネットワークにつないだという話ですか。

今村　そうです、そうです。専用のＬＡＮを全部引いたわけです。

――それで支店間もＬＡＮを引いて。

今村　そうです。

▼差別化の基礎となったシステム構築力

(1)　システムの外販

――今村証券の経営のもう一つの特徴として、先ほど第一次オンラインの話もありましたが、システム化が非常に早いんですよね。システムを自社開発されているということもありますし、株価を予測するようなシステムをつくられたり、ネット取引システムをつくられたりもしています。こういったシステム構築力というのが、取扱商品の幅を広げる基礎になって、そして大和証券と売買システム間の接続ソフトの共同開発も可能にしたんじゃないかと思います。

御社の情報化の変遷というのは、先ほど少しお聞かせいただいたんですけれども、ネット証券のシステムも、今村さんがつくられたシステムを基盤にしながら、それを派生させたものが使われているということも聞いたことがありますので、そのあたりをぜひお聞かせいただけませんでしょうか。

今村　そうです、そうです。私どもはＩＢＭのシステムを入れて、第一次全店オンラインを構築し、その後も徐々に性能を高めながら、コンパクトにつくられたシステムを持っていたわけです。小さな会社にとってはコンパクトに使えて、安く運用できるというので、うちのシステムは非常に優れたシステムだと評価されました。そういうこともあって、現在でもうちのシステムを譲ってほしい、という話が方々から来るんですよ。ところが、譲るのはいいんですけれども、譲ると後でメンテナンスもやらなきゃいけなくなるので、ちょっと二の足を踏んでいたわけです。
ところが、ＩＢＭが「自分のところの商品を今村証券のシステムとともに売ったほうが、「システムもついています」とセールストークができて売りやすくなるので、今村証券のシステムを一緒に売りたい」といってきたんです。ところが、今村証券のシステムといった場合、今村証券というと地方の証券会社だということで、「ちょっとどうかな」という会社もあるだろうから、ＩＢＭに当社のシステムの権利を売って、ＩＢＭはそれを買い取って、それぞれの業者向けにカスタマイズして販売する、という仕組みができあがったんです。
ですから買ったほうは、ＩＢＭがつくってくれたシステムだと思っていて、今村証券のシステムだとは知らないんです。こういう仕組みで7、8社ぐらいに売ったと思うんです。ＩＢＭとの契約では、最初に売った時に、2000万～3000万円をもらうことになっていて、次に売った時は、そこに500万円ずつ上乗せだったかな。どういう契約だったかちょっと忘れましたけれど、そういう契約にしてＩＢＭにシステムの権利を売ったわけです。ＩＢＭはそれをネット証券の要望にあわせて、カスタマイズして売っていたわけです。

――メンテナンスはどういうふうに……。

今村　メンテナンスは全部ＩＢＭにしてもらって、うちとはいっさい関係ないというふうにしました。そういうふうにしないと、うちではやっていけません。当時、ちょっと商売が苦しかった時でもあったので、システムの権利を売ったわけで、メンテナンスの人員は割けませんから……。
それから、当社は三洋証券を母店としていましたけれども、三洋証券にも5000万円くらいで売っているんですよ。三洋証券もそれを利用して、自分のところの友好店にカスタマイズして売っていました。ですから、いろんなかたちでうちのシステムを母体としたシステムが、いまもひょっとすると20社ぐらいが使っていると思います。

――しかし御社は、どんどんシステムをアップグレードされていきますでしょう。そうすると、そのつど、そのつど、

――ＩＢＭに売られるんですか。

今村　いや、それは最初に売った1回だけです。

――じゃあ、あとはＩＢＭが……。

今村　あとはＩＢＭがカスタマイズして、直すものは直していく。後は知りませんよということで売っているから。そうしないと、うちはそんなことやっていられませんから。

――システム部隊を大量に抱えるわけにはいきませんからね。

今村　いないから。だから全部ＩＢＭにしてもらっています。それから三洋は三洋がつぶれるまでは、三洋が全部カスタマイズとメンテナンスをするというふうにして、当社は最初にカネをもらっておしまいにしたわけです。

――それでネット証券のシステムが、今村証券のシステムの派生形だという話になっているわけですね。

今村　そう、そう。そういうことです。どこのシステムだかは忘れましたが、最初動かなくて大問題になりましたね。それも、うちのシステムがベースになっているんですよ。ただ、うちのシステムが悪かったんじゃなくて、それをカスタマイズしたＩＢＭの失敗なんです。そんなやり方で、苦しい時に糊口をしのいでいたんです。

――システムを売ってですか。

今村　そう、そう、そう。バブルが崩壊してからの二十何年間の間、株価はずっと下がっているわけですよ。この間、苦しかったわけですが、この苦しい時にシステムの権利を売った収入がポッポッと入ってきて、苦しさが和らいだことを覚えています。

――しかし、会計をＲＩＣＯＭ-8でやられて……。

今村　ＲＩＣＯＭ-8とかは、本当によちよち歩きですから、売れるようなシステムではありません。だから売るというのは……。

――AS／400あたりから。

今村　〔IBM〕システム34か、AS／38あたりの時ぐらいから、少しずつ売れるぐらいのシステムになってきたと思いますね。

――この頃名古屋の中小証券会社では、JIPシステムを共同でつくっていましたでしょう。

今村　名古屋の人たちはね。

――ああいうのを買ってとかいうことは考えなかったんですか。

今村　まったく考えなかった。自分でつくるんだという……。

――それが差別化につながっていく、ということまで考えていらっしゃった。

今村　そう、そう、そう。もちろん考えていました。

――その当時から……。

今村　当時から。

――御社のシステムは、ずっと自社開発ですね。

今村　そうです。全部自社開発で、まったくほかからのシステムは入っていません。すべてがまったく完全な自社開発です。

――こうした事務処理面でのシステムだけでなく、株価予測システムもつくられたんでしょう。

今村　株価予測システムは一遍やりましたけど、これはあまり当たらないね。駄目だった。株価が予測できたらだれも苦労しません。途中ですぐやめました。あれは、石川高専の先生がそんなことをやりたいといってきたから、「少し援助するのでやってください」といって、年間で100万円か200万円を援助したんですが、駄目だった。

――株価はわかりませんわね。予測できたら苦労しませんね。

今村　そう、そう。

(2)　世界初、営業員のアシストするネット取引

——そして、iRootというネット取引のシステムをつくられた。

今村　iRootというのが、当社のネット取引のシステムなんですよ。1999年にこれもすべて自社でつくったんです。このシステムはその当時、ネット証券がだんだん力をつけてきたので、このままでは危ないなということで当社もやり始めたんです。ただ、これは深入りすると、お客様が全部そっちに行ってしまうので、対面営業の基盤が崩れるわけですよ。そうはいっても、ネット〔取引〕は今後やらなきゃいけないし、その位置づけをどうするかを考えて、ネットも一つのツールとして残しておかないと駄目だなという結論になったんです。それなら主たる商いとしてではない、アンテナショップ的な感じでやるしかないだろう。つまり、世の中の動向を知るという程度で進めていきたいなというふうに思ったんです。そして、次にそれにはどうしたらいいかなと考えたんです。

その時に、営業員付きのネット取引ということを思いついて、何かわからないことがあったら担当の営業員にいつでも相談できますよ。ですから当社のネットは、たしかにネットで取引するんですけれど、担当者がついているのと一緒なんですよということで始めたんです。そのかわり手数料は正規の手数料の2割引程度ですがと……。

——ホームページに営業員の略歴や相場観などを載せて、お客さんが相談する営業員を選べると……。

今村　というより、お客様は何か聞きたいことがあったら、担当の営業員にいつでも聞いてください、お答えします。ただ、注文の発注はあなたがしてください。その分手数料を2割割り引きますよという仕組みなんです。それから、ネット証券の場合は、ネットワークがおかしくなって、通信が切れて注文を出せなくなる場合もあります。その場合にどうしたらいいかが問題になるんですけれども、営業員がついていますので、その営業員に電話していただければ

カバーできますから、一挙両得だということで、営業員付きのネット証券を始めたわけです。

――そうですね。ホームページをみたら、世界で初めての営業員がアシストするネット証券と書いてありますね。

今村　そうなんです。これはお調べになるとわかりますけれども、大手の証券会社も含めて、どこの証券会社もネット取引には試行錯誤しているわけですよ。ネットを持たなきゃいけないというので、仕方なく野村さんなんかもネット証券を新しくつくられました〔野村證券は、2006年5月に、別会社としてジョインベスト証券を開業したが、2009年11月に野村證券に吸収合併し、現在は野村ネット&コールとしてサービスを提供している〕。岡三さんもやっていらっしゃるけれども、どこもなかなかうまくいっていないんですよ〔岡三証券は2006年1月に、別会社として岡三オンライン証券を設立した〕。結局、野村さんは本体でネットをやり始めているんです。

――吸収しましたね。

今村　野村さんの手数料のテーブルをみますと、私どもと一緒でだいたい対面の2割引です。営業員付きとはいっていませんけれども、実際には営業員がついて、何かあったら営業員に聞いてくださいというのでやっています。だから、野村さんなどが別会社でやって、結果的に本体に戻したのと、うちがずっとやってきたのと、最終的には同じやり方になっています。ですから、うちはネット取引では先を読んで、考えたやり方が正しかったというふうに思っています。

たしかに、お客様は、「今村のｉＲｏｏｔは高い」といいますけれど、でもそれはそれで仕方ない。うちはそういうコンセプトでやっているんですから……。

――地場の証券会社の人に聞くと、ネット取引をやりたいけれども、システムにコストがかかるからと……。

今村　そうでしょう。ただ、うちのシステムは1カ月ぐらいでつくりあげましたよ。

――それはもともとシステムを構築できる基盤があるからですよね。

今村　もともとの力があるから、あっという間につくりましたよ。1カ月もかからなかったかな。パッパッパッパッとつくった。それにコストもほとんどかかっていません。

――人件費だけですか。

今村　人件費だけです。

――ある会社でお聞きしたら、その会社は大阪で先行してネット取引をされていた業者さんに、ネット取引をしたほうがいいかを聞いたんだそうです。そうしたら、「いや、やめなさい。コストがかかって、あなたの会社じゃ絶対無理ですよ」といわれたとおっしゃっていました。

今村　いまだったら1億円かかるとかという人がいますけど、「うちはほとんどコストをかけずにサッサッサッとすぐつくれましたよ」というと、「エーッ」といわれます。うちはすべてのシステムを自分たちでつくっているので、それにネット取引の仕組みをくっつけるだけでいいわけですから、割と簡単にできたわけです。ただ、他社の場合は、ネット取引のシステムそのものはそんなにむずかしくなくても、いままでのシステムとどうくっつけるかが大変で、お金もかかるんですよ。

――いま、現物の売買は全部それで……。

今村　現物も信用もやっていますよ。

――全部iRoot経由で……。

今村　お客様の要望があれば、すべてiRootを経由して取引できます。

――要望があればということは、営業員が注文を受けてきてというのもまだ……。

今村　それももちろんあります。対面のお客様のなかで、「ネット取引って、なかなかおもしろそうなんだけどねえ」というお客様が最近多いわけですよ。こういうお客様には、うちの営業員は「うちでもやってますよ。iRootというのがあります。手数料が2割ほど安くなります。何かあれば、私に電話してくれれば、いくらでもご相談にのれる仕組みがありますよ」というわけですよ。そうすると、お年寄りの人なんかはネット取引をやってみたいけれど、どうしていいかわからない、なんかうさん臭いなという人でも、「それじゃあ、やってみようか」というふうにして、やってくれるんですよ。

そして、その人が操作方法がわからない場合、その営業員に聞くと、「こうこうこうなんですよ」とお教えしますので、だんだんうまくなっていくわけです。それで、ネット取引ってこうなのかと慣れてしまうと、今度は今村証券の手数料は高いなと感じるようになって、安いところにかわられてしまうのがいまの課題です。ですから、悔しいですけれど、本格的に手数料の安いネットに移るまでの橋渡しを、うちがやっているみたいなところがあるんです。

――ネット専業業者に移っていくお客さんがいるということでしたが、結構な数なんですか。

今村　たくさんいます、それは。

――やっぱりね。

今村　それはいますね。

▼金融危機による母店の破綻とその苦悩

――山一を母店にしていたというお話ですが、山一證券が破綻しますと当然、つなぎ先を変えないといけないわけですね。今年〔2014年〕の8月号の『証券レビュー』に掲載した沖縄証券〔現在のおきぎん証券〕さんのお話では、山一證券の破綻に伴い、かなり苦労されたという話をされています。

今村　あれはおもしろかった。伊藤〔健之〕さんの話が出ていたでしょう。

――山一から沖縄証券に行かれた方ですね。

今村　そう。彼のことは本当によく知っている。

――いま、名古屋にいらっしゃいますよね。

今村　そう、そう。いま、名古屋にいます。先ほど山一の友好店会の話をしましたが、彼は友好店の世話役をしていたんですよ。

――伊藤さんは山一の業務部長をされていましたね。

今村　そう、そう、業務部長だった。そんなこともあって、私と彼は本当に親しくしていたので、沖縄証券の時の苦労もよく聞かされて、知っているんですよ。だからあれはウンウンと思いながら読んでいました。

もともと当社の母店は、三洋と山一と藍澤だったんですね。ただ、三洋と山一とはシステムが直結していたんですが、藍澤とは藍澤の端末をうちの会社に置いて、藍澤の端末から注文を出すという仕組みだったんです。ですから、三洋、山一には今村証券の端末で打ち込んだら、自動的にそれが向こうにポンと飛ぶわけですが、藍澤とは藍澤の端末で打ち込まなければならなかったわけです。そういうふうに3社と付き合っていたんですよ。

ところが、三洋がまずつぶれて、続いて山一がつぶれ、藍澤だけになったんです。ところが藍澤は、先ほどいいましたように別端末なんですよ。これというのはすごい大変なんです。山一と三洋に注文を出す場合は、営業員が打ち込んだ注文が自動的に三洋か山一で発注できましたけれど、藍澤の場合は、いったん営業員が受けた注文が本社に来て、本社がその注文を確認して、藍澤の端末でそれを打ち込むわけですから、とてもじゃないけど大変だったんです。

そこでこれはいかんということで、まず〔日本〕協栄証券〔現在の証券ジャパン〕に母店になってもらえないか頼んだんです。それで、うちの社員が3、4カ月必死になってシステムをつくって、協栄とは山一がつぶれた後、4カ月ぐらいするとシステムを直結させたんです。それまでの間は、藍澤の端末を使って発注するのと、あと協栄との間で電話で注文を発注していたんです。

――たったの4カ月間でシステムを直結させたんですか。

今村　はい。その間はひどかった。でもシステム部が必死に頑張ってくれて、4カ月でつなげたんです。それから2カ月後に、岡三ともシステムが直結できたんです。協栄と直結できたのが1998年3月のことで、岡三とは1998年5月に直結できました。それから、大和証券とも直結したんです。なんとかという電送方法を使って……。

――FIXプロトコルですね。

今村　FIXプロトコル。これは日本で初めてなんです。大和は「FIXだったらやりやすいからやりましょう」といって、やってくれたんです。こうして協栄、岡三、大和とオンラインを直結できたわけです。一方、藍澤のほうは、同業者取引をやめたかったみたいなんですよ。それで、藍澤とはそこでやめて、会員権をとるまでは協栄、岡三、大和を母店にしていたわけです。

――しかし三洋がつぶれて、山一がつぶれるまで3週間ですよね〔1997年11月3日、三洋証券が会社更生法の適用を申請して事実上経営破綻し、その3週間後の11月24日に山一證券が自主廃業を決定、大蔵省に申請した〕。2つの母店が1カ月もしないうちにつぶれたわけですよね。

今村　そう。三洋がつぶれた時は、その1年ほど前から、危ないぞというのがなんとなくわかっていたんです。僕も三洋の〔土屋陽一〕社長に会ったりしているなかで、これは危ないぞというのがわかっていたので、三洋がつぶれる1年ほど前から信用取引の新規建てをやめていましたので、三洋がつぶれる時点では建玉はほとんどゼロだったんです。ですから、現物だけほそぼそと発注していたので、三洋破綻の影響は全然なかったんです。

ところが山一は、まさかつぶれると思ってもいなかったので、最後の最後まで信用取引もやっていて信用の建玉もありましたし、ものすごく困りました。また、今村証券は山一證券の投信を売っていたり、ＭＭＦとか中国ファンドなんかも売っていましたから、山一とはものすごくつながりがあるということは、お客様も全員知っているわけですよ。

たしかあの時、今村証券は山一證券の株を20万株ぐらい持っていたと思います。だけど、うちが山一證券の株を持っているだけで、山一證券は今村証券の株を持っていないんです。しかし、世の中の人はそう思わないじゃないですか。沖縄証券は当社とは逆に、山一證券が沖縄証券の株を持っていたから苦労したんですけど、うちは山一證券の株を持っていたので、山一の株がゼロになったために大きな損害は出しましたけれども、それ以上の損害はなかったんです。ただ、世の中の人は、山一と今村はすごい関係があると思っていましたので、山一がつぶれた時に、取付けというほどでもないんですが、解約が大量に出まして、預り資産が1割ぐらい減りました。

その時に人間というのはひどいなと思ったことがあるんですよ。というのは、私の親戚までもが引出しに来たんですよ。本当にガクッときましたよ。だけど、捨てる神あれば拾う神ありというのも本当で、僕のことを信頼してくれている人は、その日に当社へ来て、２０００万円ぐらい中国ファンドを買ってくれたり、そんなことがありました。やっぱり苦しい時に、助けてもらうと本当にうれしいものですね、人間って……。そういうことが、その時によくわかりました。

だから、金融危機の時は、預り資産が大量に減ったことと母店であった三洋、山一がつぶれて、母店をどうしたらいいかということが、いちばん困りましたね。ただ、当社はたまたま自社システムを持っていたことと、システムを構築できる力を持っていたため、3、4カ月でパタパタと3つの証券会社とシステムを直結できたので、まぁよかったわけですが……。

――岡三や協栄を母店にしたというのは、何かご縁があったんですか。

今村　岡三は、先ほどいったように、当社は香川証券と仲間で、香川証券の中條社長が岡三に「やってやれや」といってくれたんです。まぁ、岡三もうちと取引をしたかったと思うんですよね。そういうことで、うまく発注先を確保できたということです。

ただ、協栄はなんで協栄を母店にしたのかはよくわからないんですけれど、協栄というのは地方の証券会社と基本的に仲よくするというのがあったんですよ。

――もともと日本協栄というのは、つなぎ専門の会社ですからね。

今村　そうです。そういうこともあったりして、また、人手があまっていたこともあって、とりあえず電話で注文を受けたりしてくれましたから、本当に協栄にはお世話になったんですよ。協栄が母店になってくれたので、3、4カ月は協栄と藍澤へなんとか注文をつなぐことができたわけです。それから、半年もしないうちに協栄や岡三とシステムが直結できて、急場を乗り越えられたわけです。

――大和とはどうですか。

今村　それまで山一と付き合っていたでしょう。だから、やっぱり大きいところと付き合いたいなと思ったわけですよ。その時に、かつて大和の投信を売ったこともあったので、大和の友好店会に2、3回行ったこともあるんですよ。先ほどいいましたように、母店というのはそれぞれ自分の勢力を広げて、業界内の発言力を強めようとしていました。この当時はまだ、支配下の証券会社を持ちたいというのがあったんです。ですから、大和もウエルカムとまではいかなかったし、最初はウーンといっていたけれども、なんとかやってくれたんですね。だけど、大和も4年ほど経つと友好店をとらなくなって、これをやめてしまったんです。

――同業者取引を……。

今村　同業者取引をやめました。

——大和も野村も、系列政策がもうあまり意味を持たなくなったんでしょうね。

今村　その頃に意味がないということになったんです。ですから、友好店とも全部縁を切るということになってしまって、せっかくシステムを直結したのに無駄になってしまったんですね。

それから後は、協栄と岡三でいくことになったんですが、〔東証の〕会員権をとることになって、協栄と岡三には「いろいろありがとうございました」といいまして、そこで取引をやめたわけです〔今村証券は、２００３年12月１日付で東京証券取引所の総合取引資格を取得した〕。

——母店が複数あった時というのは、注文を母店に出すルールはあったのでしょうか。たとえば、支店ごとにつなぎ先を変えていたとか……。

今村　そう、そう。だいたいそうです。だから協栄、岡三、大和の時も、大和がだいたい５、６割で、あと協栄と岡三で半分半分ずつ出していたと思いますけどね。

——ということは、支店ごとにシステムの直結先が違うわけですか。

今村　そうではなくて、営業員が注文を出す時に、母店がどこかとコードをまず打たせるんです。たとえば、ある支店の母店が協栄だったとしますと、仮に協栄のコードが９番だったならば、ここの店は全部母店のコード番号９番を打って、注文を出すようにいっておくわけです。当然、この支店の営業員が注文を出す時には９番と入力しますよね。そうすると、自動的にうちのシステムが協栄に発注するわけです。一方、岡三を母店としている店では、岡三のコードが仮に３番だったとすれば、３番と入れたら、自動的に注文が岡三に行くようになっているんです。

——ということは、発注端末自身は一緒だけれども、母店のコードでどっちへ飛ばすかを決めていたということですか。

今村　そう、そう、そう。自動的に決まるわけです。

――ですから支店ごととか、そういうことが簡単にできるわけですか。

今村　そうです、そうです。

▼資本とシステムの独立性が可能にさせた独自の経営哲学

――今日の話をお聞きしていて、社長様はこれまで話をお聞きしてきた経営者の方と、経営哲学が少し違うなと思って話をお聞きしていたのですが、どういうところでほかの方とは違う発想をされるようになってきたのでしょうか。

今村　私は、学生時代、証券研究学生連盟の16代目の委員長をやっていて、どちらかというと純理論的に証券市場について考えていました。当時は、銀行と証券とは車の両輪となってやらないと、日本の資本主義あるいは日本経済は成り立っていかないんだって考えていたんです。そして、その前になぜ証券というのはこんなに力が弱いんだ、これをもっと強くしていかなきゃいけない、ということをずっと考えていました。

いまもどうしたら銀行に追いつけるか、ということを常に考えています。すなわち、これまで証券会社の使命というのは何かという、根本的なことをずっと考えながら仕事をしてきました。そこがほかの証券会社と違う発想を生む根底にあるんじゃないかなと思います。僕も他社の話を聞くことがありますが、どうしたら金儲けができるか、基本的にそこからの発想なんですよ。私は、もちろん金儲けもしないといけないし、そうしないとやっていけないんですけれども、でも、どうしたら証券業の使命を達成できるのかという、そういう原理原則のところから考えてきました。そのあたりが他社と違っているところになるんじゃないかなと思います。たとえば、システムを自社開発しているのも、ロボットになってしまうんじゃなくて、やっぱり自分でキチッとやらないといけない。そうしないと、銀行には太刀打ちできないだろうなと思いました。それから資本でも絶対に銀行資本を入れない。うちには銀行とか他社の資本はまったく入っていません。

――独立系でいらっしゃいますね。

今村　完全なる独立。

――証券会社からの資本も入っていませんね。

今村　入っていません。完全な独立です。それから人材面でも、銀行から人をとることもしていませんし、すべての面で独立してやっています。やっぱり銀行の資本がちょっとでも入ると、銀行の色というのが出てしまうだろうし、システムだって他社のものを少しでも入れてしまうと、後戻りできなくなります。あれは一遍入れると、その部分がブラックボックスになってしまって、再び自分のところでやろうと思っても、どうしようもできなくなるんです。

――できなくなってしまいますね。

今村　できなくなるんですよ。だから、いったん入れてしまったら、もうおしまいなんですよ。そこらあたりのところがわかっているので、あえてそういうふうにしているわけです。だからかなりピュアな考え方で経営しているのが当社の特色で、すべての考え方がそこから来ています。

――システムは自社開発するほうが、結果的にコストが高くつくことはありませんか。

今村　そうかもわかりません。ひょっとすると高いのかもしれません。

――開発する人の人件費を考えると……。

今村　そうかもしれません。だけど、特色を持った経営をするためには、やっぱり自社で開発しないと……。ロボットでは困りますしね。

――自社開発ですと、自社の経営方針がすぐに反映できますしね。

今村　そうです、そうです。システム会社にカスタマイズを頼むと、ものすごい時間とコストがかかると思うんですよ。

――自分のところでつくっているものを、カスタマイズして持って来られると、結果的に、システムのその部分は完全なブラックボックスになりますからね。

今村　そうなんですよ。当社はそこのところにこだわってやっているんです。今村は変わったことをするなということのすべての根本は、全部そこから来ていると思うんです。

――バブルの頃に、多くの中小の証券会社に銀行が資本を出して、法人営業のお手伝いをさせるということがはやりましたでしょう。やっぱりお声がかかったんですか。

今村　いろいろとかかりましたけれども、私はそれを全部断りました。むしろ、ビッグバン後に銀行代理店もやっています。銀行代理店の話というのは、もともとは証券取引法65条の関係で、銀行に証券業もできるようにしようというのが、まず出たんですよね。つまり、銀行も証券業ができるようにしようという動きがあったんです（銀行の証券業務参入までの経緯は次のようであった。1985年9月、金融制度調査会が金融制度の見直しの議論を始め、1991年6月に『新しい金融制度について』という答申が出された。一方、証券取引審議会でも、1989年5月、基本問題研究会の中間報告『金融の証券化に対応した資本市場の在り方について』が出された。その後、これらの中間報告を具体化するための議論が証券取引審議会で行われ、1992年6月に公布された金融制度改革法で、業態別子会社による参入が認められた。ただし、弊害防止措置として、銀行の子会社による株式ブローカー業務は当面禁止されたが、1999年10月に解禁され、その後もファイアウォール規制は緩和されていった。そして、2002年12月、金融審議会金融分科会第一部会報告『証券市場の改革促進』で、証券の販売チャネル拡大を通じて、個人の資金を証券市場に取り込むため、証券代理店制度が提案され、証券取引法が改正されて、2004年4月1日から証券仲介業制度が開始された）。私は、それはおかしいよということを主張して「向こうができるなら、こちらも向こうと同じことができるようにするのが当たり前だ」といったら、金融庁もそれもそうだなということになって、それで証券会社も銀行代理店をできるような規定がつくられたんです〔2004年4月の内閣府令改正により、証券会社、保険会社の銀行代理店参入が解禁された。その後、より広い範囲で銀行代理店を活用できるよう、2005年11月に銀行法が改正された〕。

僕はずっとそれを主張していただけに、銀行代理店の規定ができたら、やっぱりやらないと口ばっかりだということになりますよね。それで、これはぜひやりたいなと思って、いろいろな銀行へ行ったんですよ。近いので、まず北國銀行に行ったんです。北國銀行の頭取に会ったら、頭取に「いやぁ、新しいことをやるのはエネルギーが必要ですからね。アハハ」って軽くいなされたんです。それで次に北陸銀行に行ったんです。北陸銀行に行ったら、あの当時、まだ銀行は元気がありましたから、「もしそういうことをするとすれば、あなたに頼まないで、自分のところで証券子会社をつくります」といわれて、これも駄目だった。それで次は、僕の高校時代の同級生が頭取をしていた福井銀行しかないなと思って、市橋七郎君に会いに行ったんです。

——福井銀行は市橋一族ですね。

今村　そうです、そうです。友達だったので、ちょっとどうだろうかといったら「おお、いいよ。やろうや」となったんです。この提携はハッキリいうと、北國銀行と北陸銀行を敵に回すことになるんですよ。ただ、うちは独立資本ですから、別にだれかにどうこういわれる筋合いもないので、いいからやろうということで、福井銀行と手を結んで銀行代理店を始めたんですよ。

始めたんですが、今度は銀行の業績が落ちてきたんですよ。それで、1年半ほど経ったある日、市橋頭取が突然「今村のところに会いに行きたい」というので、なんだろうと思っていたら、「今村、悪い。私のところでやれなくなってきた」というわけです。そして、「たしかに経費がかからない仕組みで運用されてはいるんだけれども、コンプライアンス費用がかかるんだ」というんですよ。それで「悪いけれども勘弁してくれ」といってきたんです。こちらも「あなたが駄目だというんだったら、こっちも頼むわけにいかない」ということで、仕方なく銀行代理店をやめたんですね。ただ、その時は銀行預金を3億ぐらい集めていたんですよ。

――3億円。それはもっぱら預金代理で……。

今村　預金です。預金の代理店で……。

――融資の代理はしなかった。

今村　それはまったくしなかった。預金だけだった。お互いに経費がほとんどかからないように、うまい仕組みをつくったんですよ。ですから、その仕組みそのものには全然コストはかからないんです。けれども、銀行は代理店に対する責任を持っていますから1年に何回か、銀行は代理店にコンプライアンスの調査をしに来なきゃいけないというわけです。そうすると、コンプライアンス要員の費用が……。

――預金3億円では、人件費が出ないかもしれないですね。

今村　そういうことで向こうから断られて、仕方なくやめたんです。でも、1年半の代理店業務と準備期間の間に、随分銀行のノウハウは教えてもらいました。だから、そういう意味では、まあまあ損にはならなかったというふうには僕は思っていますけどね。

銀行と別れる時に、彼らは「コンプライアンスについては、証券界のほうが銀行よりよほど厳しい。証券会社のコンプライアンス体制は、よくできている」といって、感心していました。これというのは、銀行行政というのは基本的に性善説でつくられているのに対し、証券行政は性悪説でつくられていることに起因しているんですよ。だから厳しくなるんです。どうもそういうことらしいということがわかりました。というのも、「証券会社のコンプライアンスというのは、こんなにキチッとできているのか、勉強になりました」と銀行がいっていましたから。

――これだけ資格試験の多い業種というのはないんじゃないですか。証券界だけですよね。

今村　おそらくそうでしょうね。それで、またコロコロ変わって、どんどん厳しくなるでしょう。

――まあ営業も外に行きますからね。

今村　そうです、そうです。

――銀行みたいにお客さんが来てくれる商売じゃないですからね。

今村　来てくれるわけじゃないですからね。しかも、扱っているのがリスク性商品ですからね。いった、いわないとか、いろんなややこしい問題が起きる業界ですからね。ですから厳しくなるのはわからんわけではないんですけれどもね。とにかく、銀行としては「コンプライアンス費用が高くなる。だから、うちもいろいろと広げていた仕事を全部切るんだ、申し訳ない」といっていました。現実に彼は全部切りおわってから、頭取を辞めました。

――いまでも、福井銀行は市橋同族でしょう。

今村　そうです。市橋というか松田というか、まあ市橋同族なんです。ですから、彼は辞めて、いまは悠々自適になっていますけど、福井銀行には子どもが2人いますので、いずれどちらかが頭取になるんじゃないですかね。

▼商品多角化戦略に伴うブローカー依存からの脱却

――三洋、山一の破綻があり、ビッグバンも目前に控えた1998年に、シティコープ証券の投信やパリバのデリバティブ商品、あとEBをクレディ・リヨネ〔現在のクレディ・アグリコル〕と組成されたりしておられます。これはもちろん、ブローカー依存の緩和が目的だったと思うんですけれども、一方で、外国証券が持っている情報の提供を受けるということも、また大きな目的だったんじゃないかと思うんですけれども、そのあたりの話をお聞かせいただけますでしょうか。

今村　まずこれについては、ドイツ証券との付き合いから始まるんですが、ドイツ証券がある時、「自分たちも母店にしてほしい」といってきたんです。それで、「なんでそんなことをする必要があるのか」と聞いたら、「ドイツ証券としては、日本での株式売買のシェアを上げたい」というわけです。シェアをあげてどういう意味があるのか、僕はいまだにわからないんですけれども、ドイツ証券の考え方では、シェアが大きければ大きいほど、日本の株式市場をリードできるんだという話で、とにかくシェアを握りたい。だから今村証券の注文をできるだけ、ドイツ証券に回してほしいという話があったんです。

それでドイツ証券との間でも、システムを直結させて、注文を出せるようにしたんです。その一方で、ドイツ証券からは、情報の提供や債券の組成にも力を貸しましょうということになりまして、注文の発注や情報提供、債券の組成などが少し始まり出したんですよ。そういうことがあって、ドイツ証券とは仲よくなったんです。

ところがドイツ証券という会社も変わり身が早くて、副社長だったか営業本部長だったかがそういって、注文の発注をしていたんですけれども、その人が何かで辞めちゃったんですね。そうしたらガラッということが変わってしまって、取引もそこで終了したんです。大熊本証券さんもうちと同じように、ドイツ証券とそういう取引を始めたんですが、途中ではしごを外されたわけです。

こういうふうに、外資系はちょっとわからないところもあるんですけれども、でも、私どもからしてみれば、山一證券や三洋証券と付き合っている時は、当たる、当たらないは別にして、それなりにいろんな情報が来たわけですよ。それがなくなってしまって、国内の証券会社からも情報をもらっていましたけれども、山一證券のそれと比べると、レベルが少し低かったこともあって、困っていたんです。その点、外資系の情報というのは、割と弱気なこともいったりもして、ちょっと目新しかったので、そういうものも価値があると思ったんですね。

いまでもそうなんですけれども、ドイツ証券から機関投資家向けのレポートを当社に提供してもらっているんですが、そこに今村証券のロゴを入れて配ることもできるんです。それはそれで、それなりの効果があるんです。そのほかの会社からも、機関投資家向けの情報はもらえるんですが、これは今村証券のロゴを入れられないんですよ。ですから、これは今村証券のなかでしか使えないんです。お客様には渡せないわけです。ところが、ドイツ証券だけは昔からの流れがあって、いまでも当社のロゴを入れてお客様に渡せるという、そういうメリットがあるんです。

そういう意味で、外資系と付き合うというのもプラスにはなっているし、最近は先ほどお話したように、ＥＢを20億～30億円、多い時には40億円ほど売っていますので、今村証券ってすごいなと、外資系の連中には有名になっているわけです。そういうこともありますので、１週間に１、２回は必ず外資系の会社が、入れ代わり立ち代わり、私のところに来ています。その時に、「それじゃあ情報をほしい」というと「喜んで」みたいな話になっていまして、それが当社の一つの売りになっていることも確かなんですね。だから、外資系との付き合いのなかで提供された情報が、かなり力になっています。

――ドイツ証券が母店にしてほしいというのは、よくわかりませんね。

今村　僕もいまだにあの意味がよくわからないんですけど……。

――だいたい外資系というのは、大口取引が多いんじゃないですか。

今村　ところがあの時は、ちょっとでもシェアをあげたいといっていましたよ。それで、一時的ではあったけれども、「野村よりもうちのほうが日本株のシェアが多いんです」といっていました。それによって、価格支配力が高まるとか、そんな類いのことをいっていましたけどね。

――一時期、外資系が野村を超えたことがありましたね、たしかに。

今村　そうでしょう。なんかそんな話がありましたでしょう。

――何年か前にありましたね。

今村　ドイツ証券はそんなことを盛んにいっていましたよ。でも、その人が辞めてしまってから、ガラッと話が違って、もう取引しませんというふうになって、話が違うなと……。外国証券会社はそういうところがあって、ちょっと安心できないんですよ。トップとか責任者が変わると、いっていることをガラッと変えるというのが平気だから……。

――しかし、こういういろんなものを売られるようになって、委託手数料への依存はかなり緩和されていきますよね。いまは3割ぐらいですよね。

今村　そうです。１９９９年に手数料自由化が行われ、これじゃいかんということで商品の多角化を始めたわけです。当社では１９９９年を商品多角化元年と位置づけておりますが、多角化を始めた１９９９年には、委託手数料以外の収入が、前年の1億７３００万円から2億８００万円に増えたんです。ところが次の年、２０００年3月期になると、委託手数料が10億３４００万円から24億４６００万円へ倍増しているんです。

――ITバブルですね。

今村　ITバブル。その時に、委託手数料以外の収入がお留守になって、1億９６００万円へと減っているんですよ。そして、その次の年もさらに1億３２００万円へと減っています。それで、これではならじと、もう一回多角化に取り組んだ結果、２００2年以降は、どれだけ委託手数料収入が増えても、それ以外の収入も減らないで増えています。こうして、ジワジワジワジワ株式依存度を減らして、株式以外の手数料を伸ばしてきているわけです。

それで２０１2年3月期、２０１3年3月期になりますと、株以外のもので株の倍ぐらい稼いでくるようになり、それで収益がなんとか持ち堪えているということになっています。２０１4年3月期に関しては、委託手数料が8億６９００万円から19億８０００万円へと急激に増えました。それにもかかわらず、株式以外のものも14億５９００万円から19億４７００万円へと同じように増えていて、収入構成はだいたい半々もしくは株式以外の収入が半分以上を占めるようになっています。このように、確実に株式以外の収入が伸びてきたというのが、当社が伸びてきている理由かなと思うんですね。

――たしかに、株式以外の収益が伸びてきていますね。

今村 ですから、2、3年前までは、北陸ではやっぱり株式だけを扱うんだという会社が多かったんですが、今村証券が株式以外のところでしっかり稼いでいるのをみて、これはいかんということで、株式以外のこともやり始めているようです。でも、そういう会社は株がよくなりますと、株式以外のものが落ち込むんですよ。というのも、株のほうが電話して売り買いしてくれれば、手数料をとりやすいから楽なんですよ。他方、株以外のものは、一生懸命動かなきゃいけませんからね。どうしても株と比べて手間もかかりますから、株がよくなるとお留守になるんですよ。そういう過程をうちは何年も前に乗り越えて現在に来ているので、かなり確実に、株式以外の取扱いが根付いてきているということなんです。

委託手数料とそれ以外のものとの比率でみると、株が駄目になってくれれば、委託手数料以外の収入の比率があがっているのがおわかりいただけるかと思います。ちょっとこの比率だけでみてもあまり意味がないというので、経費カバー率という概念を使ってみてみましょう。これはちょっとややこしい式になるので簡単にいうと、一般管理費の何%を委託手数料以外の収入でまかなっているかという、そういう数字なんですけども、当社の場合、今年〔2014年〕の9月期は一般管理費の87%を委託手数料以外のものでまかなっているというわけです。2014年3月期は84%だったので、3%あがっているんです。これを他社の2014年3月期の数値と比較してみますと、藍澤さんが33%、水戸証券で56%、岡三や野村もだいたいうちと同じ84%、いちよしが96%と、こんなふうになっていて、当社の経費カバー率は、大手と同じぐらいになってきているんです。つまり、かなり強い経営体質になっているということがおわかりいただけるかと思います〔ここでいう経費カバー率とは、(受入手数料＋営業外収益－株式売買委託手数料）÷（販管費＋営業外費用−（金利収支＋株式売買益））で算出されたものである」。

しかも、これの推移をみていただくとわかりますように、野村さんでもほかのところでも、ジグザグしていますけれど、当社のところをみていただくと、確実に伸びています。そのあたりが、当社がいかに一生懸命地道に、少しずつ株式以外の取扱いを根付かせてきたかということが表れてきているのかなと思っています。

ここがうちの会社の強みで、ここまで伸びてきた理由かなというふうに思っております。その結果、バブルの時の純資産は35億円ぐらいで、その後減ってきていたんですけれども、２０００年ぐらいからは徐々にあがってきて、現在のそれは60億円近くになっています。

こういう会社って、全国の証券会社でもおそらく当社だけなんじゃないかなと思っているんですよ。というのは、バブルの時にはものすごく純財産が大きかったんですけども、その後は減っていて、最近は増えてきているにしても、まだバブル時の純財産を超えていないという会社がほとんどだと思うんですよ、おそらく。だけどうちの場合はそうじゃなくて、バブルの時の2倍か3倍ぐらいまで、悪い時でも少しずつ少しずつ純財産を増やしてきました。これは当社が商品の多角化を進めてきたのが少しずつ根付いてきて、地道にジワジワジワジワ伸びてきていることの表れでして、そのことがおわかりいただけたかと思います。

――たしかに純財産がバブル期と比べて増えているというのは珍しいですね。これは北陸の会社に共通することですか。

今村　そうではありません。１９９1年3月期のうちの純資産が34億４５００万円ぐらいだったんですが、今年3月期時点で56億７１００万円になっています。ところが、当社以外の北陸の証券会社は、19億２０００万円が5億２６００万円になってしまった会社や、12億９０００万円が6億１７００万円になってしまった会社とか、20億円が8億７１００万円になってしまった会社とか……。

――なるほど、北陸の会社に共通しているわけではないんですね。多角化元年以降、御社では営業員が株式以外の商品を販売するよう、インセンティブは変えられていないんですか。

今村　いや、ほとんど変えていませんね。昔からうちは、戻りといいますか、精勤手当みたいな、これだけ手数料をあげたら、そのうちの何％は返すよということはありましたが、いまもその範囲内でうちはやっています。ですから、そんなに大きいということはなくて、大手証券とか準大手なんかと同じぐらいです。うちだけがそんなに多いというわけではありません。

――２００１年３月期以降、株式以外の収入が大幅に増えていますが、インセンティブのつけ方を、株から、ほかの商品へウェイトを移すということもしていらっしゃらないということですか。

今村　それもほとんどしてませんね。株式もだいたい同じぐらいですよ。ただ、株式の場合は、できる時はものすごくできるし、できない時はまったくできませんから、営業員にすれば株が駄目だと思ったら、株以外のもので稼ぐしかないみたいなところがありますから、自然とそちらのほうに力がいきますからね。もちろんインセンティブをもらうために、強くいくということはあるかもわかりませんけど……。

――では、バブル以後、純財産を増やせた理由はどこにあったとお考えですか。

今村　その理由というのは、商品の多角化、銀行に負けてはいけない、銀行と肩を並べたいということを思っていたことではないでしょうか。どんなことがあっても、店舗は土地も建物も自社店舗で、「どれだけ不況であっても絶対に退かない」と宣言して、経営してきました。当社の最後の新設店舗は、１９９０年に開設した板垣支店です。バブルが破裂した直後にできた店ですが、その時に当社の店舗数は９店舗になったんです。その後、どれだけ苦しかった時でも、１店舗も減らしもせず、現在、９店舗のまま維持しています。

また、古い建物は建て替えてもいます。店舗数は増えていませんが、建物の面積をだいたい２倍ぐらいの大きさにして、現在に至っています。店舗は先ほどご覧になられたように、2階から相場がみられるようになっています。こういう構造にしたのは、対面証券がどうあるべきかを考えて、お客様に来ていただくには、やっぱりそういうふうにしないといけないだろうと考えてのことなんです。というのも、1階に客だまりがありますと、お客様がそこでたむろして、そこでほかのお客様としゃべったり、ひどい時はそこで弁当を食べたりされるんです。そうなると、初めてのお客様が来た時に、入りづらくて全然話にならないんですよ。それで、既存のお客様には2階にあがってもらって、1階は初めてのお客様とか、何を買うか相談する人、そういう人が入りやすい店舗を目指して、あのようにしているわけです。

ああいう店構えというのは、自社店舗じゃないとできないんですよね。借り店舗では絶対ああいうのはできない。うちの場合は9店舗のうち8店舗はああいうかたちでつくっておりまして、お客様からも好評なようです。私どもは対面証券としてどう生きるかということを考え、また、銀行にどう太刀打ちするかを考え抜いたうえでの店舗展開になっています。北陸のほかのところをみると、閉鎖がなかったところは石動証券だけでして、そのほかのところは、1店舗、2店舗確実に減らしています。また、システムの対応についてお話しておきますと、当社は自社開発でありますけれども、他社の場合は、資本関係や母店との関係などによって、使用するシステムが決まってきますので、自社開発というのはないと思います。

▼北陸証券界の現状

――少し、いま北陸証券界のお話が出てまいりましたので、ここからは北陸の証券界について話をお聞きしたいと思います。

北陸は銀行預金が多く、安定志向が強いとよくいわれるんですけれども、ところが一方で、地場証券がたくさん残っていますし、地方銀行に買収される例もほとんどみられません。全国的に証券会社は、撤退集約の方向には進んでいますけれど、北陸ではまだあまり進んでいないと思うんです。これは非常に特異だと思うんですけれども、その背景事情など、もしご存じでしたらお聞かせいただけますでしょうか。

今村　その事情というのは、いろいろ複雑ですよね。やっぱりなんというかな、たしかに残ってはいるんですけれども、20～30人の規模の北陸の証券会社は、一昨年までの不況でかなり大変だったところもあると思います。実際問題として、増資してしのいだ会社もありました。

その間、根本的な改革ができず、まったく旧来の考え方というか、株があがってくればなんとかなるよ、という考え方がまだ抜け切っていない面があると思います。ここに来て、それではいかんということで、いろんなことをようやっとやるようになってきてはいるんですけれども、でも、それが根付くかどうかはわかりませんね。株がちょっとよくなってくると、また株に戻るんですよ。

募集商品を募集するというのは、ものすごいエネルギーが必要なんです。そのエネルギーというのは、口でやれといっただけでは駄目で、いろんな環境を整える必要もあるんです。たとえば、当社みたいにiPadやiPhoneを持たせるといった工夫ですとか、あるいは情報を取り込んで、いい銘柄をできるだけ紙ペーパーでお客様のところに持って行けるようにするとか、それから自社の調査課を使って、北陸の上場企業を調査し、レポートをつくって、お客様のところに持って行くとか、そういったさまざまな仕組みをつくっておかないといけないと思います。また、若い社員もどんどん入れて活気を出すとか、そういうことをして、たえず前向きにやっていかないといけないんです。

では、どうしたら前向きにできるかというと、金儲けじゃなくて、証券業の大義のためにやる。大義の旗を立てないと、いい社員は集まらないんです。つまり、大義の旗を立てて、「銀行に追いつくことこそが、日本の資本市場のためになるんだ。それが結局、君らのためにもなるんだ」という大義を、私はたえず社員にいっています。仕組みをつくるとともにそういうことを並行してやっていかないと駄目なんです。そうでないと生き残っていけないんですよ。ネット証券は手数料がタダ同然でしょう。そうすると、若い人でちょっと株がおもしろいなという人は、大抵そこに行くんです。だからそれをどう引き留めるかというと、そういう使命感をわれわれがどれだけ持っているか。そして、その大義を実現するという情熱しかないと思うんですよ。

そういうものをかき立てることは、なかなか簡単にはできないんです。北陸地区の証券会社には、若い人が集まらないですよね。それは先行きがみえないからなんです。だから、僕は、現在100人以下の会社は残っていけないと思っています。ここまでが勝負どころだったんです。いまは、もう勝負があったんですよ。勝負あったと思う。苦しい時が勝負どころだったんです。僕はそう思っているんです。

――北陸の地場9社のなかで、今村証券のシェアはどれぐらいなんですか。

今村　だいたい半分です。

――ほとんど北陸地区では飽和状態に近いんじゃないんですか。

今村　いや、それは違うと思いますね。単に各社の努力が足りなかった結果だと思いますよ。

――預り資産ベースで、岡三証券は三重県で相当なシェアを持っているので、これ以上のシェア拡大はもう無理だろうということで、むしろ県外を開拓しようとしていますが……。

今村　ほかの地域を攻めるというのも一つの考え方ですよ。しかし、僕はそれに対して、「いや違いますよ。まだまだ銀行預金という大きな宝の山がありますよ」といっているんです。それを掘り起こすことはまだまだできるので、どこかほかの地域に行かなきゃいけない、ということは違うと思っています。うちはとりあえず北陸3県で、銀行預金を掘り起こしていくことで、まだ十分伸びていけると思っているんです。

――それが投信を足がかりにという話になっていく。

今村　そう、そう、そう。そうですね。それ以外のいろんな商品もありますけれども。

――以前お話をお聞きした、極東証券の菊池〔廣之〕さんがおっしゃっていましたけど、よく他社の経営者の方から「どうしたらいいか」と聞かれるんだそうです。だいたいそういうことを聞いてくる会社は、株式を中心にされているから、募集物をやったらいいじゃないですかとおっしゃるんだそうです。そうすると、その会社も1期か2期は頑張るんだそうですが、株が動き始めると前のことは忘れて、すぐに株に流れるんだということをおっしゃっていました。

今村　そう、そう。だから先ほどいったでしょう。そういうことになるんですよ。

――募集物をやろうと思うと、足腰を鍛えておかないといけないんだということをおっしゃいますもんね。

今村　そうなんですよ。そこなんですよ。だから菊池さんの史談はものすごく参考になった。おぉそうだ、僕の思っているのと一緒だなと思った。

――これも菊池さんがおっしゃっていましたけれど、昔は1年のうち2度の中間反騰があれば、それまでの赤字はみんなチャラにできたんですって。ところがカバーできる額がだんだんと少なくなっているんですって。

今村　そうでしょうね。

――それに気がつかない経営者がいっぱいいると……。ちょっとあがったら、「わあ、やっぱり昔と同じだ」と思っているけど、赤字をカバーする度合いが、だんだん小さくなっているのに気がついてない経営者がいっぱいいるとおっしゃっていましたね。

今村　そのとおりです。僕は彼の考え方は、ものすごく参考になりました。僕もその点はそう思っています。

▼個人投資家応援証券評議会の設立とその経緯

――次に協会の証券戦略会議のなかにありました、個人投資家応援証券評議会の委員をお務めですけれども、個人投資家の拡大というのは1965年ぐらいからずっといわれているんですよね。ところが実態としては、なかなかそれができていません。これは、どのあたりに課題があると思われますか。

今村　現在もそうですが、やっぱり大手証券中心の業界なんですよ。大手証券が証券業協会を動かしたり、あるいは金融庁の相談にあずかったりして、すべてが大手証券ベースでいっているわけです。それで、大手証券は発行市場と密接につながっておりますから、発行市場ベースの考え方をしていて、流通市場ベースの考え方をあまりしないんですね。そのために、先ほど話があった大きなダイリューションが起きたり、個人投資家を犠牲にしたりするようなことが起きるんですよ。金融庁だって「個人投資家を増やさなきゃいけない」といいながら、経団連とか産業界とのことも考えますから、当然そちらの考え方になるんですよ。その結果、どうしても個人投資家が犠牲になって、現在に至っているというふうに僕は思っているんですね。だから、個人投資家がなかなか育たないんだと僕は思うんですよ。そこのところをなんとかしなきゃいけない、ということでやっていたんですが、いかんせん大手証券の力が強いんです。協会で何をいおうとも全然上に行かない。何か不祥事があった時にだけはちょっと行くんですけど、またすぐ戻る。

そういう状況にネット証券の連中が「おかしい」と言い出したんですよ。ネット証券は完全に個人投資家に軸足を置いているじゃないですか。僕とマネックスの松本〔大〕さんとは昔からの知り合いなんです。彼がいまから2年か3年ほど前に金沢に来た時に、「今村さん、こんなひどいダイリューションをやっていることについてどう思います。これで幕引きにしていいと思いますか」と僕にいうから、「いや、それはおかしいと思う。これは声を大にしていわないと大変なことになると思いますよ」といったんです。

そうしたら彼が「じゃあ、今村さん、協会にそういう委員会を立ち上げてやりましょうよ」というわけですよ。僕は「やりましょうよというけれど、それはエネルギーがいるし、なかなか大変ですよ」といったわけです。だけど、「やりましょう。今村さん、応援してくれますか」というから、「応援するも何も、僕も前からそう思っていたから、そりゃやりますよ」といったんですね。「それじゃあ、僕がやりますから、今村さん応援してくださいね。今村さんは何社集められますか」というから、僕は「先ほどお話した十月会という会合があるから、この人たちに声をかければ5、6社はなんとか集められると思うよ」といったんです。そうしたら、彼は彼で「僕はネット証券のほうは全部集められる」といったんです。協会では、10社以上が集まれば委員会がつくれるんですね。

それでやりましょうとなって、名前をなんという名前にするかという話になったんです。最初に出した名前が「熱血個人投資家証券評議会」という名前なんです。それで、彼がそれを戦略会議に出したら、「熱血というのはどうかね「熱血」と書いたら、ほかの評議会が熱血じゃないみたいだ」といわれたというんです。それで「反対があったけど、今村さんどうしよう」というから、「それじゃ「熱血」をとるしかないでしょう。しかし、「個人投資家証券評議会」じゃおかしいから、「個人投資家応援証券評議会」と「応援」という名前を入れたらどうですか」といったんです。そして、彼がそれをネット証券の人たちにいったら、「それはいい」とみんないったというので、それで行こうというのでそういう名前になったんです。

それで僕は、まず光証券の森中〔寛〕さんを押さえるしかないなと思って、僕は森中さんとは、あまり付き合いがなかったんですけれど、森中さんに「森中さん、こういう話があるんだけど、あなた入ってくれないかな」といったら、「喜んで入る」といってくれたんです。そして森中さんは、「立花の石井〔登〕さんを代表とする勉強会があって、そこには私のほかに、豊証券の伊藤さんとか安藤証券の安藤〔敏行〕さんとかが来ているから、彼らにも声をかけてみるよ」といってくれたわけです。僕は僕で十月会に、そして松本さんはネット証券に声をかけまして、人を集めたら20社ぐらい集まったんです。そうしたら、協会もそれを無視することができなくなって、新しくつくりましょうとなったんです。

この評議会をつくる時、僕は松本さんに「ハッキリいって、僕はネット証券を敵だと思っているよ」といってあるんです。設立総会の時にも、「僕はネット証券を敵だと思っている。僕は対面営業の証券会社として、こんな安い値段でやっているのはいくらなんでもちょっとひどいと思うから、ネット証券は敵だと思っているけれども、個人投資家を応援するという意味で、手をつなぐことはものすごく意義のあることだと思うので、ここに参画した」といいました。

それで現在に至っているわけです。ですから、先ほどいった大量時価発行の問題の勉強会などは、水面下では個人投資家応援証券評議会がいろいろ動いて、分科会をつくりあげて、そこでどんどん議論したんです。なかなか思うような結果は出せなかったですけれども、そういう問題を討議できるようになったんです。

――評議会の具体的な要望というのは……。

今村　まず大量時価発行の問題があって、それは議論には乗った。いま問題になっているのは、もう少しＮＩＳＡを個人投資家が使いやすくできないかというのが1つですね。あと、新しく僕が問題提起しようとしているのが、株価とか先物の値段のマニピュレーションというか、どうも最近の価格形成はおかしいんじゃないかと思っているんです。いろんな外国人が先物とかを利用して、どうも株価操作をしているように思えてしようがないんです。個人投資家はそういうことをちゃんとみていて、日本の株価はいいかげんにつくられているということで離散しているということもあるので、これを次の課題にしましょうと僕が提案していて、そういうふうに動こうとしているんです。

これについても、ネット証券の人たちは「そうだ」といってくれるんですよ。あの人たちはＦＸなんかもやっているから、お客様からもしょっちゅう「あまりにもひどい」という話が来るようです。特にオプションの値段は、ＳＱの時に、むちゃくちゃな値段がつくといわれているみたいですよ。

――指数のほうですか。

今村　指数のほうです。これについてはいろいろ勉強しているんですけど、マネックスの松本さんなんかは、お客様にせっつかれて、わざわざ大証へ行って、おかしいと談判したみたいです。だけど、大証がのらくらいって逃げ回っているというので、これをやらなきゃいけないと、私たちでは議論になってきているんです。

――主としてオプションですか。

今村　いまの値段をみていると、僕はそのほかにどうもデリバティブを使って、現物の株価が操作されているような感じがするんですよ。だから、そのあたりのオプション、先物の値段だけではなくて、デリバティブを使って日本の株価全体が動かされているように感じているので、そこもしっかりするようにしてほしいなといっているんですよ。

――うわさでは、昨年あたりから、一部の欧州系業者が入ってきたといっていますね。

今村　ある外資系業者が1社で、先物、オプションのだいたい6割か7割のシェアを持っていて、これがもう完全に牛耳っているみたいなところがあるみたいですね。

――日経２２５のいわゆる値嵩株があるじゃないですか。あれの動きとか……。

今村　そう、そう。だからいろんなことがあって、僕らの評議会でそこらあたりにちょっとメスを入れてやろうかなと思っているんです。いま、そういう話になっています。

――アメリカでは、２０１０年７月にドッド・フランク法という法律ができて、あのなかにボルカー・ルールが入りましたね。あれでアメリカの業者は結構自制しているんですよね。

今村　いま、日本の場合、まだ外資系ヘッジファンドの標的にされているところがあるんですよね。こういう問題では対面とネットが手を結べるんですが、ネット取引に関する規制の問題に関しては、松本さんと僕とは敵対関係にあるんです。

▼何をもって「勧誘」と定義されるべきなのか

――それはどういう規制の問題ですか。

今村　ネット証券での高齢者の取引の話では、かなり意見が相反するんですよ。だから僕は最初から、個人投資家の問題については手を握るけど、ネット証券に対しては僕は敵だと思っているので、その問題ではいろいろいわせてもらうということはいっていることなので、その問題では敵味方がハッキリしているんですよ。

――敵対する論点は、高齢者の取引だけですか。

今村　敵対する論点ですか。ほかにはネット証券の手数料はいくらなんでも安すぎると思いませんか。タダ同然ですよ。あれは証券界にとって、あまりいいこととは僕は思えないんですよ。ネット証券の主たるお客様であるデイトレーダーが動くことが、本当に証券市場にとっていいことなのか、という疑問はありますよね。

――ベトナムとか中国でも、最低手数料というのを一応決めたうえで自由化しているんですね。だからちょっと日本のは……。

今村　あまりにもひどいよね。僕はいつも「コーヒーをみてみなさい」というんです。缶コーヒーと喫茶店に行くのでは、価格がだいたい1対3ぐらいですよ。それぐらいならば容認できる。だけどいま、ネット証券の手数料はタダ同然ですよ。これはさすがにいかがなものかというんですよ。それだとどうしても投機的な動きが出てきますし、このまま放置しておくと本来あるべき証券投資の姿が、ちょっといびつになると僕は思うんですよね。

それはなぜかというと、ネット取引に関しては規制が甘すぎると思うんです。対面は勧誘するということだけで、「あれしろ、これしろ」といわれるんですよ。最近の会議で問題になったのは、勧誘という言葉が、金融商品取引法における勧誘と、協会規則における勧誘、それから高齢者に対するモノの勧誘、この3つの勧誘の定義が違うというんですね。それが違うために変な誤解があって、ネット証券は勧誘していないんだから、何をしてもいいみたいになっているところがあるんですよ。だから、勧誘の定義をキチッとして、それでネット証券でも勧誘だと思われることについては、協会の勧誘規則を適用していくというふうにしないと駄目だ、という結論になったんです。ものすごくいい結論になったんですよ。僕はものすごく感激した。僕もいろいろといってよかったなと思いましたよ。

――結論はそうなったんですか。

今村 結論はそうなったんです。そして、いまからそれを議論していこうということになったんです。ネット取引だったらなんでもかんでも、自主的にお客様がやっているんだから何をしてもいいということではなくて、画面上でこの投信がいちばんいいみたいなことを書いていたら、それはやっぱり勧誘じゃないかと。

そのほかにも、ネット証券がファンドアドバイザーというのをつくって、投信を持っているお客様にアドバイザーが電話して、「あなた、これを持っているでしょう。これはこれに変えたほうがいいですよ」ということをいっているみたいなんですよ。そういう電話でのアドバイスを受けて、お客様がネットでそれを注文しても、自主的にお客様がネットで注文したんだから、勧誘じゃないみたいなことが現実にあるんですよ。それはやっぱりいけないんじゃないかと思うんですよ。これについては、協会もそれはそうだというふうになったんです。ところが、ネットは何をしても勧誘はしていないんだから、何をしてもいいというふうにどうも思われているところがあるんです。それっておかしいんですよ。

——多分、ネット証券だって外務員資格を持っている人がいるわけでしょう。おそらく彼らも勧誘しているという自覚はあると思いますよ。

今村　だと思いますよ。それで監督指針にも、適合性の原則のところに、ネット証券は適合性の原則に従って、よりキチッとみなきゃいけないみたいなことが書いてあるんですよ。適合性の原則ですよ。金融庁もネット証券が勧誘していることは認識しているんですよ。

——ネット証券も自覚していると思われますか。

今村　自覚していると思いますよ。

——ちゃんと外務員資格を持っている人たちがいて……。

今村　ところが、そういう話になると、ネット証券は都合のいいようにうまく逃げるんですよ。だから手数料だって安くできる。そういうところをキチッとして、われわれと同じようにすれば、ネット証券だって手数料をあげざるをえなくなって、もう少し市場全体がよくなるんじゃないかなと僕は思うんですよね。

——だいぶ以前に、アメリカでネット証券が台頭してきて、デイトレーダーが問題になった頃に、いまのような話も含めたネット証券に対する規制について調べていたことがあるんですよ。その話というのは、アメリカではもう決着ずみなんですよ。対面だろうがネットだろうが変わりはないと……。

今村　そうでしょう。勧誘は勧誘なので、勧誘していることがもしあれば……。

——いま、それはほとんどアメリカでは問題になっていないんですよ。

今村　いまは、なんか知らないけれど、ネット証券はとにかく勧誘していないんだから、何も規制する必要がないみたいにどうもみんな思っている。出席された弁護士も、「弁護士仲間でもそういうふうに思っている」といっていましたから……。

――いや、違いますよ、それは。

今村　いや、弁護士仲間でもそう思っている人がいるけれども、それは違うんだから、ちゃんというべきだと主張してくれたんで……。松井証券の松井〔道夫〕さんは、取扱っているのが株だけだから、僕らのいうことに対して「そうだ、そうだ。最近変なネット証券が多いんだよ」みたいな、むしろこっち側寄りの発言をするんですよ。

――松井証券の松井道夫さんは、うちの研究所で証券会社の倫理コードをつくるという時に、メンバーに入ってもらったんですけれど、彼がしきりにいっていたのは、ともかくいいかげんな業者をどうにかしてくれということでしたね。登録の届出の書類を出して、それ以来いっさい姿かたちがみえない業者が結構いるんだといっていました。

今村　そうなんですよ。何年か前に協会の規則について考える会議があったんですけど、松井さんと僕は「とにかく申請があったら、どんなところでも登録を認めてしまうという考え方はちょっとまずいんじゃないか。むしろ、危ないと思ったらはねることもしなきゃいけないんじゃないか」ということをいったんですけどね。そうしたら協会は、いや、それは金融商品取引法の建付けがそういうふうになっていないとかなんとかいって、なかなか……。

――そこらあたりがしゃくし定規というか。免許制と登録制というのは基本的にそんなにしゃくし定規に考えるものだとは思わないんですけれども、登録制はフリーパスだみたいな感じですよね。

今村　そうなんですよ。だからそこのところを松井さんと僕は、「これでは駄目だ」といっているんです。「協会は自主規制機関だといいながら、それもできないというのはおかしいんじゃないか」って松井さんといったことがあるんですよ。そこのところは松井さんと意見が一致していて、一緒に論陣を張ったことがあるんです。その時、いま、〔日本証券経済〕研究所の理事長をされている増井〔喜一郎〕さんも、「そうだ、そうだ」といってくれたんですけれども、なかなかうまくいかなかったですね。それも中途半端な論議でおわってしまった。

▼証券業の使命と銀行との差異

――先ほど、証券会社の使命というのを考えているとおっしゃっておられましたが、今村社長の考えられる証券業の使命というのを聞いてみたいなと思うんですけれども……。

今村 先ほど申しましたように、本来は直接金融と間接金融は車の両輪でいくべきなんですよね。

明治維新の時に、政府はとにかく早く列強に追いつきたいということで、国内にあるお金をとりあえず銀行に集めて、銀行に集めたものを政府がこうあるべきだ、こうしたいというところに貸付させて、集めたお金を有効に利用して、効率的に国家が思っている方向に持って行って、列強に追いついたわけです。

戦後も同じようにして、やっぱり銀行にまずお金を集めて、それを効率的にいろんな企業に、特に大きな企業に貸付をさせて、そこが伸びることによって日本が伸びていくということをしてきました。その結果、バブルを迎えたということなんですけれども、たしかにそれまではすごく効率がよかったわけです。けれども、バブルのあたりから、銀行が貸付競争に走る。それから、やっぱり政府が主導していく考え方では、世界の動きが激しくなる状況においては、とてもじゃないけど追いつけなくなっているんです。そういうなかで、直接金融の出番が出てきたわけです。そうしないと、日本が世界と伍して戦えないことがハッキリしてきたというふうに思うんですよ。

それで、ビッグバンが行われたわけです。いま現在も「貯蓄から投資へ」というふうにいっているんですが、いまだに銀行のほうが力が強い。世界に太刀打ちするためには、それは日本の弱点であるというふうに私は思っているんですよね。そうなると、証券会社が力をつけるしかないんですけれども、ただ証券会社は、先ほどちょっといいましたように、まだ金儲けのことばっかり考えたり、切った、張ったという刹那的な考え方になっている。また、最近の動きのなかで、政府は「間接金融から直接金融」とか、あるいは「貯蓄から投資へ」とかいいながら、実際は証券会社が苦しい時に、銀行に命じて銀行にカネを出させて、銀行系列の証券会社を増やし、結果的には、銀行系の証券会社が増えてしまいました。

冷静にみていると、銀行の資本が入った証券会社は、結果的に駄目になっているケースも多いんですよ。それはなぜかというと、やっぱり考え方が違うんですよ。銀行というのは、ハッキリいって先が読めるといいますか、預金量と貸付量がある程度決まって動かないとすると、今期はこれだけ儲かると読めるんですよ。読めるという強みがあります。一方の証券会社は、どうなるかわからないという、浮き草稼業みたいなものです。つまり、読めるというのが銀行の強みで、読めますからその範囲内で何をしたらいいかも計算できるので、ある程度確実に動ける。一方、証券会社は将来の収益がどうなるか予想できないから、計画的に動けないわけです。

そもそも証券会社は、いい時にはものすごく稼ぐというバイタリティーがあるんですね。銀行はそうじゃなくて、これだけ利益が確実に予想できる。だから、これをやろうというふうに計画的にやってきて、それが成功したので、このやり方がベストだと思っているんですよ。そういう人が証券のトップに来るとどうなるかというと、この経営はなんだ。むちゃくちゃだ。計画も何もないというふうにみるんですね。だから「お前、稼げないなんてありえないだろう」とかいってくる。社員が「いや、株式市場がこうですから駄目なんです」といっても、「それは言い訳だ。絶対にこの計画でいけ」っていうふうにいわれるんですよ。

しかも、相場がいい時には戦力になることがわかっていながら、株が駄目な時は、いろんなところをリストラしたり、縮小したりするんですね。つまり、計画が基本にありますから、苦しい時に全部クビを切ったりして縮小しますので、逆に相場がいいときに儲けられないということになるんです。このようにやっぱり狩猟民族と農耕民族との考え方の違いというのが、経営に出てくるんですね。

それで、銀行から証券会社にトップが来ますでしょう。これにはタイプが2種類あるんですよ。1つは60歳を過ぎて、あと4、5年で定年になる人が、「最後に証券会社へ行ってこい。まぁお前、ここが最後だぞ」と行かされる人と、もう一つはまだ若手の人で、なんらかの理由で「お前、そこにしばらく行け」っていわれて来た人と、2パターンあるんです。もう最後だという人は、社員に好きなようにさせるんですよ。ところが若い人は、血気にはやって、絶対故郷に錦を飾るぞと思って来るんですよ。どちらがいいかといったら、「わしは何もせん。好きなようにやれ」という人のほうが会社は伸びるんです。

――お飾りのほうがいい。

今村　お飾りのほうが証券会社としてはいいんです。何もしないですから、証券会社の特色を出せるんです。ところがやる気満々で来た人は、銀行のスタイルでやろうとしますから……。

――カルチャーが違うのに。

今村　カルチャーが違うのに、銀行のカルチャーを押しつけるから、証券のいいところが全部……。

――なくされてしまいます。

今村　そういうことになるんですよ。とにかくそういうふうに、どんどん銀行が入ってくるために、証券会社が疲弊していくわけですよ。そのことを金融庁も、最近になって少しずつわかってきた状況で、いままであまりよくわかっていなかったんだと思います。やっぱり証券は、しっかりと証券というものをわかっている者がやっていかないと、本来の直接金融というものが根付かないと僕は思っています。

そのために、今村証券というのは小さいですけれど、ものすごくピュアな会社なので、絶対に大きくしていって、銀行に太刀打ちできる証券会社にしていきたいと思っているんです。いま、野村證券や大和証券もそういうふうにしようとしています。また、岡三証券もそうなんですよね。岡三の〔加藤精一〕会長と話してみると、あの会長と僕の考えは一緒なんです。僕のいったことと同じことを、あの会長はいっているんです。やっぱりそういう会社が伸びることが、本来の証券業のあり方としてはいいのではないかと思います。それがまた日本経済にとってもいいんじゃないかなと思っているんです。

──北陸というのは、銀行系の証券会社はあるんですか。

今村　いまのところないですね〔今村氏へのヒアリング後、2016年4月に東京東海証券とほくほくフィナンシャルグループが合弁で、ほくほくTT証券を設立した〕。

──それも特徴ですね。新潟は第四証券、長野は八十二証券がありますしね。銀行の傘下に入った証券会社は、社長さんをだいたい銀行から迎えますけれど。その社長さんに、共通しているのは、例外なくコストカッター……。

今村　そうでしょう。

──でも証券系の人たちというのは、経費の削減よりも、ともかく要るものはしようがないと考えますよね。

今村　そう、そう、そう、そう。

──その分稼いで来いという。

今村　そうです。そうです。発想が違うんですよね。全然違うんです。

ある会社も、去年まで生え抜きの人が専務かなんかにいて、銀行からギャーギャーこうしろ、ああしろといわれても、コストカットを命じられても反対して、まるで仁王のように立ちふさがっていた人がいたんです。だから営業体も「あの人がいるから頑張ろう」といって頑張っていたんですけれども、今年の3月だったと思いますが、その人が傍系会社に出されたんですよ。それからもう営業体が嫌になって、働かなくなったと聞いていますから、やっぱり駄目なんですよ。

──私の教え子が銀行にいて、「投資信託を買ってくれ」と営業に来たんで、うちの奥さんの名義で買ってあげたんで

すけど、下がったら途端に来なくなっちゃうんですよね。

今村　そうでしょう。そうだと思う。

――僕は下がった時こそ来て、なんで下がったのかと説明して、納得させて、それでかわりのソリューションを出してあげたら、また買ってくれるでしょう。

今村　そうですよ。

――そういう時に、また買ってやろうかなという気になるんだけれども、来ませんからね。

今村　そう、そう。いまは下がっているけど、あがると思えば、難平買いしましょうとか、いえばいいんですよね。そういうのも怖くて来られないんですよ。彼らは人の嫌がる顔をみられないんですよ。だからいま、銀行の人事部のいちばんの仕事は、ノイローゼの社員をどうケアするかだといっているのを聞いたことがあります。

――無理ですかね。

今村　無理だと僕は思いますよ。だからそういう意味で、本来の証券業はどうあるべきかをしっかり考えたうえで経営をする証券会社、というのを僕は目指しているわけです。

　また、なぜ東京や大阪の地場証券が伸びないかというと、結局、苦しいところから逃れているんです。彼らはどういうふうに逃れているかというと、まず歩合外務員を使って経営しようとします。これは鵜飼みたいなものですから、鵜に食べさせて、自分はみていればいいだけですから楽ですよね。こういう逃げ方がありますよね。それからあとディーリング。ディーリングの社員にディーリングをさせて、儲かったらカネを払うし、儲からなかったらカネは払わないというやり方もしますよね。これも歩合とよく似たやり方なんですが、これも僕にいわせると逃げですよ。なんの経営努力もない。一人ひとりの社員の努力に頼るだけで、経営者はただ「頑張れ」というだけでおしまい。それとネット取引ね。これも、片手間にやっているところは逃げなんですよ。本来、証券会社というのはそれでは駄目で、地道に歩くことだと僕は思うんですよ。僕は本当に恥ずかしながら、このことを自由化後に苦労してようやっとわかったんです。証券会社というのはこれが本当のところなんだなって……。

銀行というのは、ハッキリいってなんの努力もしていないんですよ。昔はありましたが、いま、銀行員が「ごめんください」と新規で来るということはないでしょう。僕が小さい時は、銀行員が「ごめんください。預金してくださ い」と来ましたよ。だけどいまは、1人も来ません。まぁ預金をもらってもしようがないというのもあるんでしょうけど、彼らはどうしているかというと、お金を貸し付けた人にチマチマ、ネチネチと「こういう商品が出たんですけど、買っていただけませんか」っていう……。つまり、貸付している相手の弱みにつけ込んで、チラチラッと「こういうのがありますけど、どうですか」というぐらいなんですよ。ですから営業力は何もない。

他方、証券会社は相変わらずしっかり動いているわけですから、これからも証券業は伸びると思いますよ。現実に、4年物の自由金利型の定期預金の金利がだいたい0・04％くらいですよね。ところがいま、日銀は物価を2年間で2％上げようとしているわけです。ということは、「銀行預金をしていたら損ですよ」ということを政府がいっているわけです。そういう意味でも、こんな低金利の時には、証券会社は絶対伸びるはずなんですよ。証券会社が伸びることによって、日本経済というのもまた活性化するんですよ。そういうことをしっかり考えて、銀行預金を証券界に持ってくることが日本経済のために必要なんだ、と思っているんです。ですから僕はいま、当社の社員に「稼ぐためじゃないぞ、そういう気持ちで営業しろ」と一生懸命口を酸っぱくしていっているんです。

――最後になりますが、協会のリテール証券評議会の委員や、証券戦略会議の委員などいろいろお務めになっていましたけれども、この15年間自由化がかなり進みました。証券業界では業態の多様化も起こりました。自由化と業態の多様化で、地場証券経営を取り巻く環境はかなり変わったと思うんですけれど、何かいままでお話になったこと以外で、これだけはということがありましたらお聞かせいただけますでしょうか。

今村　証券業協会のメンバーというのが、単に順番で回ってきたというような人が多くて、本当にやる気のあるメンバーがいるのかと思いますよ。会議があっても一言もいわないまま1年間がおわるというメンバーが多すぎるんですよ。だから、協会の人たちも委員のことをなめているというか、この人はいってもわかっていないんだみたいな感じを持っているんです。だから何にしても、そういう人は結局根本的なことは何もわかっていないから、協会の思っているようにそのままスッといくところがあるんです。つまり、自分なりの思いを語れる人があまりいないように思うんですよね。そうだからこそ、協会がなかなかうまく活用されていかないんじゃないかなというふうに思っています。

ある人は「会費をたくさん払っているところが出て、それなりにいうべきじゃないの」というけれど、なかなかそこらのところがね……。そうなるとネット証券がたくさん出てくることになりますし、それはそれでどうかなというのはありますが、人員構成とか委員構成をもうちょっと考えたほうがいいんじゃないかなと思います。もっと大所高所からモノをいえる、考えている人を選んでほしいなと思うんです。でも協会は、そんな人に来てもらうと困るというところがあるんだな。それも困るんです。

――今日は大変長い間、興味深い話をどうも本当にありがとうございました。

◎本稿は、佐賀卓雄、二上季代司、深見泰孝が参加し、２０１４年11月5日に実施されたヒアリングの内容をまとめたものである。

第6章

長野証券界の歴史を語る

——岡宮照行氏証券史談

本章では長野証券界の歴史を取り上げる。長野県には1948年時点で13社の地場証券が存在し、翌1949年には地場証券が32社を数えた。ところが、長野県では3度の再編があり、1度目は昭和1950~1952年、2度目は1957~1960年、そして免許制移行の直前に3度目の再編が起こり、この3度の再編で29社が登録取消や廃業によって市場から退出し、1968年の免許制移行時までに7社に再編された。その後、1984年に松興証券が三重証券と合併し、1998年以降に再編が相次ぎ、現時点では2社（うち1社は地銀系証券に改組）が長野県を本拠として営業を行っている。

本章に掲載するのは、長野證券の岡宮照行氏のオーラルヒストリーである。長野證券は、岡宮芳右衛門氏が1900年に創業した現物商を起源とし、長野県唯一の独立系地場証券として、約120年の歴史を有している。芳右衛門氏は、国民全員で日本経済を支えるとの考えから、早朝から農家を回り、株券を売りさばき、株主づくりを続けた。現在でも、長野證券の社是の一つに株主づくりが掲げられているそうである。

さて、このヒアリングに際し、筆者らは3つの関心を持って臨んだ。1つは、長野證券の歩みに関して、県内で再編が相次ぐなか、長野證券が独立系地場証券として経営を維持できた要因は何かである。それは芳右衛門氏が築かれた強固な顧客基盤がいまだ健在なのか。それとも顧客基盤を改めながら歴史を刻んできたのか。それとも別の要因があったのか、いずれにしてもなぜ他社が再編された一方で、長野證券だけが経営を維持できたのか。これが筆者らの関心である。

また、これに関連して、2つ目に長野県証券界の歩みについて関心を持った。1つ目は1998年以降、長野証券界では再編が相次いだわけだが、その背景である。また、長野は教育県として有名だが、投資に対する態度はいかなるものかである。これらを含む長野県の特徴についてお話を伺った。

最後に、岡宮氏は五月会（非会員中小地場証券の集まり）の会長も務められた。そこで、戦後、非会員中小地場証券が置かれた立場についてお話を伺った。

▼現物商を起源とする長野證券の歴史

――本日はお忙しいなかをありがとうございます。今日は主に2つの側面からお話を伺いたいと思っております。1つ目は、長野證券のトップマネジメントを長期にわたって務めていらっしゃるお立場から、御社の歴史を振り返っていただきたいと思います。また、これに付随しまして、長野県の証券界の特徴もお聞きしたいと思っております。2つ目に、以前、岡宮様は非会員業者の集まり〔五月会〕でお役をされていたと伺っておりますので、非会員業者の実情などを伺いたいと思います。

まず、御社の歴史をお伺いしたいと思うんですけれども、御社の創業は1900年ですね。当時、仲買商として創業されたと聞いておるんですけれども、その頃のことで、何かお聞きになっていることはあるんでしょうか。

岡宮　当時、現物株を商売していたようですね。

――現物商だったんですか。

岡宮　株式の現物商です。新潟の丸福証券〔現在の岡三にいがた証券〕さんとは、当時株式のお取引があったようです。それと、群馬の富岡証券さんとも取引していたという話を聞いております。また、生糸関係の先物もやっていたようです。ただ、創業者は米相場にはいっさい手を出していなかったそうです。それと、両替商もやらなかったと聞いております。

――取引所ができた頃、両替商から証券業に転じた業者もありましたが、創業者の芳右衛門さんは、現物商をされる前は何をされていたんでしょうか。

岡宮　最初は小間物商をやっています。創業者は明治の初めの生まれでして、幼少時代が近代国家の黎明期です。ですから、成長とともに時代の変化を感じていたんじゃないでしょうか。時代の変化を感じて、株式仲介業を始めたようです。

――1900年はある種の金融恐慌が起きていた時期なんですね。その頃に、小間物商から現物商に転身された……。

岡宮　株式の現物売買を始めたと聞いています。あわせて、勧業債券の売買もかなりやっていたようです。

――日本勧業銀行〔現在のみずほ銀行〕ができたのが1897年ですからね。

岡宮　勧業債券の売買をしていて、かなりの額を販売していたと聞いております。

――その販売されていた勧業債券は、富くじ付きのほうですか。それとも大券のほうですか〔日本勧業銀行が発行した普通債券には、勧業大券と勧業小券があり、勧業大券は一般社債と同質の債券であったのに対し、勧業小券は債券を抽選償還する際、元金に加えて割増金が付与された〕。

岡宮　それはちょっとわかりません。創業者は、これからは国民一人ひとりが直接株主になって、日本の経済を支える時代がくるぞと考えていたようです。いまでもそれは、当社の社是になっていますし、株主を1人でも増やすことを目標の一つにしています。

――当時、主として売買されていた銘柄は、地元企業の株式ですか。

岡宮　最初は鉄道株などだったようです。そのうちに電力会社の株式も取扱ったようで、いまの中部電力の前身である信濃電燈や信越化学も売買していたようです。

――信越化学……。

岡宮　長野出身の方が創業者ですからね。また、地場株に関しては、長野電鉄はかなり扱っています。

――じゃあ、鉄道とか電力とか手堅いところを扱われていたわけですね。

岡宮　結果的には、信濃電燈はその代表ですよね。信越化学はもう少しあとのことかもしれません。それに加えて、新東、新鐘なども取扱っていたようです。

――投機株も扱っておられたわけですね。

岡宮　売買していたようです。ただ、すべてがうまくいっていたわけではなく、失敗も経験したようです。いずれにしても、創業者は長野での株主づくりに徹していました。そのことは、創業者の偉いところだなと思っております。

――これはたしか新聞で読んだと思うんですけれども、芳右衛門さんはかごに株式を入れて、朝早くから農家を回って株式を売っていたという話が出ていたと思います。

岡宮　そんなこともしています。朝早く、まだ農家も起きていない時間に、枕元まで行って商売をしていたという話は聞いています。

――ということは、当時の主たるお客さんは農家の方ですか。

岡宮　そうだったと思います。特に戦後の財閥解体時や経済成長の時は、一生懸命農家さんに株主になってもらったようです。

――現物の商いをしておられたわけですが、それはどこから仕入れてこられたんですか。

岡宮　東京ですね。

――後に、藍澤證券や角丸証券〔現在のみずほ証券〕、日本勧業証券〔現在のみずほ証券〕が御社の母店になるわけですが、そういった会社から……。

岡宮　当時、創業者は遠山元一さんにかわいがられていたようで、川島屋証券、後の日興証券さんには長い間お世話になっておりました。また、丸六さん〔松井証券〕とも、長く取引が続いていました。

――山梨の第一証券〔現在の三菱ＵＦＪモルガン・スタンレー証券〕の小川三郎さんも、遠山元一さんにかわいがられて

いたそうです。東京の丸山証券を買収して、東証会員になる時も、遠山さんがかなりサポートをされたそうですよ。

岡宮　その頃の話ですと、いまの岡三証券さんもそうですし、それから、水戸証券の小林〔一郎〕さんもそうですね。皆さん日興証券に出入りしていた方が立派に成功されています。ただ、うちの創業者の場合は、戦争を期に、男の子がみんな亡くなっちゃったんです。幸いおじいさんが80歳まで長生きされたので、1代飛んで孫の私の長兄にバトンタッチしています。

――お父さんは戦死されたわけですか。

岡宮　親父は1930年より家業に従事していましたが、戦争で体調を崩して帰ってきまして、終戦前の1945年1月に亡くなっています。ですので、1959年に創業者が亡くなったのを機に、会社経営は1代飛んで私の長兄へバトンタッチしています。私が大学を卒業する頃、兄から「風呂敷しょってでも商売をやるから」といわれまして、それで、私も「じゃあ、やるか」なんていって、戻ってきたんですよ。

――1900年に創業されまして、明治、大正と時代が進んでいくわけですけれども、昭和になると、日中戦争が始まります。それに伴い、経済統制が行われますね。そうすると、証券業も統制のなかに組み込まれていきます。1944年に岡商会から岡宮證券株式会社〔現在の長野證券〕に変わります。この株式会社化は、当時、戦争に人を送り出さなきゃいけませんから、軍需関係以外の不要不急産業は整理をされていくんですね。証券業もその一つになっていまして、有価証券業整備要綱に基づいて、いろんな業者が合併して新たな会社をつくっています。御社もどちらかの会社と一緒になって、岡宮證券になられたんでしょうか。

岡宮　当社はもともと岡宮芳右衛門商店に始まり、岡商会、そして合資会社岡宮商会になりまして、1944年に岡宮證券株式会社になっております。また、株式会社にした時に、合併などはいっさいやっておりません。

――ということは、単独増資されたんですか。

岡宮　そうです。当社は長野県で最初に株式仲買商を始めました。戦前はいまでいう歩合外務員さんが大勢いまして、そのうち4、5人は戦後、証券会社を始められています。

――御社にいらっしゃった方が独立して、会社をつくられたわけですね。それは、戦後、1948年ぐらいから、証券業は登録制になったので非常に入りやすくなったわけですけれども、その時のことですか〔証券業は戦時期に免許制がとられたが、1948年の証券取引法制定に伴い、登録制へと改められた〕。お客さんを連れていったわけだから、かなり打撃になったわけですね。

岡宮　そうでしょうね。

――そうして戦後を迎えられ、財閥解体で放出された株式を販売して、お客さんづくりをされたわけですけれども、財閥解体がされる前、つまり、1945～1949年の取引所がなかった時代……。

岡宮　集団取引の頃ですね。

――1945年、1946年頃というのは、株式が出回っていませんから、宝くじを売っていた業者がたくさんあったんですね。御社は、戦前から勧業債券をお売りになっているとおっしゃっていましたが、勧業債券には勧業大券と勧業小券がありまして、小券には富くじがついていたんですよ。だから、戦後、株式の売買があまりできなかった頃は、宝くじを売っていたのかなぁと思ったんですが……。

岡宮　そうですか。それなら、扱っていたんでしょうね。ちょっと定かではないです。当時、旧本社の斜め前に勧業銀行があったので、かなりお付き合いはしていたと思いますね。

▼財閥株と配電株の売りさばきと顧客基盤の確立

――それなら、勧銀とも直接の関係があったでしょうから、売っておられたかもしれませんね。そして、御社は財閥解体に伴う放出株を個人投資家に販売されて、顧客基盤を固められたと伺っているんですけれども、先ほど少し伺いましたが、お客さんは農家の方が中心だったわけですね。

岡宮 圧倒的に農家が多かったと思います。戦後の経済成長の時に、農家の方は株式を買っておられましたので、大きな資産をつくられています。少し余談ですけれども、戦後の食糧危機の時に、わが家は食糧にあまり困らなかったんです。それはなぜかというと、近隣の農家の方に時には株を渡して、食糧をもらっていたようです。

――株と野菜の物々交換をされていたわけですか。

岡宮 そのようなことを母から聞いておりました。ですから、農家の方は株券を抱いていたんでしょうね。

――創業者のおじいさまは、1人でも多くの国民に株主になってもらおうというお考えで、それを社是にもされているということだったんですが、終戦当時、おじいさまはおいくつぐらいだったんですか。

岡宮 60代ですね。おじいさんは地域で信頼されていましたし、いまでも私たちは、おじいさんの信用という遺産に助けられてきたと思っています。

――いろんな会社でお話を伺って、証券民主化運動は地方に非常に強い影響を与えているように思います。地方の会社の方々のお話を伺うと、株主づくりの重要性というお話が、ところどころで出てまいりますね。

岡宮 創業者は明治の初めに生まれたので、日本という国の変化を肌で感じていたんじゃないでしょうか。おじいさんとそんな話をしたことはありませんでしたけれども、明治維新も終戦の時も、大きく時代が変わったと思うんですね。その変化の経験から、国民一人ひとりが株主になって企業を支えていかねばと考えていたんでしょうね。

――財閥解体に伴う放出株をお売りになった後ですが、次は配電株などを販売されたんですか。

岡宮　その頃は手広く株式の売買をしていたと思います。ところが、昭和20年代の後半あるいは30年代の初めのことだと思うんですが、創業者の投資経験から、当社は信用取引をいっさいやめたんです。そのことは、当時の『朝日新聞』の全国版に、こういう証券会社があるという記事が載ったんです。残念ながら新聞を探したんですが、みつからなくてお持ちできなかったんですが……。

創業者は自分の経験から、信用取引は投資家のためにならないと考えていたようです。当時は株価の大きな変動がしょっちゅうありましたから、個人のお客様がそれにうまく対応できなかったんでしょうね。そんなことから、当社は信用取引をいっさい禁止したんです。

――戦前期に創業者が定期取引や清算取引をしてこられた経験から、これは個人には向かないと思われたわけですね。

岡宮　はい。創業者はそういうことをやったんですね。私は偉いなと思っています。ところが、昭和30年代の半ば頃から、東京の業者が長野に出店をしてきました。そのために、競争上信用取引を再開しなきゃ駄目だというんで、再開したわけですが……。

――信用取引の再開は、いつぐらいのお話ですか。

岡宮　昭和30年代の半ばだったと思います。

――ということは、昭和20年代末頃から30年代半ばまで、信用取引をしておられなかったわけですね。

岡宮　なかなかそんなこと私にはできません。創業者自らの経験から、株式投資は中・長期投資に徹するべきだという信念を持っていたのでしょうね。

――金融収益も大きいですからね。

岡宮　そうですね。しかし、創業者は株主をつくっていこうというポリシーを持っていたんですね。日本経済を国民が支えていくんだという信念を持っていました。

――まさに、ピープルズ・キャピタリズムを体現しようとしておられたわけですね。証券恐慌以前は、自己売買もされていなかったんですか。

岡宮　当社はあまりやっていないんです。というのは、創業者の経験から委託売買に徹しておりまして、いまも自己売買はやっていません。いまの規制では、なかなかむずかしいことがありますが、今後は行いたいと考えてはおります。

――なるほど。そして、1958年頃に本社を移転され、その後2店舗ぐらい新設されますよね。

岡宮　しました。

――それは顧客網の開拓を意識してのものですか。

岡宮　基本的にはそうです。実は、終戦の少し前に、旧本店を強制疎開のためにつぶしたんです。

――強制疎開されたんですか。

岡宮　長野でもあったんですよ。現在の本社の場所の一部に、大正時代には西条銀行といういまの八十二銀行に統合された銀行がありまして、そこの役員をおじいさんはしていたようです。そして、西条銀行を整理する時に、会社の土地建物を取得していたんです。そこには大正時代の建物がありましたので、そこへ本社を移したんです。ですので、戦後しばらくの間、ここを本社にしていました。

そして、1958年に旧本店の跡地にビルをつくって移転をしました。いまは駅に近いところが街の中心になっていますが、当時は旧本店のあった西後町は長野市の中心地でして、会社の前がバスターミナルでした。近くには郵便局の本局があったり、電話局があったり、八十二銀行は本店を構えていました。

――そこが先ほど伺いました勧銀の前だったわけですね。

岡宮　そうです。長野市の中心だったものですから、そこへ本店を新築して、前本店を石堂営業所にしたわけです。

――それで、1958年石堂営業所新設となるわけですね。

岡宮　はい。その後、中野営業所を開設したと思います。

――そうですね。1960年8月に中野営業所を新設していますね。当時は証券ブームでしたから、それをふまえてつくられたわけですね。

岡宮　中野に営業所をつくったのは、当時、あのあたりの農家さんは資産家が増えていたんです。中野地区の農家の方は、株式で資産を形成されていたんです。ですから、まず中野をねらったと思います。

――ということは、当時はお客さんがお客さんを呼んできたわけですか。

岡宮　当時はそうだったんでしょうね。ですから、本当に創業者の遺産で、われわれは商売してきた感じです。

――おじいさんはよほど……。

岡宮　絶大の信頼があったと思うんです。

▼割引債をはじめとする募集物営業の推進

――なるほど。財閥解体に伴う放出株や配電株を売り歩いて顧客基盤をつくり、そこに店舗を開設して営業基盤をつくってこられたわけですが、その後、電話債の買取りや割引債の販売にも相当注力されたと聞いておりまして……。

岡宮　電話債ですね。農集というのがありましてね。

――農集電話ですね。

岡宮　あれはかなり取扱いました。

――買取りですね。

岡宮　あれは結構利益が出たんです。当時、地の利がありましたから、かなりの地域で扱わせてもらいました。また、電話債を口実に、法人の新規開拓をしたことも思い出します。

――その後、「ワリサイ友の会」をつくっておられますよね〔岡宮證券では、1970年3月に債券営業部を設置し、その後、ワリサイ友の会を組織している〕。

岡宮　そうです。電話債の買取りの後、割引債券が出てきました。割債は、いまおっしゃった「ワリサイ友の会」をつくって販売しました。国内旅行や海外旅行にも行きました。私も団長になりまして、松下電器さんの工場見学をして、京都で泊まったことを思い出します。割債の年間販売総額は忘れましたけれども、ある程度、収益基盤になっていました。

――山梨の第一証券は、割引債で社員の給料を稼ごうとしていたわけですが、御社の場合はそこまでは……〔第一証券は1962年に割引債販売10カ年計画を策定し、債券手数料収入で給与と賞与をカバーすることを目標とした〕。

岡宮　そこまではやっていませんが、固定費をまかなえるぐらいの残高を集めようと努力していました。

――戦後は歩合外務員を採用していなかったんですか。

岡宮　当社は歩合さんを使わないのが伝統でした。

――戦前は少しいらっしゃったとおっしゃっていましたけれども、戦後はいっさいいらっしゃらなかったんですか。

岡宮　はい。ある時1人、2人、他社から来られた方が歩合外務員になられたことがありましたが、基本的には歩合外務員は採用しないと……。

――使いにくいということですか。

岡宮　いろいろ弊害もありますからね。

――会社の管理に入らずに、自営みたいな方が多いですからね。昭和20年代、30年代前半は、株式と債券ではどちらのウェイトが高かったんですか。

岡宮　昭和30年代の初めまでは、株式が中心でした。私が営業部長だった頃だと思いますが、これからは債券にも力を入れなきゃいけないということになったんですが、債券の知識のある人材が当社にはいないので、勧業角丸証券〔現在みずほ証券〕さんに頼んで、人を出していただいて、その方に債券部長をしてもらったんです。

――債券部長は勧業角丸証券から来られた人だったわけですね。

岡宮　勧角さんから人を出してもらいまして、それで債券部をつくって、少し営業できるようになったんです。その後、法人営業部をつくらなきゃいけないということで、また勧角さんに出向を頼みまして、法人営業部をつくりました。

――債券部をつくられたのはいつぐらいのことですか。

岡宮　そうですね。債券部をつくったのは「ワリサイ友の会」をつくる前でしたから、昭和40年代半ばぐらいのことです〔岡宮證券では、1970年に債券営業部を立ち上げている〕。

――証券恐慌のあとに招聘をされたわけですね。

岡宮　株式だけじゃ生計が立たないんじゃないか、という心配がありまして。株式市場がいい時はいいけれども、そうでない時が長いわけですから、ほかの商品も積極的に取扱わないといけないんじゃないかという思いが強かったんです。そこで、商品の多様化に取り組んだわけですが、それに対して社長は、何もいわなかったですね。

――お兄さんですか。

岡宮　普通なら、なんかいいたいはずなんですけど、任せてくれました。

――会長さんが御社にご入社されたのは、1961年ですね。

岡宮　そうです。

――ちょうど証券ブームの時ですね。

岡宮　そうでした。

――その後4年ぐらい相場が悪かったわけですが、その経験から株式1本足ではまずいと……。

岡宮　そのような認識だったと思います。とにかく変化の激しい市場を中心にした業界ですから。

――当時、野村證券も北裏〔喜一郎〕さんが、債券をやらなきゃいけないとおっしゃっていたんですが、会長さんは、だれかに教えられて債券にも注力しようと考えられたのか、ご自身の判断だったのか……。

岡宮　私は同業へ勤めたことはありませんので、業界の情報でしょうね。私どもは東証の非会員でしたから、非会員業者の会合や母店の会合に出ていましたから……。

――ということは、会長さんは大学を出られて、他社で武者修行をされずに、すぐに御社に入社されたんですね。

岡宮　はい。大学時代は毎年夏休みや冬休みに、日興証券の株式部でアルバイトをしていました。

――東京で……。

岡宮　兜町で。

――いまでいうインターンシップですね。

岡宮　そうですね。また、昔は「すぐ商」というのがありましてね。これは、株券を持って行くと、4日目決済じゃなくて、その日に現金と決済できるんです。学生時代には親にいわれて、私は何度も日興さんや松井さんに株券を持って行きました。

――「すぐ商」ですか。

岡宮　当時は、荷為替の受渡しが中心ですから、現金が振り込まれるまでには数日かかるわけです。しかし、「すぐ商」なら、すぐに決済できますから……。学生時代に、株券を持って行くのを手伝ったりしていました。そんな経験をして、卒業と同時に帰ってきたわけです。

——日興証券も、御社を親しい友好店だと受け入れたわけですね。

岡宮　昭和30年代に大手証券が長野に進出した時も、日興さんの進出は4社のなかで最後でした。

——御社に気兼ねして……。

岡宮　気を使っていただいたんだと思います。

——日興証券とは関係が深かったんですね。

岡宮　戦後、投信が始まった頃、日興証券も投信をつくったわけですが、その最初の商品を当社は大量にセールスしまして、表彰状をもらっているんです。

——募集成績がよかったわけですか。

岡宮　よかったんです。創業者は、遠山元一さんに心酔していたんじゃないかと思うんです。そんなことを思い出しますね。

——なるほど。昭和40年代までは株が中心で、割引債も扱っておられたとのことですが、その後、バブルまでの間は、募集物にも注力しておられたのでしょうか。

岡宮　そうですね。当社は先ほども申しましたように、割引債で固定費をまかなおうと努力していました。それで、固定費の大半をまかなえるくらいの残高は集めたんですよ。バブルの頃は、募集物にもかなり力を入れていました。

——ということは、バブルの頃も株式が中心ではあるけれども、それに加えて少しは募集物も……。

岡宮　はい、そうです。

――それは割引債に中国ファンドですか。

岡宮　中国ファンドにもかなり注力しました。

――中国ファンドは、どれぐらい募集されていたんですか。

岡宮　最低でも月1000万円ぐらいの信託報酬を目標にして、取り組んでいましたね。

――月に1000万円ということは、100億ぐらい残高を……。

岡宮　それくらいなければいけないですね。ですので、必死に取り組んでいたんですけれども……。

▼独自投信の組成と募集

――御社は割引債や中国ファンドだけでなく、マイファンドも組成されていますよね。1986年に東証非会員業者8社で「エポック86」を組成しておられますが、これがどういった商品だったのか。また、この商品は十月会を基礎にして、組成された商品なんでしょうか〔エポック86は、運用期間が5年で、安定成長型の株式を組み入れ、越後証券（1997年に解散）、岡宮證券、公共証券（現在のみずほ証券）、新西洋証券（現在のマネックス証券）、諏訪証券（現在の長野證券）、大宝証券（現在のおきぎん証券）、八幡証券（現在の藍澤證券）、前田証券（現在のFFG証券）の全国8社で募集された〕。

岡宮　この商品は、まったく十月会とは関係ないんです。この商品は、勧角証券の当時の同業証券部に参加していた地方の会社のなかで、自分たちの投信をつくろうじゃないかという意見が、自然発生的に出てきたんです。それまでは勧角さんが投信をつくられると、「どうですか」といわれて、それを販売していたわけですが、われわれの投信をつくってもらおうじゃないかということで、朝日投信委託〔現在のアセットマネジメントOne〕さんにお願いして、8

社で「エポック86」という名称でつくりました。

――エポック86の86は、1986年の86ですか。

岡宮　そうです。たしか80億円強募集しました。

――8社で84億円募集されたようですね〔エポック86の募集額は84億5800万円であった〕。

岡宮　この商品をいちばん募集されたのは、前田証券さんでした。これがマイファンドの第一号だったと思うんです。その後、地域ファンドなどあちこちで始めましたね。たしか、マイファンドとしては、これが最初だったはずです。

――ということは、この商品の組成に至った経緯は、勧角証券を母店とする8社が、自社の投信をつくろうじゃないかと……。

岡宮　そうなんです。ですから、この商品は十月会とか五月会は、いっさい関係ないんです。

――この商品をつくる際、音頭をとられたのは会長さんですか。

岡宮　かなり発言した1人でした。

――勧角証券に「こういう商品をつくってほしい」と、どこでおっしゃったわけですか。

岡宮　母店での定期的な会合がありましたから、そういう会合で「われわれの投信をつくろうじゃないの」という話から、商品の組成を頼んだわけです。

――これはどういうところに投資していたんですか。各社の地元企業とかですか。

岡宮　上場国内株で、成長株だったと思います。ですから、各社の地元にある企業かどうかは、あまり拘らなかったですね。

――この商品は地方である程度募集能力のある会社が……。

岡宮　まぁ、そうなんでしょうね。ただ、84億円のうちわずかしか募集していない会社もありました。

――「エポック86」の2年後、今度は公開販売専用ファンドを、アルプス証券〔現在の八十二証券〕や今村証券、宇都宮証券〔現在のとちぎんTT証券〕など11社でつくられたと思うんですけれども、この経緯をお聞かせいただきたいんですが……〔1988年に岡宮證券は、アルプス証券、今村証券、宇都宮証券、香川証券、静岡東海証券、荘内証券、東武証券、中証券〔現在の第四証券〕、前田証券、武蔵証券〔現在のむさし証券〕の10社とともに、野村投信委託が運用した公開販売専用ファンドの募集をしていた〕。

岡宮　こちらは、十月会を母体にしているんです。この十月会というのは、最初は年1回の勉強会だったんです。

――9月決算の反省を10月にするから十月会という名称にされたそうですね。要するに決算の反省会らしいですね。

岡宮　そうですね。他社の決算を聞いたり、こうやったらいいよとか、お互いが勉強する会合だったのが、十月会のスタートなんです。そのうちに、十月会のメンバー会社の間で格差が出てきまして、だんだんと2つぐらいのグループになったんです。それで、地方で独立色が強くて、ほどほどの規模の会社が集まって、当時、野村投信〔委託〕の社長、井阪〔健一〕さんに勧められて投信をつくったわけです。ですから、十月会全体で募集した投信ではないんです。

――この十月会に入る際、母店はどこでもいいわけですか。

岡宮　そうです。母店は関係なかったですね。

――地方の独立系業者の集まりで、投信を募集されたわけですが、なぜ井阪さんが関係されたんですか。

岡宮　ご存じのとおり、井阪さんは大変優れた経営者です。大変お世話になりました。勉強会の講師をしていただいたり、いい時期でしたから、毎年、家族連れで国内や海外旅行などにも行きましてね。そういうこともあって、井阪さんのリードでつくった投信です。ところが、すべてバブルのピーク時に組成していますから、その後の株価低迷を受けて、結果はあまりよくなかったですね。いずれにせよ、十月会全体で募集したわけではなく、独立色が強く、同じような規模の方たちと募集した商品です。

――バブル絶頂の頃に募集されたわけですね。当時、返還できなくて、償還を延期していた投信もありましたね。

岡宮　そうなんですよ。それもありましたが、先ほど、割引債で固定費をまかなおうと一生懸命募集していたとお話ししましたが、これももう一歩で目標を達成できるところまで来た時に、割引債がなくなっちゃったんです。

――それは随分最近の話じゃないですか。15年ほど前の話ですか。

岡宮　何年でしたか。そんな経験がありました。そうはいっても、あらためていまでは投信は積極的に取り組まねばならないと、社内ではいっています。

――そうすると、いまは、募集物は投資信託中心ですか。中小証券のなかには、外債に力を入れているところもありますが……。

岡宮　いまは投資信託が中心ですね。

▼外国証券の募集

――御社は1996年頃に、オーストラリアの国債を結構販売されたように思うんですが……。

岡宮　やりました、やりました。先に募集していたアメリカのパトナムインカムファンドに続いてオーストラリア債は、かなり力を入れました。

――円高になった時に、他社はやめたようですが、御社は円高はいつまでも続かないから、むしろいま買っておいたほうが得だと……。

岡宮　近年「タコ足配当だ」なんて騒ぎがありましたが、ああいった商品を買われる方が結構いますね。

――タコ足ということは、毎月分配型の投信ですね。

岡宮 はい。

――特別分配金がね。

岡宮 そうです。

――年金の上乗せとして買う人が多いですからね。

岡宮 現在、これもかなり残高があります。

――ということは、割引債がなくなった頃から、外債や毎月分配型の投資信託にも注力されているわけですね。そうすると、株式の委託手数料と募集物の手数料が収入に占める比率は、どういう比率なんですか。

岡宮 当社はいまも株の比率が高いんです。その他手数料は多い時で20％を超えていたんですが、いまはせいぜいよくても20％ぐらいです。

――2割ぐらいはその他手数料で稼ぎたいということですか。

岡宮 そうなんです。私としては毎月の信託報酬を最低でも1000万円にしたいといっているんです。そうすると、おおよそＪＩＰ〔日本電子計算〕さんへの事務手数料の固定部分がまかなえるんですよ。そういう費用を、募集物でまかなえると、安定した経営ができるんですけれども……。まぁ、まだそこまでは来ていません。

――目標はシステム費用を、信託報酬でカバーしたいということですね。

岡宮 そうです。ただ、最初に申し上げましたように、われわれの使命は1人でも多く株主になってもらうことですから、株式の売買も全力で取り組まなければいけないことに変わりはありません。

――外債にも注力されたわけですが、昔から外国株も扱われていますよね。

岡宮 ＩＢＭなどの大企業を扱っていました。しばらくして、東証に外国部ができると、そこで結構売買しています

〔1970年に外国証券投資の自由化が段階的に始まり、翌年7月には一般投資家による外国証券取得も可能となった。こうした自由化を受け、投資家が安心して外国証券を流通できる市場の必要性が高まり、1973年12月18日に東証外国部が開設された〕。一例をあげますと、JPモルガン・チェース、エクソンモービル、ドイツ銀行とか。一方で、ニューヨークではサウスランドなどを買っているんです。

――セブン-イレブンですか。

岡宮　そう、そう。セブン-イレブンが買収した会社。これは結果もよかったようです。ものすごく安かったんです。そのほかにはIIJ、インターネットイニシアティブなどです。

――それは日本の会社じゃないですか。マザーズに上場した会社ですね。勝〔栄二郎〕さんが行った会社じゃないですか。

岡宮　当時ナスダックに上場していて、その頃に買っています〔IIJは1999年8月にナスダック市場に上場し、その後、2005年12月に東証マザーズに上場した〕。田舎の会社にしては、外国株を取扱ったように思いますね。

――1971年頃の外国株取引は、主としてIBMですか。

岡宮　社員に当時どんな株を買ったのと聞いてみますと、IBMとすぐ答えましたね。

――なぜ外国株を取扱おうと思われたんですか。

岡宮　時代の流れとして、為替のリスクがあっても取扱わなきゃいけないということだったんだと思います。

――当時日本株の相場もずっと上がっていますから、日本株でもお客さんとしては儲けるチャンスは多かったように思うんですが、あえて地方の非会員業者が、外国株を取扱おうと思われた動機は、時代の流れだけだったんでしょうか。

岡宮　まぁ、今後、時代の趨勢として、外国株の取扱いに慣れていないといけないだろうという認識だったと思います。

――それは会長さんのお考えなのか、お兄様のお考えなのか、どちらなんでしょうか。

岡宮　私の考えでしたね。

――日本株だけではなく、地域分散もしないと駄目だと……。

岡宮　しかし、当社は基本的に日本株の売買が中心です。現在も長野県での株式売買高トップの維持を、当社の目標にしております。もちろん、投信を売らないということではありません。

――人事評価ではいまでも、株式営業に重点を置かれているわけですね。

岡宮　最近は、投信の比重もだいぶ上げてきています。

――ということは、売買高と新規開拓とが主たる評価軸ですか。

岡宮　新規開拓件数は毎月出させております。その背景には、やはり1人でも多く株主をつくろうという創業者精神、これがわれわれの使命だと思っていますので……。

▼坂野通達と免許取得の苦労

――少し時期を戻すんですが、会長さんが御社に入社された1961年に、岡宮興産という会社をつくっていらっしゃるんですけれども、これはどういう会社だったんでしょうか。

岡宮　これは当時、固定比率が重要指標の一つになっていた時代で、土地を買って建物をつくると、この比率が一気に上がっちゃうんです。そこで、土地の手当は岡宮興産でやりまして、そこへ岡宮證券が建物をつくって、多店舗化していったんです。ですから、固定比率の上昇を抑えて多店舗化することが目的の一つでつくった会社です。

――ということは、自社で所有すると固定比率が上がるので、土地の管理会社をつくったということですね。

岡宮　それでないと、多店舗化できなかったですからね。

――当時、坂野通達が出ましたけれども、それとも関係しているんですか〔1963年7月に「証券会社の財務管理等について」という、いわゆる坂野通達が出され、そこでは負債比率や固定比率、商品有価証券の保有残高、経常収支などの経営指標ごとに基準を設けて、これを遵守することを求めた〕。

岡宮　ハッキリとは思い出せませんけれども、かなり影響があったと思います。いまは自己資本規制比率が重要指標になっていますが、当時は固定比率が主要でした。

――バイパスをしようと……。

岡宮　そうですね。

――そして、1961年から相場が下落を続けて、証券恐慌が起きたわけですが、恐慌の影響というのはありましたか。

岡宮　ありましたね。いま、お話しましたが多店舗化のために土地を買っているんです。それが、いまにして思うと結構高かったんです。そうすると、評価損をどう処理するかという問題が出てくるわけです。

――不動産の評価損の問題が出てきたわけですか。

岡宮　はい。

――1961年は株価がピークの頃ですからね。証券恐慌の時は、不動産の評価損以外には、そう大きな問題というのはなかったですか。

岡宮　私もいろいろ苦労した記憶がありますから、決して楽ではなかったですね。免許制へ移行した時は、前社長の時でしたが、あの頃は大変でした。

――長野県下では免許制に移行した時に、免許がもらえなくて廃業した会社が何社かありましたね。

岡宮　ありました。

――御社の場合、財務局とのやりとりのなかで、改善を求められたことはあったんですか。

岡宮　当時は二代目社長を中心に対応していたので、詳しいことは存じませんが、大変苦労していたのをみております。

――主として固定資産の問題と資本金ですか。

岡宮　当時、資本金はそれほど問題にはなっていなかったと思います。資本金を増やさなければならなかったのは、引受免許をとる時でした。

――当時、資本金が最低資本金基準を満たさなくて、廃業した業者や他社と合併した業者もありました。地方の非会員業者は最低資本金基準が低かったこともありますので、御社は資本金で困ることはなかったわけですね〔免許制導入時の最低資本金額基準は、東京、大阪、名古屋以外の都市に本拠を置く非会員業者の場合、最低資本金は2000万円であり、才取会員を除けば最も基準額が低かった〕。

岡宮　将来を見据えて資本金を増やしてきていましたので、資本金は問題にならなかったと思います。

――単独で免許をもらえたということは、合併を慫慂されたこともないわけですよね。

岡宮　はい。そういうことはなかったですね。

――当時、後継ぎがいないので、事業継続を諦めた業者もありましたが、御社の場合は三代目もメドがついていたから、人的な面でもやっていけるということだったんでしょうね。

岡宮　きっと、なかには後継ぎの問題から、廃業された会社もあったかもしれません。私が入社した当時は、長野県には証券会社が十数社あったんじゃないでしょうか。10社以上はあったと記憶しています〔1961年末時点で、長野県内には地場証券が17社あった。その17社は飯田証券（現在のいちよし証券）、宇野証券、岡宮證券、岡谷共同証券、北信証券（現在の八十二証券）、久保証券、諏訪証券（現在の長野證券）、竹下証券、中部証券、東信証券、長野第一証券、長野山田証券（現在の八十二証券）、夏目証券、南信証券、藤屋証券、松興証券（現在のSBI証券）、松本証券（現在の長野證券）であった」。

――1961年には17社あったようですね。

岡宮　結構多かったと思います。

――免許業者が7社ですからね。

岡宮　かなり厳しい結果でした。

▼信用取引枠と母店変更

――御社の場合、藍澤證券と勧角証券を母店にされていたと思うんですが、本店で発注先を振り分けていたわけですか。

岡宮　藍澤さんを母店にしていたのは、勧角さんが母店になるよりずっと前のことなんです。藍澤さんは地方の同業者へ積極的に営業されまして、私どもも大変お世話になっていました。ただ、先ほど申し上げた債券営業部や法人営業部をつくる時に、藍澤さんには相談できなかったんです。そこで、勧角さんを母店にすることになりまして、その頃から朝日投信さんの商品の募集に力を入れていったわけです。

――いつから藍澤證券との取引が始まったんですか。

岡宮　藍澤さんとはいつだったかな。

――戦後すぐの頃は、日興証券を母店にしておられたわけですよね。

岡宮　古いのは日興さんなんです。それと松井さんとも古かったですね。

――それが藍澤證券に母店を変えられたのは……。

岡宮　日興証券さんがある時に、自社の信用取引枠の問題から信用取引を受けられませんといわれまして、急きょ母店を増やしたのだと思います。

――信用取引枠を必要としたからですか。

岡宮　信用枠が一番でした。

――先ほど、創業者が信用取引をしないと……。

岡宮　１９６０年頃にはもう復活していましたからね。

――その後の話ですか。

岡宮　地方の業者はみんな信用枠がほしかったんです。しかし、母店もいろいろと事情がありますから、無制限に枠を提供するわけにもいきませんからね。

――日興証券が断ってきたところに、藍澤證券が営業に来たわけですか。

岡宮　そうです。勧角さんは先ほど申し上げた事情があったわけですけれども、藍澤さんの場合は、信用取引の枠は無制限であったと思います。

――ということは、１９６０年ぐらいまでは、日興証券を母店にされていたわけですよね。信用取引の枠は、母店は何を基準にして決めるんですか。

岡宮　信用枠はいろいろな比率で決まっていたと思うんです。それに母店さんの事情もありますし、その会社を母店としている業者は、どこも枠がほしいので、母店を増やしたと思います。

――ということは、それだけ信用取引を使う人が、長野にはいらっしゃったわけですか。

岡宮　そうですね。月間の信用取引の取引高は、うちは多いほうなのかな、当時40％近くありましたからね。

――株式取引の40％が信用取引ですか。

岡宮　ただ、近年信用取引の平均の収益率が発表されますが、お客様の収益率は、平均よりずっと高いですよ。

――昭和30年代後半で40％だったわけですか。

岡宮　はい。現在は30％ぐらいです。ですから、ちょっと高いのかなと思います。

――しかし、当時も日興証券から提供されていた枠では不足するくらい、取引があったと……。

岡宮　日興さん自身の取引で、枠がいっぱいになっちゃったんじゃないでしょうか。そこで、当社のお客様は信用取引が自由に取引できなくなり、困りまして、藍澤さんとお付き合いを始めたわけです。当時は大手さんは、どこも自分たちだけで精いっぱいだったんじゃないでしょうか。

――大手は昔から同業者の信用取引は受けませんよね。むしろ準大手のほうが熱心ですよね。大手にすれば、地場のお客さんは取引が細かいから、担保の入替えが邪魔くさいので、2000万円以上の取引じゃないと相手しないという話を聞いたことがありますね。やはりロットとしては小さいんでしょう。

岡宮　最近は大きくなっていますが、その当時はそうだったのかもしれませんね。

――いまのお話によれば、昭和30年代後半は藍澤證券が主で、昭和40年代になると勧角証券が主たる発注先になったわけですね。

岡宮　いろいろな意味で比重が高まりましたね。勧角さんを母店にしてからは、支店から直接発注できたと思います。ですから、発注先は店舗別に分けていたと思います。

――当時、母店への注文発注はどのようにされていたんですか。電話ですか。

岡宮　電話ですね。

――いつ頃まで電話で発注されていたんですか。第一次の機械化までですか。

岡宮　いつまでだったかな。ちょっと定かではありません。

――電話で発注されていた時は、支店ごとに母店を振り分けて……。

岡宮　以前は注文を本社に集めていましたね。

――恐慌までは電話で発注されていたけれども、恐慌後はテレタイプを使って……。

岡宮　その頃からテレタイプに変わったと思います。

――それは母店からこういうのを入れたらどうだといわれたわけですか。

岡宮　そうです。このようにすることになったからと要請がありまして、それに対応したと記憶しています。

▼システム化の変遷と母店の切替え

――ということは、勧角証券を母店とされた頃に、テレタイプで発注するようになったのかもしれませんね。当時の経理的な管理はどういうふうにされていたのでしょうか。野村證券などは証券恐慌後、管理会計を導入し出すんですけれども、そこまでは……。

岡宮　そのレベルまではいっていませんでした。第一次機械化はいつだったかな……。

――1977年ですね。

岡宮　1977年にオフィスコンピュータを入れて、経理事務から内部の機械化を始めたんですが、いま、振り返ってみると当時の機械化は、本当に初歩的状況でしたね。第二次機械化の1986年にオンライン化をしました。

1977年当時は、経理の2人の職員を専属にして、2人交代で夜にバッチ処理をしていました。

――バッチ処理ね。

岡宮　これは当社が独自で運用していたんですが、その頃つくづく将来も独自運用を続けるのはちょっと無理だなと思ったんです。人員の育成もしなければなりませんし、とても単独じゃ無理だなと感じたんです。

――2人が交代でバッチ処理をされていたようですが、この人たちは高専などから、計算機に通じた人を採用していらっしゃったんですか。

岡宮　個人的な趣味として、コンピュータにかなり興味を持っていた者が1人おりまして、彼を中心にして対応しました。

――経理事務などの機械化をされるわけですけれども、たとえばバックオフィスの人を減らすことができたなどの効果は、いかがだったんでしょうか。

岡宮　バックオフィスの人員を増やさないですんだのが、いちばん大きな効果だったでしょうね。当時、事業会社を含めましても、長野でコンピュータを入れて云々という会社は少なかったと思います。

今村証券さんはいまも自社でシステムを開発されていますが、当時、彼は、「もう証券会社は駄目だ。システム会社じゃなきゃ生き残れない」といっていました。

――まさに業界が全体として、そうなってきていますよね。

岡宮　ご苦労は聞いておりますが、よくやっておられますね。

――オンライン化のためにかかった費用よりも、バックオフィスの節約効果のほうが大きかったですか。

岡宮　短い期間では無理ですが、中期的にみると効果のほうが完全に大きかったと思います。

――自社開発は大変だなと思われたのは、いろんな業務をシステム化するには、1人では無理だなと考えられたのか、

それとも、システムの性能も上げていかなきゃいけないので、コスト的な問題で無理だとお考えになられたのか……。

岡宮　まず、大変なコストがかかります。それと、やっぱり人の問題でしたね。ある程度の人員を確保しないと、対応できなくなることが想像できましたので、自社開発は限界だなと考えるに至りました。

――この1977年の機械化に関連してお聞きしたいのは、これは注文発注、約定報告も機械化されていたのでしょうか。

岡宮　それは、1986年の第二次オンラインの頃からです。

――ということは、1977年の第一次オンラインでは、経理事務などは機械化で対応されたけれども、注文発注、約定報告はオンライン化されていなかったわけですか。

岡宮　経理関係は支店も含めてシステム化しました。しかし、注文発注などはシステム化していなかったですね。いまは、全店リアルタイムでやっていますが、当時はそこまではできていません。

――そして、1986年の第二次オンラインでは、経理事務や経営管理の高度化をされたわけですか。

岡宮　はい。当時、システム会社さんがよく営業に来られたんです。

――売り込んでくるわけですね。

岡宮　竹菱〔電機〕さんなどが売り込んでこられましたね。その後、日計表や総勘定元帳などを除いて自社での対応をやめまして、藍澤さんや勧角さんのシステムを使っていました。後に、三洋〔証券〕さんが積極的に営業に来られましてね。あのシステムはたしかによかったんです。

――三洋証券が売り込んできたので、三洋のシステムに……。

岡宮　三洋さんに移したんです。その後、三洋さんが倒産しました。当時、当社も業績が落ち込んでいて、本当に大変でした。しかし、コストなんていってられないんです。いくらかかっても早急にシステムを移行しないと、商売ができませんからね……。こんなところでも、バブル崩壊のおそろしさを身に染みて経験しました。

――ということは、自社開発のシステムから、母店のシステムに切り替えられたわけですね。三洋証券を母店に加えて、システムも切り替えられたと……。

岡宮　はい。

――それは発注システムですよね。

岡宮　そうです。

――経理事務などは、自社のシステムをそのまま使われていたわけですか。

岡宮　うちの経理業務は、もともとは自社のシステムでやっていました。その後、基本的に三洋さんのシステムに全部乗せたんです。その頃は、注文の多くは三洋さんへ出すようになりました。数年はよかったんですが、三洋証券が倒産しましたでしょう〔三洋証券は系列ノンバンクの不良債権問題から経営が悪化し、１９９７年11月３日に会社更生法を申請したものの、営業譲渡が不調におわったため、１９９９年12月28日に東京地裁から破産宣告を受けた〕。ほかにシステムを移すための時間がないわけです。そこで、ＪＩＰさんに何が何でも間に合わせてくれと……。

――それでＪＩＰに変えた。

岡宮　急いでＪＩＰへ移ったんです。

――ということは、三洋のシステムを使う以前は、経理システムと発注システムは別のシステムだったわけですか。

岡宮　基本的にそうでした。ですから、完全なオンラインじゃないということです。

――それでも中期的にみると節約になったわけですね。

岡宮　諸々含めてなったと思います。現在、当社はすべてＪＩＰさんにお世話になっていますけれども、新たな制度変更があるつど、コストもかかりますので大変です……。

――新たに制度ができるたびに、プログラムを修正しなければならないから、コストがかかりますしね。

岡宮　今度のNISAなんかもそうですね。

――ですから、積立NISAを導入していない会社もあるじゃないですか。あれもシステムコストがペイできないからだと聞きますもんね。

岡宮　当社も、最低の状況でシミュレーションをしてみましたら、採算があうまでにかなりの年数がかかります。ですから、採算がとれるのを前倒ししようとすれば、残高を上げていくしかないですね。

いま、社長が中心になって取り組んでいます。

▼欧米視察の思い出

――話は変わりますが、1972年に欧米視察に行かれたかと思いますが、その時に何か……。

岡宮　当時まだ1ドル360円の時代でした。

――1ドル360円の固定レートで、ちょうどニクソンショックの直前だと思うんですが、どういうところへ行かれたんですか。

岡宮　ニューヨークとシカゴを中心に視察をしました。メリルリンチでは、大きなビルで研修を受けました。それからソロモン・ブラザーズにも行きました。

――債券ですね。

岡宮　はい。当時、かなりの日時をかけて多くの会社を訪問しました。藍澤基彌さんともご一緒でした。

――これは協会が主催した視察団ですか。

岡宮　そうじゃなかったんですよ。

――クイックですか。

岡宮　いや、まだクイックはできていない頃ですから、違います。たしか、日通〔日本通運〕だったと思います。当時、日通ツーリストが企画していたと思います。

――日本通運が旅行会社を持っていたんですか。

岡宮　当時、持っていたんです。結構大きな会社を中心に訪問しました。

――野村證券の子会社が企業旅行向けの商品を扱っていたんですけれども、そこではないんですか。

岡宮　野村ツーリストではありませんでした。ただ、アメリカの証券会社とコンタクトしてくれたのは、どこかの証券会社がやってくれたと思います。メリルリンチやソロモン・ブラザーズに行ったことを、鮮明に覚えています。

――何か印象に残ることはございましたか。

岡宮　とにかく正直すごいなと思いましたね。細かなことは忘れましたけれども、この時の視察旅行をきっかけにして、アメリカには少なくとも3年に1回、ヨーロッパへは5年に1回は行くようになりました。

――3年に1回視察に行かれたということは、次は1975年にいらっしゃっているかと思うんですが、ちょうどメーデーの頃じゃないですか。前回と比べて随分変化を感じられたんですか。

岡宮　はい。また、最初にヨーロッパに行った時、ドイツではフランクフルトへも行きましたが、証券業務は小さかったですね。

――ユニバーサルバンキングですからね。

岡宮　当時、ドイツの証券業界は本当に小さいんですね。直接金融は銀行業務の補完的な存在でした。その後アメリカでは、ディスカウントブローカーが台頭してきました。チャールズ・シュワブさんへ行った時に、これから日本も大変な時代が来るなと思いました。また、ロンドンもビッグバンで随分ようすが変わりましたね。それにしても、ニューヨークで起きた変化は、必ず日本へやってきます。近年アメリカでは、個人で独立した投資顧問業がかなり出てきていますね。

――RIAですね。

岡宮　日本もこんな時代が来るのかなと思いながら、みてきましたけれども……。

――御社も、カウンターだけではなくて、店舗の奥に個室ブースがありましたよね。御社のほうでも、こういう時代の流れに応じて……。

岡宮　ちゃんと仕切ったブースがあるのは本社だけです。支店は隅にパーテーションで仕切っているだけです。

▼3号免許取得と地元金融機関からの出資受入れ

(1)　3号免許取得とその目的

――少し時代が飛びまして、1990年9月に3号免許を取得されたわけですが、長野には諏訪湖近辺に、ハイテク産業が集積していますから、その周辺にも優良な下請会社があるんだろうと思います。3号免許を取得されたのは、そういう会社の上場をお手伝いしようというのが念頭にあってのことですか。

岡宮　当時、法人活動も一生懸命やっていましたから、とにかく引受免許をとらなきゃいけないというのでとりました。ねらいとしては、おっしゃったようにハイテク企業でしたね。途中までは100％幹事に入れたんですよ。ところが、ある時から、なかなか幹事に入れなくなりまして困っています。

――どういう会社を上場されたんですか。

岡宮　いまはサービス業が上場してきていますが、当時は基本的に製造業でした。特に県南のほうの会社でした。

――諏訪湖のほうですね。

岡宮　はい。

――セイコーエプソンなどの下請会社とかですか。

岡宮　中信、南信地方は、日本を代表する精密工業の集積地ですから。

――当時、上場予備軍が80社以上あったと伺っておりますが……。

岡宮　ただ、現在、長野県内に本社がある上場会社は41社です。まだそのぐらいなんです。地元の会社で、上場したいという会社もありますが、途中でやめた会社もあります。

――その理由は、別に資本を必要としていないし、他人に経営への介入をしてもらいたくないと……。

岡宮　そういう言い方をされた経営者の方もいました。おそらく、途中でやめたというのは、主幹事さんがかなり厳しいことを要請したんじゃないでしょうか。そういう理由のほうが多いと思います。あるいは、収益が思うように伸びなかったのかもしれませんけどね。

――ということは、資金調達の問題というよりは、別の要因のほうが大きいということですか。

岡宮　実際はその会社の経営者でないと、本当の理由はわかりません。

――たとえば、香川では、いい会社だなと思って上場勧誘に行っても、「いや、うちは資本を必要としていません」といって、断られると伺いましたが……。

岡宮　なかにはそういう理由もあるでしょうね。先だっても、長野市内にニューヨークにも出店している会社があるんですけれども、そちらへうちの法人部が行ったら、「「いや、うちはやりませんよ」って簡単に断られちゃった」といっていました。ですから、そういう経営者もいらっしゃるはずですね。

――むしろお金よりも、人をリクルートする際、上場していたほうが有利だと判断する会社が上場するのかもしれませんね。

岡宮 そうでしょうね。かなりメリットがあると思います。

――ただ、長野県は精密機械の会社がありますし、ほかの地域と比べれば、上場予備軍は……。

岡宮 多いようですね。最近元気な企業が増えています。

――ええ、技術的な基盤を持つ会社がありますから、ほかの地域からみれば、うらやましいでしょうね。

岡宮 私たちはもっと頑張らなければいけません。

――昔のことはわかりませんけれども、いまの企業は内部留保を相当持っていますよね。

岡宮 昔とはだいぶ違うと思います。

――内部留保だけでなく、銀行借入れも金利が非常に低いですから、上場しなくてもいいという会社はあるかもしれませんね。

岡宮 おっしゃるようなことはあるはずですね。それと、先ほど話しましたように、昔は100%幹事に入れたんですが、いまはなかなか入れなくなっています。それでも、私どもとしては、懲りずに法人営業はするつもりでおります。法人営業部の再構築が、いま、社内の大きなテーマの一つでもあります。

(2) 地元金融機関からの出資受入れ

――引受免許を取得される時に、八十二銀行などから出資を受け入れていますね〔1990年に岡宮證券は、八十二銀行

から資本参加を受けた」。

岡宮　この引受免許をとる時に、当時、資本金が最低3億円必要でした。

――資本金ですね。

岡宮　それで八十二銀行さんなどの外部資本を入れたんです。3億円にしたのが1990年でした。

――1990年に3号免許を取得される時に、八十二銀行からの資本参加を受けられたわけですけれども、ほかの地場証券でも、地元銀行を必ず株主に入れていますよね。地元銀行が株主になる場合に、上場予備軍を紹介してもらうなどの業務提携をするケースと、安定株主の確保はするけれども、複数の銀行と等距離で付き合えるように、複数の銀行に同額ずつ出資してもらうケースがありますが、御社の場合は、どちらの目的だったんでしょうか。

岡宮　主として業務提携が念頭にはありました。それから、八十二キャピタルさんにも株主になってもらいました。当時は、将来当社も株式公開を考えていましたので……。

――八十二銀行が資本参加するまでの御社の株主構成は、主として岡宮家でお持ちだったんですか。

岡宮　そうなんです。一族で持っていました。3号免許をとる時に、初めて外部株主を入れたわけです。その時に株主になっていただいたのが、八十二銀行さんや信金さんなど、前後して5社、株主になっていただきました。

――その5社というのはすべて金融機関ですか。

岡宮　もちろん金融関係です。2社は八十二銀行さんと八十二キャピタルさんですから、八十二銀行の関連企業でした。それ以前に、朝日投信さんから頼まれて、株を持っていたんです。そこで、その時に「うちの株も持ってくださいよ」とお願いして、株主になっていただきました。

――持合いをされていたんですか。

岡宮　ええ。その後、朝日投信さんが株式を整理をされた時に、私どもも自社株を引き取りまして、持合いを解消いたしましたけれども……。同業者間でも1回だけお互いに持ち合いました。ただ、それもある時に解消しました。

――それは勧角証券ですね。

岡宮　はい。勧角さんと朝日投信さんです。

▼地元金融機関との業務提携

――八十二銀行はその後、御社の口座開設の取次もされますよね〔2005年5月から、八十二銀行は長野證券、アルプス証券、松井証券と提携し、口座開設の取次を行った〕。

岡宮　はい。

――口座開設の取次はうまく機能していたんですか。

岡宮　あまり効果はなかったですね。当初、八十二さんはポスターまでつくられたんです。いまも、口座開設の取次契約はそのまま残っておりますけれども、あまり効果はなかったですね。

――注文はあまり来なかったわけですね。

岡宮　少なかったですね。紹介もそんなにはなかったですね。

――八十二銀行と口座開設の取次をされた後、長野銀行ともされましたね〔2008年1月に、長野銀行は長野證券と提携し、証券取引口座開設の取次業務を始めた〕。

岡宮　はい。

――八十二銀行の場合は、御社に出資されるだけじゃなくて、アルプス証券にも出資していましたし、人も派遣していましたね。さらには子会社にもしましたから、そちらに回しますわね〔2006年4月に、八十二銀行はアルプス証券

を完全子会社化した〕。

岡宮　当然そういうことになりますね。ですから、いまは長野銀行さんと長野信金〔長野信用金庫〕さんが主になっています。八十二さんとは、そんな状況で、安定株主になっていただいています。人間関係はいまも続いております。

――八十二銀行は2005年に、アルプス証券を子会社化する前に、野村證券や三菱証券〔現在の三菱UFJモルガン・スタンレー証券〕とも証券仲介業務も始めていますね。八十二銀行は、かなり証券業務への参入に積極的だったように思うんですが、大手とも提携した目的はどのあたりにあったとお考えでしょうか〔2005年に八十二銀行は、野村證券、三菱証券とも証券仲介業務を開始した〕。

岡宮　八十二さんは、結局、商品の調達のために大手証券とも提携したんだと思います。

――商品の調達ですか。

岡宮　ええ。当社単独では10億円、20億円の債券を調達できませんからね。

――なるほど、なるほど。

岡宮　そういう玉の手当と情報提供、資金運用のノウハウの問題だと思います。

――玉の調達の面から、大手証券会社と……。

岡宮　ただ、アルプスさんやうちとの関係では、自社の証券戦略に取り込もうというお気持ちはあったように思います。

――地場証券との提携と、大手のそれとの趣旨は違うわけですね。

岡宮　違うと思いますね。

▼証取審での意見陳述と東証会員権取得

――**次に、東証会員権取得に話題を変えさせていただきます。手数料自由化が決まった頃、東証会員権の取得を目指されますね。SGウォーバーグが買収され、会員権を売却した時に、大阪の永和証券などと会員権取得の交渉をされたと思います。そして、1998年にUBSから会員権を取得されて、御社は東京に場電店を持たない最初の会員になったと思います〔1998年5月、岡宮證券は東証会員権を取得した〕。**

岡宮　東京に場電店を持たない会員第一号ですね。

――**この時に、東証近辺に場電店を持たなかったことについて、東証は何かいってきませんでしたか。**

岡宮　むしろ東証さんは、私どもが困っていることを理解してくださいました。

――**忖度してくれたわけですね。**

岡宮　当時、井阪さんが東証の副理事長だったんです。ですから、われわれの実情を考えてくださったんだろうと思いますね。われわれから「なんとかしてほしい」とはいっていませんから……。

――**御社はいまでも東京支店はありませんよね。**

岡宮　はい。東証会員権の取得を申請した時、息子が東京で生活しておりましたので、その住所を郵便物の受取先にいたしました。

――**当時、東京に連絡事務所をつくっておられましたけれども、それは息子さんの下宿先なんですか。**

岡宮　はい。苦し紛れで……。

――**それでもよかったわけですよね。**

岡宮　そうでした。当社が東証の会員権を買った時に、あと2社分会員権が売り出されていました。

――当時、御社とＫＯＢＥ証券〔現在のインヴァスト証券〕、長銀ウォーバーグ証券〔現在のＵＢＳ証券〕が、一緒に会員権を買っていますね。

岡宮　そうでしたね。われわれが会員権を買った2年後くらいが、会員権の値段がいちばん下がったんじゃないですかね。

――ただ、ウツミ屋証券が取得された時の価格が14億円ぐらいですが、御社は5億円ぐらいですから、相当安かったとは思いますよ。

岡宮　全部で7億円台でしたから、半額ですね。

――5億円じゃなかったんですか。

岡宮　会員権の部分に、保証金、積立金などの上乗せ分がありますから。

――信認金みたいなものですね。

岡宮　後々、株式に変わったのが5億円台でした。合計で7億円程度を出しました。

――その資金はどのように調達されたんですか。

岡宮　借入れはせずに、自己資金です。バブル期に少しずつでも貯めてきていましたので、そんなに資金繰りは苦しくはなかったですね。

――会員権を取得された目的は、手数料自由化を目前に控えて、会員権を取得していないと手数料率を自社で設定できないことが背景にあったのでしょうか。

岡宮　それが第一です。その結論に至ったのは、私が証取審〔証券取引審議会〕で意見陳述したことにありまして、松野〔允彦〕証券局長の時でしたが、証券業界から6社が意見陳述しました。私は五月会の会長をやっておりましたので、地方の証券会社の立場から手数料の自由化について意見陳述をすることになったんです。

持ち時間は15分だったと思うんですが、最初はかなり厳しいレポートを書いて、協会に相談したんです。そうしましたら、だいぶ修正されまして、おとなしい意見陳述になりましたけれども……。意見陳述後の質疑では、委員から私にいちばん多く質問がありました。おそらく、手数料を自由化すると、地方証券会社はどうなるんだろうと思われたんじゃないでしょうか。

この意見陳述を経験しまして、当社としては、もう東証会員権をとるしかないと思いまして、それで手をあげたんです。最初は駄目だったんですが、その数年後にスイスのＵＢＳの会員権を買ったんです。あの時、3件売却された会員権があったんですが、ＵＢＳはスイスでいちばん大きいマーチャントバンクですから、それがいいねと……。もっと安い価格で買える会員権もあったんですが、ＵＢＳの会員権のほうが縁起がいいのかなと思って、それを選びました。

とにかく正会員にならなかったら、手数料を自由に設定できませんから、手数料自由化とビッグバンを乗り切れない、これが結論でした。

――母店が自社よりも低い手数料を提示するわけがありませんからね。

岡宮　そうです。ですから、何が何でも正会員にならねばと思って、社内では「背伸びしてでもやろうよ」といって、会員権を取得しました。理由はビッグバン対応です。

――証取審ではどういう意見をおっしゃったんですか。

岡宮　簡単に申しますと、手数料自由化はアメリカからの要請でしようがないけれども、とにかく時間をかけて下げていってくださいよという内容でした。手数料自由化はしようがないという諦めがありましたね。だけど、準備のための時間はくださいという意見でした。

――結果的にそうなりましたよね。

岡宮　まあ、そうなんです。

――大口手数料から自由化されて、あとは一定の時間を設けて、自由化されましたよね。

岡宮　そうなんです。それでなんとか手数料自由化を乗り切れました。

――手数料自由化は、大手証券会社の損失補てんが背景にあったと思うんですね。そうすると、大手の不祥事のおかげで、業界全体に大きな影響が生じたわけですよね。

岡宮　そういう不満はいっぱいありました。ですけど、中小でも問題を起こしているんです。ですから、大手だけが駄目だといっていても、仕方がないなと思っていました。

――中小の不祥事は小さなものですし、どの会社でもあったものだと思うんですね。他方、大手のそれは、日本全国のトップニュースになるようなものじゃないですか。それだけに与える影響も大きい……。

岡宮　そのとおりですね。そういう不満は常にありました。

――しかし、手数料自由化は仕方がないと思ったんですか。

岡宮　うーん、まぁ、仕方ないと思いましたね。というのは、それだけアメリカは日本に上陸したいわけですし、門戸を開放しなきゃいけなかったわけですから。

――東証会員権の開放は、たしかに外圧がすごかったですよね〔1981年頃に、外国証券会社から東証の会員加入制限撤廃の要望が強くなり、1984年の日米円ドル委員会でもアメリカから対外開放要請の1項目として、東証会員権開放が求められた〕。ただ、それは手数料自由化よりも少し前のことですよね。当時、地場証券の多くの方が、岡宮さんのように仕方がないと思っていらっしゃったのでしょうか。

岡宮　仕方がないとまでおっしゃっていた人は、少なかったと思いますね。先ほど、証取審で意見陳述をした話を申しましたが、私の陳述内容を五月会の皆さんに事前に公表して、「これでいいか」と聞いたわけではありませんので、皆さんが仕方ないと思っておられたかは、わかりません。

当時、野村證券の酒巻〔英雄〕社長さんから、「岡宮さん、頑張ってこい」という電話をいただきました。

——御社は東証会員権を取得されたわけですが、手数料自由化後、手数料のテーブルを変えられたんですか。

岡宮　数回見直しました。金法〔金融法人〕さんなどの取引には、交渉を残してあります。

——大口は手数料に交渉の余地を残していたわけですね。他方、リテールはどうですか。

岡宮　個人客の場合も、本部への申請によりケースバイケースで引下げに応じています。

——そうですか。リテールの手数料は、自由化前とそんなに変わっていないわけですね。

岡宮　そうですね、大幅に見直した記憶はないですね。

——大口注文は金融機関ですか。

岡宮　いや、最近は個人でも大口がありますよ。

▼岡宮ビジネスサポートの創設

——手数料率が下がっていますから、収入も減ってきていると思うんですよね。そこで、全国的にバックオフィスのアウトソーシングなどを進めて、支出を抑制しようとしている会社も散見できます。御社に関しても、先ほど岡宮興産が、不動産管理会社だったというお話を伺ったんですが、1989年に岡宮ビジネスサポートを設立されますね。これはバックオフィス業務のアウトソーシング化を考えられたんだろうと思うんですけれども……。

岡宮　そのようなことも考えていました。

――そうしますと、個社が別会社をつくってやっても、あまりコストダウンは見込めませんので、いろんな業者の業務を受注してこそ、規模の経済性が生きてくるんじゃないかと思うんですね。岡宮ビジネスサポートでは、他社からのバックオフィス業務の受託もされたんでしょうか。

岡宮　結局、そこまでのことは、できませんでした。そのほかにこんな理由がありました。当時、商法が改正されまして、ある時から現物出資で有限会社をつくれなくなることになっていたんです。それで、会計士の先生から「もし、将来必要になるなら、いまつくっておいたほうがいいよ」と進言があったんです。それがきっかけで、バックオフィスの関係とかのアウトソースも頭にあって、つくったんです。しかし現在は、岡宮ビジネスサポートは、レンタル業務が主になっています。

――たとえばコピー機のレンタルとかですか。

岡宮　備品に加えて主に車ですね。車も50台以上使っていますから。ですから、現在、主にビジネスサポートはレンタル、興産は不動産関係と分かれています。

――取引先は御社だけですか。

岡宮　そうです。当社の関係だけを取扱っておりまして、他社さんからの業務は、受けておりません。

――受けようともしておられないんですか。

岡宮　そこまで手が回らないのが実情です。

――なるほど。手間とコストがかかるわけですね。御社の歴史についてお聞きしてまいりましたが、御社の歴史でこれだけはというお話がありましたら……。

岡宮　私の後の四代目社長は、初めてプロパーの社員が社長になりました。これができたことですね。

――一族じゃなくて……。

岡宮　はい。プロパー社員になってもらったんですが、これはよかったなと思っています。いまの五代目社長は、また一族に戻ったんですが、まったく証券業とは畑違いの人で、筑波大学でバイオの研究をして博士号をとっているんですよ。彼が数年間、証券業の勉強をしまして、いまは社長を務めています。

いまの株主構成は維持しながら、同族会社の悪い面を出さないようにするために、また新風を入れるためにも時々、社長をプロパー社員から出すのは大事なことだと思うんです。四代目社長がプロパー社員から出たのは、本心からよかったと思っているんです。

それと、創業者精神を忘れず、ここまでやってきたことですね。1人でも多くの国民に株主になっていただくことが当社のモットーです。これは自信を持って進むべきだと思っています。いまは、投信なども力を入れないといけないですけれども、株主づくりこそがわれわれの使命だと思います。このことは忘れずにいきたいと考えています。

▼長野証券界再編の歴史

――御社から地場の証券会社に話題を変えますが、長野県には昭和50年代には、地場証券が7社ありました〔1984年時点で長野県に本拠を置く証券会社は、アルプス証券、飯田証券、岡宮證券、諏訪証券、長野山田証券、松興証券、松本証券の7社があった〕。ところがその後、1998年頃を起点に一気に再編が進みまして、現在は2社ですね。しかも、そのうち1社が地銀系になりまして、独立系の地場証券は御社だけになったわけですけれども、長野の地場証券の再編について、どのようにお考えですか。また、御社も再編の中心になっておられるわけですけれども、その目的は規模の追求と経営効率の向上と考えていいのか、お聞きしたいんですが……。

岡宮　さまざまな理由で再編が始まりました。同業者への身売り、あるいは、2社が合併するケースなどで一気に減り始めました。なかには、後継者がいないという会社もありました。そのようなことで、それぞれ事情は違いますけれども、会社が減ってきたわけです。松興証券さんが免許制に移行した後、最初に再編されたんです。

――1984年4月に三重証券と合併していますね〔1984年4月に松興証券は、三重証券と合併し、大洋証券（現在のSBI証券）となった〕。

岡宮　松興証券さんの最後の社長は、出向してきた方でした。結局、決定権がなかったんでしょうね。次に、長野山田さんが1998年4月に、アルプス証券の久保田〔寿穂〕さんに誘われて、アルプス証券と合併しました。

――その次が、松本証券と御社、それから諏訪証券と御社の合併ですね。

岡宮　はい。松本証券さんは、このままでは存続できないと考えていたようでした。当社は、かねてより中信、南信へ進出したいと考えていましたので、私から「どうですか」と声をかけました。当時、当社は松本、塩尻にも支店を出していましたけれども、合併したら、それを整理して、松本さんの本・支店を残しますよと話をしまして、合併をしたんです〔1999年4月に岡宮證券は松本証券と合併し、名称を岡宮松本證券へと改称した〕。

それから、諏訪証券に関しては、勧角さんのほうから話がありました。ですから、きっかけは当社のほうから話をしたわけではないんです〔2000年2月に岡宮松本證券は、諏訪証券の全株式を勧角証券グループなどから買い取って、100％子会社化した後、10月に吸収した〕。

――諏訪証券は、勧角系の証券会社だったんですね。

岡宮　長い間、社長が来ていたんです。あの頃、勧角さんも大変なリストラをやりました。当社と勧角さんとは長く親密な関係でありましたので、買ってもらえないかという話になりました。それから交渉が始まりまして、買収したわけです。

この時に、社名をどうするかという話になりましてね。松本証券を合併した時は、岡宮松本證券にしたわけですが……。そこで、諏訪証券も含めた全社員にアンケートをとりましたら、「長野證券がいいね」ということで、長野證券にしたんです。その後、アルプスさんは、八十二証券になりましたし、飯田さんもいちよしさんの支店になってしまいました〔2010年8月に飯田証券は、いちよし証券に吸収合併された〕。

――手数料自由化から10年間で、長野県内では一気に再編が進みましたよね。

岡宮　進みましたね。

――それだけ手数料自由化のインパクトは大きかったですか。

岡宮　大変でした。

――非会員の業者にとっては……。

岡宮　はい。地場7社のなかで、手数料が完全に自由化された時に東証の会員権を持っていたのは、うちとアルプスさんだけで、あとは非会員でした。

――御社にしてみれば、合併すれば規模の利益が働きますし、バックオフィスを節約できますよね。そういうことを考えての合併ですか。

岡宮　もちろんそれもありますけれども、長野県下を営業網にしたいという考えがありました。しかし、現在、閉鎖したままの店舗が3店舗あります。セミナー会場として使ってはいますが、なんとかしなければと思っているんですけれども……。

――長野県下での証券会社の再編は、仕方がなかったとお考えですか。

岡宮　そういうことになりますね。

――だからこそ、会員権を取得したのは間違いではなかった、という結論になるわけですね。

岡宮　若干、背伸びをした感じはありましたけれども、あの決心は間違いではなかったと思っています。私どもも非会員でいたら、今日はなかったかもしれませんね。

――結果として残っているのは、会員権を持っていた2社ですもんね。

岡宮　はい。そうなんですね。振り返ってみますと、歴代社長はみんなそれぞれ、会社に大きな足跡を残してきています。私の前の社長は、免許制を乗り切りましたし、私の次の社長も、新たな営業スタイルを確立しました。現社長は、これまでとはまったく違う感覚でいま、一生懸命やっています。みんなそれぞれ大きなものを会社には残してきています。

▼長野県の県民性と投資教育の必要性

――次に長野県の方々の投資に対する意識について伺いたいと思います。全国消費実態調査を調べますと、長野県は貯蓄性向が高いという特徴があります。この調査では、預金額が９０６万円で全国21位、有価証券保有額は１１８万円で全国30位でした。これは平均額ですから、当然デコボコはあるわけですが、長野の人は堅実なイメージを持ったんですが、率直なところいかがでしょうか。

岡宮　長野県は南北に細長いんです。長野市は北に位置するんですが、門前町のせいか、投機色は少ないんです。ところが、南のほうはどちらかというと中京圏でして、先進的なんです。南と北では人柄も全然違うんですよ。私の感覚では、ちょっと北のほうは地味だなと感じています。

――そうすると、諏訪地区のほうが信用取引の利用者は多いわけですか。

岡宮　そうですね。

――なるほど。

岡宮　昔から歴史的にそうなっているんでしょうかね。

――岡谷のほうは生糸ですからね。

岡宮　はい。それから茅野の寒天産業があります。

――片倉〔製糸〕の発祥の地ですからね。商品投機に慣れているんでしょうかね。

岡宮　そうかもしれませんね。また、製造業は圧倒的に南のほうが多いですから、向こうは先進の気質があるんじゃないでしょうか。

――ということは、北は堅いけれども、南の人は比較的相場の好きな方が多いわけですね。北信地域は堅実な方が多いですか。

岡宮　そうですね、どういったらいいんでしょうか。堅実とまではいえないのかな。ただ、歴史的にはなんとなく門前町というのは、そういうところがあるんじゃないでしょうか。

一方、松本は城下町ですし、結構、商売が盛んな場所だったことに加え、名古屋との関係が強かったんですね。松本では一時、『信濃毎日新聞』ではなくて、『中日新聞』がいちばん売れていたんです。松本以南は、歴史的に中京圏の影響が強い地域ですからね。

――長野は教育県というイメージがありますね。

岡宮　昔は、そのようにいわれていました。寺子屋が日本一多かったといわれています。きっと資源がなく、教育しかなかったのかもしれません。ただ、最近ではそのようにいわれると、ちょっとこそばゆい感じがしますが。

――長野の投資家が売買する銘柄は大型株が多いんですか。教育県で堅実な方が多いということですので、投資先も堅実な企業が多いのかなと思ったんですけれども……。

岡宮　以前はそうでしたけれども、最近はそうでもないですね、この頃は、われわれでさえ「こんな銘柄を買うの」と思う銘柄の取引もやっていますね。結果の速いモノを求めているのでしょうか。変わってきたんでしょうね。

――小型株や新興企業株ですか。

岡宮　そうですね。株価が最近はそういう銘柄を中心に動いていますからね。

――御社の場合は、北信地域がメインですよね。北信地域は地味だとおっしゃいましたが、長野県は全国的にみて、有価証券の保有額が低いですよね。

岡宮　私もこのままじゃいけないと思っていまして、1979年には長野県の教育委員会や信州大学などへ、教育現場で証券の授業を行ってほしいという陳情をしているんです。長野県証券協会でこういうことを申し上げましたら、先輩方がすぐ乗ってくれました。そこで陳情書をつくりまして、信大〔信州大学〕などへ1979年9月に陳情活動を行っています。

ちょうど直接金融の時代が来る時期だったにもかかわらず、大学生が何も証券の知識を持っていないのです。そもそも先生が少ないんです。そこで、これじゃあいけないと思いまして、学校で証券に関する教育をしてくださいと陳情したんです。結局は文科省を動かさなきゃ駄目なんです。個々にどれだけやっても……。

――義務教育の場合はね。

岡宮　実は、協会の金融・証券教育支援委員会の活動成果の一つですが、やっと昨年教科書に取り上げてもらえることになったんです。皆さんの努力のおかげでそこまで来たんです。もちろん、どの教科書を採択するかは、それぞれの市や町の先生方の裁量なんでしょうが、ようやくです。ここまで来るのに長い時間がかかりました。

――次の学習指導要領に金融教育も入りましたので……。

岡宮　そうでした。

――信州大学に出された陳情書ですが、信州大学はどういう対応をされたんですか。

岡宮　「はい、わかりました」とはおっしゃらなかった。隅谷〔三喜男〕先生が経済学部長の時なんです。

――労働経済学の隅谷三喜男さんですよね。

岡宮　はい。

――ああ、なるほど。

岡宮　よく話を聞いていただきましたけれども、証券関係について教えることができる先生がまず少ないんです。早急に先生を養成しないと駄目ですね。２００１年には、「証券市場は国民の共有財産」と題して、私も信大経済学部の学生に講義を行っています。

――たしかに信州大学には、証券経済学会の会員もいらっしゃらなかったですね。

岡宮　そんなことを真面目にやってきたつもりです。みんなで努力をすれば、必ず結果は出ますね。昨年〔２０１７年〕、教科書に金融教育を取り上げてもらえるようになった時は、本当にホッとしました。

もう一つ申し上げておきたいのは、いまはもう当たり前になってきていますが、日本証券業協会が行っている土曜学習というのがございます。2年前だったと思うんですが、長野市内の小学校で第一回を実施したんです。やってみてわかったことは、土曜学習はお母さん方にお手伝いをしていただいて、土曜日に行います。そのお母さん方が、株式会社をどうやってつくるかを知らないのです。株式が市場に出て、どうやって価格が決まるかなんてことはまったく知らないのです。

ところが、この講義をお手伝いされたことによって、お母さん方が証券投資について、理解し始めたんです。これは想像していなかった効果でした。それがいまでは全国で年２００回近く開催しているんですから、すごい効果があるんじゃないかなと……。ですから、全国でいろいろやっていけば、ようすが変わってくるんじゃないでしょうか。

――長野の投資家層は高齢層が多いんですか。

岡宮　そうなんです。どうしても新規の若年層の導入が追い付いていないんです。

――若い人はインターネットでやるわけですか。

岡宮　そうだと思うんですね。ですから、当社では会社帰りに寄ってもらえるように、5時半からセミナーをやったりしているんですけれども、なかなか成果は出ないですね。われわれも常に新陳代謝に向けての努力をしなければいけないと思っています。現在お客様は高齢者の方が多いですね。

――その方々のお子さんたちは、都市部で就職している方が多いんですか。

岡宮　出る方が相変わらず多いんですよ。

――ということは、相続に伴う資産流出の問題が発生しますね。

岡宮　それです。それをどうやって食い止めていくかですね。子どもさんが東京にいれば、親がいなくなっちゃえば資産をそちらに移しますからね。これには社内ではかなり問題意識を持っています。

――一時、御社もネット取引への参入を検討されたやに聞いているんですけれども……。

岡宮　数年前に、「うちも考えよう」と発言したんです。私はずっと「やらない」といっていたのに、考えを変えたんです。そのきっかけは、3年ぐらい前にある同業者が、「ネット取引のシステムを買わないか」といってきたんです。意外に安かったんで迷ったんですけれども、システムはすぐ陳腐化しちゃうんで、その時はやめたんです。その頃から、将来はネット取引もやらざるをえないと思っています。

――対面だけでは、なかなか若い人を取り込めないという問題意識をお持ちなんですね。

岡宮　そうです。ただ、怖いのは、ネット取引を始めると、対面営業の手数料をかなり下げなきゃいけない可能性が出てきちゃうんです。また、現在大手ネット業者間でのサドンデスの戦いが続いているのも見過ごすわけにはいきません。

――そのほかに、営業マンとの相克が出ますからね。

岡宮　そのあたりの覚悟が、まだできていないんです。

――石川の今村さんは、営業マンは投資勧誘だけをして、取引はインターネットでやってもらうということをされていますけどね。

岡宮　そういうやり方もあるんでしょうか。

――だからこそ、銀行や信金との取次業務などもやって、顧客の幅を広げようと……。

岡宮　まあ、そういうことですね。先日、松本〔大〕さんのところのアンケートが出ていました。1年間の新規顧客を分析したら、若いお客様は1万円以下の投資家が多いんだそうです。これじゃ大変だなと……。

――ところが、一方で、いまの若い人たちは、値動きの大きいモノを買うんですよ。僕は1年生の基礎科目も教えているんですけれども、その受講生にもビットコインを買っているのがそこそこいるんですよ。すぐに結果をほしがるというかね。

岡宮　ああ、そうですか。昨日もNHKでやっていましたね。めちゃくちゃに上がったり、下がったりして……。

――ビットコインでしょう。この1カ月ちょっとで半値以下に落ち込みましたからね。

岡宮　歴史的にみれば、正式通貨でないものは、必ず行政がつぶしていませんか。政府がこのまま伸ばすことはしないんじゃないんですかね。

――最近では、中国や韓国では取引所をつぶしたりしていますね。他方、アメリカでは先物が始まりましたしね。

岡宮　アメリカはちゃんとやれるんですかね。

――証拠金が高くて、機関投資家がなかなか参入できないみたいですね。機関投資家は「証拠金を下げろ」といっているようですが、取引所はボラティリティーが大きいから、証拠金をそれだけもらわないとできないといっているみた

いですけどね。だから、機関投資家がそんなに入ってこないので、価格が熟れないといっていましたね。

岡宮　昨日のNHKの番組でも、女性のトレーダーが出てきて、あの値動きを肯定しているんです。こんなことをしているのかと思ってみていました。どこかで軟着陸してくれればいいんですけれども、痛い目だけみてしまうと……。

――そうですね。だから、先ほど小型株をやっている人が増えているというのは、どうもそれによく似ているなと思って聞いていたんですけどね。

岡宮　値動きが激しいですからね。

――そういうのを好むんですって。すぐに結果が出るから……。

岡宮　なるほどね。そういわれてみれば似たところがある。

▼長野県での未公開株取引の歴史

――ちょっと話が変わりますけれども、隣の北陸地方では未公開株の取引が、盛んに行われていますよね。全国で未公開株取引のお話を伺ってきたんですが、いまでも北陸と香川では未公開株の気配値が新聞に出ているようなんですね。長野県は上場予備軍がたくさんありますし、長野都市ガスも未公開ですから、実情はどうなのかなと思ったんですけれども……。

岡宮　随分前のことになりますけれども、われわれの責任で、長野電鉄をはじめ5社ぐらいの非上場株の気配値を、『信濃毎日新聞』に毎週一度出していました。ところが、売り物が出ても、買う方がいなくて、「出来申さず」が続くんです。

それで、信毎〔『信濃毎日新聞』〕さんから、「岡宮さん、このままでいいのか」と相談がありまして、数社に相談してみたんです。そうしたら「しようがないね」ということで、掲載をやめちゃったんです。金沢では積極的にやっているようですが、長野ではあまり売買がありませんでした。あるとしても、主として相続の時ぐらいです。

――たとえば地方でも、バスや電車の本数がそれなりあった頃は、全線パスがほしいから、子どもが入学する時に買って、卒業の時に売るという需給があったらしいですよね。

岡宮　そのようなこともありました。長野電鉄はまだ全線定期券が残っているんです。当社も株主ですので、全線定期券が来ますから、社員が通勤に使っています。ところが、松本電鉄はある時に全線定期券を中止しちゃったんです。

――長野電鉄は、比較的本数も多いんじゃないですか。

岡宮　以前、須坂から屋代への路線があったんですが、これは廃線にして、バスにしちゃったんです〔2012年4月に長野電鉄屋代線は廃線となり、長電バスに代替された〕。長野から湯田中への路線は、サルが温泉に入ることで有名になった地獄谷野猿公苑へ行くようで、外国人旅行者が大勢乗っていますけれども……。

――いまはもう通学ニーズなどはあまりないんですか。

岡宮　長野電鉄の沿線には、信大附属小学校、中学校などがありますので、学生は乗っていますが、そんなに多くはないですね。一方、松電さんは当社も都合よく通勤に使っていたんですけれども、優待券を出さなくなっちゃいましてね。

――そうすると、需要がなくなりますね。

岡宮　そのための需要はなくなりました。

――長野都市ガスも取引はないんですか。

岡宮　ありません。株主が本当に限られているんですね。この前、社長に「ところで、おたくは上場しないの」と聞いてみたんですけれども、東京ガスの方針として、関連会社はいっさい上場しないんだそうですよ。

――ということは、いまはまったく未公開株取引はないと考えていいわけですか。

岡宮　現時点ではないですね。現在、株主さんは事業会社と直接売買しているようです。

――「出来申さず」でも、気配は出すわけですよね。

岡宮　はい。

――その気配は、取扱いをしている業者で、ちょっと下げようか、上げようか、いまのままでいこうかと相談して出すんですか。

岡宮　地場業者に相談のうえ、当社の責任で気配は出していました。実際に売買があった時は、あらためて訂正しなければいけないようなら、翌週に訂正していました。

――気配を出していたのが5社程度ですか。

岡宮　最後は5社ぐらいでしたね。

――多い時は、もう少しあったわけですか。

岡宮　あまり多いという記憶はないですけどね。

――その5社は長野電鉄、松本電鉄……。

岡宮　それから、諏訪倉庫ですね。それから、後は何があったか。いま、ちょっと思い出せません。

――でも、気配を出しても、注文は来ないと……。

岡宮　はい。しかし、現在「株主コミュニティ制度」の検討が進んでいますので、注意深くみています。当社としてはあらためて取組みを考えていかなければならないと思っています。

▼業界団体とそれを通じた障壁解消

——なるほどね。次に、業界の話に移りますが、長野県証券協議会という組織は、昔の県単位の証券業協会の後継団体ですか。

岡宮　そうです。最初は私どもの創業者が、1941年に立ち上げた長野県有価証券協議会です。

——ああ、戦前の……。

岡宮　スタートはこの流れです。

——その頃の有価証券業協会ですね。

岡宮　はい。その流れでして、当時は参加会社が多かったんですけれども、いまは会員が少なくなっています。一方で、日本証券業協会長野地域委員会という組織がありまして、こちらは支店業者さんも、全員参加しています。長野地域委員会がないと、何かあった時に業界で共同して仕事ができなくなりますから、これは再構築しました。

地域委員会は全員参加型の組織であるのに対し、証券協議会は限られた業者の組織ですので、かなり会員が少なくなりました。ただ、土地を持っていますので、資産はある程度あるんですよ。

——1972年に協会が全国一本化されたわけですが、その時に資産は継承しなかったんですか。

岡宮　はい。戦後、県内で証券業を営む会社で土地、建物を取得したわけですが、いろいろの事情で代表がかわったりしていますから……。子細なことはわかりません。近年、有限会社長野証券会館という会社をつくり、資産管理をしています。証券関係の団体は3つになっています。

——3つ。

岡宮　はい。長野県証券協議会、それから長野地域委員会、そして長野証券会館ですね。それから、各社が参加しているものに金融広報委員会や長野県証券警察連絡協議会もあります。実は証券警察連絡協議会を、全国で最初に立ち上げたのは長野県なんです。間もなく、全国でつくられました。

――そうですか。業界には十月会や一月会、五月会などいくつかのグループがあると思うんですが、この十月会は決算の反省をする会だということでしたが、五月会というのはどういう組織なんでしょうか。

岡宮　五月会は東京地区を中心にした非会員業者の広域的な組織です。

――非会員業者の全国的組織だったんですか。

岡宮　はい。私もある時、会長を仰せつかりましたが、当時は四十数社がメンバーでした。この五月会は、日本証券業協会の組織なんです。他方、先ほどお話に出た十月会は、協会とは関係がない私的な組織です。ところが、五月会はわれわれもそうでしたが、いろいろな理由で会員会社は抜けていきましたので、会員数が減りまして、いまでは10社を切っていると聞いています。

――五月会はどのような活動をされたんですか。

岡宮　五月会は主に勉強会でした。協会から講師を呼んでもらったり、協会の音頭で行政との懇談会もやりました。また、あまり表に出てない話ですけれども、当時、十月会では、有志が年1回集まって、証券局長と懇談会をやっていたんです。

――その頃だと、角谷〔正彦〕さんとか松野さんの頃ですか。

岡宮　それより少し前です。行政としても、地方業者の動向を知りたかったんじゃないでしょうか。ですから、われわれもざっくばらんにお話をしました。よく聞いていただきました。

――たとえばどういうことを……。

岡宮　一例として、東証の上場審査基準にあった一言のために、われわれが引受けに参加できなかったんですよ。そこで、私はメモ書きしまして、「こういうことで困っています」といいましたら、1年後にはその文言は削除されました。ですから、われわれのいうことをよく聞いていてくださったんだなと思います。

――たしかに、地方の企業が上場した場合は、地場の業者が一定の公開株を販売できるようになったり、国債も委託販売団をつくって、一定量を販売できるようになりましたね。いま、お話になった内容では、何が問題だったんでしょうか。

岡宮　1992年のことですが、東証の上場審査基準第4条2のbのaに、「上場申請と同時に新規上場申請者及び新規上場申請者の幹事証券会社である本所の会員」と規定されているんですよ。つまり、会員業者しか扱えないと上場審査基準に書いてあったんです。そこに気づいたので、協会に要望書を出したんです。そうしたら、「本所の」という文言がなくなりました。

――東証の会員でなくてもいいことになったんですね。

岡宮　はい。ですから、中小のことを考えてくれているんだなと思いましたね。

――この規定では、いかにも差別的ですよね。

岡宮　困った時は、悩みながらもいろいろやりました。ところで、最近は地元企業が公開する場合、本当にわずかしか割当てが来ないんです。これをなんとかしなければと思っています。

▼非会員業者が大手証券に対して思うこと

――いまのお話に関連して、歴史的に地場証券業者の方々、特に非会員証券の皆さんは、大手会員証券に対する不満が

あったんじゃないかと思うんですね。岡宮さんが非会員業者の集まりのなかで、中心的な存在だったと思いますので、最後にいくつかお聞きしたいと思います。1つ目は、再委託手数料に対する不満があったと思うんですが、不満を持つ業者は多かったんでしょうか。

岡宮　多かったですね。

――昔は50％だったでしょう。

岡宮　そのうちに通信料など、いろいろなかたちで戻されるようになりました。

――電話料とかが戻されるようになりましたね。

岡宮　やはり不平不満があったからですね。

――再委託手数料の交渉は、個社が母店に対して交渉するのか、それともその会社を母店とする会社みんなで協力して……。

岡宮　各社、母店の会合には参加しています。そのような機会に、引き下げてほしいと交渉していました。

――いまの再委託手数料は20％ぐらいと聞いたことがあるんですが……。

岡宮　そうですか。私は会員になったので、いま、どのくらい払っておられるかはわかりませんが、改善はされてきていると思いますね。

――2つ目は手数料自由化の影響を最も受けたのは、非会員業者だと思うんですけれども、当時、それに対してどういう議論をされていたのでしょうか。

岡宮　これは死活問題だと、みんなが思っていました。しかし、状勢は自由化の方向へ向かっていました。そこで、非会員業者と会員になった業者では、完全に差がついちゃいましたし、非会員業者がどんどん減っていきました。いまでも、非会員業者は大変だろうと思います。一昨年のレセプト債でも、どうしてあんなことになっちゃったのか……。

――焦りもあったんでしょうね。

岡宮　はい。あのようなうまい話に乗っちゃうんでしょうかね。

――戦後の中小証券の経営を歴史的に振り返ると、戦後、引受業務が証券業者に認められましたけれども、それができたのは大手、準大手だけですよね。それから、投資信託も大手、準大手にしか兼業承認が与えられませんでした。そして、大手証券は投資信託をテコにして、ブローカー業務を強化していきますね。

一方、中小証券は引受業務から排除され、投資信託もできなかった。加えて、再委託手数料として、稼いだ手数料のうち50％を母店にとられるわけですよね。そうすると、大手との競争条件が著しく不利だったんじゃないかと思うんですね。そのあたりはどうお考えですか。

岡宮　おっしゃるとおりです。しかし、そういう環境でも頑張っていた会社があったということでしょうね。他社のことはあまりわかりませんが、当社は非力ですが諦めないで、真面目にいろいろなことに取り組んできました。なかなか目標どおりには来ていませんが……。

ただ、地場証券は転勤が少ないのです。したがって、お客様との接触は長いですし、無理なことはできません。お客様との接触の長さは、大手業者と比べてわれわれは有利なんです。最近、大手さんも転勤のない社員を採用して、それをやろうとしているようですが……。

われわれの有利な点を、地元だからと慢心しておらずに、そこをどうやって伸ばすか。それには社員の知的なレベルも上げて、お客様に納得いく情報を提供できないといけませんので、それに一生懸命取り組んでいます。

――取扱商品に関しても、不満があったんじゃないかと思うんですね。先ほども少し話題に出ましたが、地元企業が上場しても、地場の証券会社が幹事になれなかったり……。

岡宮　そうですね。主幹事は資本金が50億円ないといけませんので、われわれにはそんなことができるわけがございません。ですから、引受けの一員に入れてもらいたいんです。地元企業の上場の場合、地場業者に1、2割は株主づくりを手伝わせてもらえないかとは思っています。そうでなければ、普段、事業会社で上場しませんかと勧誘している意味がありませんからね。そういう不満はいっぱいあります。

――地元企業が上場して、大手が主幹事の場合、その地方の支店が売るわけでしょう。

岡宮　そうです。

――そうすると、競争条件としては不利ですよね。それへの不満は、いまでもかなり根強くあるわけですか。

岡宮　まったく不利です。ただ、それが現実ですから、文句ばかりいっていても始まらないので、われわれも地元企業が上場を決心する前に、地の利を生かして会社へ入り込む努力をしないといけないと思います。

――もう一つ伺いたいのは、コンプラが最近厳しくいわれるようになっています。もちろん遵守しないといけないわけですけれども、コストがかかるわけですよね。コンプラが厳しくなった多くの原因の多くは、大手業者の不祥事のように思うので、そのあたりも地場証券の不満はないのかなと思いまして……。

岡宮　それはあります。また、大手証券の不祥事は、しばらくすると忘れられるんですね。一方で、もしわれわれが不祥事で社会問題を起こしたら、そう簡単には忘れてくれないですよ。それだけに、真面目に取り組まないと、大変なことになっちゃうんです。

ところで、私も長い間業界におりますので、さまざまな経験をいたしました。不祥事というと、いまでも思い出しますことがあります。

私が協会の理事を務めていました時、業界を揺るがす大事件が起こりました。ご承知の大手証券による飛ばしの問題、総会屋問題、損失補てんの問題が発覚しました。その結果、証券業界は社会から総批判を受け、業界の信頼は完全に失墜しました。その後、業界再建のために、長い時間をかけた業界全体での死闘を目の当たりにしています。先人の教え「道徳経済合一」を忘れ、おのれだけの利益を追求した結果でした。証券会社に携わる者として、経営にあたり、証券業の理念の大切さを学ぶことができました。

▼地場証券の存在意義

——最後に、地場証券の存在意義についてお聞きしたいんですけれども……。

岡宮　やはりわれわれはこの地で、地道に株主づくりをしていくことが、いちばんの使命じゃないかと思っています。

——地場証券の存在意義というのは、地域のお客さんを地道に勧誘し、証券人口を広げることじゃないかと思うんですね、それについては、いかがお考えですか。

岡宮　私としては、その自負は持っています。全社員がそのつもりでやってくれていると思っています。そのことを忘れたら、証券業は続けていけないんじゃないでしょうか。

——たしかに若い人はインターネットでやっているかもしれませんが、そういう人は関心があって、自分からやっているわけですよね。ですから、格安な手数料だけでは、証券人口の拡大には限界があると思うんです。いままでも、業者さんの一押しがあって、取引を始めた人は多かったと思うんですね。ところが最近、中小証券の再編が繰り返されていますね。そうすると、証券人口を拡大する、投資家を育てるという機能が、弱まってきているんじゃないかと思うんですが、いかが思われますか。

岡宮　なるほどね。おっしゃるとおり、これは大変重要なご指摘だと思います。最近わかったんですが、当社の登録顧客がネット証券でも取引されているんです。ところが、少しまとまった量になると以前のようには発注できません。

というのは、高速取引システムが導入されているため、注文を入れると、スーッと売りや買いが入ってきちゃうんです。ですから、そのあたりを営業マンがリードしてあげないと、大口のお客様はうまく対応できません。

ですから、注文を執行する際に、少し技術的なサポートが必要なんです。買ったはいいが、売りたい時に売れないということになったら、困りますからね。そんなところにもわれわれの生きる道はあるんです。これは一例ですけれども、お客様に寄り添ってサポートしてあげるなど、生きる道は多くあると私は思っています。ただ、口から出まかせをいっていたのでは駄目で、真面目に、信頼を得られるよう努力をしないといけません。

――それこそが地場証券の存在意義じゃなかったのかなと思うんですね。

岡宮　おっしゃるとおりだと思うんです。考えていることがいまだ十分に機能していないから、証券の保有率が低いままなんでしょうね。ですから、旧来のビジネスモデルに固執することなく、われわれは非力ですけれども、飽きずに新たなお客様の開拓の努力を続けていきたいと思っています。

――御社の顧客は、圧倒的多数が個人資産家ですか。

岡宮　そうです。法人は少ないですね。しかも、最近の問題は、お客様が高齢化していますから、どうやって若い人たちを開拓するかが、本当に悩ましいところです。なぜ新規開拓、新規開拓とうるさくいっているかといえば、そんな理由だからです。これをやれば成功するんだということがあれば、楽なんでしょうけれども、なかなかそういうものはありませんし……。

――長野の資産家は、中小企業のオーナーさんが多いわけですか。

岡宮　比較的そうですね。昔は農家の方が多かったんですが、ある時から農家の所得が伸び悩みまして、いまでは大口顧客は自営業をしておられる方やお医者さんです。

――なるほど。すみません、長時間にわたりお話を伺いまして、本日はありがとうございました。

◎本稿は、小林和子、二上季代司、深見泰孝が参加し、２０１８年1月19日に実施されたヒアリングの内容をまとめたものである。

第7章

京都証券界の重鎮に聞く

――勝見昭氏証券史談

本章では京都証券界の歴史を取り上げる。京都は戦災に遭わず、戦前からの富裕層が維持されたため、戦後も同規模の都市のなかでは証券取引が活発に行われた街として知られる。それゆえ、1948年時点で35社の地場証券が存在し、翌1949年には地場証券が42社を数えた。その後、1949～1958年の10年間で40社が市場から退出し、1968年の免許制移行時までに8社に再編された。その後、1978年に京都証券が解散、1980年には高木貞証券の免許取消があったが、1999年までは6社体制が維持されていた。1999年以降、萬成証券、大盛証券が先物業者と合併して本拠を京都から移転し、六和証券が西村証券に営業譲渡したが、2017年に京銀証券が誕生し、現時点では4社が京都を本拠として営業を行っている。

本章に掲載するのは、丸近証券の勝見昭氏のオーラルヒストリーである。丸近証券は、1877年に創業された曽野作太郎商店を前身に、約140年の歴史を持つ老舗証券会社である。また、同社は日本初の社債引受けを行った証券会社でもある。京都の証券会社は、東京市場と大阪市場の間に位置することから、歴史的に両市場間の価格差を利用した鞘取りを主にしてきたとされる。丸近証券も例外ではなく、戦後しばらくは鞘取りを中心としたビジネスをしていた。他方、近年の業績をみると、受入手数料に占める株式と投資信託の比率は、約半分ずつとなっており、ブローカー業務依存からの脱却が進んでいるといえよう。

さて、このヒアリングに際し、筆者らは次の諸点に注目してヒアリングに臨んだ。まず1点目として、鞘取り商いから個人投資家との取引への移行をどのようにされたのかである。また、全国的に証券会社は集約、撤退の方向に進んでいるが、京都には複数の老舗地場証券が残っている。しかも、どの会社も「世代を超えたお付き合い」をうたっている。そこで、いったいどのような営業手法でそれを実現してきたのかが2点目の関心である。さらに、京都にはオムロン、京セラ、日本電産、任天堂、村田製作所、ロームなどの世界に冠たるハイテクベンチャー企業が数多く存在する。京都企業を取扱った書籍などでは、京都銀行の果たした役割が強調される。たしかに、京都銀行が歴史的経緯からベンチャー企業育成に注力したことは事実である。ただ、証券業者はリスクマネーの供給になんらの役割も果たしていなかったのかという疑問が残る。これが筆者らの関心の3点目である。最後が、京都証券取引所と大阪証券取引所との合併についてである。東京証券取引所社長を務められた鶴島琢夫氏は、京都証券取引所が東京証券取引所に合併を打診していたことを、筆者らのオーラルヒストリーで話されている〔鶴島琢夫氏のオーラルヒストリーは『証券レビュー』第53巻第11号、第12号、第54巻第1号に所収〕。では、なぜ大阪証券取引所と合併するに至ったのかが、筆者らの4点目の関心である。これら筆者らの関心に基づき、お話を伺っている。

▼場立ちから始まる証券界でのキャリア

――今日は、本当にお忙しいのに、お時間をいただきまして、どうもありがとうございます。本日のお話は前半と後半に分けまして、前半では丸近証券のトップマネジメントとしての見解をお聞きしたいと思います。また、後段では京都の証券界の歴史について、お聞きしたいと思います。まず、勝見さんの証券界での生活は、場立ちからスタートされたとお聞きしておりますが……。

勝見　私は、でっちからスタートしました。でっち奉公時代がいちばん自分の人生で役に立ったなと思っています。朝は1人早く来て、トイレから廊下、庭も含めてみな掃除して、それがおわったら、表で中井正造氏〔当時の丸近証券の社長〕が自転車で来はるのをお迎えしたわけです。中井正造氏は大変厳しくて、朝来はったら、表の戸を開けて敷居のところにゴミが残ってへんか、また、店のなかへ入ったら、電気の傘を触ってゴミがないかなど、ものすごういろいろ細かいところまでチェックされましてね。

そういう細かいところ、隅々まで気をつけるということが、いまではどれだけ情報をようけ集めるかという考えにつながっていると思うんですね。

――いま、中井さんのお話が出ましたけれども、たしか御社の前身である曽野作太郎商店は、何人かの方が出資されてつくられたかと思いますけれども、社長さんが入られた時は、中井さんが社長だったわけですね。

勝見 私が入った時は、中井さんが社長で、その下に大林富次郎氏がいらっしゃいました。さらに、専務的な人で小谷助七さんという方がいはったんですね。

――勝見さんが会社に入られたのは、何歳の時ですか。

勝見 私が入った時は16歳ですわ〔勝見氏は16歳から、丸近証券でアルバイトを始められた〕。

――16歳ですか。

勝見 それまで日吉ヶ丘高校に通っていたんですよ。

――ああ、今熊野の……。

勝見 いまの京都の美大ですわ〔日吉ヶ丘高校の前身は京都市立美術高等学校であり、さらにその前身は京都市立美術工芸学校である。この学校の併設として京都市立芸術大学の前身となる京都市立絵画専門学校が設立された。ただし、戦後日吉ヶ丘高等学校に設置された美術工芸科は現在の京都市立銅駝美術工芸高等学校となっている〕。そこで多少絵画もやっていたんですね。その時の親友のお父さんは、ほとんどが人間国宝でして、たとえば、松竹を興した白井〔松次郎〕さんとか、堂本漆軒さんとかの息子が同級生でした。ただ、絵画では食べていけんさかい、別の仕事をしようかということで株式のほうへ入ったんです。高校時代の親友は、この仕事をするうえで、非常に役に立ちました。

――御社に入社されたのはどういう理由でしょうか。たまたまですか。

勝見 1949年に京都証券取引所が再開された当時、証券界は非常によかったんです。しかし、その後、不況になったんですよ。当社もそうですし、各社とも人員整理をしたんですね。こうして人員整理した後の募集ですから、いつまたクビを切らなあかんかわからんから、縁故関係の人はとらないということで、公募されたんですね。そこへ私が応募して採用されたということです。

――それは昭和何年ぐらいのことですか。

勝見　そうですね、1951年ぐらいのことですね。朝鮮戦争の後でしたね。

――朝鮮動乱の後、市況がよくなった時に入社されたということですか。

勝見　そうですね。その時に、初任給は1600円を提示されたんですけど、1600円じゃ入りたくないといいましたら、中井正造氏がもうちょっと高い金額を提示してくれて、それで入ったんですね。そして、先ほどいいましたように、でっち奉公みたいな下働きをして、それから場立ちになったんですね。

――京証〔京都証券取引所〕の場立ちですね。

勝見　そう、そう。場立ちになったんです。

――場立ち時代の京証はどうだったんですか。

勝見　場立ちには、2種類の人間がいましたね。

――2種類。

勝見　2種類。1つは義務でしている人。

――義務。

勝見　義務。義務というのは、これ買うてくれ、これ売ってくれというふうになったら、場にさらし玉を出すわけですね。もう一つは他市場の値が動くと、他市場で売ったり、買ったりして鞘を抜く人。私は一生懸命鞘をとっていたんですよ。つまり、義務感でだれかが買いにきたら売る、売りにきたら買うという人と、もっと鞘を抜こうという人がいましたね。とにかく、その時の京証は、市場内が非常に活気にあふれていたんですよ。

――市場内が……。

勝見　やっぱり通信基盤がまだ過渡期ですから、出し入れの差〔価格差〕が非常にありましたから……。

――鞘取りができたわけですね。

勝見　当時は、野村證券の京都支店も全部京都〔証券取引所〕へ出すわけですから〔第一次オンラインにより、大手証券を中心に支店間をオンラインでつないで、売買注文を一括管理できるようになるまでは、大手証券でも売買注文を地方取引所へ発注していた〕。それからもう一つは、財閥解体に伴って分割された会社、たとえば川崎航空機〔現在の川崎重工業〕などの未上場株の商いがよくできていたんです。しかも領収書を売買していたんですよ〔証券業協会の申合せにより、親株が上場株の場合は割当決定通知の翌日から、実際には株券は発行されていなくとも、予約売買が認められた。当時は、集中排除法で指定された大企業の分割による新株や、第二会社の株式割当てが盛んに行われていたため、権利株が大量に出回っていた〕。

――いわゆるヘタ株取引ですね。

勝見　そう、そう、そう。そやから、ものすごう活気があったんですよ。当社でも、私を含めて場立ちが10人ぐらいいたと思いますね。その当時の出来事で、いちばん劇的なことはスターリン暴落ですね〔スターリン暴落は1953年3月5日に、旧ソ連の指導者スターリンの死去を契機に起きた株価暴落のことで、東証修正平均株価は前日比10％の大幅な下落率を記録し、この下落幅は当時最大のものであった〕。京都証券取引所のなかに大きな観覧席があったんですが、そこで失神した女性がおられました。

――失神。あまりの暴落で……。

勝見　暴落で……。どんどん下がっていきますからね。そら、もうストップ安でね、すごかったんですよ。そやから、その後どんな暴落があっても、それほど驚きはしなかったですね。

このスターリン暴落までは、封鎖預金で買った株がものすごく値上りしたのに対して、封鎖預金は最大で10分の1になってしもたから〔1946年2月16日に幣原内閣により、新円切替が発表され、その翌日より預金を封鎖し、これらと同時に施行された臨時財産調査令により財産額を強制的に申告させ、その申告額に対して最大90％の財産税が課された〕、〔株式の売買は〕ものすごい活況で、お客さんも観覧席にものすごう来られていましたね〔スターリン暴落前の活況は、封鎖預金との関係というより、朝鮮戦争特需により企業収益が急激に回復したことが、ブームの要因であったと考えられる〕。

――先ほどのお話に戻りますけれども、場立ちには一方でマーケットメーカーみたいな人がいて、もう一方では勝見さんのように、鞘を積極的にとりにいく場立ちの方がいらっしゃったとお話しておられましたが……。

勝見　場立ちのなかには、注文を書いといたらだれか来よるさかいということで、後ろの休憩室で将棋を指していて、そのまま放っておるのがようけいるわけですよ。せやから、あるもんはもらおうということです。もし、それで〔約定〕できたらお客さんに喜ばれるわけですから。

仮にでけへんだら、でけへんだで、本社の場電を聞いてる者が「他市場でこんな注文があるよ」というてくれて、場電が他市場とつないでとることもできますしね。それからお客さんの注文としてだけでなく、もう一つは、他社が動いているのにほっときよるのがあったら、日計りで丸近が買っておくとか、そういうこともしていましたよ。

――ああ、自分のところでも。

勝見　そう、そう。

――いったん自己売買で消化する。

勝見　そう、そう。それで、昼から売るわけです。ナイトオーバーは絶対しませんでしたから。

――翌日跨ぎはしない。

勝見　翌日には絶対に跨がない。

——全部日計りで。

勝見　その時は、いまと違いまして、差金決済ができたわけです〔当時も差金決済は法的には禁じられていた。ただ、日計りは同じ日に同じ銘柄の売り、買い注文を約定させるため、実質的には差金決済ですんだ〕。そやから、場立ちでも商才がある人は、両方とって、お金が一銭もなかってても金儲けができたわけですよ。

——**その当時、御社は京都の証券取引所の会員ではあったけれども、東京をはじめとして、ほかの取引所の会員ではありませんよね。**

勝見　ほかは会員じゃないです。

——**他市場の板情報というのは、どういうふうに……。**

勝見　それは、会社の場電が電話をしょっちゅうかけて、ほかの市場にこういう売り物があるというのを聞いてきて、それを本社の株式〔部〕の女の子が黒板にいま、何ぼ、何ぼ、玉はいくらと全部書いているんですね。せやから、市場から電話がかかってきたら、こういう銘柄はすぐ答えられたわけです。

——**他市場からの市場情報は、つなぎの日本協栄証券〔現在の証券ジャパン〕あたりから聞いていらっしゃったのですか。**

勝見　日本協栄は違います。

——**じゃなかったんですか。**

勝見　ええ、益茂証券とか、福井の大崎証券とか、安藤証券、木村証券や丸國証券とかからですね。

——**スターリン暴落の後、昭和30年代になると取引が東京、大阪へと移っていきますよね。**

勝見　そうですね。東京、大阪へ集中していきます。

——**御社は京証の会員権を持っていらっしゃいましたけれども、東京や大阪の会員権はお持ちではありませんよね。そ**

の時に、どこへ注文をおつなぎになられたんですか。先ほど名前のあがった……。

勝見　その時は、先ほど少しお話した丸國証券とか木村証券、ほかにも安藤証券や大阪の廣田証券など、いろいろなこと取引がありました。というのも当時、当社が主としていたのは、京都市場と他市場との鞘をとることで、それで食べていたからです。

ただ当時から、私はこれでは丸近は残れないと疑問視していたんですよ。そやから、私は個人営業を始めたんです。そうしたら、中井正造氏から「勝見君、うちはようけ財産があんのやから食べていけるさかい、かっこ悪いから個人のお客さんをとるな」と何遍も怒られたことがあります。

ところが、結果はさにあらずでした。数年後には中井正造氏から、「個人営業をやってくれ」と頼まれるわけですから……。

――福井の益茂証券から情報をというお話でしたが、なぜ福井の益茂につなぐ必要があったのでしょうか。

勝見　それは地方の業者がどんだけ丸近を信頼してくれているかというね……。そやから、益茂にどんな注文があるかも控えておいて……。

――それは店頭株ですか。

勝見　いや、上場株。当時は市場と仕切り売買の両方がありましたから。その後、規則が変わったけれども……。

――バイカイが認められていた時代ですね。つまり、証券恐慌の前のことですね。

勝見　前のことです。

――証券恐慌以降、バイカイは禁止されて、駄目になりましたからね。

勝見　そう、そう。駄目になった。

――当時は、バイカイがあったからできたわけですが、それ以降は、それはできなくなりましたからね。

勝見　そうでした。市場の上には時事通信社の電話聞きがいて、東京、大阪の気配を聞いては札に書いて、それを張るわけですね。当時は個人が東京につないでもすぐにかからなかったんですけど、時事通信は専用電話を引いていましたからね。

その後に、情報ラインが電話から短波無線、つまり日本短波放送に変わったんです。ところが、京都の証券会社はラジオをつくれなかったんです。私は、小学生の頃に電気回路をつくって、京都の知事賞をとっていましたから、日興〔現在のＳＭＢＣ日興証券〕から六鹿〔現在の東海東京証券〕からみな、私がラジオを組んで納めたんです。

私とこは先ほどもいいましたように、情報収集に力を入れていまして、元証券局長の志場さんが社長になられたＱＵＩＣＫという会社がありますね〔元大蔵省証券局長であった志場喜徳郎氏が、ＱＵＩＣＫの二代目社長に就任された〕。その次の社長は、日経新聞〔『日本経済新聞』〕のニューヨーク支店長だったんです。その人に、私は「社長、ＱＵＩＣＫの情報をビデオで流すんではなく、全部コンピュータで配信してほしいのと、そのなかからどういう情報を使うかは、私らに処理権限を持たせてほしい」ということがあるんです。

そういうこともあって、私とこが日本で初めてＱＵＩＣＫの専用回線を外して、インターネット経由に変えたんです。また、私とこの1階にＱＵＩＣＫの電子掲示板があったでしょ。あれも、私とこが関西で初めて入れたんです。そういうふうに先、先を見据えてやってきました。そやから、京都銀行とか中信〔京都中央信用金庫〕とか、いろいろなとこがみな私とこをみに来たんですよ。

▼電話債の買取りで個人顧客の開拓

――個人営業を勝見さんが始められたのは、昭和何年ぐらいのお話ですか。

勝見　昭和30年代だと思いますね。というのも、私が注目したのが、電電公社〔現在のＮＴＴ〕の加入債ってありましたでしょ。

――電話債ですね。

勝見　加入債は電話を引こうと思ったら、必ず買わなあかんかったわけです。ところが、電話はほしいけどお金はない。それをやりくりして電話を引いていた商売人がぎょうさんいましたから、私は寺町通を今出川通まで歩いて、新しい電話線が引かれたら、そこへ飛び込んで、電話債の買取りで注文をとって、新規のお客さんにしていったわけです。そして、買い取った債券をまとめてよその業者に売っていたんです。これが非常に成功しましてね。それを丸近では私だけがやっていたんです。

――個人から債券を買い取って、それをまとめて、農林系金融機関などの余資金融機関へ売りに行ったわけですね。

勝見　一人ひとりから買い集めて、それをまとめて売ったわけです。集めるのはなかなか大変な仕事ですけど、案外利鞘はあるわけですよ。それでお客さんにも喜ばれて、私どもも喜ぶ。さらに大手もそれで喜ぶわけですからね。とにかく当時は、電話債をきっかけに個人のお客さんを開拓していましたね。

――なるほど。ということは、電話線が新しく張られたと思ったら、そこへ飛び込んで、顧客開拓をされたわけですね。

勝見　まず電話債でやったんです。京都でそんなんやった人はだれもいません。それをやったわけです。やっぱりどこに目をつけるかは重要ですよね。かっこも悪かったし、人にも笑われましたけど、私はそれをやったわけですよ。

▼野村證券との関係強化のきっかけ

――すごく目がきくお話ですよね。私たちからみてみますと、京都は爆撃を受けていませんし、昔からのお金持ちが生き延びていましたから、京都の業者の方は、そういったお金持ちをお客さんにしていらっしゃったのかなと思いましたけれども、御社の場合は必ずしもそうじゃなくて、隔地間の鞘取りがむしろ収益源だったわけですね。

勝見　隔地間の鞘取りですよ。

――しかし、京証が地盤沈下していくと、隔地間の鞘取りがうまくいかなくなり……。

勝見　うまくいかなんだ。それで私は場が引けてから、個人営業をしながら、ボランティアでやったことが後々非常に役に立ったということです。

――たとえば……。

勝見　昔、東京、大阪はじめ取引所のあるところにはみな、証券協和会というのがありましたよね〔証券協和会は証券会社や関係機関の従業員、特別会員の証券実務の実践を通じた研究や親睦を目的に組織された。全国の各証券取引所所在地には証券協和会が設置され、その全国組織として全国証券協和会連合会が置かれていた。なお、全国証券協和会連合会には関東支部と関西支部があり、関東支部には東京、札幌、新潟、名古屋が、関西支部には大阪、京都、広島、福岡がそれぞれ所属していた〕。私は20代で、京都証券協和会の幹事長になっているんですよ。それで東京や大阪のよその業者とつながったわけですね。

たとえば野村證券では、東京には山岸〔明〕市場部長という方がいたんですよ。大阪やと株式部長だった保田〔茂〕さんとか、市場部長だった泉〔政美〕さんとか……。私は何十年も協和会の世話をしていたので、協和会を通じて、そういう人たちと友好関係ができたんですわ。たとえば、ある地方の証券会社から、平和不動産をある値段で10万株買うてくれという注文が入ったとします。しかし、京都市場にはそれだけの玉がない。そうすると、私は野村の友人に電話するわけですよ。そういった取次をして話をつけたり、いろいろなことをしていました。

——不勉強で申し訳ないんですが、協和会という団体は……。

勝見　協和会という団体は第一部会と第二部会というのがあって、第一部会は市場部長の会、第二部会は経理部長の会でして、それをひっくるめて協和会と呼んでいたんです〔証券協和会には、総務委員会の下に、第一部会は市場関係、第二部会は受渡関係など、各地の協和会によって内容は異なるものの部門委員会が置かれていた〕。それで、幹事長が両方をまとめることになっていましたから、幹事長は経理部長の会も市場部長の会も両方行かなあかんわけです。そやから、幹事長は当然ブックキーピングと証券法に精通してな困るわけです。

私は幹事長でしたから、簿記と法律の知識もついたし、友好関係もできたんです。それは大手証券の人たちはもちろん、札幌の上光証券〔現在の北洋証券〕とか、九州やったら前田証券〔現在のＦＦＧ証券〕、そういう地方の人たちともつながりができて、これが鞘取りの時に玉の調整で非常に役立ったんですね。たとえば、ある株を買いたいとします。そやけど、市場にないさかい、玉を探すわけですね。そうしたら、ある大手が「わかった、ほな、勝見君それ売ったるわ」といって、京都市場で売ってくれたとかね。まぁ、多くは大手と話をしていましたけど、時に地方の人たちとも調整していましたね。

私が協和会を通じて、いろいろな会社と関係を構築していたので、大林富次郎氏から場に電話がかかってきて、「勝見君こんなんあるんやけど、どっか売るとこないか」といわれることも、しょっちゅうありました。

そやから、私とこは現在、野村證券と関係が深いわけですが、第二の野村證券との関係はここから始まったんです。第二といいましたのは、それ以前から野村證券との関係はありました。それは、私とこは昔、日本で初めての社債引受けを、野村徳七さんと姫路の牛尾梅吉商店とともにしているんです〔丸近証券の前身である曽野作太郎商店は、京都電気鉄道が１９１０年に発行した社債を、野村徳七商店、牛尾梅吉商店とともに、日本で初めての証券業者による全額引受募集をしている〕。牛尾さんは銀行もやってはったんですけど、これからは電気の時代が来るさかい、わしとこは金融業をやめて電気屋をするわというんで、発電事業をされたんです〔牛尾梅吉氏は、姫路銀行（現在の三井住友銀行）や中国合同電気（現在の関西電力）の経営をしていた〕。

――牛尾梅吉さんというのは、ウシオ電機の牛尾治朗さんのおじいさんですよね。相場の世界にいらっしゃったということを聞いたことがあります。

勝見　そう、そう。牛尾治朗さんのおじいさん。それともう一つ、野村さんと、牛尾さんとの付き合いでいえば、為替取引もやっていました。これを合理化しようとなって、新しくつくった会社が上田ハーローになっているんですよ。せやから上田ハーローの本社には、中井正造氏の写真が貼ってありますよ。

昔からこういうことで、野村證券とは関係があったわけですが、いま、野村グループが当社の私の次の大株主になっているのは、協和会を通じてできた野村證券との関係が礎になっているわけです。また、現在の当社のシステムは野村のＳＴＡＲ‐Ⅳですけど、これも野村の電産〔野村コンピュータシステムのことと思われる〕の社長が私に会いに来られて、「勝見さん、このコンピュータ入れてくれへんか」という話になって、それまで私とこは自社コンを入れていたのを野村に変えたわけですよ。

――野村コンピュータシステムからシステムの導入を……。

勝見　野村からシステムを入れることになったわけです。ところが、このシステムを入れる時に、大蔵省ともめましてね。

――それはどういう理由でですか。

勝見　京都の調査官が、「丸近は三洋証券のコンピュータを入れろ」というんです。いまから30年ぐらい前の話ですけど、三洋証券が新川にドーム型の……〔1988年に三洋証券は新川にディーリングルームを竣工した〕。

――ディーリングルームですね。

勝見　あれができた頃の話です。その時に本庁で、ある課長さんと話をすると、「勝見君、そんなもん聞かんでええ」というてくれたんで、野村のシステムを入れたわけです。当時は、まだ京都の地場証券はみな、自社コンを入れていた時代ですから、ある会社の人からは、「勝見君、そんな贅沢なもんよう入れたな」といわれてね。そやけど、私は、コンピュータは外部に出したほうが、お客さんからの信頼性が高まるし、何よりこれからもっと情報量が増えてくると考えていたんで、処理能力を超えるたびに、システムの処理能力を上げていたら、余計コストがかかるから、コストを抑えるには外部へ出したほうがええと思っていたわけです。

いまも、私とこの経理マンは2人しかおりません。これは、営業コストをどうやって抑えるかということを考えて、野村ビジネスサービスとか、証券代行へアウトソーシングに出したからです。検査も日本クリアリングサービス〔現在のだいこう証券ビジネス〕という野村證券がつくった会社に出しています〔日本クリアリングサービスは、野村證券と野村総合研究所、野村土地建物の共同出資で、バックオフィス業務を受託する会社として設立された。また、最近では営業店の業務管理状況やコンプライアンス関連業務も受託している〕。これも京都では私とこだけですが、そういうふうにして経費をうんと抑えているんです。

それからバブル崩壊後の証券不況の時に、当社は京都市内に本店のほかに、店舗が3店舗あったんですが、ものすごいスピードで全部閉鎖しました。1店舗のランニングコストとして、年間2000万円ぐらい要りますから、それを本店に全部集約したわけです。また、つなぎ先も山本〔晃〕さんがだいこう証券〔ビジネス〕の社長になられた時に、「勝見君、今度、東証会員になりたいから、協力してや」といわれたんです。そやから、私とこの注文は〔日本」協栄証券に出していたんですけども、全部だいこうへ振り向けて、つなぎ先をだいこうへと変えたんです。そのかわり、検査もお願いしたりして、手数料面ではご理解をいただいています。これでも相当コストを抑えられましたね。

そもそも私の経営哲学は、景気の悪い時にどんな手が打てるか、そして、景気の悪い時をどれだけ味方につけるかということなんです。たとえば景気のいい時に、お金を使うんじゃなく、景気が悪い時にお金を使うことを考えなあかんというんです。不況をチャンスにできるかが重要なんです。

▼証券不況とドラスチックなアウトソーシング

——じゃあ、いまはつなぎ先は日本協栄ではなく……。

勝見　日本協栄ではなくなって、だいこう証券に100%出しています。ただ、万一のことがあるから、別のパイプも持ってないかんということで、いまでも証券ジャパンにも電話をかけてつなげるようにはしています。

——だいこうをメインにして、バックアップ機能として証券ジャパンというふうに、2本立てにされているわけですね。

勝見　BCPの問題もありますから、一応2本立てにしているんです。それからもう一つ、私が社内でやかましくいているのは、経費は10年間で考えろということです。1カ月1万円の経費は、10年間で120万円になりますわね。

——10年経てばね。

勝見　ということは、1カ月1万円の経費は、10年で120万円になるわけだから、そのこともよく考えて、経費の使い方を考えるようにいっているんです。つまり、私とこの会社のイズムは、シビアに考えるということです。

——先ほど、検査もすべてアウトソーシングされていて、バブル崩壊後には店舗も閉めて、省力化されたというお話で

したが……。

勝見　全部アウトソーシングです。そもそも検査などのアウトソーシングの前に、現物株券の受渡しから外注しているんです。茅場町のだいこう証券のなかに法律上の支店をつくって、だいこう証券に現物株券の受渡しをやってもらっていました。

――かなりドラスチックですね。

勝見　そうです。せやから私とこの社員は、昔は百何人いたんですけどね、いまは30人ぐらいになっています。

――そのうち、事務関係の方は何人ぐらいいらっしゃるんですか。

勝見　事務関係は、社員2人とアルバイト1人の3人と、後は注文をつないだり、伝票整理とか、いろいろと売買に伴う残務処理がありますから、それに4人ぐらいいます。あと、検査、管理部門には、日本証券業協会で監査を担当していたスタッフが1人おります。

▼4大卒の女性営業員の導入と「断る営業」

――あとの方はすべて営業ということですか。

勝見　あとはほとんど営業ですね。カウンターレディーの2人は投信の後整理とか、いろんな処理もしていますが、それを含めてもバックオフィスの人員は、半分もいないんですよ。また、カウンターレディーは〔証券外務員の〕資格も持っていて、注文もとっていますからね。

日本の証券会社で、4年制大学を出た女性をカウンターレディーにしたのは、私とこが初めてなんですよ。よその人は、丸近は女性が投信をようけ売るとおっしゃいますけど、現時点だけをとらえていうてもあかんというんです。

それは20年とかいう間、ずっと辛抱してきた結果なんです。以前、野村證券の大阪支店からも、「うちに4年制〔大学〕を出た女性で、外営業をしたいというのがいるんやけど、うちでは女性に外営業はさせていないから、引き取ってくれ」というので入れたんです。けれども、1週間で辞めました。私とこの女性はものすごう営業しています。そこまでのカウンターレディーにするのに、10年ぐらいかかるんですよ。

そういう女性が、いま、もう60歳ぐらいになってきているんですね。そしていまは、彼女らが遺言書作成とか、信託業務と半分つながった業務をしています。男性は1人もできない、全部女性です。というのは、女性営業員はみな細かい仕事を大事にしますし、家庭の大蔵大臣〔主婦〕と親しくしていて、奥さんに信頼されているから、こういう話ができるんです。しかも、私とこの女性営業員のお客さんは、全部上場会社の役員です。せやから、毎月の営業上位5人のなかに、相続とかの相談もできる女性が2人ぐらい入っています。

——営業成績上位に……。ところで、御社は投信の販売に熱心ですね。

勝見 そう、そう。昨年でも、投信の販売手数料が47％ですわ。これがものすごい強みです。私とこは投信を売っていなかったら、なんぼダウンサイジングしても、残れていないと思いますね。また、私とこのもう一つの特徴は、健康年齢という考えをしているということです。つまり、いつまででもいていいというふうにしているんです。以前は90代の営業マンもいましたから。こういうふうに、長年証券業務に携わっていることが、お客さんとの素晴らしく良好な信頼関係に至るんです。

——定年はなしですか。

勝見 定年フリーです。私の考えとして、株式投資で儲けようと思うたら、地元の証券会社で営業経験を30年以上して、現在も残っている営業マンのお客さんにしてもらわなあかんというふうに考えています。というのも、私の信念として信用取引を使うことができひん営業マンは、お客さんを儲けさせることはでけへんと思っているんです。30年近く株式は右肩下がりですよね。ところが、信用取引を使える営業マンが、ほとんどいいひんわけですよ。

信用取引を使ってヘッジしておけば、お客さんは上がっても、下がっても楽しめるわけですね。そういうセールスのお客さんは儲けがすごいです。ただ、私とこでも、信用取引の売りができる人は、顧問営業の3人ぐらいに限られているんですよ。これはやっぱりお客さんとコンセンサスをしっかりとっておく必要があるし、私とこはそれだけじゃなくて、二代、三代とお付き合いすることが前提やから、お客さんのところへ行っても、家族に証人になってもらわなかったらあかんというているんです。万が一、家族が「おじいさん、今日、丸近証券の営業が、耳元で何か小声でいうてたけど、何の注文をとられてん」といわれたら、これは致命傷ですから。

また、過去にこういう話もありました。ある京都の有名な本院のご住職が、ある会社の株を相当な額、買いたいというてきはったんです。せやけど、私とこは断ったんです。そうしたら、「なんで買わせへんのや」と、ここへ来はったこともあります。また、もう一人、ある支店に飛び込みで来られたお客さんでしたけど、定年を迎えた女性の方が来られました。この人はまとまったお金を持ってきて、「株式投資でこれからの生活を設計したい」とおっしゃったそうです。ところが、この人も「ある会社の株を買いたい」というて来はったので、私とこは断ったわけです。そうしたら、やっぱり「なんで買わさんのや」と、社長に直訴しにここへ来はった。せやから、私は、「顧客カードの中身を読みましたけど、それはちょっとリスクが高すぎるし、うちでは取引させられません。たとえば、資産が何億円もあって、そのうちの1000万円か2000万円やったら話は別やけど、お客さんの資産ではあきません」と断ったんです。これが当社の営業風土やと思うんです。

――そうすると、営業員には数十年の営業経験を持たれて、売りヘッジすら認めている専門的な営業員の方が、3人ぐらいいらっしゃるということですか。

勝見　10年やそこらの営業マンでは、信用取引の売りはできないです。また、よその会社で、大阪の支店長などを経験した人も数人入っていますが……。

——ということは、御社で30年勤めているというんじゃなくて、業界での経験が……。

勝見 いやいや。いま、信用取引の売りにつなげるのは、やっぱり当社の生え抜きですわ。よそから入ってきた人が、よう売っているのは投信ですね。非常によう売ります。

——大手から来られた方は、投信の販売がうまいということですね。

勝見 この方々は、投資家の安全安心と生活、人生設計等を十二分に考えて最善を尽くしています。投資信託はよう売っていますよ。

▼京都の証券会社の主要顧客とは

——京都には、法人投資家が圧倒的に少ないですよね。

勝見 そうです。

——京都の証券会社は、個人投資家を重視した経営をしているというふうにいわれているんですけれども、以前に志村嘉一先生と小林和子さんが、大林富次郎さんにお話をお聞きになった時に、大林さんは、御社の主要な顧客は室町や西陣を中心とした地場企業とお寺や大学の教員だ、とお話をされているんです。それ以降、主要顧客層はかわってきていますか、そうでもないですか。

勝見 いまはそういうことはないです。いまも個人営業が中心ですけど、中小企業の代表役員や上場企業のオーナーさんとか、エンジェルをお客さんにしていますね。

——じゃあ、上場した企業のオーナーさんとかを主要な顧客にされたということですか。

勝見　そう、上場企業のオーナー。たとえばある電子部品会社のオーナーとかね。同社が上場する時、幹事は山一證券だったんですけれど、私も相当の労力を払ったんですよ。

――お手伝いをされた。

勝見　上場する時に、向こうにしてみると、初値をうまくつけたいですからね。それでいろいろなことをしたんですよ。たとえば、役所からその会社に、「なんである会社の株をそんだけようけ持ってんのや」と注意が出たんです。その時に、その会社はある会社の株を何百万株も持っていたんですが、それを当社が市場で全部消化したり……。

また、私はこういうつながりもあるんです。どういうことやいいますと、任天堂の山内溥さんは大学を出ると、間もなく親〔おじいさん〕がお亡くなりになったんです。その時に、山内さんのお兄さんは生コン会社の灰孝という会社のめんどうをみるさかい、お前は任天堂のめんどうをみいということになったんです〔任天堂二代目社長であり、山内溥氏の祖父である山内積良氏には2人の娘しかなく、孝氏の主人である源蔵氏が灰孝、君氏の息子である溥氏が任天堂を引き継いだ〕。私は山内溥さん、それから『京都新聞』の政経部長、そして山内溥さんの友人と何度か食事に行ったことがあります。

ある時、山内溥さんをきつう怒った人がいるんです。それが立石一真氏で、「お前、いまの電子化の時代にあうようにせい」といって怒らはったんです。そうして、しばらくしたら、マリオが発売されたわけですよ。

立石一真氏の話では、こういう話もあるんです。日本電産の永守〔重信〕さんが会社を創業した時に、立石一真さんが一遍工場見学に行ったらしいんです。その時に、永守さんが「こんなとこでわしやってんのや」というたら、「お前、何いうてんのや。わしが立石電機〔現在のオムロン〕を始めた時は、もっとボロい工場やで。こんな結構なとがあるか」と怒ったというんですね。創業時代の永守さんを怒った人は2人いるそうです。1人は立石一真氏。もう1人は、永守さんのお母さんだそうで、お母さんは永守さんが会社をつくる時に「お前、会社をやるんやったら、人の3倍働けるか。休みの日もみな働かなあかん。それができんのやったら、やれ」と……。いまでも、永守さんのお母さんのお墓は、新しくつくった本社の社長室からみえるところにあるそうですよ。

——たとえば立石さんや山内さんとは、どういうところで接点ができたんですか。それから、お客さんをどういうふうに開拓されたんですか。

勝見 それは1つは、京都の私の友人関係ですね。もう一つは、大手銀行の支店長の何人かと私はつながっていたり、お客さんの紹介とかね、いろいろあります。特に、金融機関の人との友好関係に助けられました。

——ということは、昭和30年代は、電話債を通じてお客さんを開拓されていたけれども、時代が進んでくると、今度は銀行の支店長さんやご友人関係から顧客を広げていったということですか。

勝見 そう、そう。それで、よそにあったもんが私とこへ移管されてきたり……。祇園にある有名なお寿司屋はんがあるわけですけど、その人は大手銀行の支店長の紹介で、私とこに口座をつくってくださった。それからもう一つあげると、まだ京都証券取引所があった頃、当社はM＆Aのお手伝いをよくやりました。たとえば、佐伯〔勇〕さん〔元近畿日本鉄道（以下、近鉄と略記）名誉会長〕のM＆Aはほとんど私とこでやりましたから。それから岡山のある会社のもほとんど当社がやりましたから。

——たとえば近鉄だと……。

勝見 昔、京都に奈良電鉄という会社があったんです。あれを私とこで集めて、それを佐伯さんに売って、近鉄の京都線になったとかね〔奈良電鉄はもともと京阪電鉄と大阪電気軌道（現在の近鉄）の合弁で会社が設立され、戦後も両社の直通運転が行われていたが、京都進出を目指した近鉄が一般株主の株式を買い占め、また、当時の関西電力社長であった太田垣士郎氏のあっせんにより、京阪電鉄の所有株式も近鉄へ売却された。その結果、1963年に奈良電鉄は近鉄と合併し、近鉄京都線となった〕。

――線路沿いの個人株主から買われたわけですね。

勝見　それから都ホテルとかね。予定どおり集まらなかったんは先ほどもいった岡山のある会社さんの注文で、日本を代表するカラー印刷会社も集めました。これも相当集めたんですよ。

――岡山の会社が集めていたわけですか。

勝見　私とこには、ある時からの株主名簿をみなとっていますから、それをみれば株主がわかりますので、株主さんに「明日、市場で売ってくれはらしまへんか」といって、買い占めたんですよ。

――奈良電鉄の株のお話とかは全部、いったん御社のお金で買っておいて、近鉄に売るということですか。

勝見　そう、そう。

――ということは、やはり潤沢な資産がそもそもあったからできた商売ということですね。

勝見　その時は、そうですね。そもそも、京都ではこういう話は、祇園町のお茶屋に財界人が寄った時に決まります。当社の大林富次郎氏は、祇園の出身で知人が祇園町にようけいるわけです。

――近侍がたくさんいるわけですね。

勝見　それで、そこで決まったことは、当社の先駆者の高逸から、私とこへ一番に来るんです。

――だから、以前、大林富次郎氏にお聞きした史談でも、西村仁兵衛さん〔都ホテルの創業者〕とかあの辺《へん》の名前が出てくるわけですか。

勝見　そう、そう。

――ああ、なるほどね。旦那衆のネットワークがずっとあるわけですね。

勝見　そういうネットワークですよ。ただし、そのお座敷で決まったことはもれたら具合が悪いから、絶対もらしたらあかんのです。特に出入りする女性はね。

――もれたらね。

勝見 もれて、よそから提灯をつけられたら、どうにもならんでしょ。せやから、どんだけ信頼されるかが大事なんです。私とこは、曽野さん、中井正造さんという歴代の京都証券取引所の理事長を出していますから、そういう信頼関係があったわけです〔曽野作太郎氏は京都取引所の第三代理事長を、中井正造氏は第二代、第四代京都証券取引所理事長を務めた〕。

――ということは、いまのお話をまとめると、祇園のお座敷でだいたい案件が決まって、その時にいた人が出してくれたお金と、御社の資産も使って……。

勝見 もう集まっていた人はすぐお金を出してくれますから……。

――そして、1軒1軒小さな株主の持っている株式を集めて、大きくして、近鉄などに売ってあげて、M&Aを……。

勝見 やりましたね。そんなんがようけあったんですよ。たとえば滋賀県に滋賀相互銀行〔現在の関西みらい銀行〕というのがあったんですが、あれは住友系がいつも注文を出していました。

――あれも御社が……。

勝見 そう、そう、そういうことです。これは高木貞〔証券〕が関係するんですけど、高木貞には住友系の人材が入っていたんです。もともと高木貞というのは当社ののれん分けなんです。私とこででっちをされていた大城戸〔傳次〕さんという方が、大城戸商店というのをされていたんですけど、その人の息子さんが陸軍で偉い人になったからいうことで、後を継がんかったんですね。

それで、自分はしないからということで、大城戸商店を山主の元資産家であった高木〔貞三〕さんが引受けたんですよ。それで、大城戸さんは大城戸商店をやめて、私とこに戻って来はって役員になられたわけですけど、高木貞のほうはその後を継いだ人が、いろいろとおかしなことをやったんです〔高木貞証券は、1975年12月に純財産額が資本金を下回ったため、8割減資のうえ、4倍増資をした際、旧株主への条件として、旧筆頭株主の縁故者である外務員2名を採用した。ところが、この2名の外務員は積極的な勧誘活動を行ったものの、5億円近い立替金を会社に発生させ、会社の財務内容が悪化した。その後も不良立替額は累増し、しかも、そのほとんどが回収不能であることが近畿財務局の特別検査によって明らかとなったため、免許が取り消された。免許取消に先立ち、川久保明社長は会社更生申立てを行おうとしたが、京都財務事務所による説得により、申請は取りやめられた」。

――投資ジャーナルが関係した事件でしたね。

勝見　ツーバイツーとかね、いろいろありました。そのツーバイツーも、張本人の兄貴は私とこの営業マンでね。お父さんが六鹿証券にいて「いま、大手の投信販売にいる息子を入れてくれ」と頼まれて、引き取ったんですけど、ところが、私とこの雰囲気とか会社の縛りが厳しいから、辞めて、弟と組んでツーバイツーをつくったわけですよ。

その後にこういうことも起こったんですよ。大阪で郷鉄工事件って買い占め事件があったでしょ。これには、京都のフィクサーも絡んでいて、私とこでも、取締役営業部長が何百万株の注文を受けたんです。ですけど、私は「前受金が入ってへんのはあかん」というて、断りに行ったこともあるんです。せやから、郷鉄工絡みでの実損なかったんですけど、その後に日本レース株買い占め事件っていうのもありましたでしょ。

――日本レース株の買い占め事件ね、ありましたね。

勝見　それも仕手グループがものすごう買い占めしたわけですよ。この買い占め事件では、私とこでも60万株ぐらいは手持ちになったんです。

――ショートしてしまったんですね。

勝見　4日目になってもお金が入ってこないんで、私は、「売る」というたんですけど、大林富次郎氏が反対して売らさなんだわけです。それで私は近畿財務局へ行って、相談したんです。私は困った時は隠さずに近畿財務局へ行って、相談したら知恵を出してくれるという考えですから、行って相談して、全部処分したんです。そやから、やっぱり、決断力が早よなかったらあかんと思うんです。話はもれるものであり、隠すとかえって拡大して手に負えないようになりますから。

——ほかにも京都では買い占め事件がありましたね。十全会とか。

勝見 そこは私とこに、1件50万株とか何十万株単位で、髙島屋とか京都ホテルとか数社の発注がありましたね。私とこで、45ぐらい口座をつくってもろてましたから。あれは国会で問題になったりしました。

——45もの口座を使って……。

勝見 45ぐらいあったかと記憶しています。

——あ、そうですか。いろんな名義でつくっていたわけですね。

勝見 全部法律上通っていますからね。ありがたいのは、全部3日目にキャッシュでお金をくれて、一遍も遅延したことはありません。金持ちてみなそういうことする、京都は。

▼ネット取引の営業組織内への位置づけと新顧客の開拓

——それでは、バブル崩壊後の話になりますけれども、御社もネット取引をされていましたよね。

勝見 ネット取引はしていたんですけどね、これはシステムの肥大化と採算性を考えたら、なかなか採算があわんわけですよ。

——それで、もうおやめになられたわけですね。

勝見 やめた。それとディーリングもやめました。ディーリングをやっていても儲からんし、ナイトオーバーになって、やられると大変なことになりますので、これもやめました。

――ディーリングをやめられたのは、arrowheadの問題だけではなくて、もっと以前にやめられたんですか。

勝見　以前です。私とこがやめた後、arrowheadが入って、アルゴリズム取引の問題が出てきました。いわゆるステルス戦闘機みたいに、100万株の注文を1000株ずつに割って、ものすごい速度で注文をバリバリと出しよる。しかも、アメリカの事例では、それをやるところはウォール街からシカゴまで専用回線を通していて、0・00何秒という速さで注文を出しているというようなことでね。

――ネット取引については、一時期されたけれども、やめられたとおっしゃっていましたけれども、そもそもネット取引を営業組織のなかにどういうふうに位置づけようというお考えだったんでしょうか。

勝見　ネット取引はね、いままでと違うお客さんをどうして入れるかということが一つ。それからもう一つは、いわゆる新規上場株をほしがっている小口投資家を、新たなお客さんとして取り込むということが目的だったんです。この方々は、抽選がどこで当たるやわからんから、いっぱい口座をつくるわけですよ。

――IPOねらいの人ですね。そういうこれまでとは違うお客さんをつくろうとしたわけですね。

勝見　違うお客さんをどうしてとるかということですね。ただ、IPOねらいのお客さんは長続きしないわけですよ。それで、当社がその時打ち出したのは、私とこに預り資産がこれだけなかったら、ご注文は受けられないという……。

――条件をつけられたんですね。

勝見　ええ。だけど、その後は大手がネット取引に入ってきましたから、やめたという経緯ですね。

私は昔、野村の井阪〔健一〕さんとか、芦谷〔源治〕さんとかのアドバイスで、ニューヨークへ何遍も見学に行っているんですよ。米国野村のリチャード・チャップマン氏の協力を得て、ニューヨーク証券取引所の見学もしました。話がそれましたが、ニューヨークへ行った時に、「ネット証券は、ネット取引だけではやれない。結局、お客さんが店頭でこれを買いたいけどといって、営業マンの意見を聞いている」という話を聞いていたんですね。それで、やっぱりほかの人の意見を聞けるということが重要やと思い直したんです。アメリカの投資家は、財務分析をものすごうやるんですよ。それで売買する銘柄を決めて、店頭へ聞きに来られる。それで取引はインターネットでやるわけですけど、日本は全然違うんですよ。日本の場合は人気で動くから……。そういうこともあって、ネットよりも対面営業だというふうに経営判断したということです。

▼過去の失敗から学んだ堅実経営

――つまり、大口顧客がたくさんいらっしゃって、そこに依存していたのを、少し新しいお客さんを入れようとしたけれども、やっぱりアドバイスが大事だということで、それから撤退されたということですね。

勝見　そういうことです。それと私とこはさっき申し上げたように、固定経費を落として財務を再建したわけですけど、バブルの頃、営業の戻りを払うというのは時代遅れやと大蔵省がいっていましたよね〔昭和50年代末頃から、中小証券会社の総合証券化が進む過程で、歩合外務員の収入は顧客からの委託売買手数料に直結しており、利益相反の可能性があること。また、歩合外務員は会社へのロイヤリティが低いため、顧客と組んで事件を起こす可能性があることを指摘し、歩合外務員の社員営業化が指導された〕。それでも私は、きばったもんにはそれだけ給料を払うというのが、正しい払い方なんだ。全部固定給にすると、後々証券会社はつぶれると思って、当社と京都でもほかに2社は、戻りの外務員〔歩合外務員〕を堅持したわけです。いわゆる営業経費の固定費化をしなかったわけです。他方、大盛証券と萬成証券〔ともに現在のばんせい証券〕は固定費にしたんです。

よく働く方々に営業成績にあった報酬を支払うほうが公平だと思うんです。努力した方々にはいちばん報いる方法で、成果に平等な対応であり、努力が報われなければ、優秀な人材が流出します。しかも、いまは固定給を支払うことが可能でも、将来はわからないわけですよ。つまり、出来高に応じて報酬を支払うほうが公平ですし、また経営環境の変化に対する対応能力も高いと思います。

営業経費に関連して、私とこで昭和30年代に問題になったんは、お客さんが信用取引の立替金をすぐに払ってくれないということがあったんです。それで、私が20代の時は、給料の遅配も多かったんですよ。

――払ってくれない。

勝見　払ってくれない。それで一部の職員がそれを立て替えたりしてね。

――それは多分、昭和30年代の証券経営の大きな問題点だったと思いますね。

勝見　私は若い時にそういう経験をしているので、社長就任後ずっと信用取引の立替金が月末に全部入らへんのやったら落とすなというていたんです。それから、もし信用の保証金が足らなんだら、お客さんに「現引きしてくださいといえ」といっています。

――現引きしてもらえば顧客の支払能力がわかりますからね。

勝見　それで以後の判断は、投資家がしはったらよろしいことですから、私はいままでずっと、そのことを言い続けてきました。それ以来、私とこは何十年と信用取引の立替えはゼロです。ここもちょっと特異なとこです。そうやないと、いつなんどきつぶれるかわからしませんから……。

たとえば、私とこも野村證券から副社長を2名迎えたことがあって、私の懇意にしているものすごう大地主で不動産業をやっている、あるお客さんを渡したんです。そうしたら、その人が新井組を信用で何十万株も買うたんです。

――新井組ね。

勝見　その人1人で、私とこに信用が50億円ほどあったんです。それにもかかわらず、その副社長が「あと100万株買わしてくれ」というてきたから、「会社の純財産以上のものを人に貸すか」と怒って、ストップをかけたこともあります。野村證券でも1人の口座に会社の純財産に等しい貸出はしませんよ。このことも考えて営業をしないと……。

▼株式営業から募集物営業への転機

――次へ行きまして、地場証券は株式委託売買への依存が非常に高いといいますよね。

勝見　高い。

――ちょっと調べてみたんですけど、御社の場合も1990年代は、約90％以上がブローカー業務で収入を得られていたんですよね。ところが、現在では株がだいたい45％、投信が54％ぐらいになっていますよね。

勝見　そんなもんですよ。昨年〔2014年〕の商いは投信が47％です。それが私とこのものすごい強みですわ。その成行きをお話ししますと、まずこういうことなんです。

先ほど、私が個人営業して怒られたけれども、結局、中井正造氏と大林富次郎氏からやってくれといわれて、それが成功したという話をしましたね。しかし、もう少し先を読まなあかんということで、中期国債ファンドを入れたんですね。その時も大林富次郎氏からは、「こんなしようもない商品を売るな」と怒られました。個人営業の時と一緒ですわ。その次はワリコーを募集したわけですね。ワリコーを売った時も、大林富次郎氏からは怒られたわけですよ。しかし、西村永治郎〔西村証券創業者〕さんが、「富さん、間違うてるぞ。これは売らなあかんで」と大林富次郎氏を怒ってくれたんですよ。彼はもともとが大阪商事〔現在のみずほ証券〕の京都支店長で、興銀〔日本興業銀行〕系ですから。

そもそも、京都信用金庫の始まりは、京都証券取引所の集団取引清算業務を京都繁栄信用組合という金融機関が行っていたのですが、立替金や融資のことも考えて、京都証券界で京都信用金庫をつくりました。この時、榊田証券の榊田〔喜三〕社長は金融清算機構の業務に専念するため、榊田証券の営業権を大阪商事の京都支社長だった西村永治郎氏に譲渡されたんです。そして、中井正造京都証券取引所理事長と大林富次郎氏の紹介で保証会社として、京都証券取引所の加入会員となっていただいたんです。

話がそれましたが、私はしんどいほうを選ぼう、これが楽な道につながるんだという考え方ですから、私とこは興銀と母店契約を結んだんです。京都では私とこと西村証券の2社が母店契約を結んだんです。そうすると、乗換手数料がみな入るんですよ。ただし、そのかわりに、前年同月より〔販売額が〕減額したら、母店契約を解消されるわけですね。それが非常によかった。みな募集物に死に物狂いできばったんですよ。新規資金導入に努力したんです。それが非常に営業の足腰を強くした、力になったんです。

ただ、その時に、まぁ、どうしても1億円、2億円残る月もあるんですよ。こういう時は、もう会社で抱いて、販売手数料の70％を相手方に渡して、既発債で売ってしまおうと考えて、学校法人に営業をかけたんです。学校法人は全部お寺ですからね。

――京都の場合ね。

勝見　京女〔京都女子学園〕やったら本願寺とかね。しかも、京女の財務には私の姉がいたから。そういうパイプをどれだけ持っているかが重要なんですね。数年後、ほかの学校法人と金融機関の紹介で面談した時、「大学法人の財務責任者に勝見さんがおられるが……」と聞いてこられたので、「私の姉です」と答えましたら、一段と強固なつながりができました。

――はめ込み先をちゃんと抱えていたわけですね。

勝見　抱えてなあきません。ほかにも〔京都〕文教大学ってあるんですよ。

――家政学園ですね。

勝見　先にいった手持ちになったやつを、個人の資産家の大口販売の開発につなげようと、既発債として売ったわけですが、そこが持っていた割引債の償還は、全部私とこがやったんです。そうすると償還手数料も入るわけですね。販売手数料の70％は戻したけれども、それでも儲けが出るという仕組みでやっていたんですね。法人のなかには、買い付けた会社と別の会社で償還しているところもありました。

――先ほどのお話だと、歩合外務員が非常に多いというお話だったかと記憶しているんですが、歩合の人たちは募集物をやろうとすると嫌がりませんか。

勝見　そりゃ嫌がります。

――それでも募集物がそれだけ売れたというのは……。

勝見　これはちょっと長くなりますけど、先ほどちょっとお話しましたが、もともと私とこの店舗は、もうちょっと北、いまはエディオンになっているところに、『週刊朝日』の特別編で「古い京町屋の証券会社」と紹介されたこともある、木造の建物であったんです。しかし、やっぱり建て替えないかんということで、ソニーの京都支店だった現在の店舗と隣の棟を、タニヤマムセンと等価交換したんです。

そうしたら、大蔵省から「木造の建物が鉄筋のビルになったら、固定経費が上がるから、収支バランスをまとめた書類を提出せよ」といわれたわけです。それで、私が場立ちをしていた時の友人が、他社にようけいましたし、協和会の幹事長を長くやった信用もありましたので、スカウトして10人以上入れたんです。それで、収支バランスをとろうとしたわけです。

――歩合として雇ってですね。

勝見　歩合として。それでその人についていたお客さんの信用も同時にいただけるわけですね。それで大蔵省も、これならいけるなとなったんですけど、外務員への営業報酬をめぐって、問題が1つ起きたんです。ちょっと話がそれますけれど、当時、外務員の営業報酬、戻りは30～35％やったんです。それを私は「私とこへ来たら40％払う」といって、引抜きしたから京証の理事会で問題になったんですよ。

しかし、当時、統一経理基準では、外務員の報酬規定に35％プラス通信費として、5％は上乗せしてもいいと書いてあるんです〔1989年の『証券会社の経理と決算』によれば、歩合外務員に対する報酬は、一般的には委託手数料の35％に、通信、逓信費として5％を加算した合計40％とされている。また、時代は少しさかのぼるが、1971年に東京証券業協会と東京証券外務員協会の間で締結された『外務員協会との協定書』によれば、その3条で、「東京証券業協会会員の東京証券外務員協会の会員に対する手数料の割戻率は、委託手数料の3割5分以内とする。ただし、ほかに実費の支払いを妨げない」と規定されており、実費戻しが当時から行われていたことがうかがわれる。ただ、東証の『外務員に対する給与基準』では、歩合外務員に支給する給与は、委託手数料の35％以内とする旨が定められているが、通信、逓信費に関しては規定されていない〕。私はそのただし書を利用して、40％戻すことを考えたんです。

――そうでしたね。受注戻しですね。

勝見　それをみな、知らなかったんですね。私は統一経理基準をみな理解していたけれども……。で、話を戻すと、スカウトした人は、ほとんどが和光〔現在のみずほ証券〕の出身で、全員ワリコーを売っていたんで、嫌がらないわけです。

しかも、彼らはノルマ営業といって、毎月〔販売額を〕減らしたらいかんさかい、ものすごい闘争をやっていたわけでしょ。減額したら、その分のワリコーの手数料がつかないから、必死で売っていたわけですよ。その時、彼らが持ってきた資産が、いまも私とこの預り資産として残っているわけです。そういうことがあって、いまも投信の販売がかなり多いですし、それが私とこが生き残っている一つの要因でもあるんです。

それと、野村アセット〔マネジメント〕の商品を売っているのは、京都では私とこだけです。後から有力な競争相手として出てきたんが京都銀行です。ただ、銀行の投信販売にはいろいろ問題もありますわね。

――トラブルがたくさん出てきましたね。

勝見　銀行が販売に注力していた投信は、毎月分配でタコ足配当をしていた商品も多かったでしょ。それで、分配金の多さに引きずられたお客さんとトラブルになっていますよ。そもそも、私とこは分配金の大きいもんは売りませんしね。分配金競争には加担しない。目先の利よりもっと先の利をみて、お客さんに喜んでいただく。それも当社の信頼性の強化につながっています。

――無分配のものを売ると……。

勝見　そう、そう。それと、私が投信を扱った時に、１００円が60円になったとか、何遍か失敗しているわけですよ。そやから、その失敗から学んで、底の時に募集に入るということをやりました。投資信託も市況の先を考えないと……。当社は地元で転勤もなく、お客さんと長いお付き合いになりますから……。

――底値で売りに出すと……。

勝見　そう、そう。どういうふうに経営者が考えるかということが大事ですよ。それともう一つは、最近3年ほど大成功してんのは、いわゆるドルに替えて……。

――通貨選択型。

勝見　通貨を替えて、アメリカの国債とか株式を組み入れた投信とかね。私とこは、ドル建ての商品を、1ドル75～80円の頃に、「ドル資産を持ちましょう」と、国際通貨への分散投資をお願いして、8億円売ったんですよ。その時買ってくれはったお客さんは、半分以上がまだ利食いしてはりません。丸近の営業マンがそういうアドバイスをしたということが、将来に生きてくるんですよ。

▼世代を超えた顧客関係構築の秘訣

――それでは、御社に関する最後の質問になりますけれども、京都の地場証券はどこも堅実経営を旨にしておられますよね。また、二代、三代と非常にお付き合いが長いお客さんが多いというふうに聞いています。地方の地場証券でそういう営業ができるというのは、ほかの地域の地場証券からすると非常にうらやましいことと思うんですけれども、世代を超えて顧客関係を維持するために、御社ではどんなことをされているのでしょうか。

勝見　先ほどもいいましたが、とにかくお客さんのところへ行っても、奥さんを味方にすること。それから、息子さんやその奥さんにも、営業している内容がわかるようにしておくことです。ですから、遺言状作成相談の仕事ができるのでも、奥さんから信頼されているからです。

それからもう一つは、親子三代付き合《お》うてる人で、いまでも5億円か7億円ぐらい資産がある人がいらっしゃるんです。この間に、2回くらい税法が変わりましたけど、私が必ずいうことがただ1つあるんです。それは、「税法が変わる時は、全部正しい名前にしなさい。これが鉄則だ」ということです。最近では〔株券の〕電子化の時にも、私は、「正しい名前にしなさい」といっています。税法上の真の名義人は、果実の管理者であるため、有価証券では果実の管理は、堂々と実名にする必要があります。

そういうことを通じて、丸近の営業マンが信頼してもらわなあかんと思うんですね。それがいまでも長いお付き合いができる原点になっています。

――奥さんやお子さんとのお付き合いを意識され、お客さんとの信頼を構築しているから、親子三代のお付き合いがで

きるんだという……。

勝見　そういうことですね。これからの時代は、生前に資産を分配する人が増えてくると思うので、いまはそれを一生懸命やっているんです。また、その一方で、先ほどもいいましたように、投信の販売にも注力しています。そやから、私はトップセールスの人にも、「ＮＩＳＡの口座は投資信託にいちばん向いているから、投信も売らなあかんで」といっているんです。

ただ、ＮＩＳＡには問題もあって、配当が再投資される「再投資型」の投資信託がありますよね。「再投資型」の場合、収益分配金を一度分配金として投資家に還元し、その分配金で同じ投信を追加購入すると、再投資した金額分、年間１００万円の投資枠を食いつぶすんですよ。また、毎月分配型の投信もたくさんありますから、やむをえず私とこがやっていることは、お客さんが分配金をもらわはって、それをもう一遍、同じ投信に再投資する場合は、その時の買付手数料をゼロにしているわけです。

それともう一つは、ＮＩＳＡはしょせん１００万円のものですから、ＮＩＳＡの口座だけじゃなくて、課税口座でお客さんが５０００万円、１億円と持っている分配型投信の分配金を再投資する場合には、これも私とこは買付けの手数料をゼロにしているんです。さらに、お客さんがよそでも投信を多少持ってはって、それを私とこに移管するのに手数料がかかるんやったら、それもみな私とこが負担しますよということもいうているんですね。営業マンが預り資産を集めるのに、どれだけの営業固定経費で育てられるかということも考えないといけないから、いろいろむずかしいです。

ですからいま、私らがやっているのは、ＮＩＳＡをどれだけ継ぐか。ＮＩＳＡは投資信託販売のための商品やということで、これにいま、力を入れています。それからもう一つは、これから投資家が増えてくると、その時にカウンターレディーが足らんようになるやろうと思うてますから、これの対応もせなあかんと思っています。

というのも、これは数年前に大手証券の京都支店で起きたことなんです。一昨年〔2013年〕の暮れに税法が変わるという時に、担当者がおらへんからというので、多くのお客さんの注文がとれなかったということがあったんです。それで、地場の重要性をお客さんがわかってきて、地場でも口座つくっとこというふうになったんです。ですから、カウンターレディーの配置もこれからの課題です。

――1990年代にビッグバンがあって、手数料が自由化された時に、すぐにアリコジャパン〔現在のメットライフ生命保険〕の生命保険を売られますよね。

勝見　売りましたね。当社が日本の証券会社で初めてアリコジャパンの商品を販売したんです。ですから、アリコジャパンにとっては、当社がアリコの商品を販売したことによって、日本での販路ができたんです。

――それも、資産管理の一環として使えるとお考えになられて、販売されたということですか。

勝見　使えるかと思ったんやけども、あれはあんまり役に立ちませんでしたね。私どもが販売した商品が、変額個人年金保険の「北斗七星」という信託型の商品で、掛捨型の保険販売ができなかったんです。

――役に立たなかった。

勝見　役に立たなんだ。私とこは、掛捨型保険も全部インターネットで売らしてほしかったんですけど、アリコジャパンが提供してくれた商品は、インターネットで取扱うことを許してくれなかったんです。

▼京都証券界の特質

(1)　信頼構築と長期取引

――次に、京都の証券界の特徴をお聞きしたいと思います。京都はほかの地域と違って戦災に遭いませんでしたので、昔からのお金持ちがずっと残っていますよね。

勝見　京都独特のよそと違うとこは、昔から税金は間口でとるといわれますけど、京都はみな奥が深いんですよ。そやから、間口は狭うても、絶対つぶれない。それから京都の人の特徴として、人をあまり信用しないということもあります。というのも、江戸時代だったら大名とかを信用してつぶされたりしていますし、いままで1000年以上だまされていますからね。京都で信用を得るには10年はかかります。一方、失墜した信用は20年、30年では戻りません。

――大名貸しとかでね。

勝見　ナショナル証券とか山種証券〔ともに現在のSMBC日興証券〕など、ものすごうようけ京都へ来たんですよ。そやけど、お客さんはなかなか信用してくれないんですよ。そやから、京都というのは思うように営業がしにくいんです。

――外者に対しては。

勝見　そう、そう、そう。だから、反対にいうたら、いったん信用してもらえると、長いお付き合いができるんです。

――いったん、信頼関係ができると、ずっと長く続けることができるということですか。

勝見　そう、そう、そういうことですね。ですから、当社は転勤がありませんので、営業マンも二代、三代とお付き合いが続いているお客さんがいる人もいますしね。

――逆に、あまりくっつきすぎると、悪いことをして……。

勝見　そう、そう。くっつきすぎもあきません。そうはいいながらも、私はやかましく「営業マンは、お客さんのとこへ行ったら、95％は世間話をして、残った5％、つまり、出る時の5％で仕事の話をしろ」といっています。これはどういうことかといえば、世間話というのは税法改正の話や相続税の話とか、時代の変化とかいろいろな話ですね。そういう話をした後で、仕事の話をさせるわけです。最初から仕事の話をしたら、営業マンは注文をとってすぐ帰りますけど、世間話を通じてお客さんとの信頼関係が築けるわけですよ。

京都の人は、人をあまり信用しないと先ほどいいましたけど、よそから京都に来たって、すぐにはお客さんに信用してもらえないですよ。それで私とこは、おかげさんで商売が続けていけてるのかもわかりませんしね。一度問題が起きると1人ではすまされません。

――人間と人間の関係を時間をかけてつくらなければ、京都ではなかなか商売ができないということですね。

勝見　そう、そう。時間をかけてつくっていかなあかんのです。

――たしかに京都の人は、たとえば、いったん銀行に口座をつくると、なかなか変えないですね。

勝見　京都の人はなかなか変えないです。それで、京都の奥さんは、ものすごうケチケチなところも特徴ですね。そやから、私とこはいま、営業でそれも使うてるんですよ。

どういうことかというと、太田昭和の関西ブロック長〔新日本有限責任監査法人大阪事務所長〕の市田〔龍〕先生のご指導を受けて、私とこの役員で税法の勉強をしています。

せやから、いま、私らが一生懸命いうてることは、生前贈与をうまく使えば、20年で2200万円まで、生きている間にお子さんに資産を譲ることができますよと……。そういうことをいうて、家族ともお付き合いをせなあかんと思うんですよね。

――一家の資産管理を通じてお客さんを捕まえていくと。

勝見　そう、そう。せやから、あるお客さんは何十億円という資産を持ってはって、「社長、これ、どういうふうに分けたらええのや」と何遍もご相談を受けていました。何度かのご相談を経て、人生の分岐点において当社がよいアドバイスをさせていただいたため、法定相続人の方々も含めて、いい結果になったと生前に喜ばれてました。いま、その人は亡くならはったんですけど、まだ奥さんは私とこへずっと来てはります。

――つい最近は、相続税も変わりましたしね〔2015年に相続税が改正され、基礎控除や税率、税額控除、小規模宅地の特例が改訂された〕。

勝見　そう。そやから、営業マンはそれを読んで、お客さんの資産をどう譲っていくかを提案できなあかんということです。またもう一つは、私とこの法務管理をしてもらっている司法書士さんがおられるんですけど、その方には法務管理に加えて、会社で遺言状の書き方とかの研修もしてもらっているんです。営業マンがこういう知識をつけていないと、お客さんとの長いお付き合いはできませんから。

――京都の証券会社は、御社だけじゃなくて、他社もみんな二代、三代のお付き合いということをいっておられますが、ほかの会社もそういうことをされているんですか。ほかはご存じないですか。

勝見　他社も同様だと思います。

(2)　京都の投資家の特徴

――ちょっと話がガラリと変わるんですが、京都の投資家の方の特徴って何かありますか。たとえば、意外と株が好きとか。あまりそういうのはないですか。

勝見　一言でいったら、やっぱり逆張りをする人が多いということですね。私とこでお客さんと長いお付き合いをしている営業マンの特徴は、信用取引の売りを使える営業マンです。信用取引で売ってもろたお客さんは、下がらんか、下がらんかと待ってはります。つまり、上がる楽しみ、下がる楽しみの両方を持ってもらうということでしょう。

そやけど、それがでけへん営業マンには、昔から「頭と尻尾は人にくれてやれ」といわれますけど、全部とろうと思わず、お客さんとのコンセンサスをしっかりとったうえで商売するように、厳しくいっています。そうすると、お客さんから信頼されて、長いお付き合いにつながるし、京都ではそういうことがいちばん信頼されます。それから、当社の鉄則として仕手株は絶対なぶらんようにしています。

――逆張りをされるということは、底の時に現物を買ってもらって、天井と思われる時は、信用の売りを立てておくと……。

勝見　そう、そう。それで、私とこはお客さんと長いお付き合いをするために、「上司はお客さんとこへ回れ」といっています。もちろん、私も回ります。なかには、上司が回ったら、なんで来たんやという担当者もいるわけですよ。だけど、私は、「そうじゃないんだ」といっているんです。つまり、「上司があいさつに回るというのは、バックアップなんやから、ありがたいこっちゃで」と、社内でいっているわけですよ。そやから、クレームや問題がない証明をしてもらえると……。そういうバックアップをどうやってするかもよう考えています。また、お客さんのご意見を伺うことで、トラブルの未然防止につながります。

(3)　地場証券が集約されない理由

――京都には地場の証券会社が4社ありますね。同じように地場証券が多く残っているのは北陸だけで、ほかの地域はみんな集約、撤退の方向に向かっていますよね。

勝見　そうですね。

――そんななか、地場証券が多く残っている京都の現状は、全国的にも特異だと思うんですけれども、その背景事情などをもしご存じでしたら……。

勝見　背景事情は、みなそれ相応の資産を持っているということが、いちばん大きいと思います。いまの都証券は、昔、風間商店というたんですよ。風間商店は創業者が西京極の大地主さんで、だいたい阪急の西院から自宅まで、人の土地を通らんでも帰れたと……。

――それはえらい大地主ですね。

勝見　京都の証券界も、私が入社した時は30社以上あったのが、現在は集約が進んでいます。いまは各社がオーナー企業として、いかに京都にある老舗企業のように、独立系として生き残れるかが重要と考え、拡大より良質な企業として、また先見性を持った企業として、生き残ることに努めています。ですから、当社はステータスよりも、不況をチャンスと考え、経営判断のスピード力と先進的な取組みで生残り策を図っています。

――会社が資産を持っていらっしゃるということですが、一般論で結構なんですが、どういうかたちで資産を持っていらっしゃるんですか。

勝見　たとえば、1つは山とか土地を持っているという一族の流れですね。それともう一つが、いわゆる戦後の封鎖預金での株式売買で儲けて、その後お金を使わずに、しっかりコツコツと残したという人もいますね。それをいまも持っているということですね。

――その資産は、いまは金融資産になっているわけですか。

勝見　いまは金融資産と不動産になっていると思いますけどね。そやけど、人のとこはわかりません。一般論としては金融資産と不動産やと思いますけどね。

▼ハイテクベンチャー企業が数多く誕生した金融的背景

――地場証券がたくさん残っているという特徴を持つ京都ですが、一方で、京都には京セラやローム、村田製作所、オムロン、日本電産といった京都銘柄といわれるハイテクベンチャー企業がたくさんあります。京都でこういうハイテクベンチャー企業が数多く誕生した、金融的な背景などがあったのかお聞かせいただけませんでしょうか。

勝見　まず、こういったハイテクベンチャー企業が多くできた背景としては、もとはその多くが清水焼に行きつくということがあげられます。京都のベンチャーの原点は、明治天皇の東京行幸によって生まれた危機意識、つまり京都が次の時代に生き残るための策にあったと考えています。日本が世界からの技術導入と外貨不足をどうするか迷ったその時、日本の手仕事の技がロンドン万博で世界に評価され、焼物、手先を使う細工、彩色から工芸品等で外貨を稼いだんです。そして、その清水焼や七宝が今度は世界の最先端のセラミック技術に発展し、京都のIT、電子部品系ベンチャー企業の原点となりました。京の匠は時代を先読みし、新しいモノづくりに取り組まねば時代に勝てないと、1000年の技の上に1段、2段の創造性豊かな技を積んでいきました。

京セラの稲盛〔和夫〕さんは松風工業〔現在の松風〕にいて、稲盛さんはそこでセラミック〔ニューセラミックス〕の開発をしていたわけですけど、新任の上司がそれをさせなんだんです。それで、前任の青山〔政次〕さんと2人で新しい会社をつくったわけです。それが現在の京セラです。その時に出資した人は、この近くの方々です〔京セラの創業当時の資本金は300万円で、宮木電機製作所社長の宮木男也氏とその関係者が130万円、同社専務の西枝一江氏が40万円、同社常務の交川有氏が30万円、残りの100万円を青山氏や稲盛氏などが技術出資したとされる〕。

このご町内といえば、昔、電気屋街だったわけです。それは火事になるので、お寺のお灯明に電気が使われたことに由来しているんです〔京都で最初に家屋電灯がついたのは、先斗町や新京極、四条通、五条通とともに寺町通であったとされる。その後、寺町通は大阪の日本橋に次ぐ電気街へと成長した〕。その時から、小銭をコツコツみな持っているわけですよ。たとえば、寺町通にエディオンというお店がありますけど、昔はタニヤマムセンといいました。

――タニヤマムセンでしたね。

勝見　私とことはものすごい仲でした。タニヤマムセンに谷山茂三郎さんという人がいたんですが、彼は早川徳次さんを助けたんですよ。早川徳次さんは、シャープペンシルの後にラジオをつくったんですけど、売るところがなかったんです。それを谷山茂三郎さんはトラックに何台分かを引受けて、それを全部売ったんです〔もともとタニヤマムセンは、ラジオや電気器具を取扱っていたが、1928年に早川金属工業所（現在のシャープ）と特約店契約を結び、シャープ製品の卸売を開始した〕。

――鉱石ラジオですね。

勝見　それを売った。そやから、数年前までは、いつでも宴会の時は、吉永小百合さんを挟んで両横には、谷山会長とシャープの代表者が座る。ずっとそういう関係やったんです。また、福音電機、いまのパイオニアの創業者は、谷山茂三郎さんの娘婿なんですよ〔谷山茂三郎氏の娘・千代氏はパイオニアの創業者である松本望氏と結婚された〕。そやから、彼が会社を創業する時に、谷山〔茂三郎〕さんは支援もされたわけです〔松本氏が東京で事業を開始する際、谷山茂三郎氏は200円を貸与したとされる〕。それから、京都のハイテクベンチャーで、陶器から転じた会社をもう一つあげれば、村田昭さん。

――村田製作所ですね。

勝見　彼が村田製作所をつくった〔碍子などを生産していた実家の陶器商を転じて、1944年に村田製作所を創業〕。その時当社の取引先の資産家にお願いして、エンジェルとしてようけ資金を出したんです。

――御社が出された。

勝見　そう、そう、そう。そやから、京都のハイテクベンチャーは全部、焼物を起源にしているんです。京セラは松風工業の分かれやし、立石電機もその前は変圧器のスイッチを、焼物でつくっていたんです。そこから分かれて、彼はマイクロスイッチをつくられたんです〔立石一真氏は、実家が伊万里焼盃の製造販売をしており、兵庫県庁に就職後、彩光社を設立、さらには立石電機製作所を設立したとされる〕。

――センサーね。

勝見　そういうつながりがあるわけですよ。私は昔から、立石さんの注文をよくもろうていたんですが、みなつながりがあるからなんです。あと、このあたりから出た起業家では、よく大林富次郎氏が私に「いま、リヤカーを押して行かはる人な、そこの印刷屋はんやで」といっていた人がいるんですが、その人が大日本スクリーンをつくったわけです〔大日本スクリーンの前身は石田旭山印刷所であり、そのガラススクリーン研究部門が独立し、大日本スクリーンが誕生した〕。

――そういった会社にお金を出されたのが、このあたりの人たちということですね。つながっていますね。

勝見　つながっている。そやから、お金を持っていたということです。この裏にマンションがあるんです。このマンションの土地の所有者は、そこでハイテクベンチャー企業を立ち上げた方で、自分の創業の地やから「絶対売らん」というて、マンションに貸してはるんです。そやから、この街には、ベンチャービジネスとのつながりがようけあるんです。また、昔、寺町通は京都のメインストリートで、裏通りの御幸町通は天皇陛下が通られる道でした。

――よく京都のベンチャー企業の話になりますと、必ず京都銀行が果たした役割が強調されますよね。京都銀行はもともとは京都の北部にあった4つの銀行を、戦時中にくっつけた銀行で、戦後まで京都市内に1つしか支店を持っていませんでしたよね。それを蜷川〔虎三〕知事が本店を市内に持ってきたので、移転後しばらくは、京都市内の優良な

貸付先はよその銀行と取引していて、貸付先がありませんでしたでしょ〔京都銀行は1941年に両丹銀行、宮津銀行、丹後商工銀行、丹後産業銀行が合併してできた銀行で、1951年に京都銀行に改称し、1953年に本店を京都市内に移転した〕。

勝見 京都銀行の果たした役割は、私とこがエンジェルを集めた次の段階、つまり事業を大きゅうする時に、一番の引受け手になってくれたということです。だから、そういう意味で、京都銀行はベンチャーを育てたといわれるわけです。その時に、現在の京都ハイテク企業の大株主となり、有力地方銀行となったいまも、ベンチャーの資金力になっています。

――じゃあ、最初は御社などがエンジェルを集めて資金供給し、その次に京都銀行が……。

勝見 来てくれた。

――そういうことですか。

勝見 そやから、京都銀行はモノの考え方、社風はよそと違うんですよ。たとえば、3年か4年前の日経新聞をみられたらわかるんですが、京都銀行が株式含み益を全国の銀行のなかで一番ぎょうさん持っているという記事が載っているんです〔『日本経済新聞』の2007年9月29日付記事で、有価証券の含み益が全国の地方銀行でトップであることが報じられている〕。それは、さっきいうたベンチャー企業の成長段階で、京都銀行はようけめんどうをみたからなんです。

――京都銀行は、ハイテクベンチャー企業へ融資だけでなく、株式を額面で引受けたりして、資金供給をしたという話をよく聞きますよね。

勝見 そうでしょ。それからもう一人ようめんどうをみはったんは、榊田喜三さん。

――京都信金〔京都信用金庫〕ですね。

勝見 榊田さんとこは、もともとは京都の証券会社の決済機関でした。そんなこともあって、スタートアップ期に投資していたから、京都銀行と京都信用金庫はようけ京都のベンチャーの株を持ってはるんです。こうした精神は、先ほども申しましたように、明治時代に都が京都から東京に移り、京都では「再開発が京都の生き残る道だ」という危機感が生まれました。こうした「危機をチャンスに」する精神が、新しいものに食いつく風土を生み出したと思います。

▼京証と大証の合併秘話

――今度は京都証券取引所の話に変わりますけれども、中村理事長がワコールからいらっしゃって、その後、上場企業が取引所を囲む会という会合をやっていたらしいんですけれども、囲む会でどういうことをしておられたか、内容をご存じでしたら、お聞きかせいただきたいなと思っております。

勝見　これはやろうと思うたんやけども、なかなか京都証券取引所会員の賛同を得られなかったんですね。

――賛同というのは、どこからの賛同を得られなかったんですか。

勝見　やっぱりその〔上場〕予備軍ですね。中村理事長は新規上場が京証存続の「カナメ」と考えておられました。

――上場予備軍からの賛同が得られなかったというわけですね。それで、あまり実態としてはなかったということですね。しかし、京都証券取引所は単独上場銘柄も20年あまり出てきませんでしたし、経営的にも厳しい時期が続きましたよね。

勝見　囲む会は賛同を得られず、うまくいかなかったということです。それと、もうその時にはすでに、そんなもんをやったところで、みなが京都証券取引所を見放していましたし、むしろ、京証があったら、支店がいつまでも賦課金を払わんなんと……。

そもそも私が考える京証の一番の失敗は、財界からトップを入れたということです。当時、ほかにも有力者はいたんです。しかし、当時理事長をされていた村岡〔秋司〕氏はその人らにさせずに、自分の使いやすい人を選んだんです。そら、西村永治郎氏とか、大林富次郎氏とかは、先輩やから使いにくいですわな。

――証券界からではなく、京都財界から出した。

勝見 これがたとえば財務省のOBを入れていたら、ひょっとしたら、もっと違う結果になったかもしれませんよ。

――そうですね。官僚OBなら東証と合併させていたかもしれませんね。

勝見 私はそれを提案したんですけどね。それと、財界といっても大阪じゃない、地元財界から入れたということが失敗だったと思うんです。地元企業は、資本関係とかいろいろなことで地場の金融機関とつながっていますわね。それで、あまり動けないんですよ。やっぱり取引所は公器のもんで、その理事長は上場企業と一般投資家のなかを、どういうふうに融和して、中立性を保ちながらつなぐかが役目でしょ。それができるのは、やっぱり証券の経験者がいちばんいいと、私はそう思うんですよ。

当時、京都財界のなかで、京都証券取引所の将来を考えた議論は、もうすでに「京都証券取引所は不要なもん」というふうに結論が出ていたわけです。それで、財界でも人を探したけど出てこなかったんで、その時の京都商工会議所の会頭が塚本〔幸一〕さんだったから、やむをえずワコールの副社長であった中村〔伊一〕氏を理事長に出していただいたわけです。しかし、その時に、証券会社の人を入れることはできたんですよ。それを村岡はんがみな消したんです。

――じゃあ、塚本さん自身は、もう京証は不要と考えていたけれども、立場上、仕方がなく中村さんを推薦したわけですか。

勝見 それも三顧の礼でやっと来ていただいたわけです。それともう一つの問題は、中村はんは、ワコールと京都銀行との間にいろいろなことがありますから、当番銀行〔京証の決済銀行〕のなかに京都銀行を入れてくれといってきたんです。

――場勘銀行のなかに……。

勝見 そう、そう。場勘銀行は1週間ずつみんな回り持ちしていたんです。京都銀行が入ってきて、どういうことが起こったかというと、京都銀行が当番の時は、5日目にしかお金を払わないから、証券会社が1日か2日、立て替えなあかんようになったわけです。ほかの銀行が当番の時はみな、東京証券取引所の約定証の信用で、株券は1日前に来て、お金も4日目に全部入っていたんです。ところが、京都銀行だけは慣例を守ってもらえなかったんです。

――なぜですか。

勝見 京都の地場証券が信用されてなかったんやね。それで、私はやかましく中村氏に、「場勘銀行の話合いで解決してくれ」というたんですけど、彼は京都銀行に理解していただけなかったわけです。それで、私が「つぶそう」というたんです。あまり表にできんことやけど、それが結構大きな問題やったんです。それで私と中村理事長は、東証と合併しよう思うたんですよ。それも、京都の経済界が京証を不要と考えるなら、早期に、まだ余力のあるうちに〔東証と合併すべき〕と思ったんです。

――その話は、東証の社長をされた鶴島〔琢夫〕さんにお話をお聞きした時に、鶴島さんも中村理事長から話があったことをおっしゃっていましたね。

勝見 私と中村理事長は、東証と合併しようと考えていたわけですよ。支店会員にとっては、別に京証を通さんでええのやから、そんな話あまり関係ないでしょ。なかったら分担金も要らへんわけですし。そうでしょう。そやから、主として話をせなあかんかったのは、京都の地場証券の社長ですよ。全証連という問題もありましたから……。

先ほどもいいましたように、もう意味はないとみな思っていたわけですよ。せやけど、みなが臭いもんには蓋をかぶせとことという考えで、だれも何もいわへんかったわけです。だれかが口出しせな、もうどうにもならへんわけですよ。そやから私がいうたわけです。一方で、「京証がなくなると会員じゃなくなる」という人もおられましたから、そういう人たちには、「それなら東京か大阪の会員権を買うたらよろしいやんか」ともいうたんです。

――会員権がほしければね。京証じゃなくて、東京とか大阪とか。

勝見　だけど、丸近としては東証の特別会員にもならへんと決めていましたよ。というのは、先行投資をする余裕もありませんし、別に母店を使うたらええやないかとも思いましたし……。ちょっと話がそれますけれども、私の友人で、香川証券の会長も同じことを考えておられた。

――中條〔安雄〕さん。

勝見　この方も東証の会員になっていませんでしょ。採算を考えて、東京の会社を母店にしたほうが合理的やないかというのが、私とか中條さん、アルプス証券の久保田〔壽穂〕さんとか、荘内の後藤〔毅〕さんの考えです。こうした独立系の地場証券は会をつくっていたんですよ。座長を野村證券の井阪さんがされたこともありました。

――その会には、今村証券の今村〔九治〕さんもいらっしゃったんじゃないですか。

勝見　そう、そう。今村さんもおられましたね。

――その会合から井阪さんが音頭をとって、ふるさとファンドを販売されたという話を、今村さんがされていましたね。

勝見　そういう話があったね。そやから、そこらのメンバーは、お金は持ってるけど、東京の会員にはならなかった。それから、山形証券の女性社長〔佐藤恵子氏〕はご主人が亡くなってから、そこはもともと中国株の実績がだいぶあったんで、東京の会員をとるんやったら、中国のほうが儲かっているとかいって、中国株を先頭きって始めはりました。

そやから、中條さんも東証の会員権をとって、支店までつくるお金があったら、東京のベンチャー企業の上場予備軍を買ったほうがええというので、うまくいかなんだけども、東京でベンチャー企業を買って長男に経営させていましたからね……。

――中條さんはいまも東京や大阪の証券会社を使って、つないでいらっしゃいますもんね。東証の会員権をとるなら、エンジェルになったほうがいいと……。

勝見　そう、そう。エンジェルになったほうがええと考えたわけですね。

――独立系地場証券のなかで、最近銀行と提携する会社が増えてきていますでしょ。

勝見　そうですね。札幌の上光さんとこは銀行から人を迎えはったでしょ。

――上光証券〔現在の北洋証券〕は北洋銀行から人が来られていますよね。

勝見　数年前に会うた時に上光さんは「銀行からようけ人を入れたけど、上光で残っとる人のほうがよっぽど役に立つ」と、当時、いうてはりましたね。

――北洋銀行から来てもらったけれども……。

勝見　そう、そう。証券は銀行と違って、売っている商品が元本保証やないからね。そやから、証券会社の営業マンは、多少でもチャレンジ精神がなかったらあかんのに、銀行から来た営業マンはおそれてやらへんでしょ。これは、昔からいうでしょ。

話を戻しますと、私は、「京都証券取引所は公器の機関だから、公の機関なら、いままで上場賦課金をずっと納めてきた人の意思を尊重せよ」というたんやけども、何人かから反対が出て、最後まで東証との合併をいうたんは私ぐらいです。それと東証と合併できなかったいちばん大きな理由は、京都の取引所が東京と合併するようなことになると、大阪の金融、経済界はメンツがなくなるわけですよ。問題はそこがいちばん大きかったんです。当時、大反対したんは、関西電力の秋山〔喜久〕さんなんです。これは会議に出席した中村理事長から聞いた話です。

――なるほど、大阪のメンツがつぶれると……。

勝見　つぶれるということです。

――それで結果的には大証と合併しますね。

勝見　ただ、合併の時に、大証はダウンサイジングの途中やったわけですよ。千里の土地を売ったり、いろいろしていました。そやから、私が理事会に出た時も、巽〔悟朗〕さんは「京都の全証連に入っている人は1人も入れへんで。そういう条件でやったら、やむをえん」というていました。それが真実です。

――その一方で、1993、1994年頃には、京証は単独上場銘柄を獲得しようというプロジェクトもやっておられましたよね。

勝見　それはね、まあ一生懸命やろうという動きの一環ですね。たとえば、その時京証でいちばんようできてたんは京都ホテルなんですね。ところが、大株主は日本冷蔵〔現在のニチレイ〕ですから、それを出してしもうたら、もうないと……。

――互応化学工業が単独上場するまで、23年ぐらい単独上場がありませんでしたが、その間、どこか新規上場銘柄をとろうという動きもあまりなかったわけですか。あまり積極的に取引所もされていない。

勝見　ないね。

――京都証券取引所が、取引所集中義務が撤廃される直前に、個別銘柄の先物取引をやりたいというふうに大蔵省に申請したら、投機性が高いから駄目だというふうに却下されたという話を聞いたことがあるんですけども、このあたりのことをちょっとご存じでしたらお聞かせいただけませんでしょうか。

勝見　これはね、やっぱり京都市場でいわれることは、あまりレバレッジを掛けるもんは好まない土地やということですね。

——京都の投資家が……。

勝見　そやから、千何百年もの間、京都の人は財産を守れてきたわけでしょ。そういう土壌やということがあるんですよ。私とこも、実は商品取引をやったことがあるんですよ。そやけどまったく駄目やったんです。

——しかし、個別銘柄先物取引を京証はやろうとしましたよね。それはどういう経緯があったんですか。

勝見　それは一部の人がやろうと思うたんです。

——ああ、一部の人が。現物の出来があまりにも悪いので、それにかわる収益源を何かつくりたい。そこで、先物をと……。

勝見　そう、そう。私は初めから反対したし、大手証券でもあまりいわなかったですよね。一部の業者がもう生き残れへんし、背に腹はかえられんからやろうということだったと思います。私は設備投資をしてまですることはないと反対でしたけどね。当社でも、オプション取引をしているお客さんは5人ぐらいしかいませんし……。

——戦後、取引所が再開された時に、近畿には3つの取引所が再開されます。京都、大阪、神戸というのは近すぎますよね。狭い地域に3つも取引所があれば、経営的に厳しくなることは、最初からある程度はわかっていたと思うんですが……。

勝見　それが徐々に存在する意味がなくなっていくんですね。特に、通信回線が普及してから、一段と意味がなくなったんですね。

——そういうことですね。それで廃止しようと……。

勝見　当時、ワコールがタイに工場をつくったから、私は理事長とタイへ行ったことがあるんですよ。その往復の飛行機でも「地場証券のいくつかだけが、京都証券取引所を必要やと思うているけど、支店会員はもう京都証券取引所は不要やと思うてる。いまやったら、まだ資産もあるさかい、退職金も3倍払えるし、だれにも迷惑をかけへん。そやから、やめどきが肝心や。このまま続けてもだれも喜ばへん。早いうちにやめよ」と、私はいうているんです。

――勝見さんがおやめになろうとおっしゃったのは、多分、平成になってからだと思うんですけれども、1965年ぐらいから大蔵省では、坂野〔常和〕さんたちが地方取引所再編論といったレポートを出されましたよね〔坂野氏の私的研究会であった証券研究会が、「全国証券取引所構想」を提起し、そこで地方取引所の再編が取り上げられた〕。

勝見　ああ、出ていましたね、出ていました。その話は、協和会の幹事長をしてるさかい、だいたいわかります。

――その時に京都では、再編の話はなかったわけですか。

勝見　あの時はね、最後まで残りたいという人が多かったんです。神戸は石野〔成明〕さんが音頭をとってやめましたけど……。

▼京都証券誕生の経緯

――あと、取引所のかかわりでいいますと、京都証券というのがありましたでしょう、つなぎ機関〔京都証券は1951年につくられた大阪市場へのつなぎ機関で、京都証券取引所の出来高のうち、約90%が京都証券を通じて大阪市場に取次がれていた。1966年頃は、京都証券への注文の53%が、支店会員からの注文であったが、その後、東京市場への一極集中が加速すると、大阪市場への取次しかできない京都証券経由の注文は漸減し、1976年には取扱高が10年前と比べて半減したのに加え、支店会員からの利用も2%にすぎなくなり、1978年に解散した〕。

勝見　ありました。

――京都の地場証券でつくられたかと思うんですけれども、あれはどういう経緯でつくられたんですか。

勝見　それまで各社は母店を持っていたわけですが、専用直通回線を持っていたのは、わずかだけだったんです。ところが、情報の伝達が変わってきて、1社でやるより、全社が共同で大阪へ専用回線を引いたほうが、費用の削減になるということになって、それでつなぎ機関をつくったわけです。

――それをみんなで分担して……。

勝見　京都は、時事通信が専用回線を引いていたんですが、その次に、京都証券が専用回線を引いて、それでつないでいたんです。後に労基問題でこれをつぶすことになって、協栄証券に引き継いでもろた時も、地場証券はみな出資に応じたわけです。

――それで、協栄を通じて東京とか大阪に注文を……。

勝見　出した。私とこは100%協栄に出した。そやけど、「手数料が高い」と文句も出たんです。協栄の手数料が高い要因はいくつかあったんです。それは新潟証券取引所であるとか、いくつかつぶれていったために、だんだん注文が減ってきたわけですね〔もともと京都証券は、証券取引所の会員業者が出資してつくったつなぎ機関だったため、会員業者が少なくなると、注文が減る運命にあった〕。

――広島もそうですね。

勝見　だから、手数料を下げられへんわけです。そうでしょう。京都証券取引所で協栄証券を使うたのを、じかにつないで市場外取引をしたら経費が助かるわけです。

――何か協栄を通じて出した注文からも、京都証券取引所に手数料が払われたと聞きましたが……。

勝見　そう、そう。あった、あった。

▼四条通の店舗進出をブロックした商店街

――そういうふうに、京都の地場証券で京都証券をつくられたということもお聞きしたんですけれども、昔から四条通には大手4社のお店がありましたでしょう。

勝見　あるある。

――しかし、ずっと4社以外の証券会社のお店はなかったですよね。最近は岡三とか……。

勝見　山種とかいっぱい出てきた。

――しかし、そういう会社がお店を出されるまで、結構な時間があったと思うんです。それは一説で聞いた話では、京都の証券界がみんなで四条通に証券会社が進出するのを阻止したというようなことを聞いたんですけれども、それは……。

勝見　ない、ない。その時にいちばん反対したんはね、四条繁栄会。あそこが証券会社、銀行は絶対入れんというてたんが、地場の証券会社が反対したというふうにいわれてるんやと思いますね。

――ということは、証券界が反対したのではなく、四条通の商店街が反対したと……。

勝見　そういうことです。そうすると、京都に店を出したかったら、違うところに出さなあかんから、いちよし〔証券〕さんは桃山に出したというわけです〔いちよし証券は、1969年に伏見大手筋に伏見支店を開設した〕。

――だから、京都銀行も四条通に店舗をつくれなかったわけですか。

勝見　そう、それがあった。その時いちばん反対したのが、当社の株主でもある四条繁栄会の有力者。その後、四条繁栄会は四条通に面してショーケースをつくったり、いろいろなことをやりましたよ。だけど、四条繁栄会は失敗した。何を失敗したかいうと、昔、阪急電車が、四条大宮から四条河原町まで地下化する時に、「四条通の地下道を全部商店街にする」というたんですけど、その当時、大反対したんです。ところが、地下いうのは人が通ることがわかって、四条繁栄会も数年前に商店街にしようと決めたわけですね。ところが、いまさらそんなことを決められても、阪急電車にしてみたら、梁をみな入れ替えさせなあかんから、できひんということになったわけです。そやから、地下を商店街にしようといわれた時に、商店街をつくって、自分らも店を出しといたらよかったんやと思いますけどね。もっと先を読まなあきませんわな。

――なるほど、なるほど。じゃあ、それは聞き違いということですね。

勝見 真実はそういうことです。商店街の反対で銀行も、証券会社も店を出せなんだ。というのは、金融機関は休日にシャッターを下ろすので、シャッター街になるのを嫌ったんです。そやから、山種さんは新町の角に店を出したということです。ところが場所が悪いでしょ。それもあってお客さんがつかなんだわけです。

▼証券界での長年の経験から考えるこれからの地場証券経営

――最後になりますけれども、勝見さんは証券界で60年以上ご活躍になっておられますので、そのご経験から、京都市場の特質や特徴をお聞かせいただけますでしょうか。

勝見 私の考えは、先をにらんで、どういう商品を販売するか。そして、その商品に対応する組織と人材をつくるかを考えないといかんということです。もういままでのように、株だけでは商売では存続できないようになっていますわね。

先ほどからいうてますように、私は個人営業をして怒られて、中国ファンドを売って怒られて、ワリコーを売って怒られて、投信を売っても怒られた。私が投信を売ったり、婦人部隊をつくったりした時に、萬成証券の藤井史郎さんは、私に「勝見はん、どんどんやってくれ。うちは二番手でやるさかい」といわはった。そやけど、「二番手では利益が出えへんで」というんです。

たとえば、未上場の会社ですけど、京都に卵をパックする機械をつくったナベルという会社があるんですよ〔ナベルは世界で初めて、卵を自動選別してパックする機械をつくった〕。その人がいうのは、トップの会社がシェアの9割をとると、2位以下の会社は残りをみんなで割らんならん。ということは、トップにならん限り、シェアを握ることはできへんということで、いまでものすごう気張っておられますよ。

そして、京都市場の特質としては、やっぱりお客さんを大事にするということやと思いますね。そうやなかったら残れません。京都でも西村証券の隣に、昔、清水商店という店があったんです。彼は、中央市場でバナナの叩き売りをして、それから証券会社をやったけど、すぐにつぶれた。五条通にいま中信の支店がありますでしょ。あそこには上原証券という店があったり、京都には証券会社がもういっぱいあった。私がこの世界に入った時には、京都に60社ぐらいあったと思います〔1949年12月末時点で、京都府内には本店を置いている41社と府内に本店を置かない11社が存在した〕。

ところが、そのほとんどがつぶれた。それは、個人投資家の時代になっているにもかかわらず、鞘取りに注力して、地道に足腰を鍛えて個人のお客さんを集めるという、しんどいほうを選ばへんかったからなんです。当社は創業以来、お客さんは京都の有力資産家が中心で、いかに情報を収集して、各顧客の利に適う商いをするか、一時的でなく、長期にわたって信用を得るかという努力をしてきました。そうして考えると、いまは募集営業で地道に個人のお客さんを集めなあかんと思うんです。苦しいほうの道を選ぶことが、実は楽な道なんです。

株式投資も勝ち組は一握りです。私は今日、10年後に企業が生き残れるかをよく考えになければならないと思っています。それは、考えることをやめれば生き残れないと思うからです。新しいことを考えて、他社より早く動く。営業員も考えて、考えて情報を集めて、そしてそれを分析しなければなりません。お客さんへの満足度調査でいちばん多いご要望は、お客さんに怒られることであってもいうてほしいということです。投資家は自分の考えが先を読んでいるか、意見を求めます。そういうことを望む投資家は、30年、40年の投資経験をお持ちの優良な投資家の方々に多くみられます。

——そういう意味では、お客さんに適切なアドバイスしてあげて、資産を増やしつつ、資産管理もしてあげる。そして、そういう関係を長く続けるということをやっているところに、京都市場の特徴があると……。

勝見　そう、そう。諸々のアドバイスをしてね。

——そろそろお時間がまいりました。今日は本当に長い間、ありがとうございました。

◎本稿は、小林和子、二上季代司、深見泰孝が参加し、2015年3月10日に実施されたヒアリングの内容をまとめたものである。

第8章

広島証券界の歴史を聞く

——打海啓次氏、打海英敏氏証券史談

本章では中国証券界の歴史を取り上げる。中国地方には1948年時点で76社の地場証券が存在し、翌1949年には地場証券が115社（広島県40、山口県40、岡山県35）を数えた。ところが、中国証券界では3度の再編があり、1度目はドッジデフレ後の1950～1952年、2度目はスターリン暴落後の1953～1955年、そして免許制移行の直前に3度目の再編が起こり、この3度の再編で115社が登録取消や廃業によって市場から退出し、1968年の免許制移行時までに8社に再編された。その後、1971年に広島の第一呉証券が三洋証券、野島証券が第一証券〔現在の三菱UFJモルガン・スタンレー証券〕に吸収合併され、2013年に八幡証券が藍澤證券に、北田証券が大山日ノ丸証券に売却や統合され、中国地方の地場証券は2社となった。その後、2007年、2008年に山口、広島で地銀系証券が誕生し、現時点では4社が中国地方を本拠として営業を行っている。

本章に掲載するのは、ウツミ屋証券の打海啓次氏、打海英敏氏のオーラルヒストリーである。ウツミ屋証券は広島、山口を中心に営業を展開する中国地方随一の地場証券である。広島の街は、1945年8月6日の原爆投下により、壊滅的打撃を受けたわけだが、ウツミ屋証券の歴史は1949年5月に始まる。その後、債券営業に注力し、「信用第一、親切第一」を経営哲学に、1968年9月期以来、経常黒字を43期連続で計上し続けた、特色を有する証券会社として発展を遂げてきた。

さて、このヒアリングに際し、筆者らは次のことに関心があった。まず、戦後、中国地方には多数の証券会社が設立された。先の大戦で広島は街全体が壊滅的打撃を受けたわけだが、証券投資を行うような富裕層ははたしてそれほど多く存在したのか。そして、これに関連して、戦後復興期にいったいどういう顧客層を対象にした商売をしてこられたのかである。

次に、地場証券は株式営業に注力する会社が多いわけだが、ウツミ屋証券は債券営業に早くから注力され、「債券のウツミ屋」を標榜し、金融債をはじめとする債券営業を強化してこられた。これに関連して、なぜ債券営業に注目し、それを強化したのか。そのきっかけは何だったのかである。

そして、地方証券取引所の衰退とともに、東証会員権の取得が重要な経営課題になるわけだが、ウツミ屋証券の会員権取得は政治問題にまで発展した。ただ、会員権取得後も、全国展開を志向するわけではなく、「偉大なる田舎者」として地域密着を志向される。そのことが後に外資系やさわかみファンドとの販売提携を可能にしたわけだが、ウツミ屋証券の規模であれば、営業地域を広域化することも可能であったように思える。そこで、なぜ地域密着路線を選択されたのかが筆者らの3点目の関心である。これら筆者らの関心に基づき、お話を伺っている。

▼復興下での創業

――本日は、前半に御社の歴史とか、特徴、ビジネスモデルについてお聞きいたしまして、後半では、広島県、または中国地方の証券業界全体の特徴なりをお聞きしたいと思っております。まず第一の論点であります御社の歴史からお聞きしたいと思います。

御社は1949年5月に設立されますけれども、広島は原爆が投下されました。御社を創立された当時は、広島の街が壊滅状態からの復興過程だったと思います。一方で、御社は創業後、あまり間をおかずに呉や福山に営業所を開設しておられますね〔呉営業所は1949年、福山営業所は1950年開設〕。私どもからすると、壊滅状態からの復興過程で、それほど株式投資をする富裕層がいたとは、なかなか想像できないんですけれども、どういったお客さんを相手にしてお商売をされていたのか、ということからお聞きしたいんですけれども、いかがでしたでしょうか。

打海（啓） 創業者〔打海繁氏〕は、戦前、地場証券のなかでも大きかった鎌田証券で支配人や常務を務めておりました。しかし、戦局が極度に悪化した第二次大戦末期に、証券市場は空襲により機能麻痺に陥ったため、創業者は鎌田証券を去ることにしたようです。そこで、会社に出資したんですね〔打海繁氏は、広島鍛造という航空機部品の下請工場に5万円を出資し、取締役総務部長に就任していた〕。その会社は、市外の向洋というところに工場がありました。

原爆投下の日までに、新工場増設工事も半ばに差し掛かっていました。当時、午前中は猿楽橋の本社で執務、午後は市外の向洋の工場にいるのが常であったとのことですが、8月6日はたまたま自転車がパンクしていたため、出汐町の自宅から直接向洋の工場へ出かけたそうです。それで工場での被爆となり、硝子の破片による軽微な裂傷だけですんだとのことです。仮に爆心地に近い本社にいたとすれば、即死は間違いなかったはずです。自転車が命の恩人となったわけですから、人間、何が幸いするかわかりません。

原爆により広島では、14万人の方々が亡くなられました。もちろん取引所も焼失し、職員の方も多数尊い犠牲となられました。敗戦直後は皆さんご承知のとおり、食べるものも満足にない本当にひどい状態であったと聞いております。壊滅状態の広島は特にそうです。その時、創業者はまず食べるものだと思ったらしく食堂を開いたようです。それは、人気店となり、繁盛していたようです。それから4年の時が経った頃、1949年5月に東京、大阪、名古屋に取引所が再開され、7月には広島証券取引所再開の予定と聞くに及び、創業者の関心は再び証券業に強くひかれていったとのことです。創業者は「産業資金調達の担い手として、永年にわたる過去の経験を生かし証券会社を創立して祖国の復興に寄与しよう」と決心し、あっさり食堂を廃業して、アメリカ式の投資家保護の合理的精神にのっとった新しい証券業に専念することになりました。まず、6名の友人たちを発起人とし、1949年5月10日資本金300万円でウツミ屋証券を設立、銀山町に木造平屋建の店舗を設け、満50歳の誕生日である5月25日を期して営業を開始しました。社長以下男子5名、女子2名の世帯が会社誕生の姿でありました。

――御社の創業は1949年5月ですが、創業後早くから営業拠点を次々に開設されていますね。

打海（啓）　そうですね。創業して間もなくの1949年から支店をつくっています。1949年に呉営業所、

1950年には福山営業所、1951年には北浦営業所、防府営業所、竹原営業所、浜田営業所の4営業所、そして1952年には徳山営業所、1953年に岩国営業所、別府営業所、因島営業所を開設し、昭和30年代には1955年に長門営業所、1956年には三次営業所、1960年に光営業所、そして1961年には庄原営業所を開設しました。その後も、松江支店、五日市支店、可部支店、東広島支店などを開設しています。

――呉に営業所を開設された翌年には朝鮮動乱が勃発しますよね。その後、新しい資産家が出てきたかと思いますが、どういったお客さんを相手にお商売していらっしゃったのでしょうか。

打海（啓） それは、証券民主化運動ということがありましたし、それと、やっぱり株の好きな人というのは、いつの時代にもいらっしゃるんですよね。これは、昔から……。

――しかし、市内のお客さんは方々の会社にとられていて、市内だけでは駄目だということで、広島のなかでも、市内じゃなくて周りの都市に、お客さんを求めて支店をつくられたということなんですかね。

打海（啓） そうですね。それと、お客様の「もっと、近くに」をモットーにしていたようで、出店を急いだと思います。

――そうして朝鮮動乱がおわりますと、今度はスターリン暴落がありましたね〔スターリン暴落は、1953年3月5日に、旧ソ連の指導者スターリンの死去を契機として起きた株価暴落〕。その後に共栄証券金融を設立されたとありますけれども、その目的は何ですか。

打海（啓） 要するに、投資家にお金を貸したんじゃないですか。戦後の証券取引法は、現物取引だけでしたでしょう。だから、これは定かではありませんが、月賦販売したり、金融をつけたりしたということなんでしょうかね。お客様へのサービスということもあったのか、よくわかりません。

打海（英） 創業者に先見性があったと思いますよ。お客様に株式投資がしやすいように考えたのでしょう。

▼「債券のウツミ屋」として債券業務に注力

――ウツミ屋証券は、山一證券を母店にされながら、順調に拡大していくわけですが、1965年の証券恐慌では、証券界は非常に大きな不況に陥りますけれども、その前からウツミ屋証券は割と債券に力を入れておられたと……。

打海（啓）　特化した時代もあったんですけれども……。「債券のウツミ屋」が本格化したのは、むしろ証券恐慌以後ですね。それは、株式売買高は1970年から1973年にかけて、予想外の市況好転が幸いして3年間で倍増となりましたが、その後の総需要抑制政策による不況の影響で、1975年9月期は5年前の水準に逆戻りします。一方で債券部門は、1973年より、新発債売出募集高は過去5年間のそれと比較して3・3倍、年率27％の増大、また既発債の売買高も7・5倍増、年率50％増大しました。ここに「債券のウツミ屋証券」と称するゆえんがありました。

――なるほど、そうですか。地方の証券会社としては、比較的早くに債券業務に参入されたなという印象があったんですけれども……。

打海（啓）　そうですね。金融債というか、ワリコーには力を入れたと聞いています。もちろん、電話債も普通の事業債も取扱いしておりました。その他既発債の売買など……。

――そうですか。債券販売に注力されるということになると、法人相手のお商売になりますので、国債の入替えとかがあって、コンピュータ投資が非常に重要になってくるかと思うんですけれども、それはあまり……。

打海（啓）　当時は手計算でやっていましたね。もちろん、債券部もありましたし、入替えの提案もしていたと思うんですけれども、当時はコンピュータではなく、みんな手計算でしたね。

――しかし、それでは追いつかなくなりませんか。

打海（啓） それはそうなんでしょうけれども、そんな大規模な入替えとかはありませんでしたから……。

――そうですか。御社の場合は、山一コンピューターセンターと提携されますよね。以前、大和証券の奥本〔英一朗〕さんからお話を伺った際に、昭和40年代から50年代初期にかけて、債券関係の業務では大和証券の系列以外でも、友好な関係の会社があったとお聞きしたんですけれども……。

打海（啓） もちろん大和さんや岡三さんとも親しくしていただいたと思います。要するに、うちは手持ちがありませんから、玉を引っ張ってこないとお客様のニーズに応えられませんので、大和さんや岡三さんの手持ちをいただいて、それにレートを乗せて、お客様に販売していたわけですから……。

――じゃあ、取次みたいなものですか……。

打海（啓） はい。取次みたいなものだと思いますね。

――山一は、債券関係はあまり強くなかったと思うんですけれども、山一からも玉を仕入れて……。

打海（啓） 山一もありましたよ。

――ありましたか。じゃあ、債券の玉の仕入れは、だいたい山一からと考えて……。

打海（啓） 大和さんもありましたし、岡三さんもあったり、ワリコーは興銀〔日本興業銀行（現在のみずほ銀行）〕でしたからね。そういうようなところで、商品がなければということで山一だけでなく、複数の会社から商品を仕入れていました。結局、株だけでは駄目だということで、株式と債券を2本柱とする証券会社として、債券というリスクをとろうという経営判断をしていたのでしょう。

――いまのお話で、債券の仕入先として大和証券の名前が出てきたのですけれども、大和証券は母店ではないですよね。大和との関係というのは……。

打海（啓） 債券だけです。

▼政治問題にまでなった東証会員権の取得

――こうして「債券のウツミ屋」と称されたわけですが、その当時はまだ、御社は東証〔東京証券取引所〕の会員権をお持ちではなかったですよね。

打海（啓） まだ持っていないですね。

――その当時は、株の発注は主として、どちらのほうに出されていたんですか。山一ですか。

打海（啓） それは山一さんです。あと岡三さんとか……。

――その辺《へん》が多かったということですね。

打海（啓） 量的には山一さんがいちばん多かったんじゃないですか。当時は山一さんが母店でしたからね。

――御社は1984年に東証の会員権を取得されますが、あの時は東証会員権の取得が国際的な大問題になりましたね。

打海（啓） ええ、メリルリンチですね。

――御社が東証の会員権を取得された時に、いろいろなご苦労もあったかと思うのですが、それはいかがだったんでしょうか。メリルリンチも手をあげましたけれども、結果的にはメリルリンチが競り負けたわけですけれども……。

打海（啓） どこまでいっていいのかちょっとよくわからないんですけれども、実はあの話は、山一さんのほうから「どうですか」という話が来たわけですね。山一さんの系列証券が合併して、会員権があまりましたから。

――小柳証券と大福証券と、山一投信販売でしたね。それで会員権があまったわけですね〔1984年に山一證券系列の小柳証券が大福証券、山一投資信託販売を吸収合併して、太平洋証券を設立した〕。

打海（啓）　あまったわけですね。それでメリルリンチが手をあげる前に、山一さんのほうから「どうですか」と打診があったんです。だから、メリルリンチは最初じゃなかったんですね。

――それというのは、もともとウツミ屋さんと山一は、かなり親密な関係にありましたね。そのことが根底にあったわけですか。たとえば、先ほども話題に出ましたシステムも、御社は山一のシステムを導入しておられましたね。

打海（啓）　昔は十三会という集まりがありまして、山一グループの会社は、全部山一さんのシステムを使っていたわけですね。うちもそのメンバーの一つでしたから、同じシステムを提供してもらったと……。

――山一とあそこまで深くシステムを提携していたのは、系列、友好証券のなかでも、御社はかなり早かったんじゃないでしょうか。

打海（啓）　いや、どうですかね。山一さんはうちの5%ぐらいの株を持っておられた株主でしたから……。

――ということは、山一にとっても御社はかなり親密な間柄にあって、それがゆえに早くからかなり提携関係も深めていたということですか。

打海（啓）　山一さんの系列証券のなかでは、やっぱりメインは中央〔現在のちばぎん証券〕さん、内藤さん、あともう1社、昔、御三家といったんですが、内外〔現在の東海東京証券〕さんだったかな。

――内外証券……。

打海（啓）　この3社は、十三会のなかでも御三家といわれていましたし、保有株の比率も全然違いましたから。

――しかし、山一が親密証券というか、系列証券のなかでも、会員権を持っていなかったところもいくつかありましたよね。

打海（啓）　はい。

――当時は内藤証券なんかがそうだったと思うんですけれども……〔内藤証券は、1988年5月に東証会員権を取得し

ている」。

打海（啓） 当時の内藤さんはそうでしたかね。ほとんどの系列証券が会員権を持っていなかったと思いますよ。

――そうすると、山一系列で会員権を持っていない会社も、会員権をほしかったと思うんですけれども、そのあたりはいかがだったんでしょうか。

打海（啓） 他社のことはわかりませんが、当時の山一の会長さん、植谷〔久三〕さんだったと思うんですが、植谷さんから証券大会かなんかの時に、うちの父に「どうですか」と打診があったんですよ。しかし、あの時は唐突感がありましたよね。値段もわかりませんから……。

――かなり高かったですよね。たしか16億円くらいだったんじゃなかったでしょうか〔1984年12月にウツミ屋証券は、東証会員権を16億3942万円で取得した。ただし、この時ウツミ屋証券のほかにも、メリルリンチ、岡地証券、岡徳証券（現在のアーク証券）など国内証券7社が取得を希望していた。一方で当時、日本の金融市場開放が政治課題となってお り、東証会員権の外資への開放は、外交問題にもなっていた〕。

打海（啓） メリルリンチと競り合いですからね。「メリルリンチ有利」との下馬評でしたが、結果的には、私どものほうが会員権を手に入れました。メリルリンチが、「うちの1支店にも満たない会社に会員権が渡るなんて」と嘆いていた、ということを聞いたことがあります。

――そうですか。当時、東証会員権の外資への開放は、外交問題にもなりましたよね。ですから、御社が会員権を取得されるには、相当なプレッシャーもあったんじゃないかと思うんですけれども、そのあたりはいかがだったんでしょうか。

打海（啓） うちですか。

――ええ。あまりプレッシャーはなかったですか。

打海（啓）　うちとしては入札で、競り勝ったわけですから、特にプレッシャーというのはなかったですね。むしろ、ニュースになってコマーシャルベースに乗ったんじゃないかと……。

――当時、東証会員権の開放が外交問題にもなっていたわけですから、外資系に開放したほうがいいんじゃないかという人たちもいましたよね。

打海（啓）　それはもちろん証券界にも、また山一證券のなかにもそういう考えはあったでしょうね。やっぱり山一さんが海外展開をされるうえで、メリルリンチのほうがよいという考えもあったでしょうしね〔当時、山一證券社内でも、国際業務を拡充させるためにも、大蔵省の意向を考慮すべきという考えと、高い譲渡価格を提示し、山一ともつながりの深い系列証券に会員権を譲渡すべきという考えがあったとされる〕。

▼東京支店開設とその営業内容

――一方で御社としては、どうしても会員権がほしいとお考えだったんだと思いますが、その目的といいましょうか……。

打海（啓）　もう、東京進出というのがうちの夢でしたから。

――それは当時、広島企業の財務部とかが、だんだん東京へ行っていたので、そっち側で仕事をしたほうが……。

打海（啓）　いや、それはないです。やっぱり東京に自支店を出したいということと、場立ちも育成して、つなぎ手数料を……。

――つなぎの手数料として、当時7億円くらい支払っておられたと聞いたことがあります〔ウツミ屋証券は、東証会員権取得前には母店を通じて、東証上場銘柄の取引を行っており、その手数料を約7億円支払っていたとされる〕。東京に進出し

ていく証券会社のなかには、東京支店に営業部を設けて、営業拠点として東京でもお客さんをつくろうとした会社もありますけれども、御社はあまりそうではなかったわけですか。

打海（啓） むしろほとんどが広島出身の……。

――ということは、東京の支店はあくまでも執行機能だけを担っていたと考えてよろしいのでしょうか。

打海（啓） いや、法人部もありましたし、個人営業部もありましたけれども、個人のお客様の大半は、広島出身のお客様でしたからね。

――ということは、営業体の戦略はこちらのほうで……。

打海（啓） 個人はそうですけれども、法人は広島企業に限らず商売をしていましたね、どこでも入っていけるところは入っていったと……。

――そうすると、東京は法人関係にも力を入れておられたということですね。その際の販売商品というのは、主に債券ですか。

打海（啓） いや、そうじゃないですよ。

――株もある……。

打海（啓） ええ。債券はやっぱり大手証券にレート負けしますでしょう。法人営業なんかでは特に……。ですから、ほとんどが株式です。

――そうすると、今度はバブルの時に法人営業絡みの問題に巻き込まれるということはなかったんですか。たとえば営業特金だとかいった問題に……。

打海（啓） いや、特金営業はほとんどやっていなかったですから……。

▼「奉仕と対話」と「儲けるな。しかし損はするな」「ゆっくり急げ」

——じゃあ、営業特金に伴う問題というのはなかったわけですね。なるほど。ちょうど、この時期に先代の社長さんが、「儲けるな。しかし損はするな」という非常に有名な訓示をしておられますよね。それはその時に何か非常に大きな事故があったとお聞きしているのですけれども、その事故からの教訓だということですね。

打海（啓） そうですね。

——それは、それほど大きな事件だったんでしょうか。

打海（啓） それは、金額にしたらもう……、大きい事件です。父が「儲けるな」というところにまで突き詰めて考えるようになったのは、バブルがふくれ上がる直前の頃、社内でトップセールスを記録していたある支店の営業員が、架空の売買を繰り返して営業成績を水増ししていたことが発覚したんですね。それで、この営業員と監督責任を問われた支店長が、会社を去ったわけです。父には、「営業員をそこまで向かわせたものは何だったのか」という苦い思いが残ったと思います。父が社長に就任したのは1980年ですが、それ以来、顧客を向いた営業をしよう、「信用第一、親切第一」の心で営業しようと、それまでも声をかけてきたわけですが、やはり、「清濁併せ呑む」というか、昔の株屋の雰囲気が残っていたのかと……。

——大阪でも東京でもそうですけれども、地場証券には歩合外務員に大きく依存する会社がたくさんありましたけれども、御社はあまり……。

打海（啓） うちはほとんど歩合外務員を使っていないですね。いたとしても1人か、2人だったと思いますね。その昔はよくは知りませんけれども、多分、歩合外務員は少数だったかと思います。やっぱり創業者の経営哲学というか、経営理念である「信用第一、親切第一」があって、自分のところの社員で営業するという考えだったんですよね。創業時に、証券民主化とあわせて、そういう青写真を描いていたんだと思うんですね。だから、歩合外務員は、いても少人数です。それも、向こうから特に頼まれた人だけを採用して、後は社員営業でした。そして、その考えで今日までずっとやってきたということになりますね。

打海(英) 1人か2人といいましても、諸事情があって採用した歩合外務員ですから、うちが積極的に歩合外務員を採用したということはなかったと聞いております。ですから、お客様を持っているんだけれども、もう定年を迎えるという人が、証券営業を続けていきたいというので、頼まれてうちの歩合外務員になってもらったとか、それくらいじゃないでしょうかね。

それと、会社を創業した時は、まだ各社とも、戦前にやっておられた人を歩合外務員として雇うというのがほとんどでしたから、その時にちょっとあったぐらいでしょうね。

——広島の会社は、だいたいそんなものですか。

打海(啓) うちはほとんどが正社員です。全部といっても言いすぎではないと思います。

——ということは、御社が広島の同業者のなかでは例外的だったんでしょうか。

打海(啓) いまとなっては、みんな一緒になっていると思うんですけれども、当時のうちは例外だったと思います。広島といっても東洋さんは全国展開しましたから、八幡さんくらいしかありませんでしたけれども、その八幡さんも藍澤證券の完全子会社に……。

▼「偉大なる田舎者」を選択した理由とは

――いま、東洋証券の話が出ましたけれども、東洋さんは昔、廣島証券といって、高井証券と一緒になって全国展開されましたね。御社としてもそういう道もあったかと思うんですけれども、そういう道を選択されなかったのはなぜでしょうか〔1967年3月に廣島証券は高井証券と合併して廣島高井証券と社名変更し、本店を東京に移転した〕。

打海（啓） そもそも出しても東京、大阪くらいとしか考えていなかったですから……。

――なるほど。東洋証券のように全国展開という選択をする会社が、身近にあったわけですけれども、そういった方針をとらなかった理由はどういうところにあったのでしょうか。また一方で、御社の広島、山口への店舗展開は非常に稠密ですね。免許制導入を受けて、新たな経営の段階へ進もうという時に、いまいったように、地域で手を広げていくという方法と、全国展開するという方法があったかと思うんですが、御社が前者を選択された理由は、どういうところにあったのでしょうか。

打海（英） いや、「地域密着」というのが、創業者の経営哲学というか経営理念としてハッキリと出ていますからね。人の問題もありますし、中途半端にほかのエリアに行って他社と食いあうよりも、いまある広島中心に広島、山口地域のなかで店舗を展開するというほうがよかったと思うんですね。それでも社員の数が504名までいっていますからね〔ウツミ屋証券の歴史のなかで、最も多い役職員数は、1991年3月期に記録した504人であった〕。

――お話をお聞きしていますと、御社は早い段階で支店をたくさん出されていますね。営業マンも社員営業ですよね。そうすると、固定費がものすごく必要になってきますよね。つまり、他社に比べてコストが割高になりますよね。しかし、それをまかなえるだけの商いがこの広島にはあったということですか。それだけのマーケットがあったんですか。

打海（啓）　マーケットがあるかないかではなくて、お客様の「もっと近くに」をモットーとしておりましたから、地域のお客様にとって身近にある証券会社として何ができるか、ということを考えていたと思いますね。たしかにコストの問題もあります。しかし、それは経営努力で解決するしかありません。

――過去ずっと連続して黒字でしたよね〔ウツミ屋証券は、1968年9月期以来、43期連続して経常黒字を継続していた〕。

打海（英）　はい、43期連続経常黒字ですね。それから、純財産はバブル期の1990年3月期は194億3600万円でしたが、2007年3月期の時点では315億500万円になっています〔ウツミ屋証券は、2008年1月1日付で会社分割している〕。また、1株当りの純財産は1990年3月期には1327円50銭でしたが、2015年3月期は4691円28銭になっております〔ウツミ屋証券は、2003年に401万4000株、2007年に478万8000株の買入消却を行い、そのほかにも2004年から2014年にかけて（2007年を除く）、277万7000株の買入消却を行っている〕。いずれにせよ、地域密着を選択したのは、正解だったと思いますね。

▼外資系証券やさわかみ投信との提携

――なるほどね。そうすると、日本国内に支店を持たない外資系証券からみれば、御社や四国の香川証券といった地域に密着している証券会社は、かなり魅力的だったでしょうね。

打海（啓）　ほしかったでしょうね。話はありました。

――そうですか。御社にはドイツ証券、モルガン・グレンフェルといった外資系証券が、提携を申し出てきたというふ

うにお聞きしているんですけれども、地域に密着した営業マンをお持ちですから……。

打海（啓） 彼らの商品を売れば、それは喜びますよね。

――外資系が持ってきた商品というのは、どんな商品だったんでしょうか。

打海（啓） それは、仕組債や外債など、その辺の商品ですよね、当時は。

――仕組債とかですか。そういった他社との提携は、ドイツ証券とモルガン・グレンフェルだけなんですか。ほかにもあったんですか。

打海（啓） そうですね。SBIなども……。

――そうですか。しかし、販売提携はされていませんよね。

打海（啓） いや、それはまったく考えなかったです。

――他方、さわかみ投信は直販を基本としていますけれども、澤上〔篤人〕さんと販売提携されていますよね。これは、御社だけだと聞いておりますが、それはまた一体どういう理由からなんでしょうか。

打海（英） それは、父が昭和50年代後半に「儲けるな。しかし損はするな」と儲けない経営をという話が先ほど出ましたね。その理解者が中長期の資産運用を目的とした投資信託を提唱する「さわかみ投信」の澤上篤人社長でした。勉強会に澤上社長をお呼びしたのが2人の最初の出会いのようです。「地場の証券会社が生き残っていく道」は何か、を話し合った時、意見がぴたりと一致したのは、当時、「猫もしゃくしも総合化」の流れでしたが、東京だ、海外だと浮かれて地元をおろそかにすれば、何も残らないと気づいたことだそうです。会社ではなくお客様に儲けていただくためには、社員一人ひとりが運用能力を身につけなければならないというので、その後、数年をかけて澤上さんには、ウツミ屋の全店を回って社員教育の手伝いをしていただきました。こうしたご縁があって、ウツミ屋証券は「さわかみ投信」のファンドを取扱わせてもらっていました。

▼早期のネット取引への参入とその位置づけ

――なるほど。そうやって来られたわけですね。他方で、御社はかなり早くからネット取引もされていますね。

打海（啓） 早いです。松井さんと一緒ぐらいの時に始めたんですよ〔ウツミ屋証券のネット取引は、1997年11月に営業時間外の注文受付から開始している。その後、1998年10月からインターネットでの注文受付を24時間化している〕。

――そうですね。1997年ですね。

打海（啓） 松井さんもそのぐらいですよね〔松井証券は、1998年4月からネット取引に進出した。松井証券のネット取引は、現物株および信用取引、オプション取引が可能で、信用取引やオプション取引をインターネットで取引可能にしたのは、日本で初めてのことであった〕。

――そうですね。

打海（啓） たしか、2、3カ月か半年違いだと思うんですね。

――大和、日興が松井より前に始めていて、あまり遅れずに御社もネット取引を開始しておられたんじゃないでしょうか〔1996年4月に大和証券がインターネットを経由した取引を開始したことを嚆矢に、ネット取引に参入する証券会社は増え続けていく。大和証券がネット取引を開始した後、松井証券が本格的なネット取引を開始するまでに、日興証券（現在のSMBC日興証券）、今川証券（現在のリテラクレア証券）、豊証券、ウツミ屋証券、東海丸万証券（現在の東海東京証券）、丸八証券がネット取引を開始していた〕。

打海（啓） そうですね。

――対面営業をなさっている会社が、ネット取引を始められると、営業マンとの間でコンフリクトが起こるとか、そう

いうことを各社の経営者の方がおっしゃるんですけれども、御社の場合、いかがだったんですか。

打海（啓）　やっぱりありましたよ。しかし、大口のお客様が他社へ逃げていったりしましたんで、どうせネット証券に逃げるんだったら、うちでネット取引をやってもらったほうがいいよねと、そういう考えでしたね。

――ネット取引を始められた頃は、ネット取引での受付時間が夕方の5時から翌朝3時までだけでしたよね。

打海（啓）　昔はそうでした。

――そして、その後、24時間化していかれるわけですが、最初、時間を夕方から晩に限っていたのは、営業員との関係を考えてということですか。

打海（啓）　それも考えましたけれども、むしろシステムが追いつかなかったんじゃないかと思うんです、当時は……。

――システムの問題が大きかった。

打海（啓）　ええ。

――そうですか。いま、ネット取引をやっていらっしゃるのは、証券界全体で60社ぐらいあるんですが……。

打海（啓）　そうですね。ただ、専業大手5社ぐらいで8割を占めているのではないですか。

――そうです、そうです。やっぱりネット取引をやると、手数料の水準はどのぐらい違ってくるんですか。

打海（啓）　10分の1ぐらいになるんじゃないですか。もっとも、売買金額によって違います。

――さしつかえなければ、御社の注文のうち、どのぐらいが対面で、どのぐらいがネット取引なんですか。

打海（啓）　取引高は、もうほとんど一緒です。

――半々ぐらい。

打海（啓）　そうですね、五分五分というところですかね。

打海（英）　そういう時代になっているんですね。うちの場合、ネット取引というのは、あくまでも個人のお客様へのサービスの一つとして、また、囲い込みの一つのツールとして、よそに行くんだったら、うちにもありますから、うちでやってくださいというところからスタートしているんですね。

ですから、ネット取引に特化しているネット証券、松井さんとか、マネックスさんとかは、スタート時点で、かなりシステムに大きなお金をつぎ込んでいらっしゃいましたし、またそういう手法で伸びてきたわけですが、うちの立ち位置は、ちょっとそことは違っていたんです。早くから始めてはいたんですけれども、ネット証券でいきますよということではなくて、他社へ行かれるんだったら、うちにもありますから、うちでやってくださいというお客様へのサービスと囲い込む一つの受け皿として、ネットもありますよということでスタートしたものですから、ちょっとネット専業証券とは違うんですよ。

というのは、当社の場合、お客様目線で考えますから。つまり、お客様にどういうサービスができるか、お客様のために何ができるかという発想ですよ。だから、その一つの方法として、ネット取引もありますよということで始めたんです。

打海（啓）　コールのお客様にしても、インターネットのお客様にしても、支店が近くにあるじゃないですか。だから、昔はお客様は、「どうやって動かせばいいか、どういうふうにしたらつながるのか」を聞きに、支店に来られているんですよね。いまはだいぶ違いますけれども……。

――コール取引の位置づけなんですけれども、御社の場合は、コールはどういう位置づけになるんでしょうか。

打海（啓）　ネットと対面取引の間ですよね。

――つまり、インターネットでやりたいけれども、パソコンを操作するのはめんどうくさいとかいう人ですか。

打海（啓）　めんどうくさいし、ちょっとは銘柄のアドバイスもしてほしいというお客様への対応ですね。

――コール、ネット、対面の3つをやっているところが、他社でもいくつかあるんですけれども、たとえば岩井証券

〔現在の岩井コスモ証券〕なんかは……。

打海（啓）　そうですね。岩井さんは全国展開していますよね。

――そうですね。岩井のコールは、顧客に担当者がついているんですけれども、御社もそうなんですか。

打海（啓）　そうなっています。

――お客さんに担当者をつけて……。

打海（啓）　ええ。

――ということは、お客さんからアクセスが来ると、担当者が出て、アドバイスをされるわけですね。

打海（啓）　アドバイスもするお客様と、アドバイスしないお客様を分けています。

――アドバイスをされるお客さんもあれば、しないお客さんもあるんですか。

打海（啓）　アドバイスしないお客様もいらっしゃいます。

――それはどういうふうに……。

打海（啓）　それは入り口で、どうされますかと……。

――じゃあ、手数料も分けていらっしゃるわけですね。

打海（啓）　手数料は一緒です。

――一緒ですか。

打海（英）　これも、お客様のことを考え、また、利便性を考えて始めたことですね。

――でも、それをやると人件費がかかってくるわけでしょう。

打海（啓）　ええ。

――そうすると、コール取引の手数料水準とネット取引の手数料水準は、やっぱりちょっと違うわけですよね。

打海（啓）　それは、違います。

――コールの手応えってどうなんでしょうか。

打海（啓）　これはもう相場次第です。うちのコールはあまり募集物が強くないので、もちろんネット取引もそうですけれども、相場次第ですね。いまの相場だと、両方ともいいんですけれども……。

▼ユニークな研修制度である「株の達人コンテスト」

――なるほどね。時期がちょっと前後いたしますけれども、バブルの崩壊以後、提案外交とポートフォリオ営業の強力な推進をうたうとともに、人材こそが企業の根幹だということで、人材育成にかなり力を入れていらっしゃったように拝見いたしますけれども、具体的な人材の育成方法というのはどんなものか、ちょっとお聞かせ願えればと思います。

打海（啓）　これは一般的にどこもやっていることは、当社でも強力にやってきております。海外研修も結構行っていました。

それから、先ほど話が出ました十三会にも勉強会がありましたし、岡三さんにもいろいろと勉強させていただきました。そういうところへどんどん勉強に行って知識をつけさせるということは、もちろんやっていました。他方、ユニークな研修として、通常の研修ではなかなか身につかないのは、お客様相手に商品をどういうふうに説明するかということですよね。世界の金融、証券の動きや相場観、銘柄観において、プロとして常に研鑽に励む具体策として、「株の達人コンテスト」を開催しています。毎年、各支店、各本部で予備選が行われ、「株の達人」を目指して立ち上がり、各地域の選考で勝ちあがった人を集めて、本社で本選を実施するのです。時には、審査員はお客様にお願いすることもあり、株式の見通しや銘柄について、20分の持ち時間でプロジェクターを使って、商品やら相場の説明をしていくわけです。プロとして説明の腕比べ、説得力など真剣勝負するわけですね。基本的に相場観って十人十色じゃないですか。だけど、それぞれの強みを生かしたプレゼンをしていくわけですから……。

――銘柄のプレゼンテーションは、いまでもやっていらっしゃるんですか。

打海（啓） はい。株の達人コンテストをね。

――達人コンテストね。それはなかなか力がつきますね。なかなか大変そうです。

打海（啓） ほかのことは、みんなどこもやっているような研修ですが、株の達人コンテストは、ユニークな研修じゃないかと思いますね。それと座禅を組むというのもありました。

打海（英） 広島に座禅を組めるところがありまして、そことどういう理由だったかは忘れましたけれども、なぜか懇意になって、昔、新入社員がそこへ行って座禅を組むということをやっていましたね。ユニークな研修としては、そんなところですかね。

▼山一證券の破綻とその影響

――ちょっと先ほど話題に出てきたんですけれども、御社の場合は山一と非常に近くて、オンラインのシステムも、山一のものを入れておられたわけですけれども、山一が破綻しましたよね。その後というのは、やはり困ったことがあったんじゃないですか。

打海（啓） それはシステムがいちばん困りました。山一のシステムはメリルリンチが購入したんですよね。だから、早めに出ていってくれということで……。

――メリルリンチから、使わないでくれと……。

打海（啓） そうです。期限はかなりありましたけれども……。それでシステム探しをしました。ＮＲＩ〔野村総合研究所〕さん、大和さん、ＪＩＰ〔日本電子計算〕さんとか何社かのシステムを比較したんですけれども、山一さんに比べたら高いんですよ。それで、そのなかからよく検討した結果、大和さんのシステムを入れることにしたのです。

――それでネット取引も大和のシステムを使われたわけですか。

打海（啓） そうです。ですから、山一さんが破綻して困ったのは、システムの問題がありますね。それと、山一證券がうちの株を５００万株持っていたので、それを買入消却しないといけなかったんですね。

――買入消却……。

打海（啓） 会計士や税理士を通じて値段査定もしてもらって、全部買入消却しましたね。

――山一に株式を持ってもらっていた中小証券は、ほかにも何社かあったかと思うのですけれども、買入消却をしたところは、ほかにはないんじゃないですか。

打海（啓） 多分うちだけだと思うんですね。

――他社は非常に困っていましたよ。だから、自社株をいろんなところに……。

打海（啓） そうですね。うちは全部買入消却して……。

――そうですか。それはやっぱり蓄積があったから。

打海（啓） まあそうですね。

打海（英） 財務体質がよかったので……。

――買入消却して解決したというのは、あまり聞かないですね。

打海（英） でも、いま、考えても、正解でしたね。

――そうですね。

打海（啓）　よそに出すよりも、よかったんじゃないかなと思いますよね。

▼投資クラブの設立と個人投資家育成

――それが解決された後、投資クラブの設立もかなり熱心にやっておられるようにお聞きしているんですけれども、その状況はいかがですか。

打海（英）　投資クラブというのは、最初の段階は一生懸命やっていましたよ。投資クラブのチラシをつくって、配ったりしてですね。

打海（啓）　いまはもう駄目ですよ。

打海（英）　当時は、結構いったですね。

打海（啓）　15クラブぐらいかな。もっとあったかな。

――15クラブぐらいあったんですか。ところが、注文はそんなに大したことはなかったわけですか。

打海（啓）　全然大したことない。飲み会みたいなものですからね。

――それじゃあ、あまり実際的なビジネスにまでは結びつかなかったということですか。

打海（英）　そうですね。もともとこれで儲けようというふうなことで始めたわけではありませんから……。しかし、当社はお客様との関係では、非常に密にやっていたということですね。これもお客様のためにということですね。

打海（啓）　月に1回でも仲間が集まるわけですから……。それで、うちの株式担当が相場観をお話して、株を買うんだったら、クラブで決めてもらえばいいんですけれども……。むしろ、皆さんの楽しみはその後ですね。その後、皆さん一緒に食事をされたりしていましたから……。

――なるほどね。あまり皆さんの投資を集めて長期運用するというふうには、ならなかったということですか。

打海（啓） まあそうですね。そういうふうに考えてもらっていいです。

――アメリカではそれで結構よくやっているんですけれども、日本では個人個人でされていますよね。

打海（啓） 支店長が話す銘柄情報を、小1時間聞くわけですよ。その後、彼ら同士のなかにも違う意見がありますから、それを議論して、彼、彼女たちが、支店に口座を開いていくという流れだったと思います。たしかに、あまり見知らぬ人たちが集まるわけですから、それほど注文は集まりませんでしたけれども、友達の輪は広がったんじゃないですかね。

▼営業組織の管理手法の変遷

(1) 地区別管理か、規模別管理か

――ちょっと時期が前後しますけれども、御社はカンパニー制と対面営業に分けて、対面営業は営業網を3つに分けて管理されていますよね。

打海（啓） 対面とコールとインターネットということですか。

――そうです。それで、しかも、対面営業のほうは、店舗を3つのブロックに分けて管理されていますよね。それはどういう考えで始められたんでしょう。つまり、対面営業を東部、広島、西部というふうに分けておられますけれども……。

打海（啓）　昔は規模ごとに分けていたんですよ。

——お店の規模でですね。そうですか。

打海（啓）　そうです。店舗の規模に応じてA、B、C、Dと分けていたんですね。ところが、たとえば山口県に5店舗あったとしますよね。そのうちの2店舗は規模が大きくて、3店舗の規模が小さかったとしますとね、責任者が山口に電話したり、福山に電話したりしなければいけないわけですね。そういうやり方をやめて、地区制というか、「西のほうは西のほうで固めて管理しましょう」という考えでやっているんです。

——それはもっぱら管理の仕方の面だけですか。

打海（啓）　そうですね。それは、経営戦略、営業戦略の面もありますよ。

——取扱う商品が違うとか、そういうことではないんですか。

打海（啓）　それは違ってもいいんですよ。西部地区なら西部地区で、自分の好きな投信を販売したり、銘柄も違います。本部制ですから、そこの担当者が銘柄を選んだり、商品を選んだりしていますからね。

——じゃあ、地区本部長の権限は……。

打海（啓）　権限はかなり強いです。

——人事権も含めてですか。

打海（啓）　人事もそうですね。支店長から地区本部長へあげて、それを営業本部でよく検討、判断をしていくことにしております。

打海（英）　そういうことは、どこの証券会社もやっていたんじゃないですか。

——先ほどおっしゃっていた規模に応じて分けるというやり方は、御社が初めてされたと聞いたんですけれども、それは理由は……。

打海（啓）　やっぱり規模が同じだと共通点がありますよね。たとえば呉と福山と徳山とかというのは、だいたい人数も同じぐらいの店舗なんですね。だから、商品も同じようになるんじゃないかなと思っていたんですけれども、結局、地区制のほうがよいということで……。

――地区制のほうが管理しやすい。

打海（啓）　そうなんです。西は西で固まってやってくださいと……。

(2)　ディーリングの積極化とカンパニー制の導入

――ネット取引を始められた前後に、カンパニー制をとられますよね。つまり、ネット、コール、対面営業とか……。

打海（啓）　それは給与体系の面ですよね。ディーリングでうちはかなり稼ぎましたけれども、給与体系を普通の営業マンと同じにしていたら、ディーラーが引き抜かれますから……。

――それでカンパニー制。

打海（啓）　それがいちばんの理由ですね。ディーリングカンパニーが稼いだら、その分だけ返してやらないといけませんからね。だから、各カンパニーでものを考えて、そのなかで返していこうと……。

――なるほど。ディーリングのビジネスが大きくなったというのは、いつぐらいからなんですか。バブル経済がおわってからですか。

打海（啓）　平成になってからですね。

――御社としては、ディーリングに力を入れられたり、カンパニー制をとられたりしたのは、手数料自由化をにらんでということですか。

打海（啓）　それもありましたけれども、当時は単純な裁定取引、要するに、先物と現物の裁定がすごく儲かった時代で……。

——ああ、なるほど。先物と……。

打海（啓） 先物と現物の……。

——それでディーリングが……。

打海（啓） それでディーリングがかなり大きくなってきて、それでその後のロングショートがありましたでしょう。

——そうすると、必ずしもネット取引の開始とは関係なくて……。

打海（啓） それは関係ないです。

——ディーリングの面で……。

打海（啓） カンパニー制を敷いて、ディーラーの給料を上げたと……。そうでなかったら、引き抜かれますから。

——ああ、そうですか。事前に御社のことを調べていたんですが、そうすると32歳の社員のほうが社長さんよりも給料が多かったという記事が出ていました。それはそういう配分をされたからなんですね。

打海（啓） そうです。だから、ボーナスなど、結構出しておりました。しかし、それはやっぱりカンパニー制度にしないと出せませんのでね。

——それがあるんで、じゃあ、対面営業もコールもネットもというかたちで……。

打海（啓） そうです。

——金融カンパニーとか、不動産カンパニーとかは……。

打海（英） それは違いますね。

打海（啓） それはいまのウツミ屋証券のほうです。

打海（英） ひろぎんウツミ屋証券〔現在のひろぎん証券〕をつくる時に、ウツミ屋証券はどういうふうに経営していくかということで、事業分野を分けたほうがよかろうということで、そのように分けたわけですから、この時のカンパニー制とは全然違います。

▼他の地銀系証券とは異なる成立ちのひろぎんウツミ屋証券

――2008年にひろぎんウツミ屋証券がつくられて、営業部門をそちらへ移されますよね。そもそも広島銀行と組まれたのはなぜですか。単独でも十分やっていけたと思いますけれども……。

打海（啓） 地元の銀行と地元の証券が、どうお客様にサービスができるか。お客様のニーズに対応していけるか。そのために証券はいかにあるべきか、銀行はどうあるべきかを考えたんですね。それぞれの「文化」の違いもありますから、「証券銀行」の文化をいかにしてつくりあげるかというのは、大きなテーマです。でも、お客様に金融という大きな枠組みのなかで、自分の財産の生かし方を「銀証」として特色のある提案ができないか、ということを考えた地域証券のチャレンジです。やっぱり、証券金融業としては預り資産を1兆円持っていないと、将来、無理だなということが頭にありまして、客層をいかに増やしていくかということも考えた結果なんです。

――当時、たしか預り資産が6000億円ぐらいですよね。

打海（啓） いまは7432億円ぐらいですけれども……。

――預り資産が1兆円はほしいと……。

打海（啓） 証券業としては、預り資産1兆円がやっぱりミニマムの数字だと思うんですね。じゃあ、うちだけでそれだけの預り資産を集められるのかということと、金融自由化でワンストップサービスを提供すべきじゃないかということが、まず頭にあったんですよね。そうすると、株も資産運用もできるというのが、お客様にとってはいちばん便利で、いいんじゃないかなと思って……。

——じゃあ、預り資産を1兆円ぐらい集めるためには、銀行顧客の紹介をとりたいということですね。

打海（啓） そうですね。それも、1つの方法ですからね。

——ひろぎんウツミ屋証券にウツミ屋証券から移されたのは、コールとネットと対面営業の3つと考えていいですか。

打海（啓） ええ。

——さっきお話した金融部門とか不動産部門は、ウツミ屋証券本体にあるわけですね。

打海（英） あとディーリングですね。

——あっ、ディーリングですね。なるほど。ひろぎんウツミ屋証券に対する両社の出資は50％、50％ということですが、御社が出された50％は現物出資と考えていいんですか。

打海（啓） そうです。現物出資です。営業権や人材などですね。

——人材出資ですか。なるほど。じゃあ、営業権の現物出資ですね。

打海（啓） そうですね。

——広島銀行のほうは金銭出資ですね。

打海（啓） そうです。

——これは全国的にみましても、地銀系証券のなかではかなり特異な会社の成立ちだと思うんですね。だいたい地銀が上に立って、証券が……。

打海（啓） それは救済型ですね。

——御社の場合は違いますよね。

打海（啓） 別に救済される必要のない財務内容でしたからね。むしろ、夢を追いかけるために、一緒になったわけですから……。

――地域で強大化するということですね。

打海（啓）　そうですね。強大化にするとかじゃなくて、お客様のニーズがあってのことです。どちらに行っても、なんでも買えるほうが便利ですよね。投信はリスク追求と低リスクでいまは分けていますけれども、株の注文はひろぎんウツミ屋証券を使ってもらいたいということですね。

――もちろん、ひろぎんウツミ屋証券の株の発注は、ウツミ屋証券がやっていらっしゃるわけですね。

打海（啓）　はい。ウツミ屋証券が、東証の会員権を持っておりますから。

――１００％されているわけですね。

打海（英）　もちろん、そうです。

――ほかに大手の支店などは使っていらっしゃらないわけですか。

打海（啓）　それはないですね。使っているのは、ウツミ屋証券の不動産を支店に使っていますけれども……。

――不動産ね。

打海（啓）　はい。

打海（英）　ですから、ウツミ屋証券は、大家さんでもあるんですね。２００８年にひろぎんウツミ屋証券ができた時、広島銀行にも地域のなかで、お客様のニーズと、それから、お客様を広げたいということがあったのではないでしょうか。当社も地域密着を経営理念として、地域でお客様を集めていたじゃないですか。ですから、両社が手を取り合えば、理想的なものになると考えたわけです。他の地銀系証券と違うのはそこだと思うんです。

地銀系証券のなかには、東海東京〔証券〕のように、もともと証券会社の支店があったところへ、地銀と組んでつくったりしている会社もありますし、それから中国銀行と津山証券のような救済型がありますね。地銀系証券というのは、そういうふうにいくつかのパターンに分かれていますけれども、当社は独特のパターンだと思うんですね。けれども、これは、何回もいうように、当社が地域密着を経営理念としていて、どうしてこの地域で金融サービスを提供するかという……。先代も証券銀行ということを考えていました。つまり、当社は地元に貢献することこそが使命だと考えているんですね。ですから、地域経済の発展を願って、「信用第一、親切第一」をモットーに、産業資金の調達とお客様の財産形成をお手伝いしてきたわけです。

当社も地域密着ということでやってきたんですが、銀行はたくさん店舗を持っています。証券会社はそうではありませんね。当社も広島、山口を中心に店舗網を充実させてきていましたけれども、銀行に比べれば比較になりません。それで、窓口を多く持っているほうがお客様のためになると考えまして、広島銀行50％とウツミ屋証券50％のひろぎんウツミ屋証券をつくるに至るわけです。

――わかりました。他方で、よく銀行で投信窓販が始まってから、投信の販売が伸びたといわれますけれども、御社でも広島銀行と合弁でひろぎんウツミ屋証券をつくられてからは、投信は売りやすくなりましたか。

打海（啓） やっぱり銀行からの紹介客が来ましたから……。

――銀行からお客さんを紹介していただく時というのは、銀行の営業マンと証券の営業マンが一緒に行って……。

打海（啓） 最初は同行して紹介してもらうことが多いですが、商品説明は当社の社員が行います。

――最初はやっぱり一緒に行かれるわけですか。

打海（啓） 紹介型仲介というのはそうです。いまは紹介型仲介と仲介型仲介と両方やっていますけれども……。仲介型仲介になると銀行完結ですから、うちが行く必要はないんですけれども……。

――一昨年〔2013年〕、アメリカに行った時に、メリルリンチでバンカメ〔バンク・オブ・アメリカ〕からの顧客紹介の仕方を聞いていると、まず社内で両社の担当者とマネージャーでミーティングをして、どんなお客さんで、どのよ

うなニーズを持っているかを情報共有し、最初の訪問は両方で行くというんですよね。御社でも、最初は銀行さんと一緒に行かれるんですね。

打海（啓） そうですね。それは紹介型仲介の場合はですね。いまはほとんどのところは仲介型仲介に変わっているんじゃないかと思うんですね。だけども、うちはとりあえず両建てでやっていこうかなと考えています。

――ということは、いまのところは仲介型と紹介型が半々ということですか。

打海（啓） いや、もういまとなっては仲介型仲介のほうが多くなりました。

――仲介型仲介だと、手数料も銀行のほうがいいんですか。

打海（啓） そうです。銀行のほうがいいんです。

――最初の入り口のところは紹介型仲介で始められて、だんだん仲介型仲介に変えていらっしゃると……。

打海（啓） はい。仲介型仲介は、お客様のニーズに基づいて、銀行が直接商品説明して販売できます。要するに、紹介型仲介だったら、銀行は営業できませんから。でも、売りたいわけですからね。だから、銀行も自分のところで完結しようと思えば、仲介型仲介のほうが営業できますから……。

――なるほどね。

打海（啓） でも、仲介型仲介のお客様は、うちのほうではコントロールがききませんから、うちにとっては紹介型のほうがいいんですよね。お客様のところに行けますのでね。

▼新たに生まれたウツミ屋証券のビジネスモデル

――他方で、主力部分を分割した後のウツミ屋証券は、どのようなビジネスモデルをお考えなのでしょうか。

打海（英）　今度はウツミ屋証券のお話になりますね。ウツミ屋証券は、ディーリング部門と、取次部門、金融部門、この3つの部門があります。この3部門が証券にかかわる部分ですね。それから3つの事業部があります。それは、不動産事業部、投資事業部、新エネルギー事業部です。

――金融部門は、信用取引と考えていいですね。

打海（英）　そうです。ウツミ屋証券が制度信用を担当しています。

――会員権を持っていらっしゃるわけですからね。

打海（英）　そうです。しかし、それだけではウツミ屋証券は、やっていけないということですね。そういうことから、3事業部ということで不動産……。

――店舗賃貸ですね。

打海（英）　このビル〔ひろぎんウツミ屋証券本社ビル〕と広島日興ビル、紙屋町ウツミ屋証券ビルも持ちビルとしてあります。それから、ひろぎんウツミ屋証券の支店など、ウツミ屋証券時代の店舗を賃貸していますから……。

――ひろぎんウツミ屋さんに貸されているのは、もともとウツミ屋証券の支店だったんだろうと思いますが、先ほどおっしゃった広島日興ビルというのは……。

打海（英）　広島日興ビルですね。ここは新たな投資先として、投資した物件ですね。

――じゃあ、自己資金を使って、そういうこともされていると……。

打海（英）　そうです。不動産事業ですね。ウツミ屋証券にとっては、不動産事業の収入が大きいですね。投資事業部というのは、投資有価証券です。このなかにはひろぎんウツミ屋さんの株の50％も入っています。それから、東証株をはじめ広島銀行、西川ゴム〔工業〕など、地域の上場株、未上場株あわせ60、70銘柄は、あるのではないでしょうか。

それと新エネルギー事業部があります。つまり、ウツミ屋証券というのは、不動産事業、投資事業、それに新エネルギーの3事業部で構成されています。ですから、証券会社であり、投資会社でもあるということですね。それから先ほど、お話しました、3つの部門はディーリング部門と取次部門、金融部門で構成されています。

――ちょうど広島市の経済規模というか、経済の力を非常によく活用された経営方針ですね。おそらく東京では、いま、お話になったことはなかなかできないのではないでしょうか。不動産は非常に高いですし……。

打海（英）　でも、この前東京にも買ったんですよ。いま、ウツミ屋証券は、3部門、3事業部という構成になっています。しかし、まだまだこれからです。65周年を起点に第二の創業宣言をし、3カ年計画を樹立しました。うち2年がおわったんですよ。今期が3カ年計画の最終年度なんです。それから、次の3カ年で70周年になります。70周年までにしっかりとした経営基盤を構築して「100年企業」を目指していきたいと思っています。というのは、ウツミ屋証券は、ひろぎんウツミ屋証券とは業態が違ってきていますし、どうしても証券3部門というのは、非常に相場に左右されますからね。

たとえば、ひろぎんウツミ屋証券さんだと、相場が悪くなっても、投資信託を売って信託報酬を厚くしてバランスをとることもできるんですけれども、ウツミ屋証券に証券分野から入る利益というのは、相場次第で大きくマイナスになる可能性もありますので、証券分野以外の部分の3事業部で、どれぐらい土台を固められるかが1つの大事なテーマだというふうに考えています。

――つまり、不動産部門で安定的な収益を稼ぎながら、ディーリングで上積みを求めていくという理解ですね。

打海（英）　いまは相場がいいですからね。

――証券部門というのは、証券売買の取次とディーリング、金融という、この3つでいいですね。

打海（英）　はい。

——そして、3事業というのが不動産賃貸と投資と……。

打海（英） 新エネルギー。

——新エネルギー。なるほど。この投資事業というのは、ひろぎんウツミ屋証券と分かれられてから……。

打海（英） いや、それは分かれる前から持っていた投資有価証券です。

——昔から。

打海（英） 先ほど、お話した地元企業への投資有価証券ですね。広島銀行の株をはじめ、西川ゴムなど、上場株、未上場株など、60銘柄から70銘柄は持っています。それから、ひろぎんウツミ屋証券に対する50％の投資ですよね。そこもちょっと相場に左右される部分ではありますけれども、安定的に配当がもらえる銘柄であれば、ある程度の利益は、見込める部分もありますから。

——投資有価証券というのは、投資事業のなかに入っているわけですね。

打海（英） はい。東証株もありますよ。

——ああ、東証の株……。

打海（英） これがいちばん大きい。

——まだお売りになっていないわけですね。

打海（英） まだですね。

▼地場証券業界の再編とウツミ屋証券

——なるほど。近年、中国地方の地場証券では、随分業界再編がありましたよね。たとえば、御社が中核になって、再編を主導するということもできたかと思うんですけれども、そういうことはあまり考えられなかったんですか。たとえば八幡証券とか北田証券、津山証券、カドヤ証券とかが再編されましたが……〔2009年5月にカドヤ証券、2013年1月には北田証券が大山日ノ丸証券に事業譲渡して統合し、2009年5月には中国銀行が津山証券を完全子会社化した。また、2013年5月には、八幡証券が藍澤證券の完全子会社となった〕。

打海（啓） それは考えました。

――やはりそうですか。御社は地域密着で、集中的に出店しておられますよね。広島と山口に集中的に出店するのであれば、再編の軸になって地域にもっと店舗を増やすということも、考えられたのではないかと思うんですが……。

打海（啓） まぁ、八幡さんはうちと重複する店舗が多いんですよ。やっぱり重複する店が多いということは、どこかを閉めないといけないじゃないですか。

――店舗整理が……。

打海（啓） ほとんど重複していますから。

――たとえば、津山証券は岡山ですよね。もう少し出店範囲を東に広げる、という考えもできたんではないかとちょっと思ったんですが……。

打海（啓） そこはあまり考えなかったんですけれども、北田証券とかね。

――倉敷の……。

打海（啓） 岡山でうちは1店舗ですしね。

――そうですね。ちょうどいいんじゃないかと思いましたけれども、大山日ノ丸と……。

打海（啓） 大山日ノ丸が統合しましたからね。

――大山日ノ丸は3店舗ぐらいですかね。倉敷と米子と鳥取と。

打海（啓）　いやいや5、6店舗ありますよ〔大山日ノ丸証券は、鳥取、倉吉、米子、豊岡、倉敷の5店舗展開している〕。

――大山日ノ丸は、カドヤ証券も統合しましたでしょう。財務内容では、御社のほうが大山日ノ丸よりも相当いいので、再編の軸になって再編を主導するという考えもあったんじゃないかなとちょっと思ったもので、お聞きしたんですが……。

打海（啓）　まぁ、当社の場合は、昭和40年代に芦屋証券を府中支店にしていますし、備南証券を尾道支店にしたり、小野証券を宇部支店にしたりして、まったく再編にかかわっていないわけでもないんですよ。

――八幡証券は東洋証券と合併するんじゃないか、という話もありましたよね。

打海（英）　ああ。

――だけど、店舗の整理がうまいこといかないから、その話が消えて、藍澤さんに子会社化されたというような話を聞いたことがあるんですが……。

打海（啓）　そういえば、そんな話もありましたね。

――東京に行きましたけれども、いまでも東洋証券が、広島での営業ではいちばん強いと思いますが、東洋証券は中国株にものすごく力を入れていますよね。

打海（啓）　そうです。いまはアメリカ株のほうが多いらしいですけれども……。

――中国株があんなふうになって……。中国株は東洋証券以外に、藍澤證券とか、内藤証券も取扱っていますけれども、御社は海外株には興味がないんですか。

打海（啓）　いや、中国株は藍澤さんにつないでいますよ。

――藍澤さんに全部つないでいらっしゃる。

打海（啓）　ええ。アメリカ株は野村さんにつないでいますよ。

▼瀬戸内経済圏の特徴

――あっ、そうですか。海外株にも熱心にやっていらっしゃるということですね。次に、広島証券界のことについてお聞きしたいんですけれども、証券恐慌以前の広島証券界の事情についいては、野島証券〔現在の三菱ＵＦＪモルガン・スタンレー証券〕の野島〔健吾〕さんから以前、お聞きしております〔日本証券経済研究所『日本証券史資料』戦後編第4巻に収録〕。しかし、証券恐慌以降の広島証券界については、だれからもお聞きしておりませんので、そこでちょっとお聞きしようと思います。証券恐慌以降の広島証券界について、ほかの市場と比べて特徴があればお聞きしたいと思います。何かお気づきのことはありませんか。

打海（啓）　ほかの市場と違うのは、やっぱり広島はマツダを中心とした経済圏だということですね。広島にはマツダの下請会社がたくさんありますから、マツダの業績に……。

――左右されたわけですね。

打海（啓）　左右されました。

――いまは絶好調でしょう。

打海（啓）　下請けももう絶好調ですよ。

――広島にとってのマツダというのは、名古屋にとってのトヨタみたいな感じですか。

打海（啓）　そこまで大きくないにしても、やはり下請けが万とありますからね。マツダ次第で、広島の飲み屋の景気も違いますよ。街全体がもう全然違うと思います。

打海（英）　いま、広島市は人口がだいたい118万人になって、政令指定都市になっているんですが、そのうち10万人はマツダにかかわっているといわれていますからね。いまはさらに増えているんでしょうけれども……。

——戦前は、呉のあたりの軍需工場が中心だったんでしょうか。

打海（啓） そうですね。

——じゃあ、感覚としては、広島経済の2割ぐらいはマツダ関係という感じですか。

打海（英） そのような感じですかね。

打海（啓） そのくらいになるんじゃないですかね。でも、広島での上場会社は、広島銀行、西川ゴム、フマキラー、広島ガス、ソルコム、広電〔広島電鉄〕、福留ハム、ウッドワン、エディオン、戸田工業、あじかん、研創、イズミ、中国電力、中電工、大和重工などがあって、いずれの会社も活躍していらっしゃいますよ。特にイズミなどは、大型店を次々と出店され、元気がいいです。

——先ほど3つにブロックを分けられておられましたけれども、広島はマツダってわかるんですけれども、広島以外のブロックの経済はいかがですか。

打海（啓） 東部というのは、結構上場企業が多いんですよ。

——なるほど。福山とかですか。

打海（啓） 福山。あと府中とか、あのあたりが結構そうです。北川〔鉄工〕、リョービ、あと大きいところでいうと、福通〔福山通運〕、青山商事、石井表記、ヤスハラケミカル、自重堂、アシード、北川精機、エフピコ、アヲハタとか……。

——青山商事ね。

打海（啓） 起業家が多い環境ですね。

——山口のほうはいかがですか。徳山曹達《ソーダ》〔現在のトクヤマ〕とかですか。

打海（啓） そうですね。ただ、既存の上場会社が多くて、新しいところはそんなに出てないですね。

――ユニクロ。

打海（英） 宇部から上場しましたね。いま、グローバル企業として大きくなりましたね。それから、長府製作所とか秋川牧園など。

――長府製作所がありますね。

打海（啓） 広島証券取引所で204社上場していたと思います〔1998年末時点で、広島証券取引所上場銘柄は204社であり、そのうち単独上場銘柄は12社であった〕。ただ、単独上場銘柄は少ししかないんですね。しかし、これがないと広島証券取引所の商いがないということがあって、一時、財界も一緒になっていろいろな運動をしたんですよ。私どもも幹事に入らなきゃいけないんで、随分あちこち回りましたよ。

そもそも40年も前から取引所をどうするかという議論や、取引所の合併という話がかなり出ていましたからね。その後も3、4回は出ているんです。そのつど、単独上場銘柄を獲得するために、商工会議所をはじめとする財界も含めて運動しているんですね。

結局は2000年に、もうやむをえないということで、東証と合併しますけれども、東証と合併する時も、広島の上場会社が大きくなれば、広島の景気がよくなるということを考えてのことですからね〔広島証券取引所は、2000年3月に東京証券取引所に吸収された〕。

▼広島証券取引所と東京証券取引所の合併

――広島証券取引所は、東証と合併いたしましたけれども、その間の経緯みたいなことをお聞かせいただけないでしょ

うか。

打海（啓） 広島証券取引所をなくそうという話は、昭和40年代から3、4回あるんですよ。神戸証券取引所が解散した時に、広島はどうするのかと……〔神戸証券取引所は1967年10月に解散し、上場企業は大阪証券取引所に引き継がれた〕。もちろん広島でも切実な問題として取り上げられてはいるんですね〔地方証券取引所の廃止問題は、昭和30年代末から証券取引審議会で俎上に上っていた。また、広島証券取引所〔以下、広証と略記〕自身の問題として、1967年に会員のなかで最大手であり、広共証券の取扱高の50～60％を占めていた廣島証券が、東証の正会員であった高井証券と合併したために、注文を東証へ出すようになり、広証の地盤沈下が一気に進んだ〕。それまでは、地方取引所の存廃問題が取り上げられても、広島のほうは、そのうち相場がよくなれば、大したことないよという意見もあったんですよ。

けれども、神戸証券取引所の解散を契機に、切実な問題になってきて、その時は地元財界と〔中国〕財務局、〔広島〕県財界、広証などのトップが集まって、単独上場銘柄を増やして特色を出すしかないという結論になったんですね。また、1972年には、私どもの創業者が委員長になって、「市場振興対策特別委員会」が立ち上がって、上場促進に向けた企業への接触もしています。その後、1977年には、地元財界と広証が一体となって存続のために単独上場銘柄の獲得に向けた運動を行いました。さらには、1978年には地元大手企業の役員を参与として、広証の運営にも関与していただき、1997年には「広証魅力づくり委員会」という委員会を立ち上げて、上場予備軍が上場したいと思うような魅力づくりを考えたこともあります〔1965年には東証、大証、名証以外の地方証券取引所の売買高シェアは3・24％あったが、1975年には1・11％、さらに1980年には0・77％、1985年には0・68％まで低下していた〕。

しかし、東京への注文の流出を止めることはできず、本当にどうしようもなくなってきて、最後は経済界も賛成しましてね。商工会議所の会頭、当時は橋口〔収〕さんでしたが橋口さんも賛成、八幡証券の浜田〔逸郎〕さんや中国経済連合会の中国電力の多田〔公熙〕さんも賛成され、父も売買手数料の自由化で、どの証券会社も収益環境が厳しい。合併すれば合理化になりますから、やむをえず賛成したということですね。

2002年の広島の出来高のシェアというのは、全国のなかで0・02%ですよ。しかし、合併に至るまでの間、本当に単独上場銘柄を増やさなければならないというので、ウツミ屋証券としても幹事に入っていこうと一生懸命やっていました。単独上場銘柄を増やすしかないわけですから……。ただ、単独上場銘柄をとっても、結局、東京のマーケットへ早い時期に行かれますからね。そういうことの繰り返しなんですよ。

――東証との合併の時に、いろんな選択肢があったかと思うんですね。たとえば大証もありますよね。

打海（啓） いやいや、広島の場合は東証しかない。

――初めから東証しか考えていなかったですか。

打海（啓） やっぱり東証しか合併してくれなかったというふうに聞いています。

――東京しかない。

打海（英） 上場企業が東証へシフトするわけですから、東京しか考えられなかったですよ。大証という選択肢は、あの時はなかったですね。

――結局は東証と大証は一緒になりましたからね。

打海（英） そうそう。だから、東証と合併したのは正解だったと思いますよ。

――先ほど神戸の取引所が、1967年に解散して大証と合併した話が出てきましたが……。

打海（英） 早かったですね、あれは。

――その時から広証も身売りを考えていたわけですか。

打海（英） いやいや、そうじゃないですよ。

――**そうじゃないですか。**

打海（英）　広証は身売りどころか、前にも話しましたように、存続できるようにいろいろと努力しています。それから、そのうちマーケットがよくなれば、ある程度は問題ないだろうと、そんなには危機感はなかったと聞いています。その前にも一緒にならなきゃいけないということもあったんですけれども、その時も、マーケットがよくなってきているわけですね。だから、神戸証券取引所が大証と合併した時も、そういう話がないわけではなかったんですけれども、いや、そうはいってもマーケットがよくなればと……。そのように聞いています。

――**元証券局長の坂野〔常和〕さんが、1975年頃に、もう地方の証券取引所は要らないのではないか、ということをおっしゃっているんですけれども、その時の広島証券界の反応はどうだったんでしょうか〔坂野氏は、1978年12月に証券研究会で「全国証券取引所構想」を提起し、その後、この問題は全国取引所協議会に引き継がれ議論された〕。**

打海（啓）　記憶にないのですが。

――**坂野さんが、証券研究会という私的な研究会をつくられて、日本全国にこんなにたくさん取引所は要らない。東京を残すかどうかは別として、富士の山麓に大きなコンピュータで処理する取引所が1つあればいいのではないか、というような報告書を出されたのですね。それがもう、いろいろな地方で総スカンを食らったんです。**

打海（啓）　けれども、広島証券取引所というのは、当時はそれほど考えていなかったですね。

――**そうすると、やはり手数料自由化あたりからですか、真剣に考え出されたのは。**

打海（啓）　その時の広証の売買高は、0・02％ですから、限界ですよ。

――**なるほど。**

打海（啓）　全部コンピュータになったじゃないですか。だから、地方の証券取引所は、必要なくなってきたわけですね。それまでは健闘していましたよ。全員が一緒になって、単独上場銘柄の発掘をしましたよ。いまでも活躍している上場会社がありますし……。ファーストリテイリングも最初は広島ですからね〔ファーストリテイリングは1994年7月に、ほかにも、1995年9月にはベネッセコーポレーションも広島証券取引所に単独上場していた〕。

――ユニクロですね。京都、大阪、神戸は3つの取引所が非常に近間にあるのに比べて、広島にはちゃんと単独の経済圏、経済基盤がある程度あったわけですね。だから、十分に広証を盛り立てようという機運が、長い間、関係者の間でも持たれていたということですね。

打海（啓） そうです。危機は何回かありました。しかし、それを広島経済界も一体となって、乗り越えていったということですね、おっしゃるように。

――ちょうど同じ時期に新潟も東証と一緒になりましたよね。新潟と広島で何か話合いみたいなものはなかったんですか〔新潟証券取引所は2000年3月に、東証に吸収された〕。

打海（啓） まったくないのではないですか。

――まったく、個別にですか。たまたま同時期に一緒になったということですか。

打海（啓） そうでしょうね。

――新潟のほうは、経済基盤が広島に比べて随分沈んでいましたしね。

打海（啓） 新潟は一時、名古屋に行くかという話もあったらしいですね。

――名古屋ね。一方の広島はそういう話が出ても、経済界と一体となって……。

打海（啓） いまはもうそんなことはあまりないと思いますけれども、地方では取引所は1つのシンボルだったんですよ。ですから、本当にあれで広島は商工会議所をはじめとする経済界も一緒になって、単独上場銘柄の獲得をやろうとしましたよね。経済界が一体になったことというのは、広島東洋カープの応援とか、それから、一時マツダの業績が悪かった時に、マツダを励まして、マツダの車を買おうと……。

打海（英）　そうですね。マツダの車を買おうという運動を一緒になってやりましたよ。それで郷心会ができたんです。

――**郷心会というのは。**

打海（啓）　最初は、マツダの車の購買を応援しようと。そこから始まって、いまは廿日市郷心会とか、広島県に市が14あるんで、広島郷心会とか14の郷心会があるんですよ〔郷心会とは「選ぶなら身近な良いものひろしま商品」を合言葉に、広島県内製品の販売促進活動、マツダ車の拡販支援運動、会員交流を通じて地域経済の活性化を推進する団体。現在、広島、呉、東広島、三次、福山、尾道、府中、庄原、因島、竹原、安芸、三原、大竹、廿日市の14ヵ所で組織されている〕。ですから、いまはマツダだけじゃないですよ。郷土の……。

――**郷土のね。**

打海（英）　そうですよ。郷心会ですから。しかし、できた時には、マツダが一生懸命軸になって、カネもヒトも出していたと……。

打海（啓）　広島東洋カープも1951年には、当時下関市にチームがあった大洋〔ホエールズ〕に吸収される直前までいっていました。天城旅館で役員の人が会合した結果、やむをえないということで合併が決まったらしいのですが、後から役員会に出席した、当時の監督であった石本秀一さんが「ちょっと待ってください。知恵を出しましょう」と説得されて、合併方針が撤回されたといういきさつがあります。

それ以来、球場の入り口に2つの樽を置き、「タル募金」を、そして後援会を組織して協賛金を集めたそうです。その時、会員数は1万3000人に達していたということです。それで、カープは消滅する寸前に、それを回避できたわけです。それが、1975年にはリーグ優勝し、1979年には郷土の広島東洋カープが苦節30年ついに念願の日本一、全国制覇を成し遂げました。翌年は2年連続日本一、さらに1984年には3度目の日本一を達成しています。本当に広島っていいところですね。

――マツダと広島東洋カープは、広島のキーワードなんですね。

打海（啓） そうです。

――何回か広島証券取引所を合併しようかという話があった、とおっしゃっていましたけれども、やはり京都も昭和40年代のおわり頃、つまり、オンライン化が進んだ頃から、取引がどんどん東京へ流出していって、その頃から再編論議がくすぶっていたそうです。ところが、地場の証券会社がかなり強硬に反対して、京都はなかなかできずにいたそうですが、広島でも第一次オンラインの頃に、広島証券取引所の危機といいましょうか、どうにかしなきゃいけないというような話があったんですか。

打海（啓） それは何回かありましたね。だから、そのつど、創業者を委員長とする「企業振興対策特別委員会」をつくったり、それから、財界の人に参与という立場で、広証に参加してもらうとかいうことをしているんですね。その時に必ずいわれたのは、地場の単独上場銘柄の獲得を目指して、努力を続けなきゃいけないということですよ。これはずっと一貫していわれてきましたね。しかし、単独上場銘柄も、早い時期に東証へ行くんですね。

打海（英） なかなか広島に定着しないということがあって、マザーズやJASDAQができた時点で、もう地方に分散していた取引所の意義というのは、なくなってきたんだと思いますね。

――昔、各地の取引所の近隣にある新規公開企業は、まず近くの地場の取引所に上場しなさいというテリトリー制というのがありましたよね。たしかに、テリトリー制というのは、上場する時はそういう決まりなんですけれども、いったん上場してしまったら、あとはもう縛りがないですからね。

打海（啓） もうご自由にでしたからね。早かったですよ。東証へ出られるのが……。

――意味があるのは、本当に最初のところだけですからね。

打海（英） そうですね。

――結果として、証券取引所が合併して、この土地には存在しなくなったわけですが、このことによって、広島の業者には何か特別な影響はあったんですか。何もないですか。むしろ会費が要らなくなって、楽になったんでしょうか。

打海（啓） たしかに会費が要らなくなったから楽にはなりましたよ。しかし、それよりも上場企業さんも、東証上場のほうがステータスが上がるわけですから、よかったんじゃないですかね。

――東証上場になりますしね。

打海（啓） 日本協栄証券〔現在の証券ジャパン〕というつなぎ専門の証券会社があったでしょう。それも要らなくなったんです。結局、設備もＩＴで直接つなぐようになったでしょう。ですから、広島が合併する時というのは、もう必要ないということですから、証券会社もそうですけれども、上場企業さんも皆さんオーケーということでしたから、こちらのほうの影響というのは、特にないですね。

打海（英） 困ったこととしては、従業員の処遇の問題ですよね。それぐらいです。

――ああ。それはどこでもそうでしょう。ちなみに、当時、広証の職員というのは何人ぐらいいらっしゃったんですか。

打海（啓） 30人か40人ぐらいじゃないですか。

――少数とはいえども……。

打海（英） 退職金がね。

――退職金ね。そうか、会社都合だから……。

打海（英） 退職金は出ていきましたね。当時、半官半民みたいなところですから。

――広証では単独上場銘柄に力を入れていらっしゃったということでしたが、御社は幹事に入られる事例も多くて、ＩＲの雑誌もつくっていらっしゃいますよね。

打海（啓）　はい。いまもつくっています。

――あれ読ませていただいたんですけれども、立派なものですね。

打海（啓）　そうですか。ありがとうございます。地域密着というのは個人のお客様だけでなく、地域の企業とも密着しなきゃいけないというのがありますからね。

▼11社の会員組織である広島証券倶楽部

――広島には、広島証券倶楽部というのが、広証正会員協会がなくなった後にできましたよね。

打海（啓）　そうそう。広証正会員協会がなくなりまして、なんらかの会員組織をということで、広島証券倶楽部をつくりまして、現在もこれは積極的に活動を続けています。

――幹事を御社がやっていらっしゃいましたね。

打海（啓）　これをつくる時には、当時のウツミ屋証券が主導してつくったということもあって、会長をずっといまも仰せつかっています。幹事は、持回りです。バスをチャーターして、工場見学とかね。ＩＲもありますしね。コンプライアンス部門は、社員の法令遵守意識の向上を図ることや、顧客とのトラブル防止など総務担当者が意見交換をしたり、法人営業の担当者で構成するＩＲ部門には、投資家向けと各証券会社の社員向けのＩＲですね。ですから、コンプライアンス部門とＩＲ部門の２つの部門があります。営業では競争をしていますが、証券倶楽部では非常に仲良くやらしてもらっています。広証会というゴルフコンペも年３、４回行っていますしね。その他、各社とも早く地域のなかに溶け込むように、広島郷心会や護国神社奉賛会のメンバーにも入ってもらっています。それから、広島観光特使にもなってもらっています。

――これは広島証券取引所がなくなった後、正会員協会を母体につくられたんですか。

打海（啓） 母体はそうですね。いまは11社が加入していて、その幹事や役員は持回りでやるようになっています。現在もそれが継続して行われているのはいいことです。また、証券会社の社員向けのＩＲのニーズが、上場会社にありますので、証券倶楽部が中心になって行っています。

▼チャレンジの歴史と銀証文化の融合へ

――最後になりますけれども、昭和40年代に、先代は回転商いをやめようとか、信用取引の圧縮を打ち出されていますよね。あの当時というのは、どんどん回転させて、信用もどんどん供与してというのが、多くの証券会社のスタイルだったと思うのですけれども、それを圧縮しようとされたのも非常に珍しいと思います。やはりそれも信用第一、親切第一に立脚しているんですか。

打海（啓） そうですね。それよりも預り資産を増やそうということですね。

――昭和50年代にされた先代の年頭挨拶を読んでおりますと、たしかにその頃から、預り資産を増やすとか、ラップ口座のことをいわれていたりしておられましたね。また、証券銀行についても言及しておられます。資料を読んでおりまして、非常に先を見据えた経営をされていたかと思うのですけれども、何か先代の経営に対する印象といいましょうか、思い出みたいなお話はありますか。

打海（啓） 基本形は預り資産を増やすことを考えていたと思いますね。やっぱり分母が大きいほど、１回転で回転する金額が大きいですからね。１兆円あれば１％の回転でも１００億円じゃないですか。

――１％でね。

打海（啓）　ええ。だから、やっぱり分母が大きいほど、相場の変動に強くなるということが、頭にあったんじゃないですかね。それから、「あなたもええ、わしもええ」という考えですね。一貫して、目線は常にお客様にありました。だから、支店をどんどん開設していったわけです。それは、銀行にはいっぱい支店がありますけれども、証券は非常に少なかったんです。だから、お客様に来ていただいて、取引をできるような出先をつくろうと考えたんです。顧客第一の精神です。

先代の社長にしても、創業者の経営哲学、経営理念を根底で脈々と受け継がれてきて、現在に至っていると思うんです。ただ、それだけでは経営はできませんからね。高いけれども東京証券取引所の会員権も買いましたし、これは1つのチャレンジです。こういうふうに時代にあわせて、いろいろなことにチャレンジしてきたというのが大きいのではないかなと思います。

だから、「儲けんでもええ」という言葉がありましたけれども、それはお客様に迷惑かけたらいけないということなんです。当社はこういう考えを一貫して持っているんです。それが澤上さんとのつながりを生んだんです。澤上さんのお考えは長期投資ですからね。澤上さんも最初の立ち上がりは、非常に厳しかったと思いますよ。しかし、長期投資という考え方で先代と意気があって、澤上さんも時間があったからということもありますけれども、支店も歩いてもらったりしましたよ。

ですから、創業精神の「信用第一、親切第一」ですね。信用は嘘をつかない。医者がからだを預かるのと同じように、われわれも人の財産を預かるのであるから、信用してもらわねば、お客様に利用してもらえない。信用を得るためには、お客様の立場になって考えることが必要であり、それが、親切だと思う。この創業者の経営哲学、経営理念を、一貫して脈々とつなげていくことが、会社の繁栄につながったと思うんですね。それに、それぞれの時代背景があって、一生懸命新たなことにチャレンジして、新しい時代をつくっていこうとしてきたわけです。その結果が今日に至っていると思いますね。
それが43年間、経常利益が黒字で、配当も続けてこられた要因だと思います。本当は48年連続になるところだったんですけれども、48年間の間に1回だけ、2011年3月期に3100万円の赤字があるんですね。残念でした。しかし、お客様のおかげです。本当にまずお客様に心からお礼ですね。それから、社員の皆さんの努力の賜物です。感謝ですね。

――自己資本規制比率もきわめて高いですね。

打海（啓） うちですか。うちは1000%を超えていますのでね。

――証券業界というのは、相場で業績が大きく振れるという特徴を持っているわけですが、そのなかでずっと黒字という会社は、そんなにはありませんよね。

打海（啓） 広島証券取引所ができた時に、地場の証券会社が26社あったんですね。それが、現在、地場の証券会社はウツミ屋証券1社となりました。ひろぎんウツミ屋証券は、お互いが50%ずつ出資していて、ほかの地銀系証券とはちょっと違うんです。うちは「銀行の文化」と「証券の文化」をいかに融合させて、「銀証文化」をつくりあげられるかがいちばん大きな課題なんです。それは、そうすることが、地域の投資家の皆様のためになると考えているからなんです。

――お話を伺っていますと、昭和20年代の証券民主化運動の非常によい面を脈々と受け継いでこられたという感じがいたしますね。証券民主化運動の際、「ピープルズ・キャピタリズム」ということが叫ばれました。要するに、普通の働いている国民が株式を持って、資産を増やしていこうという思想があったわけですね。けれども、実際に証券会社がしてきたことは、低資産層に株式を売り付けて、株価が落ちたらお客さんを殺してきた面もあったわけですよね。そういうのとは違う考えを、御社は脈々と育ててこられて、これからも継承していこうとされていることが非常によ

くうかがわれました。

打海（啓）　岡三証券の加藤〔精一〕さんが、「銀証のビジネスモデルはまだ確立していない」ことをお話されていらっしゃったけれども、そのとおりだと思います〔加藤氏は、『証券レビュー』２０１２年12月号での史談で、銀行と証券が同質化すると、存在意義がなくなってむしろ衰退の道を歩むのではないか。そして、いずれ証券はどうあるべきか、銀行はどうあるべきかを考え直さねばならない時が来ると指摘されている〕。いまは、模索中ですよね。ですから、銀証のビジネスモデルを確立することが、大きな課題です。銀行と証券のあり方についても真剣に考えてみる必要があるでしょう。

いままでの間には、強い逆風もありましたが、いまはマーケットに助けられている面もあり、まずまず順調に推移しております。ですが、これから先、きっと証券と銀行のカルチャーの違いがいろんな局面で出てきて苦労することもあると思います。

今年〔２０１５年〕は、原爆投下から70年です。向こう70年は草木もはえないのではといわれてきたそのようななかで、当社は１９４９年5月25日創業しました。創業者や先代のロマンが証券銀行を夢みて「信用第一、親切第一」「あんたもええ、わしもええ」「儲けるな。しかし損はするな」「奉仕と対話」「ゆっくり急げ」「地域に生きる」「全員経営」、これらを胸に、これからもたしかにむずかしい局面もあるでしょうが、まだ、ひろぎんウツミ屋証券は創業8年です。カルチャーの違いを乗り越えていくには、相当の努力がいると思います。「地元の銀行」「地元の証券」なんですから、そのよさを「銀証」において出していけると信じて一歩一歩力強く歩んでいく覚悟です。

――いろいろな社長様にお話を聞いておりますと、銀行というのはもうとにかく計画を大事にして……。

打海（啓）　そうですね、その計画を達成したら１００点ですね。

――達成しないと、なぜできないんだということになるんだそうですね。そうすると、すぐにリストラへといくんだとおっしゃるんですよね。他方、証券のほうはそうじゃないですよね。証券のほうは、いまは悪くてもいい時があるん

だから、じゃあ、それに備えて必要なものは持っておきましょうという文化じゃないですか。相場には浮き沈みがあるんだから、そのことをふまえたうえでどうするかを考えますよね。この違う考えを持った人たちを融合させるって、すごくむずかしいことなんでしょうね。管理職のなかにも、銀行出身の方もいらっしゃれば、証券出身の方もいらっしゃるでしょうし……。

打海（啓）　銀行から来ていただいた方でも、なかに入っていただいたらわかるんですよ。代表権のある人たちがこっちに来ていただいたら、もうすごく理解していただけるんですよ。ですから、中期経営計画、3年計画でも、侃々諤々と議論になりますよね。相場次第のところが証券会社の場合は多いですから。

——市況依存ですね。

打海（啓）　ええ。そうです。計画を立てる場合でも、銀行の文化だったら、今年このぐらい稼いだんだったら、次の年はこう。そしてその次の年はこうでしょと計画が立てられますが、証券の場合は相場次第というところがあります。ですから、目標設定には苦労いたします。だから、銀行文化のいいところをどんどん取り入れて、相場次第にならないように早く体質を変えていく必要があります。そして、銀行の文化のいいところと、証券の文化のいいところをあわせて新たな銀証文化をつくりあげる。それは、銀行と証券会社の相互理解と相互信頼の土壌を形成し、信頼しあって、お客様に向かうしっかりとした理念を持つ。これがいちばん大きなテーマですね。コンプラ面でみたら、銀行はすごいですよ。コンプラ面は随分変えていただきましたよ。

——きっちりしている。

打海（啓）　きっちりしています。

——今日のお話をお聞きしていますと、お客さんには長期投資を推奨して、お客さんの資産を増やして、お客さんに喜んでもらいながら、一方で自分たちも喜ぶ。そういう経営をずっと目指していらっしゃったということがよくわかり

ました。

打海（啓） そういう経営をしていくためには、やっぱり預り資産が大事だと思いますね。

――預り資産が重要という視点に立てば、さらに預り資産を得るためには、広島銀行という新たな経営資源を導入したほうが、御社の発展にとって意味があると考えられて、積極的な意味で合弁会社をつくられたということですね。

打海（啓） そうです。ひろぎんウツミ屋証券の発展のためにも、広銀〔広島銀行〕さんとしても、地域社会においていろいろとお客様のニーズにも応えられるのではないでしょうか。お互いにメリットがあると思います。

――それで広島や山口のお客さんに満足してもらえるような、新たな証券会社をこれからつくっていこうとされているということですね。

打海（啓） ビジネスモデルもまだ確立していませんけれども、お客様ごとの資産運用のニーズをふまえた、たとえば「富裕層」「若年層」「資産運用層」「資産管理型層」そして「株好き層」など、よく考えて銀証連携を促進していきたいと思います。

――地銀系証券のなかで、証券の出身者が社長になっていらっしゃるというのは御社くらいではないでしょうか。あとはだいたい銀行から来られた方じゃないでしょうかね。だいたいみんな銀行のほうが主導権を持ちますから、社長も銀行出身者がほとんどですよね。東海東京が地銀と一緒になってても、持株比率は4割ですものね。

打海（啓） 6対4ですからね。

――先ほど、先代が昭和50年代に、ラップ口座などについて言及されていたという話も出ましたけれども、商品戦略については、お考えがあるのですか。たとえば最近ラップアカウントやら……。

打海（啓） ラップはやりたいんですけれども、コストがかかるので、うち独自ではできませんから……。今日の新聞で、野村さんが何かやるとかいっていますよね。あれがいいものだったら乗っかろうかなと……〔野村ホールディングスが、ラップ口座を専門とする資産運用会社を設立し、地方銀行など他の金融機関に提供するとされる〕。

――たとえば中堅どころだったら、水戸さんがかなり一生懸命やっていますけれども……。

打海（啓）　この前も協会でいろんな方からお話を聞いたのですが、ラップ口座は、400億円ないとペイしないそうですよ。

――残高がね。いま、手数料はたしか2、3％ぐらいですね。

打海（啓）　そうですね。

――ファンドラップ〔野村證券が提供しているファンドラップの商品〕は300万円ぐらいから始められるとよくいっていますよね。

打海（啓）　のむラップ・ファンドみたいな、小さいのはできますけれども……。

――ラップアカウント以外には、何かお考えになっていることはあるんですか。

打海（啓）　やっぱり外〔国〕株ですよね。外株のパーセンテージを高めたい。別にアメリカじゃなくてもいいと思うのですが……。

――アジア株ですか。

打海（啓）　アジア株でもいいし、いまはみんなアメリカを向いていますから、中国ではないところでどこか……。あとは、やっぱり投信の残高を増やすことですよね。うちの目標というのは、いま、投信の残高が1786億円ぐらいなので、2500億円は、集めたいんですよね。

――じゃあ、預り資産としては株のほうが多いんですね。

打海（啓）　いまは株のほうが多いです。

――それをもう少し投資信託の比率を高めて……。

打海（啓） そうですね。それと、若年層の獲得のためには、ＮＩＳＡもありますよね。それから、来年〔２０１６年〕から始まるジュニアＮＩＳＡも含めて、若い世代の人に長期資産形成の手助けをしたいですね。この地域での新しい証券投資家層の育成拡大に努力してまいりたいと思っています。

――本当に今日はお忙しいなか、時間を割いていただきまして、ありがとうございました。

◎本稿は、ウツミ屋証券株式会社特別顧問岡田亨氏にご同席いただき、小林和子、二上季代司、深見泰孝が参加し、２０１５年５月25日に実施されたヒアリングの内容をまとめたものである。

第9章

香川証券の歴史を語る

——中條安雄氏証券史談

本章と次章では四国証券界の歴史を取り上げる。四国地方には1948年時点で27社の地場証券が存在し、翌1949年には地場証券が46社を数えた。ところが、四国証券界では3度の再編があり、1度目はドッジデフレ後の1950年、2度目はスターリン暴落後の1954年、そして免許制移行の直前に3度目の再編が起こり、この3度の再編で24社が登録取消や廃業によって市場から退出し、1968年の免許制移行時までに6社に再編された。その後、2012年にいよぎん証券が誕生するまで6社体制が継続し、現時点では7社が四国地方を本拠として営業を行っている。

本章では香川証券の中條安雄氏のオーラルヒストリーを掲載し、次章では日本証券業協会四国地区協会にご勤務された上広雅吉氏のオーラルヒストリーを掲載する。この2つのオーラルヒストリーを通じて、四国証券界の特徴を把握したい。

さて、香川証券は、特色ある経営をする地場証券として有名である。まず1つ目は、業界屈指の収益率の高さである。全国の証券会社のなかで、1人当り手数料収入がトップになったことが過去何度もある。また、香川証券は大学発ベンチャー企業への出資や、「香川県応援ファンド」の募集にも注力された。このように、香川証券は地域貢献を長年にわたって行ってこられたことも、特徴の一つにあげられよう。

このヒアリングに際し、筆者らはいくつかの関心を持って臨んだ。1点目は、「香川証券の強固な営業力は、何に起因しているのか」である。先にも述べたとおり、1人当り手数料収入が何度も全国トップになっているわけだが、その背景には何があったのかである。

そして2点目は、なぜ香川証券は、熱心に地域経済の発展、地域への貢献に尽力してこられたのかである。各地方の証券会社でも、単独募集や共同募集する投資信託を使って、地元企業に投資して地域経済に貢献する事例は耳にしたが、香川証券の地域貢献はこれにとどまらない。すなわち、長年にわたってファンド収益の一部を肢体不自由児への寄付や、地元自治体などに寄付してこられたわけだが、何がこういったかたちでの地域貢献を考えるきっかけとなったのかである。

最後に、地方証券会社にとって、株式委託売買手数料の自由化は経営を揺るがす課題であり、東京証券取引所の会員権取得が、非常に重要な経営課題となった。委託売買手数料自由化を目前に控えた時期に、地方証券会社は相次いで東証会員権を取得したわけだが、香川証券はいまだに会員権を取得していない。その理由はなぜか、これが筆者らの3点目の関心であった。これら筆者らの関心に基づき、お話を伺っている。

▼会社の創業と平井家の参画

――本日はお忙しいところ、お時間をいただきまして、ありがとうございます。中條様は長年、香川証券の社長を務めておられたわけですが、トップマネジメントの立場から、香川証券の歴史について伺ってまいりたいと思います。

中條　昔のことなので、記憶があいまいな部分もあります。私一人で間違ったことをお話してもいけませんので、古参社員の同席もご容赦いただきたいと思います。最初に少し紹介をしますと、こちらが山下〔耕平〕君です。彼は私より入社が古いんです。それから彼が西原〔康雄〕君です。彼は私が最初に採用した社員です。彼らにも同席してもらって、私が覚えていない部分は、彼らに答えてもらおうと思います。

――まず、香川証券の歴史ですが、1944年に創立したと伺っておりますけれども……。

中條　いや、この会社の創業は1919年です。法人化したのが1944年です。そして、戦後すぐの証券界は、皆さんもよくご存じのとおり、小規模な証券業者が多数ありました。四国にも小規模な同業者が多数ありまして、当社もそのうちの一つだったわけです〔1949年末時点で、香川県には地場証券が18社存在した。ところが、1955年以前に

9社が廃業や登録取消で姿を消し、昭和30年代には2社が姿を消した。また、免許制移行時にサヌキ証券、琴平証券、高畑証券は香川証券と合併し、蓬莱証券は三豊証券と合併、残った丸亀証券は登録を取り消した〕。

この会社は、堀池〔利雄〕さんという方が創業者でして、大阪〔証券取引所〕の会員業者にもなり、社員が100人くらい、純資産も2億円ぐらいの会社にまで育ててこられたわけですが、1965年の証券不況時に経営が悪化して、再編ということになったわけです。

中條 平井ではなかった。堀池さんが経営されていたわけです。

――ということは、もともとは平井家が経営されていた会社ではなかったわけですね。

――当時、四国には小規模な業者が多数あったとおっしゃっていましたが、どういう会社があったんでしょうか。

中條 琴平には琴平証券というのがありましたし、善通寺、坂出と丸亀にもありましたね。

山下 坂出はサヌキ証券、それから善通寺は高畑証券、丸亀は丸亀証券でしたね。

中條 このように、四国には小さな会社がたくさんあったんです。そして、1965年の証券不況をきっかけに、証券業は免許制になりますね。ところが、最低資本金制度がありましたから、最低資本金をクリアできないと、免許を受けられませんでした。そうすると、小さな会社は単体では免許を受けられないわけですよ。それで、香川証券を主体として、単体では免許を受けられなかった坂出のサヌキ証券、琴平の琴平証券、善通寺の高畑証券、それから徳島県の鳴門に証券会社がありましたが、これらを合併して、免許を受けたわけです。

――なるほど。免許申請する際に、最低資本金制度がありましたので、香川証券単体で免許を申請するのではなく、小規模な同業者も糾合することによってそれをクリアして、免許申請されたわけですね。

中條 そういうことです。それまで、先ほどお話しましたように、堀池さんが経営されていたわけですが、経営状態が決してよくはなかったわけです。当時の大蔵省は護送船団行政をしていましたでしょう。かといって、小規模な証券会社では免許できないし、それを救済してやらなければならないわけです。そこで、地元の名士であり、参議院議員であった平井太郎さんに立直しを頼んだわけです。

――平井太郎さんという方は、どういうご経歴をたどられた方なんですか。

中條　太郎氏は主として新聞社や放送局、ホテルなどを経営されていた方で、香川県高松商工会議所会頭や香川県観光協会会長を務めた方なんです。そして、その後は政治家になって、参議院副議長にもなりました。そういう人ですから、いろんな人から、会社経営などを頼まれたわけです。

たとえば、地元の県議会議長が、マリンパークという大きな施設を持っておられたんですが、ご病気になられた時、「マリンパークをお願いできないか」と頼まれたようです。その時も、「はい。お任せください。ご心配なく」といって、マリンパークという施設を引き取ったようなんです。

香川証券も同じですね。先ほどもお話しましたが、旧香川証券を堀池さんという方が経営されていたわけですが、最低資本金制度もあって、単独では免許がとれなかったんですね。その時に、大蔵省から経営を頼まれたようで、「わかりました」と、この話を受けたわけです。

――なるほど。そういう経緯で香川証券の経営に、平井さんが参画されるわけですね。

中條　そういうことなんです。ちょっと平井太郎氏の話をしますと、太郎氏は政治家で、妹の幸栄、弟の仁之助などの兄弟たちがいました。

西日本放送というテレビ局が香川にありますが、この放送局はテレビ放送が始まる時に、日本テレビが「香川に系列放送局をつくりたい」と太郎氏にいってきたらしいんですね。そうしたら、太郎氏はもともと四国新聞の経営もしていましたので、「それじゃあ、やるよ」ということで、西日本放送をつくったのですね。それが香川で最初のテレビ局なんです。そして経営については、弟に任せたわけです。このように太郎氏は、いろいろな会社を引受けていたわけですが、そのうちの一つに香川証券もあったわけです。

――なるほど、そういう経緯で平井さんが経営するようになったわけですね。

中條　こういう経緯で西日本放送が主たる株主になって、そのほかにも同族が経営していた四国新聞なども出資して、経営するようになったわけです。こうして、新たな株主構成は西日本放送が中心になったわけですが、サヌキ証券や琴平証券には合併の際に、いったん減資することを承諾させたわけですが、合併後の新会社に新たに出資させて、多少の株を持ってもらって、経営にも参画してもらったんですね。名前は忘れましたけれども、合併前のサヌキ証券の社長も役員になっていました。

山下　金岡〔敬夫〕さんですね。

中條　そうそう、金岡さん。彼は役員をしていましたね。

――ということは、それまで香川にあった既存の小規模な証券業者は、免許制移行の時につぶれた会社はなかったわけですね。

中條　単体では免許はもらえなかったんだけれども、大蔵省の護送船団行政によって、それらを合併していまの香川証券をつくったので、つぶれたところはないですね。

――なるほど。こうして、新たな会社ができたわけですが、新香川証券の経営者、役員はどのような構成にされたのでしょうか。

中條　平井から経営者を送り込むわけですが、幸栄さんのご主人であった健太氏が、香川証券の社長になったんです。健太氏が社長、そのほかの役員としては旧香川証券の代表的な立場にあった方が常務に、放送、新聞の代表の方などが役員になりました。

その後は新会社も順調に経営されていたのですが、会社の経営方針に異を唱えるものが出てきて、雲行きがおかしくなってきたのです。

▼中條氏入社の経緯と入社反対運動

――では、中條さんはなぜ香川証券に入社されたのですか。

中條　社長に呼ばれたからです。

――中條さんご自身は、香川証券に入社されるまでは何をされていたんですか。

中條　東京の新大手町ビルの7階にあった極東貿易で、ご機嫌よく営業第一課長として、張り切って仕事をしていたんです。私の妻が〔香川証券の〕社長の娘だったこともあって、1976年の秋頃、社長夫妻が練馬の私の家までいらっしゃったわけです。2人は私に香川証券へ入社しないかと、誘いにいらっしゃったんです。それが一度ではなく、何回か続いたわけですが、2人は私の家には泊まらないで、帰って行かれるんですね。

この時点では、私はまだ入社するとも、入社しないともいっていないわけですが、ただ、あまりに熱心に誘ってくださるので、私も個人的に社内のことを調べてみたんです。そうしたら、役員相互の不信感を背景に役員会が開けない、人事異動すらできない、役員の相互不信が従業員にも伝播し、年末の株主総会で社長退任までうわさされていたようなんです。それで、せめて相談相手くらいにはなれないかと思いまして、週末に高松へ行き、週の初めには東京へ戻る生活を始めたんです。

――それはまだ中條さんとしては、入社するお気持ちが全然ない時ですよね。

中條　まったくありませんでした。当時、社内が紊乱していたことは事実なんですね。先ほど、社長夫妻から、熱心に入社を勧誘されたとお話しましたが、その時社長からは、会社が少しガタついているとしか聞いていなかったんです。

とりあえずは年末の株主総会は現状維持でおえたんですが、問題の先送りにすぎなかったんです。ところが、私は入社していないとはいえ、社長の相談相手になっていたこともあって、組合からは「中條入社断固反対」「スト権を確立した」という書面が自宅に送られてきまして、それで「何や、これ」と……。

――入社を先取りして、反対運動がされちゃったわけですね。

中條　そうです。東京でも私が働いていた極東貿易の社長のところへ、当時、香川県選出の議員の方が会いにきて、「中條を絶対辞めさせないでくれ。辞めさせたら、国元で大変なことが起こるから」といって、帰ったそうです。

まぁ、とにかくまだ入社の意思も固めていないうちから、組合から書面が送られてきたりしていましたから、関連会社の石川島播磨重工業の労務担当や、弁護士にも相談しました。それでも一向に騒動はやむどころか、さらにエスカレートしていったわけです。事ここに至って、義憤を感じずにはいられなくなり、また、手をこまねいていては、悔いを千載に残すことになると思いまして、高松へ帰ることに決めたわけです。

東京、高松の友人にも意見を聞きましたが、「心中する価値のある会社ではないぞ」「火中のクリを拾う価値がある会社ではないぞ」といって、全員が反対でした。また、極東貿易の社長は、「高松に石川島播磨重工業の事務所があるから、そこに極東貿易の高松支店開設準備室を設けて、採算があうようなら支店を開設してもいいから、急いで辞表を出すことはない。半年くらい駐在させてやるから、気のすむまでやったらどうだ」とおっしゃっていただきましたし、石川島播磨重工業の稲葉興作社長には、「お前、大変らしいけれども、うちの高松の事務所に机を持ち込んでいいいと話が決まっているから、軽挙妄動はやめたほうがいいよ」ともおっしゃっていただいたんです。しかし、これらのご厚意は断って、１９７７年８月に香川証券へ入社したわけです。

▼入社当時の社内対立とその終焉

――なるほど。そういう経緯で入社されたわけですね。

中條　ちょっと私が入る前の会社がどういう状態だったか、社員がどう感じていたかをしゃべってくれませんか。

山下　実際のところ、正確なことは私も知らないんです。私は琴平支店という小さな店におりまして、当時、入社して3年目ぐらいだったんです。何か本社がもめているという話は聞くんですけれども、何が起きているのかはわからないんですよ。その時に、内部のトップから、「仕事をするな」「ストをしなさい」という変な指示があったんです。

――サボタージュですね。

山下　サボタージュです。とはいえ、われわれは仕事をするために入社したわけで、「仕事をするな」といわれても、それには従わずに仕事を普通にしますよね。それで、万株単位の注文とったんですけれども、そうしたら呼び出されて、叱られたりしたんです。それから、「3時になったら、帰りなさい」ともいわれましたね。もうわけがわからんかったですけれども……。

そうこうしている時に、相談役が社長と支店へ入社のあいさつ回りにこられたんです。その時は、ただ「入りました」とあいさつをされただけで、こちらも「ああ、そうですか」というくらいでしたので、なぜ入社されたのかもわからないんです。実は、その時、いちばん渦の真ん中にいらっしゃったのが、相談役だったんです。

中條　いずれにしても、組合は中條の入社を拒否するための組合であって、ほかの目的は何にもないんですよ。

――そういう経緯で入社されたんでしたら、入社後はやりにくかったんじゃないですか。

中條　いやぁ、もうやりにくいなんていうもんじゃないですよ。入社初日に社長室へあいさつに行きましたら、社長が総務部長を呼んで、「株式部へ案内しなさい」と命じたので、総務部長に株式部に連れて行かれたわけですが、机も椅子もないんですよ。だれも椅子をくれないから、会議室にある折畳み椅子を自分で持ってきて、そこに座る毎日ですよ。しかも、お昼ご飯に出かけて、戻ってきたら椅子が会議室に戻されていて、それをまた運んできて座るという毎日が続きましたね。

社内はこのように混乱していたわけですが、まずは社内を融和させなければならないと思いましたので、私はだれよりも早く出社しまして、役職員にあいさつをしましたけれども、数カ月経っても、だれも人前で私とは口を利いてくれないんです。

また、毎晩、各社員の自宅への電話や、訪問をしたり、喫茶店などでも個別に面談をしたり、説得をしました。しかし、その時に話した内容が、翌日には誇張されて広まっていたりしまして、社内を融和させたいという私の意図とは異なる結果になりまして、あの時はつらかったですよ。

そして、給料もたしか10万円だったと思うんです。極東貿易の給料が17万円だったと思いますから、給料は40%以上も下がっているんですよ。それでも、私にもプライドもありますし、これ以上惨めな思いをしたくないと思いましたので、番町というところにある高松でいちばん高いマンションに住んだんですよ。当時、賃料が14万円だったと思うんです。

——入社当時は、大変なご苦労があったわけですね。そういうことがありながらも、だんだんと周りに認められていかれたわけですね。

中條　そうですね。数カ月経っても、だれも人前で口を利いてくれなかったんですが、毎日、朝早く出社して、カギを開けてくれるのを待っていると、最初に出勤してきた社員が「あなたも大変ですね」と声をかけてくれるようになり、帰りに出口ですれ違った時に、「さようなら」とあいさつをしてくれる人が増えていったんです。

そして、1978年4月には総務部に異動になったんです。先ほどもお話ししましたように、極東貿易時代は営業一筋でしたので、人事や労務、財務は素人同然でした。だからこそ、社内規定や書類にも隅から隅まで目を通して、この会社のことを勉強しました。その成果として、ようやく会社の輪郭をつかめるようになってきたわけです。その頃には、もう社員とも日常的に会話ができるようになっていましたし、仕事の後は近所の焼鳥屋で懇親を深めることもできるようになっていました。ただ、これで社内の混乱が収まっていたかといえば、そうではありませんでした。

そんな時、ある営業所の社員7人のうち5人が退社して、全員そろって同業他社に移っていったんです。表向きの退職理由は、家業を継がなければならないといった理由でしたが、まだ社内が割れていて、混乱が続いていたわけです。結局、依然として私の入社を快く思っていなかった人たちがいたわけです。

――社内の混乱は、経営にも悪影響を与えていたわけですよね。

中條 それはありましたよ。営業所の社員5人が退職した時は、立会があるのに店を閉められませんから、過去にその店で勤務していた社員などを選抜し、彼らを派遣して対処しました。もちろん、私も営業所にまいりまして、長期にわたって常駐しました。おかげで大きなトラブルもなく、大量退職の影響は最小限にとどめることができたわけです。

山下 当時、ベテラン社員が相当辞めているんですよ。会社を辞める時には、お客様も連れて行くんです。しかも、辞めた人たちは、当社のお客様にも「あの会社、つぶれますよ」とか、言いたい放題いうわけですよ。いまから振り返れば、本当に大変な時期でした。ただ、こういう社内の混乱が、当社を一つにまとめていく原動力にもなっていったことは間違いないですね。

中條 営業所でトラブルが起きていた時も、総評との団体交渉もしていましたし、一口株主の代理人との折衝、さらには株主総会無効訴訟や仮処分など、トラブルが続発していました。特に、困ったのは増資がなかなかできなかったことでした。
少し時代が飛びますが、私は1983年8月に社長に就任しました。その直後に、当社の資本金を6500万円から9000万円に増資を決めたわけですが、増資に反対する社員もいまして、財務局から「増資に疑義が出された場合、すべての責任が私にあることを確認し、貴局にご迷惑はかけない」という確認書を差し出すよう命じられました。このことを弁護士に相談すると、この文面は辞表と同じ意味を持っているから、増資に疑義が出された場合という部分を、「増資が不能だった場合」にあらためて出しなさいとアドバイスを受けて、そのようにあらためて確認書を出したりしました。また、株主の一部が株主総会で、増資に異議を訴えまして、なかなか増資もできなかったんですね。

――いま、この混乱が原動力になって、会社内部がまとまっていったというお話でしたが、この混乱はどうやって収束させていったわけですか。

中條 まずは、1983年に社長に就任しました。労組の委員長より「組合が臨時大会を開きまして、全員一致で「県総評脱退、組合解散」を決議しました。そして、総評も本日脱退してまいりました。社長、よろしくお願いします」とあいさつに来てくれたんです。これが正常化に向けた第一歩だったんです。

▼母店の岡三証券への一本化

――次に、話題を大きく変えまして、御社は岡三証券を母店にしておられますけれども、なぜ岡三証券を母店にされたのか、その経緯をお聞かせいただきたいんですけれども……。

中條 私が入社した時には、すでにそうなっていましたね。当時、当社の母店は岡三証券さんと第一証券（現在の三菱

ＵＦＪモルガン・スタンレー証券〕、大阪の伊藤銀証券〔現在のエース証券〕でしたね。

中條　そう、エース証券さん。この３社が母店でした。なかでもサービスがよかったのは、文句なしに第一証券でしたね。もう桁違いにサービスがよかったですよ。岡三証券さんは、サービスが最もいいというわけではありませんでした。どちらかといえばドライでしたね。

ただ、会社としてお付き合いするには、岡三証券さんのほうが半歩、一歩リードしていました。というのは、当時、岡三証券は発注システムが自動化されていましたけれども、他社はまだ電話での発注でしたので、そういうところも、会社としてお付き合いするには、岡三証券さんのほうがいいと思う点でした。

――御社の母店は、もともと岡三証券、第一証券、エース証券の３つだったわけですね。しかし、現在は岡三証券に集約されたかと思うんですけれども、一本化されたのはいつ頃の話なんですか。

中條　手数料の自由化が始まった時です。

――そんな最近の話なんですか。

中條　私は人とのつながりを大切にしていたので、ドライに１社にするなんていうことは、絶対できないんですね。ですから、随分長い間３社を母店にしていたんですよ。伊藤銀には岐部〔良則〕氏という人がいらっしゃいましてね。

――岐部さんね。いらっしゃいましたね。

中條　ご存じですか。岐部さんの顔が浮かんでくるんですよね。かかわり合いがある以上、私としては母店を切ることはできません。ですから、ドライに第一証券、伊藤銀証券を母店から外して、岡三証券さんに一本化したということはございません。

――そうすると、３社に注文を発注されるわけですが、その振分けは、どのようにされていたんですか。

中條　第一証券に発注するのは、どこの支店と……。

――支店ごとに分けられていたわけですね。

中條　そうです。

――ただ、支店ごとに分けるとしますと、支店ごとに発注量が異なりますよね。それは調節して振り分けられたんですか。

中條　調整したということはありません。この支店の発注量はこれだけあるからと、計算したこともありません。

――信用取引の利用枠も、3社それぞれにありましたよね。

中條　それも計算したことはないですね。私が入社した頃は、信用取引の枠の問題もあったような記憶があります。

――そうすると、岡三証券への母店の一本化というのは、どういう理由からされたんでしょうか。

中條　先ほども少しお話ししましたけれども、2000年に第一証券が4社合併して、つばさ証券〔現在の三菱UFJモルガン・スタンレー証券〕になるんですよ〔第一証券は、2000年にユニバーサル証券、太平洋証券、東和証券と合併し、つばさ証券となった〕。その時に、つばさ証券が母店業務を受けないことにされたんです。当時、岡三証券さんは、発注システムが自動化されていたことなどもあって、岡三証券さんに母店を一本化したほうが、当社の競争力や収益力を高めるにはいいだろうと判断しまして、それで岡三証券さんに母店を集約したわけです。その時に、エース証券さんにも母店から外れていただいたわけです。

▼東証会員権取得をしなかった理由

――いまの母店のお話に関連しまして、平成になりましてから、東証の会員権開放が行われましたね。この時に、有力

な地方証券会社は会員権を取得しました。ある会社の社長さんから、当時、地方証券取引所が衰退して、東証への一極集中が進んでいましたので、東証の会員権を持てるか否かが経営を左右したため、東証会員権の取得は重要な経営政策だったと伺ったことがあります。御社も事情はよく似たものだと思いますし、御社の財務状態であれば、会員権の取得も十分可能だったと思うんですけれども、なぜ会員権を取得されなかったのでしょうか。

中條　東証からは何度も、会員権を取得しないかと勧誘がありました。また当社の従業員も会員権を取得すべきではないかといっていることも聞いていました。ただ、会員権を買えるか否かではなく、会員証券になると最低でも7、8人の人材が必要になりますから、コストアップ要因になります。それを母店に支払っていた再委託手数料の節約によって得られる利益と比較しても、それほどのメリットはないと判断したことがあります。また、もう一つの理由は、岡三証券との関係がかなり友好的だったことに加えて、加藤〔精一〕さんから、当社が友好店から抜けたら、丸福証券〔現在の岡三にいがた証券〕さんなどで構成されていた岡三証券さんの友好店ネットワークが弱くなるといわれまして、当社が座長格になっていましたので、「わかりました」と……。それが最も大きな理由でした。

——ということは、もっぱら岡三証券との関係で……。

中條　そうですね。岡三証券の加藤さんと約束したことが大きいですね。当社が友好店から抜けることが、友好店ネットワークに大きく影響することを心配されていたんですよ。

▼地域密着を実現した店舗政策

——なるほど。わかりました。御社の特徴として、地域密着があげられるかと思います。地域に密着し、その地域でかなりのシェアを獲得したことが、後に外資系証券会社との提携などを実現した要因であったのではないかと考えてい

ます。そうしますと、重要になってくるのは御社の店舗政策だと思うんです。そこで、まず御社の店舗政策に関連して、昭和50年代から店舗の移転、新築などをしておられますが、その目的を伺いたいと思うんですが、いかがでしょうか。

中條　まず、当社に入社してビックリしたことが2つあったんです。1つは社員の家族が、近所の人に「ご主人はどちらにお勤めですか」と聞かれた時に、胸を張って「香川証券です」と答えられないと聞いたことです。これには大きな衝撃を受けました。この時に、たとえ時間がかかっても、社員が胸を張って自分の勤務先をいえるような企業体質に変えなければならないと決心しました。もう一つがすべての支店が路地裏にあったことなんです。

支店の場所は路地裏も路地裏、こんな会社があるのかとあきれましたよ。誇りを持てる会社にしようと思っていても、これでは社員に誇りを持てといっても無理だぞ、社員が誇りを持てる会社なわけがないと……。また、店頭もセミプロの人しか入れないような雰囲気だったんですよ。これは店づくりから始めなければならんと思いまして、1つずつ表通りの土地を買って、そこへ支店を移転させていったんです。つまり、支店移転の目的は、社員に誇りを持ってもらうことと、だれでも気軽に立ち寄れる店にすることでした。

——しかし、お金もかかりますでしょう。先ほどのお話では、昭和50年代後半まで、社内の混乱が続いていたわけですから、財務的にはかなり厳しかったんじゃないんですか。

中條　かかる、かかる。ものすごくかかりますよ。たしかに厳しかったですよ。しかし、そういう時だったからこそ、まずは店づくりだということで、経営資源を店舗移転に集中させたわけです。

1980年の丸亀の店舗移転を皮切りに、三本松、坂出と順次、新築移転をしていきました。これらの店舗は大手証券が出店していない地域が多く、地域密着を実現するうえでも役に立ったと思いますね。

——店舗の出店ですが、御社はバブル崩壊後の出店が多いですよね。たとえば、1990年に善通寺、1995年には

児島、さらには1998年に高知支店、2002年に伊予三島支店、2005年に銀座支店を開設されているかと思います。不況の時に店舗を開設されているように思うんですが……。

中條　そうなんです。

――これは逆張りですか。

中條　そういうことをいわれたり、「なぜですか」と聞かれたこともあるんです。たしかに不況の時に、店舗を新設しているのは事実なんです。ただ、だからといって、それだけの理由かといわれると、そうでもないんです。古くは、1965年の証券不況の時に、他社を吸収合併したわけですが、その時に合併先のお店を支店にしています。その後は、先ほども申しましたように、母店さんの支店や地場証券が出店していない地域を中心に支店網を拡大していきました。

高知支店の話が出ましたが、これは三洋証券が破綻した時に、その高知支店の譲渡を受けて、当社の支店にしました。ですから、結果として、そういう時期に店舗を出したということです。

――それは意図してですか。不況の時に逆張りで出店されていますから、何かもっと戦略的に意味があるのかなと思ったんですが、そのあたりはいかがでしょうか。

中條　まぁ、そうとばかりもいえないですね。たとえば、2000年に丸亀支店を移転しましたが、それは元の店舗が狭かったから、移転しなければならなかったわけです。ただ、私自身が四国地区の協会長を長い間やっていましたので、協会長をやっている会社が、ほかの地場証券のある地域へ出店するわけにはいきません。ですから、意図的にやめていたことはあります。だから、当社も松山市や徳島市にも出店したいけれども、ほかの地場さんの店舗がないところならいいですけれど、お店がある地域にはむずかしいとか……。

――控えていらっしゃったわけですか。

中條　ええ。地区の協会長をやっていましたので、無理をしてはいかんというのはありますよね。

――なるほど、なるほど。いや僕は、むしろこんな不況の時に逆張りで出店しているから、何かもっと戦略的に意味があるのかなと思ったんですが、そうじゃないんですね。

中條　戦略的な意味があるかといえば、それはないですね。いろんな要因が絡み合って、結果的にそれぞれの時期に店舗を出したということです。

――最近では、2015年に鳴門支店を移転されたようですけれども、これだけ店舗を新築、移転できたのには、収益も相当あがっていたわけですよね。

中條　まぁ、もちろんそれがなければできないですけれども……。鳴門支店は敷地が約400坪ありまして、地主さんは「半分でも、3分の1でもいいですよ」といっていたんですが、今後の展開も視野に入れてすべて買いました。この店は社屋と通りの間が水庭になっており、すごくいい店ですよ。

――400坪とは広いですね。僕がアメリカに行った時に、富裕層向けのビジネスに注力している証券会社に見学に行ったんですが、その会社は池のある広い土地を持っていて、富裕層がゆったりして、お金の相談ができるような店舗をつくっていたんですね。御社は、2012年にロンバー・オーディエ信託と提携して、富裕層向けのビジネスを始められたかと思うんですが、このお店は富裕層向けのサービス拠点と考えてよろしいのでしょうか。

中條　ロンバー・オーディエとの提携は、四国にいらっしゃる富裕層をターゲットにしたサービスを提供しようとしてのものですが、店舗はそれとは直接的には関係ないですね。ただ、支店の雰囲気がお客様にある種の安心感を持っていただければと思っています。

――なるほど。ではなぜ提携先がロンバー・オーディエだったんでしょうか。

中條　いま、お話ししましたように富裕層向けのサービスをしようと思ったわけですが、富裕層のなかには、とにかく資産を減らしたくないというニーズを持つ人も多いんですよ。そこで、長い歴史と実績を持つロンバー・オーディエは、知る人ぞ知るという信託会社でしたけれども、これ以上の信頼と実績を持つ会社はありませんでしたので、ロンバー・オーディエと提携したんです。

▼危機と人材投資が生んだ高収益体質

——話を少し変えまして、香川県を中心に稠密な店舗網を設けられたことが、御社の営業力を高めたと思うんですね。1995年の『日経金融新聞』によれば、1人当りの月間手数料収入が1648万円であり、この数字は野村、大和、日興に次ぐ全国4位を誇り、さらに、1996年の『日経金融新聞』によれば、御社は四国全体でのシェアの約10%を獲得したと報道されています。さらに、1998年の同じく『日経金融新聞』に中條様のインタビューが掲載されていたのですが、それではある大手証券の支店長が、大手証券の支店が地場証券を抜けないのは、高松だけだといわれたとお話になっておられます。この営業力の強さはどこに要因があるとお考えですか。

中條　当社は四国のなかではなく、全国レベルで1人当りの手数料収入トップを目指してきました。実際に何回かトップになったこともあります。これは当時、実際に営業に携わっていた人たちに聞いてください。

山下　過去に1人当りの手数料収入が、全国のすべての証券会社のなかで1位になったことがあります。

——そうですか。その強さの秘密はどこらあたりにあるとお考えですか。

山下　会社のなかで大きなもめ事があって、当時、主力のベテラン営業マンが相当辞めているんですよね。この業界は、営業マンが辞める時には、お客様も連れて行くじゃないですか。他社へ行った人たちは、当社のことを言いたい放題いいますよ。先ほどもお話しましたが、「あの会社はつぶれますよ」くらいのことはいわれていました。また、そういう話が耳に入ってくるんですよ。

私たち残った者は、出ていった人たちに、会社のことを悪くいわれると気分が悪いですよ。ですから、残った社員の危機感は大変なものでした。その危機感から、相談役を中心に一枚岩になっていったことが、高い収益性を誇る営業集団の基礎をつくったんだと思うんです。

中條　当社は先ほどお話しました内部の混乱を経て、ようやく1つになることができました。ですから、当社では、他社でよくみる個人のノルマはいっさいありません。各支店に目標を設定して、その目標に全員でチャレンジするようにしています。というのは、先ほど山下君がいったように、社内の混乱を乗り越えたことによって、非常に一体感が高まりました。以来、何事も全員で取り組むべきだという気風、義理と人情と浪花節の気風が当社にはあるんですよ。ですから、個々にノルマを与えるのではなく、支店ごとに目標を設定して、その目標に全員で取り組むようにしています。

山下　高い収益性を生み出す営業集団をつくったのは、全員が一体となって取り組んだことが最も大きかったと思いますが、もう一つ、研修制度にも力を入れていたことが、当社の営業マンの力を高めていったと思うんですよ。

――今日いただいた資料では、1986年からほぼ毎年海外研修にいらっしゃっているんですね。

山下　そうですね。これは、当時、国際化、情報化時代の到来といわれていましたが、そういう時代に、お客様の信頼を得るには、専門的な知識と幅の広い教養を持った営業マンでなければならないと、相談役がお考えになって、始まったんです。これは、社員が高いモチベーションを維持するのに、大きく寄与していると思います。

――1986年から、毎年欠かさずに行っていらっしゃいますね。

中條　1986年からは全社員参加にしたんですが、それ以前は海外市場を見学する制度をつくって、営業マンを中心に海外に派遣していたんです。1986年以降は、全社員を40人くらいずつ、4グループに分け、海外研修を行っています。この海外研修には、いろいろと裏話もあるんですよ。

――どんなことがあったんですか。

中條　いまもお話しましたが、もともと海外研修は、営業マンを中心に行かせていたんです。それを１９８６年から全員参加にしたわけですが、もともと全社員が参加する研修は、国内で行っていたんですよ。当時、全社員でどこかに行く場合、営業ができなくなってはいけないから、海を渡ってはならないといわれていたんです。

ところが、１９８５年に宇和島で研修をして、翌日に高知で宴会をやったんですよ。そうしたら、帰る日に台風が来まして、帰れなくなったんですよ。土砂降りの雨が降っているんだけれども、宇和島から高知まで乗ってきたバスは、「修学旅行の予定があるから」といって帰ってしまって、電車も不通で、80人くらいが駅で身動きがとれなくなっていたんですね。しかも、それが日曜日のことで、翌日は店を開けなければならないわけですよ。

――休業できないですね。

中條　それで、「宇和島から来たバスを迎えに行け」と命じましたら、社員から「30分も前に出発したから無理ですよ」といわれまして、諦めそうになったんです。ところが、やってみるもんですね。高知のタクシー会社の人が、「30分なら間に合います。お安い御用だ」といってくれまして、タクシーの無線に「宇和島ナンバーのバスがいないか」と緊急連絡をしてくれたんです。そうしたら、「目の前を走っています」と答えるタクシーがあったんですよ。そこで、タクシー会社の人が、「すぐにそのバス、つかまえてくれ」といってくれまして、バスが帰ってきたんですよ。

そして、バスの運転手に頼み込みまして、どうにか全員乗って帰ってきたんです。その時に、国内旅行でもこういうことが起こるんなら、海外でも一緒だと思いまして、それで翌年、中国へ行くんです。それ以来、海外研修をするようになったんですよ。

――国内でもこういうことはあるんだから、海外に行ったって、そう違いはないということですか。

中條　そうです。それに全員一斉に行くわけではないし、グループに分かれて行くのなら、海外に行こうと……。会社内部の混乱で、つらい思いをしてきた社員たちが、歯を食いしばってこの危機を乗り切ろうと、頑張ってくれたことがまずあります。そして、研修を通じた人材育成にも力を入れてきましたし、だれもしないことをやってきたことがあるんじゃないかと思うんです。

▼資産流出の危機と営業マンの専門知識向上

――かなり研修には力を入れてこられたわけですね。研修とは少し違うんですが、委託売買手数料の自由化が迫ってきた頃、従業員のスキルアップをしなければいけないということで、御社では2001年までに営業担当者全員が、FPの資格を取得することを義務づけられたと伺っているんですが、そこまでのことをしているのは、どこの地場証券でもやっているわけではありませんので、少し参考までにお聞きしたいんですけれども……。

西原　われわれのような地場証券は、社員のほとんどが地元の人間ですから、すごく長いお付き合いをするケースが多いわけです。まだ相談役が社長の頃、今後、お客様の資産形成のお手伝いをするためには、お客様がリタイアした後も含めたプランをつくったり、事業承継なども含めたお客様の悩みに対して、トータルでアドバイスができなければいけないから、「営業マンにまずFPという資格をとらせなさい」とおっしゃったことから始まるんです。時期的には、FP協会ができた頃の話です。

当時、私が本店営業部の次席だったんですけれども、社長室へ呼ばれまして、「これは今後、必要不可欠になるから、若い営業マンを集めて、FP資格をとらせなさい」といわれたんですよ。当時は、まだそれを義務づけるまではいっていなかったんですけれども、私が営業マンを中心に30人くらい集めまして、「若手で自己研鑽の意味で、FP資格をとりたいという者がこれだけいます」と報告したんです。そうしましたら、相談役から「そうか。ところで、君が言い出しっぺなんだから、受けなきゃいけないんじゃないか」といわれまして、私もその時にFPの資格をとったんです。ですから、香川証券でFPをとった第一号なんです。もう20年ぐらい前の話ですけれども、以来、営業マンにFPの資格をとらせるようにしているんです。

――そんな前からやっていらっしゃるんですね。

西原　ええ。相談役の一言をきっかけにして、徐々にFP取得者を増やしていきました。また、いまでは資格取得が人事制度のなかにも組み込まれていまして、どの資格をとらなければ、この職階には昇格できないというふうになっています。

――昇格、昇給の一つの基準になっているわけですね。

西原　ええ。いくら手数料収入をあげても、よりよいご提案ができるスキルがなければ、昇格できないようになっています。ですから、最近はFPに加えて証券アナリストや、相続診断士など、お客様に長く寄り添っていくために必要だと思われる資格は、新たに取り入れていきたいと思っています。

――地方では相続に伴う都会への資産流出が懸念されますので……。

西原　先日、日経新聞〔『日本経済新聞』〕にも、相続1000兆時代という記事で、相続に伴う資産流出の可能性が最も高いのが四国だと書かれていましたね。どうしても、お子さんやお孫さんが地元にいない方が増えています。一方で高齢化も進んでいますので、相続問題は当社にとっても喫緊の課題になっています。ですから、当社としてはお客様ご自身だけでなく、そのご家族とのお付き合いを深めていくためにも、証券のお話だけでなく、保険などを用いた相続対策、また、信託業務もやっていますので、お客様にトータライズしたご提案ができるような仕組みをつくろうとしています。

アンケートでも、相続財産の預入先は、相続人の7割の方がご本人の口座がある金融機関を選択されています。遠方にいらっしゃる方は、なかなかむずかしいとは思うんですが、リタイアされた後に、地元に帰って来られる富裕層の方もいらっしゃいますので、遠方にいらっしゃってもそういう方とは、なるべくリレーションをとるように指導しています。

▼手数料自由化後の収益源の多角化

(1) 外資系証券会社との提携と商品供給

――少し角度を変えまして、手数料自由化後は、証券会社が生き残るためには、商品の独自性も非常に重要な視点になったかと思います。御社では、2000年にコメルツ証券と業務提携されて、コメルツ証券が組成した商品を販売されていたと思いますが、その経緯についてお伺いしたいんですけれども……。

中條　あれは仕組債の組成を検討していた時に、コメルツ証券から提案があって、取引することになったんです。いまではどうということはありませんが、当時はローカルな証券会社としては、かなり早くに取扱いを始めましたので、話題性やPR効果はあったと思うんです。ただ、それ以上に何かがあったかといわれると、あまりなかったね。

――おそらくコメルツ証券は営業部隊を持っていませんから、御社の強固な営業力に着目して、この提携を持ちかけたんだと思うんですね。コメルツ証券の商品を販売したことで、お客さんが増えたということはないわけですか。

中條　そういう効果は残念ながらあまりなかったですね。もちろんコメルツ証券としては、販売能力の高いローカルな証券会社に、自分たちにかわって販売してもらいたいという思惑はあったと思うんですが、格別それでお客様が増えたということはなかったですね。

――そうすると、御社がこの提携で手にした最大の効果は、ＰＲ効果だったわけですね。

中條　そう、そう。話題性はありましたよ。

――同じ時期に、八幡証券〔現在の藍澤證券〕や今村証券もコメルツ証券と提携していましたね。

中條　うん。それは当時、コメルツ証券が各地域の地場証券との提携を希望していたんですよ。ですから、各社との関係構築のお手伝いを当社がしているんです。そうして、複数の地場証券との関係が構築できますと、コメルツ証券からもコメルツ証券と提携した地場証券からも、この関係をより強い絆にしようという話は出たんですが、うちはもういいと……。ただ、コメルツ証券と提携したことによって、その後、ドイツ証券などの外資系証券各社から、いろいろな提案をしてもらうようになりましたし、いまも取引をしている会社はありますよ。

――２００１年に御社はアイ・キャピタル証券に資本参加し、投資事業組合への仲介をされ、同社が組成したＲＥＩＴ商品を販売されています。また、後には同社組成の「東京一等地ファンド」というＲＥＩＴ商品の販売もされていますが、手数料自由化後の収益源分散の一環として、商品の設計、組成にも関係していこうとお考えだったんでしょうか。

中條　アイ・キャピタル証券は長男が経営していまして、ちょうどＪ－ＲＥＩＴが誕生する直前だったと思うんですが、当社はバブル期に投資信託の募集に注力していましたけれども、バブル崩壊後は投資信託の募集が低迷していたんです。それで、もう一度投資信託の募集を本格的に再開しようとしていた時に資本参加して、この会社が組成したＲＥＩＴの販売を開始したわけです。この商品はよく売れましたね。

その後、２００３年にアイ・キャピタル証券が、いまおっしゃった「東京一等地ファンド」を４本組成して、販売しています。この商品は毎月60円前後の配当を出していましたので、売却されるお客様もほとんどいらっしゃらなかったと記憶しています。

当社は手数料自由化後、いま申しましたＲＥＩＴはもちろんですが、それ以外にも、投資信託や仕組債なども取扱い、収益源の多角化を図っていったわけです。

――四国には一杯船主〔瀬戸内では、一隻の船を所有し、用船料で生計を立てつつ、一方で自らその船に乗り込む船主を一杯船主という〕とか、独自な財産をお持ちの投資家がいらっしゃると思うんですけれども、そういった投資家に適した商品供給を考えていらっしゃったのかなと思ったんですが、そうではないんですか。

中條　いや、四国ではもともと変動商品を積極的に買おうという人は少ないですよ。特に香川県は、昔から水不足に悩まされてきましたから、米作もうまくいかなかったこともあって、県民性として貯蓄を重視するところがあるんですよ。ですから、銀行がいい、安心だという県民性ですから、変動商品というのはあまり売れないですね。そういう気質ですね。

――四国の投資家には、投機的な人はあまりいらっしゃらないですか。

中條　投機性が高い人はあまり聞かないですね。

――瀬戸内海周辺には一杯船主がたくさんいらっしゃるんで……。

中條　いや、いや、そういう相場師的な人がいるかというと、それはそれほどいないですね。そういうのは、昔から米や繊維の相場が立っている街でしょうね。そういうところは、投機性の高い人もいらっしゃいますけれども、四国では少ないですね。

――１年中作物をつくれるような温暖な気候ですから、投機ではなく実業で儲けられるわけですね。ですから、あまり

強い投機心をお持ちの方はいらっしゃらないということでしょうか。

中條　そうですかね。だから、お客様には「われわれを信頼してやってみませんか」というヨイショがないと、なかなか投資をしてくれないですね。ですから、体質的に投機性があるかといったら、ないですね。

――戦前の四国には、株式取引所こそありませんでしたけれども、米や繊維の取引所は随分あったんじゃないかと思いますが……。

山下　弊社も、1965年以前は、商品取引の取次もやっていたと聞いています。

――戦後すぐの頃は、収益源を分散させるために、株と商品の兼業はいろいろな会社がやっていましたね。

山下　そうですね。私自身はみたことがないんですけれども、当社でも本店の一角で商品取引をしていたと聞いています。

中條　堀池氏が経営されていた頃には、あったと聞いています。ですが、新たな香川証券になってからは、商品取引をしたことはありませんね。

――岡三証券さんは、加藤さんは証券をされて、弟さんは岡藤商事を……。

中條　商品ですね。

――というふうにされていますよね。昔は、中堅地場を含めて、証券と商品のどっちもやっている会社は多かったですよ。

中條　当社は1965年以降、いっさい商品取引は取扱っていません。

――そうですか。戦前は四国にも商品取引所がありましたので、四国の人は投機性がないこともないいんじゃないかと思ったんですけれども、戦後の株式取引には、そういうことは引き継がれてはいないわけですね。

山下　そうですね。われわれは目にしたこともないです。

(2) ベンチャー投資と地域貢献

——なるほど。わかりました。また、収益源の多角化という観点では、香川大学の垂水〔浩幸〕教授が設立されたベンチャー企業に出資されるだけじゃなくて、加ト吉〔現在のテーブルマーク〕をはじめ地元企業18社に声をかけられたと伺っております〔垂水氏が立ち上げたスペースタグは、2002年4月に6000万円の第三者割当増資を行った。その際、加ト吉をはじめとする地元企業18社が引受先となったが、中條氏がこれらの企業経営者と交渉し、まとめあげたとされる〕。中條さんがこの資金調達の中心的役割を担われたと聞きましたので……。

中條 これはある関係から、香川大学の工学部とはもともとご縁があったんです。そういった関係があったので、垂水先生から積極的に出資を要請されたんです。それがきっかけになって、当社が懇意にしていた企業に声をかけまして、垂水先生に事業内容をご説明いただき、出資をお願いできる場を設けたんです。

戦後日本の経済成長を支えてきた代表的な企業に、松下電器〔産業〕とトヨタ自動車があります。この2社は1949年5月に上場したわけですが、当時の株価は1株70円だったんです。その時に両社の株式を買って、持ち続けていれば、いまや想像を絶する儲けを得られていると思うんです。私は昔から、いまは小企業でも、技術力や販売力で世界市場を開拓していくような、ロマンあふれる企業を発掘したいと思っていて、経営方針にベンチャー支援を掲げているんです。ですから、このベンチャーには積極的に応援させていただきました。

当時、大学発ベンチャーに火がつきましたけれども、現実に地域の発展に寄与したかといわれると、そうでないところもたくさんありましたからね。考え方はいいんですけれども、ちょっと時期的に早かったのかなとも思うんです。なかなかむずかしいですね。まぁ、このほかにも香川の企業ではないけれども、バイオベンチャー企業のセルフリーサイエンスや、特殊映像を制作していた白組という会社などにも出資しています。また、香川大学に寄付講座も開設するなど、地元への支援活動もしてきました。この考えが、いまもスマイルウィズプロジェクトへと引き継がれています。

(3) ご当地ファンドの販売を通じた地域貢献

――最後になりますが、2006年に御社は百十四銀行と「香川県応援ファンド」を販売されましたね。この商品の特徴は県内企業への投資だけでなく、純資産の0・15％を香川県に寄付されたことだと思います。なぜこういう商品を販売されたのか、お聞かせいただけますでしょうか〔「香川県応援ファンド」は、運用額の25％程度を県内上場企業や、県内に工場や店舗を持つ企業への投資、25％程度は国内のREITで運用し、残りは国内外の債券に投資する商品で、純資産額の約0・15％を毎年香川県に寄付するところに特徴がある商品である〕。

中條 この商品は、岡三アセットマネジメントさんからご提案いただいたもので、バランスファンドの形態になっています。株式部分は県内企業21社、それから県外から県内に進出している40社を投資対象としていました。地元の金融機関として地域経済の発展に寄与するとともに、地域貢献の観点からも寄付型の投資信託は、非常に有意義だと判断しました。それで、百十四銀行さんにもお声がけしまして、共同で販売することにしたんです。これは当時地元新聞をはじめ、地元関係者からはかなりよい反応をいただきました。

――この商品は、純資産額の0・15％を香川県に寄付されたわけですが、なぜこういう商品をつくられたのでしょうか。

中條 この商品は純資産の0・15％を寄付するスキームになっていますが、県内の福祉施設への自動車の寄付が中心となっています。延べで20台を超える寄付をしています。

――車ですか。

山下　主として車ですね。

中條　ええ。車を寄付しています。

――では、昔からそういうことをされていて、たまたまこの商品は香川県への寄付だったということですね。

中條　そうです。

――そうですか。御社は昔から地域への貢献を考えておられたわけですね。大変よくわかりました。本日は長時間にわたりまして、本当にありがとうございました。

◎本稿は、香川証券常務取締役山下耕平氏と西原康雄氏にご同席願い、小林和子、二上季代司、深見泰孝が参加し、２０１７年９月14日に実施されたヒアリングの内容をまとめたものである。

第10章

四国証券市場の歴史を語る

――上広雅吉氏証券史談

本章に掲載するのは、日本証券業協会四国地区協会で事務局長を務められた上広雅吉氏のオーラルヒストリーである。戦後、各地方に証券取引所が開設されたわけだが、四国には取引所が置かれず、独自の発展を遂げてきた。上広氏は1968年に四国証券業協会に入社後、その多くを四国地区協会でご勤務され、四国証券界の歴史を、協会のお立場から見つめてこられた。

さて、このヒアリングに際し、筆者らは大きく3つの関心を持っていた。1つ目は協会の活動にかかわることである。四国には四国証券業協会とは別に、四国証券業組合が存在した。この組合はいったいどのような活動をしていたのかである。

次に、四国のもう一つの特徴として、未公開株の気配値が新聞に掲載されているが、これは全国でも北陸と四国くらいしかなく、珍しい事例である。北陸以外の地区では、未公開株取引はほとんどないことをヒアリングを通じて確認したが、四国での未公開株取引の実態が2点目の筆者らの関心である。

最後が四国の地域性についてである。戦前は四国には全国的に有名な相場師もいたが、戦後四国4県の投資家像はどのような特徴があるのか。また、免許制移行後、四国では地場証券の再編が起きていないが、その理由も筆者らの関心であった。これら筆者らの関心に基づき、お話を伺っている。

▼四国証券業協会と四国証券業組合

――今日は、お忙しいところをありがとうございます。今日のヒアリングでは、四国の証券市場の特徴についてお伺いしたいと思っております。

上広　私はもう退職して10年を経過しております。具体的な数字や時期に不明確なところもあります。あくまでも私の記憶していることですので、ひょっとすると必ずしも正確ではない部分もあるかもしれませんが、その点はご容赦ください。

――もちろん、上広様のご記憶の限りをご披歴いただければ結構です。さっそく始めさせていただきますが、まず、上広様が四国証券業協会に就職された当時の協会について、お伺いしたいと思います。

上広 私が就職したのは、1968年でした。当時の協会事務局は、専務理事が地元の財務局OBの方で、四国新聞の東京特派員を退職されて来られた、60歳ぐらいの方が事務局長でした。それに女性が2人おられました。当時、証券会社の監査機能の充実のため、監査員という制度が設けられまして、それで私ともう1人が採用されたんです〔各地域の証券業協会は、自主規制機関としての体制整備、強化のため、協会職員が協会員の帳簿検査を行う監査規定を制定し、それに伴い監査員制度を設けた〕。ですから、私たちの主たる業務は監査業務でした。

――なるほど。1968年に就職されたわけですね。となりますと、就職前の話になりますが、四国の証券業協会の沿革にかかわってお伺いしたいと思います。1948年に四国4県の証券業協会が合同し、四国証券業協会ができました。他県では各県に協会があったわけですけれども、なぜ四国だけは一本化できたのでしょうか。ご存じでしたらお聞かせいただきたいと思うのですが……。

上広 1948年に四国証券業協会ができたわけですが、私が就職したのが1968年でして、当時の上司からそのことについては何も聞いておりませんので、なぜ四国4県の協会が合同したのかは、よくわからないんですね。

――そうすると、1958年に徳島証券業協会が独立した経緯もご存じないですね。

上広 徳島証券業協会があったことは知っているんですけれども、その理由というのはまったく聞いていませんので、わかりません。

――証券業協会の年史をみますと、証取法〔証券取引法〕が公布されたのをきっかけに、香川県証券業協会が4県一本

化を言い出して、ほかの3県に呼びかけ、4県がまとまって四国証券業協会をつくったそうです。ところが、徳島県所在の会員とほかの3県の会員との間に、取引所会員の店舗新設問題をめぐって意見の衝突が起こり、徳島が独立したという記述があるんですが、これ以上のことは、ご存じないわけですね。

上広　残念ながら、わかりません。

――そうすると、1960年に四国財務局長が、徳島証券業協会に合同を慫慂されて、再び四国証券業協会に戻るわけですが、その経緯やなぜ財務局長が合同を慫慂されたのかもご存じないわけですね。

上広　そうですね。四国財務局長がなぜ合同せよとおっしゃったかも、私は先輩方からお聞きしておりませんので、存じません。

――次に、1973年に四国証券業協会が日本証券業協会四国地区協会になるわけですが、その数年後に四国証券業組合を設立して、地区協会の「地区特別事業会計」にいったん移管した四国証券業協会の財産を、再び四国証券業組合に移管したと聞いております。いったい、四国地区協会はどういう事業をされていたんでしょうか。

上広　四国地区協会の業務は4つありまして、1つは旧協会が実施しておりました永年勤続者表彰です。四国証券業協会の規則に、永年勤続者表彰規程というのがあったんですが、証券会社の役職員の福利厚生の一環として、各社から勤続10年、20年、30年、40年、50年の人がいれば、書類を提出してもらうんです。出された書類を事務局で形式的な審査をしまして、旧協会時代は理事会、地区協会時代は地区評議員会で審議、承認を得て、旧協会時代は総会、地区協会になってからは地区大会開催時に表彰式を行っていました。表彰式には、来賓として財務局長にもお越しいただきまして、勤続10年、20年、30年の代表者1人に対して表彰と、記念品の贈呈をしていました。これが非常に大きな事業だったんです。

記念品には多い年では、300万円くらいの費用をかけていたと思います。当時は証券人口も多かったことと、各社の社長さんや役員さんには勤続40年、50年という方も多くいらっしゃいましたし、役員さんを表彰対象から外すわけにもいきませんから、相当な人数を表彰しておりました。

こうした表彰を毎年していたのですが、何年のことだったかは忘れてしまいましたが、各地区協会で同様の永年勤続表彰を行っており、地区ごとに御祝い金や記念品の基準額が異なっていたので、全国転勤する大手証券会社から地区によって違うと指摘され、さらに四国では財政的にもだんだん厳しくなっていましたので、委員会に諮って、永年勤続者表彰規程を廃止しました。

——永年勤続表彰以外の事業は、どのようなことをしておられたのでしょうか。

上広　永年勤続者表彰業務のほかには、四国4県に証券会社の親睦団体が任意で組織されていたんです。香川県には「香証会」、徳島県は「徳証会」、愛媛県は「愛証会」、高知県は「土証会」がありました。そして、各団体にボウリング大会とか軟式野球大会、運動会といったスポーツ大会を計画してもらうわけですが、その計画書を出していただいて、チーム数や人数を基準にして補助金を出していました。実施後は、どこが優勝したなどの結果報告を、各団体の幹事から報告してもらっていました。

——いま、おっしゃった2つの業務は、どちらかというと業界で働く人の福利厚生的な側面が強いように思うのですが、投資家拡大に向けた業務もしておられたのでしょうか。

上広　東京の証券広報センターと共催で、経済講演会を開催していましたね。広報センターから依頼がありまして、会場の手当や経済講演会の開催案内、参加はがきの送付、さらに当日の会場設営や受付、アンケート回収などをしておりました。

大阪証券経済研究所〔現在の日本証券経済研究所大阪研究所〕の熊取谷武さんをご存じですか。あの方も講師としてお越しになっていたことを覚えております。この講演会は四国4県で行っておりましたので、講演者の方や広報センターの方と一緒に、四国4県を回っておりました。

いまでは、こうした講演会は地場の一部の証券会社でも行っておりますが、当時、地場の証券会社が講演会を開催することはありませんでしたから、これは地場の証券会社の人や投資家の方には喜ばれていたんじゃないかと思います。

――この3つの事業が地区独自の事業というわけですか。

上広　そうですね。それと少し福祉的な話になりますけれども、四国地区会員大会が毎年1回行われるわけですが、その翌日に親睦ゴルフ大会や観光もやっていました。以上、4点が地区の証券業協会の業務ですね。これを全国一本化される前の旧協会時代の財産を移管した「地区特別事業会計」や、会員から地区協会費を徴収して、これらの事業を行っておりました。

――いま、旧協会時代の財産を移管したとおっしゃいましたが、財産としてはどんなものをお持ちだったんでしょうか。

上広　金額は正確には記憶にないんですけれども、1000万円はあったと思うんです。もちろん、会員が支払う会費は経費ですから、税金がかからないんですが、協会がお金を貯めていると、税務上具合が悪かったらしいんです。当時は、協会の剰余金が1年分の会費収入を超えると、税務署がうるさいぞとよく聞きました。それで、先ほどお話しした事業をやっていたんですけれども、会費は毎年入ってきますから、それで証券業組合をつくったんですね。

当時、中国地区にも中国証券業組合というのがあったんです。それで、中国地区に定款とかをみせてもらって、こちらの定款をつくって、委員会にかけて組合をつくったんですね。その時に、旧証券業協会にあった財産を証券業組合に移管して、福利厚生的な事業を始めたわけです。

――いまのお話では、貯まりすぎた会費を組合に移管したとのことですが、新潟にも証券業組合があるんですけれど

も、新潟はグラウンドや宿泊施設などを持っていて、それの管理運営を組合がやっていたかと思うんですが……。

上広　新潟にも組合がありましたね。私もその組合の管理者である澤村〔義夫〕さんを存じ上げておるんですけれども……。

――そうです、そうです。澤村さん。

上広　当時、新潟はものすごい財産を持っていましたね。なぜあんなに資産を持っていたのか不思議でしようがないんです。あの資産はいったいどうしたんですかね。

――四国ではそういう資産を持っているわけではなくて、証券業協会の貯まりすぎた現金を移管して……。

上広　そうですね、それで組合をつくって、福利厚生を充実させたわけですね。ただ、年度によっては予算の執行状況をみて、年度途中で会費徴収をストップした年度も数回あったと記憶しています。

――福利厚生の充実という点でいえば、年金の上乗せ給付などはされていないわけですか。

上広　そういうことはやっていません。組合の業務で最も大きな業務は、四国地区会員大会の開催でしたね。

――地区会員大会ですか。

上広　四国地区会員大会は、地区協会と証券業組合の業務報告や予算案、決算案の承認を得る場なんですね。さらに、有限会社四国証券会館は、現在も四国地区協会が入居しているビルを管理しているんですけれども、会員大会にあわせて会館の定時社員総会を行って、予算、決算の承認などを得ていました。ですから、会員大会が地区協会と証券業組合、四国証券会館の3つの団体の機関決定の場でして、3つの団体の業務報告や予算案、決算案をつくって、会員に諮っていました。

――毎年、会員大会は行われていたわけですね。

上広　そうです。内容も基本的には変わらないです。業務報告と予算、決算案の承認でした。ただ、予算がだんだん厳しくなってきたので、事業自体も縮小していったように記憶しています。

予算が厳しくなっていった経緯は、私の記憶では、証券業協会は自主規制機関であることはご存じだと思いますけれども、それに加えて、業界団体的機能の一つとして福祉共済的な機能も持ち合わせているんです。ところが、だんだんと自主規制機能の強化が強くいわれるようになるとともに、この業界団体的な機能の縮小もいわれるようになったと記憶しています。それで、徐々に会費の率も下げていったため、予算がだんだんと厳しくなっていったと記憶しています。まぁ、それも時代の流れですよね。

――会員総会と会員大会は別のものですか。

上広　各地域の証券業協会を一本化した時に、「総会」という言葉が使えなくなったんです。というのは、東京本部が会員総会をやりますから。それで、「大会」という名前に変えた記憶があります。ほかの地区協会はどうしていたのかわかりませんが……。

――四国地区協会は「総会」を「大会」へ名前を変えたわけですね。

上広　東京で総会をするのに、地区協会も総会を使うと変な話になりますから、地区協会は「総会」を使えないですからね。だから、名称を「総会」から「大会」へ変えたわけです。ただ、内容は、四国地区の予算、決算の報告、承認であることには、変わりありませんでした。

――協会と組合はどういう関係なんですか。たとえば、構成員は……。

上広　組合の構成員は証券会社です。理事長などの役職者もおられますけれども、それは全部、地区会長とかが兼任していましたから、かたちだけでしたね。たとえば、地区評議員の方が、組合の理事になっていただいておりました。

――協会は証取法〔証券取引法〕で規制を受けるわけですけれども、その時代、組合に対しては証取法での規制はないですね。

上広　ないですね。

▼四国地区での未公開取引

――次に、少し話題を変えまして、店頭市場で四国企業が登録されていたと思いますが、未公開株の取引は四国では行われていたのでしょうか。

上広　多少はいまでもあると思います。いまでも高松の『四国新聞』、松山の『愛媛新聞』には、上場株のほかに『地方株』という欄がありまして、地方株として地元の非上場会社の『株価気配』が掲載されております。これは旧証券業協会の時代から、毎日掲載されていました。私も新聞社にそれらの気配値を報告していました。

――それは、各地区の協会が証券業協会に統合される以前もされていたわけですね。

上広　そうです。四国証券業協会の時からやっています。地方株を扱う特定の証券会社から協会の事務局に、たとえばAという地方株の価格を100円から120円に変えてもいいかと連絡があるんですね。そうすると、協会はほかの証券会社に「A社の気配を100円から120円にしたいという話があるが、どうでしょうか」と打診して、いいんじゃないかとなれば、それを協会から、新聞社に「A社株の気配を100円から120円に変更」と連絡するんですね。

――店頭取引は相対取引でやっていますから、その気配ですよね。

上広　そうです。ただ、実際の売買が成立したか否かは報告を受けていませんでしたし、資料徴求もまったくしておりませんでした。ですから、あくまでも気配を新聞社に電話連絡していただけでした。

――ということは、各地区の証券業協会は、売買管理なんてもちろんしておられないわけですね。

上広　東京、大阪、名古屋の各協会は売買管理をして、そのデータを発表していたと思いますが、それ以外の地区協会のことは存じませんけれども、四国は全然していないですね。

――店頭公開をする時に、幹事証券会社は協会に登録を届け出ますよね。四国の会社が店頭公開する時でも、四国の協会を通さずに東京の協会へ直接届出をするわけですか。

上広　そうです。東京、大阪ですね。四国の協会を通すこととなっていても、協会には男性職員が2、3人しかいませんし、審査能力もありません。来ても対処できませんし、意味がないですよ。幹事証券会社もそれはわかっていたはずです。

――わかりました。じゃあ各地区協会としては、店頭市場にはほとんどノータッチだったわけですね。

上広　東京、大阪、名古屋地区協会以外の協会はノータッチですね。

――気配値を地元新聞に載せるということでしたが、どれぐらいの銘柄の気配が掲載されていたんですか。

上広　3、4本ぐらいだったと思いますね。いまでも3本あります。

――いまでもあるんですか。

上広　いまでもあります。『四国新聞』に載っています。

――ことでん〔高松琴平電気鉄道〕とかですか。

上広　ことでんはやめました。地元税務署からの問合せに、地区協会はキチンと答えられないということと、ことでんからもやめてほしいという話があったんだったと思うんですね。

――相続税絡みですね。

上広　税務署から、この相場はどうなんだといわれたって、「うちはわかりません。ただ、業者から聞いたものを載せるだけですから。実際に売買が成立したかどうかもわかりませんと答えるしかないですわね。

いまは、『四国新聞』に「四国ガス」と「伊予鉄」（伊予鉄道）、それから四国電力の子会社と思いますが「四変テック」の3社の気配値が、月曜日から金曜日まで載っています。これらの気配値はほとんど変わりませんよ。

――いまでも。

上広　いまでも載っています。

――いまだに未公開株の気配値を出しているのは、北陸と四国ぐらいじゃないですか。ほかの地域の方に伺っても、「未上場株の売買なんて、もうやっていない」とおっしゃっていますから。

上広　やっていないと思いますね。私も、『四国新聞』に「もうノータッチですよ」といったことがあるんですけれども、いまも掲載されているということは、『四国新聞』がどこかの業者から、情報を仕入れて載せているんでしょうね。

――北陸では、今村証券に聞いてくるらしく、新聞には「今村証券調べ」と載るんだとおっしゃっていました。また、それで今村証券なら売買できるのかと思って、注文が来ることがあるんだとおっしゃっていましたね。

上広　四国でも昔は、「四国証券業協会調べ」と掲載されていたと記憶しています。だけど、「四国証券業協会調べ」と書いてあったら、協会に責任があるでしょう。でも実際は、協会はある証券会社から「気配値をあげたいんですけれども」といわれて、他社に「こういってきているけれども、どうですか」と聞いて、「ああ、いいでしょう」といわれれば、それを気配値にするだけの話ですし、気配自体が実際に売買している値段ではありませんからね。

それで、店頭市場が東京にできた時に、「店頭市場が東京にできますので、もうわれわれはできませんから、気配の情報もやりとりできません」といって、「四国証券業協会調べ」はやめてもらったんですよ。でも、『四国新聞』さんはいまも掲載されていますので、どこかが気配値を伝えているんでしょうね。

――未公開株を地場の証券会社が取扱っていたということですが、取引されているお客さんは、その会社が設立された

時に出資していて、出資した方がお亡くなりになった時に、株券が出てきたといった理由で取引をされているんでしょうか。

上広　そうです。それで、相続人などが新聞をみたり、発行会社や証券会社に問い合わせるなどして、売ってくれないかと……。

——注文を受けた証券会社は、売る相手を探すわけですけれども、相手がなかなか見つからないですよね。そうすると証券会社は発行会社にその株券を持って行くんですか。

上広　多分そうでしょうね。株券を持っている人は、『四国新聞』に気配値が載っていますので、その情報を提供している証券会社へ株券を持ち込んで、売ってほしいんだとおっしゃるんだと思います。それに対して、証券会社が「いまはこのぐらいの気配だから、いくらだったら買いましょう」といって、買っているんだと思います。

——証券会社は株券を買うわけですが、買った株券は第三者に売るんじゃなくて、発行会社に持ち込むのか、それとも発行会社にはめ込み先を聞いて、そこへ持って行くのか、どのようにして処分しているのでしょうか。

上広　地区協会はまったくタッチしていませんから、詳しくはわかりません。多分そうだと思います。発行会社自身が持ったり、発行会社の子会社が持ったり、役員が買ったり、いろんなやり方があると思います。

——ということは、転々と証券が流通する、本来的な意味での流通市場ではないということですね。

上広　ないですね。

——たとえば地方の人に聞きますと、昔はバスや電車の全線パスをほしいから……。

上広　昔は、何万株以上保有すれば全線無料パスとかがもらえてね。ことでんも琴参〔琴平参宮電鉄〕もあったと思いますが、おっしゃったような理由で株式の売買があったんじゃないですか。たとえば、子どもが高校へ入るので、通学に使う無料パスがほしいという理由で株式を買って、卒業するともう不要になりますから、売っていたんだと思います。その時に間に証券会社が入るんでしょうね。

――四国ガスが未公開株だとおっしゃいましたけれども、ガス会社はどこも上場している印象があるんですけれども……。

上広　ここはないですね。四国ガスは今治が本社の会社ですけれども、今治は小さい都市ですからね。ですから、高松では四国ガスにあまりなじみがないんですよね。

――未公開株の取引はそんなに盛んではなかったですか。

上広　実際にどれだけの売買があったか、全然わかりませんが、盛んではなかった印象が強いですね。当時、ジャスダックができつつありましたので、未公開株の取引をあまりやってはいかんと……。また、先ほど申し上げたように、いわゆる証券が転々と売買されるような市場ではないですから、価格形成上の問題もあったかと思うんですよね。

――多かった時は、どれぐらいの銘柄の気配値を発表していたんですか。

上広　5、6銘柄ですね。

――取引されていた銘柄はそんなものですか。

上広　はい。気配値が公表されているのは、いまは3銘柄ですけれどもね。取引されたかどうかはわかりません。

――四国全体で……。

上広　『四国新聞』では3銘柄が掲載されていますね。ただ、『愛媛新聞』には掲載されているかは、当方ではわかりません。

――伊予鉄もですか。

上広　伊予鉄がなぜか未上場なんですよね。土佐電は掲載されていませんね。

――戦前の土佐電〔土佐電気鉄道〕は大した会社ですよね。

上広　そうですね。

▼店頭登録勧誘と四国企業の特徴

――いまの未公開株の取引と少し関連するんですが、バブルが弾けた後、各地区協会でジャスダックへの登録を呼びかけていたと思うんですが、四国ではいかがだったんでしょうか。

上広　これは東京本部の指示で行っていたんですよ。というのは、協会に店頭売買銘柄登録制度というのが昔からありまして、取引所に上場するほどには育っていないけれども、それに準じた会社の株式を売買できるようにしていたんですね。しかし、証券取引の東証〔東京証券取引所〕一極集中が始まりますと、地方取引所も上場基準を緩和していきましたよね。そうすると、従来は店頭市場に公開していた企業に対して、取引所も上場勧誘に来ますので、取引所と協会は競合するわけです。

そこで、協会としては地方にもいい会社はたくさんあるよということで、各地区協会の職員が企業を訪問して、こういう市場がありますよ。この市場を使って資金を調達しませんかと勧誘していたわけです。ただ、こういう話はトップに持って行かないと、話が進みませんから、地区協会の職員と本部のジャスダックを担当している部長が一緒に訪問して、勧誘していたんですけれどもね。なかなか検討してくれる会社はなかったんですよ。店頭登録しておけば、公募増資もできたんですけどね。まぁ、その理由として考えられるのは閉鎖的、つまり同族体質が抜けていなかったんだと思うんですよね。

――同族体質が強かったとおっしゃいましたけれども、四国には同族会社が多いんですか。

上広　多いですね。

――大塚製薬もそうですよね。

上広　もともとはそうでしたね。四国からジャスダックに公開した会社は、日亜化学〔工業〕やジャストシステムがありましたけれども、私たち協会が頼んで公開してもらえたのではなく、大手証券会社が積極的にアプローチして公開させたと記憶しているんです。協会はジャスダック市場の育成という使命感で勧誘していましたが、証券会社は公開させれば手数料が入りますから、本気度が違いますわね。ですから、相手からいわすと、「協会が何をしに来たんだ」と思っていたと思いますよ。

私の友人が、300人ぐらい使っている会社の社長をしているので、そこへジャスダックの部長と一緒行ったことがあるんですよね。でも、「うん、考えてみるわ」といってはくれるんですが、「やっぱり見送るわ」と……。ですので、その理由を聞いてみるんですけれども、「企業内部の数字をオープンにしないといけないから」というんですね。

――情報開示のコストもかかるし、そもそもあまり情報開示をしたくないわけですね。

上広　そうです。開示したくなかったと思います。

――それがいちばん大きいんですね。

上広　そうですね。それと、資金は地元の銀行さんが貸してくれますしね。あえてそういうコストを支払ってまで、公開する必要があるかといえば、あまりそこに魅力はなかったんだと思うんですよね。

――ということは、四国の企業にとっての上場の意味は、企業の知名度をあげて、人材確保の時に役立てようというくらいで……。

上広　そうですね。若い人を採用する時にね。

――だから、採用をしないのであれば、上場する意味がないということですか。

上広　四国で新卒採用をしている会社をみますと、金融機関は人数も多いんですけれども、それ以外の地元企業は、採用する場合でも数人ですよ。ほとんどが未定とか、採用なしです。それだけ規模が小さいのか、成長性が低いんでしょうね。なかにはタダノという大きなクレーン会社もありまして、あそこはたくさん採用するんですけれども、それ以外の地元企業はほとんどが採用しないか、採用しても少人数ですからね。

▼四国4県の県民性と投資家像

——今度は、四国の地域性についてお伺いしたいんですけれども、『全国消費実態調査』で調べますと、香川県が四国4県のなかでは預金額がいちばん多いんですね。

上広　そうですね。

——その次が徳島県で、高知、愛媛という順番になるんです。一方で、証券投資は、徳島が最も多くて、香川、高知、愛媛という順番になっています。これをふまえまして、香川県は預金が多い一方で、証券投資には消極的な印象を受けたんですけれども、香川の方は証券投資には消極的ですか。

上広　私個人としては、そういう感じを持っていますね。香川県が貯蓄王国だということは巷間聞いています。高松市は四国の玄関といわれていて、中央省庁の出先機関はほとんどあるんですけれども、香川県に本拠を置く大企業は昔からなくて、保守的な街なんですよね。

一方、愛媛県の面積は香川県の約3倍、人口も1・5倍くらいなんですね。また、愛媛県は水産加工業や宇和島の真珠の養殖、それから松山には帝人もありますし、新居浜には住友グループが集積していますしね。

——別子銅山ですね。ただ、徳島、香川は1世帯当り200万円ぐらい有価証券を保有しているんです。全国でもそれ

なりの高さなんですけれども……。

上広　愛媛は大手企業の拠点が3、4カ所ありますし、人口も香川より多いです。東京からみると、愛媛県のほうが進出しやすいんでしょうね。また、有価証券の保有額ですが、四国といっても4県すべてが高いわけではなくて、バラバラだと思うんですよ。

――外から眺めておりますと、四国4県は同じようにみえるわけですけれども……。

上広　ところが、各県でまったく違うんです。

――徳島には大塚製薬、日亜化学、ジャストシステムなど、全国的に有名な企業がありますよね。ですから、預貯金も多いし、有価証券の保有も多いのかなと思ったんですけれども、徳島の特徴として何か特記すべきことはありますでしょうか。

上広　どうなんでしょうね。徳島はあまりよく知らないんですが、ただ、大阪に近かったから、大阪を向いていたとは思いますね。一方で、そのほかの3つの県は東京を向いているように思うんです。

昔の話ですが、大証〔大阪証券取引所〕は徳島へ株価通報テレビシステムの売込みに随分来ていたらしいんですよ。徳島は近いですしね。また、徳島の投資家も、大阪を向いていたと思うんですよ。そのうち、東証に取引が集中しましたから、東証、大証の重複銘柄を大証に注文を出しても、「出来申さず」が続くようになりましたので、大証の株価通報テレビは撤去されましたけれども……。

――証券取引は別にして、徳島は経済圏としては非常に大阪に近いですよね。

上広　はい、近いです。

――経済関係としては、徳島は四国というよりも、大阪という意識のようですね。

上広　どうしてもそうですね。一方、香川県は東京ですね。

――徳島はオーナー経営者がいらっしゃるので、主としてそういう方が取引をされているのかなと思ったんですけれども……。

上広 そうでしょうね。

――次に、高知に話題を移しまして、高知県は陸の孤島みたいですよね。

上広 そうですね。高知県は面積はうんと広いんですけれども、三方を山に囲まれていて、平地がすごく狭いんですよ。

――高知で証券取引をされているのは、主として漁師さんとかですか。

上広 それはわかりません。まぁ漁師さんは、勝負事が好きですからね。

――愛媛の投資家は、どういう方が多いんでしょうか。造船会社の関係者ですか。また、みかん農家もブランドみかんがありますから、結構稼ぐじゃないですか。農家の方も多いんでしょうか。

上広 造船会社はありますね。みかんも一時はよかったんですけれども、豊作の年がありまして、価格が暴落したことがあるんですよ。だから、どうでしょうかね。

――四国にだけ証券取引所がないんですけれども、それはなぜだとお思いでしょうか。取引所をつくろうという機運もなかったんでしょうか。

上広 なんでないんでしょうかね。少なくとも、業界で取引所をつくろうという話は全然なかったですね。私が協会に入った頃は、「大証、大証」といっていました。当時は大証もそれなりに商いもありましたからね。ですから、四国に取引所の必要性があったかというと、なかったんだと思います。

――戦後、京都、大阪、神戸、広島に取引所ができましたね。戦前には各地に取引所があったと思うんですが、戦前も四国には取引所がなかったんですか。

上広　戦前、四国に取引所があったと聞いたこともありませんし、私自身の記憶にもありません。

――戦前、米の取引所はあったでしょう。

上広　それは知りませんですが、証券はなかったと思います。やっぱり田舎だなと思います。そもそも上場会社があまりありませんからね。四国に証券取引所をつくっても、そこに上場してくる会社はあまりなかったでしょうし、だんだんと規模も小さくなっていったでしょうしね。やっぱり商いが活発でないと、取引所という機能は発揮されませんからね。通信技術の向上とともに、東京に一極集中しましたけれども、それも時代の流れかなと思っています。

――戦後、新しく取引所をつくったのは札幌だけですよね。

上広　札幌は戦後ですか。

――札幌は戦後です。ただ、札幌はほかの取引所と距離的に離れていますので、つくることができたんだと思います。一方、四国は大阪や広島に近いですからね。そういう要因もあったんでしょうかね。事実、1948年に証券取引法ができた時に、富山や高岡などとともに、高松も証券取引所の開設願を出しているんですよね〔大蔵省『財政経済情報』によれば、金沢、下関、高岡、福島、札幌とともに高松も取引所設立準備を行っていたとされる。また、1948年12月4日の『日本経済新聞』によれば、下関、福井、金沢、高岡、富山、福島とともに高松も証券取引委員会と取引所設立交渉を行っていたとある〕。

上広　ただ、許可を出すにしても、先ほども申しましたが、ある程度商いがあることが前提ですよね。となると、上場会社もしくは上場予備軍の会社がそれなりにないといけないと思うんですね。しかし、香川県は支店経済ですから、本社機能がここにはないのでまず出てこない。高知も第一次産業中心ですから、上場企業はほとんど期待できない。そうすると、徳島と愛媛で少しあるかな程度ですから、そもそも上場会社がなければ、取引所の必要性もないですよね。

――香川と愛媛には証券会社がたくさんありますよね。他方で、高知は地場証券がゼロですね。四国の地場証券の歴史をたどって行くと、かなり再編されてきた歴史のように思うんですが……。

上広 そうですね。おっしゃるように、登録制から免許制に移る時から再編がされてきました。私の記憶にあるのは、香川証券さんが琴平証券、サヌキ証券を買収したと思います。それから、三豊証券さんが蓬莱証券を合併し、愛媛証券さんが八幡浜証券を、二浪証券さんが伊豫証券を買収したと記憶しています。そして、宇和島証券は倒産しましたが、今治証券は廣島高井証券〔現在の東洋証券〕が買収したか、株を買われたか、そんな話を聞いた記憶があります〔今治証券は、1965年12月に廣島証券へ営業権を譲渡した〕。

一方、高知に地場証券が1社もなかった理由ですが、昔の上司から聞いた話では、高知の地場証券は登録制時代に経営者に問題があって、免許を与えられなかったという話をされていたことは覚えています〔高知県には、1948年の証券取引法公布時には8社の地場証券があった。しかし、その多くは1955~1958年頃に廃業ないし登録取消となっている〕。ただ、それくらいしか存じ上げませんで、詳しい理由はよくわかりません。

――愛媛は預金額も、証券の保有額もかなり低いんですけれども、地場の証券会社が3つに、支店が25あります。これはかなり多いと思うんですけれども、商売は個人向けというよりも法人向けなんですか。

上広 それはわかりません。さっきも少しお話ししましたけれども、経済規模もあるんじゃないかと思うんです。高松は中央官庁の出先機関と大手企業の支店が集中していますので、支店経済の街だといわれているんです。ですから、地元の小さい上場会社はあるんですけれども、大手企業の工場もないんですね。他方、愛媛県は水産加工業、製紙業がありますしね。

――大王製紙もそうですね。

上広 大王製紙ですね。それから新居浜には住友グループがありますね。

――それに最近では今治タオルもかなり有名ですよね。

上広　今治も昔はよかったんですけれども、中国で縫製する会社が多くなって、ものすごく単価を叩かれて、随分倒産しそうだったんです。それで、県も補助金を出したりして、非常に品質のよいタオルをつくりだして、いまは随分よくなったんですけれども……。

――いま、香川県を代表する産業はなんですか。

上広　支店経済ですからね。代表する産業と聞かれても、ないとしか答えられないですね。

――香川の人は、学校を卒業したら、どういう会社でお勤めされるんですか。

上広　支店では高卒の現地採用はするんですけれども、大卒はそれがありませんから、皆さん東京へ行くんですよね。私の時もそうなんですけれども……。地元で就職するとなると、香川県庁とか市役所、あとは地元の銀行、信用金庫、農協ですね。支店はあるんですけれども、支店では大卒は採用しませんからね。

――ただ、金融機関はどこかにお金を貸さなきゃならないですし、産業は何かあるんじゃないかと思うんですが……。農業に貸し付けるわけにもいきませんしね。

上広　どうしているんでしょうね。わからないですね。農業ではないですね。

――となると、主はサービス産業ですか。

上広　サービス産業といっても、観光といったって金毘羅さん、栗林公園、屋島といっていますけれども、これも僕が小さい時からいわれている話でね。観光も最近は盛り返してきているんですけれども、斜陽ですしね。とにかく大きな目立った企業はないですね。なぜ銀行が生き残れるのかが不思議でしようがないんですよ。

出先機関が多いので、就職口もあったのかなとも思ったんですけれどもね。これで倉敷の水島のように、大企業の工場でもあればいいんでしょうけれども、ここは坂出に川崎重工業がありましたけれども、撤退しましたからね。中国や韓国にやられているんでしょうね。

▼四国の地場証券会社の特色

――地区協会別に証券会社の数をみてみますと、経済規模からみて、四国と北陸は証券会社が多いじゃないですか。四国には地場証券が7社、北陸も……。

上広　北陸も多いですね。

――北海道は1社、東北は地銀系が参入してきて3社になりましたが、中国、山陰も……。

上広　昔は8社あったと思うんですね〔バブル期の中国地区には、ウツミ屋証券、大山証券（現在の大山日ノ丸証券）、カドヤ証券（現在の大山日ノ丸証券）、北田証券（現在の大山日ノ丸証券）、中村証券（1998年に自主廃業）、日ノ丸証券（現在の大山日ノ丸証券）、津山証券（現在の中銀証券）、八幡証券（現在の藍澤證券）の8社が存在した〕。しかし、ウツミ屋証券はリテール部門とそれ以外を分割しましたので、ひろぎんウツミ屋証券〔現在のひろぎん証券〕とウツミ屋証券に分かれましたし、大山日ノ丸証券が北田証券を合併しましたから、いまは地銀系を除くと2社になりましたね。

――九州も地銀系を含めて2社ですよ。ところが四国には7つもありますでしょう。これは経済規模からして、多いとお感じですか。

上広　多い、少ないはわからないんですけれども、証券界では合併ブームがありましたよね。あの時に、四国の地場さんは店舗の一部閉鎖はしましたけれども、ずっと辛抱して耐えて、合併はされなかったですね。

四国地区協会では、「6社研究会」というのを開催していまして、毎月、各地区協会長がメンバーとなって、東京本部で開催されている「地区連絡委員会」がおわった後、翌週に地場6社の社長に来ていただく社長会があったんですよ。そこでも、A社が合併するよとか、合併の話もいろいろ出るんですけれども、みんな黙っているんですね。
一方、阿波証券さんは、結構いろんなところに店舗を出して、ほかの地場証券さんと店舗が競合するケースもあったんですけれども、ほかの社長さん方は黙っていましたね。たしかに、店舗の開設は役所の許可さえあればできるわけですから、いっても仕方がないというのはあるんですけれども……。
ただ、なぜ統合せずに持ち堪えられたかといえば、地方ですから賃金が安かったんじゃないかなと思ったりもするんですよね。赤字が続けば、資本を増やさなければなりませんし、店舗閉鎖の話も出てくるんでしょうけれども、それがなかったということは、賃金が安かったからじゃないのかなと思うんですよ。それと株主さんが、同族の会社がほとんどだったと記憶しています。だから、株主一族が支援して持ち堪えたんだと思います。免許制移行後、証取法上何度か最低資本金額の引上げがありましたけれども、その時も金融機関や母店に出資してもらったという話も聞いたことがありません。

――ほとんどが同族経営だったわけですね。

上広　四国アライアンス証券を除いて、すべて同族経営ですね。

――ただ、社員数は香川証券以外の会社は、減らしているように思うのですが……。

上広　バブル期の従業員数と比べると、たしかに減っています。香川証券さんが130人くらいだったと記憶しています。そのほかは二浪証券さんが20人ぐらい、阿波証券さんが90～100人ぐらいですね。そして、三豊証券さんが30～40人、愛媛証券さんも20～30人ぐらいだったと記憶しています。また、愛媛証券さんは、1店舗を閉鎖した記憶がありますね。

――ほかの地区では、たとえば山陰ですと、雪が降ると商売にならないから、雪の降らないところへ行きたいといって、山陽地方に進出されたりしているわけです。四国は岡三証券を母店としている会社が多いので、比較的合併しや

すいんじゃないかと思うんですけれども……。

上広　香川証券さん、阿波証券さん、二浪証券さんは母店が岡三証券さんだったと思いますよ。

――岡三証券を母店にしているんだったら、発注システムとかが一緒じゃないですか。そうすると、システムの統合もしやすいじゃないですか。いろんな会社でお話を伺っておりますと、統合の際のネックになるのはシステムだと聞くんですよね。つまり、異なるシステムを使っている会社が合併しようとすると、統合後にどちらのシステムで仕事をするかでまとまらないという話を聞きますので、母店が一緒であれば、合併はしやすいんじゃないかと思うんですけれども……。

上広　統合しなかった理由は、当時の経営者に聞いてみないとわからないですね。私は事務方ですから。私どもは、地場証券さんと密な関係を持っていて、各社から情報を集めていました。ですから、その情報をお互いに交換すれば、より参考になるんじゃないかと思って、四国の地場6社の決算状況、1人当りの株式受託売買高、人件費とかの資料をつくって、6社研究会に出していただけですから、個別各社の事情は、その当時の経営者に聞かないとわからないですね。ただ、協会事務局がつくった資料を、各社の社長さんは一生懸命ご覧になっていましたよ。

――6社研究会で出されたデータとは、売買高と経営成績、財務状況のすべてですか。

上広　売買高、経営成績、財務、自己資本規制比率など、すべて出していました。

――それは6社に限って公開していたわけですか。

上広　そうです。全社長の了解を得たうえで、マル秘扱いにして、6社の社長さんだけに公開していました。

――ということは、このデータをみれば、他社は何をやっているかはわかるわけですね。

上広　数字的にはわかります。ですから、社長さん方は一生懸命、目を皿のようにしてご覧になっていました。持ち帰ってからも、一生懸命ご覧になっていたんじゃないかと思います。

――このデータを作成されていたお立場で、データを編集されている時に、四国の6社のなかで、特色ある経営をしているなと思われた証券会社はないんですか。

上広　特になかったですね。6社とも上場株の商いを中心にしていましたし、地元銘柄に集中していた会社も聞かなかったですね。ただ、四国の地場さんは、株は昔からやっていたんですけれども、投資信託をやり始めるのが遅かったですね。大手さんが投資信託に注力しだして、やっとして時代の流れで株式投資信託をやり始めたと思うんです。やっぱり株式本体のほうが、手数料収入が得やすいんじゃないかなと思うんです。

――手数料自由化以降、四国の6社の委託手数料率はどのような変化がありましたか。

上広　自由化といっても、6社のうち4社の母店が岡三証券さんでしたからね。データがありませんのでわかりませんが、ある会社は安いけれども、別の会社は高いという話は聞かなかったですね。

岡三証券さんにしても、4社のうち1社だけに半分戻すとか7割戻すとかは、しづらかったんじゃないかと思うんですよね。だから、想像で話していますが、戻しの料率も一律だったと思いますよ。

――そうでないと、文句が出ますもんね。

上広　いつかわかりますからね。

▼三洋証券、山一證券破綻と四国証券界への影響

――話題を変えまして、1997年に三洋証券や山一證券が破綻したわけですが、それが四国の証券会社に与えた影響には、どういったものがあったのかをお伺いしたいのですが……。

上広　そうですね。山一が破綻した時は、地元テレビのニュースで、山一證券高松支店でお客さんが店舗に殺到して、

店頭が混雑していたのは私もみました。その後の四国の業界になんらかの影響があったかといわれると、特にはなかったと思いますね。当時四国には、山一證券は香川、愛媛、徳島の3店舗がありました。

――山一證券を母店にしていた地場の会社はなかったんですか。

上広　なかったと思います。

――四国は多くの地場証券が、岡三証券や三洋証券、第一証券〔現在の三菱UFJモルガン・スタンレー証券〕、大阪の廣田証券を母店としていましたね。

上広　そうですね。香川証券さんが岡三証券でしたし、二浪証券さんは三洋証券でしたが、三洋証券が破綻したので、岡三証券に変わりました。たしかに、おっしゃるように四国の地場さんは、岡三証券をはじめとする準大手や中堅証券会社を母店にしている会社が多いですね。

――旧大手4社の系列証券がなかったですね。

上広　なかったです。二浪証券さんが三洋証券の破綻時に、一時的に野村證券さんを母店にしたことがありましたけれども、それ以外は聞いたことがありませんね。

――野村證券が二浪証券の母店になったことがあったわけですね。野村證券は母店業務をまったく受けないんですよ。ですから、かなりまれなケースだと思うんです。これは、三洋証券は野村證券に近いので、三洋証券破綻の責任を感じて、仕方がないから、二浪証券の母店業務だけは受けたんでしょうかね。

上広　そうでしょうね。あの時のこととして記憶にあるのは、三洋証券が破綻してバタバタしていた時に、二浪証券さんの母店をどこにするかが最も大きな心配ごとだったんじゃないでしょうか。もともと、二浪証券さんは先代の社長さんが、土屋陽三郎さんの知遇を受けておられたので、三洋証券を母店にしていたんですよ。

しかし、三洋証券の破綻以前に、大手証券会社が完全につぶれてなくなったことはありませんから、まさかと私たちも思いました。ですから、二浪証券さんの母店をどこにするかが、四国での三洋証券破綻による最大の影響だったといえると思うんです。先ほどもお話しましたように、とりあえずは野村證券さんが母店をされるわけですが、野村證券さんも嫌がったみたいなんですよね。

というのは、二浪証券さんは個人が小口で行っていた信用取引が多いんですね。信用取引をする際には、お客さんは株券を担保に出すわけですけれども、母店がかわりますから、それを三洋証券から引き出して、野村證券さんの松山支店に持って行くわけです。ところが、小口のお客さんが次々に、担保を差し出してこられますから、受渡しが大変なんですよね。

――野村證券は本当は嫌だったけれども、三洋証券破綻の責任を感じて、仕方がないので引受けたわけですか。

上広　30万円、40万円の信用取引がたくさんあるわけですから、手間がかかってしようがないですよね。小口の信用取引で、担保の株券をたくさんの人が持ち込んできたら、手間はかかりますよね。

私の記憶では当時、野村證券さんで信用取引ができたのは、預り資産が2000万円以上ないといけなかったと聞いていました。だから、1000株、2000株の信用取引をされると、窓口は手間がかかって困るわけです。でも、野村證券さんが一時的にも母店業務を受けられたので、二浪証券さんのお客さんは助かったと思いますよ。ただ、野村證券さんが二浪証券さんの母店業務をされていたのは、3カ月だったか半年だったかだと思います。

一方で、当時、二浪〔敬一郎〕社長は、母店を引受けてくれる会社を探さなければなりませんから、大変だったと思うんです。二浪社長もいろいろな会社にお願いされたと思うんですが、なかなかうまくいかなかったようで、最後は香川証券の中條〔安雄〕社長に相談に行かれたんですね。それで……。

――岡三証券が母店業務を……。

上広　岡三証券さんは松山に昔から支店があるんですよ。しかも、松山支店の支店長経験者は常務クラスに出世すると聞いており、優良店なんですよね。ですから、競合はするんですけれども、当時、岡三証券の加藤〔精一〕さんが、日本証券業協会の会長だったからか、引受けられた理由はわかりませんけれども、最終的には岡三証券さんが母店業務を引受けられましたね。

――三洋証券の支店が、高松、高知にあったと思うんですが、破綻後、支店はどうなったんですか。

上広　高松、高知に三洋証券の支店はありました。高松支店は20人程度の人員がいて、そのうちの半分程度が歩合外務員さんだったと思います。破綻しましたので、当然この2つの支店は撤退ですよね。その時に、高松にいた歩合外務員さんは、全員、香川証券さんに移籍しました。それは、歩合の皆さんが、香川証券さんに移籍を打診したらしいんですよね。それで、中條社長が受け入れて移籍できたんです。また、高知支店も香川証券さんが社員数名と店舗を引き取って、香川証券さんの高知支店として再び営業を始められたわけです〔香川証券は、1998年2月に三洋証券高松支店の歩合外務員7人を含む8人を採用するとともに、高知支店の店舗と社員もほぼ全員採用して、1998年7月に高知支店を開設した〕。

高松支店のほうは、歩合外務員さんが香川証券さんに移籍したと申しましたが、歩合さんはお客さんとの付き合いも長くて、深いことと、まだその多くが50歳ぐらいだったと思うんです。ですから、まだまだ働けますので、中條社長に移籍を頼んだようです。当時、中條社長が「頼みに来たんじゃ」とおっしゃっていましたからね。まぁ、ですから両支店は香川証券さんがすべてではないけれども、ある程度は引き取ってくださったと記憶しています。

――では、結果的には三洋証券の破綻が、四国証券界に与えた影響はあまりないと理解してよいわけですか。

上広　なかったと思いますね。先ほども申しましたように、二浪さんの母店をどこに頼むかと、そこで働く社員をどうするかが大きい問題だったわけですが、どちらも香川証券さんがお世話をされて、大きな影響を与えたことはなかったですね。

また、山一證券の破綻も、山一證券を母店にしている会社は四国にはありませんでしたので、両証券会社の破綻が四国に与えた影響は、ほとんどなかったと思います。

▼急激な高齢化の進展と資産の流出

——少し話題を変えまして、四国は急激に高齢化が進展しているんでしょう。

上広　高齢化率は高いです。秋田の次が高知、その次が島根だったと思います。四国には約400万人の人口がいますが、そのうちの高齢者はかなりいるんじゃないですかね。たまにテレビでみますけれども、80歳や90歳の人が畑を耕したりしていますから、元気ですよ。仕事がそれなりにあるから、動けるんでしょうね。

——そうしますと、だんだんと高齢の方々の相続が増えているかと思うんですが、お子さんが都市部に住んでいるため、地方からお金が流出しているという話が出始めていますけれども、四国でもそういうことをお感じですか。

上広　はい。私の近所でも高齢者が1人でお住まいになっているお宅や、空き家が増えました。若い人が大阪とか東京へ行って、街にいないんです。

——仕事がないですから、どうしてもあるところに人が集まりますよね。私も東京の大学に勤めていますが、学生に地元へ帰るのかといっても、「仕事がないし、あっても安いから、親も「東京で働きなさい」といっている」といっていますもんね。

上広　大手企業の工場ができれば、就職の機会がすごく増えると思うんです。だけど、現実にはそういうのもありませんから、食べていけないですし、「年をとってから帰っておいで」となりますよね。

——四国で若い人が就職する場がないというのは、上広さんが協会に在職中もお感じになられていたことですか。

上広　私が35～36歳の時は、まだ景気がよかったですから、そこまでは思わなかったんですけれども、バブル崩壊後に感じるようになりましたね。バブル崩壊の影響を最初に受けたのは都市部なんですけれども、地方はその半年、1年後からじわじわっと影響が出てきて、景気が悪くなっていきましたね。それがずっと続いていて、どんどん働く場が減っていると感じますね。

――では、協会をお辞めになられる頃は、人口や資産の流出もお感じに……。

上広　10年前には人口減少なんて、あまり聞かなかったですね。この5、6年前からですよ。ですから、在職中はそんなことはなかったですね。

――証券会社もお客さんが高齢化していますよね。そうすると、若いお客さんを取り込まないと、次の世代が空白になりますから、生き残れないじゃないですか。人口が流出し始めると、限られた人に多くの会社が集まるわけですから、生き残っていくのはむずかしいですよね。

上広　むずかしいですね。ただ、これは四国だけじゃなくて、地方はみんなそうじゃないですか。結局、景気がよかった時に、みんなが東京へ一極集中した弊害が、いま出てきているんだと思うんですよ。当時の政治家や偉い人は、東京が儲かっておればよくて、地方のことなどわからなかったんでしょうね。その弊害として、地方は疲弊してしまったわけですよ。いまになって、「人口減少に歯止めをかける」といって、選挙に立候補されますけれども、具体策は何も出てこないです。やっぱり仕事がないと人は集まらないです。そのためには、まず企業が儲からないといけませんよ。

▼四国地区国債委託販売団結成の経緯

――また、話題を変えまして、四国地区国債委託販売団についてお聞きしたいんですけれども、これはどういう経緯で始まったんでしょうか。

上広　昭和50年代に入ると、国債の大量発行が始まりましたね。国債の販売は、大手証券会社や都市銀行で構成される引受シンジケート団が取り仕切っていたんですよ。ですから、地方の地場証券が国債を販売したいなと思っても、玉を手当できなかったんですね。

真偽はわかりませんが、聞いた話ではある大蔵大臣が街頭演説をした後、近くの地場の証券会社に行かれて、「国債は取扱っているのか」と聞かれた時に、その会社は取扱っていなかったそうなんですね。それで、全国の証券会社が販売できるようにせよと命じられたことが、これのきっかけらしいです。それで、協会が間に入って、各地区の地場証券会社で構成された国債委託販売団を組織させ、大手証券会社が加盟会社に1社当り2０００万円を限度に国債の販売を委託したわけです〔１９７７年7月に、地区協会ごとに割当てを希望する会社をメンバーとする委託販売団を結成し、引受幹事証券からの割当てが始まった。１９７７年7月から国債、9月から電力債の割当てが開始され、当初は1社当り月額５００万円が割り当てられ、後に１０００万円となり、さらに５０００万円へと割当額が引き上げられた〕。

こうした販売契約を大手さんの幹事会社と、各地区の代表会社で販売契約を結んで、販売していたんです。また、実際に10年物国債を発行する時には、幹事証券会社から販売条件が提示されますので、各地区の代表会社が団員の希望を聞き取り、販売団としての希望販売額を幹事証券会社に伝えていたわけです。その事務手続を、各地区協会と東京の本部で行っていたんです。

――協会があっせんした委託販売が、だんだん広まっていったんですか。

上広　そうです。地場の証券会社が国債をほしいということで、販売団を組織したわけです。これは全国各地区にあったと思います。それで、各地区の代表1社が1年間か2年間、各社の希望をまとめるわけです。1社に対して、1回の募集で２０００万円まで応募できたと思いますので、各社が希望を申し出てきたものを、代表会社がまとめます。そして、4社の幹事会社に電話して、四国の販売団はこれだけほしいと伝えて、割り当ててもらうわけです。

――地方に国債の需要があったから、こういうものをつくったんじゃなくて、政治家が全国で売れと……。

上広　なぜ地場の証券会社には国債がないんだ、全国で売れと……。当時、大手さんは国債を販売されていましたが、準大手さんでもあまりなかったと思うんですよ。だから、そんな話が出たんだと思うんですね。

――なるほど。ただ、結果的にはあまり売れていなかったようなんですが……。

上広　そうです。それは四国の6社には、国債を販売するノウハウもなかったですし、6社の収入構成は、株式の委託売買手数料を中心としていましたから、国債を販売するよりも、株式の委託売買手数料のほうが手っ取り早く稼げたんだと思うんですよ。だから、国債の販売には、あまり熱心ではなかったんじゃないですかね。

――株の新規公開の時も、幹事証券から地場各社に分けてあげるというのがありましたね。

上広　私が現役の時にはありました。

――あれはどういう根拠で行っていたのでしょうか。あれも協会が……。

上広　地元企業が公開する場合、地元の証券会社も「その公開会社に何かと地元で協力しているんだから、大手さんばかりでなく、少しは回してくれ」と……。

――1社当り１０００株を、必ず渡さなければならなかったんじゃなかったでしょうか。

上広　最低１０００株を、地元の証券会社に配分していましたね。地元経済に協力しているんだから、最低１０００株を配分しなさいと……〔1978年7月に日本証券業協会は、地方所在企業の公募、公開株は、当該地域に本店を持つ地元証券会社にも分譲することを決めた〕。

――1社当り最低1000株ですか。

上広 たしか、それくらいだったと思います。

――それは、法制上は委託販売団となっていたんですか。

上広 いや、そうではなかったですね。

――国債の場合は、委託販売団でしたよね。株式は……。

上広 地元企業の株式公開の時に、地元の証券会社にも分配しなさいよというのは、委託販売団ではなかったと思うんですけれどもね。でも、たしかにそういうことが行われていたことは事実です。

――1社当り1000株は渡さないといけないという決まりがあったことは、私も覚えています。

上広 当時、地方の証券会社は、お客さんから「この会社が上場するけれども、なんでおたくの会社では取扱わないんだ」といわれたら、上場するのが地元の会社だけにつらいですよね。そういうことで、要望が出たことから始まったんだと思います。その頃大手さんは、支店に3000株、5000株と配分していたわけですから、引受株数の一部を地元の証券会社にも配分していたんですよね。

▼電話債の募集と四国の地場証券の経営における特質

――少し話を債券の話に戻しますけれども、昭和30年代に電話債の売買が行われていましたが、電話債の取引はどうだったんでしょうか。

上広　私が協会に入った頃は、電話債の取引はやっていましたよ。私も、ある地場証券会社に監査に行った時に、電話債を買い取っていました。あの頃は、電話を引くと強制的に買わされたわけですが、お金のない人も多かったでしょう。そういう人が、電話を引くために電話債を買わされると、それをすぐ証券会社に売っていたんですよね。ただ、きちんとしたマーケットはなかったですね。

――いまも残っている地方の証券会社でお話を伺っていますと、電話債の募集業務から債券の取扱いを始めて、割引債や中国ファンドの募集業務に注力していく。そして、いまもそういう会社は投資信託の募集に注力していると思うんですよね。そういった一つの流れがあるように思うんですけれども……。

上広　加入者等引受電信電話債券、いわゆる電話債の買取りは愛媛の2社がかなり熱心にやっていましたね。特に、二浪さんは証券会社とは別に、二浪電話商会というお店が本店の隣にありまして、そこで電話債の売買をしていました。この二浪電話商会というのは、電話債だけじゃなくて、電話そのものの権利も売買していましたからね。かなり熱心でしたよ。

当時、二浪さんは「証取法上問題があるんじゃないか」といわれたりしていましたけれども、そういわれると「いや、あれは電話商会の話です」といってね……。

――電話機の権利の販売までやっていたわけですか。

上広　そうだと記憶しています。お客さんが「電話がほしい」といったら、「用意しよう」といってね。

――香川の証券会社は、そんなに熱心にはしていなかったわけですか。

上広　やっていたかもしれませんが、二浪さんのような話を聞いたことはなかったですね。

――では、割引債はどうだったんですか。

上広　割引債は興銀〔日本興業銀行（現在のみずほ銀行）〕のワリコーを主として、みんなやっていました。香川証券はものすごく熱心に取扱っていましたよ。

――ということは、もっぱら四国の地場証券は株の売買が中心で、募集物は消極的だったという印象ですか。

上広　そういう印象ですね。そもそも募集物は玉が回ってこないんですね。全部大手さんがとられて、それを地方の支店へ回して、友好店には少し分けていたという話も聞いていましたし、お客さんから「大儲けしているのは、大手証券のお客さんばっかりだ」といわれているんで、少しは回してほしいという話が、随分話題にのぼっていたことを記憶していますよ。

しかし、株式を中心とした経営だったので、国債の玉が割り当てられても、先ほども少し申し上げましたが、それを売るノウハウがありませんから、販売せずに何銭かの口銭をもらって、そのまま母店に売却していたわけです。私の記憶では、信用取引が取引の半分くらいを占めていたと思うんですよ。信用取引でも非常に小口の取引ですよ。当時、毎月集計をとっていまして、総売買額と信用取引の売買代金、株数を出してもらっていたんですけれども、信用取引が取引の半分を占めていたと思います。

――四国の人は、結構投機的な性向があるんじゃないですか。

上広　そうですね。ただ、大手さんのお客さんはそうではなかったですよ。なぜかというと、株価が２００円、３００円の株で、１０００株買ったって20万～30万円でしょう。そうすると担保といっても最低15万円ですから、投資家からみれば、非常にやりやすいんでしょうね。

――ということは、地場証券だけが取引の半分が信用取引で、大手証券は違うわけですね。

上広　大手さんは、そもそも小口の信用取引をさせないと聞いていました。だから、地場証券だけだったと思います。私も監査に行った時に帳面をみたんですけれども、１０００株、２０００株の取引を繰り返し行っていて、利益も3万～4万円です。ですから、お客さんにとっても、ちょっとしたお小遣い稼ぎだったと思いますよ。

――でも、そういうお客さんはいま、ネット証券で取引しているでしょう。

上広　私はネット証券のことを知りませんけれども、手数料が格段に安いですから、そちらでやるでしょうね。対面証券とは手数料がまったく違うから、特に若い人は、ネット証券で取引をされますからね。

当時は、信用取引の貸付金に伴う金融収益は、金利が5、6％あったので、ものすごくよかったと思うんですけれども、いまは金利がものすごく低いですから、儲かっていないと思いますよ。だから、いまの信用取引比率は下がっているんじゃないでしょうか。時代が全然違いますよ。

――事前に調べていても、四国の6社のなかでは、香川証券がいちばん革新的だと思うんですよね。たとえば、ベンチャー企業に投資したりもしていますよね。

上広　そうですね。前社長の頃にやりましたね。当時、ベンチャー企業がブームになっていましたからね。あれは百十四銀行さんとタイアップして、やったんじゃないかと思うんですけれどもね〔香川証券は加卜吉（現在のテーブルマーク）など地元企業18社とともに、香川大学発のベンチャー企業に出資し、大学発ベンチャーの支援・育成に力を入れていた。上広氏がお話になっているのは、百十四銀行と共同で募集した「香川県応援ファンド」を指していると考えられる〕。

――四国6社のなかでは、香川証券だけが人を増やしていますよね。

上広　そうですね。

――あとは……。

上広　横ばいか減少ですね。

――そのほかにも、外資や信託銀行と提携したり、富裕層向けビジネスをやったり、外国の投資信託を募集したりしていますよね。ああいうことをやっているのも、香川証券くらいですか。

上広　そうですね。私が協会在任中には香川証券さん以外で、そういう話を聞いたことはありませんね。

――他社は株式の委託売買が主ですか。

上広　そうですね。

――しかし株に依存していますと、収益が市況に依存しますからね。

上広　だから、市況が悪い時は苦しかったと思うんですよね。

――自由化前ですと手数料が高いじゃないですか。だから、市況がいい時にたくさん儲けて、市況が悪い時は、ジーッと持ち堪えて、市況がよくなるのを待っていれば、また儲けられたじゃないですか。しかし、自由化されてからは手数料率が下がっていますよね。そうすると、よかった時に儲けたお金で、我慢できる期間が短くなっていると思うんですよ。

上広　どうなんでしょうね。たしかに、人員は採用を少しずつ減らしていますから、減っているとは思うんですけれども、この10年間で店舗閉鎖はしていないと思いますよ。ですから、各社頑張って持ち堪えているんだと思いますよ。

――歩合外務員さんの数が増えていることもないんですか。

上広　ないですね。私が協会に入った時は三豊証券さんや阿波証券さんにおられましたけれども、歩合さんも年々、高齢化していきますから、自然淘汰されていったんだと思うんですよ。各社とも、社長さん自体はあまり積極的に使おうという感じではなかったですね。

――管理できませんからね。

上広　そうなんですね。

▼地銀系証券会社の参入

——四国にも地銀系証券会社ができましたね。まったく血筋の違う証券会社ができたわけですけれども……。

上広　私もびっくりしたんですね。

——地銀系証券に対しては、どう感じておられますか。

上広　いちばん影響のあるのは、二浪証券さんと愛媛証券さんですね。ただ、伊予銀行さんは、なぜ証券会社を始めようと考えられたんでしょうかね。銀行業務ではもう儲からないから、手数料収入をもくろんだんでしょうかね。

——手数料収入でしょうね。

上広　投資信託を売買してくれれば、販売手数料もとれますしね。

——伊予銀行が証券子会社をつくりましたので、ほかの地域でもそういう動きがあるんでしょうか。

上広　いや、出てきていないですね。むしろ、徳島銀行さんは香川銀行、大阪の大正銀行で、徳島トモニホールディングスというアライアンスをつくっているんですよ。四国には融資先がないから、大正銀行を取り込んで、関西で融資をしようと考えているんでしょうね。ですから、四国の地方銀行で証券子会社をつくろうという動きは、私が知っている限りでは、伊予銀行だけだと思いますね。

——ただ、先ほども少し話題になりましたが、愛媛の証券投資額はものすごく少ないんですよ。全国で39番目ですよ。

上広　下のほうですね。

——だから、銀行顧客のなかで富裕層に証券の販売をするんですかね。

上広　そうだと思いますよ。株式投資信託を売るんじゃないかと思うんですよね。

――しかし、愛媛は預金額も742万円で、全国36番目なんですよ。

上広　それは平均額ですから、絶対数が多いんじゃないですか。ですから、お金持ちに「定期預金の話で来ました」といって、投資信託に乗り換えてもらっているんじゃないですかね。やっぱり、銀行さんも手数料収入がほしいんですかね。

――フィービジネスに移行していますからね。だから、生命保険や投資信託を売るわけで……。

上広　生命保険も売っていますね。

▼四国証券界の歴史を振り返って

――1965年以降、50年の歴史を振り返って、四国4県の証券市場に関して、これだけはいっておきたいことはありますか。

上広　地道にですけれども健全に、それなりに育ってきたんじゃないでしょうか。また、証券会社の社長さんも、地味ではあるかもしれませんけれども、堅実に経営をしてこられたんじゃないかなと思います。

――経済規模の割には、6社も残ったのは堅実だったからというわけですか。

上広　そうですね。免許制導入後、もう50年が経とうとしていますけれども、1社もつぶれていませんからね。

――免許をもらった時から、証券会社の数は変わっていないんですか。

上広　変わっていないです。登録制時代には合併もあったんですけれども、免許制になってからつぶれたり、合併したりしたことはありません。私が協会に入った時から、四国は6社でしたね。香川証券さんなんかは、バブル時代に古い店舗を全部建て替えられましたからね。

――あと、投資家層はいかがでしょうか。

上広　投資家層の特徴はわからないですね。

――先ほど、信用取引が売買高の半分ぐらいだったとおっしゃっていましたが、小口で回転させている人が多いということですか。

上広　地場さんのお客さんはね。回転すればするほどいいですものね。

――なんとなくですが、四国には一杯船主〔瀬戸内には一隻の船を所有し、用船料で生計を立てつつ、一方で自らその船に乗り込む船主を一杯船主という〕がいるじゃないですか。そういう人たちが、投機的に取引をしているんじゃないかなと思うんですが、そういうのもあまり感じられないですか。

上広　感じませんね。そういう投機的な人というのは、あまり聞いたことがないんですよね。

――広報センターと合同で行われた経済講演会に来られたお客さんは、どういう層だったんですか。

上広　昔もいまと同じで高齢者が多かったですね。平日の1時とか3時とかにやっていましたからね。

――平日のですか。じゃあ働いている人は来ないわけですね。

上広　若い人は仕事に行っていますから、高齢者が多かった記憶があります。バブルの時は、満席になる時もありましたね。毎年か、2年に1回やっていたと思うんですけれども、高知も結構来られていましたし……。そのうち大手証券さんは、自社で講演会をされるようになりましたからね。

――地元にある上場会社の会社説明会はされたことがないんですか。

上広　それは、していなかったと思いますね。

――広島では旧広証正会員協会の会員会社が、地元企業を呼んでIR説明会をやっているんですけれども……。

上広　会社説明会をやっているんですか。そういうのは聞かないですね。香川証券さんは講演会をしておられますけれども、会社説明会はしておられなかったと思います。野村證券さんも講演会をやっておられますけれども、地元企業の説明会はされていないと思います。

――札幌でも、札幌証券取引所が地元企業のＩＲ説明会をしたり、地元企業に投資家が投資するような仕掛けをつくろうとしているんですけれども……。

上広　四国では聞かないですね。地場さんはもちろん、支店でも講演会はやっていますけれども、会社説明会は聞いたことがないですね。

――四国の投資家というのは、本当に相場の好きな人が回転、回転を繰り返しているというイメージですか。

上広　地場さんのお客さんは、そうだと思いますよ。大手証券さんは、２０００万円以上の預り資産がないと信用取引をさせないと聞いていますから、少し客層が違うと思いますが、地場さんはそういう決まりもないので、みんな信用取引で回転させていましたね。地場さんにしてみると、それで手数料が結構入りますので、営業マンも一生懸命やっていましたよ。それは私が入った時からそうです。

――１人当りの預り資産額も、大手証券と地場証券では随分違いますか。

上広　地場さんからは、預り資産のデータをもらっていなかったと思います。もちろん大手さんのデータはわかりませんから、差があったかはわかりません。ただ、当時、社長会でも「預り資産、預り資産」とおっしゃっていたことは覚えています。

――どういう方がお客さんだったんですか。中小企業のオーナーといっても、あまり企業がないということでしたし……。

上広　詳しくはわかりませんが、中小企業の社長さん、それから老舗の経営者は、投資をやっていると思いますよね。

――戦前の四国というと、世を騒がせた相場師もいたわけですが、いまはそういう人もいないですか。

上広　いないです。聞いたことがないです。

――戦前ですと、高知の石井定七は横堀将軍と呼ばれて、かなり派手に仕手戦をやっていたんですけれども……。

上広　高知は、昔から高知競馬がありますので、勝負ごとが好きな県民性なんじゃないですかね。高知には闘犬と競馬がありますよね。

――四国4県に共通する投資家像があるのかなと思っていたんですが、各県でまったく違うわけですか。

上広　違いますね。私はそう思いますね。

――奈良ですと、吉野ダラーと呼ばれた山林地主がいましたでしょう。徳島でも山林地主はたくさんいるんじゃないですか。そういう人もあまり相場はされないですか。

上広　どうなんでしょうか、私にはわかりません。

――わかりました。本日はお忙しいところ、どうもありがとうございました。

◎本稿は、小林和子、二上季代司、深見泰孝が参加し、2017年9月14日に実施されたヒアリングの内容をまとめたものである。

第11章

山陰証券界の特質を聞く

——今井陸雄氏証券史談

本章では山陰証券界の歴史を取り上げる。山陰地方には１９４８年時点に8社の地場証券でスタートし、その後、１９５３年には地場証券が12社を数えてピークを迎えた。山陰証券界では、目立った再編は１９６０年の一度だけで、１９６８年の免許制移行時までに3社に再編された。その後、大山証券が再編の軸となって、日ノ丸証券、カドヤ証券を合併し、山陰の地場証券は1社となり、島根県では１９６１年以降、地場証券がない状態が54年間続いていた。２０１５年に島根県で山陰合同銀行が証券子会社を新規設立したが、これは62年ぶりのことであった。現時点では2社が山陰地方を本拠として営業を行っている。

本章に掲載するのは、大山日ノ丸証券の今井陸雄氏のオーラルヒストリーである。大山日ノ丸証券は、１９５７年に創立された戦後発の会社であり、ごうぎん証券が誕生するまで、山陰地方では最後発の会社であった。また、その出自も他社とは若干異なる。戦後の中小証券会社の多くは、戦前から場立ちとして活躍していた人や、外交員として頭角を現した人が独立するケースなどが散見された。ところが、大山日ノ丸証券の創業者である今井敏郎氏は、証券業とは無縁の生活から一転、証券界に飛び込んだのである。そして、大山証券は大井証券の大井治氏の知遇を得て、大井証券を母店にし、大井証券からの支援も受けて山陰地方を代表する証券会社へと成長されたのである。

さて、筆者らはいつもヒアリング相手や、その地域の証券界について事前に調査し、いくつかの関心を持ってヒアリングに臨むわけだが、山陰証券界の歴史はできうる限り調べてみたものの、資料らしい資料を見つけることができなかった。しかしながら、数少ない資料を手がかりにして、以下の関心に基づいてヒアリングを行った。1点目として、大山日ノ丸証券の創業者である今井敏郎氏は、一般的な戦後の中小証券の創業者とは異なるキャリアを持たれている。それにもかかわらず、なぜ今井敏郎氏は証券会社を創業されたのかである。

次に、ビッグバン直前から、山陰地方を含む中国地方も含めた証券会社は、再編が繰り返されている。大山日ノ丸証券はその再編の中心となっている。これらの再編へと突き動かした動機は何か。そして、中国地方の経済の中心は広島である。しかし、大山日ノ丸証券は広島に本拠を置く証券会社の再編にはかかわっていない。なぜ積極的に再編を仕掛けてきたにもかかわらず、広島の証券会社の再編にはかかわらなかったのかが、筆者らの関心の2点目である。

最後に、大山日ノ丸証券が本拠とする鳥取県は、『2009年全国消費実態調査』によれば、家計資産に占める証券関連商品の比率は、全国ワースト4に位置する。こうした保守的な街で、どのようなお商売をされてきたのか。また、地域的な特質があるのかが3点目の筆者らの関心である。これら筆者らの関心に基づき、お話を伺っている。

▼大山証券設立の経緯

――本日はお忙しいなかをありがとうございます。本日、お話をお伺いする内容は2点ばかりありまして、1点は御社のトップマネジメントとしての見解なり、御社の歴史についてお話をお聞きするということです。また、後半では、日本海側を中心とした山陰地方の証券界全体の概観あるいは歴史を、御社の視点からで結構ですので、お聞きしたいと思っております。それでは、さっそく始めさせていただきたいと思います。

御社は昭和32年に創業されたわけですけれども、創業者の方は証券業を開業される前は、どのようなお仕事をしておられたのでしょうか〔大山日ノ丸証券の前身の大山証券は、1957年11月12日に今井敏郎氏によって設立された〕。もともと証券会社でご勤務されていたのでしょうか。もし、そうだとしましたら、お客さんを連れて独立されたのでしょうか。それともまったく別のお仕事から証券業に参入されたのでしょうか。その点について初めにお聞きしたいと思います。

今井　そうですね、私の親父の実家は但馬にありまして、実家は代々庄屋をやっていました〔但馬地域は兵庫県北部に位置し、日本海を背に、南は播磨、丹波地域と接し、さらに東は京都府、西は鳥取県に隣接している〕。曽祖父と祖父は村長をやっていましたので、まったく証券業と縁もゆかりもない家庭で育ったわけです。親父は、明治生まれの軍人で少佐でした。鳥取歩兵第四十連隊時代に将校になり、1937年の支那事変にも従軍しました。また、広島第二総軍司令部に派遣されていた1945年、広島駅前で被爆しました。戦後は、1954年の公職追放令解除まで肩身の狭い思いをしたそうです。その後、親父は田舎に帰って、資母村の村長をしていましたので、やはり証券業とは無縁の生活を送っていました。もちろん、この会社がある鳥取には、戦時中にいたとはいえ、仕事の基盤があったわけではありませんでした。

ところが、1956年だったと思いますが、町村合併が行われまして、近隣の3つの村が一緒になりました〔1956年9月30日に、今井敏郎氏が村長を務めた資母村、合橋村、高橋村の3つの村が合併して、但東町が発足した〕。この大合併で親父は村長の職を失い、母方の実家のあった鳥取に出てきたわけです。それで、再び職を探していた時に、いろいろな知合いに仕事の相談をしたようなんです。その時に、たまたま相談した相手のなかに、鳥取の県警本部長をしておられましたが、同郷出身ということで、大変心安くしていただいていた方がいらっしゃったんですよ。当時、ちょうど証券不況でして、鳥取で1社倒産された証券会社があったらしいんですね。それで、その方が「証券会社の枠が1社空いたんじゃないか」という話をされたそうなんです〔当時、鳥取県内の地場証券としては、カドヤ証券（現在の大山日ノ丸証券）と山陰証券、小泉証券、日ノ丸証券（現在の大山日ノ丸証券）、鳥取証券、半那証券、金子証券の7社が存在し、そのうちの鳥取証券は1957年4月8日に登録が取り消されていて、6社になっていた〕。

また、この方がいうには当時、おそらく郵送料か何かだと思うんですが、鳥取には地場手数料というのがあって、ほかの都市より手数料が少し高かったらしいんですよ。これは投資家のためにならないし、経済の発展にも障害になるから、よそと同じような手数料にしなくてはいけないということと、何よりこれからは株式の時代だから、証券会社をつくったらいいんじゃないかとおっしゃったようなんです。それで、親父は抵抗なく証券業に興味を示したようなんですね。それが1957年のことです。

当時は証券業を始めようとすると、同業者の同意が要りましてね。ところが、既存業者の皆さんに大反対され、ちょっと行き詰まりかけたわけなんです。ただ、そこは戦時中の知合いをはじめ、いろいろな知合いをたどっていきまして、最終的にはオーケーが出たようです。こういう経緯を経て、申請をして、1957年11月に開業したわけです。親父が47歳の時でした。当社が開業しましたら、先発の既存会社が手数料を引き下げたらしく、手数料は安くなったらしいんですね。

当時のことですから、証券業というのは事務所をつくって、短波放送と黒板、チョークがあって、それに机と電話機があればいいわけですから、資金がそれほどなくても参入できたんでしょうね。

――御社を創業された場所は、ここの場所だったんですか。

今井　ええ、この場所です。自宅兼会社でした。

――なるほど。1957年当時は、証券会社は登録制でしたよね。

今井　まだ登録制の頃です。

――最低資本金の規定はあったかと思いますけども……。

今井　500万円だったですかね〔当時、非会員業者で東京、大阪以外を本拠とする業者には、最低資本金500万円が義務づけられていた〕。

――地元の証券業協会の同意が必要ということは存じ上げていたのですが、いまのお話では、当時は地域ごとに会社数が決まっていたわけですか。

今井　証券会社の枠ですか。いや、そういうことではなく、鳥取県には地場証券が7社あったんです。ところが、1社なくなったんで、参入できるだろうと思っていたわけです。また、おっしゃったように、当時は登録制ですので、申請さえすればいいと軽く思っていたんですね。それで、開業の手続をやりかかったら、同業者からの反対に遭ったというわけです。

――いまのお話で、鳥取県には地場証券が7社あったというお話でしたが、そのうち残っていた会社というのは、鳥取市にはカドヤ証券と日ノ丸証券のほかに、どういう会社があったんですか。

今井　これはだいぶ古い会社ですけれども、鳥取市には金子証券さんという会社がありまして、1960年くらいには日興証券〔現在のSMBC日興証券〕さんに、営業を譲渡されたと聞いております〔日本証券業協会連合会『二十年史』によれば、金子証券は1960年6月25日に廃業したとされ、その店舗と従業員を日興証券に譲渡したものと思われる〕。その日興さんも、後に鳥取から米子支店に統合されたわけですけれども、ほかの3社は米子市にありました。

――新規に会社を開業するのも、店舗をつくるのも、当時はその地域の証券業協会の既得権みたいなものがございましたからね。

今井　はい。そういうことがあって、当初は反対されたんですが、知合いのツテをたどって、ようやく認めてもらえたという経緯があるんです。

――なるほど。当初は反対されたわけですけれども、知合いをたどって行かれて、最終的には地元の証券界からも了承を取り付けられて、会社を開業されたわけですね。当時、会長さんは……。

今井　私は中学2年生です。中学2年生の時に、親父が但馬からこっちに来るというんで転校して来たわけです。

――お父様はいつぐらいまで会社に携わっておられたんでしょうか。

今井　1994年ですね。1990年に米子支店をつくったわけですが、その頃にはもう経営からはだいぶ遠ざかっていました。ただ、米子に支店を出す時に、やっぱり親父の名前が要るということと、県内にもいろいろ顔が利くということで、相談役として会社には残ってもらっていましたが……。

――経営の一線からは引かれていたけれども、会社には残っていらっしゃったわけですね。

今井　1994年6月までいました。ちょうど、私が社長になる時に引退したんです。それで、1995年に84歳で亡くなりました。

親父の敏郎は、創業した1957年から1977年まで、20年間社長を務めまして、会長、相談役をしていました。ですから本当に生涯現役だったわけです。親父の後を私の3歳年上の兄、今井邦典が継いで1994年まで社長を務めました。兄は1964年に大井証券〔現在のみずほ証券〕に入社して、1966年に大山証券に転籍しましたが、1977年から社長になり、その間のうち数年間、日本証券業協会中国地区協会長の職も務めていたんですよ。

▼和光証券を母店とした理由

――本日、頂戴いたしました資料の設立の動機のところに、大井治さんのことが書かれていますが、大井治さんはたしか鳥取県の米子出身じゃなかったですかね。

今井　ご出身は福井県なんですよ。たしか武生だったんじゃないかな。米子は最初にお商売をされた場所なんですよ〔大井治氏は、1906年に福井県武生市で第4子として生まれ、高等小学校卒業後、大株の仲買商であった麻生唯右衛門商店に就職された。ところが、2年後に罹患され、療養のため米子に転地し、そこで1923年に現物商の大井株式店を開業されたが1934~1935年の株価の暴落で破産し、東京で1年間過ごした後に北浜の吉和商会の歩合外務員をされた。戦時統制下で吉和商会は内藤証券と合併したため、戦後は内藤証券で外交をされたが、1947年に内藤証券から独立して、大井証券を設立された〕。

――大井さんが最初にお商売を始められた場所なんですね。

今井　はい。ご出身は武生のほうと聞きますけれども……。米子でお商売をされていたんですけれども、何か調子の悪い時があって、大阪に行かれたそうです。そして、そこで上手にやられたと聞きますね。

――では、どういう関係からお父様は大井さんとお知合いになったわけですか。

今井　ちょうど先ほどお話したように、懇意にしていただいていた方から証券業がいいんじゃないかと勧められていた時に、別の知合いのお医者さんから、大井証券倉吉出張所で、大井さんがいらっしゃって株式講演会をされるという話を聞いたそうなんですよ。

当時、親父は大井さんのことなんて全然知らなかったわけですけれども、それじゃ、まぁ、一度聞きに行くかと、講演会を聞きに行って、その時に大井さんとお話をさせてもらったそうなんです。そこで親父は大井さんと意気投合し、大井さんも「やってみなさいよ」とおっしゃったんだそうです。それが決め手となり、証券業を始めたわけです。これが大井さんとの最初のご縁だったわけです。

――ということは、お父様は大井さんとは、お店を始められる前にお会いになられたんですか。

今井　そうです。証券会社でもやってみようかなという時のことです。もちろん、証券業をやってみようという気持ちがあったから、大井さんの講演を聞きに行ったわけですけれども……。ですから、大井さんとの出会いというのはたまたまだったんですけれども、それがなかったらいまはないわけです。

――大井証券は倉吉に出張所があったにもかかわらず、御社が鳥取市で創業された時に支援をされたわけですよね。

今井　はい。ただ、その当時の倉吉と鳥取は、車で行くといったって、いまみたいに1時間以内で着くとかそんなことじゃなくて、2時間くらいはかかっていた時代ですし、経済圏もまったく別でしたからね。

――なるほど。大井証券とこうした関係があって、御社の取次母店は和光証券〔現在のみずほ証券〕だったわけですね。

今井　そういうことです。

――なるほど。お父様の経営の采配ぶりというのは、いかがだったんでしょうか。ちょっとお聞かせいただければと思います。

今井　まぁ、もちろん、証券業務を知っていたわけではありませんから、母店の大井証券さんから専門家の方に来ていただいて、指導していただきながら業務を勉強していったわけです。また、大井証券さんは総務部門にも福本〔富雄〕さんを、1957～1960年まで出向扱いで派遣してくださり、和光証券に社名が変わった後、福本さんは1968年に転籍し、以後、当社の総務部で働いてくれました。そして、1983年に当社の取締役になっています。この後も、総務部門には和光証券さんから人を派遣してもらっています。

▼創業以来の顧客開拓方法

――しかし、まったく新たに会社を立ち上げられたわけですから、お客さんもいらっしゃいませんよね。開業当初、お客さんを開拓するのに、すごく苦労されたんじゃないかと思うんですけれども、そのあたりはいかがだったんでしょうか。

今井　お客さんもまったくいませんから、お客さんづくりをしなくちゃいけませんね。これは相当苦労したようです。あまりご存じないかもしれませんが、鳥取は戦中、戦後に2度の大きな災害に遭っているんです。1度目は1943年の鳥取大地震、2度目は1952年の鳥取大火です。この鳥取大地震では家屋の全壊率が80％を超えており、非常に大きな被害がありました。

また、2度目の鳥取大火は、当社のちょっと先にありました動源温泉付近から出火し、鳥取城址のあたりまで、市街地のほとんどを焼き尽くしました。当時、鳥取市の人口は約6万1000人、世帯数は約1万3000世帯あったそうですが、そのうちの2万0000人以上、5000戸以上が罹災したそうで、半数近くの市民が被害に遭っています。ですから、わずか9年の間に、地震が起きて、ようやく復興ができたところで、今度は大火で半数近くの方々が被害に遭われて、資産を失ったわけですから、創業当初は顧客開拓に苦労したと思います。

ですから当時、親父は自転車やスクーターで街中を駆けめぐったようです。鳥取は母方の実家がありますし、その親類もたくさんいましたので、スクーターにおふくろを乗せて、そこを1軒ずつくまなく回っていったようです。それから兵隊時代の知合いがいましたので、あの村にだれがおるというので、またそこを1軒1軒回って掘り起こしていったようです。こうして、最初は親類縁者、但馬出身者、町内会、兵隊の時の友達といった知合いの方々を中心に、顧客開拓をしたようです。先ほどお話したように、地震と大火で多くの人が資産を失っていますので、株をボンと注文してくださる大口のお客さんはまずなかったと思いますし、それゆえに小口のお客さんをこまめに回って行ったんだと思います。

――じゃあ、お父様ご自身が顧客開拓をされたわけですね。

今井　そうですね。当時は社員といっても親父に母、姉と社員が3名、それに出向者1名の全員で7名しかおりませんし、そのなかには場電というのか、取次する人に事務をする人も必要となります。ですから、親父も営業しなくてはいけなかったということもありますし、当社には「経営者はまず自分で示せ」という創業精神があるんですよ〔大山証券には、「経営者はまず自分で示せ」「職員あっての会社」という2つの創業精神がある〕。自宅兼店舗であったということもありますが、親父の1日は5時半に出社して、会社の掃除から始まるんです。こういう考えでしたから、営業も自分自身がして、顧客開拓についての範を示していたんだと思います。

――この社員の3名というのは、証券業務の経験者だったんでしょうか。

今井　いや、いや、親父の兵隊時代の同僚のお子さんとか縁故で採用した人ですから、証券業務を経験した人はいなかったと思います。

――当時、お客さんからの注文というのは、すべて委託注文を受けていらっしゃったということですね。

今井　ですね、はい。

――御社が創業された時、このあたりには大法人がありませんので、兵隊時代のお知合いや縁戚関係、町内の方というところから、お客さんの開拓をしていらっしゃったということでした。そういう個人的関係である程度、顧客開拓をしていくと、さらに顧客層を広げるためには、次の一手を打たねばならないと思うんですが、どういうふうにしてお客さんを広げていらっしゃったんでしょうか。

今井　結局、１９５７年に兵隊時代の知合いがいることと、母方の実家があるということで鳥取に来たわけですが、その後は、町内会長になるとか、いろいろな会に入ったり、連隊会というような会をつくったりして、お客さんを広げていったんです。親父が勧誘すると、株を買わないという人もいなかったし、株は怖いもんだという感じもなかったようですから、親父は相手に安心感を与えられる人だったのかもしれません。それに、親父は店頭で囲碁をやっていて、店頭が碁会所のようでした。そして、年に数回は、大会も開催していました。近隣の方々に来店いただき、趣味を通じた顧客開拓になっていたと思いますね。また、社員は社員で知合いや親戚関係を回っていましたね。

こうして創業当初、当社はまったくお客さんのいない状態から事業を始めて、知合いや親類縁者を顧客にしていきました。当社は、大山《だいせん》証券という会社名なんですけれども、当時は「今井証券」としかいわれなかったんですよ。ですから、看板を大きくして大山証券の名前を目立つようにしたんです。ところが、「今井証券」とはいわれなくなったんですけれども、今度は大山《おおやま》証券と呼ばれるようになったんです。そして、１９６５年頃になりますが、当社の社員ですら、かかってきた電話に「はい。大山《おおやま》証券です」なんて真顔でいっていたのもいたんです。こんな知名度ではお客さんを増やすことはできませんから、路線バスの車内放送やテレビ、ラジオでコマーシャルをして、「だいせん」の知名度を上げるような努力をしていきました。

――知合い、縁者の方々を中心に顧客開拓されたということですから、個人のお客さんを中心にしたお商売をずっとして来られたわけですね。

今井 そうですね、はい。私もこの会社に入って50年ほどになりますけれども、私も、青年会議所に入って、最初はだれも存じ上げなかったんですが、そこで50人、60人の仲間ができて、そのご縁をずーっとたどっていって、お客さんを開拓してきました。だから、お客さんには「JCの兜町だ」といわれるぐらいで、みなさんが取引をしてくださったんです。そして、次は商工会議所青年部だ、法人会青年部だと積極的にそういうところに入って、そこでいろんな方と知り合って、ご縁ができてきたんです。

また、親父はライオンズクラブに入っていましたし、兄もライオンズクラブでしたんで、私はロータリークラブへ入りました。あとPTAとか町内会とかそういうところで知り合った方にお客さんになってもらえました。こうして、お客さんを開拓していったんです。もちろん、ほかの社員も青年部やら、いろんな会に入ったりしております。転勤があまりありませんから、長いお付き合いができるというのは大きいと思いますし、いまでも取引をしていただいております。

私の鳥取ロータリークラブへの入会は1986年で、当時パストガバナーだった日ノ丸自動車会長の米原穣さんの推薦によるものでした。米原さんは日ノ丸グループの総帥であり、9県を管轄する地区ガバナーもされた方なんですよ。若い頃から大変お世話になった方です。

――ただ、関係が密なだけにお客さんに損をさせられないじゃないですか。

今井 そう、そう。

――それがプレッシャーになりませんか。

今井　リスク商品を取扱っているんですから、そのことをしっかり初めに説明しておくことが最も重要ですね。また、値動きのある商品を買ってもらうので、より丁寧に説明することで、信頼を得て多くの方にお客さんになってもらっています。

――本当に地道にお客さんを獲得しておられるわけですね。

今井　みんながお客さんから電話がかかれば、お客さんのところへ飛んでいってね。ですから、当社は現在社員一人ひとりに営業車を割り当てているんです。これは会社にとっては大変なことですけれども、それぐらいしないと地方では営業できないですよ。何人かに営業車1台では、お客さんから電話がかかってきた時に、素早くお客さんのところに行けませんからね。

――いまおっしゃったお話だと、鳥取の人はリスクを忌避するような感じをあまり受けなかったんですが、全国消費実態調査というのがあります。これによれば、家計金融資産に占める証券関係商品の比率というのは、全国平均が9・2％なのに対して、鳥取が4・9％、島根が5・8％と全国的にみるとかなり低いんですけれども、そのあたりはどのようにお感じでしょうか。

今井　所得も少ないのかもしれませんが、預貯金が精いっぱいの地域で、小口のお客さんが買える範囲で、買ってくださっているんですね。ですから、お客さんの数は増えていくんです。なかには信用取引をする人もありましたけれども、当社のお客さんというのは、大口さんはいませんでしたし、大きくはなりにくい層ではあったんですけれども、案外お客さんはできていたんですよ。

――じゃあ、お客さんのターゲットというのは、あくまでも個人のお客さんで、知合い、縁者から、だんだんと紹介などで広げていらっしゃったということですか。

今井　主には紹介ですね。というより、紹介しかなかったんです。

――ちょっと話が変わりますが、株式に依存した頃の営業組織というのは、歩合外務員を中心としていたのでしょうか。それとも社員営業を中心としていらっしゃったんでしょうか。

今井　1963～1971年に、3人ほど株式営業の歩合外務員さんがいらっしゃいましたけれども、この方々が年をとられて、辞められてからは採用していません。また、社員の採用は、新卒採用が基本ですが、まれに中途採用をすることもあります。ただ、それも正社員で採用しています。

――いまのお話では、創業後に3人ほど歩合外務員がいらしたとのことですね。中途採用もされているとのことでしたが、それはいつ頃からですか。

今井　当社が開業した頃にも中途採用をしていました。1960年に学校を出て、クリーニング屋に勤めていた少年を中途採用したことを覚えています。というのは、その当時のクリーニング屋は大きな竹籠を自転車の荷台につけて、2、3日おきに各家を回って、洗濯物を受け取り、綺麗になった洗濯物を渡したりしていたんです。

――昔はそうでしたね。

今井　そうだったでしょう。このクリーニング屋の少年は、わが家にも洗濯物の回収に来ていました。先ほど申しましたように、わが家は会社と同じ敷地内にありました。ある日、その少年が会社のほうをみながら、「株に興味があるので、株の仕事をしたい」といってきたんです。その少年は即採用されましたが、彼にいわせると、洗濯物でそのお宅の内情までよくわかるそうです。また、当時、ワイシャツなどの洗濯をクリーニング屋に頼むのは、お金持ちのご家庭なんですね。ですから、この方はクリーニング屋時代の顧客訪問の経験を生かして、いまでいえば富裕層の開拓となりますが、新規開拓を相当数行ってくれて、当社に在籍された8年間の間に、当社の顧客基盤を充実させてくれました。また、営業社員になりたい人を紹介してくれたりもしました。この方の営業力には頭が下がりますが、ご家庭の事情で当社を去られた後も成功を収められて、現在も手広く事業を行っておられます。

ですから、まれではありましたけれども、当社は創業間もなくの頃から中途採用もしていますし、なかにはこういった、当社の顧客基盤の充実におおいに貢献してくれた方もいたんですよ。

▼店舗展開と出店に関する申合せ

――御社は1957年に創業され、1966年に倉吉に支店を出されましたけれども、その後、20年あまりこの2店舗体制が続いていましたね。

今井　そうですね。倉吉支店を開設したのは1966年のことです。これは、証券不況の時に、大井さんと山一さんは日銀特融を受けましたでしょう。あの時に、大井証券さんの倉吉出張所を譲り受けて、当社の支店にしたわけです。ただ、その前にも店舗開設はしているんです。会社をつくりまして3年目に、兵庫県の香住町に香住出張所を開設しました〔香住町は、兵庫県北部の但馬地域に位置した城崎郡にあった〕。次に、豊岡の近くにある日高というところに但馬出張所を開設し、それと同時に香住の出張所は廃止したんです〔大山証券は1960年に香住出張所を開設している〕。また、1962年に香住出張所を閉鎖する一方で、日高町に但馬出張所を開設していうに、大井証券さんの倉吉出張所を譲り受けて倉吉支店を開設しましたので、但馬出張所を廃止して、本店と倉吉支店の2店舗体制になったのです。

倉吉支店を開設した時に、但馬出張所を廃止したのは、但馬出張所は県境を越えていますでしょう。鳥取は中国地方、但馬は近畿地方ですから、行政的にもなかなか不便だったようで、県境を越えないほうがいいなと思ったようです。それで、大井証券さんの経営が厳しくなった時に、倉吉の出張所を譲り受けることができたので、但馬出張所を廃止にしたというわけです。

——御社が最初に出張所を出された場所は、ご出身の但馬だったんですね。但馬だとご自身がお生まれになった場所なので、地縁、血縁があるから、顧客開拓がしやすいんじゃないかと思います。

今井　但馬のなかで出身地に近い豊岡に店舗を出したかったのですが、豊岡は当時、車で大きな峠を越えて行かねばなりませんでしたから、ここまでは4、5時間かかるところだったんです。でも、但馬のなかでも香住までなら2、3時間といったところです。それから、香住には親父の兵隊時代の仲間とかが多かったことで、商売ができたんだと思うんです。

——お客さんがそこにはいると……。

今井　うん、そう、そう。香住には漁港がありますんで、そういうところには、相場の好きな方がおられますからね。また、豊岡には同業者があり、店舗を出せなかったようで、日高に但馬出張所を出すことによって、だんだん豊岡に近づいていったんです。

——なるほど。そういう理由で香住に出張所をつくられたわけですね。ところが、その後、但馬出張所を開設された時に香住は閉鎖され、さらには大井証券の倉吉出張所を譲り受けたというわけですね。

今井　1966年にね。この時、大井証券さんは先ほども申しましたように、日銀特融を受けているんですね。そのくらい窮地に陥っていたわけです。当時、当社の資本金は1200万円でしたが、2000万円に増資しなければならなかったんです〔1963年6月25日政令第219号で、東京、大阪、名古屋以外に本拠を置く非会員業者の最低資本金が2000万円に引き上げられることとなり、名古屋市以外に本拠を置く非会員業者は、1965年12月31日までに資本金を2000万円にしなければならなかった〕。その時に、野村證券さんと付き合いの深い株主さんがいらっしゃいまして、その方から野村證券さんに増資を頼んで、母店も大井証券さんから野村證券さんにかえたほうがいいんじゃないかといわれたこともあったようです。しかし、当社は野村證券さんに出資をお願いすることはせずに、大井証券さんとの関係を維持することを選択しました。こうしたことも、両社の強固な信頼関係を構築するうえで、プラスに働いたんだと思います。

ただ、増資は既存の株主さんを中心にお願いしましたので、従来以上に売上げを伸ばさなければ、株主さんは納得してくださいません。ですから、当社としても店舗拡張をしなければならなかったわけです。ちょうどその時に、大井証券さんが日銀特融を受けるかわりにリストラをされていて、倉吉出張所の売却を検討されていたんです。それで、当社がそれを引受けて、20人ほどいらっしゃった社員も半分引受けたわけです。

――その後、長い間この2店舗体制でずっと来られたわけですが、1990年に米子に出店されるわけですね。かなり時間が経っていますが、これはなぜでしょうか。

今井　鳥取県内だけでのことですし、別に文書か何かがあったわけではないんですけれども、不文律というのか、「他社の支店があるところには店舗を出さない」という申合せみたいなものがあったんです。ですから、当社は米子に店舗を出したかったんですけれども、米子には日ノ丸証券さんがあったんで、遠慮していたわけです。また、豊岡に支店を出したくても、そこにはすでに他社さんが店舗を持っておられるんで具合悪いと……。他方、倉吉には大山証券があるから、他社は来てもらっちゃ困るよというふうな、同業者間の申合せがあったんですね。

ですから、倉吉支店を開設した後、次の店をどこにしようかという時に、親父はやっぱり兵庫県に店が出したいというわけです。ただ、大山証券の社名となった「大山」は米子にありますので、なんといっても米子に店舗を出したいという願望はありました。

――3社で市場をシェアされていたわけですから、その申合せに抵触しなくて、しかもお商売がそれなりに期待できる場所を探さないといけなかったわけですね。

今井　ええ、そういうことです。ところが、1985年頃だったと思いますが、三洋証券さんが日ノ丸証券さんの株式の50%以上を持つようになって、三洋証券さんから日ノ丸証券さんの社長が来られるようになったんです。その方にしてみれば、3社が「他社の店がある地域には出店しない」という申合せをしていることなんて知りませんよね。ある時、倉吉に出張所を出すという情報が入ったんです。それで、それじゃあ私のほうも遠慮なしに米子に店を出そうということで、1989年頃から役所への申請に取り掛かったわけです。

――なるほど。不文律が破れちゃったわけですね。

今井　そういうことですね。それで、米子への支店開設を申請したんです。もちろん認可されました。実は、それと同時に親父が「但馬のほうにも店を出したい」というんで、そちらのほうの申請も出して、これも認可されたんです。ただ、ちょっと認可に時間差があったんで、当社は先に認可された米子支店の開設準備を先行してやっていたんです。そして、当局から但馬もいいよといわれた時には、もう相場が悪くなってきていましたんで、これはちょっと待っておこうということで、延期、延期を繰り返していたんです。それでも、相場がなかなかよくなりませんから、最後は申請を取り下げたんです。もし、あの時に但馬にも店を出していたら、経費が増え人材も不足し、いまは会社がなくなっていたかもわかりません。

――御社の米子支店は郊外型店舗で、かなりの数の駐車スペースをとられた、アメリカのようなお店になっているとお聞きしましたが、そのねらいとしては車社会だから……。

今井　そうですね。車社会ですから駐車場がないと、お客さんに店舗へお越しいただけません。そこで当社は大きな駐車スペースがとれる場所に、店舗を出したんです。

▼堅実経営と積極的な情報投資

――なるほど。御社の鳥取、倉吉の2店舗体制が続いた理由がよくわかりました。次に、話題を変えまして、御社の経営についてお聞きしたいと思います。御社は創業以来、20年連続で黒字経営を続けておられたかと思うんですが、それは堅実に委託注文を母店へつなぐというお商売に徹してこられた結果ですか。

今井　そうです。それだけです。証券不況からしばらくすると、相場が立ち直ってきたということもあります。それから、田舎のことですので、経費を抑えて、派手なことはいっさいしなかったことも、その要因だったと思います。先ほど、知名度がなかったために、コマーシャルを出したという話をしましたが、ある程度知名度が高まってきたら、コマーシャルはコストアップの要因になりますので、スパッとやめました。こうして、堅実に、堅実に経営をしてきました。

また、当社が堅実経営に徹した根底には、当社の創業精神に「職員あっての会社」というのがあるんですが、いくら悪くてもみんなが食っていけるだけのことはやらなきゃいけないということがありました。だから、いくら相場が悪くても、社員が困らないようにしなければなりません。ですから、無駄なコストは抑えて、経営してきたんです。その結果が創業以来、20年連続の黒字になったんだと思います。

――御社は、堅実経営に徹してこられたんですね。

今井　そこが大きかったと思いますね。それと、母店さんとの関係がよかったということもあったと思います。当社は和光さん一本でずーっとやっていたわけですが、和光さんからも専門の方に出向していただいたり、システムもめんどうをみていただいたり、和光証券さんの子会社みたいに扱ってもらっていました。当時、信用取引の自己融資の計算はすべて手計算でしていました。あまりにも手間がかかるのでこれをシステム化しようと考え、和光さんにお願いしました。システム構築のコストの見積りをいただくと1000万円だったんです。私は高いなと思いましたけれども、これで省力化できるのなら結果的にプラスになると思い、発注しました。ところが、できあがってみると「簡単にできたのでタダでいいよ」といわれました。こうした母店さんとの関係が順調だったことも、当社が生き残ってこられた一因だと思います。

——システムの話が出てまいりましたが、御社は1971年頃に、山陰地方の証券会社では初めて、発注などを情報化されたそうですね。

今井　そうですね。これでオンライン化したんですよ。これは当時、他社間で結ぶのは公衆電気通信法の関係で駄目だったんですが、緩和されたんです〔公衆電気通信法では、専用回線の共同利用、他人利用を厳格に制限していた。しかし、1971年に同法が一部改正され、一定の範囲に限られたものの、取引先に専用回線と接続する専用の端末を設置して、データを交換することができるようになった〕。

——当時は母店に注文を発注するのは、非会員業者のほとんどは電話で発注していましたから、地方の証券会社の情報化としては、かなり早いと思いますし、情報化には積極的だったんですね。

今井　うん。そう思いますね。その後、法律が改正されましたので、両社間のオンラインを開通させていくんですけれども、それ以前から、テレタイプを使って発注していたんです。そのおかげでバックオフィスの人員を最小限にすることができましたから、これも当社の堅実経営を支えたと思います〔和光証券がオンライン化したのは1971年7月のことであり、ほぼ同時期に大山証券でも、実質的なオンライン化が行われており、そこからも両社の関係が強固であったことがうかがえる〕。

——和光証券との関係が深かったんですね。

今井　そうなんです。そして、さまざまな場面で和光証券さんに助けていただく関係でした。ですから、その後もシステムを更新する時など、いろんなシステム会社さんが、営業にも来られたりもしましたけれども、当社は和光さん一本でずっときましたし、和光さんも当社のめんどうをよくみてくださり、指導してくださったりもしました。

――もう本当に、和光証券は支店として扱っていたんですね。

今井　そうでしょうね。

――でも、和光証券の子会社ではないわけですよね。

今井　当時は当社株を20％くらい持ってもらっていました。現在では少なくなっていますが……。

――ということは、御社と和光証券、その後の新光証券〔現在のみずほ証券〕との関係は友好証券ということですか。

今井　はい、友好証券です。

――これまでお話を聞いてきた非会員業者の方は、母店を1社だけにするのではなく、何かあった時のために、バックアップを用意している会社が多いように思いますが、御社は100％和光証券に発注していらっしゃったんですか。

今井　私どもは和光さんだけです。そういうこともあって、当社の新入社員は毎年4月1日に、入社式がおわると飛行機で東京へ行くんです。そして、和光さんの新入社員と一緒に、1、2週間導入研修を受けていました。和光さんが新光証券になっても続いていましたので、当社の新入社員はみんな、東京仕込みということになります。

――和光証券とそこまでの関係を構築できたのは、お父様と大井さんとの出会いが非常に大きかったわけですね。

今井　大きかったですね。たまたま、倉吉で講演会があったんで、行ったことから始まったご縁ですけれども……。そのつながりで、大井証券が和光証券へ社名が変わった時に、興銀〔日本興業銀行〕出身で和光証券の初代社長を務められた竹内朴《すなお》さんにも大変お世話になりました。

竹内朴さんは、岡山県津山のお生まれなんです。また、親父と同い年で、距離も年代も近いことから気心も知れ、たびたび鳥取へ来てくださいました。また、大井証券で北浜の相場師「常勝将軍」といわれた児玉冨士男さんも、和光証券会長になられてからも、よく鳥取へ講演会に来てくれましたよ。ありがたかったですね。評判の方でしたので、大勢のお客さんが集まりました。これも母店とつながりを深めた要因だったと思います。

――話を戻しまして、株価通報テレビの導入も山陰では初とのことですが……。

今井　山陰初ですね。これも、導入する時は、カドヤさん、日ノ丸さんにも、「こういうのができたそうだから、一緒にみないか」と親父が声をかけて、当社に持ってきてもらって、一緒にみせてもらったんですよ。その時に親父が、一緒に導入すれば大阪からの回線料が安くなるため、他社の方にも「一緒にやろうや」といったんですけれども、「いや、いや。やめとくわ」ということで、当社だけが導入したんですね。

それまでは、ラジオの短波放送で30分か1時間前の値段を聞いて、黒板に書いて、お客さんに「あっ、高うなりました、売りましょう」なんていっているわけですけれども、その時には、もう取引所のなかでは値段が変わっていたわけですからね。だけど、株価通報テレビがあれば、素早く情報が入ってくるから、お客さんに正確な値段が教えられて、非常にいいサービスができるわけです。評判がクチコミで広がり、顧客づくりの特効薬となりましたね。

結局、機械化、システム化を積極的に進めたことが、後になって、いちばん後発で、お客さんも少ない、小っちゃな会社が、ズーッと他社さんより規模を拡大していけたことにつながっていったんだと思うんです。また、オンライン化に関しても、そういうことは間違いないでしょうね。

――機械化を積極的に進められたことはわかりましたが、それは、お父様がシステムに関心がおありになられたのか、それとも、和光証券側から、こういうのを入れたほうがいいよ、というふうな指導があったのでしょうか。

今井　親父はまぁ、そういうのをいわれると、「ふん、ふん」っていうタイプだったことは間違いないです。それで、後は、「お前、勉強しとけ」といってくるわけですけれども……。

――株価通報テレビを導入されたのは、1977年ですね〔株価通報テレビは、従来、各銘柄の約定値段や呼び値が店頭へ伝達されるまでに相当の時間がかかっており、投資家にタイムリーに情報を伝達することを目的として、1967年頃から検討、開発が開始された。そして、1971年10月にQUICKが設立されて、サービスが開始された〕。これは全国の地場証券のなかでは早いほうになるのでしょうか。

今井　全国ではどうか知りません。もちろん和光さんの指導があってのことですが、たしか国際電気さんがおいでになったと思います。

▼最低資本金引上げと日ノ丸証券との合併

――ガラリと話を変えまして、創業以来、カドヤ証券、日ノ丸証券、大山証券の3社は非常に仲がよかったそうですけれども、1985年以降はどのような関係だったのでしょうか。また、当時の山陰地区の証券業界の状況をお聞かせいただけますでしょうか。

今井　信用取引という制度がありますが、相場がよくなると、どんどん信用残が増えますけれども、負債倍率というものがあって……。

――枠がありましたね。

今井　枠がいっぱいになるとストップしなくてはいけないわけです。そういう時に、「お客さん、日ノ丸証券さんの枠が空いてるから、あっちへ行ってくれ」というわけです。そして、日ノ丸証券さんもいっぱいになると、カドヤさんを紹介したりしていました。また、ソフトボール大会やボウリング大会もしていました。お盆の「鳥取しゃんしゃん祭」の時は、3社が一緒になって証券連という1つのチームをつくって、踊りに参加したりしていました。まぁ、会社はそれぞれ違うところに入りますけれども高校までは同じ学校に通っていたわけですから、仕事を離れりゃ、一緒にお茶を飲んだりしているわけですし、同じことを同じようにやっているわけですから、仲はいいんですよ。

――なるほど。3社は非常に仲がよかったわけですね。ここで、御社の株主構成についてお聞きしたいと思います。御社の出資者はどういった方になるのでしょうか。お客さんですか。

今井　お客さんのなかにも出資してくださった方もいらっしゃいますけれども、まぁ、親族が多いですね。一族で資本の6割方を持っていました。また、母店も当初2割程度持ってくれていました。

――以前、日本海側の証券会社さんにお話をお聞きした時に、資本金を増やさねばならない時に、お客さんに株式を持ってもらっているんだというお話をお聞きしたんですけれども、御社の場合はどうだったんですか。

今井　1998年頃に、証券業の最低資本金を1億円にしなければいけないようになったでしょう〔1993年3月に証券取引法施行令が改正され、1998年4月には最低資本金を1億円に引き上げる必要があった〕。あの時に、私のほうは65人の株主さんがいらっしゃったんですが、株主さんのほとんどが親戚関係でしたので、直近4期連続無配のお詫びも兼ねて私が県外を含めたすべての株主さんを回って、出資のお願いをしました。そうすると、株主さんからは案外快い返事をいただいて、最終的には、1997年3月期に9000万円だった資本金を、3分の1増資して1億2000万円にできたんです。

――この最低資本金の引上げにかかわって、ちょうどその頃、御社と日ノ丸証券が合併していますが、これは最低資本金引上げと関係するのでしょうか。

今井　そうですね。日ノ丸証券さんも1987年までに、資本金を9500万円にされていました。しかし、最低資本金引上げの時に、500万円が集まらなくて、1億円にするには合併しかなかったと聞いています。

当時、当社としても、資本金は問題なかったわけですけれども、将来を見据え、人口減少の鳥取ではシステムコストや人件費を考えると、存続していくためには2社の統合が必要と思っていました。また、合併をすれば店舗の費用も半分ですみ、経費を縮小できます。そうすれば、採算があうんじゃないかと考えていたんです。それで合併を考えるようになったんです。

――1998年までに資本金を増やさねばならなかったわけですから、いまのお話は1997年頃のお話ですか。

今井 そうですね。

――1997年というと、三洋証券、山一證券が倒産した時ですね。

今井 そうです、そうです。大山証券と日ノ丸証券さんの合併話は、1996年から動き出したんです。1998年中に最低資本金を増やさなければならなかったでしょう。私のほうも急いでやったんですけれども、日ノ丸さんも増資をしなければいけないわけですよね〔大山証券と日ノ丸証券は、1997年10月1日付で対等合併し、資本金2億1500万円の大山日ノ丸証券が誕生した〕。

――その時は、もう三洋証券も人を助けるどころじゃないから、出資を頼めなかったんでしょうね。

今井 もちろん、三洋証券さんにも頼んではいらっしゃったと思いますよ。ただ、それが出資してもらえるかというと……。

――三洋証券本体が危機に陥っていたわけですからね。最低資本金引上げを契機として、両社は合併されるわけですけれども、証券会社が合併する時に、いつも問題になるのはシステムの統合だと思うんですね。御社の母店は和光証券で、日ノ丸証券は三洋証券でしたから、統合にはご苦労もあったんじゃないかと思うんですが、そのあたりはいかがでしょう。

今井 むずかしかったですね。私のほうは和光証券さんの杉下〔雅章〕社長に、こういう話があると伝えたんです。そうしたら、「ああ、いいことや。やんなさい、やんなさい」とおっしゃって、太鼓判を押してもらうような電話があったんです。三洋さんも、システムの話はちょっと抜きにして、「やったほうがいいぞ」とおっしゃったようです。ですから、システムはなんとかなるだろうと想定して、合併の話をどんどん進めていったんです。

ところが、和光さんと三洋さんとでプロジェクトを組んで、システムについて検討してもらったんですけれども、時間が経つばかりで、システムの細部までは詰め切れていなかったんです。ただ、両社の合併は、1997年10月1日と発表していましたから、早く決めてくれないと困るわけです。

――御社の合併は三洋証券が倒産する直前でしたね。

今井　10月1日に合併して、その1カ月後の11月3日に、三洋証券さんがつぶれたと……。10月1日に両社は合併したんですが、最初は和光証券さんと三洋証券さんの両社に、保護預り証券とかがあったんですが、10月10日が休みでしたから、その時に三洋証券さんから引き出して、保護預りの株券や、信用取引の建玉を一緒にしたんですね。そうして、しばらくしたら三洋証券さんがああいうことになったんでね。もし、三洋証券さんの倒産が先だったら、合併はなかったと思いますね。

――もし、三洋証券の倒産が先だったら、資産を動かせませんよね。

今井　ええ。私もそれまでにもいろいろなうわさを聞いているので、関係方面に「三洋証券さん、どうだろう」と聞いてみましたけれども、「わからん、わからん」という返事でした。また、三洋証券さんが、劣後債を発行したという話もありましたので、ちょっと不安でもあったんですよ〔三洋証券は1994年3月にはすでに経営難に陥っており、大蔵省証券局主導で再建計画が作成された。その際、メインバンクによる金利減免のほかに、野村證券による200億円の第三者割当増資の引受けや、生命保険会社が200億円の劣後ローンを受け入れた。ところが、その後も経営状態は好転しなかったため、1997年7月に生命保険会社と劣後ローンの延長について話合いが持たれた。しかし、生命保険会社側は3カ月の延長しか認めず、10月末に資金繰りが行き詰まり、11月3日に会社更生法適用を申請した〕。結果的には、先に合併していたから、よかったんですけれども……。

――しかし、母店が違う2社が合併するわけですよね。そこには何か苦労したこととかはなかったですか。

今井　そうですね。大きくは5つありました。1つは合併後の存続会社をどちらにするか。2つ目として店舗整理、そしてシステム統合をどのようにするか。もう一つは合併比率をどうするか。最後が当社の株式の譲渡制限についてです。日ノ丸証券は1948年の設立で、伝統のある老舗でした。これに対し、大山証券は1957年の創業です。存続会社は大山証券と決まりましたが、苦労したのは社名をどうするかということでした。「大山証券」とすると対等の精神での合併ですので、日ノ丸証券はじめ日ノ丸グループとしても受け入れられないわけですね。そこでよく考えてみたんですが、「大山日ノ丸証券」にすれば、両社のお客さんにも大山証券と日ノ丸証券が合併したことが、PRしなくてもわかってもらえます。それで、大山日ノ丸証券という名前にしたんです。

合併が決まり、会社名称の調整もおえたんですが、次に店舗の調整をしなければならなかったんです。鳥取、倉吉、米子には両社ともに店舗を持っていました。日ノ丸証券さんの鳥取市内の店舗は、県庁と駅を結ぶメインストリートに面していましたし、倉吉支店も倉吉駅前のいいところにありました。また、米子支店は米子市役所前という好立地でした。しかし駐車場がありませんでした。他方、大山証券はメインストリートや駅前からは少し外れたところにありましたけれども、駐車場がありました。地方は車社会ですから、駐車場がなければ商売になりません。こうした理由から、駐車場のある大山証券の店舗に一本化していきました。これで相当コストカットできました。

これともう一つ苦労したことは、合併比率に関してです。両社は対等合併で合意したわけですが、いろいろと苦心して評価を相当下げたりしても、まだ1株当り純資産が大山証券のほうが多いんです。ですから、大株主でもあった和光証券の杉下社長から、「純資産は大山証券のほうが多いのに、対等合併でいいのか。合併比率に問題があるんじゃないか」とクレームがついたんです。でも、たしかに差はあるかもしれないけれども、ここで一緒にならなければ、結局、大山証券自身も生き残れるかわからないわけです。だから、私は合併することが株主さんのためになると思いましたし、合併するには対等合併するしかなかったので、杉下社長を説得しました。この時、杉下社長は、「和光証券がこの条件での合併に難色を示したことは覚えておいてほしい」とはいわれましたが、最後は「今井家がそれでいいなら承知する」とおっしゃって、承諾してくださいました。

――三洋証券がつぶれたことも、結果的には合併に向けた調整を少なくしたんじゃないですかね。当時の三洋証券としては、むしろ合併を歓迎していたのではないでしょうか。

今井　最後にあいさつに行った時は、三洋証券さんの池内〔孝〕社長さんともう一人、浦松〔史郎〕会長の2人が、「今井さん、ありがとうございます」といって、頭を下げてくださっていました。

――結果的に円満に対等合併されたわけですが、母店が異なる2社が合併したわけですから、先ほど少しお話になりましたが、注文発注を振り分けなければならないんじゃないかと思いますが、それはどのようにされようと……。

今井　たとえば、鳥取と倉吉の注文は和光証券さんにつなぎ、米子支店の分は三洋証券さんにつなぐなど、なんらかのルールをつくって、6対4くらいで母店に返すことができたらいいなと考えていたんです。実際、「そういうことをシステムでできるなら、そういうふうにしますよ」といっていたんです。そして、それの返答を待っていたんですね。ところが三洋さんが……。

――実現しなかったんですね。

今井　その間に倒産してしまって、結局、実現しなかったんです。

――それで、日ノ丸証券と合併後、三洋証券は倒産したので、発注システムは和光証券のシステムにされたわけですね。

今井　とりあえず合併後、和光証券さんの発注システムを使うことになっていたんです。ただ、円満な対等合併でしたので、投資信託を三洋証券さんに取り次ぐことにしたんですが、手続に手間取っている間に、三洋証券さんが倒産してしまったので、結果としては注文を発注することはなかったわけですが……。

▼株主構成と譲渡制限

――次に、合併に伴う5つ目のご苦労としてあげられた譲渡制限についてお聞きしたいと思うのですが、御社の株式には譲渡制限がついているんですか。

今井 そうです。大山証券の株式はほとんどが親族、縁者に持ってもらっていましたから、譲渡制限をつけていたわけですが、合併した時、日ノ丸証券さんは譲渡制限をつけておられなかったんですよ。それで苦労しました。

――また珍しいですね。なんでですか。

谷田貝 株主さんの多いことが1つの原因ですよね。メインは日ノ丸総本社ですけれども、日ノ丸グループはもちろんですし、お客様、地域の名士も株主でしたからね。大山証券の株主は65人だったんですけれども、日ノ丸証券さんは250人ぐらい株主がいました。また、日ノ丸グループは鳥取に日ノ丸自動車、日ノ丸産業はじめ16社の系列企業を持っておられて、ホテルニューオータニ鳥取も鳥取大丸も日ノ丸グループですから……。とにかく、日ノ丸証券さんの株主は大勢いらっしゃったんです。

――そんなにいらっしゃったんですか。

谷田貝 合併後、旧日ノ丸証券さんの株をお持ちの株主さんを回ると、ある株主さんから、「日ノ丸バスの優待券はどうなりましたか」って聞かれるわけですよ。その方は、山間部の大地主さんだったんですけれども、「えっ、そんなのあったんですか」と聞くと、昔は日ノ丸自動車の株を買うとバスの優待をもらえたから、鳥取へ行けたとおっしゃるんですね。

今井　いまではマイカーを1人1台持つ時代だけど、昔は交通手段がバスしかなかった。ですから、日ノ丸証券さんに頼めば、そういう株式を売買してもらえたんですよ。

――グループ企業の未公開株を取引していたわけですね。

今井　そう、そう。日ノ丸証券さんはしておられたんです。鳥取大丸も日ノ丸グループの企業ですけれども、鳥取大丸とかの株式は、昔は優待券がもらえましたから、大勢の人がほしかったんだと思うんですよね。

――だから、譲渡制限をかけなかったんですね。

今井　そうでしょうね。合併する時に、当社としては具合が悪いので、譲渡制限をつけたかったんですけれども、それをしようとすると日ノ丸証券さんが臨時株主総会を開かなくてはいけないし、手続が大変になるわけです。それならば、大山証券側の譲渡制限を廃止したほうが手続が簡単なので、大山証券の譲渡制限を廃止して、合併したのです。

――ということは、いったん、譲渡制限を外されたけれども、もう一度、譲渡制限を決議されたんですね。

谷田貝　２０１５年12月に、臨時株主総会を開いて譲渡制限をかけたんです。今年〔２０１６年〕の1月から決議が発効しているんですけれども、この準備が大変だったんですよ。

――そうしますと、１９９７年に譲渡制限を外されて、２０１５年に譲渡制限を再びつけられたということですから、譲渡制限をつけるまでに18年かかったことになりますね。

谷田貝　いや、その間はまったく非公開会社にする作業をやっていないんですよ。

――しかし、御社としては、なるべく早くに譲渡制限をかけたかったんじゃないですか。

谷田貝　私が鳥取へ来てから、反社の問題もありますし、そういう人たちに当社の株式を持たれたら困る、社長として不安だからまず譲渡制限をかけたいと思ったんです。それから、当社は株券も発行していたんです。株券の発行コストもかかるから、不発行にしようとも思いまして、株券も同時に廃止したんです〔2006年5月施行の会社法により、従来は例外的に認められていた株券不発行を、原則とするよう改定された〕。

――18年間、株券の所有にかかわるトラブルはなかったんですか。

今井　運がよかったのか、なかったですね。

――それは不幸中の幸いでしたね。たとえば、株主さんがお亡くなりになって、相続人さんが御社に売りに来られることもなかったんですか。

今井　ありましたね。だけど、それは次の株主を見つけてあげて、時価で相対で取引してもらいましたけれども……。

――時価というのはどういうふうに計算されたんですか。

今井　毎年、配当還元で計算をして、いくらって出しているんですね。そして、その1年間はその値段で売買できるけれども、次の年には、決算の結果をふまえて計算をし直して、新たな価格でまた1年間売買してもらうということですね。

▼幻におわった3社合併

――しかし、御社と日ノ丸証券が合併された時、3社合併という話もあったかと思うんですが、現実にはならなかったですね。

今井　そうですね。合併の話というのは、1996年ぐらいに持ち上がってきたんですよ〔当時の新聞記事によれば、1996年頃に日ノ丸証券が大山証券、カドヤ証券に働きかけたが、カドヤ証券は独立路線を貫いたため、結果的に大山証券と日ノ丸証券の対等合併に行きついたとされる〕。私が社長になったのは1994年なんです。以来、証券業協会の中国地区協会の集まりで広島に行き出したんです。広島に行く時は、汽車の本数もそれほどありませんし、2両編成の汽車で行くわけですね。ですから、社長がみんな同じ車両に乗って行くわけです。そうすると、そこでいろんな話が出るんですよ。

そもそも、私が1995年に合併を持ちかけたんですけれども、相場がよくなっていましたから、ちょっとこの話はなしだということになって流れたんです。しかし、翌年、私はやっぱりやったほうがいいんじゃないか、と思いましてね。それにどうせやるなら、3社でやったほうがいいと思っていたんです。そこで、日ノ丸証券の社長が、カドヤさんに話してみるということになったのです。ただ、もともとカドヤさんがあんまり乗り気じゃなかったんですよ。こうして、2社での合併という話になっていくんですね。

――3社合併の予定が2社での合併になったのは、3社が合併すると独占禁止法に抵触するからだという話を聞いたことがあるのですが……。

今井 合併に向けた話合いをしている時には、独禁法のことは全然考えていませんでした。これは両社が4月に合併を発表した時に、日ノ丸証券の皆木〔大岳〕社長が「合併により県内での株式取扱シェアが50%を超える」といったんです。そうしたら、公正取引委員会が独禁法に抵触するかもしれないからと言い出しましてね。それで、当局へ相談に行きましたら、「ちょっと合併を待ってほしい」といわれたという話で、それまではまったく……。

――ということは、独禁法は合併話をしておられた時には、まったく念頭になかったわけですね。

今井 ええ。だから、公正取引委員会から独禁法に触れるかもしれないといわれた時は、困りましたね。それで、関係方面に相談したら、途中からは、合併はいいことだけれども、ちょっと待ったほうがと……。ところが、合併の日は迫ってきているのに、6月になっても、7月になっても「もうちょっと待つように」といわれたきりで……。8月だったと思いますが、呼び出しがありまして、広島に行ったら、ようやく了解を得られましてね。ほっとしました。

――独禁法の改正か何かがありましたかね〔1997年6月18日に、主として持株会社の全面禁止を緩和するなどの改正がされた〕。

今井　その年にあったんです。それで、解釈の仕方が変わったのか、結局のところ、委員会の考慮事項として、「鳥取県においては、全国展開している大手証券会社3社が店舗を設けて、証券業務を営むすべての免許を有して営業活動を行っており、鳥取県におけるこれら3社の株式売買シェアは、それぞれ10%ないし20%を超え、有力な競争業者である」として、総合的判断により、この「合併が直ちに一定の取引分野における競争を実質的に制限することとなるとはいえない」として、独禁法には抵触しないと判断していただき、合併を認めていただいたわけです。

――**地場証券が規模を拡大して、大手証券と競争できる証券会社になったことは、むしろ当局にとっては喜ぶべきことではないでしょうかね。**

今井　この合併話はもともと当局の「共倒れでなくなっていくより、合併してがっちりと収益をあげていくのはいいことだ」というお考えのもとに、始まった話なんです。ですから、当局はこの合併に賛成だったのではと思います。

▼募集営業の開始

――**話は変わりますが、昭和50年代に入ると、預貯金の利子が引き下げられていきまして、公社債が有利になっていった頃だと思います。特に、電力債の販売に注力する会社がみられたわけですが、御社もその頃から、それまでの株式の委託売買一本やりから、だんだんと債券にも手を広げられていったのでしょうか。**

今井　そうですね。大和証券さんが鳥取市に出店されて、割引債をはじめとした債券関係に力を入れておられたんですよ。ところが、当時、当社は全然やっていなかったんです。しかし、そういう商品があるということで、ワリコーを初めて取扱ったんですよね。その頃から、当社でも債券関係にだんだん力を入れていくようになりましたね。

――ワリコーというのは、「前年同月の販売実績を下回ると、割当てを減らされるんだ。だから、必死で売り歩いていた」という話をある社長さんがされていたんですが……。

今井　母店である和光証券さんは興銀系でしたので、私のほうは、その一部を分けてもらって販売していただけですから、あんまりそういうノルマも何もなしに、自由にやっていました。

――いわゆる引受責任というのは、和光証券のほうにあったわけですね。

今井　でしょうね、多分。

――社債などに力を入れ始められたのは、地方の証券会社にしては、比較的早いんじゃないでしょうか。

今井　でしょうかね。その昔は、電話債というのがあって、それの売買は結構やっていましたけれども……。ただ、電話債は、お客さんから買うだけですのでね。お客さんに債券を販売するということは、割引債券ぐらいからようやく力を入れ始めたんですよ。

――電話債ですか。

今井　１９７０年頃から昭和50年代にかけて、山陰地方では電話の新規取付けが増えていきました。当時、電話を新たに引くには電話債を買わなければならなかったわけです。ところが、電話は引きたいけれども、電話債を買う余裕はないという人もたくさんいらっしゃったわけです。そこで、お客さんから自分の集落で電話を引くことになったと聞くと、電電公社が説明会を開いている会場の近くに場所を借りて、そこまで行って、当社が電話債の買取りについて説明するわけです。ですから、当社は電話債を積極的に買い付けていましたし、取扱高は年々増えていきました。このように、電話債の買取りには力を入れていました。

――顧客から買い付けた電話債は、ある程度のロットにまとめて、和光証券に売っていらっしゃったんですか。

今井　電話債は券面を送らなくてはいけませんので、当社の場合は、和光さんに買ってもらっていたんです。

▼株式依存からの脱却と全天候型経営への転換

――では、次の話題に移りまして、昔、御社は株式依存が非常に高かったわけですけど、合併の頃から投信や債券販売の比率がかなり上がっております。それは、合併がきっかけとなったのでしょうか。それから、株式に依存していた時と、お客さんへの対応の仕方というのは変わっていったのでしょうか。

今井　私は株一本の人間でしたから、債券や投信は苦手でした。けれども、私の後、合併時に社長になられた皆木社長は、三洋証券さんから日ノ丸証券に来られた方でした。彼は三洋証券時代に、いろいろな投信を扱っていて、これからは株式依存ではやっていけないということで、投信の販売にも注力していったんです。それまで当社は、新和光投信、後の新光投信の商品を販売していましたが、以来、いろんな投信をどんどん売り出していったんです。

株式は価格が時々刻々と動くリスク商品ですけれども、投信はじっくり買っていただくものですから、しっかりとお客さんに説明しなければなりません。ですから、勉強会を開いて、投信の中身をよく勉強したうえで、お客さんのところへ行って丁寧に商品をご説明して、販売するわけです。ですから、営業方法としたら変わったかなと思います。

――先ほど、鳥取、島根は家計資産に占める証券関連商品が少ないという話をいたしましたが、預金に類似している公社債投信を入り口に使われながら、預金商品から証券関連商品にシフトさせるようなことはしてこられたのでしょうか。さらに、公社債投信から株式のほうにシフトさせようという営業などはしてこられたのでしょうか。

今井　いや、株式投資の魅力を直接勧めましたね。それによって、いまでも「株式に強い大山日ノ丸証券」と評判をいただいています。そして、プラス株式以外の商品もやってきました。

――株式投信と外債ですか。

今井　株式投信が主流ですね。外債も取扱いましたが、他社さんよりは遅れてのスタートです。

――仕組債は取扱っておられないのでしょうか。

今井　仕組債はやっていません。何より、説明ができないですよ。だから、やめておこうと……。

――でも、御社のように顧客基盤をしっかりと固めている会社には、外資系が売りにきませんか。

今井　その当時は、あまり来ませんでしたね。皆木社長の時は、そういうのはほとんどやっていませんね。その後、新光証券さんから来られた広瀬〔公二〕社長の頃に、ややそういうのも販売しましたが……。広瀬社長は、和光証券時代に債券部におられたんで、いろんなものを販売したいと考えていましたので……。それも当社が生き延びられた1つの要因になるかもしれません。

――その時に取扱商品を広げられたわけですね。

今井　まぁ、広げましたね。

谷田貝　広瀬社長時代に外債の取扱いを始められて、外債を一気に広げましたね。投資信託については、日ノ丸証券さんと合併して、皆木さんが社長を務められた時に、募集を本格的に開始したわけですが、そこから残高を積み上げていって、その後、販売実績としては、新和光投信のなかでの大山日ノ丸証券は上位10社に入っていたと思います。現在の新光投信さんですが、引き続きお世話になっています。

ただ、最近ではニッセイアセットさんや岡三アセットさんとのお付き合いもあり、取扱っている投信の数は以前より増えています。

――委託会社が、商品の販売を頼みにいらっしゃるということは、御社にかなり募集力があって、相手方としてもウィン・ウィンの関係が築けると考えてのことですよね。

谷田貝　そうです。

――そうしますと、委託会社からは情報提供や販売支援もしてもらえるわけですね。

谷田貝　そうです。勉強会もやります。講師が来てくれ、大変助かっています。

今井　昔は、株式以外の手数料は収益の１割にも満たなかったんですけれども、現在は伸びています。今後もっと増やしたいと思っています。

――この20年ほどで、かなり伸びていますね。

今井　そうですね。広瀬社長になってからグーッと伸びましたね。

谷田貝　外債を販売し始めてから、一気に伸びていると思いますし、募集物で収益をあげておけば、株式の委託手数料が落ち込んでも、経営への影響は小さくなりますからね。全天候型経営と当社では呼んでいますが、月間収益の４割程度は株式以外の手数料で稼ぎたいと思っています。

――どうしても株式だけですと、相場に依存しますからね。

今井　そうですね。

――ということは、ある種の総合化というのが、地場証券でも存続、拡大するためには必須だということでしょうか。

今井　そうだと思いますね。昔みたいに短波放送と黒板、チョーク、自転車があればいいのであれば、出来高が少なくてもなんとかやっていけますけれども、やっぱりシステムのコストがすごく高くなったので、株式だけじゃ無理になっていますよね。ですから、株式以外で手数料を稼いでいかないといけませんし……。

――しかも、コンプライアンスのコストもかかってきていますからね。

今井　そりゃすごいですよ。

――経営環境が変化しているわけですから、募集物で着実に収益をあげていかないといけないということですね。

今井　はい。ですから、皆木社長時代に投信に注力し、広瀬社長時代に外債の取扱いに注力したことで、株式依存からの脱却が図れたと思いますね。

現社長の谷田貝〔憲二〕社長は、みずほ証券から来てもらいました。その節は、新光証券元社長で現在、みずほ証券の草間〔高志〕常任顧問に大変お世話になりました。谷田貝社長には広瀬前社長の方針を引き継いでやってもらっていますが、さらに人事部での勤務経験を生かし、会社組織や人事・給与制度の整備をはじめ、人材育成にも力を発揮してもらっています。

▼キャラバンセミナーの実施

――顧客開拓に関連して、もう一つお聞きしたいんですけれども、御社は山間部などでキャラバンセミナーをしておられるとお聞きしましたが、今年〔2016年〕は27会場で行ったそうですが、これは鳥取県下でされた数なんでしょうか。

今井　いや、豊岡、倉敷も含めた5店舗で、合計27会場での株式セミナーをやったんです。

――じゃあ、各店舗の周辺でされたということですね。

今井　1店舗につき5、6カ所やっていますね。以前からそれぐらいやっています。場所によっては、お客さんが数人しかおいでにならないとか、「株をやっているのを知られたくない」といって、わざわざ家から遠い会場まで出てくる人とか、いろいろな方がいらっしゃいます。しかし、「普段は、なかなか聞かせてもらえんし」とおっしゃって、評判はいいですね。

これは春にやった分ですが、集客が100人を超えた会場もありました。秋にも26会場で行う予定です。このように毎年2回のキャラバンセミナーをやっているんです。

――営業社員は、テリトリー制で担当地域に分けておられるそうですが、異動とかはほとんどないわけですか。地場証券のよさの一つに、社員の異動がないから、長期間お付き合いできることがよくいわれていますが……。

今井　いまは5店舗になりましたから、少しは異動があります。まぁ、しかし大手さんのように、北海道や九州、東京といった転勤はありませんし、異動といっても、豊岡、米子、倉敷ですからね。地場証券の異動範囲は、逃げも隠れもできないようなテリトリーですから……。

しかし、そうはいっても、あまりに長い間、同じ担当者がついていると何かがあったらいけないから、時々交代するようにはしています。それでも地場証券のいいところは、やはりお客さんとの長いお付き合いができるところだと思っています。

――お客さんの懐具合というのもよくわかるわけですからね。

今井　ええ。たとえば、電話をするのでも、あの方は田んぼには何時に出られて、昼休みには家に帰ってこられるとか、スイカ、梨や柿などの農作物の収穫時期はいつか、そして懐具合がよくなるのはいつか。お客さんの動きを手にとるように知っていますからね。ですから、われわれとしては、そのタイミングを目指して訪問するとか、あっ、この株が動いた、この辺《へん》だったら買ってもらえるお客さんだとかいうのはわかりますわね。

――もうお客さんの趣味趣向まで、すべて頭に入れて営業をされているわけですね。

今井　そういうことですね。

▼カドヤ証券、北田証券の合併

――それでは、話題を変えまして、御社は2009年に、カドヤ証券から事業譲渡を受けられます。カドヤ証券と一緒になるというのは、先ほどのお話にも少し出てきましたが、1996年頃にも話が出ていたかと思います。その時はうまくいかなかったわけですが、カドヤ証券の事業譲渡はどういう経緯で再び俎上に上ったんでしょうか。

今井　カドヤさんは、株式では明光〔現在のSMBC日興証券〕さんと付き合われながら、債券の発注は大和さんにされたり、いろいろな会社とお付き合いがあったようです。実は、2007年頃にも一度、カドヤさんと一緒になる話がだいぶ進んだことがあるんです。ところが、カドヤさんがシステムの更新をする契約を結ばれて、このまま合併すると、システムの違約金を出さなくてはいけないという話になったんです。また、こちらも和光さんが新光さんになっていて、新光証券から証券ジャパンさんの前身のネットウイング証券に母店システムを変える話をしている時でもありました。そこにカドヤさんのものまで移管するとなると、さらにややこしくなるので、ちょっと待ってくれたほうが……。それでいいところまで話は進んだんですけれども、一緒になれなかったことがあるんです。

――明光は独自のシステムを持っていないですから、きっとどこかのシステムを入れていたんでしょうね。

今井　どこかの母店のシステムを明光さんが使っておられたんだと思います。ようやく2009年になって、カドヤさんも事業の先行きを案じられて、社員の雇用継続を条件に無償譲渡に応じられたんです。それで、ようやくカドヤさんとも一緒になることができたんです。

――なるほど。こういう経緯があって無償譲渡に応じられたと……。御社は、カドヤ証券のほかにも、北田証券〔現在の大山日ノ丸証券〕からも無償譲渡を受けられていますね。カドヤ証券は山陰を地盤にしているので、御社に合併を

求めるというのはなんとなくわかるんですが、北田証券は倉敷ですよね。そうしますと、山陽側の広島の証券会社に譲渡を申し出るという選択肢もあったかと思うんです。相手さんのことですから、なぜ御社に譲渡を申し出られたのか、その理由はご存じないかもしれませんけれども、もしご存じでしたらお話いただけませんでしょうか。

今井　そうですね。広島という点についてはわかりかねますが、私としてはそれ以前から声をかけ、気持ちを伝えていたんですよ。そして、私自身、雪のない山陽側へ出ていきたいという思いは、ずっと持っていたんです。もちろん北田証券さんのことは知っていて、前社長の北田輝彦さんとは、中国地区協会でも親しくしていましたし、新光証券さんの相伸会という同業者の社長会でもお会いして、母店も新光証券で同じということから、より親しくなっていったんです。

当社は２００８年頃から、投信に加えて外債の取扱いを始めていたこともあって、業績もよくなっていました。ただ、その頃北田さんは株式だけをやっておられて、業績が伸び悩む状況が続いていました。そして、前社長の北田輝彦さんのところに行って、「お互いいまのままじゃいけないと思う、タイミングがあえば一緒にやりましょうね」という話をしました。その時は、私の話に対して、「今井君、まあ、その折は声をかけるわ」なんて冗談まじりでおっしゃっていました。

ところが、２００９年にカドヤさんが合併に応じてくださることになった一方で、北田さんとの話は決まった話ではなかったので、カドヤさんとの合併を先に進めていったんです。その後、新光証券さんの水曜会という同業者の勉強会で当時社長だった北田一雄さんと話す機会があったんです。その時は、北田さんも「母店は新光証券で一緒だし、システムも一緒だし、よく知っているし……」とおっしゃるようになっていました。その頃から北田証券さんとの合併の話を真剣に考えるようになったんです〔相伸会とは、新光証券の友好証券の社長会であった。これが後に廃止され、もともと友好証券の勉強会であった水曜会と統合した〕。

——先ほど会長様は、山陽にお店を出したかったとおっしゃっていましたけれども、それは日本海側よりも瀬戸内側のほうが経済圏としても大きいし、お商売の可能性があると考えていらっしゃったんですか。

今井　おっしゃるように、人口が減っていく鳥取だけでは商売を大きくするのに限界があります。そのこともあって、経済圏の大きい山陽のほうに店を出したいとはずっと思っていたんです。

それともう一つ、先ほどもいいましたが雪ですね。以前は、鳥取は12月〜3月頃まで、1メートル50センチぐらい降っていたんです。私も出勤するのに、家の前の雪かきをして、車を出して出社するわけです。そして、会社に着いたら、今度は会社の駐車場の雪かきをして、それでやっとこさ一息つくんです。いつも、とにかく雪の降らないところで商売がしたいと思っていました。

ですから、米子に店を出せない時期は、ずっと津山に出したいと思っていたくらいです。津山というのは、距離的にいうと鳥取から南へ70キロぐらいなんですよ。とにかく雪が降らないところで商売をしたいとずっと思っていたんです。そして、カドヤさんの合併が一段落した時に、アベノミクスが始まる前のことですが、北田さんと久しぶりに一緒になる話をしたんです。そうしたら、「そこまでいうなら、会いたい」ということになり、それからは、母店も取次システムも一緒でしたので、とんとん拍子で話が進んでいったんですね。そして、当社はその前にカドヤさんを合併していましたんで、同じような流れで、事務的なことはこうだなと……。

——雪のないところでのお商売が理想だったわけですね。

今井　そう、そう、ハンデがあるんです。東京は、5センチ雪が降っただけでも交通機関が乱れたりして、大ニュースでしょう。最近でこそ積雪は減りましたが、山陰の冬は雪との戦いでした。営業に出ようと思っても雪で出られないわけですから。そんなところでは、なかなか商売を大きくしようと思っても、限界があると思うんです。だけども、雪の降らないところはそういうことがないですからね。

――当時は、八幡証券も再編された頃だと思うんですけれども、中国地方の経済的な中心地である広島に出て行くという考えはなかったんですか。それとも、たまたまご縁がなかっただけなんですか。

今井 縁がなかったですし、少し遠いし、ましてや企業規模が大きい八幡さんとは、合併なんて考えもしませんでしたよ。

――ということは、御社の身の丈を考えると、一気に急拡大というのは好ましくないとお考えになられたわけですね。

今井 そうです。とてもやっていけないですよ。

谷田貝 岡山というのは、鳥取からみて真南ですよね。ですから、当社の店舗配置は鳥取を中心として、約100キロ圏にトライアングルのようなかたちでの出店となっているんです。また中国地方の中心は広島ではあるんですけれども、鳥取のいろいろな経済活動が関西圏内として位置づけられているんですよ。だから、どちらかというと、関西圏を向いていますよね。

▼地場証券の抱える課題

――このヒアリングを行うにあたって、山陰地方の証券界の歴史を調べたんですけれども、その際、証券業協会が出している出版物などもみました。ところが、これらに書かれているのは、広島のことばかりで、山陰のことはなんにも書いてないですね。

今井 だろうと思いますね。それは、やっぱり広島に取引所があったというのが大きいんじゃないですかね。

――広証〔広島証券取引所〕ですね。

今井 広証、そうですね。だから、もし松江か鳥取に取引所があったなら、山陰の歴史も残っていたんだろうと思いますね。それはほかの各地もそうなんだろうと思いますけれども……。

――次に、御社は都市部よりも、大手証券と営業地域が重複しないエリアを重点的にねらって、営業活動されているということを聞きました。そうすると、どうしても御社のお客さんのお子さんは、ほとんどが都市部へ出ていらっしゃるんじゃないかと思いますし、相続に伴う資産の流出が課題になってくるかと思うんです。御社では、それに対する対策をすでにお考えになっていらっしゃるんでしょうか。

谷田貝　やっぱり山間部にお住いの方々のお子さん、お孫さんが都会へ出て行くのは、妨げられないと思うんですよ。それに抵抗して策を練るのは大変だと思います。当社は、先ほど話題に出ました山間部などで、キャラバンセミナーを開催しています。来られるお客様が少数であっても、セミナーを開いて、株式投資の話やＮＩＳＡ口座活用の説明などをして、お客様づくりをしています。

もちろん、３世代とお付き合いできるジュニアＮＩＳＡも整備しました。ただ、お客様は限定されてしまいます。というのは、３世代の人に説明しなきゃいけないわけですから、お子さん、お孫さんが東京や札幌などに住んでいらっしゃるご家庭は、われわれがターゲットにはしにくいからです。ですから、当社のターゲットは、営業エリア内に３世代がいるご家族に限られてしまうんです。

――別の地場証券さんは、お盆と正月には必ずお客さんのところへ行って、お子さんに親御さんがどういう株を持っていらっしゃるかなどを説明したり、大きな取引をする時は、必ずお子さんがいらっしゃる時に、説明をしておられるそうですが、御社ではいかがでしょうか。

谷田貝　それはやっております。

――やっぱりそうですか。

谷田貝　ええ。お盆とか年末年始は、われわれがお客様のお宅に行く日になっています。それがもう一つの相続対策です。盆と正月にお客様のお宅に足を運んで、実家に帰ってこられたご家族にも、親御さん、おじいさんの投資方針を知ってもらう活動はしております。

——ジュニアＮＩＳＡは、むしろ若い層への新規開拓ということですか。

谷田貝　そうですね。ＮＩＳＡ口座もですが、新規開拓です。

——つまり、既存のお客さんは維持しながら、さらに新規で、長いお付き合いができるお客さんを獲得しようということですね。

谷田貝　そうです。対面のよさをわかってくれる方を取り込みたいと思っています。

▼保守的な山陰地方の投資家

——次に、山陰地方の証券市場の話題に移って行きたいと思います。まず、『２００９年全国消費実態調査』では、太平洋側の都府県では家計金融資産に占める証券関連商品の保有高は、おおむね日本全国の平均的な保有比率と同じくらいなんですが、日本海側は明らかに低いんです。先日、荘内証券さんで同じ質問をしましたら、荘内証券さんは、日本海側はかなり保守的なんだとおっしゃっていたんですけれども、山陰も同様の県民性があるのかどうかお聞きしたいと思います。

今井　一般的にいうと、日本海側は保守的な感じがします。ただ、鳥取と米子じゃ違いがあります。経済都市の米子と県庁所在地の鳥取を比べると、鳥取のほうが保守的な感じがやや強いように感じています。私はここで50年ほど勤めておりますので、これが当たり前のものだと思っていましたけれども、やっぱり資金量が少ないんでしょうかね。それからやはり、人口が少ないことが、いちばん経済を小っちゃくしているように感じますね。経済が大きくなりようがない感じがします。

――昔は来店するお客さんが、株をやっていることを知られたくないから、外からみえない入り口はないかとおっしゃっていたというお話ですが……。

今井　これは昭和30年代のことですね。私の就職前ですが、表玄関より勝手口から入ってこられるお客さんが多かったですね。

――それぐらい当時は証券会社に対するマイナスイメージは強かったわけですか。

今井　そもそも証券人口は少なかったし、まぁ、証券会社が株屋だった時代のことですね。ですから当時、本店を改装した時に勝手口をつくっておきましてね。常連さんはそっちから入っていらっしゃいましたよ。それが、中ファン〔中国ファンド〕の頃から、証券取引が一般的になって、女性のお客さんも増えてきました。その頃から、ようやく堂々と表玄関から出入りされだしましたね。

――やはり中国ファンドぐらいから随分、証券投資に対するイメージも変わってきましたか。

今井　変わってきました。

谷田貝　変わってきたでしょうね。中期国債ファンドは画期的な商品でしたね。

――それで、NTT株がさらにイメージを変えたと……。

今井　そうですね。

――先ほど、米子は経済都市で、鳥取は県庁所在地で、保守的だとおっしゃっていましたが、米子は経済都市ですから、比較的投資にも関心を持った人が多かったですか。

今井　そうですね。

――境港のあたりはどうでしたか。

今井　境港は鳥取ではいちばんお金が動いたところですし、漁業の調子がいい時は、やっぱり活発でしたね。

――境港には市場があるから、相場と親和性があるんじゃないですか。

今井　だから、当社が米子支店を出す時に、ＪＲ米子駅とか商店街より、境港に近い郊外に店舗を構えたのは、境港のお客さんを取り込もうと考えたからなんです。

――さて、島根には大手3社に加えて、みずほ証券、岩井コスモ証券、東洋証券、ひろぎんウツミ屋証券〔現在のひろぎん証券〕の7社が出店しているわけですけれども、鳥取は大和証券と野村證券、ＳＭＢＣ日興証券と御社だけですね。しかも、鳥取市内への出店は御社と大和証券だけで、大手、中堅どころが出てきてないんですけども、何か市場性の違いってあるんですか。

今井　市場性というのか、経済規模が小さいから、出しても採算があわないのでしょうね。鳥取は、市場調査していたら出店しない都市でしょうね。だから、米子に店舗を置いておいて、１００キロ離れている鳥取には、週に1～2遍訪問すればそれで足りるという判断だと思いますよ。あと、大手さんは姫路や岡山の支店からも、車で鳥取へ営業に来られますよ。

▼ごうぎん証券の開業とその影響

――さて、山陰地方の証券保有は低いということを先ほど申し上げましたが、山陰合同銀行が証券子会社をつくりましたよね。あれはどのようにご覧になりますか。また、それによるなんらかの新たな胎動がみられるのかどうかということをお聞きしたいんですが……〔ごうぎん証券は山陰合同銀行が１００％出資し、２０１５年10月1日に開業した。２０１６年6月時点で本社、松江支店、出雲支店、鳥取支店、米子支店の5店舗体制で営業している〕。

谷田貝　お客様が競合しているとはあまり感じられないですね。そもそも、銀行の証券子会社って何をしてるかといったら、銀行と連携をとって、預金から証券商品へ誘導するわけですから、あまり新規開拓をする必要はないわけですよ。ですから、預金を乗り換えた後にどうするのかは関心があります。

――ほとんどライバルとは意識されていないわけですね。

谷田貝　とんでもない。銀行は超富裕層を預金で囲い込んでいますから、それは優位ですよね。

――お客さんの手のうちがわかっていますからね。

谷田貝　ただ、現時点の銀行系証券のビジネスモデルは、そこで投信や仕組債を勧めるというものですし、株が得意な営業マンがそんなにいるわけでもないでしょうから、いまは直接バッティングしているとは思えません。

――じゃあ、むしろ御社にとっては、証券投資を始めるきっかけを与えてくれる存在で、お客さんが本格的にやろうと思った時に、御社のほうにお客さんを取り込むというか……。

谷田貝　そうですね。当社は「株式に強い大山日ノ丸証券」を旗印に、株式営業に力を入れて取り組んでいますので、株であれば来てもらえるでしょうから、チャンスでもあると思います。鳥取市内に大和証券さんができた時、地場証券があまり積極的に取扱っていなかった債券の販売が拡大するから、証券投資という点ではむしろプラスだよねと思ったのと同じように、相乗効果となればと考えています。

――むしろビジネスチャンスができたということですね。

谷田貝　「貯蓄から投資へ」が本当の意味で進められるかの原動力が、銀行の証券戦略だろうと思いますし、われわれにとってもビジネスチャンスではあると思いますよ。中国5県のうち、4県の地元の証券会社は銀行系なんですよ。

――中国地方は多いですね。中銀証券に、ひろぎんウツミ屋証券、ワイエム証券、そしてごうぎん証券ですからね。

谷田貝　これまで島根県だけはなかったんですが、ごうぎん証券さんができましたでしょう（地方銀行が100％出資で、新たに証券会社を設立した事例としては、２００７年の常陽証券（現在のめぶき証券）、２００９年の百五証券、２０１２年のいよぎん証券（現在の四国アライアンス証券）、２０１５年のごうぎん証券、２０１６年のとうほう証券と続いており、ごうぎん証券は4番目の事例である」。

――地銀系証券のなかには、東海東京証券が40％ぐらい出して合弁でつくった会社もありますよね。西日本シティＴＴ証券なんかがそうですが、ああいう会社はどのようにご覧になっておられるのでしょうか。東海東京証券のような証券会社と、地方の銀行の顧客網をドッキングさせてつくった会社は、脅威に思っておられますか。

谷田貝　その会社がある地域ではものすごい脅威になるかもしれません。

▼大手証券の出店戦略

――御社が創業された当時、鳥取市内には4大証券が支店を持っていなくて、地場証券だけだったそうですが、4社からみると、当時から鳥取には市場としての魅力がなかったんですかね。

今井　魅力はないと思いますよ。以前は、野村さん、日興さん、山一さんが支店を出していましたけれども、米子に移転しましたし、県庁所在地に大手証券の支店がないのは、鳥取県だけじゃないかと聞いたこともあります。ですから、１９７８年に大和証券さんが、鳥取に支店を出すということになった時に、同業者さんは反対されたんです〔1978年12月に、大和証券が鳥取支店を開設した〕。ところが、当時、うちの親父が鳥取の協会長をやっていて、反対される同業者さんに「いや、これは来てもらったほうがいいんだ」といって、出店を支援したそうですよ。

――大和証券が鳥取市内に出店した時は、今井様のお父様が鳥取県証券業協会の会長をされていたわけですか。

今井　そうです。親父が会長をしていましたね。

――いまのお話のなかで、野村、日興、山一が鳥取から米子に店を移したというお話をされていましたが、米子に移ったということは、先ほどおっしゃっていたように、米子のほうが経済圏としては大きいんですか。

今井　そうですね。やっぱり米子は、商売の街で活気がありますからね。それから、鉄道も米子には米子管理局があって、このあたりの鉄道の中心なんです。また、飛行機でも、米子空港は国内線が1日に6便に国際線も飛んでいます。それに、境港という大きな港もありますからね。

――なるほど。米子のほうが、経済規模が大きいので、大手証券は米子へ移って行ったわけですか。

今井　そういうことですね。

――免許制になって以降、大蔵省が相当、支店や出張所の店舗規制をやりましたよね。特に、4社の出店に関しては、地方証券の保護、育成を建前にしてかなり厳しくやったと思います。昭和40年代、50年代には、大手4社の新規出店と、地場証券の支店の新設は、うまく棲み分けができていたとお感じですか。

今井　そうですね、棲み分けといわれても、鳥取市に限っては大手証券さんがないんで……。ただ、大和証券さんが出店されるまでの地場の証券会社は、債券のパンフレットも何もなくて、株式だけをやっていたんですよ。ところが、その当時、大手証券さんは債券も取り組まれ、取扱商品をどんどん増やしてきていたわけです。だから、うちの親父は、そういう時代になってきたんだから、来てもらったほうがいいんだといって、大和証券さんの鳥取進出を支援したということです。

――他方で、他社は鳥取市内から米子へ移転したわけですね。米子には、日ノ丸証券があったわけですから、当時の日ノ丸証券にとっては、商売上、非常に影響がありますよね。

今井　いや、いや。もともと大手は米子にも店舗があるんですよ。ところが、鳥取の支店の採算が悪くなったので、鳥取市内の店舗を閉鎖して、そちらに集約したんですね。その結果、鳥取市内から大手証券がなくなったわけです。そして、大手証券の米子への統合からずっと後、１９７８年に大和さんが鳥取市内に出店されたんです。

谷田貝　もちろんほかの大手証券さんは、鳥取市内に昔からのお客様がいらっしゃいますから、いまも米子から鳥取市内まで営業に来ています。

――相当な距離ありませんか、米子からだと。

谷田貝　１００キロほどじゃないでしょうか。

――日ノ丸証券は米原家ですね。山林地主の地方財閥でしたね。

今井　これは日ノ丸グループで、グループ内に企業が16社あり、大きなものです。米原家は鳥取商工会議所会頭を代々務められています。現在も日ノ丸グループの日ノ丸産業会長である藤縄匡伸さんが、鳥取商工会議所の会頭をされ、地元経済界からの信望は厚いものがあります。

――日ノ丸グループのなかに御社も入っているということですね。

今井　合併により、当社も日ノ丸グループの一員です。ですから、日ノ丸グループの発展に寄与しようと思います。

▼未公開株取引の状況

――未公開株取引が、福井や金沢では結構あるんですけれども、山陰では昔からあまりないですか。

今井　ないですね。

――たとえば、一畑電鉄なんかはどうなんですか。優待券目当ての取引があったりするんじゃないかと思うんですが……。

今井　一畑電鉄は松江の会社で詳しくはわかりません。鳥取には日ノ丸自動車と日本交通があるんですが、バスの優待は以前はあったのですが、いまはやっていないんじゃないかと思いますね。

――じゃあ、優待目当ての人もあまりいないということですね。

今井　鳥取は、一家にマイカーが2台、3台あったりするところですから、バスの利用率が減少しています。だから、優待をほしいと思う人もまずいないと思いますよ。

――昔はどうだったんでしょう。たとえば、日ノ丸自動車は日ノ丸グループなので、そういう株式を売買したい人たちは、日ノ丸証券へ行って取引しておられたというお話を先ほど……。

今井　当時、だいたいは日ノ丸さんで取引していたと思いますね。

――じゃあ、ある意味では、あれだけ未公開株を積極的にやっている北陸が特殊なんでしょうか。

今井　特に力を入れておられることもあるだろうし、やっぱりそれだけの企業があることが大きいですよね。

――北陸にはYKKがありますからね。

今井　こっちは未公開企業で、それだけ元気な会社がまずないですよ。

――石川では電車の運賃が高いから、子どもさんが通学に使う間だけ買いたいという人がいて、通学がおわると、もう必要ないから売りたいという人がいるそうです。これをうまくマッチングしているそうですけれども、こちらではそういう取引もないんですね。

今井　ここらでは、そういう取引もありませんね。

――なるほど。やはりある程度、利便性の高い会社でなければ、優待券をもらっても使い道がないから、売買が行われないということですね。よくわかりました。今年〔2016年〕の1月にマイナス金利が導入されましたけれども、これが山陰地区の個人金融資産に与える影響というのはあるでしょうか。

谷田貝　山陰地方は投資に対して保守的といわれていますが、マイナス金利は預金金利を低下させますから、「貯蓄から投資へ」の動きが加速するのではないかと思います。どこの地域もそうですけれども、個人金融資産の大半は高齢者がお持ちです。将来への不安があると、予防的に貯蓄意識が高まりますけれども、預金では金利が期待できません。そうしますと、将来への不安解消が条件にはなりますが、高齢者がお持ちの資産を投資に振り向けられるのではないかと思います。

当社としては、「ＮＩＳＡ」の活用を進めることで、高齢者だけでなく、若い人へも投資の啓蒙に努め、その動きを後押ししていこうと思っています。「投資教育」なんかも、もっと必要ですよね。また、証券界全体としても、「貯蓄から投資へ」の動きを確かなものとし、株式取引を活発化させるための施策をするべきだと思います。それにはいくつかの施策があるのでしょうが、その一つとして、上場株式等の相続税評価額が不動産のそれと比べて著しく不利なものになっていると思います。ですから、株式などを相続する際の評価方法はぜひ見直してもらいたいと考えていますし、それが実現すれば、「貯蓄から投資へ」の動きは定着していくのではないかと思いますね。

――なるほど、たしかに相続税評価額の評価方法が不利だというのは、おっしゃるとおりだと思います。最後に、証券業協会の出版物などでは、山陰に関する記述がほとんどなかったんですね。私たちがいままでいろいろとお話をお聞きしてきたわけですけれども、山陰証券界の特徴をうまくお聞きできていなかったかもしれませんので、何かお気づきの点がありましたら、お聞かせいただければと思ったんですけれども、いかがでしょうか。

今井　そうですね。証券会社としての創業の経緯はそれぞれ違いますが、戦後、鳥取には地場証券が複数社ありました。そして、業界の好不況の荒波を乗り越えてまいりましたが、地域の人口や経済力に見合ったかたちで統合されてきたのではないかと思います。

当社は、創業時から一貫して大井証券、和光証券、新光証券を母店としてきました。システムや人材面、取扱商品などで大変お世話になってきたから、いまがあるようなものです。新光証券さんがみずほ証券さんになる時に、みずほ証券さんとは人的関係は残しつつ、システムは日本電子計算さんに、取次母店は証券ジャパンさんにお願いしました。

近年は、システム投資の負担が大きくなっていますが、今後もいろいろ行われる制度変更によって、さらに負担が重くのしかかるのではないかと危惧しています。

来年〔２０１７年〕は創業60年を迎えます。お客さんに支えられてこられた記念の年になりますが、大事なのは、創業からの伝統と時代に則した変化のバランスなんだと思います。今後も業務は効率よくやって、〝対面営業〟を行う〝地域密着〟の証券会社として、地域のお客さんとともに繁栄していきたいと思っています。

――たしかに、システムなどの投資が増えていますから、地場の証券会社としては負担が大きいわけですね。大変よくわかりました。本日は長い時間、大変興味深いお話をどうもありがとうございました。

◎本稿は大山日ノ丸証券株式会社代表取締役社長谷田貝憲一氏にご同席いただき、小林和子、二上季代司、深見泰孝が参加し、２０１６年5月17日に実施されたヒアリングの内容をまとめたものである。

第12章

九州証券界の歴史を語る
——九州証券座談会

（参加者：出田信行氏、大塚嘉郎氏、小西雄一氏、宮本馨氏）

本章では九州証券界の歴史を取り上げる。九州には１９４８年時点で52社の地場証券が存在し、翌１９４９年には地場証券が77社（福岡県43社、大分県8社、佐賀県、長崎県は各6社、熊本県7社、鹿児島県4社、宮崎県3社）を数えた。ところが、ドッジデフレからスターリン暴落にかけての１９５０〜１９５４年の5年間で再編が進み、48社が登録取消や廃業によって市場から退出した。また、１９５７〜１９６１年にかけての相場上昇時にも20社が退出、免許制移行前にも14社が退出し、１９６８年の免許制移行時までに4社に再編された。その後、２０１０年まで新規参入も退出もなく、現時点では5社が九州を本拠として営業を行っている。

本章に掲載するのは、大熊本証券から出田信行氏、宮本馨氏、福岡証券取引所から小西雄二氏、大塚嘉郎氏にお集まりいただいて座談会を開催した際、筆者らのいくつかの関心とそれから派生した話題について、伺った内容をまとめたものである。

今回の座談会にご参加いただいた方々の御所属の会社を少し説明すると、大熊本証券は、１９３６年に平野株式店として創業し、南九州唯一の地場証券として80余年の歴史を持つ証券会社である。また、福岡証券取引所は東京、大阪、名古屋に続いて１９４９年7月4日に立会が再開された取引所で、九州経済に欠くことのできない経済インフラとして、発展を遂げてこられた。

さて、この座談会に際し、筆者らは次の諸点に注目した。1点目は南九州では、１９４９年7月の福岡証券取引所再開時には、23社（熊本7社、大分8社、宮崎3社、鹿児島4社）の証券業者が存在したにもかかわらず、１９６８年の証券免許制移行時には、大熊本証券のみとなった。この要因は何かである。もちろん、ほかの地域でも最低資本金規制や比率行政の開始に伴い、証券業者の再編が進んだわけだが、とりわけ劇的に廃業が相次いだ要因は何かが筆者らの関心である。

次に、大熊本証券は東証非会員業者であったにもかかわらず、南九州の地場業者の取次母店でもあった。それはどういった経緯で行われたのかである。これが筆者らの第2点目の関心であった。また、3点目は九州証券界では、グリーン・エイトという名称の投資信託を地場証券5社が共同で設定していた。これは全国的にも「アクティブ大阪21」に次ぐものと思われるが、なぜこれを設定されたのかである。

そして、福岡はアジアとの玄関口である。前田証券ではこの地の利を生かして、バブル期からアジア企業や証券会社との関係を強化している。また福岡証券取引所も外資系への会員権開放や、アジア企業の上場誘致を積極的に行われてきた。こうした施策がどこまでうまくいったのかが4点目の関心である。

最後に福岡証券取引所は単独上場銘柄が多いわけだが、それには九州財界の支援が厚いことが背景にある。他地域ではむしろ財界からの支援が得られず、地方証券取引所は東証や大証と合併という途をたどったわけだが、なぜ九州財界は福証を支援するのか、その要因はどこにあるのかが筆者らの5点目の関心である。これら筆者らの関心に基づき、お話を伺っている。

▼大熊本証券創業の経緯

——本日はお忙しいなか、ありがとうございます。本日は複数の会社の方々にお越しいただき、九州証券界の特徴をお聞きしたいと思います。前半は大熊本証券を中心とした南九州のお話を、後半は福岡証券取引所を中心とした福岡証券界のお話をお伺いしたいと思っております。

まず、気づいたことからお聞きしたいと思いますが、福証〔福岡証券取引所〕の初代理事長は平野貞一さんでした。大熊本証券の創業者は平野昇さんですが……。

出田　それは、関係ないですよ。

――名字が同じでしたので、ご親戚かなと思ったんですが、全然関係ないわけですね、わかりました。さて、大熊本証券は、平野昇さんが1936年に、平野株式店として創業されたんですけれども、平野昇さんは証券業を始められる前に、山鹿で精麦業、さらには大阪にいらっしゃってゴム工場の経営をされていたわけですね。まず、なぜ証券業を始められたのでしょうか。

出田　詳しいことは知らないんですが、多分、地主の次男でしたから、資産と信用があったんだと思います。それで、証券業はいい仕事だと思ったんだろうと思うんですけどね。

宮本　お話のとおり、創業者は証券業に就く前に精麦業をやっておりました。推測になりますが、昔は、株式と穀物の取引所が一緒でしたから、そのあたりがきっかけになったのかもわからんなと思ったりします。

――戦前は博多、下関に米穀取引所がありまして、博多は米と株式を両方やっておりましたね〔福岡証券取引所の前身に当たる博多株式取引所は、1884年2月創立の博多米会所に起源を持ち、1914年11月までは米穀取引との兼業であった。また、下関には下関米取引所があった〕。また、長崎にもありましたね〔戦前、長崎には長崎株式取引所があったが、1943年6月に日本証券取引所に統合された〕。

小西　明治時代は米と株を併設した取引所があって、博多は大正時代にたしか証券専門になったのではなかったでしょうか〔株式取引所による米穀取引併設は、1939年米穀配給統制法による米穀取引所の廃止まで続いた。新潟証券取引所の前身である新潟米穀株式取引所では、1939年10月に米穀部を廃止している。なお、博多株式取引所では、1914年11月に営業種目を変更し、1915年1月から実施した〕。

――〔博多株式取引所は〕株だけですね。

小西　ええ。株だけに変わったんですね。だいたい、江戸時代の米の取引所が、株式の取引所に発展したわけですからね。

――では、平野株式店も、最初は米穀取引をしておられたんでしょうか。

宮本　いえ、そうじゃないようで、初めから証券業として創業したようですね。

――なるほど。特にそれは何か特別な理由があったというわけではないのですか。

宮本　特別な理由があったとは聞いていませんね。

出田　私も特別な理由は聞いていませんね。

――そうすると、創業者の平野昇さんは、平野株式店開業前は、証券業に携わっておられたわけではありませんので、証券業を始められた時に、お客さんの獲得に苦労されたんじゃないかと思うんですが、そのあたりはどうなんでしょうか。たとえば、お知合いの方などに、お客さんを求めていらっしゃったということですか。

出田　私が小さかった頃を思い出してみても、祖父は商売人とは思えないんですね。おそらく商売は、祖母や母がやっておったんだと思います。ただ、地主の家でしたし、大叔父が弁護士をしておりまして、戦後すぐの熊本市長だったんですよね。ですから、信用はあったんだろうと思います。祖父は頭はよかったかもしれませんけれども、商売を頑張ろうという感じではなかったろうと思います。私の記憶では、祖父はお茶をしたり、庭をつくったりしておりましたので……。

▼取次母店の変遷と発注ルール

――そうですか。次に、取次母店に関していくつかお伺いしたいと思うんですけれども、大熊本証券は、戦後すぐは山一證券を取次母店にしていたようですが……。

出田　当社の取次母店は、おっしゃいましたように、戦後すぐは山一證券だったそうです。それから勧業証券と角丸証券〔ともに現在のみずほ証券〕にかわり、長い間両社に母店をお願いしていましたが、両社が一緒になった時に、大阪屋証券〔現在の岩井コスモ証券〕を加えたわけです。さらに、北信証券〔現在の八十二証券〕の久保田〔壽穂〕さんにご紹介いただいて、ナショナル証券〔現在のSMBC日興証券〕が加わり、一時ですがドイツ証券にも母店をしていただいておりました。

ナショナル証券を母店に加えたのは、久保田さんからご紹介いただいたわけですが、松下経営哲学は大したものだなと思ったんですよね。それが母店になっていただいた要因の一つでもあるんですよ。ドイツ証券は向こうから話があって、母店になっていただいたんですけれども、2年ぐらい後に向こうから断りが入って、大変当社は困ったわけですが、新たに日本協栄証券〔現在の証券ジャパン〕を母店に加え、現在は、証券ジャパンさんと岩井コスモさんに母店をお願いしています。

――少し、時代をさかのぼりますが、母店を山一から勧業証券と角丸証券に変えられたのはなぜでしょうか。

宮本　私が1952年に入社しました時は、山一證券が母店でした。ただ、私も入ったばかりで詳しいことはわかりませんけれども、山一證券が店舗を新町という遠いところに移したんです。それで受渡しが不便になりましてね、私はそれがいちばん大きな原因だと思うんですが……。

出田　あまり大した意味があってのことではないと思うんです。というのは、母店をどこにするかは、当社にとってそれほど大きな問題ではなかったんですね。

宮本　当時は電話売買でしたから、簡単に母店を変えることができましたからね。

――なるほど。では、勧業と角丸は御社の近くにあったということですか。

宮本　ええ、勧業さんは近くにありました。

出田　角丸は熊本にあったと聞いたことがないから、熊本の店じゃないでしょうね。

――角丸は熊本に店がなかったんですか。

宮本　ええ、だから角丸さんは母店でしたが、私の記憶では、取引は非常に少なかったですよ。勧業さんは近くにありましたから、かなりやっておりました。これは、先代の出田〔信夫〕社長が、南九州証券業協会の会長をされておったんですね。それで、協会のいろいろな会合に出ますと、他社さんと親しくなりますよね。そういった時に、勧業さんの働きかけが非常に強かったから、勧業さんを母店にしたんだと思います。

――ああ、うちを使ってくれと……。

宮本　はい。もちろん当社が勧業銀行の宝くじを売っていた、という関係も若干あったかもわかりませんけれども、勧業さんからの働きかけがあったのは確かです。その後、勧業さんが角丸さんと合併されたわけですが、その頃は先ほどちょっと触れましたけれども、つなぎ先はいつでも衣替えができた時代でしたから……。

――いまみたいにコンピュータでつなぐんじゃなくて、電話でつないでいたわけですからね。

宮本　そうですね。

出田　両社が一緒になったことで、信用枠の問題が出てきましたので、大阪屋さんを母店に加えたんだと思います。

宮本　1＋1が2じゃないんですよ。

――枠が小さくなっちゃったわけですね。

出田　カネがない時代ですからね。

――なるほど。それでもう1社増やして、枠を増やしたということですね。それぐらい信用取引をされているお客さんは多かったんですか。

宮本　他社と比べて、極端に多かったというわけではありませんが、それなりにあったと思います。

――複数の会社を母店にしておられたわけですが、たとえば、勧角に多くを出されて、あとは信用取引の関係で少しほ

かへ出されるといった、発注のルールというのはあったんですか。

宮本 いや、その当時は、間違えるといけませんから、店ごとにしていましたね。ですから、この営業所は劒角さん、本店の商いは大阪屋証券さんにつなぐというふうに、区分けをしていました。

出田 大阪屋さんと劒角さんは、だいたい、半々ぐらいになっていたんじゃないかと思うんですけどね。

宮本 だいたいバランスはとれておったと思いますね。

――事前に御社のことを調べておりましたら、大阪屋への発注は大分支店にされていたということなんですが……。

宮本 大分支店に発注した理由は、なんでだろうかということになるんですけれども……。

出田 南九州地区の会合で会っていたからですか。

宮本 これもやはり、大阪屋さんの働きかけがあったからということです。

出田 当時、九州では劒業さんが強かったんですよ。ほとんどの地場の証券会社は劒業さんにつないでいらっしゃったと思います。当社もそうだったし、前田〔証券（現在のＦＦＧ証券）〕さん、飯塚中川さん、佐世保証券〔現在のいちよし証券〕の三浦〔光臣〕さんも全部劒業さんにつないでいましたからね。

小西 ちょっと時代が前後するのかもわかりませんけれども、聞いたところでは劒角証券さんに百瀬〔洋〕さんという、劒角インベストメントの社長をされた方がいらっしゃったんですが、百瀬さんが九州のいろんな会社を上場に導いたんですよね。ロイヤルや三井ハイテックとか、新規上場で大きい会社は、劒角証券さんが全部握っていた時代があったんです。だから、当時はつなぎ先といえば、劒角さんしかないねという感じがあったと聞いたことがあります。

大塚 私が聞いたところでは、特につなぎ手数料が安かったとか、そういうことではなかったと思うんですよ。むしろ高かったかもしれないです。だから、徐々に日本協栄さんに、シフトしていったわけです。

——前田証券が東証の会員権を取得された時に、東京の市場部に勧業証券から人が来ていらっしゃったんじゃなかったでしたか。

大塚　その前から、専務か常務クラスで勧角さんの人が来ていたと思います。というのは、勧角証券さんは前田証券の株主でして、福岡銀行、福岡相互銀行〔現在の西日本シティ銀行〕、西日本相互銀行〔現在の西日本シティ銀行〕と同様、5％の株式を保有していただいておりました。

出田　当時、勧業さんは九州では結構強かったのと、当時はもう大手証券があまり母店業務をしていなかったんじゃなかったですか。

宮本　大手さんでは、山一さんがいちばん強かったですね。だから、全国的に山一さんを取次母店にしている会社が多かったですね。

出田　ただ、その後、大手証券は母店業務を縮小していったので、準大手にかわっていったんじゃないですかね。

——では、勧業証券を母店にされたのは、再委託手数料が安かったとか、信用取引の枠をたくさんくれるということが理由ではなかったわけですね。

宮本　そういう理由ではなかったと思います。

▼非会員証券による母店業務の展開

——わかりました。少し話が変わりますが、御社は南九州の地場証券の母店になっておられましたね。受注した注文を山一や大阪屋におそらく再委託されたと思うんですが、御社は非会員業者ですから、市場集中義務は課されないはずですね。

出田　そうですね。しかし、うちは山一さんや大阪屋さんに素直に出していただけです。

――そうですか。受けたものは全部そのまま再委託に出していらっしゃったわけですか。

宮本　ずっと以前は違いますよ。ザンギメといいまして、仕切り売買をやっていました。私が入った頃、私と社長の2人で電話口でやっていましたね。

――その当時は、御社は非会員業者ですから、南九州の地場業者からの注文に対して、店頭仕切りでやっていても、別にお咎めはなかったわけですね。

宮本　当時、南九州に30社ぐらいありまして、そのうちの5、6社と取引をやっていましたが、店頭仕切りでやっても、全然お咎めはなかったですよ。ただ、その当時、電話事情がものすごく悪かったですからね。至急の電話ならともかく、電話をつなぐにも普通の通話だったら、30分ぐらいつながらないんですよ。ところが、その間も株価は動いていますからね。

――証券恐慌の頃になりますと、非会員証券会社でも、他社から受けた注文を仕切らずに、そのまま母店につなげというふうになったんじゃなかったでしょうかね。つまり、免許制導入の頃になると、業務報告書か何かを出さないといけなくなって、そこに書くんじゃなかったでしょうか。

宮本　ザンギメができていたのは昭和20年代の話で、その後はもう全部、そのままつないでいましたね。

――昭和20年代の電話事情が悪かった時だけなんですね。

宮本　というのは、リスクを負いたくありませんからね。だから、その後はそのままつないでいましたね。

――ということは、別に行政からいわれたわけではなくて、御社のリスク管理の観点から、やめたということですね。

宮本　そうですね。1952～1953年は、ご存じのとおり朝鮮戦争の影響もあって、すごいブームでしたから、その頃はどんどん仕切っていくんですよ。そうしたらもう、下駄が履けるんですね。それも高下駄ですよ。特にあの当時、損保株などの含み資産株が上がりましてね。同和火災〔現在のあいおいニッセイ同和損保〕あたりがものすごいんですよ。いまもそうですけれども、あの当時も3、9月決算の会社が多いんですが、だいたいの火災保険会社は年1回、3月決算なんですよ。しかも、増資を年に2回もやるんですね。だから、新株と第二新株、私たちは「孫株」といっていましたけれども、孫株まで出るんですよ。たとえば、同和火災をザンギメしますね。そして、母店につなごうとしたら、もう高下駄ですよ、50円ぐらい上がっているんですよね。だから、手数料どころじゃないんですよ。そういう時代でしたよ。あの当時、損保株はみんなものすごい上がりましたね。それから、朝鮮戦争では金偏なんかが随分動きました。

——いま、新株、第二新株とおっしゃいましたけれども、それは増資新株の発行日取引のことですか。

宮本　発行日取引ですね。

——少し話題が戻りますが、非会員証券である御社が南九州の地場の証券会社の取次母店になられていたわけですが、会員証券に取次母店を頼んだほうが効率的だと思うんですね。御社は、なぜ自社に母店を頼まれたか、相手方の事情はご存じないかもしれませんが、どういった理由からだとお考えでしょうか。

出田　1つ考えられるのは、父が南九州証券業協会の会長をやっていましたので、信頼があったんじゃなかろうかと推察するんですけれども……。

宮本　うちを希望しとった会社はたくさんありました。それは、うちはザンギメをしますから、即決で決めていくでしょう。あれがよかったんじゃないかなと思いますけどね。

——他社さんにすると、御社はザンギメですぐに決めてくれるからということなんですか。ただ、それは昭和20年代の話ですよね。

宮本　そうですね。

——当時、ザンギメは他社でもされていたんですか、それとも御社だけですか。

宮本　ちょっとよそ様のことはあまり存じませんが、よそ様もやっているところはだいぶあったんじゃないでしょうか。

▼免許制移行による南九州の業界再編

——結局、証券恐慌後、免許制が導入された時、南九州で免許を取得されたのは大熊本証券だけですよね。

小西　そうですね。昭和40年代の証券免許制移行時、北のほうでは前田証券さんと佐世保証券さん、それと飯塚中川証券さんの3社が免許を取得されましたが、南九州では大熊本証券さんだけでした〔1968年の証券免許制移行時に、九州で免許が交付された会社は、前田証券、飯塚中川証券、佐世保証券、大熊本証券の4社であった〕。福証ができた時、会員はたしか二十数社あったんですけれども、免許制移行によりみんななくなっちゃって、福岡県内では前田さんと飯塚中川さんだけになってしまいましたね〔福岡証券取引所の開業当時、平野証券、大博証券、宇美証券、福岡小山証券、前田証券、旭屋証券、福岡第一証券、国光証券、国際証券、明治証券、東証券、白藤証券、島証券、福興証券、福岡相互証券、梅本証券、池辺証券、西日本証券、博多証券、大藤証券、緑証券、筑紫証券の地場22社が会員であった〕。

出田　私の父方の祖父は、福岡で福博証券という株屋さんをやっていたという話を聞いたことがあります。もともと住友銀行〔現在の三井住友銀行〕の支店長で、全国各地をあちこち歴任しましてね。そして定年退職した時に、ある人から証券会社をやらんかと誘われてやったんですが、短期間だったと聞いております。

——歴史的にみると、1948~1949年頃に証券業者は非常にたくさんありました。その後、証券恐慌の時点で随分減って、免許制移行後は非常に少なくなるわけですが、その傾向は九州証券界でもハッキリと出ていたわけですか。

宮本　私が考えるところでは、もともと九州の中心は福岡ではなく、熊本だったんですね。いまでも九州郵政局や九州財務局などが残っていますけれども、大きな官公庁は熊本にあったんですよ。ＮＨＫも昔は熊本中央放送局だったんです〔１９３４年に熊本放送局は九州の拠点放送局へと昇格し、熊本中央放送局に改称された〕。ところが、だんだんと博多が中心になっていきますので、南九州は衰退が始まっていったと思うんです。その関係もあって、南九州のほうがより証券会社の解散、廃業が多かったんじゃないですかね。

免許制になった時に、南九州で1社しか免許されなかったわけですが、私なんかもあの日はバンザイしました。厳しかったですよ。『証券レビュー』を読んでいましたら、富山なんかは8社でしたか、免許が下りたんですよね〔富山では免許制移行時に、荒町証券、石動証券、島大証券、新林証券、頭川証券、杉本証券、富証券、丸宮証券の8社に免許が下りた〕。

――ええ。富山の財務部長さんが温情主義だったので、8社に免許を下ろされたとおっしゃっていました。

宮本　あれでだいぶ違うんですよね。熊本には財務局がありまして、検査が非常に厳しかったですよ。免許が下ります4、5年前から毎年検査が入って、もう、これでもか、これでもかと……。特に忘れもせんですけれども、免許交付直前の土曜日のことですが、当時はまだ午前中は立会が行われていましてね。立会がおわったら、みんなで唐津にキャンプに行く計画をしておったんですよ。それで、1時半頃に後片づけをしていたら、バタバタバタと財務局の人が7、8人来て、検査が始まりましてね。私なんかは、「キャンプを予定しておったから行かせてください」と交渉しましてね。金庫だけ押さえてもらって、みんなでキャンプに行ったんですけれども、そんなふうに突然来て、厳しく検査されました。

出田　だから、南九州の業者の免許が下りなかったのは、1つには検査が厳しかったということがあると思いますが、もう一つ、残念ながら南九州は証券業者の経営にとっては、非常に厳しい土地でしたから、業者も弱かったんでしょうね。

ちょっと前に出された総務省の資料ですけれども、証券の普及率というか、家計資産に占める証券の比率は、熊本が47県中47位なんですね。残念ながら非常に証券後進県なんですね。熊本は博多と違って、商売を下にみる地域なんでしょうね。そういう土壌ですから企業も育っていないし、証券取引もそれほど行われなかったということだろうと思います。その結果、業者も育たなかったのではないかと思います。

大塚　昭和の最後の頃に、日本銀行福岡支店が九州各県で、証券の売買代金がどれくらいできているかを、毎月発表していたんですよ。私が聞いた記憶では、九州の証券取引の6割が福岡県内でできていたんですよ。そして、そのうちの35～40％が前田証券の商いだったと覚えています。

――たしかに、いただきました資料をみましても、宮崎が2・5、鹿児島が1・5ですから、南九州はかなり少ないですね。

出田　少ないですね。

小西　証券投資や証券会社に対する認知度が低いと思うんですね。私はずっと関東にいましたが、新潟、富山、石川の北陸3県は、もともと米で相場が立っていましたので、証券免許制移行の時も、この3県は多く残ったんじゃないですかね。新潟は取引所までありましたからね。証券投資に対する理解がある地域と、あまりない地域と差はあるんですが、常識的には1県に1社ぐらい、証券会社が残ってもいいんだろうと思うんですけれども、なんで九州はないんでしょうかね。東北もあまりないですね。

――そうですね。

出田　私が思っておりましたのは、北には前田さん、佐世保さん、飯塚中川さんの3社があったのに対し、南九州は当社だけですから、寂しいなとは思っていました。いまは協会も一緒になっていますけれども、当時は協会も北九州と南九州とで分かれていましたしね。

――協会が北と南に分かれていたのは、財務局が2つあったからなんですか〔1981年までは、九州には北九州財務局と南九州財務局の2つの財務局が存在した。1981年に行政改革に伴い、北九州財務局が南九州財務局に統合され、南九州財務局が九州財務局となった〕。

出田　そうですね。やっぱり財務局が2つありましたので、協会も財務局に対応はしなくちゃいけないと思ったんでしょうね。

――北と南とでは免許交付時の審査の厳しさは異なっていたんですか。同じようなものですか。

小西　聞いたところでは、北九州でも登録制時代は証券業者がかなりあったわけですが、前田さんと飯塚中川さん、佐世保さんしか残らなかったわけですから、厳しかったと思いますよ。ただ、両者で差があったんでしょうかね。

大塚　正確にはわかりませんけれども、前田証券も昔、鹿児島に支店があったんですよ。しかし、鹿児島は遠すぎて、日帰りできにくいだろうということで1968年に閉鎖されたんです。また、佐賀の唐津や鹿島にも営業所があったんですよ。しかし、ここも遠いやろということで、遠隔の営業拠点は全部廃止して、福岡県内に回帰したんです〔前田証券の県外拠点は、1949年に鹿児島出張所、島原営業所、1953年には鹿島出張所、唐津出張所、1956年に日田営業所が設置されたが、1964年に鹿島出張所、唐津出張所、1968年に鹿児島出張所が閉鎖されている〕。一方で、長崎の島原に営業拠点を持っているんですが、地元の証券会社が手をあげてしまって、あそこに来る証券会社はだれもいないだろうということで……。

小西　私の思いつきですが、福岡には大手の証券会社が、昔から支店を出していましたが、熊本は昔、大本営がありましたし、いまも九州財務局があるわけですが、大手証券が来ていなかったから競争がなかったのかもしれないですね

〔1902年11月の陸軍特別大演習の際、熊本城本丸に大本営が置かれ、その後も1931年の陸軍特別大演習の際、熊本偕行社に大本営が置かれた〕。

出田　でも、結構早い時期に、熊本にも大手が支店を出したんじゃないですか。

宮本　出していましたね。『大熊本証券70年史』には8社と書いてありますけれども、もともと熊本には9社あったんですよ。そのうちの1社が後の大商証券〔現在のみずほ証券〕なんです。

――熊本共同商事ですか。

宮本　そうです。それが残りましてね。ですから、最初に熊本に進出してきたのは大商証券なんです。その後、社名がころころ変わりましたけどね。いずれにしても、熊本にも証券会社はかなりありましたね。野村さんも熊本出張所という名前で、熊本に出ていたように聞いています〔野村證券の熊本出店は、1947年12月に熊本投資相談所が開設されたことに始まる。その後、1949年5月に熊本投資相談所が熊本出張所に昇格し、さらに1951年4月に熊本支店となった〕。

――支店ではなくて……。

宮本　はい、私は、熊本支店の時しかよく知りませんけれども、支店ではなくて熊本出張所だったと聞いております。

――熊本には肥後証券、家入証券、下村証券、山房証券、熊本共同商事、天草証券、熊本三協証券があったと御社の社史には載っていますね。大分は山豊証券、中津証券、大分証券、日田中央証券、日田証券、二豊証券、別府丸一証券、そして、新日本証券に別府証券商事、松屋証券があったと書かれていますが、この新日本は玉塚、大商、山叶が合併してできた新日本証券〔現在のみずほ証券〕ではないですよね。

宮本　関係ないでしょう。たまたま名前が一緒だっただけじゃないですか。山豊さんとは取引がありましたね。鹿児島は取引先が非常に多かったです。

――鹿児島は井上証券、田辺証券、大坪証券、サツマ証券、大竜証券、鹿児島証券の6社あったんですが、全部廃業や営業譲渡、登録取消されているんですね。ですから、南九州だけで30社近く証券会社があったんですよ。

出田　結局、各社の営業地盤が弱かったんでしょうね。

――このうち御社と取引されていたのが、大分の山豊証券と鹿児島の田辺証券、サツマ証券、そして大竜証券の4社で、4社との取引は多かったと社史に書かれていましたね。ですから、南九州の証券ビジネスは、熊本が中心だったんでしょうね。

出田　多分そうだろうと思うんだけどね。

宮本　熊本の協会へ時々〔出来高を〕みに行ったり、電話で聞いたりしていたんですが、南九州では熊本がいちばん多かったですね。

――協会の調査では、北九州のシェアと南九州のそれは2対1ぐらいだったと書いてあるんですが、やっぱりそれぐらいなんですか。

大塚　ふくおか証券〔現在のＦＦＧ証券〕でも、日田支店がありますけれども、日田市内の人はよくご利用いただけるのですが、小国とかに行くと、次のお客様のところまで行くのに、１時間近くかかったりしますので、やっぱりそういうところにはセールスが行きにくいらしく、どうしても都市部が中心になるんでしょうね。

――少し話が戻りますが、免許制移行の際、ご苦労があったかと思うんですが、それについては何かお聞きでしょうか。

出田　苦労はあったと思います。

――たとえばよくいわれるのは、資本金規制なんですが……〔1952年6月から資本金規制が導入され、1963年6月以前は東京、大阪、名古屋以外の非会員業者は、資本金500万円以上と規定されていたが、1963年6月以降は

2000万円以上に引き上げられた。これにより地方の証券会社の再編が始まったとされる〕。

出田　それは増資をしていって、なんとかクリアしたんです。

――やはり増資をされたわけですか。

出田　はい。決して楽ではなかったと思いますが、もうどうしようもないということでもなかったと思います。

――この増資の際、株を引受けられたのは母店ですか。

出田　いや。この時は身内で全部引受けましたよ。株を外部の方に持ってもらったのは、私が社長になってからですから。

――ということは、昭和50年代以降ということですか。

出田　そうですね。

――九州での証券業者の再編は、免許制導入が契機になったと思います。ところで、南九州では御社以外の会社はすべて再編過程で廃業などをされたわけですけれども、それまで鹿児島などの証券会社から受けていらっしゃった注文がありましたよね。そのお店に注文を出されたお客さんがいらっしゃったかと思いますが、そのお客さんは御社が引き継いだんですか。

出田　鹿児島や宮崎のお客様を獲得したという話は、聞いたことがありませんから、それはなかったろうと思います。おそらくその土地の大手さんの支店に行かれたんだろうと思いますね。

▼電話債の買取りから始まる営業の強化

――そんななかで、大熊本証券は昭和40年代から、電話債の買取りと割引金融債の募集に注力されたと思うんです。電

話債の買取りはかなりの量になったんでしょうか。

出田　電話債はむちゃくちゃ多かったです。地方の証券会社は、電話債で相当の会社が生き延びたと思いますね。私も、大学を出て会社に戻った当時、もう電話債の買取りもおわりに近い頃ですけれども、少し携わった覚えがあります。

宮本　電話債は多くて、もう必死でした。電話を引くためにはたしか10万円ほど、電話債を買わなくちゃいけないわけですが、それだけのお金を持っている人がそれほどおられませんので、買い取るわけですけれども、一生懸命、額に汗を流しながら毎日買い取りましたね。熊本ではうちがトップでしたけれども、大商証券も結構力を入れていました、香川商事という金融業者が大きなマイクロバスを乗り付けてきて、手数料を値引きするので、随分苦労しましたね。とにかく、手数料が非常に少ないですから、数をこなしていったんですよね。農集電話〔農村集団電話〕をまとめて買うと、利鞘が少なくても商売になるものですから、これを買い取るのにうろちょろしました。

――当時、電話を引くための債券を買わなきゃいけなかったんだけれども、農家の方でそんなにお金を持っている人は多くなかったので、買取りに殺到したと聞いたことがあります。

出田　買取値段がいくらだったかは覚えていませんが、〔額面の〕1円下だったんじゃなかったでしょうか。いずれにせよ、そんなに余計にとっていたわけではなくて、手数料だけだったと思います。

――これは山陰でも、東北でもどこかで電話を引きそうだというと、電電公社がやっている説明会の隣で、債券の買取りをやっていたとおっしゃっていました。

出田　電話局の人から、こことここに電話がつくぞと聞きまして、そこへ行って、買取業務をしていたと聞いたことがありますね。

宮本　そういうこともやりました。

――やられていたんですか。

宮本　やりました。

出田　福岡でもやっていらしたでしょう。

大塚　私も結構な実入りになったように聞いています。

出田　当時は、電話債で生き延びたと思います。

宮本　まさにそのとおりですね。

――結構、いまも残っている地方の業者さんって、そういう会社が多いですよね。大山日ノ丸の今井〔陸雄〕会長も、荘内の後藤〔毅〕会長もそういう話をされていたと思います。

小西　証券業者以外も買取りをしていたんですか。

宮本　していましたよ。

出田　金融業者ですね。

宮本　私も、財務局に再三苦情をいいに行ったんです。でも、受け付けてもらえませんでした。

小西　それはルール違反ではないんですか。

宮本　みてみぬふりでしたよ。それを取り締まる法令がなかったんじゃないでしょうか。

小西　当時の証券取引法では、業としてやっていたら許可しないですから、個人的に売買したようにしていたんですかね。

――電話債は質屋さんに持って行くと、買ってくれたという話を聞いたように記憶しています。引受けではないから、取り締まれなかったのかもしれないですね。

出田　いずれにせよ、証券会社は不況でしたから、電話債で大変助かったと思うんですよね。

――電話債できっかけを得て、次に割引債に行って、募集物営業を強化していった会社が、いまも残っている会社に多いように思うんです。

宮本　そうでしょうね、多分。

――電話債の買取り、割引債の募集に続いて中国ファンドの募集に注力をされたかと思うんですが……。

出田　そうですね。中国ファンドは勧角さんなんですけれども、顧客拡大につながりましたよ。いま、残っている会社は、電話債からスタートし、割引債、中国ファンドをやったところが多いんじゃないでしょうか。それから後も、いろいろな商品が出てきましたけれども電話債、割引債、中国ファンドの3つは外せないんじゃないでしょうか。

――それで足腰を強くした会社が残っているのに対し、当時、募集物をせずに、株だけをやっていたところが、いま、苦しんでいるんじゃないかなと思うんですね。

出田　そうだと思います。ただ、営業員も若くないとなかなかうまくいかなかったと思います。若い人を採用して、彼らが一生懸命集めてきて預り資産を増やしたわけですから、そういう意味では、募集物と採用は一体なんですよ。ですから、不十分ですけれども、うちも一生懸命若い人をとってきました。たしかに、地場証券といわれてイメージされるような株のベテランは、うちにはあまりいないかもしれませんし、平均年齢も若いほうだと思いますよ。でも、募集物を一生懸命やれば、必ず地力がついていくと思ったんですよ。

――地場証券は、手数料自由化の頃に2つに分かれたと思うんですね。1つは、募集物に力を注いで、預り資産を増やしていったグループです。もう一つは、会社の採算をあわせるために、歩合外務員を増やして採算のバランスをとった会社です。御社の場合は、もともと募集物に力を入れていらっしゃったので、預り資産を増やす方向に進まれたということでしょうか。

出田　そうですね。やはり証券会社の役割、そのなかの地方証券の役割を考える時、販売力の強化が絶対に必要だと思いましたね。

——御社の歴史を調べていますと、かなり募集物に注力されている感じがしたんですね。電話債の買取り、割引債、中国ファンドの募集など、株式に依存しない経営を早くから志向されてきたのかなと思うんですけれども、そのあたりはいかがですか。

出田　そうですね。方針としては、そのとおりだと思います。一時期残高が多かったのは、豪ドル債券ファンドですね。これだけで100億円の残高がありました。その後、岡三のアジオセ〔アジア・オセアニア好配当成長株オープン、アジア・オセアニア債券オープン〕や、新光のゼウス〔US－REITオープン〕などは、それなりに募集をしていたほうだと思います。

——いろいろな商品を取扱われていますよね。

出田　そうですね。これは経営方針や商品に対する考え方だと思うんですが、国債とかトリプルAの債券は別にして、大きな柱は持たないで、小さな柱をできるだけたくさん持っておきたいと思っているんですよ。

——収益源を分散させたいわけですか。

出田　そういうことです。それと1つの商品に集中させないことで、リスク分散もできますよね。もちろん中国ファンドのような、国債だけで組成されたものは別ですよ。一番多い時で中国ファンドの残高が67億円ありました。しかし、どの会社もそうだと思いますが、いまは低金利ですので、そういう商品では利回りが低いですから、真剣に経営を考えている会社ほど、いろいろな商品を探すわけですよ。ただ、この時代に、ある程度の利回りが期待できる商品は、複雑な商品が多いんですよね。だから、1つの商品に集中させないで、いくつかの小さな柱を持っておきたいと思っているんです。

▼経営の近代化に向けた取組み

――なるほど、御社の商品に対する考え方がよくわかりました。このように募集物に注力されたわけですが、その一方で、電算化は遅れていたかと思うんです。システム化されていないと、顧客管理もですが、価格の算出を手計算でしなければなりませんよね。やはりそろばんの上手な方がいらっしゃったんですか。

出田　それはなかったと思いますけれども、当時は普通にやっておったんでしょうね。

――不便はなかったんですか。

出田　証券不況の前、1961〜1962年ぐらいに「証券よこんにちは、銀行よさようなら」といわれていましたが、その頃はものすごく忙しくて、女性の事務員が遅くまで残業して、処理しておったんだと聞いております。ところが証券恐慌になると、今度は仕事が一気になくなって、伝票1つ書くのにも苦労する時代が来たわけです。

――ところが、1965年に国債発行を決めると、相場がまた戻っていきますね。それとともに、株式の売買高がかなり増えていくわけですけれども、その頃も人海戦術で対応していらっしゃったわけですね。

出田　そうですね。

――そうしますと、当時から、女性の事務員の方がかなりいらっしゃったわけですか。

出田　それほど多くはないんですけれども、いたと思います。おっしゃるように、事務量が増えていったんですが、当時、私が1人だけ、「これじゃいかん」といっていたんですよ。当時、父が社長で、事務の責任者は母がやっていました。父は自分がわからないことはしないので、旧態のままだったんですよ。それで、私が営業から管理部長になった時に、いろんな会社へ機械化について話を聞きに行きまして、猛反対を押し切って1982年に電算化したんです。

ですから、電算化はたしかに遅いんです。ただ、その理由の一つに、自分のところで機械化をしようとしたことがあるんです。つまり、勧角さんや大阪屋さんのシステムを使うとか、つくってもらうのではなく、自分のところでなんとかしようとしたことも、電算化が遅れた一因だと思うんです。

――自社でシステムをつくろうとされたわけですか。

出田　つくるまではいかないけれども、それに近いことはしたいと……。

小西　参考までに申し上げますと、システム会社からの売込みもありまして、信用金庫や信用組合も、最初は自前でシステムをつくりたかったんですね。ですから、各社が小型のコンピュータを入れたんですけれども、専門家を養成しなきゃいけないし、経費がかかってどうしようもないというので、だんだん共同センターに集約されていくんですね。ですから、初期の頃は、システム会社の売込みもあったんじゃないでしょうかね。

出田　たしかにおっしゃるとおり、当時、勧角さんに注文を結構出しておったものですから、勧角からパル・コンピュータを「使ってくれ、使ってくれ」という話はありました。けれども、自社でやるんだという話をしましたら、もう〔取次母店を〕やめるしかないといわれまして、勧角とは母店関係がおわったんですね。

ただ、うちは機械化が遅いんですが、別に機械化に限ったことではないんです。私は1971年に大学を卒業して、勧角証券に就職した後、うちへ帰ってきたんです。最初は営業をしていたわけですが、当時、このままじゃどうにもならんぞと思ったことが2つあったんです。1つは機械化、もう一つは社員の質があまりよくなかったことです。それで、これはこのままでは生き残れないなと思うようになったんです。

営業の次に管理部門に移ったわけですが、私は、この会社は大学卒である自分が入りたくなるような会社か、と自問自答しました。残念ながら、「おいでよ」といえる会社とはいえないわけです。それは、なぜかといえば、組織がない、ルールがない、収益が低かったからです。私としては、人に勧められるような会社にしなければいかん、このままでは株屋さんでおわってしまうなと思ったんです。そこで、私は採用と機械化を2本柱にして、会社を変えようとしたんです。

——1968年の免許制移行よりも、1982年の機械化、定期採用の開始のほうが、御社にとってはずっと大きな経営の転換だったというわけですね。

出田　免許制移行の時の苦労は大変だったと思いますが、1982年は当社にとって大きな転機だったと思います。『証券レビュー』で、各地の社長さんが身の丈にあった経営をいわれていますが、堅実経営だけでは若い人が入ってこないんですよ。当社の場合、身の丈にあわせていたらつぶれていたわけです。

たとえば、当社は定期採用を始めたのが1982年なんですよ。ところが、人を採用しようとしても、そもそも若い人をなかなか採用できませんし、仮に採用できても、年輩の社員ばかりで、若い先輩がいないから定着しないんですよ。鶏と卵の話ではありませんが、やっぱり会社が変わっていかないと、若い人が来ないと思います。

そして、会社を変えるにあたり、私自身が入りたいと思える会社にしようと思ったんです。それには、自分はこうしたいんだ、一緒にやろうよと夢を語り、それができるんだと信じられなければ会社は変わらないし、大卒の人を採用するなんてできないんですよ。地方の会社の方がよく「なかなか人がとれない」とおっしゃるんですが、それは、採用をかけたけれども、とれなかったらすぐにやめちゃうからですよ。何年間もかけて、お金もかけて、会社を変えようとしないとなかなかうまくはいきません。当社も最初の何年間かは、新卒社員を採用しても、先輩がいないからすぐに辞めちゃうんですよ。それがようやくバブルの頃から、社員が定着するようになりました。機械化も苦労しましたけれども、採用はもっと苦労したんですね。いまでは、営業でも女性が活躍してくれていますが……。

——御社の社員の男女比率はどのぐらいですか。

出田　男女比率は男性が6割、女性が4割ぐらいですね。おそらく、地方の証券会社では、女性の比率は高いと思います。また、当社は平均年齢が役員を含んでも37・5歳ですし、男女別では男性が39・2歳、女性が35・3歳ですので大変若いんですよ。

――いろいろな地方の証券会社でお話を聞いておりますと、女性営業職員に対する考え方というのは、早くからカウンターレディーなどで女性を活用しておられる会社と、ごく最近まで女性営業職員を採用していらっしゃらない会社と二分されるんですよね。女性営業職員を早くから採用されていた会社のほうは、女性営業職員の特徴として、男性とは違って物腰が柔らかく、しなやかさとでもいいましょうか……。

出田　そうですね。まず、女性はお客様に対して、入り込みやすいんでしょうね。

――ええ。やはり御社でもそういうことを期待して、女性営業職員の登用を始められたわけですか。

出田　そういうことです。また、女性は真面目で根気強いですから、コツコツと頑張ってくれます。たとえば、お客様への対応でも、最初は嫌がられても、何度もお客様のもとに通って、仲よくなってくるのは、男性よりも女性のほうが多いと思いますね。もちろん、お客様によっては、男性営業マンじゃないと困るという方もおられますし、専門的知識がほしいという方もいらっしゃいますから、ケースバイケースではありますけれども……。

――経営の近代化をしていかないとなかなか人が入ってこないと……。普通の会社のようにしないといけないということですか。

出田　そうです。地方の小さな会社は、少し背伸びをしなければ、個人商店から脱していけないと思うんです。当社であれば、採用とシステム化なんです。

私は経理やシステムが得意なほうではないもので、宮本さんにもご一緒いただいて、いろんな会社にお邪魔して、どういうふうにやっているかを教えていただいたんですね。先ほど、自前のシステムまではいかないけれどもというお話をいたしましたが、当初から単純に母店のシステムを使う気はまったくなかったんです。自社の考え方が、システムに反映できるようにしたいと思っていたからなんです。

これは別の会社の話になりますが、新日本さんを母店とする会社は結構あったんですよ。ところが、いつ頃のことだったかは忘れましたが、系列証券の整理をされたんですよ。その時に、新日本さんを母店にしていた会社は、システムはない、母店も探さなければならないというので、だいぶ苦労されたと思います。そういう苦労されている姿をみるにつけ、うちは母店にすべてを依存していなかったおかげで、自分のところの意思で母店を選べるから、よかったなぁと思いました。

——経営の自由を確保するには、自前のシステムのほうがよいと……。

出田　まぁ、当時は竹菱電機〔現在のたけびし〕のパッケージものですから、自前ではないんですけれども、しかし、母店のシステムに依存するんじゃなくて、メーカーのシステムをカスタマイズすれば、経営の自由は確保できますし、システムに自分たちの考え方を入れることもできます。また、他社から教わったことも取り込むことができます。そうしないと、会社が強くならないと思ったんです。本当は今村さんのように自前がいいんだろうけれども、自前に近づけられないかなと……。結局、自分たちが主体的に母店を選べるようにしておかなければ、母店の経営に振り回されるでしょう。三洋証券や山一證券の破綻の時に、やっぱり正しかったなと納得しましたよ。

——経営の近代化ができなければ、個人商店におわってしまうというお話でしたけれども、これは考え方で、経営の近代化にはコストがかかりますよね。しかも、システムを自前でつくるとなると、相当なコストがかかってきます。他方、コスト以上に儲けを出さないと経営は成り立たないわけじゃないですか。そうすると、当面の経営が成り立つのであれば、別に個人商店のままでもいいんじゃないかという考え方もあると思うんです。それにもかかわらず、経営の近代化をしなきゃいけないと思われた背景は、どういうところに……。

出田　それでは当面の話はできても、将来の話はまったくできないし、経営の自由度というか、自主性が確保できないじゃないですか。それを私は強く思いましたね。

――ということは、安く使わせてもらえる母店のシステムを使うのではなく、10年後、20年後を考えると、コストはかかるけれども、経営の自由度を残すためには、システムを独立させておいたほうがよいとお考えになられたわけですね。

出田　はい。やはり経営の自主性を確保したいと思っていましたね。

――そして、その時に、北信証券に行かれたわけですね。

出田　なぜ北信さんだったかというと、勧角にいた時に、久保田さんの弟さん、後に北信証券の専務になられた方がいらっしゃって、知合いだったわけです。

――それで久保田さんと知り合ったと……。

出田　はい。

――なるほど。システムを母店に依存しないという考え方は、今村さんは強く持っておられますよね。やはり今村さんに触発されたところがあるんですか。

出田　それは、あります。ただ、今村さんに触発されたことは事実なんですが、もともと自分でもそう思っておったと思うんですよ。だから、今村さんにいわれたことを、なるほどと納得できたんだと思うんですよ。

――少し話が戻りますが、御社では定期採用を始められるまでは、歩合外務員の人を中心に営業をされていたんですか。

出田　おりません。

――いないんですか。

出田　おりません。免許制になる時に、当社しか南九州では免許を交付されなかったという話が先ほどありましたが、他社が免許をとれなかったもう一つの理由として、他社は営業員が歩合制だったこともあると思うんです。うちも当時、営業マンの質がよかったとはいえませんが、宮本さんをはじめとする真面目な社員が、真面目にきちんと働いてくださり、そういう人がいらっしゃったから、当社はなんとか残ったんだと思うんですよね。

▼九州地場証券5社による投信の設定

――九州では1991年に、地場5社が共同で「グリーン・エイト」という投資信託をつくられていますよね。あれもかなり募集されたんですか〔グリーン・エイトは、前田証券、飯塚中川証券、佐世保証券、大熊本証券、大宝証券〔現在のおきぎん証券〕の5社が共同開発した株式投資信託で、九州・沖縄地区の地元企業やトヨタ自動車など九州の関連企業、ＡＳＥＡＮの優良企業を含めて運用し、集めた資金の最大70％を株式、30％を公社債で運用する商品であった〕。

出田　結果をいうと、一生懸命やってはいましたが、相場が下がっている時に設定したものですから、あまりうまくはいかなかったですね。

――今村証券やアルプス〔現在の八十二証券〕証券など全国の地場証券で、ふるさとファンドをつくったというのは聞いたことがありますが、地場の5社でそういうものをつくられるのは、あまりほかの地域ではみられないのではないでしょうか。そうでもないですか。

出田　グリーン・エイトは、朝日投信〔現在のみずほ投信投資顧問〕さんのお誘いですよね。

宮本　そうですね。

出田　今村さんなどの会合に、当初、当社は入っておりませんでして、越後証券さん〔1997年に会社解散〕、前田証券さん、北海道の上光証券〔現在の北洋証券〕さんなどでされていたんです。この会の基本的な考え方は、独立系だけで構成するというもので、前田さんや上光さんが抜けていった時に、勉強会に来ませんかということになったんです。この勉強会は、いまでも続いています。うちに今村証券さん、香川証券さん、長野證券さん、西村証券さん、東武証券さん、荘内証券さん、それから静岡東海証券さんなどがメンバーです。ところが、残念なことに、力があるリーダー格の会社が、どんどん銀行系になっていくんですよ。アルプスさんが八十二に変わりましたし、新潟証券さんも第四になりましてね。残念なんですけどね。

宮本 共同ファンドは、まだ昭和の時も、地場証券数社で共同ファンドをつくって募集しましたよ。私も何遍かやりましたからね。

――昭和30年代ですか。それとも免許制移行の頃ですか。

宮本 免許制の10年ぐらい後だったと思います。

――じゃあ、昭和50年代ぐらいですか。

宮本 そうですね。昭和40年代から50年代にかけてと記憶しています。

――関西でも、1990年に「アクティブ大阪21」という名称でやっていましたけれども、地場証券が一緒に共同ファンドをつくる初めのほうですね〔「アクティブ大阪21」とは、日本証券業協会大阪地区協会加盟98社のうち、野村、大和、山一以外の全社が募集に参加し、関西に本社や主力工場を持つ成長企業の株式を100%組み入れて運用する投資信託である〕。

宮本 そうです。あれは何社でやったんでしたかね。

大塚 私も記憶が定かではないんですけれども、グリーン・エイトとドリームファンド90〔ドリームファンド90は、前田証券が地場証券で初めて単独で募集した株式投資信託で、集めた資金の最大70%を株式、30%を転換社債で運用する商品であった〕がありましたね。あれは一緒じゃないですよね。

出田　一緒じゃないです。

大塚　一緒ではないですか。グリーン・エイトは、朝日投信さんだったと思うんですよ。

出田　ドリームファンド90は、うちは取扱っていなかったと思うんで……。

大塚　このグリーン・エイトは、九州7県と山口をあわせて8県ですよね。当時、たしか投信に地域が特定できるような名前をつけるなとか、何かいわれた気がするんですよ。それで、グリーン・エイトという名称にしたようにおぼろげな記憶があります。

出田　グリーン・エイトは、山口じゃなくて沖縄じゃなかったですか。

大塚　沖縄でしたか。

――グリーン・エイトは、前田証券、飯塚中川証券、佐世保証券、大熊本証券、大宝証券の5社を会員として、朝日投信が運用していたんですよね。

大塚　この商品は、売る時に何か特徴を出せないかなということで、地元銘柄を中心にしたと記憶しています。ですから、福証単独銘柄を含めた九州の上場会社や、東京には行ったけれども、九州発祥の企業や九州に地縁が強いとか、そういう企業を中心に組み込んだと思うんですよね。

――あと、ASEANの優良企業も対象と書かれていましたね。

出田　そうでしたね。

小西　ちょっと話がそれるんですが、大宝証券は沖縄唯一の独立系でしたよね。沖縄証券〔現在のおきぎん証券〕もありますが、そちらは山一系でしたね。

出田　その当時は独立系でしたけれども、いまは、そうじゃないですよ。

――いまはもう沖縄証券と合併しましたから……。大宝証券はたしか琉球銀行が資本出資していませんでしたか。

小西　いや、その頃は違ったと思います。私はその頃、沖縄の財務部長をしていましたけれども、大宝証券は唯一の地場独立系で、沖縄銀行と琉球銀行と等距離外交をしていたと思います。

大塚　ちょうどいい機会なので、私も聞きたかったんですけれども、当時沖縄の会社は、上場する時に届出を出すのは関東財務局だったんですか。

小西　そうかもしれないですね。有価証券報告書の監査官はいたんですけれども、とにかく人がいないので、多分上場審査は関東財務局だったんじゃないかな。そもそも、一定の資本金を超える会社は関東財務局監理だったんですけれども、もう15年くらい前かな、資本金が50億円を超えると、関東財務局監理にされたんですよ。それをいまはたしか全部割っているんじゃないかな〔2016年時点でも、資本金が50億円を超えている琉球銀行、沖縄銀行、沖縄電力の有価証券報告書などの提出先は、関東財務局である〕。

――証券業協会では、沖縄は東京証券業協会でしたよね。

小西　はい。それは信用金庫もそうなんですけれども、九州の協会に入って、福岡に来るより、なんとなく東京の協会に入るというのが……。

小西　ということだったと思います。

――直接、東京に行ったほうが、福岡に来るよりも早いんですかね。

出田　距離的には南九州のほうが近いんでしょうけれども、かえって時間がかかりますよ。

小西　それで信用金庫協会も証券業協会も、実質的には会員と同じなんですけれども、東京の準会員と位置づけていますね。たしか、信用金庫はいまも東信協〔東京信用金庫協会〕の会員ですし、証券業協会も東京ですよね。

▼ドイツ証券との提携

――少し話が変わるのですが、大熊本証券は、1997年にパトナム・インカム・ファンドの募集をされまして、2004年にはドイツ銀行と提携されたわけですが、これは、支店を持っていない外資系の証券会社が御社の販売力を評価されて提携を申し出てきたという理解でいいんですか。

出田　そう思いますね。あの当時は、外資系は日本で根を張ろう、シェアを握ろうと思っていましたからね。

――ところが、3年でやめていらっしゃいますよね。

出田　こっちはやりたかったんですが、向こうの都合ですよ。

――ああ、向こうの都合ですか。

出田　向こうの担当の役員か部長が変わったんですよ。

小西　外資系証券の場合、担当者の権限が非常に大きいですから……。

――担当者がかわると、方針がガラッと変わるという話を聞きますね。

小西　変わります、完全に変わります。極端にいうと、その人が他社に移ると、その会社と契約することになりますから……。昔、公営公庫で外債の発行をやっていた時に、昨日まで来ていた人が同じように来るんですけれども、昨日まではメリルリンチだったのが、今日はソロモン・ブラザーズですという感じで、名刺が変わっているんですよ。それでまた同じ話をするんですね。だから、おそらく国内営業をやっていた方が、別の会社へ転職したか、会社を辞めちゃったか、どちらかでしょうね。こんなことは外資系ではしょっちゅうですよ。

出田　その時は、「何だ」と思いましたけれども、ドイツ証券との提携を通じて、コンピュータで直接、注文発注する方法を覚えたので、その後、お金をお互いに出してですけれども、コスモ〔現在の岩井コスモ証券〕さんやSMBCフレンド〔現在のSMBC日興証券〕さんとも、コンピュータで注文を直接発注できるようにしましたから、当社も損はしていないんですよ。

小西　私は1994～1998年まで、大蔵省から公営公庫の経理部長に出向し、外債の発行を担当していましてね。その頃、外資系証券と付き合いがあったんです。名前は外資系ですが、実際の営業担当者は、日本の証券会社から転職した人ですし、彼らは地方証券にも知っている人が多かったですから、そういう人たちが外債を売っていたんですよね。

出田　ただ、2006年には契約を解除しています。でも、もちろん彼らを通してではありましたけれども、うちに置いてある端末から発注ができるようになりました。

先ほどもお話ししましたけれども、当社は最終的には自社でシステムを組めなかったんですが、自社でなんとかしようとしていました。当時、ドイツ証券は、ドイツ証券も工夫してうちの注文を受けますよという話でして、「ああ、いいな」と思って、母店になっていただいたんですけどね。

――たしか、ドイツ証券は調査レポートに、ドイツ証券だけではなく、提携先の証券会社の名前も両方入れてくれて、それをお客さんに渡していいんでしたよね。ドイツ証券との提携には、そういうメリットがあるという話を聞いたことがあります。

出田　そうですね。やはり情報がもらえるというのは大きかったですね。

▼安定株主としての銀行と等距離外交

――少し、話題を変えまして、御社は創業家と持株会が株式の大半をお持ちだったわけですけれども、肥後銀行も株主になっていらっしゃいますよね。

出田　肥後銀行だけでなく、熊本銀行にも持っていただいていました。そのほかにも、前田さんにも少し持っていただいていました。持株比率が大きいのは、肥後銀行、熊本銀行、それから勧角さんだったんですけれども、勧角さんの財務面がちょっと悪くなった時に、グループの朝日投信さんに譲渡されましたので、以来、朝日投信さんにも持っていただいております。さらには、付き合いがあった大阪屋さん、その後はＳＭＢＣフレンドさんや、証券ジャパンさん、そして熊本の地元放送局など、いろいろなところにも持ってもらったんですけどね。

――銀行に株式を持ってもらう目的は、お金を借りる時のことを考えてなんですか。

出田　株主を探してですね。

――持ってくれるのが、銀行しかなかったということなんですか。

出田　なかなか安心して持ってくれるところがないですからね。

小西　複数の金融機関が名前を連ねているのは、銀行には5％ルールがあったからで、銀行が株式を持っていることは会社の信用力になりますし、将来、上場する時にいいですからね。

大塚　前田証券も、福岡の3つの銀行と勧角証券が5％ずつ保有していただいておりました。また、朝日投信さんも持っておられたし、それから、長崎の十八銀行、親和銀行、熊本の肥後銀行、それから熊本銀行、肥後ファミリー銀行〔現在の熊本銀行〕も持っていただいておりました。

——金融機関に持ってもらっていたと……。

大塚　九州・山口地区すべての地銀、第二地銀に株式を持っていただいておりました。当時の会長が、地元の証券会社になるためには、色をつけるな。すべての銀行に持ってもらえというお考えだったことを覚えています。

小西　等距離外交ですね。

——どこかの系列になるのではなく、多くの金融機関と等距離に関係を持っておくということですか。

宮本　協会の理事会に出席しますと、亡くなられた前田〔盛幸〕会長が隣なんです。ある時、前田会長から、「宮本さん、あなたのところと一緒に仕事したいんだよな。どう。考えとってよ」とおっしゃったことがあったんですよ。その時は、前田さんが非常に勢いのある頃でしたけれども、うちも独立独歩で頑張っていますから、まぁ、私のほうは「はい、はい」とお茶を濁して、その場はそれだけだったんですが、そういう野心をお持ちだったんじゃないですかね。

小西　それはバブルの絶頂期の頃のことですかね。聞いた話では当時、前田さんの経常利益は40億～50億円で、福岡中央銀行さんよりも、利益の絶対額が大きかったので、その頃のことでしょうね。

出田　50億円はすごいですね。人数もまた違うし。

宮本　うらやましいです。

出田　だから、質問に戻ると、肥後銀行に持ってもらったのは、特に意味があるわけじゃなくて、安定株主としてという意味です。

▼地場証券の抱える課題

(1) ディスクロージャーとコンプライアンス

――次に、大熊本証券について、事前に調べておりますと、御社は非上場ですけれども、新聞紙上で決算公告を20年以上、出されているかと思うんですけれども……。

出田 そうですね。決算公告だけでなく、20年以上、『熊本日日新聞』が記事に書いてくれているんですよ。もちろん、いい時ばかりではありません。悪い時も書いていただいています。

最近、地場証券の監査の問題がいわれているでしょう。これに対して、悪い数字が出ると、お客様が逃げていくという人が意外と多いんですよ。それじゃあ駄目だと思うんです。うちだって、本当に人にみせられるもんじゃないんですが、二十数年前から公表しています。それは、やはり、お客様に選んでもらうためには、経営内容を明らかにすることが必要だと思うからです。もちろん、内容が不十分な年もあります。それでも公表することで、お客様は当社を信頼してくださると思うんです。ですから、私はディスクローズはこれからも続けていきたいと思っています。

また、お客様に選んでもらうためには、コンプライアンスも重要だと思うんです。いまはもう多くの会社で対応されていると思いますが、当社は電話の録音装置の設置が、地方証券としては早いほうだと思います。2007年に初めて設置しましたので、もう10年になりますかね。それだけコンプライアンスは大事だと思っています。

――いまのお話はお客さんに対するディスクローズの話でしたが、会社の内部に対して、つまり、支店ごとの採算などを社内に開示したりはされていないんですか。

出田　もちろんやっています。部店長会議の資料は、かなり以前から社員にみせています。

(2)　相続に伴う資産の流出

——ちょっと話がずれますが、御社の稼ぎ頭はやはり市内の本店ですか。

出田　当社は本店、日赤通り、八代、天草、玉名に店舗がありますが、やっぱり本店ですね。他方で、八代はまだ人口が多いですからいいんですが、天草は厳しいですね。高齢化が甚だしいんですよね。そうすると、当社は余裕があるわけでもありませんから、経営資源を都市部に集中しなければならなくなるんですよ。

——その一方で、高齢化が進んでいるということは、資産の流出を阻止するという課題もありますよね。

出田　資産流出は非常に悩ましい問題で、問題意識は非常に強く持っているんです。最近は相場が戻っていますから、やれやれで売って出ていっちゃうんですよ。だから、そうなる前に、いろんな提案をするようにいっているんですが、なかなかうまくいかないですね。当社の営業地盤で考えると、熊本市とその周辺が収益圏であって、天草、八代、玉名、阿蘇は資産が流出していますので、高齢化と過疎化が一番の課題だと思います。

(3)　地銀系証券の進出と人材の流出

——いま、地方証券の課題を考えるうえでは、地銀系証券の問題を避けるわけにはいかないと思うんですが、熊本でも、肥後銀行と鹿児島銀行が合併しますね。

出田　はい。九州フィナンシャルグループになりましたね。

——ええ。地方銀行が運用難ですので、証券子会社の設立を進めていますが、九州フィナンシャルグループも証券子会社をつくりますけれども、御社にとっても脅威ですか（九州フィナンシャルグループは、２０１８年１月に証券子会社の

九州ＦＧ証券を開業した」。

出田　普通の商売では、それほど脅威には思わないです。

――扱う商品が違うからですか。

出田　そうですね。株式や専門的な債券、外国株は多分扱わないと思うんですよね。

――銀行の証券子会社が主として扱うのは、投資信託ですからね。

出田　おっしゃるとおりです。もちろん、銀行系証券の参入を歓迎はしませんけれども、私はそんなに脅威には感じていないんです。というのは、銀行系の参入によって、既存の市場を奪い合うならば厳しいわけですが、銀行系証券の参入でマーケットが拡大するのであれば、よいのではないかと思うんです。

――投信の銀行窓販により、投信市場が拡大したのと同じで、銀行系証券の参入が、市場を拡大してくれる１つの起爆剤になるだろうと……。

出田　そうです。また、刺激を与えてくれたほうがいいと思うんです。たとえば、うちの若い連中がどういう営業をしているかといいますと、お客様に電話して、「投資信託をご存じですか。銀行さんなんかからお話をお聞きでしょう」と聞きますと、「ああ、そういえばそうだ」という話になるんですよ。

証券会社や株、投信になじみのないお客様には、銀行が販売していることが1つの切り口になるんです。もちろん、それだけでお客様が、当社から投信を購入していただけるとは思わないですが、市場を拡大してくれる面があると私は思っています。だから、私としては、絶対参入してくれるなという考えではないんです。

ただ、まったく脅威じゃないかといわれると、そうでもないんです。人材の引抜きや新卒採用の面では脅威に感じています。新設会社ですから、営業面であれ管理面であれ、人材はいないわけですよ。そうしますと、人を集めますよね。熊本では銀行のブランド力は大きいですし、安定した大きい会社に行きたいと思う社員がいたり、新卒者もなびくでしょうね。

――優秀な人がそちらに行くというのが脅威なんですね。

出田　ですから、先日来、役員会でも「対策を考えなければならん」といっているんですけれども……。

――そうしますと、いま、御社が脅威に感じていらっしゃるのは、1つは相続に係る資産流出をどういうふうに抑止していくか。もう一つは、銀行系証券の参入による人材の流出ということですね。ただ、銀行系証券の参入が直ちに脅威になるのではなく、市場を広げてくれる可能性もあるから、広げてくれるのであれば、それは自分たちにとってもメリットはあるかなとお考えということですね。

出田　そういうことですね。

▼福岡証券界の歴史と前田証券

――続いて、福岡の証券界についてお聞きしたいと思います。今日、いただいた資料をみていますと、前田証券は戦後、福岡以外にもいろんなところにお店を出されているんですね。1956年には大分の日田、1953年には鹿児島など県外に出店されていますね。そもそも、なぜ下関から博多にいらっしゃったわけですか。

小西　詳しくはわかりませんけれども、福岡に証券取引所があったから、下関から来られたんじゃないでしょうか。

――でも、下関にも赤間関米穀取引所というのがありませんでしたか〔赤間関米穀取引所は1876年に設立され、1939年の解散時には下関米取引所に改称されていた〕。

小西　下関にも商品取引所はあったんですけど、福岡へ来たんです〔1953年に創設された関門穀物商品取引所（1954年に関門商品取引所へと改称）が、2001年に福岡に移転し、福岡商品取引所へと名称変更した〕。

——ああ、そうなんですか。資料によりますと、１９３４年に下関から福岡へ移って来られるわけですが、１９３３年に米穀統制法が制定されて、多くの米穀業者が株式業者に変わる時期なんですが、下関にいらっしゃった頃は、米穀取引はされていなかったんですか。

小西　戦前は米の先物取引が相当盛んでしたし、広島でも相当米の先物取引をやられていたようですから、証券会社にはルーツが米穀取引という方は多いですね。ですから、前田さんも米をやっていらっしゃったと思います。

——以前、研究所が矢倉俊助さんにインタビューをしたことがあるんですけれども、そのお話では、米の統制が始まったので米じゃ駄目だということで、植田商店と一緒に証券取引をしようとしたとおっしゃっているんですね。つまり、１人でやるのは心細いから、初めは植田商店と一緒にして、その後に独立したとおっしゃっていますね。

小西　聞いたところでは、前田さんは、１９３４年に植田満蔵さんと共同で株式業をスタートし、１９４０年に独立されたんです。初代は売りで儲けたと聞いていますね〔前田証券の業祖である前田良三氏は、１９３４年に植田満蔵氏と共同で植田株式店を発足した。その後、１９４０年に植田株式店から独立して、前田良三商店を発足して、博多株式取引所の取引員となった〕。

宮本　そうですか。山種〔種二〕さんだな。

——そうしますと、やはり米穀統制法が証券業への転身の背景にあるわけですね。大変よくわかりました。前田証券はかなり古くから、福岡銀行との資本関係があったわけですけれども、１９８６年から顧客紹介が始まり、２０１１年に完全子会社になられました。福岡銀行との関係は、いつ頃からどういう経緯で始まったんでしょうか。

小西　聞いた話では、もともと前田証券さんは、どこの色もつけない方針だったそうで、福岡銀行さんと西日本銀行さん、福岡シティ銀行さんにそれぞれ株式を5%ずつ持ってもらわれていました。したがって、まったくの独立系で、別に福銀色はなかったんです。ですから、役員派遣も福銀からは瓜生〔良民〕さんが、そして、西日本銀行からは高宮〔哲郎〕さんがいらっしゃっていたんです。

ところが、西日本銀行が福岡シティ銀行と合併しましたので、持株が10％になったんですよ〔西日本銀行と福岡シティ銀行は、２００４年10月１日に合併した〕。その時に西日本銀行は、前田証券は独立系だから、持株を減らさなければならないといって、株式を売却したんですね。他方、福岡銀行はこの際、子会社にしちゃおうということで、福銀出身の方が前田会長と直談判をされて、福銀は持株を増やしたんです。

――おっしゃるように、２００４年10月期に、福岡銀行の持株比率がいきなり15％に増えていますね。

小西　ええ。それで西銀〔西日本銀行〕は真っ青になったんです。

――その後、西日本シティ銀行は、東海東京証券と組んでＴＴ証券をつくりましたね〔２０１０年５月に、西日本シティ銀行と東海東京フィナンシャル・ホールディングスが共同出資し、西日本シティＴＴ証券を開業した〕。

小西　ええ。それは前田証券が福岡銀行のほうにいっちゃったから、自前で持たないといけないのでつくったんでしょうね。

――やっぱり、銀行系になったら、証券会社の経営は変わるものなんですか。

小西　変わると聞いています。それは、証券会社の営業の仕方や規制などが、どうしても銀行さんには理解しがたいところがあるようですね。

――たとえばどういうものですか。

小西　１つには、投資者と株主の保護が一緒なんですよね。金融商品取引法上の投資者保護と、会社法でいう株主保護は１対１じゃないですよね。そこがごちゃっとしていますし、グレーゾーンの部分への対応も、法律にひっかからなきゃいいだろうというところが、銀行にはかなりあります。むしろ証券会社のほうが、ずっと峻厳に分けているという感じがします。

――証取法〔証券取引法〕から金商法〔金融商品取引法〕に名称が変わって、非常に細かい規制がいろいろつくられたわけですが、証券会社のほうがむしろ遵法精神があって、銀行はさほどでもないとお感じですか。

小西 さほどでもないといったら語弊がありますが、個々の取引のチェックに重点を置く証券と、全体として預金者の保護を重視する銀行では規則が異なるという感じがするんですね。

宮本 私はいまの話を聞いておって、意外だなと思いますね。

小西 私は、2002年から証券業界にいるんですね。役所ではずっと金融関係の仕事をやっていまして、退職した後に、証券業界に10年いて、その後、金融機関の監事をやったことがあるんですけれども、ハッキリいえば、銀行はお役所に近いですね。金融機関へ行った時に、公務員に復職したのかと思いましたね。銀行というのは、名前こそ民間ですけれども、仕事の進め方はお役所と同じなんですよ。

いちばん大きいのは、銀行は商売を銀行の看板でやるんですね。だから、支店長がかわっても、担当者がかわっても、お客さんは銀行とお付き合いしているんですよ。他方、証券会社は、担当の営業マン個人と付き合っていますから……。私は、証券会社の内部管理の役員を2年していましたけれども、銀行と証券でいちばん違うのは、証券は出戻りありなんですね。自己都合で辞めて、10年ぐらいあちこち行った人が、「社長、また雇ってくれませんか」と来ると、「ああ、いいよ。君、昔うちにいたよな、ＯＫ」という感じで戻ってくるんです。昔、その会社に所属していたんだけれども、よそへ行って戻ってきた人が、私の部下に何人もいたんですよ。営業マンの場合、どこの証券会社にいようが自分の客は自分の客ですから、社長以下みんなお客さんを持って行っちゃうんですよ。社長も自分の顧客を持っていますから、部下に客を持って行くなとはいえないんですよね。

また、証券検査は金融検査とまったく違うんですよ。金融検査は、預金者保護の観点から金融機関の経営が健全かどうかをみますから、支店に行っても資産査定が中心で、個人に対して処分するということはないんですよ。つまり、資産が腐っていないかどうかをみるので、仮に不祥事があっても、銀行の経営管理が悪いねという話ですから、組織に対する処分をするんですよ。ところが、証券は全部個人なんですよ。何々支店課長代理の某がこういう取引をしているが、これはけしからんから弁明書を出せというふうに、全部個人の責任を問いますし、処分も個人に対してします。ですから、証券会社のほうが遵法精神は高いんだと思うんですよ。

出田 ある銀行系証券の人が、「いや、銀行は意外とぬるいね」とおっしゃっているのを聞いたことがあります。その時は、よくわからなかったんですけれども、いまのお話を聞いていて、ああそうなんだと思いましたね。

――個人が不始末を起こしても、罰せられるのは銀行なので……。

小西 ええ、銀行の場合は、個人まで当局は罰しませんからね。経営管理が悪いねという話ですから。証券の場合は全部個人を処分しますし、変な取引をして処分されると、外務員資格も取り消されちゃいますから、証券業界で働けなくなりますしね。

――外務員に代理権限があるから、外務員個人に対して罰するわけですね。

小西 そうですね。

――銀行にはそんな文化はないんですね。

小西 そのような文化はないですね。

――なるほど。おもしろいですね。

小西 ええ。そこは大変おもしろいんですよ。それから、出戻りできる業界というのも、日本では職人さんの世界を別にすると証券業界だけじゃないかと思うんですよ。要するに、専門職で転職自由な業界というのは……。

――昔は4社は、互いに引抜きをしないという仁義みたいなものがあって、4社のなかでは出戻りは禁止だったんです。

小西　そうですか。中堅以下しかできなかったんですね。特に、稼ぎ頭であったディーラーなんて、2、3年で成績をあげると、次の会社にかわる人がいますよね。あれが歩合給にしてもらうと、それまで年収2000万～3000万円だった人が、突如として年収1億円とかになっちゃいますからね。ディーリングが盛んだった時代は、ディーラーというのは、専門職としては大変な職業でしたね。

また、別の話で、ある銀行の方が、「ある系列の証券会社に出向された役員の方が、職場の一体感がないためにノイローゼ気味になったんで、彼に銀行と証券の文化の違いを説明してもらえないか」とおっしゃって、出向された役員の方に、銀行と証券の文化の違いを説明したことがあるんですよ。たとえば、給与も証券の場合、職種によって全部違います。内勤と営業部門を比べると、同じ課長だとしても、給料はまったく違いますからね。ですから、正直いって、一体感はあまりないんですよね。銀行は行員みんなが組織の一員ですから、一体感はありますよね。その辺は全然違いますね。

――なるほど。次に、前田証券は1985年に、玉屋という福岡市の百貨店にミニ店舗を出されているわけですけれども、百貨店内への出店は、昭和20年代に大手証券が、支店を出せないので、投資相談所をたくさんつくったことがありましたけれども、昭和60年代になると珍しいケースだと思います。この出店意図をご存じでしたらお聞かせいただけませんでしょうか。

大塚　当時の支店長に聞いてみたんですけれども、この意図は非常に単純でして、玉屋は呉服町にあったんですが、天神に移ることになっていたんです。天神は人通りの多いところですから、そこに店をつくっておけば来店客が多くあるよねという会長のお考えだったそうです。

――成績はどうだったんでしょう。

大塚　まぁ、人数も少なかったので、ペイはできていたと聞いています。ただ、上層階だったこともあって、儲かってはいなかったと思います。

——空中店舗だったわけですね。また、百貨店内の店舗ですから、お客さんが来るのを待っているわけでしょうし……。

大塚　もちろん、お客様をお待ちしているわけですけれども、玉屋の近くにある法人顧客を移管はしたそうですけれども……。

▼前田証券によるアジア系証券会社との提携

——その頃になりますと、前田証券はアジア系の証券会社との提携を進めていかれたと思うんですね。1986年には韓国のラッキー証券、大信証券と関係を強化し、韓国市場の個別銘柄の動向をまとめた週報や月報を受け取っておられたかと思います。また、1992年には韓国の大裕証券、1993年には香港のサスーン証券と業務提携しておられます。海外の証券会社と積極的に業務提携されたのは、福岡という地の利を生かそうということですか。

大塚　もちろん地の利もあったかと思いますけれども、亡くなられた会長は、ほかの証券会社、特に大手証券と同じことをしていては、中小証券の将来は成り立っていかないとおっしゃっておられました。ですから、経済発展が期待できそうな地域の証券会社と手を組んで、現地の情報を入れつつ、商品を扱っていこうとお考えでしたので、いろんな会社とお付き合いしました。

アジアの証券会社と提携する以前から、メリルリンチの大阪支店と提携して、ファニーメイとかジニーメイとかを九州の県信連などへ売っていました。こういった商品は、中小の証券会社では仕入れられませんから、メリルリンチに頼んで、仕入れてもらっていました。これは当時、はやっていた特金で、円転せずにドルで利食って、頃合いを見計らって円転するというものでしたが、当時、信託銀行は、手数料がとれなくなりますから嫌がったんです。ただ、中小で円転せずにドルのまま置いておいてほしいと頼んだのは、初めてのケースだと聞いています。いずれにせよ、地方でもこういうことをやれるよね、ということを見つけ出そうというのがねらいでした。

――これはメリルリンチが仕入れた商品を、前田証券が買い取って販売されていたわけですか。

大塚　そうですね。少しは手持ちでストックしていました。たとえば、20億円を目標とすると、いい条件でメリルリンチに仕入れてきてもらって、それを手持ちして、売っていました。

――次に、先ほど話題に出ました「ドリームファンド90」ですけれども、なぜ独自投資の販売を行われたのでしょうか。

大塚　これは、お客様に投信を売っておりますと、地元のお客様から「どうせ投資をするなら、自分がよく知っている銘柄で運用してくれるものがいい」という要望がありましたのと、当時、上場会社間で株式を持ち合っていましたでしょう。ところが、なんとなくお互いにギクシャクしているんですよ。つまり、投資家からは地元銘柄で運用している投信がほしいというニーズがあり、一方で持合いを解消したいというニーズもあったわけです。そこで、これら地元銘柄を組み込んだ投信を、安田火災プリンソン投資顧問〔現在の損保ジャパン日本興亜アセットマネジメント〕さんに組成してもらったわけです。

――なるほど。では、持合いの変形みたいなものですか。

大塚　変形とまではいいませんけれども、持合い解消の流れにうまく乗ったことは事実です。当時、東京からアナリストを呼んで、銀行さんやTOTOさん、安川電機さん、熊本の西部電機さん、西日本システム建設さんなど、いろんなところへ行きまして、「どうですか」と募集しました。当時、当社はまだ銀行系列ではなかったので、銀行さんも乗ってきまして、たとえば、福岡銀行が10億入れてくれると、西銀〔西日本銀行〔現在の西日本シティ銀行〕〕さん、シティ〔福岡シティ銀行（現在の西日本シティ銀行）〕さんも10億ずつポンと出してくれましてね。法人で半分以上の募集をしたと思います。

――やはりこれも、株だけではこの先食べていけないという考えがあって、募集物をという考えがあったんですか。

大塚　いやいや。当時、証券会社で貯蓄類似の商品は割債しかなかったと思うんですね。だから、割債で割債残をつくって、株式を売ったり投信を売ったりしていたわけですけれども、当時、ほかにあまり稼げる商品がなかったと思うんですね。それで、この商品をつくったと思うんです。当時、私は法人部にいまして、東京から呼んだアナリストと各地を回りましたけれども、そこで「どんな商品をつくるの」と聞かれて、「こんなイメージでつくります」と答えると、事業法人でも数億円を出してくれていましたよ。

――「ドリームファンド90」の販売と同じ年に、前田証券は東証会員権を取得されました。それまでは、日本協栄証券を取次母店にされていたと思うんですけども、協栄に取次母店を頼まれた経緯をお聞かせいただけますでしょうか。

大塚　これは、先ほども少し申し上げましたけれども、昔は勧角さんと協栄さんにお願いしていたわけですけれども、協栄さんのほうが口銭が圧倒的に安かったと記憶しています。

出田　証券ジャパンのいまの再委託手数料は、たしか1桁だと思います。

大塚　再委託手数料は、やっぱり安いほうがいいですから……。

▼前田証券による通信取引の開始

――次の話題に移りまして、前田証券では1997年に、通信取引を開始されたわけですけれども、事前の想定どおりの効果をあげたんでしょうか。岩井証券〔現在の岩井コスモ証券〕はかなりうまくいったようなんですが……。

小西　聞いた話では、まったく効果はなかったそうです。通信取引といっても、要するに電話をしていただくだけのものだったらしいですからですね。

――岩井コスモ証券の沖津〔嘉昭〕さんに伺いますと、コール取引を始めたことで、お客さんが店に来るようになったとおっしゃっていたんですけれども、そうではなかった……。

小西　松井さんも、通信取引で規模を大きくして、ネットに変わっていかれたわけですが、場所によって違うのかもしれませんね。

――沖津さんによれば、コール取引を始めたことによって、お客さんがどんな会社かを確認しに来られるようになり、お客さんが店に来るようになったとおっしゃっていました。その結果、1階にあった営業店舗が4階に、逆に4階にあったコール取引の担当部署を1階にしたとおっしゃっていました。

小西　それは大成功ですね。前田さんの場合、電話番は1人もしくは2人だったらしいですし、つくっただけで、実態はほとんどなかったと聞いています。

――これは、手数料自由化を見据えてのことだと思うんですけれども、アメリカでは、チャールズ・シュワブが電話取引で手数料を下げていったわけですが、アメリカでの対応を調べられて、自分たちもできるんじゃないかとお考えになったわけですか。

小西　まあ、そうなんでしょうけれども、想定していたことはできなかったというのが正直なところだろうと思います。

――岩井証券は、コール取引でもお客さんに担当者をつけていたんですが、そこまではされていなかったと……。

小西　されていなかったみたいですね。ですからお客様はどういう人間が話しているかが、まったくみえなかったと思います。

▼外資系証券との提携と共同主幹事業務の開始

――なるほどね、よくわかりました。前田証券は外資系との提携にも積極的だったと思いますが、２００１年にコメルツ証券と包括提携されて、２社共同でのＩＰＯ主幹事の獲得を目指すなど、これまでの地場証券と外資系証券との提携とは少し違ったと思うんですね。つまり、従来は外資系がつくった商品を、販売力のない外資にかわって地場証券が売る。そのかわりに外資系から情報をもらうというのが一般的だったと思います。引受けまで業務提携をされたのは、一歩踏み込んだ提携のように思うんですけども、これはどういう意図でされたのかをお聞きしたいなと思いまして……。

小西　これもお聞きした話では、山一出身の飯田〔善輝〕さんが、前田さんの社長をされた時期があったんですよ。一方で、コメルツ証券の日本法人を立ち上げたのが元山一の方だったらしいんですよね。それで、その方がおっしゃるには、ホールセールはできるけれども、リテールはできないので、コメルツが主幹事をとった時に、地方の証券会社がみんな集まって、ブックを積んでくれないか、ということだったらしいんです。それで、前田さんも「いいですよ」ということで提携をされたみたいですね。だから、前田さんの意図としては、単独では主幹事はできないけれども、主幹事案件を共同でさせてくれるんだったら、ということで入り込んだということです。

ただ、これは四国の香川さんや新潟さん、上光さんなど7社が提携していたと思います。最初の案件は、現在はＴＳＵＴＡＹＡに吸収されたアイ・エム・ジェイという銘柄だったそうです。この案件で前田さんが37・7％のブックを落とされていますから、実質上、初の主幹事案件だったそうです。初値をつけるのも前田さんが担当されまして、株価が上がっていったこともありまして、相当儲かったと聞いています。ただ、その前にも、ＵＢＳさんとの

ＲＥＩＴの引受けで提携されたことがあるようで、やはりそれも、ＵＢＳさんは日本での販売力がないから、どうですかと……。

▼オプション取引への取組みと会員権の外資系への開放

――さて、話題を大きく変えまして、福岡証券取引所についてお聞きしたいと思います。

まず、昭和40年代の初め頃から、地方証券取引所の存続問題が喧伝され始めます。これに対して地方の各取引所は、単独上場銘柄の獲得を積極化させていきます。福岡は単独上場銘柄の獲得に加えて、独自の施策をされていたように思いますので、これに関してちょっと3つばかりお聞きしたいと思います。

1つ目は、現物取引以外への進出についてです。1976年にオプション取引の導入に向けた視察団をアメリカに出していらっしゃるわけですが、いつぐらいからオプション市場の開設を考えていらっしゃったのでしょうか。

小西　これについては、1997年に活性化協議会ができて、独自施策を講じるまでは、金融庁の規制が非常に厳しい時代でしたから、当取引所独自の施策ではなくて、東証さんがオプション取引を導入した時に、じゃあわれわれもできないかということで勉強を始めたんだと思います。そして、独自の調査はしたけれども、モノにはならなかったということでしょうね。実は、活性化協議会でもいろいろ新しいアイデアを出したんですが、大手証券さんから「これは商売にならんだろう」といわれたものも多くて、オプションについてもあまり記録が残っていませんので、視察には行ったかもしれないけれども、結果的にはモノにならないと判断したんだろうと思います。

――名証も大阪や東京よりも先に勉強はしているんです。ところが、大蔵省に申請をすると、東証でもやっていないのに、名古屋にできるわけがないといって認めてもらえなかったと……。

小西　私が昔、大蔵省から公営公庫に出向していた時に、名古屋から公庫債を含む地方債の市場をつくれないかという話があったんです。しかし、当時の大蔵省は非常に堅くて、東証がやっていないことを、ほかの取引所には認めませんでしたから。逆に東証がやったものは、やりたければやってもいいよという感じでしたね。

――なるほど。次に、外資系証券への会員権開放と、外国企業株の上場誘致に関して、1982年に外国証券会社への会員権開放を決定し、アジア諸国の証券会社の招致をしておられますが、どういった経緯から外資系証券への会員権開放を決められたんでしょうか。

小西　要するに生き残るためには、日本国内だけを相手にしていてもどうしようもない。そして、福岡はアジアといちばん近いわけですし、当時、多分韓国との交流をかなりやっていて、ルートができていたんじゃないかなと思うんです。

私は、2002〜2007年にも、福証で専務理事をしていたんですけれども、その時には、プライベートでも韓国に行って、カブドットコム証券社長の齋藤〔正勝〕さんのご紹介で、韓国のネット証券の社長さん方3人と会って、何かできないかという話をしに行っています。ですから、福証の場合、韓国との協力はずっと続いていました。また、中国に関しては、江蘇省の駐在事務所が福岡にあるんですよ。そこの方とは結構仲よくしていまして、江蘇省から「来てくれ」といわれましたので、江蘇省の南京へ行きまして、日本市場で何かわれわれと提携できないかという話もしています。

――1982年の外国証券会社への会員権開放の時は、新聞によると香港を重点地区にして、韓国、台湾、シンガポールの現地証券に招致をかけたと……。

小西　うん、まぁ、かけたんだと思いますけれども、結果としてはうまくはいっていません。私も向こうへ行って、いろいろな方と会いましたけれども、なかなかうまくはいっていません。たとえば、上海の取引所にも行ったんですけれども、上海にしてみると東証とは何かをやってもいいけれど、福証は相手にならないという感じでしたし、韓国も証券取引所が一本化されちゃったんですね。

――総合取引所になりましたね。

小西　はい。以前は釜山とソウルに取引所があったんですけれども、釜山がなくなっちゃったので、組む相手がいなくなりまして、取引所同士の提携は駄目でしたね。ですから、現在もうちは外国株の上場規定があるので、上場したいという会社が現れたら、うちは受けることは可能なんです。ただ、日本企業が海外進出するのにものすごくコストがかかるのと同様、外国の方が日本に来るのにも、ものすごいコストがかかりますので、そのあたりがなかなかうまくいかない原因だろうと思っています。

ちょっと余談になるんですけれども、日本の行政は世界で最も開かれていると思うんですよ。というのは、日本は社員が説明したことが、その会社の説明になるんですね。だから、余計な費用はあまり要らないんですよ。ところが、たとえばシンガポール市場に上場した人の話を聞きますと、上場費用だけで2億円かかったというんですよね。何にそんなコストがかかるかといえば、皆さんは取引所の上場費用や上場手数料、証券会社の手数料を考えられると思うんですが、むしろ、それ以外でお金がかかるんですよ。というのは、アジアの国はみんな欧米諸国の植民地でしたので、全部欧米流なんですよ。だから、会社の代理権を持っているのは弁護士だけなんです。

――弁護士のコストが高いわけですね。

小西　そう、そう。シンガポールの当局なり証券取引所に行く時に、弁護士に帯同してもらう費用がべらぼうにかかっちゃうんです。私には逆の経験がありまして、大蔵省の保険部で課長補佐をしていた時に、外国の保険会社2社に免許をしたんです。最初、免許申請に来る時に、何で来るんだという高い報酬の弁護士がついてくるんですよ。ですから、私は「外国人の支店長か、日本で実務をやっている人が直接説明に来てくれればいいから、弁護士は要りませんよ」といったら、弁護士は困っちゃったんですね。日本は申請の際に、弁護士を連れてこいなんていわないでしょう。とにかく弁護士の費用がべらぼうにかかるんですよ。

また、私はアメリカのヤンキードル債の発行にもかかわったんですけれども、私は当時、経理部長だったんですが、SECへの届出は経理部長が直接行っても駄目なんですよ。SECは弁護士のサインがないと、受け取ってくれないんですよ。欧米の考え方では、会社の社員には代理権がないんですね。会社の代理権を持つのは、社長から委任を受けた専門の弁護士だけという発想なんですよ。SECへのアニュアルレポートの登録でも弁護士が要るんですよ。だから、外資系の会社で日本に来る人で、代理権限を持ってやれるような人を向こうは養成していないかもしれないですね。そういうのは弁護士が入るんでしょうね。オランダの保険会社が日本に来た時に、弁護士費用を後で聞いたら、めちゃくちゃ払っていたみたいですから……。

――しかし、別に日本の場合は、弁護士をつけなくてもいいわけですから、自分たちでやればいいんじゃないんですか。

小西　いや、それを弁護士が邪魔をしてくるんですよ。

――俺たちの仕事がなくなるじゃないかと……。

小西　そうです。「直接話を聞くよ」といったら、「いや、こういう問題があるけれども、どうなんだ」といって、われわれのところに頻繁に電話をかけてくるんですよ。そして、本国に対しては、仕事をしたといって報酬を請求しているみたいです。その弁護士さんは、肌が黒く焼けていて毎日のようにゴルフをやっているような人ですけどね。だから、行政庁や証券取引所になんらかの申請をする時に、弁護士が必須という仕組みと、日本のように会社のなかで、そのことについて最も理解している人が来ればいいという仕組みとは大きく異なりますので、多分そのあたりがこれからも溝になると思いますね。われわれとしては、できるだけ外国とは何かやりたいんですが、なかなか駄目です。

したがって、先物市場の開設、外国株の上場は実現しなかったわけですが、正直挫折した要因は向こう側の国にあるように思うんですよね。この間も途中までいって駄目になった案件があるんですけれども、日本人が現地で起業した会社があったんです。こういう会社は、手続面の特徴をわかっているので、うまくいけば上場できる場合もあるんですけれども、途中で相手国との関係があまりうまくいかなくなったので、上場までいかなかった事例もあります。

――ねらっていらっしゃるのはアジア系でしょうから、外国株の上場が実現すると、競争力を増しますよね。

小西　ねらっているのは、香港、できれば中国、それから韓国なんですけれども、韓国の場合は、東京に韓国資本に買収された証券会社があるので、そういうところがやってくれればいいと思っているんです。ただ、聞いたところではオーナーさんが韓国の塾の経営者で、証券会社じゃないんですよね。あくまでもオーナーさんの資産運用のために、日本の証券会社を買収したみたいなので……。

▼福証に単独上場銘柄が多い理由

――そうなんですね。ところで、福証はほかの証券取引所に比べて、単独上場銘柄がかなり多いと思うんですね。これは地元経済界の支援が厚かったことが要因として考えられるわけですけれども、1999年に九州電力、福岡銀行、西鉄〔西日本鉄道〕、TOTOなど10社で活性化推進協議会を設立して、翌年以降は福岡県以外の企業もメンバーに加入されています。さらに、九州投資支援会も設置されているわけですけれども、こうした地元経済界から手厚い支援を受けられる背景には、何があるんでしょうか。これは明らかにほかの地方取引所とは異なる、福証だけの特徴だと思うんですが……。

小西　これは1974～1998年の24年間、福岡銀行出身の下村〔史〕さんが理事長だったんですが、下村さんはかなり有名な方でしたので、証券会社とかに行って、かなり強引に上場企業を持ってこられたんですよ。とにかく、トップダウンで新規上場を増やされたわけです。これはこれで下村さんの功績だと思います。

しかし、理事長1人でやっていて、新しいことがあるのかということで、1992年頃から、地元財界もこのままでは福証がなくなってしまうぞ、地域経済が衰退するぞという危機感を持たれたんですね。それで、地元財界の方が相談して、とにかく何がなんでも大相撲と福証を守ろうと相談されたんです。相撲の本場所が行われるのは、東京、名古屋、大阪、福岡だけで、札幌には取引所はあるけれども、大相撲は来ないんですよ。ただ、これを守るためには、九州財界みんなで協力しないとできません。

福岡には強力な福岡7社会という集まりがありまして、そこを中心に活性化推進協議会をつくっていただいて、かたちのうえでは取引所は証券会員制法人ですから、会員証券会社の意向で成り立っている非営利法人なんですけれども、実質的には財界立の取引所にしようと……。このことがまとまったのが1998年で、そして残念ですけれども、下村さんには退いていただいたんです。そして、理事長が九州電力の元財務担当で副社長を務められた川村〔正喜〕さんになり、前田証券の副社長を長くやっていらっしゃった高畠〔淳〕さんが専務理事に来られまして、高畠さんが活性化推進協議会の事務局長になられて、財界をあげた支援をしていただけるようになったんですね。ですから、私どもは取引所自体の意向というより、九州財界として残していくという方針なんですね。

そして、手厚い地元財界からの支援の一つに、出向者の多さがあげられると思います。これはほかの取引所にはないと思います。しかし、うちには九州電力から2人、福銀と西銀から1人ずつ、西部ガスから1人、福岡県庁から1人の合計6名の出向者がいます。営業部隊は全員銀行からの出向者です。2003年に営業部をつくって、銀行員の人に上場準備企業の開拓をしてもらっています。当初は、福銀と西銀、そして福岡シティからの出向者で3人いたんですが、西銀と福岡シティが合併して1人欠けちゃったので、九州電力から来ている人に入ってもらって、3人で営業してもらっています。

――出向者の給与は母体企業が払っていらっしゃるわけですか。

小西　うちも旅費や税務上払わなきゃいけない給料の一部を払っていますけれども、かなりの部分を持っていただいています。

――ほかの取引所で伺いますと、福岡は特殊だといいますよ。

小西　でしょうね。それは地元財界が、地域から取引所をなくすなという運動をしてくださったことが大きかったと思いますよね。

――しかし、ここは会員制ですよね。実質は財界立とおっしゃっていましたが、財界と会員との力関係はどんなふうに……。

小西　これはいいにくいんですけれども、取引所にとって証券会社は重要なお客さんです。でも、それだけです。九電〔九州電力〕にしても、JR九州にしても、大手証券さんにとっては大変重要なお客さんですから、財界がバックアップしてくださっているのは大きいです。取引所生え抜きの人間だけだったら、すぐつぶされるでしょうね。麻生〔渡〕知事時代は、私が年に数回、知事に直接、取引所の状況を報告に行っていました。無論、財界の出向元にもたびたび説明を行っていました。

――それだけ関心があると……。

小西　はい。福岡県の商工部には福証の担当者がいらっしゃいまして、担当者を通じて、だいたい2カ月に1回、現状はこういう活動をしておりますと知事に報告していましたよ。もちろん九電やほかの会社にも定期的に報告しています。ですから、やはり財界が本気で守ろうという姿勢でいていただけているのが大きいと思いますね。

――ほかの取引所の関係者は、福証がうらやましいといっていましたよ。しかしまた財界が強いんですね。

小西　そういうことですね。まあ、知事だって、財界が守るといっているから守るので、知事個人の考えではないですからね。

▼上場基準緩和競争とジャスダックとの競合

——福岡には大規模な会社があるのもよかったんでしょうね。話題を少し変えまして、大証が新二部を開設したことを契機にして、各取引所で上場基準の緩和競争が始まったように思うんです。また、大証は新二部開設の際に、テリトリー制を無視して対象地域を設定したわけですが、これに対して福証はどういうふうに思われたのかなと思いまして……。

小西　これは特則の頃始まりまして、テリトリー制が廃止されていくわけですけれども、まず、1983年の上場基準の緩和では上場の実績はないんですが、1992年の地方産業育成部銘柄では、全教研という学習塾が上場しました。この会社は残念ながらその後MBOをして上場廃止され、大手に経営権を譲渡されましたけれども、上場実績があります〔全教研は1994年に福岡証券取引所に上場したが、2009年にMBOによって上場を廃止し、2013年に学研塾ホールディングスに買収された〕。1992年の地方産業育成銘柄と、1996年の特則銘柄は、札幌、新潟、京都、広島、うちの地方5取引所共同じゃなかったかと思います。

——これはしかし、大証のロジックとしては、東証一極集中に対して、自分たちが生き残るために、上場基準やテリトリー制の緩和をしたと思うんですが、これを受ける側の地方の側にしてみると、やっぱりあまり好ましくないことじゃないですか。

小西　ええ、そうなんですけれども、当時、地方取引所にとっての実際のライバルは、むしろ店頭市場ジャスダックだったですね。

――全国展開ですからね。

小西　はい。あまり大証が緩和したから、そちらに行ったということはなかったですね。むしろ、競合相手は店頭市場ですね。店頭市場の当初の位置づけは、取引所の上場より下だったわけですが、基準が緩いこともあって、いつの間にかかなり力をつけてきて……。

――店頭市場は全国紙の相場欄で取り上げられますからね。ただ、上光証券の松浦〔良一〕さんによると、当時、担保掛け目は店頭銘柄よりも取引所の上場銘柄のほうが高かったので、取引所上場銘柄のほうが意味はあったんだとおっしゃっていましたが、そのあたりは福岡ではどうだったんですか。

小西　多分それはあるんでしょうけれども、ほとんどの証券会社の引受部が東京にあるので、ジャスダックだと東京に申請会社を呼んで手続ができるのに対し、地方取引所に上場する場合、引受証券会社の出張旅費も申請会社が負担しなければなりませんし、私が2002～2007年に福証にいた頃、大手さんでも、1回上場書類などの作成の指導に行くと、1週間ぐらいいるんですよ。熊本の会社に行った時に驚いたんですけれども、会社の総務部に引受証券会社の社員の席をつくって、そこで1週間ほど勤務して、上場に必要な規定をはじめとするいろんな書類づくりを指導していたんです。ですから、証券会社としては、ジャスダックに上場したほうがコストが安いんですね。

余談になりますが、リーマンショック後、高い月給の引受部員がリストラされたでしょう。だから、最近は引受部も若い人が多いので、書類作成の指導はしないで、「来週か再来週また来ますから、それまでにこの書類とこの規定とこれをつくっておいてくださいね」といって、帰っちゃうらしいんですよね。そうすると、申請会社は何をつくっていいかわからないから、1週間経って引受証券会社の社員が来た時に、「まだ、できていません」と答えると、「ああ、そうですか、2週間後までにつくっておいてくださいね。できなければ、上場がどんどん遅れますよ」といわれるだけだそうです。だから、前ほど懇切丁寧な指導をしてくれないから、上場請負人のような渡り鳥の人を雇うか、コンサルを入れて書類をつくってもらわないといけないそうです。

小西　本来、そうなんですよ。だけど、丁寧な指導ができたベテランがいませんし、自分でやれという感じだそうですよ。だから、コンサルや上場請負人みたいな人に頼まなければならないようですね。

――でも、その指導も引受手数料の一部じゃないんですか。

小西　指導できるベテランがいないんですよ。昔は、引受けの修業を積んだ40代、50代、60に近い人が来て、1週間ぐらい指導していたんです。当時、熊本でレストランをしている会社があったんですけれども、私が行ったら知らない人がいたので、「あの人だれですか」と聞くと、「証券会社の人で、今週1週間指導してくれている」とおっしゃっていましたもんね。

――証券会社の対応は不親切な感じがしますね。

小西　昔はそうだったんですよ。公開引受けを担当するのは、徒弟奉公を何年間も経験したベテランの人が来ていたんですけれども、月給が高いですから、リーマンショック後の引受案件がなくなっちゃった時に、皆さんリストラされちゃったんですね。最近、上場を検討している企業の方にお聞きすると、コンサルとか上場要員を雇うしかないといっていますね。

――昔はそうだったんですね。

小西　話を戻して、もう一つジャスダックに流れた理由は、ジャスダックとの流動化比率の差、これが一番のうちの弱点でした。これはハッキリお客さんにいわれましたね。ジャスダックでは、実質公開するのは2割でいいんですよ。だから、8割はオーナーが持っていてもいいわけですが、うちをはじめ当時、取引所は3割は公開しなさいといっていたんです。

――いわゆる浮動株基準ですね。

小西　ええ。あれがジャスダックと比べて高いんです。オーナーさんからすると、冗談じゃないと……。そんなに公開してどうするんだといわれまして、いまはうちもジャスダックと同じ基準になっているんですけれども、いったんついた印象はなかなか変わらないですからね。ただ、いまは東証の自主規制〔日本取引所自主規制法人〕が、同族会社が相続税対策で上場するのは好ましくないと思っていますから、今後はジャスダックの基準はだんだん上がってくると思います。私がジャスダックにいた時も、ケースバイケースでかなり相続税が安くなっていましたから、上場銘柄の3分の2はそういう会社です。

ですから、浮動株基準の差がいちばん大きいんです。九州にはいっぱいオーナー系の会社があるんですけれども、なかなかうちに上場しようとしてくれませんね。証券会社は、相続税対策での上場だとわかると、お客さんのところへ売りに行っても、売れないですから嫌がりますけどね……。

また、ちょっと話はそれますけれども、大阪〔中小企業〕投資育成の投資先が、九州には異常に多いんですよ。大阪投資育成が入ると、株価算定が純資産で計算できますから、相続税が相当下がるんですよ。だから、上場できる体力はあるんだけれども、あえて上場しないという会社が多く、この会社はいいなと思う会社には、だいたい大阪投資育成が投資しています。逆にいうと、大阪投資育成の投資先にねらいを定めると、新規上場案件をとれるかなと思った時期もあるんですけれども、ものすごく懇切丁寧に手当するみたいですね。

もっとも、私がジャスダックにいた時に、東京〔中小企業〕投資育成の職員の自発的な勉強会、上場審査や上場管理、上場制度をテーマとした勉強会に講師を頼まれたことがあるんですよ。その時に、参加した職員は、この会社はベンチャー企業を育成するためにあるのであって、相続税対策を指導するために勤めたんじゃないと怒っていましたけどね。

ただ、大阪投資育成も前の社長の時は違ったんですよ。社長がかわって、いまは東京みたいに中小企業投資育成ではなく、中小企業事業承継振興財団みたいになってしまったんですよね。本当は公開率の低い同族会社が上場すると、実はM&Aの時に随分違うんですよね。上場していると、ディスカウント率が低いですから、かなりの額で売れるのに対し、非上場の場合は、おそらく時価総額よりもっと安く買い叩かれちゃうんですよ。本当はためになるんですけどね。ただ、引受証券会社は、相続税対策だとわかると、お客さんが買ってくれないから、嫌がるかもしれませんね。

▼Q-Boardの開設と上場方針

――さて、いま、ジャスダックの話が出てきましたので、これに関連して、平成に入ってから、地方の取引所は店頭市場との上場銘柄の獲得競争に直面したと思います。そこで新興市場「Q-Board」を創設されるわけですが、単独上場銘柄が多いですね。

小西　1999年にQ-Boardを始めました。これは私も営業に出ていましたけれども、モットーとしては、証券会社より先に各地へ開拓に行くということでした。証券会社に先に行かれちゃうと、重複上場やジャスダックにとられちゃうので、証券会社の手がついていないところへ行くのを基本としていました。また、可能性のある会社には、何度もお邪魔しています。たとえば、山口にあるエムビーエスという会社は、〔山本貴士〕社長さんが29歳の時に初めてお邪魔をして、その後も訪問を続けて、うちにご上場を決断いただいて、32歳の時に上場していただきました。このように、地道な営業活動をずっと続けています。

――それで単独上場が多いということですか。

小西　ええ、そうです。個別に訪問をして、単独での上場をお願いしています。ちなみに、ＱＳＰ〔九州中小・ベンチャー企業ＩＰＯ支援プロジェクト〕という福岡県商工部の担当窓口と、九州ニュービジネス協議会、中小企業基盤整備機構、われわれの4者で常設の会議体をつくっていまして、ここで1カ月に1回会議をしまして、ベンチャー企業やスタートアップ企業へお邪魔しています。われわれがお邪魔する会社の経営者は、30代の方が多いですね。そういう人たちが集まっているところへ行って、名刺を交換して、上場しそうだと思ったら、そこへ戸別訪問をかけるということをやっています。

もう一つは、銀行出身の方が営業をやるのは、大変メリットがあるんですね。銀行員の方は、銀行同士がマイナス情報を交換しますから、非常にマイナス情報に強いんですよ。Q-Boardには、上場廃止や、上場後に経営がおかしくなった企業はほとんどありません。それは銀行出身者が持っているマイナス情報が大きいんですよ。私は２００８～２０１１年まで、ジャスダックで上場担当常務もやったんですよ。ジャスダックは証券会社からしか情報が来ないから、マイナス情報がないんですよ。そして、そこまで現地に密着しているわけでもありませんから、ジャスダックに来る企業は、いい話しかわからないんですよ。たとえば、社長さんが怪しい人と付き合っているとか、あの会社の地元での評判はあまりよくないといったマイナス評価が入ってこないんです。ハッキリいって、警察に頼るしかないんですよ。その点、福証には銀行出身者がいますので、マイナス情報はちゃんと入ってくるんです。ですから、そういったマイナス情報が入ってきたら、すぐにうちは企業への上場勧誘などをやめます。だから、Q-Boardにはいままで変な上場企業がないんです。それは自慢できますね。

――ほかの新興市場は、どこでもいいからとにかく企業を集めようとされたのに対し、Q-Boardは、上場企業の対象地域を九州近辺にされています。結果的に九州近辺の企業に限定されたことで、むしろ独自性が出せたんじゃないかと思いますが、そのあたりはいかがでしょうか。

小西　そこは先ほどの営業の話と絡むんですけれども、私どもの営業部隊が実際に行って訪問できる範囲ということで考えています。ですから、広島、山口、島根には行きます。しかし、岡山、鳥取は大阪志向が強い関西文化圏ですから、広島と島根が限界ですね。また、四国も関西文化圏ですので、相手にされないので、沖縄、九州と広島、島根、山口が対象ですね。そこだと銀行同士もある程度知っていますし、われわれが行く時も、広島ベンチャーキャピタルさん〔広島ベンチャーキャピタルには、広島銀行が出資している〕や山口キャピタルさん〔山口キャピタルには、山口銀行ほか西中国信用金庫、萩山口信用金庫、東山口信用金庫をはじめ、9つの金融機関が出資している〕、山銀〔山口銀行〕さん自体にお邪魔して、いろいろな情報交換をしますから……。やはり、危ない企業を排除するという品質管理の面からも、営業マンが行けるところしか対象にできないですよ。うちは上場審査をする前に行った時の報告書をみんながみていますから……。

――ということは、ある程度スクリーニングされた企業だけを相手に、営業活動をされているということですね。

小西　そうですね。訪問するだけはさせていただくかもしれませんけどね。ただ、訪問後にいろいろ聞くと、これはやめておこうというふうになります。実は、初めの頃は私も東京まで行ったことがあるんですよ。だけど、東京には情報源がありませんから、これは危ないなと感じました。結局、東京の地銀が弱いので、全部をカバーできていないでしょう。

だからといって、都銀さんに伺うわけにもいきませんし、大阪に本社のある会社が1社、Q-Boardに上場されていますけれども、大阪ぐらいまででしょうね。結局、事前の情報収集がある程度できるところでなければ、飛んで火に入る夏の虫になりますし……。

ただ、Q-Boardは九州にかかわりのある企業を対象にしているわけですが、本社がなくても、九州に支店があればいいんです。品質管理の面から、ある程度判断ができますので、そういうことにしています。

――ちなみに、Q-BoardのQは九州のQという意味ですか。

小西　よその人からみると、そういうふうにみえるみたいですけれども、それだけではないと聞いています。

――当初、地域の伝統産業を上場させよう、という試みをされていたと聞いたことがあるんですけれども……。たとえば絣とかですね。

小西　そうです。まあ、実際はそれだけではなくて、地場の不動産とかも入っているんですけれども……。

――札証〔札幌証券取引所〕の人にお話を聞きますと、福証の取組みをかなり参考にされているみたいですね。札証も北海道に関係のない企業は、アンビシャスから排除しているみたいですね。

小西　札幌さんも名古屋さんも、かつては本店も支店もまったくない企業を上場させて、セントレックスさんもこの間上場廃止があって、取引が8割ぐらい減っていますね。地域を限定しなければ、マザーズに断られたから単に上場さえできればいいという企業が、紛れ込む危険が相当ありますので……。

――Q-Boardをつくられる時に、福証がナスダックに免許を提供して、ナスダックに改組するというプランがあったと聞いているんですけれども、そのあたりは何かご存じでしょうか。

小西　はい。そういう話があったと聞いています。

――ナスダックは、最終的には大証で開設しましたけれども、結構いろいろなところに提携話を持って行ってるんですよね。

小西　最終的には大証とされましたけれども、その前に、名古屋にも行かれたと思います。孫〔正義〕さんは久留米のご出身だったので、孫さんは福証とやろうというお考えだったようです。ところが、当時のナンバー2の北尾〔吉孝〕さんが大阪出身で、大証とやりたいという考えだったようです。決定的だったのは、大証はすでにシステム化されており、自前のシステムを持っておられたので、ナスダックと組むことが決まればすぐにできたんです。ところが、うちは自前のシステムがなかったもので、仮にナスダックと組むことになっても、一からシステムをつくらなきゃいけませんから2年はかかったと思うんです。それではちょっと勝負にならんなということで、大証に行かれたんです。

――Q-Boardの上場基準を作成する際に、規模の小さなベンチャー企業でも資金調達の機会を提供するために、財務数値基準を設けない方針であったと聞いているんですけれども……。

小西　これは当時の高畠専務理事が、アメリカのピンクシートに倣ったものをつくりたいということで、何度も金融庁と折衝したんですが、駄目だということで、紆余曲折があって、現在のQ-Boardの上場基準になったと聞いております。

――日本では、上場企業が東証一部にいちばん多いんですけれども、アメリカは逆じゃないですか。ピンクシートにたくさんの上場予備軍がいて、その企業が上がっていくわけですけれども、こういうかたちにするのはむずかしいですか。

小西　きわめてむずかしいです。しかも、具体的に申請案件が固まらないと制度がつくれません。つまり、制度だけ先につくることは認めない、というのが金融庁の方針ですから、かなりむずかしいですよね。

――東証の職員のなかにも、これはいびつだという人はいるんですね。本来は三角形であるべきだという話をしていた人もいるんですけれども……。

小西　本当はそう思いますけれども、役所にしても何か事が起こった時に、責任を問われるのは困るということもあるんでしょう。だからなかなかむずかしいですね。それと、そもそも証券界は、それほど簡単に役所のいうことを聞くわけじゃありませんよね。TOKYO AIM〔現在のTOKYO PRO Market〕をつくりましたけれども、だれも協力していませんよね。あの市場は、Nomadという指定アドバイザー制度を導入しましたが、コンピュータをつないでいるのは1社だけでしたから、まったく取引がなかったわけですよ。だから、役所のいうことには追随するけれども、積極的に協力するという感じではないですね。

▼Q-Boardクラブと九州IPO挑戦隊

――2003年にはQ-Boardクラブをつくられたわけですけれども、Q-Boardクラブは上場予備軍への上場支援を目的とされたと思いますが、その理解でよろしかったでしょうか。また、2009年に九州IPO挑戦隊を発足されておられますけれども、これとQ-Boardクラブの違いはどこにあるのでしょうか。

小西　まず、Q-Boardクラブに関しては、いまおっしゃったとおりで、私どもがお邪魔した会社に「ついでに入りませんか」と、ある意味では囲い込みをしているわけです。ですから、Q-Boardクラブに入っていただいた企業に、Q-Boardの営業を積極的に行っているわけです。

ただ、Q-Boardクラブは福証の会議室で、年に2、3回、講演会をやってベンチャー企業で成功した方、たとえば若き日のエイチ・アイ・エスの澤田〔秀雄〕さんや、ガンホーの孫泰蔵さんに来ていただいて、講演をしていただきました。まぁ、いまではどこでもやっているような活動をしていたわけですが、IPO挑戦隊は選抜した5、6社を対象に、中小企業基盤整備機構、九州ニュービジネス協議会や九州中小・ベンチャー企業IPO支援プロジェクトの県の方、公認会計士の方にご協力いただいて、2、3時間の講義を年に8~10回しています。また、それと並行して自発的にセミナー学習もしていただいて、自分で事業計画書をつくり、最後にはプレゼンをやってもらっています。普通の会議はクローズドですが、有名講師を呼んだ時はオープン参加も認めていまして、上場を考えている方も参加していただいて、実際のIPOの役に立つ塾にしています。

――両者の内容は全然違うわけですね。

小西　ええ、全然違います。Q-Boardクラブは囲い込みが目的ですけれども、ＩＰＯ挑戦隊は、ＩＰＯに向けた塾ですね。

――九州ＩＰＯ挑戦隊に入るには、取引所が入りたいと手をあげた企業のなかから選抜されるのか、それとも営業にいらっしゃっている時に、ここはいいなと思う企業に入会を勧められているのでしょうか。

小西　基本は希望者からの申請ですけれども、昨日、今日会社をつくって、いきなり「入りたい」といわれても、ちょっと困るので、売上基準などをみて、ある程度上場に適格性があるかはみて、選抜しています。ただ、申請が通らなくても、次の年に申請することはできます。

――ＩＰＯ挑戦隊から上場した会社はあるんですか。

小西　２社あります。山口の東武住販さんと熊本のエスケーホーム〔現在のリブワーク〕さんです。エスケーホームさんは単独上場で、東武住販さんは東証ＪＡＳＤＡＱと重複ですけれども……。

――このような単独上場企業を少しでも増やすような努力を、ずっとされてきたわけですね。

小西　そうですね。２００３～２００４年に営業部をつくって以来、13～14年間やってきていますね。

――結局、やっぱり地道な活動をしなければ無理ですか。

小西　そういうことです。お役所に何かを申請するのであれば、論理的に立派な資料を持って行けば1回で通りますけれども、上場勧誘はやっぱり頻繁に顔を出すことですよ。最初に上場していただいたＪＭネットさんは、上場するまでに私も5、6回行っています。うちの担当者は10回ぐらい行っていますしね。やっぱり会社を頻繁にご訪問して、何か悩みがあったらわれわれがお手伝いして、公的な支援機関などのしかるべきところを紹介する。たとえば、中小企業基盤整備機構は、弁理士を雇うと半額を補助してくれたり、いろんなベンチャー企業向けのメニューがあるんですね。ですから、特許で困っている企業であれば、われわれは企業さんに基盤整備機構をご紹介して、そこで指導を受けていただくということをやっています。

▼特定正会員制度の創設

――そして、2002年頃には特定正会員制度を創設されまして、加入金を免除されたと聞いておりますけれども、そのねらいはどこにあったんでしょうか。

小西　これは当時、福証でＩＰＯを随分やってもらったディーブレイン証券やその他のＩＰＯ専業証券がありました。彼らは支店を持たず、株式の営業もしないで、ＩＰＯに特化した証券会社でした。従来の基準で会員権を取得しようとすると、会員権の取得にかなりの金額を預けなきゃいけないんですよ。しかし一方では、恒常的にお金が入ってくる会社ではないので、彼らを会員にするために、特定正会員制度というのをつくりました。

また、2002年までネット証券が1社も会員ではなかったんですね。私が全部勧誘に行って、会員になってもらう時に、ネット証券も支店がありませんし、営業部隊もいないので、普通の証券会社と同じように会費をとるのは無理だろうということで、じゃあ、特定正会員ならば条件がほぼ同じなので、ネット専業証券も特定正会員になってもらおうということにしたわけです。それから、基本的に福岡に支店がない会社は、特定正会員になれるというふうにしています。

――じゃあ、当初の目的はＩＰＯ専門の業者を取り込むためだったと……。

小西　その後、松井さんとかマネックスさんをはじめとする、ネット証券も特定正会員になっていただいています。彼らは取引所の運営には関心もありませんし、支店も持っていませんので……。

出田　ディーブレイン証券はまだ商売をやっているんですか。

小西　なくなって、日本クラウド証券になりましたが、本体がなくなったんで、九州支店がディーブレイン九州〔現在のグロースアシスト〕として独立したんです。この会社は、先ほどお話しました上場コンサルティングをやっています。

――出縄〔良人〕さんがいったんお辞めになられて、その後買収されたんじゃなかったですか〔ディーブレイン証券は、1997年に出縄良人氏によって設立され、グリーンシートと新興市場での上場により、中小企業のエクイティファイナンスを支援していたが、2006年以降のIPOの減少に伴い経営が悪化し、2010年に第三者割当増資を行った際に、出縄氏は取締役を辞任した。しかし、2012年12月からみどり証券（旧ディーブレイン証券）に対するTOBを行い、日本クラウド証券に改称した〕。

小西　そうですね。出縄さんはたまに福証におみえになりますけれども、意気軒昂ですよ。やっぱりホリエモンショックとリーマンショックの後、急激にIPOの希望者がいなくなりましたからね。本当は、生き残っていただければよかったんだけれども……。

▼地方取引所の存在意義とは

――IPOが減りましたからね。話題は大きく変わりますが、地方の取引所の存在意義について、どのようにお考えでしょうか。

小西　地方取引所は、発足の経緯として地方の便益のためにつくられたわけで、地方経済の発展と結びついています。もし福証がなくなると、福岡の企業が上場する場合、みんな東京へ行かなきゃいけなくなります。実は関東では、神奈川や千葉、埼玉にある上場した会社が、いつの間にか本社が東京に移転しているんですよ。

私の家は神奈川にあるんですけれども、保育園を経営するサクセスホールディングスという、おもしろい会社が神奈川にあるんです。この会社は大変伸びている大きい会社なんですけれども、上場した後、いつの間にか本社が東京へ行っちゃったんですよね。せっかく神奈川の会社と思ったのがいなくなっちゃう。千葉や埼玉でも同じように東京へ行っちゃって、一極集中がどんどん進んでいくんですよ。多分福証がなくなると、営業的には福岡が本社でも、東京に本社を移すようになるでしょうから、地方創生どころか地方衰退の一歩になるんじゃないかと思うんです。だから、地域で上場できるかたちは維持しておきたいと思うんですね。

――ほかの地域では、むしろ地方の取引所をなくして、東証二部に上場できるようにしたほうが、発行会社にとってもいいよという判断をされたところもあるようです。たとえば、広島はそういう判断をされたようですが……。

小西　いまは広島も違うようですよ。いま、広島県や広島の財界は「なんでなくしちゃったんだろう」といっているようです。私は広島にもいたので、もう少し広島のことをお話しますと、広証〔広島証券取引所〕のトップは広銀出身の方が多かったんですよ。これは問題なんですね。別に広島銀行が問題というわけではなくて、特定の地方銀行出身者をトップに就けると、近隣の他の地方銀行が協力してくれないんですよ〔1977年以降の歴代理事長とその出身企業をあげると、1977〜1983年までの鈴木恵三理事長、1983〜1989年までの角本昌三理事長は広島銀行、1989〜1994年までの山崎芳樹理事長はマツダ、1994〜1997年の南口勝理事長も広島銀行、1997〜2000年までの山田正司理事長は広島県庁出身であり、つまり1977年以降の23年のうち15年、広島銀行出身者が理事長であった〕。

――ああ、なるほど。

小西　地銀同士はものすごいライバル関係にありますから、福証でもテリトリー制のあった下村さんの時代は、銀行出身者でもよかったんでしょうが、いまの時代に、銀行出身の方がトップに来られたら、ほかの地銀は協力しないと思いますよ。だから、広島証券取引所は、中国地方の取引所じゃなくて広島県内の取引所となってしまったのが、いけなかったと思うんです。たとえば、中国電力はじめ銀行出身以外の方が、トップを占めていればいいんでしょうけれども……。だから、名証さんも中部電力出身の畔柳〔昇〕さんが会長で、財務省出身の竹田〔正樹〕さんが社長をしておられます。やはり熾烈な競争をやっている相手企業ＯＢが社長となると、ライバル企業はあまり協力してくれませんよね。

――電力とか鉄道とかね。札幌証券取引所もたしかＪＲ出身の方ですよね〔現在の札幌証券取引所の社長は、ＪＲ北海道出身の小池善明氏である〕。

小西　ええ、そうですね。ＪＲなら大丈夫でしょうね。やはり銀行同士のライバル関係は、ものすごく厳しいですからね。

▼九州証券界の特徴とは

(1)　未公開株取引の実態

――それでは、最後のテーマに移りますが、九州証券界の特徴について皆さんにお伺いしたいと思います。２００１年にフクオカベンチャーマーケット協会参加の証券会社で、グリーンシートでの株式売買を支援するＦＶＭグリーンシート推進連絡会が設置されました。前田証券もこれに参加されていたと思います。また、福証では未公開株ファンド市場の開設構想もあったと聞いておりますし、上場予備軍の企業も相当あるという印象も持っています。

そこで、九州での未公開株取引についてお聞きしたいと思います。北陸ではかなり活発に行われています。これをほかの地域の方に聞きますと、未上場の有力企業があることを、理由として指摘されます。九州はどうでしょうか。

大塚 私が聞いているところでは、福岡での未公開株の商いは、まず皆無だと思います。

出田 実際、社長さんに聞いたことがありますけれども、いまは北陸でもそんなに盛んではないそうです。ただ、九州ではあまり考えられないですね。

――たしかインサイダー取引規制が店頭株にも及ぶことになったので、店頭株の発行会社も、社内にインサイダー関係の人間を置かないといけなくなったので、取引しにくくなったと聞いたことがあります。ですので、それ以前はかなりあったと思います。

小西 私も北陸地方は結構未公開株取引があったと聞いています。ただ、私個人としては、取引所が新潟ではなくて、金沢にあったほうがよかったのかなという気がしています。北陸地方というならね。

――北陸にはＹＫＫがあるんですよ。

大塚 ああ、そうですね。弊社でも長崎相互銀行〔現在の長崎銀行〕、旭相互銀行〔現在の南日本銀行〕、筑邦銀行、福岡中央銀行が未上場の時に、商いをした記憶があります。それは、株主割当てで失権処理をした時に、お客様に「こういう銀行ですけれども、失権処理で株主割当てだから、額面で発行したやつを失権処理で計算値はこれぐらいになりますけれども、どうですか」と時価発行ですするんですが、売った記憶があります。また、お客様が株式を売りたくなった時に、銀行の系列会社に買い取ってもらう作業を何件かした記憶があります。

――それだけですか。

大塚 そうですね。

出田 当社でも似たようなものですし、昔はバスの優待券希望で、バス会社の株式の売買はありましたけれども、いまはもうまったくないですね。

小西　また、前田さんはＦＶＭグリーンシート推進連絡会に最後まで入っておられたんですけれども、社内的には未公開株の商いはしないと決めておられたようです。ですから、グリーンシート銘柄は登録扱いですので、全部商いができなかったみたいですよ。

ところが、東証のTOKYO PRO Marketは、法律上は上場ですから、商いはできなくはないはずなんですよ。だから、私が「商いをするの」と聞いたことがあるんですけれども、しないようですね。

――熊本の百貨店の鶴屋は非上場じゃないんですか。

出田　非上場ですよ。

――地方の証券会社の方にお聞きしますと、昔はデパートの五分引きがほしいから……。

出田　それは会員になるともらえますから、もういまはそういうのはないんじゃないですか。多分どこのデパートも、あまり聞いたことはないですけど……。

――株主優待券はあるでしょう。

出田　ええ。

小西　株主優待券はあるけれども、それは上場している会社ですよね。

――山陰では昔、鳥取大丸が優待券をくれたそうで、それがほしい人と取引をしていたらしいんですね。また、バスも全線パスをもらえたから取引があったらしいんですが、バスの本数が減って、パスをもらう意味がないというので、いまではだれも売買してくれなくなったそうですし、いまはもう……。

出田　ないと思いますよね。

小西　私の記憶では、長崎の島原鉄道が過去、割に商いがあったと本で読んだと記憶していますけれども……。

宮本　いまのお話で思い出しましたけれども、私は島原鉄道へ受渡しに行ったことがありますよ。ですから、昔は商いをやっていましたよ。

小西　島原鉄道は、聞いた話では相続税財産通達で基本となる株価が表示されている銘柄の一つにカウントされていましたので、ここは未上場だけど商いが頻繁なんだなと認識していました。

出田　グリーンシートや未上場株取引は、いまはほとんどないと思います。

――取扱いはないということですね。

小西　２００５年の制度改正でほとんど死滅しちゃいましたね〔２００４年6月の証券取引法改正で、グリーンシート銘柄は「取扱有価証券」とされ、２００５年4月からインサイダー取引規制が導入され、情報開示などが強化された〕。上場基準を満たさないという理由で上場廃止になった会社が1つグリーンシートに登録しているんだけれども、あそこは大変だよね。

大塚　ただ、２０１８年にグリーンシート自体がなくなりますが〔２０１８年3月31日で、グリーンシート銘柄制度は廃止された〕、新たな制度もグリーンシートの銘柄が残っているから、それを取り込んだ新たなルールになっていましたよね。

(2)　九州の投資家の特徴

――株主コミュニティ制度を新設して、投資する意欲のある人は自ら手をあげて、コミュニティのなかに入ってもらうかわりに、情報開示に関する規制は緩和するみたいですね。話は変わりまして、九州の投資家についてお聞きしたいと思います。『平成21年全国消費実態調査』によりますと、家計の証券関連商品の資産に占める割合をみますと、全国平均で9・2％なんですけれども、九州では佐賀が7・4％で最も高く、宮崎7・1％、長崎6・5％、沖縄

6・2％、福岡5・8％、鹿児島5・7％、熊本5％、大分4・9％と九州は軒並み低迷しております。特に福岡は、東京や愛知、大阪といった大都市と比べましても、大幅にこの比率が低いんですね。この理由についていかがお考えかということと、九州の投資家の特徴をご存じでしたら、お聞かせいただければと思います。

出田 先ほど申し上げたように、熊本は少なくとも証券後進地域だと思うんですよ。その背景には、熊本は江戸時代から武士が強く、明治時代になっても官が強い地域なので、商売を軽んじるところがあると思うんです。

――ちょっと低いですよね。

出田 そういうところで苦労してやっているんですよ。大手証券さんの支店長も「いや、熊本は商売にならんところですね」と、皆さんおっしゃっています。

――そもそもお金持ちがいないのか、それとも、お金持ちはいるけれども、あまりにも保守的で投資をしてくれないのか、それはどちらだとお考えですか。

出田 もちろん、われわれの努力不足かもしれませんけれども、保守的であることは間違いないと思います。やはり熊本の土壌では、なかなか証券投資はしてくれないんでしょうね。ただ、いまおっしゃった福岡の数字は、ちょっと低いんじゃないかと思うんですよ。業界の人たちに聞いても、福岡は盛んだと思いますけどね。また、上場企業も100社以上あると思いますし、投資に対しても前向きな方が多いと思うんですよ。他方、熊本は東証一部に肥後銀行、東証二部に西日本システム建設〔現在のＳＹＳＫＥＮ〕、ビューティー花壇、マザーズにトランスジェニック、ＪＡＳＤＡＱにヤマックスの5社だけですから……。

小西 単純な発想なんですけれども、福岡の投資家層は富裕層が多く、投資額が絶対額でみると多いけれども、全財産に占める比率では低いというだけの話じゃないかなと……。そうでなければ、九州での証券取引の6割が、福岡県で成立している証明にはなりませんからね。

――九州の富裕層は福岡に一極集中しているんですか。

宮本 そう思いますね。もうハッキリしていますよ。

(3) アジアの玄関口であることを証券ビジネスに生かすには

――九州は戦前、朝鮮との取引が多く、小樽はロシアとの取引が多いなど地域的な特徴があったと思います。先ほどの話では、いまでも韓国の証券会社との提携や、東南アジア各地域とのつながりが、九州の証券界の特徴のようにもうかがえるわけですが、ほかの地域と比べてそういった関係が、証券ビジネスに影響していることはあるんですか。それはあまりないですか。

出田 全国的には、藍澤さんや内藤さんが結構やっていらっしゃいますが、九州ではあまり聞いたことがないですね。あるとすれば、ふくおか証券さんぐらいじゃないでしょうか。

小西 私が個人的に思うところは、いまの時代、日本人がお金を持って、向こうへ行くんじゃないんですよ。方向が逆なんです。つまり、九州に資産を預けたい外国人は山ほどいるんです。ところが、当局は非居住者の預金や投資を歓迎していなくて、そこが最大のネックですね。日本はもうそんなに豊かじゃないですよ。中国や韓国、台湾のお金持ちが、日本に投資をしたい、あるいは貯蓄をしたいんですよ。

私どもも本則およびQ-Boardに外国株の上場の仕組みがあるんですけれども、そもそも日本人投資家を対象にしたんじゃ駄目なんですよ。逆で、相手にすべき投資家は外国人なんです。彼らからすると、日本で上場している会社を買うのは、財産のヘッジになるわけです。中国にはものすごいお金持ちが多いんですよ。カナダではすごく外債が売れるんですが、これを買っているのが中国人なんです。実は中国人のお金持ちは、アメリカやカナダに送金していて、一族出身のプロの代理人がいてカナダに莫大な資産を持っていて、それで買ってくれるんですよ。それなりのお金持ちも日本に、福岡に投資をしたい人や、お金を預けたい人もいると思うんですよ。ところが、いまは福岡の銀行に預けたいと思っていても、できないんです。

小西　というのは、何日か前も新聞に出ていましたけど、当局の締めつけが厳しいからです。アジアの国々では財産を押さえられたり、政変があった時に殺されたりもしますから、財産を逃避させたいと願っているんですよ。ですから、経済特区か何かで、九州のどこでもいいんですけれども、外国人の非居住者の貯金や投資を認めるようにすれば、もっと投資が活発になると思うんですけれども……。もちろん、優遇する必要はなくて、税金や手数料もちゃんと払ってもらうんですよ。

――アジアの人たちがキャピタルフライトさせるには、日本では九州がいちばん地の利がいいですしね。

小西　そうですね。船で来られますし、釜山だったら3時間で来られます。でも、なかなかむずかしいんでしょうね。当局に聞くと「とんでもない」と……。外国人の非居住口座にはすごいネガティブですね。経済特区でもいいので、そういうのをつくったら、爆発的に海外からお金が流入してきますよ。おそらく、地銀さんの預金量は、何割どころか、倍増するかもしれませんよ。

――戦前はソウルに京城証券取引所をつくって、京城取引所と福岡との間で取引が非常に盛んだったと聞いているんですけれども、その時でも、日本人が向こうの株を買うんじゃなくて、向こうから来ていたそうです。

小西　ハッキリいって貧富の差が大きいですし、私が10年以上前に、上海へ行った時に向こうのファンド、いわゆるベンチャーキャピタルの人と会ったんですけれども、その時も「日本は非常に安定した運用先だし、投資したい」とハッキリおっしゃっていましたよ。ですから、日本は東洋のスイスのようになれると思うんですよ。ヨーロッパでは、自分の国に置いておくと危ない国もあるから、そういう国のお金持ちは、みんなスイスにせっせとお金を持って行っているじゃないですか。多分、日本が受入れを自由化したら、かなりのお金が日本に入ってくるんじゃないかと思うんですけどね。

――結構訪日客も多いですよね。

小西　ええ。とにかく3000室とか5000室あるクルーズ船が、ひっきりなしに交代で来ますから、中間層の中国人が山ほど来ていますよね。だから、日本で預金口座がつくれて、あまったお金を預金しておくことができれば、次に来た時にまた使おうとなりますよね。そういうニーズはいっぱいあるんですよ。

ところが、日本はそういうところは保守的ですよね。私は以前、横須賀の金融機関に勤めていたんですけれども、その金融機関も「米兵の口座開設は認めていない」といって返しちゃうんですよ。横須賀には米軍基地があって、アメリカ兵が何万人もいるんですよ。「パスポートをみせて預金口座をつくりたい」というんだけれども、「すみません、うちは受けていませんから」ってみんな追い返しちゃうんですよ。日本は非常に厳しいですね。

宮本　メキシコの壁じゃないですけれども、いろんな障壁がまだまだいっぱいありますからね。障壁を一つひとつ取り外すと、入ってくるでしょうし、先ほど小西専務がおっしゃった非居住者の預金を認めれば、預金は2倍にも3倍にも増えていくだろうと思いますね。

小西　私はイタリアにも3年駐在したんですけれども、イタリア人は月給をもらうと、すぐにスイスに持って行っちゃうんですよね。それはなぜかというと、イタリアはインフレがあるかもしれないし、捜査されるおそれがあったり、政治もがたがたしているからなんだそうですよ。リラの時代は、スイスに預金していると、金利が低くてもスイスフランは強いので、金利より為替で儲かるので、1年経つと十何%金利がつくのと同じになっていたそうですよ。それがいいかどうかは別ですが……。

――為替で……。

小西　為替で。外国人のインバウンドを増加するような施策をするんだったら、税金はとったうえで、非居住者に日本での口座開設を認めればいいのにと……。とにかく日本に預けたい人はいます。

――それでは、最後になりますが、これだけは九州特有の歴史だということがもしありましたら、お聞きしたいと思います。

小西　私が1点申し上げるとすれば、九州は民間同士、行政同士の協力体制が整っていますね。私はもともと関西なんですけれども、関西では府や県、府と市の仲が決してよくないんですよ。だから、あれだけ外国の首脳が、京都や奈良でサミットをやってはどうかと言っているのに、いまだに一度も実現しませんよね。ところが、九州は、九州・山口経済圏で何かやる時にはみんな結構協力してくれますし、地域のために何かをしようという気持ちがありますから、仕事がやりやすいですよね。これは九州の最大の特色だと思うんですよ。

――そういう土壌があるから、財界も福証を残すことに協力的なんでしょうね。

小西　そういうことにつながるでしょうね。商売では対立していても、仲間として、みんなで協力してやろうという土壌がありますね。だから、私どもが事務局をやっていますQSPでも、福岡県庁さんやニュービジネス協議会さん、中小企業基盤整備機構さんが協力してくださいますもんね。ニュービジネス協議会さんと中小企業基盤整備機構さんは、どちらも実質的には経産省〔経済産業省〕の関連組織なんですけれども、一般に出先同士の仲は決してよいとはいえないから、なかなか一緒にやらないです。しかし、このような県、ニュービジネス協議会さん、中小企業基盤整備機構さんが協力するというのは、おそらくよそでは成り立たないと思います。九州は目的がハッキリするとみんな協力してくれますね。その辺がいちばんいいところだと思いますね。

――札幌や新潟の方は、「福証は地域全体が支えようとしている。そのあたりがほかの地域とはまったく違う」とおっしゃっていました。

小西　北陸にはあれだけの証券会社があるわけですから、新証〔新潟証券取引所〕も新潟だけじゃなくて富山、石川を一緒にして、北陸地方として残るという話ができなかったんだろうかと思いますね。もっとも新潟は、新潟と長岡の仲があまりよくないので、むずかしいかもしれませんが……。

いま、九州では熊本県が地震〔2016年4月に熊本県を震源とするマグニチュード6・5の地震が発生した〕で大変ですけれども、熊本県で何かをしようとなると、他県の人間も一緒に頑張ろうとすぐ固まれますから、この風土は九州のいいところじゃないかなと思うんですけれども……。

――たしかに、この前あるテレビ番組で、鶴屋が取り上げられていたんです。どういう内容だったかといいますと、高菜漬けをつくっている会社が震災で、かなり被害を受けて立ち行かなくなっていたそうです。その時に、鶴屋がお歳暮にそこの商品を入れて、支えてくれたという話だったんですが、結構そういう話が九州にはあるらしいんですね。これまでのお話をお聞きしていますと、おっしゃるように、みんなで協力して地域の経済を支えようという風土があるのかもしれませんね。

出田 こういう非常に厳しい時だから、特に現れるんだと思います。

――こういう土壌というのは、鹿児島や宮崎でもそうなんですか。

出田 鹿児島は鹿児島でまとまるところですが、1人が出世したらみんなで一緒に伸びようという風土だと思います。熊本はそのあたりが逆で、できないんだけれども……。

小西 鹿児島と山口は明治維新をやった県じゃないですか。ただ、山口は維新で偉い人はみんな東京へ行っちゃって、だれも帰ってこないんですけれども、鹿児島は結構帰ってきているんですよね。それもあるのか、鹿児島はすごくプライドは高く、ベンチャーも結構あるんですよね。宮崎も創業支援に熱心です。

――今後はそういうところから、さらに単独上場銘柄を獲得するということですね。

小西 そうですね。九州以外では、山口県の企業さんは、私どものQ-Board開設以降、2005年にエムビーエスさん、２００６年にトラックワンさんの２社が上場してくれました。最近は、山口だけでなく、広島にも上場勧誘に行っています。地道な活動ですけれども、地域に密着した経営を続けていきたいと思っております。

――今日は本当にどうも長い間、３時間半もお付き合いいただきまして、本当にありがとうございました。

◎本稿は、小林和子、二上季代司、深見泰孝が参加し、２０１７年１月24日に実施された座談会の内容をまとめたものである。

第13章

激動の沖縄証券界の歴史を語る

——富山積氏証券史談

本章では沖縄証券界の歴史を取り上げる。本章に掲載するのは、おきなわ証券〔現在のおきぎん証券〕の富山積氏のオーラルヒストリーである。戦後70年の歴史で忘れてはならない問題の一つに、沖縄の問題があげられよう。戦後の沖縄は、日米両政府によって翻弄され続けてきた。本土復帰までの沖縄は米軍の施政下に入り、本土とは異なる制度（一例をあげれば、法貨が米ドルであり、ビジネスの面でも、商法の規定が本土とは異なっていた）のもとでその歴史を綴ってきた。沖縄経済は日米両政府に翻弄されたわけだが、その間にも沖縄証券界では証券取引が行われ、証券会社が経営を続けていた。本章ではこれまで十分に明らかにされてこなかった沖縄証券界の戦後復興の歴史を取り上げた。

富山氏が社長を務められた沖縄証券は、１９６０年に設立された会社であり、当時、玉塚証券と特約店契約を結び、外国人投資家を中心に地元株の売買に加えて本土株の売買も行っていた。ところが、当時、外資法〔外資に関する法律〕の規定で、日本円以外の通貨で購入した日本株を売却した場合、2年間は回収金を据え置かねばならず、その送金も据置き期間後、5年かけて分割送金しなければならなかった。このため、沖縄証券は顧客サービスとして、立替払いを行っていたわけだが、そのことが沖縄証券の財務状況を悪化させていった。また、本土復帰時もその直前にニクソン・ショックが起き、円ドル交換レートの切上げが起こり、そのことが沖縄の人たちが持つ資産を減価させるなど、苦悶の歴史をたどってきた。

さて、このヒアリングに際し、筆者らはいくつかの関心を持っていた。1点目は米軍施政下の沖縄では、本土の制度とは異なるルールで、証券取引が行われていた。では、証券取引を行った主体は、沖縄の人だったのか、それとも外国人だったのか。また、その取引銘柄、商品が何で、その取引はどのように執行されていたのかである。

さらに、これに関連して、本土復帰に伴い本土の制度、規制が適用されるわけだが、この制度やルールの変更に伴う労苦があったのかが、筆者らの2点目の関心である。

次に、沖縄証券は山一證券の系列証券として発展を遂げたわけだが、１９９７年に山一證券が破綻する。この破綻に伴って実務的にどのような影響があったのか、また、母店破綻の影響を回避するために、どのような対応をされたのかが筆者らの3点目の関心であった。これら筆者らの関心に基づき、お話を伺っている。

▼富山氏と玉塚証券

――それでは、さっそくですけれども始めさせていただきます。まず、富山様が玉塚証券〔現在のみずほ証券〕に入社された経緯からお聞かせいただければと思いますが……。

富山　わかりました。私は1934年に宮古島で生まれました。われわれは戦後の学制改革前でしたから、中学への入学が試験制で1年繰り上げられたんですよ。それで、小学5年生の時に中学受験が行われて、ごくわずかな人数ではあるんですが、1年先輩と一緒に入学しているんですよ。また、なかには九州や外国に疎開した者もいて、試験当日に間に合わず、1年後輩になった友人もいました。そして、高校を1952年に卒業しまして、それから〔琉球政府の〕公務員になりました〔戦前の学制では、1919年中学校令改正で尋常小学校から中学校には飛び級入学が可能であった〕。

当時の琉球政府は、財源をつくりだすためにいろいろな事業をやっていましてね。私は郵政課〔琉球政府で郵便切手を発行する部署〕に配属され、公務員として5年ほど勤めた後、日本大学に進学しました。そして、卒業を迎える時〔1961〜1962年頃のこと〕に、大学の講堂に求人票がズラーッと掲示されていたんです。そのなかで玉塚証券というのが目につきまして……。

――なぜ玉塚証券が目についたんですか。

富山　玉塚証券というのは、在学中に沖縄へ1、2回帰ってきている時に、「沖縄にこういった証券会社が入っているよ」という話をちょっと聞いておりましたので……。しかも、企業としても魅力を感じていたので、頑張ってみようかなというような感じで受験したんです。試験は筆記と口頭での面接ですよね。しばらくすると「採用します」と手紙が来ましてね。実にビックリしました。

――そして、玉塚証券に入社されると、外国部に配属されますよね。

富山　採用にもビックリしましたが、今度は外国部に配置されるというので、またビックリしたんですよ。当時の玉塚証券は、4社並みの外国部を持っていたんです。当時、サンフランシスコやロサンゼルスに日本人が非常に多かったそうで、そういったところを中心に、出向社員を送って、〔日本株の〕注文をとっておったんです〔1952年5月、ロサンゼルスに本拠を置き、玉塚証券を特約店とした大洋証券が設立され、日本株の売買が行われていた。その後、大洋証券に玉塚証券が出資し、大洋玉塚証券となった〕。当時のアメリカは、もちろん株の取引では先進国であるわけですから、われわれがまったく知らないものも彼らはよく知っているわけですし、株は相当売れたんです。

私は、外国部に配属されたわけですが、何をしていたかというと1つは日本銀行に通っていたわけです。何をするために日本銀行に通っていたかというと、当時、ドルを日本円に換金できなかったわけです。そのかわりに、常任代理人を置いて、その人が本人にかわって日本銀行へドル交換の申請を出さなければならなかったわけですよ。私の場合は、入社後、毎日のように日本銀行に通っておったわけです。当然、当時は外国人が、持株を売ったとしても、すぐにドルに換金して戻せるというようなシステムじゃなかったんですよね。2年間か何かは禁止されていたと記憶しています〔当時、外資法により、日本円以外の通貨で日本株を購入した場合、元本の回収金の送金は、取得日から2年据え置き、その後5年間の分割送金という条件が付されており、取得日から2年を経なければ外貨での払戻しを受けることはできなかった〕。

もう一つは、外国部に配属になりましたが、友人たちも「エーッ、お前が外国部って、英語をしゃべるの」といった感じだったように、私はベラベラ英語をしゃべれるわけでもないし、英語を勉強せんといけないから、『朝日新聞』にニューヨークの株式市況がコラム欄に出ていたので、これを毎晩、丸覚えしていたんです。そして、外国部に配属されてから2年ほど経った頃〔1964年5月11日〕、沖縄証券に出向したわけです。これは、玉塚証券は沖縄証券と業務提携しており、それまでにも社員が出向していたのですが、ある理由があって私をかわりに行かせようということで、派遣されたのかなと思うんですが……〔1960年6月に、沖縄証券は玉塚証券と特約店契約を結び、技術指導のため玉塚証券の社員を受け入れていた〕。

――立ち入ったことですが、富山様が沖縄に派遣された理由というのは一体……。

富山　1つは沖縄を開拓してもらいたいということがあったでしょう。そして、もう一つは、非常に大きな問題を抱えていたんですね。

沖縄の開拓に関しては、当時、沖縄証券は外国人投資家を中心に商売をしていました。沖縄証券に来てビックリしたのは、10人ぐらい入れるカウンターがあったんですが、そこはもうほとんど全員外国人でした。当時の外国人投資家は、「ああだ、こうだ」とむずかしくいわなくても、「オー、イエス、わかった」といったような感じで、非常に接しやすい人たちでしたし、株式投資に対しても、特に目先の利益を追っているといった感じはしませんでした。

私が来る前の沖縄証券には3人の出向社員がおりました。1人は英会話が堪能な人で、残りの2人は沖縄証券の社員向けの指導員として出向した普通の日本人でした。当時、私の前に出向した社員は、外国人扱いではトップなんです。沖縄では当時すでに外国人の株式売買が自由にできましたので、こっちの投資家は外国人ばっかりでした。ただ、先ほどもいいましたように、当時、外国人投資家の株式売却代金は、2年ほどドルに換えられませんでしたから、〔玉塚証券の〕本社のほうで一時預りとして外国人口座にキープしていたんです。もちろん、預り金には金利もつけていました。しかし、売りを出しても、なかなかお金が戻ってこないけれど、これはどういうことなのかということになって、だんだんと商いが落ちていったわけです。だから、会社がお金を借りて立替払いをしていて、大きな穴が開いていたんです〔立替払いに対しては、委託手数料とは別に株価の1％が手数料として徴収されていたものの、このことが一因となって、余儀なく沖縄証券は高金利融資を受ける状況に陥っていた〕。

――その問題の処理というのも1つの目的だった……。

富山　かどうかはわかりません。玉塚証券では、沖縄に行って、沖縄のために力になってくれよとしかいわれませんでしたから。また、そのことは社内でも秘密にされていましたから……。

――いま、お伺いしますと、富山様が出向された当時の沖縄証券は、立替金の累積などちょっと問題を抱えていたように思うのですが、富山様は新日本証券〔玉塚証券は、1967年3月1日に大商証券、山叶証券と合併し、新たに新日本証券（現在のみずほ証券）が発足していた〕へ戻られずに、新日本証券をお辞めになって、沖縄証券に残られますよね。その理由はどういったところにあったのでしょうか。

富山　それはね、私が玉塚証券から出向して、ちょうど3年目ぐらいですかね。沖縄証券の社長が五代目にかわったんですよ。初代が長田〔義丸〕さん、2人目は山内〔康司〕さん、3人目が当山〔真清〕さん、4人目が金城〔英隆〕さんでしたが、おそらく全員が〔任期〕途中で退任したんじゃないかと思います。その後、5人目に真栄城〔玄松〕さんが社長になられたんです。

真栄城さんは、警官あがりの人だったんですが、沖縄証券のある役員の紹介で入ってこられたんです。真栄城さんは僕を相当買ってくれましてね。それで、「お前、一つ助けてくれんか」といってくださったんです。当時、この人も私も相当苦労していたから、同じ苦労をするなら、一緒にやりましょうかということで、「どういうかたちですればいいですか」といったら、「専務でいいからやってくれ」とおっしゃった。だから、出向して3年目で専務になったわけですよ。それで、新日本証券には、沖縄証券の専務になると同時に退職願を出したんです。

――ということは、沖縄証券に出向された目的は、営業もさることながら、沖縄証券の立替払いが累積して、財務的に逼迫してきたことを解決しに行かれた。そして、真栄城さんから力を貸してほしいとおっしゃられて、残られたというわけですね。

富山　そういうことなんですね。ただ、それにはまず、営業ができないといけませんよね。当時の沖縄の一般投資家は、株式投資に対しては素人ですからね。株なんていうのはばくちですか、ばくちをやるためにお金を出すんですかといっていた時代でしたし、そういったところから説得していかないといけないわけですからね。もう営業もやりながらでなければ、部下もついてこないですよ。

――先ほど外国人中心に営業されていたとのお話でしたが、主に売買されていたのは、地元株ですか。

富山　当時、外国人も少しは地元株の売買をやっておったんですよ。しかし、地元株は全然動かないし、売り手がいないですからね。だから、ほとんどが本土株です〔『大蔵省証券局年報』によれば、沖縄の証券会社3社のビジネスは、本土株の委託売買の取次を中心に、若干の地場株売買が行われ、有価証券の引受け、売出し、募集または売出しの取扱いは行われていなかった。ただ、大宝証券だけは自己売買を行っていたとされる。ちなみに、沖縄の証券会社の株式売買高に占める本土株の割合は、1968年度は56・4％であったが、1971年度には92・3％まで上昇していた〕。

上原　基本的に当時、沖縄証券で扱っていた商品というのは、株式がメインですが、それは本土株と上場していない地元株の2種類です。それ以外では投信と債券ですね。

――手数料収入でいうとどのぐらいの割合になるんですか。

上原　もう圧倒的に本土株です。

――本土株の売買が中心ですか。

富山　ええ、ほとんどが。ところが、ＩＯＳが入り込んでくると、外人投資家は本当に水が引くような感じでいなくなったんです。

▼ＩＯＳとの提携について

――いま、ＩＯＳのことが出てきましたので、次の質問に移らせていただきます。沖縄証券は１９６５年４月に、ＩＯＳと特約店契約を締結したことが社史に書かれていました。日本国内では、ＩＯＳは琉球証券と提携関係にあった大和証券と提携していました。なぜ、沖縄証券がＩＯＳと提携することになったのでしょうか。

富山　このＩＯＳというのは、もともとスイスでできたファンドで、当時、アメリカの基地内に蔓延していたんですね。それを聞いていたカートン中尉とブラウン少尉という2人の軍人が、わざわざ私らの事務所に来たんです。この2人は沖縄証券の顧客でもあったんですが、「実はこういうふうな投信を販売する。毎月５００ドルの手数料を払うから業務提携してくれんか」ということでみえたんですよ。それで役員会を開いて、「こういう話があるけれど、どうだろうか」といったら、「まあ結構じゃないか」ということで、それで2人と協定を結ぼうということにしたんですね〔社史によれば、この2人が沖縄証券と特約店契約を交わしたのは、自ら沖縄の人に販売するため、琉球政府の金融検査庁に申請したところ、金融検査庁から沖縄証券との提携を命じられたという背景事情があったとされる〕。

この2人がＩＯＳの投信を販売すると、一時的に流行しましてね。ＩＯＳの手数料は、50ドルやると〔月掛け50ドルの積立ファンドの契約をとれば、1件当り〕25ドルが手数料として営業マンに戻るんですよ。それは手数料収入においては抜群によかった。そういうことで、そこに販売員として１００人ぐらい集まって、相当お金を集めたと……。何万ドルも集めたという人もなかにはいたと聞いていますからね〔社史によれば、ＩＯＳの営業をしていたのは、沖縄証券の営業マンとしていたものの、沖縄証券の職員ではなくＩＯＳの営業であった。つまり、名義貸しであったとされる〕。

ところが、当社は特約店契約を結んではいたんですが、1件も取扱いがありませんでしたから、これはやっちゃいかんという禁止が出たんです〔1966年6月1日に金融検査庁から、この特約店契約は、実体的には名義貸しであるとして、契約破棄の指示を命じられた〕。ですから、IOSのブームは、手数料稼ぎのために、はやったということじゃないかと思います。結局、1年か、2年も経たないうちに、雲隠れみたいになってしまって、どうなったかわからない状態になったんです。

ただ、IOSが入り込んでくると、外人投資家がIOSに行ったために、本当に水が引くような感じでいなくなったんです。

▼米軍施政下の沖縄証券界と本土復帰

――少し話は変わりますが、米軍施政下では、本土の制度、規制とは異なった制度、規制で運営されていたように思います。たとえば、琉球生命の社長をされていた嘉数〔昇〕さんは、沖縄証券でも役員〔会長〕を務められていましたが、当時は、ほかの金融機関との役員兼任はしてもよかったんですか。

上原　役員を兼任してよかったのは復帰前の途中まででして、高等弁務官の指示のもと、琉球政府のほうから、特に金融関係は兼務を許さないぞという通達が出たんですよ。通達が出たところから、結果として兼務ができなくなったので、本体だけで非常勤はみんな降りるかたちをとったんです〔高等弁務官布令37号（『銀行、銀行業務及び信用供与』）第15条aで禁止された〕。

――いわゆる有名なキャラウェイ旋風というやつですね〔キャラウェイ旋風とは、キャラウェイの着任直前の1961年1月に発令された、高等弁務官布令37号（『銀行、銀行業務及び信用供与』）をきっかけに、1965年頃まで行われた金融界へ

の粛正のこと。また、狭義には1963年2月の三和相互銀行事件以後、キャラウェイ高等弁務官が離任する1964年7月まで行われた粛正を指すとするものもある。キャラウェイがこうした金融界への粛正を行った背景には、基地の安全保持や自由使用のために、米軍統治の受益者拡大があり、この具体的方策が経済発展であった。ところが、沖縄では1955年頃から金融機関の不祥事（銀行役員の横領や役員関連企業への超過貸付、不正貸付など）が相次いでおり、キャラウェイは、自らが目指す経済発展を支える金融機関の不祥事を問題視し、直接介入して当該銀行役員の更迭などの強権を発動し、こうした金融機関の経営者を粛清したとされる。ただ、当時、金融検査部長を務めた外間完和氏によれば、キャラウェイは琉球政府に事あるごとに直接介入をしていたものの、銀行への検査命令や検査、検査結果に伴う処分への直接介入はなく、むしろ、キャラウェイという名を借りて、琉球政府金融検査部自身が主体的に不祥事件を追及、役員の処分をしていたと回顧している〕。

富山　キャラウェイは高等弁務官でした。沖縄には戦後、高等弁務官という知事以上の権限を持った人がおったんです。なかでも、キャラウェイという人は非常に有名でしたね。

沖縄では、キャラウェイ旋風の前から金融機関の不祥事が相次いでいたんです。銀行の不祥事件の関係で、うちの社長を辞めて、銀行の頭取に就かれた方もいらっしゃいました〔沖縄証券二代目社長の山内康司氏は、沖縄銀行経営者が汚職事件によって退任した後、1962年3月に沖縄銀行頭取に就任するため、同年2月に沖縄証券の社長を退任した〕。

このようにキャラウェイ旋風の前から、金融機関の不祥事が相次いでいましたので、米国民政府は布令を発令して金融機関に対する管理体制を強化していたのですが〔1961年1月30日に、高等弁務官布令37号（『銀行・銀行業務及び信用供与』）を発令した〕、それでも銀行の不祥事がなくならないことから、キャラウェイは布令を改正して、検査監督を強化し、銀行、証券、保険といった金融機関に対して、徹底的に体質改善を求めましてね。いずれにしても金融機関に対して、ものすごく強硬な姿勢で臨んでいましたね。

――制度面では証券取引法の施行が1958年ですし、本土では戦後間もなく禁止された資本金の分割払込みも

1964年の商法改正まで認められていますよね。それまでの間というのは、戦前の仕組みをそのまま……〔資本金の分割払込みに関しては、1964年に商法が改正され、資本金の全額払込みが義務づけられた〕。

上原　戦前は関係ないですよ。そもそも証券取引がほとんどなかったですから。

――関係ないんですか。

上原　ええ。基本は米軍統治下なので、要するに何もないわけです、沖縄って。

――では、米軍による条例か通達に近いもので……。

上原　そうですね。沖縄では証取法〔証券取引法〕に相当する法律はありませんでした。戦後では、金一証券〔1954年1月開業〕という会社があったようですが、これは法的な裏付けがない状態で、琉球政府は認可しています。その後、米国民政府の意向もあり、琉球政府がいろいろな法律を整備しないといかんというので、本土のものをモデルに証券取引法をつくったわけです〔沖縄では証券取引法が1958年に施行された。この法律は、1965年改正前の日本国内の証券取引法と同様の規定であった（沖縄になかった証券取引所、証券業協会、有価証券金融会社に関する条文は規定されていない）。それゆえ、沖縄では本土復帰まで、証券業には登録制がとられていた〕。

――一方、商法のほうは、1964年の7月の改正まで、戦前の制度がそのまま用いられていたように思うのですが。

上原　だから結果として、ないものはおそらく戦前の制度を準用していたんでしょうね。沖縄は戦争に負けて、アメリカ軍が統治したわけですが、統治方針が明確化されるまで、すべて試行錯誤で統治が行われていたと思うんです。通貨も1958年にやっと米ドルに落ち着くんですよ。それまでは軍票〔B円〕だったり、日本円になったり、また軍票に戻ったり、ドルになったりして、通貨自体がものすごくコロコロ変わっていたんですよね〔沖縄の通貨交換の歴史を振り返っておくと、1945年4月の米軍による沖縄上陸開始から約1年間、無通貨時代があった後、1946年4月に第一次通貨交換として新日本円とB型軍票が流通通貨となり、1946年9月に新日本円が流通通貨となった（第二次通貨交換）。そして、1947年8月に第二次通貨交換の修正が行われて、再びB円も流通通貨に追加され（第三次通貨交換）、1948年7月には流通通貨はB円に統一（第四次通貨交換）、1958年9月に第五次通貨交換として流通通貨が米ドルにされた〕。その間というのは、琉球政府もおそらく手探り状態で規制などの運用もやっていたんだろうと思うんです。昭和30年代になって、経済も伸びてきて、ある程度、いろいろな法律も整備しないといけない時代に入ってきたんじゃないですかね。

B円というのはおもしろくて、当時1ドルは360円だったじゃないですか。1ドルは120B円なんですよ。つまり、1B円は3円ですよね。ということは、日本円に比べて3倍の価値ですよ。これはおそらく米軍の政策なんでしょうけど、日本円を獲得するよりは米ドルを獲得したほうが沖縄側にとって有利だよね、という政策のもとで基地政策などを含め、いろいろ整備していったんだろうと思います〔他国の多くが自国産業保護、輸出促進政策を重視し、自国通貨レートを低めに設定したのに対し、沖縄では基地建設工事を促進するためには、経済安定化およびインフレ防止、労働力の確保が必要であった。このため1ドル＝120B円という異常に高い通貨レートが設定され、その結果、沖縄は基地依存型輸入経済という経済の枠組みが課された〕。

――いま、通貨のお話が出ましたけれども、沖縄返還時のことについてお聞きしたいと思います。沖縄が日本本土に復帰する直前にニクソン・ショックがあって、ドルが切り下げられますよね。当時、手持ちのドルを1ドル360円で交換できるか、また、従来のドルベースで払われている賃金を日本円に換算する際に、1ドル305円でされると、手取り額が減りますから360円で換算するよう、労使でもめたというような話も聞いております。あわせて、本土復帰後、本土の制度が適用されるようになり、沖縄の証券界が大きな変化に巻き込まれたかと思うのですが、何か印象に残っておられることがあれば、お聞かせいただきたいと思うのですが、いかがでしょうか。

富山　ドルから円にかわってというのは、そんなに影響はないですね。ほとんど影響はなかったですよ〔実際の沖縄住民の生活は過去の通貨交換同様、沖縄返還時の円・ドルの交換レートでも翻弄された。沖縄が日本に返還される際、沖縄住民の持っていたドルの円への交換は、当初1ドル＝360円での交換が想定されていた。ところが、返還前年の1971年8月15日のニクソン・ショックにより、8月27日に日本政府は変動相場制への移行を決定（実質的な円の切上げを容認）した。日本政府の円切上げ容認を受けて、ニクソン・ショック直後から沖縄の物価は急上昇し、住民生活を直撃した。変動相場制への移行を受け、屋良朝苗琉球政府行政主席と山中貞則総理府総務長官が沖縄住民の持つドルの円への交換レートに関して頻繁に会合を行った。その結果、1ドル＝360円で交換することを前提に、10月8日に「通貨（ドル）確認」のために銀行窓口を閉鎖し、10月9日の1日だけ、沖縄県内357カ所で通貨確認が実施された。ところが、12月18日のスミソニアン合意で、1ドル＝308円への切上げが決まった。1972年1月7日の日米首脳会談で、沖縄の本土復帰が1972年5月15日に決まるが、1972年2月に沖縄の労組が1ドル＝360円での給与換算を求めて、大規模ストに突入。こうして円ドル交換レートの決定をめぐって、沖縄住民に混乱が生じた。こうした混乱はあったが、日本政府は沖縄の本土復帰時の円ドル交換レートを、1ドル＝305円に決定。沖縄の本土復帰に伴い、5月15～20日の6日間、沖縄県内190カ所で円・ドルの通貨交換が行われ、1億ドル超が回収された。沖縄復帰直後から通貨換算レートを歪曲した急激な物価上昇に加え、中小企業などの賃金が305円換算で大幅に低下し、住民生活は混乱に陥った」。

――ほかに、本土復帰に伴って、何か印象に残っておられることはありますでしょうか。

富山　変わったのは資金面ですよ。前半はまったくゼロに近い資金量だったけれども、後半に来ると、相場にもよるんだけど資金は豊富になった。前半は資金量がまったくない。だから、資金さえ潤沢に使えたならば、沖縄証券はもっと伸びていたかもわからない。

――バブル期に資金が増えたということですか。

富山　そうです。それと、営業がズーッと伸びていきましたね。

――じゃあ、沖縄の本土復帰に伴う混乱といったことは、特にないわけですか。

富山　特にないですね。

――本土復帰の頃に、琉球生命は日本生命に営業譲渡していますが、営業譲渡に伴って、琉球生命が持っていた沖縄証券株は、日本生命へすべて移ったわけですか〔1975年に琉球生命は解散して、事実上、日本生命に吸収合併された〕。

上原　いえ、結局、琉球生命の株は日本生命に移らなかったんです。そのまま地元に……。

――では、地元の株主さんが肩代わりしたということでよろしかったですか。

上原　そうですね。その頃には〔琉球生命の持株〕比率も少なかったですから。最終的には、復帰直前、崎山〔喜昌〕さんが筆頭株主になって、復帰後、〔崎山さんが〕持っていたものを山一證券に分けたりとか、株主構成をまったくつくり変えちゃうんですね〔当時、嘉数氏の持株をめぐっても、大蔵省から株式所有の分散が求められ、嘉数氏、崎山氏が中心となって、崎山氏、高倉幸次郎氏、國場幸太郎氏ら地元資本家13人に株式の分散が行われていた。この時期の株主の変化は、巻末の〔参考1〕を参照のこと〕。

――ということは、本土復帰に伴って、いちばん問題となったのは免許取得のことですかね。

富山　うん、うん〔富山氏は、証券業者の立場から、本土復帰に伴う最も大きな問題を免許取得と答えられたが、このほかにも、本土と沖縄の制度の違いから生ずる証券市場に関連する問題はあった。それは、株式の額面金額の相違であった。すなわち、沖縄では1964年商法改正により、株式の額面は1ドル以上と規定されていた。他方、日本国内ではそれを500円以上と規定しており、両者に額面金額の相違が生じていた。これについては、復帰時に、沖縄の商法によって設立された株式会社が、額面金額500円未満の株式を発行していた場合、復帰後も額面金額500円未満の株式が発行できることを認めるとともに、これらの会社の株式を額面500円以上にできるよう、株式の併合手続もあわせて講じられた〕。

▼証券業免許の取得と3社合併問題

(1) 立替金問題と資本金満額払込み

――次に、いま、お話に出ました免許取得のことをお聞きしたいと思います。沖縄証券が証券業の免許を取得するに際して、中心的な活躍を富山様がされたと伺っております。免許取得の際にご苦労されたことをお聞きしたいのですが〔沖縄での証券会社の登録制から免許制への移行は、復帰特別措置により1974年5月14日まで2年間猶予されていた。もちろん、この間の証券会社の指導、監督は、本土の証券取引法が適用されていた。また、外務員についても、沖縄は届出制であるのに対し、日本国内は登録制がとられていたため、復帰に際して6カ月間の経過期間を設けて、その間に外務員登録をするよう求めた〕。

富山 結局、免許取得において最も苦労したことは、資本金の問題ですね。当時、役員会で常に議題に上るのは資本金です。当社は常に資本金の問題で悩まされていました。〔商法改正時点で〕当時の資本金は5万ドルのうちの4分の1、1万2500ドルしか払込まれていないわけです。

これに対し琉球政府は、〔商法改正に伴い公称資本金が〕5万ドルなら5万ドル払込みなさいと指導してきたわけです〔1964年7月商法改正で資本金の全額払込みが義務づけられ、1966年7月から施行されたが、『商法の一部を改正する立法の施行法』で、改正商法施行前に成立していた会社に対しては、改正商法施行日から2年間は払込みの猶予がされた。したがって、沖縄証券の場合は、1968年7月までに資本金の全額払込みが完了すればよかった〕。だから、沖縄証券を再建するために、しょっちゅう大株主に資本金の全額払込みを要請していたわけです。そうしたら、「払ったらどうするか」と聞かれたので、2万～3万ドルほどの余裕がありますし、利息を稼げば日銭がとれるんじゃないかと考えて、証券担保金融をするという話も持ち出したんですよ。

ところが、先ほども申し上げましたように、立替金が累積していましたから、大株主はそれの処理を先にしないと資本金を払込まないといってきたんです。当時、沖縄財界にはビッグファイブと呼ばれる方がいらっしゃったんですよ。

――ビッグファイブとは……。

富山　戦後、沖縄では、國場幸太郎さんや大城鎌吉さん、そして宮城仁四郎さん、具志堅宗精さんは、「沖縄財界の四天王」と呼ばれていまして、私らは嘉数昇さんを加えて「ビッグファイブ」と呼んでいました。そういう方々が沖縄の会社の大株主でして、うちの場合は、嘉数さんがいらっしゃいました。嘉数さんは、お金はお持ちですからお金はいくらでも出せるんですが、「経営の姿勢がちょっとおかしいんじゃないか、立替金を払ってからじゃないと、自分は払えない」とおっしゃるわけです。

当時の外資法では売却代金を自由にできないから、いったん積み立てたわけですが、顧客サービスとして投資家に立替払いをするために、高利貸しからお金を借りていたことや、その金利なども負担していたことも知っているんですよ。けれども、大株主さんは役員会で社長、専務に「お前たちの責任であり、それを払ってからじゃないと増資満額達成というのはできない」といわれましてね。ですから、〔当山〕社長、〔金城〕専務および役員4、5人あるいは職員も入れて十何人かで全部弁償したんです〔損失が補てんされた後、1968年6月27日の臨時株主総会で、沖縄証券は資本金を5万ドルから1万2500ドルへの減資を決定した。しかし、琉球政府から減資幅を小さくするよう意向が伝えられたため、1968年8月7日の臨時株主総会で、資本金を1万7000ドルへするよう改められた〕。

(2) 3社合併問題とその頓挫

――しかし、他方で本土復帰に伴い証券業免許を取得するには、最低資本金が定められていましたよね。これとの関係で3社合併構想が浮上したわけですか〔沖縄県内の証券会社3社（沖縄証券、大宝証券、琉球証券）の合併は、1970年末頃から検討されていた〕。

富山　そうです。当時、政府〔金融検査庁〕は、3社が合併しても、単独でいっても、絶対持たないと考えていたんです。だから、この話は、政府の指導で合併しないと免許がとれないぞ、というような脅しみたいなものをバックに出てきた話です〔『大蔵省証券局年報』によれば、大蔵省は沖縄の証券会社は資産内容、営業基盤が弱体であることから、各社への免許付与は困難と判断しており、業界全体での体制整備を強く求めていた〕。

――免許は出せないと……。

富山　もちろん沖縄証券も、最後には合併せんといかんのかなという考え方ではあったんですが、「いや、合併したらわれわれの命取りになるから、それはしないでおこう」といって、最初から「合併しましょう」という話は持って行ってないんですね。また、当初は合併より、むしろ提携している本土の会社に吸収してもらうほうが、得策ではないかとも考えていたんです。おそらく大宝証券も当初は合併に前向きではなかったと思いますし、琉球証券は、われわれからみても、ちょっと規模が……〔1970年末時点で、沖縄証券が資本金1万7000ドル、役職員数13人、売買高が約233万ドル、大宝証券は資本金4万ドル、役職員5人、売買高が約223万ドルであったのに対し、琉球証券は資本金こそ1万5000ドルであったが、役職員数5人、売買高が約28万ドルであった〕。

――規模がいちばん小さかった。

富山　というのは、営業はほとんど専務1人でしかやっていないこともあるわけですから。だから、うちが琉球証券と合併する場合、吸収合併しか考えられないし、それはまずはできないだろうと思っていたわけです。ところが、政府が合併しないと免許は与えられませんよといってきているものだから、じゃあ、とりあえず合併しようかということになったということですね。

――主として、金融検査庁が免許を与えないといった最大の要因はなんだったんですか。規模の問題だったということですか。

富山　そう、そう、そう。そういう考えですよ。

上原　当時、本土復帰を目前に控えて、琉球政府は3社の資本金が国内の地場証券の最低資本金にも達していない〔証券取引法施行令で、地方非会員業者の最低資本金は2000万円と規定されていた〕。加えて、利益計画も含めて業容も大したことがない。こういう状況で、本土資本が入ってきたときに、結果として伍してはいけないでしょう。だから、3社が合併したらどうなんだと指導したと聞いております。これに対して、先ほど富山さんがお話されましたように、沖縄証券としては、当初から乗り気であるような話をするとよろしくないということで、当初は反対をしていたわけです。

一方、琉球証券のほうは営業的にかなり厳しく、合併以外の選択肢はないと考えていたみたいですし、大宝証券さんは創業者の波平仁吉さん〔琉球政府理財課の元課長だった〕がいらっしゃるので、おそらく政府の意向は聞こうという姿勢に変わったんだと思います。ですから、2社はどちらかというと合併を推進する立場であったのに対し、沖縄証券はもともとそういう意向もないので、後からやろうかと……。

――沖縄証券は当初、合併には否定的とおっしゃいましたが、最終的には沖縄証券が琉球証券を救済合併していますよね。大宝証券がそこに乗ってこなかったのはどういった理由があったのでしょうか〔沖縄証券は1972年1月25日、琉球証券を合併した〕。

富山　その理由は、僕は人事的な問題かなとは思うんですよね。大宝証券の当時の〔波平〕社長は、〔琉球政府〕理財課の元課長だったんですよ。

――琉球政府の……。

富山　そう、そう、課長。だから、その下で働いていた人が琉球銀行などにいるわけです。実際問題、企業を経営するには商いがないといけませんよね。その商いをつくるための一つの手段として、大宝証券はものすごく琉球銀行との関係を深めていったわけです。

上原　当初案では、3社の資本金を考えて次のような合併が考えられていたそうです。まず、沖縄証券が実質上は琉球証券を吸収合併するわけなんですが、表面上、対等合併にして沖縄証券の資本金を大宝証券とほぼ同等にしたうえで、両社が対等合併して復帰を迎えるという筋書きだったらしいんですね。

――琉球証券をまず合併したのは、資本金をイコールフッティングするため。

上原　そうです。要するに、二段構えだったんです。3社を合併するのに、一度に3社を1つに合併するのではなくて、大宝証券は先に増資をすませていたので、〔沖縄証券と〕資本金に差がありましたから、沖縄証券が琉球証券を実質的には吸収合併なんですけれども表面上は対等合併というかたちにして、琉球証券の資本金を沖縄証券にくっつけたんです。

――しかし、当初の予定どおりいかなかったのは、琉球銀行の意向ということですか。

富山　先ほど少しいいましたが大宝証券は、波平さんが琉球銀行に出資を依頼しているんですよ。それに〔大宝証券の〕業績も思うようにあがっていませんでしたし、琉球銀行も人を送り込むべきだと考えたんじゃないかと思いますよ。あくまで想像ですが……。その後、大宝証券は、琉球銀行を通じた顧客へのアプローチを積極的に進めていました。そして、琉球銀行の介入によって、業績も上向きだしたわけですから。ただ、あくまでも想像ですけどね。

上原　もともと二段構えの合併が考えられていたのですが、先ほどもお話がありましたように、沖縄証券には外国人相手の立替払いを原因とする穴が開いていて、そのお金を埋めてからじゃないと、株主さんが「カネを入れんぞ」とおっしゃっていたこともあって、増資したくてもできなかったわけですが、大宝証券さんと琉球銀行さんは関係が強化され、資本も入れることになりましたので、要は合併しなくてもなんとかなると……。

当時、営業面では沖縄証券のほうがシェアなどは少し大きかったようですが、大宝証券さんのほうが先に増資をしていたこともあり、資金面で先に免許条件をクリアされていたことも一因だったと思うんですよね。

——大宝証券のほうは1社で……。

上原　ええ、とりあえずはですね。当時の地場証券の免許付与のための資本金の条件は、２０００万円だったらしいんですけれども、大宝証券は先に8万ドルに増資できていましたから。一方、沖縄証券は1万２５００ドルからスタートして、琉球証券との合併時では4万５０００ドルでしたが、琉球証券との合併で6万ドルになり、復帰後は増資が厳しくなるだろうということで、復帰直前に10万ドルに増資したんですね。最終的には1ドル３０５円で10万ドルですから、復帰当時の資本金は３０５０万円になっていたようです。

——たしかに、復帰後の規模をみると、大宝証券のほうが大きかったですよね。

富山　はい。なぜ向こうが上回っているかというと、銀行を介して大口顧客が大宝証券と取引するようになっていたからだと思うんですね。

——ということは、大宝証券のほうは、波平さんが琉球銀行との関係を強化して、沖縄の現地のお金持ち相手にビジネスをされていたのに対し、沖縄証券のほうは、どういった顧客層を相手にお商売をされていたのでしょうか。

富山　沖縄証券は、特に別のビジネスを試みたわけではなく、個人への株式営業を中心としたビジネスをしていました。

——ということは、免許を取得するうえで、最も苦労されたのは資本金の問題であったということですか。ほかにも、営業収支の面や事業計画の策定なども大変だったかと思うんですけれど、そのあたりはいかがでしたか。

富山　免許を取得するために、膨大な資料をつくりましたよ。復帰から免許制導入までには、2年間の余裕があったんです〔沖縄での免許制の導入は、復帰から2年後の1974年5月14日とされた〕。だからその間に、山一から最初におみえになられた〔池田敏郎〕副社長を中心に、私ともう1人、総務部長の3人で〔書類を〕つくりましたよ。

——先ほどの未払込資本金の問題も含めまして、資本金は結局、山一が全部出したと考えていいんですか。

富山　いや、山一はいっさい出してはないですね。当時、いちばん出されたのは、多分、崎山さんです〔崎山氏が2万株引受けている〕。ただ、免許取得に関しては、われわれのほうよりも、むしろ大宝証券のほうが大変だったんじゃないかな。

——なぜそう思われますか。

富山　琉球銀行と勧業角丸証券〔現在のみずほ証券〕の関係ですよ。大宝証券の提携先は、当初から提携していた日興証券〔現在のSMBC日興証券〕のほかに、本土復帰の目前になって、波平社長が、もちろん役員の了解を得ていたとは思うんですが、勧業角丸証券のほうに少し鞍替えをしたんですよ。どうも、琉球銀行は独自の意向を持っていたみたいでね……〔大宝証券の経営権を獲得した琉球銀行は、野村證券か友好関係にある第一勧銀系の勧角証券の2社相乗り体制での免許取得を目指そうとしていたようであった。しかし、大蔵省が大手証券の膨張政策を懸念し、この話は立消えとなった〕。

▼3社協定と山一證券への提携先一本化

――いま、山一證券が出てきましたので、そのお話に少し関連いたしまして、大宝証券は琉球銀行と親密にすることによってビジネスを拡大させようとしていたわけですが、沖縄証券のほうは、琉球証券を合併した後、それまでの提携先である新日本証券との提携関係に加え、1972年の本土復帰時に山一證券とも業務提携を結び、以後、山一證券との関係も深めていきますが、それはどのような経緯だったんでしょうか〔1972年5月15日の本土復帰の日、沖縄証券は新日本証券、山一證券と同じ条件での業務提携を結び、3社協定を締結した〕。

富山　それはですね、もう亡くなられたのですが、山一證券の当時副社長だった大森〔治〕さんと、私ども沖縄証券の大株主で『オキナワグラフ』の社長だった崎山さん。この人は沖縄証券の会長でもあったんですが、戦争時に軍隊で非常に親しかったそうです。その関係から山一とも関係が親しくなったんです。

その後、中期国債ファンドというのがあったでしょう。あれの取扱いをどうするかという問題が起きましてね。あれは稼げる商品ですからね。それを簡単に引き渡すわけにはいかんぞといったような、そういう議論もお互いの間であったんですが、2社の中国ファンドを扱うことはできないということになりまして、お二人の話合いで、中期国債ファンドは山一にしようということに決まったんです。したがって、中国ファンドは新日本じゃなしに山一に一本化することになったわけです〔山一證券との業務提携の背景には、本土復帰を目前に控え、本土復帰後の業務多様化、複雑化を予想し、強力な援助先を必要としていたことがあった。合併をせずに単体での復帰に不安を覚えた大株主の嘉数氏は、崎山氏に相談を持ちかけ、崎山氏の人脈から山一證券との業務提携が実現した〕。

――**新日本じゃなくて、山一に。**

富山　そう、山一に一本化したというような……。それともう一つの理由は、オンラインシステムですよ。新日本証券は、山一よりずっと規模が小さい会社だったから、設備面での投資がうまくいかなかったんじゃないでしょうかね。だから、〔システムの対応が〕できないといったことで、結局、山一に一本化されていくわけです。私の後に玉塚〔新日本証券も含む〕から来た出向社員は、その時にみんな引き揚げたんですよ。

――当時、玉塚は新日本〔証券〕になっていますよね。新日本証券になった後、新日本のオンラインシステムは自社開発のほか、興銀〔日本興業銀行（現在のみずほ銀行）〕と岡三証券の3社で開発していたと記憶していまして、必ずしもオンラインの開発をやっていなかったわけではないと思うんですけれども……。どうして……〔新日本証券は、岡三証券、和光証券、日本興業銀行との間で、コンピュータシステムの共同開発、共同利用会社として、１９８３年10月１日に共同コンピュータサービスを設立し、コンピュータシステムの共同開発を行っていた〕。

富山　まぁ、お金もかかることになるし、それで新日本は消極的だったんじゃないでしょうかね。

――ということは、新日本は必ずしもオンラインシステムに積極的ではなかったのに対し、山一のほうは熱心だったということですか。

富山　結局、方向としては、中国ファンド以来、山一のほうに向いてきていますからね。そういう方向に進めていこうということじゃなかったですかね。それと、先ほどもお話しましたが、大株主と山一の副社長が非常に密接な関係にありましたし……。

――で、山一との関係が……。

富山　ええ。そういうことがあったかもわかりませんね。

――少し話が戻るんですが、新日本証券と山一證券の両方と提携関係にあった時がありましたよね。事前に社史を読んでいてちょっと気になったことなんですが、両社と提携関係にあった時は、株の取引は新日本証券、山一證券のどち

らか一方につないでおられたんですか。それとも両方に注文を振り分けて出しておられたんですか。

富山　そう、そう、そう。振り分けていましたね。

――それは初めから決まった比率で振り分けていたのか、それとも50％、50％というふうに振り分けて……。

富山　いや、それはない。これは全然なくて、ただ扱い者がどちらかにつないだというだけですね。

――ということは、新日本を選ぶ、山一を選ぶというのは、新日本からの出向者は新日本に出すということですか。

富山　いや、そんなことはしていなくて、顧客別に一応分かれていたんですよ。同じ商品を扱うわけですから、競争意識が当然あったと思いますが、沖縄証券としては、当初から会社名、口座名、扱い者をきれいに整理しておりまして、大きなトラブルは起きていません。ただ、大口の新規客の注文をどちらにつなぐかは、上司に相談して判断をしてもらっていました。

――ああ、お客さん別に……。じゃ、営業担当者がどっちに出すかを決めていたわけですか。

上原　いえ、3社協定では、フィフティ・フィフティという話にはなっていたらしいんですが……。ただ、きっちりフィフティ・フィフティにしたわけじゃなくて、沖縄〔証券〕側に裁量があって、実質的にはかなり緩やかな提携だったと聞いています。

――ということは、あまり偏るとちょっと調整するわけですね。

上原　多分、そういうことなんだろうと思うんですけどね。そこまで詳細には聞いておりません。

――なるほど。あと山一との提携にかかわって、富山様の処遇について、山一から何かいわれるといったことはなかったのですか……。

富山　山一が入るということになってくると、僕自身も「あいつは玉塚だからクビにせい」といわれないかなと思っていたんですよ。実際、クビにすればクビにするで、それはもう辞める覚悟ではあったんですがね。ところが、山一は人がよすぎたのか、「いや、お前は辞めちゃ駄目だ。このまま続けてくれ」といってくれましたので、入ってから退社するまでずっと役員でおられたわけなんですよ。それはやっぱり山一の理解もあったからということもありますし、ある程度経験もあったことがよかったんじゃないでしょうかね、多分。だから、山一にも感謝していますよ。

――ちなみに、当時の売買市場は主に東京市場だったわけですか。

富山　全部東京です。

――じゃあ、まったく大阪や福岡には……。

富山　いや、いや、やらない。全部東京です。

――話が前後しますが、これはまだ山一と提携される以前、玉塚証券〔1967年3月以降は新日本証券〕を母店としていた頃のことですが、本土株の取引は玉塚証券に再発注されていますよね。そうすると手数料がバックされますよね。ただ、その比率が御社の社史では20％だったと書いてあるんですが、そんなに少ないんですか。逆じゃないんですか。もっと多いんじゃないですか。

富山　当時は手数料なんて、少ないとか多いとかというのは、それはあまり頭のなかになかったんじゃないかな。それは少なかったはずですよ。

上原　私もわからないんですけど、社史に書いてあるとおりでいくと多分……。別枠でお客様から為替でいただいていましたからね。

――先ほどの立替の手数料ですね。でも、取引所の受託契約準則で割合が決まっていますよね。それをみると、20％ということはなくて、もっと高いんですけれど、それで我慢されていたんですかね。

上原　当時、まだ外国だったので……。国内証券だったらまた違うんでしょうけれど……。私は山一さん一本になってから入社しましたが、私の記憶にあるのは、当時、株式の委託手数料のうち27％を山一さんに払っていました

〔1972年以前の東京証券取引所の受託契約準則では、再委託手数料率は、証券業協会所属業者が委託した場合の手数料は一般料率の50％、外国の証券業者ならびに銀行が委託した場合は、一般料率の80％と規定されていた。すなわち復帰前の沖縄証券は、受託契約準則の適用に際して、外国の証券業者として定義されていたようである〕。

――そうでしょう。

上原　はい、当時はね。ですから、73％が地元に残っていましたよね。

――多分、その73％の戻りは、手数料の名目だけではなくて、電話代やそのほかの経費の名目でバックされているので、手数料だけだと多分50％くらいだったと思うんですけどね〔復帰当時の東京証券取引所の受託契約準則では、再委託手数料率は1971年11月以前に証券業の免許を受けていた証券会社は一般料率の50％、1971年11月以降に免許を受けた証券会社は75％と規定されていた。その後、何度かの改訂を経て、1979年4月の改訂で、免許時期にかかわらず一般料率により算出した額の50％と規定された〕。

上原　そんなものでしょうね。ただ、これは本土復帰して山一さんに一本化された後の話ですけれども……。

――ということは、当時はまだ沖縄が海外だったから……。

上原　ええ、沖縄がまだ復帰前だったので、規定が及ばなかったんじゃないでしょうか。

▼市場としての沖縄の特殊性

――それでは話題を変えまして、1988年に大宝証券が市場調査をしています。いくつかの項目でアンケート調査をしているのですが、「親しみやすい」や「県民のことを考えている」「沖縄の文化に貢献している」というイメージが、御社のほうが大宝証券よりよかったんですが、こうした結果になったのは、当時の沖縄証券の営業方法になんら

かの理由があったんじゃないかとも思うんですが、当時、どういうふうな営業をされていたのかといった点をお聞かせいただけますでしょうか。

富山　特別な営業方法というのは、ないといえばウソなんでしょうけれど、何か特殊なことをしていたかもわからないですね。

――この頃、上原様はちょうど入られた頃ですよね。

上原　はい。私は１９８７年入社なので、違いはよくわかります。先ほど、外国人に株式を営業されていたというのと似ているかとも思うんですけれども、基本的に沖縄証券は経営に銀行がタッチしたことが一度もないんですね。

――個人客オンリーで。

上原　もちろん、法人のお客様もいらっしゃいますけど、どちらかというと証券会社のなかでも株屋的な、株式をメインとした取引を中心に営業してきました。

一方、大宝証券は、復帰直後から琉球銀行出身の方が社長になっていらっしゃいましたので、募集系の商品、投資信託ですとか、国債ですとか、あとワリチョーですとか、割引国債みたいな割〔引〕債ですね。そういったものをメインに取扱っておられて、株式の取扱いでは、沖縄証券より少なかったと思います。

ですから、どちらかというと経営のやり方が少し違っていたんだろうと思います。両社を証券会社というかたちで並べると、おそらく沖縄証券のほうがかなりイメージが強くなるのかなと……。あとは、社名が大きくかかわっているかもしれません。

――地名が入っている会社と、入ってない会社と……。なるほど。ちょっと外れますが、那覇には、いま、どのくらい大証券の支店はあるのですか。

上原　いま、あるのは野村證券さん、大和証券さん、ＳＭＢＣ日興証券さん、それに三菱ＵＦＪモルガン・スタンレー証券さんですね。

――バブルの頃は、山一證券と提携関係にあったわけですが、山一の支店は……。

上原 山一證券は、山一さんの戦略として、友好店の沖縄証券があるので、両社の間で沖縄証券をバックアップしましょうというコンセンサスができていたんだと思うのですけれども、山一證券が店を出すことはまずないと……。〔沖縄証券では〕投資信託の募集でも、山一を前面に押し出していましたし、「山一の中期国債ファンド」という大きな看板もビルの屋上にはありましたね。また、女子職員の制服も山一さんとまったく同じものを着用していましたし、店舗も山一カラーでした。

――それはちょっとほかの地方都市とは違いますね。大抵、福岡でも札幌でも、4社の支店がありますからね。そこはちょっと違うわけですね。

上原 結果として、その戦略は正しかったと思います。地域が閉鎖的なものですから、いまでもおきなわ証券〔現在のおきぎん証券〕は、地場としては高いシェアを頂戴していると思いますので……。

――山一の戦略として店を出さずに、系列証券を育成しようとしていたのはわかりました。では、役員派遣はどうだったのでしょうか。

上原 来ています、もちろん。山一が破綻した時に社長だった伊藤〔健之〕さんもそうですし、富山さんが社長になられる前の松浦〔才六〕さんもそうです。沖縄証券の役員はだいたい5、6人なんですが、社長以外にも常務とかでお二方ぐらいはいらっしゃっていましたね。

――本土復帰の時は四大証券の沖縄進出に対し、かなり強硬な反対をされて、陳情もされていますよね。やはり脅威だったわけですか。

上原 そうですね。脅威は脅威なんですよ。ただ、本土証券が来るのが昭和60年代に入ってからなんです。最初に、沖縄銀行の主幹事だった大和証券さんが来たんです。その後、野村證券さんが来て、日興証券さんが来て、国際証券〔現在の三菱ＵＦＪモルガン・スタンレー証券〕さんが来たと思うんです〔これら4社の沖縄進出は、１９８７年7月に大和証券、１９８８年4月に野村證券、１９９０年1月に日興証券、国際証券は同年7月に支店を開設している〕。しかし、すでにバブル経済も後半に入っていましたので、それまでにある程度、沖縄証券も大宝証券もバブルの流れに乗って収益基盤がしっかりしてきた後に、大手さんが入ってこられたので、大手さんの参入は、市場の拡大というかたちに作用したと思うんです。ですから、われわれが苦しめられたとかといったことはほとんどなかったですね。

――大和証券の沖縄への支店開設が１９８７年7月ですね。その後、野村證券、日興証券、国際証券の順で開設していますね。

上原　大和さんが支店を開設した直後に、沖縄銀行さんの上場があったと思います〔沖縄銀行は１９８７年10月に東京証券取引所第二部、福岡証券取引所に株式を上場している〕。

――沖縄証券が、大手4社の支店開設後も対等に戦っていけたのは、横のつながりが有効に機能しているといったことが、社史に書かれていたように思うんですけれど、やはり地縁や血縁といったものを使われた営業も……。

上原　地縁や血縁はあるとは思いますが……。なんていうんですかねぇ、沖縄の方のバイオリズム的なものがあるんじゃないですか。大手さんは異動のサイクルが短かったですからね。

――来ては帰り、来ては帰る……。

上原　そういったことがあるので、おそらく地元のお客様は、できればもう少し長く付き合ってほしいと思っておられたのではないでしょうか。当社の場合ですと、沖縄のなかでの異動はありますけれども、顔のみえる範囲ですから……。そういう安心感があったのかもしれません。

――ということは、異動までの年数も少し長めに……。

上原　当初、大手さんは2年ほどでの異動だったと思いますが、支店長を3年とか4年に延ばしたり、担当者も5年ぐらいに延びた方もおられますし、最近ですと現地採用で人をとるようになっていまして、できるだけ長く担当してもらおうという方向に変わったと感じております。

――地元に溶け込まないと営業にならないということですよね。御社の県内シェアは7割ですよね。

上原　いや、いまはどうでしょうかね。以前は、当局がいろいろな資料を全部公表してくれていたんですけれども、いまはそういった資料がないので実態がみえないんですよ。もう公表されなくなって、かれこれ10年ぐらいになると思うんですが……。その当時のデータですと県内シェアのほぼ7割が当社だったと思います。おそらく大手さんのなかでは、野村證券さんがトップだったのではないでしょうか。

――沖縄県の方の証券投資に対する姿勢などはいかがですか。

富山　姿勢は低いですね。低い、低い。絶対的に低い。沖縄ではいわゆる模合〔もあい〕というのが、当時では日常の貯蓄方法でしてね〔沖縄での証券投資に対する姿勢が低かった理由には、富山氏があげている模合への預金に加えて、次のような事情があったものと思われる。すなわち、『大蔵省証券局年報』には、沖縄の一般大衆の株式投資が低調な理由として、次の4点があげられている。それは、1点目は手数料が本土の手数料に加え、沖縄の現地手数料（立替払いに対して別途徴収していた1％の手数料のことと思われる）が加算されており、手数料が高かったこと。2点目が株式、公社債などのマーケティングがほとんどされていなかったこと。3点目には優良な地場銘柄がなかったこと。4点目がセールスの技術が遅れていたことであったとされる〕。

――一種の頼母子ですね。

富山　そうなんです。模合で受け取ったお金がちょっとしたことに使われたり、工事資金にも使われていたんです。いまはもう立派な銀行がありますから、そうでもないかもしれないけれども、模合もまだ継続していますし、証券といっても、沖縄では流通する企業が少ないでしょう。沖縄で、株を買うならどこの株を買いますかと聞いても、どこどこといえないですもん。だから、証券投資に対する関心は非常に低いと思いますね。それを増やすには、もっと努力が必要じゃないかと思いますね。

――沖縄の個人投資家というのは、どういった方になるんでしょうか。たとえば、軍用地主とか……。

富山　昔は、軍用地代が3年だったか、何年かごとにあがっておったんですよ。それがいまはどうでしょう。事業をしている方とか一般の方も増えてきていますから……。ですから、軍用地主といっても一部ですよね。

▼山一證券の破綻とその影響

――次に、山一證券が破綻した時のことについてお聞きいたします。母店としていた山一證券が破綻しますと、〔注文の〕つなぎ先がなくなりますね。ですから、3連休の間につなぎ先を切り替えたりされたようですが、そのあたりのことをお聞かせいただけないかなと思います。

富山　山一證券の破綻については、山一内部でも幹部には一般的な常識としてあったようですが、うちの場合は、全部山一が株券を預かっていますから、それをただ移せばそれでおわることですからね。

――山一が危ないということは雑誌などではいわれていたものの、破綻する直前まで、まったく山一の経営危機についてはご存じなかったんですか。

上原　もちろんだれも知りません。当時の社長の伊藤さんも知らなかったといっていましたし、山一の役員でも一部しか知らなかったという話ですから……。沖縄証券の営業員も、山一證券の株式が安いですから買いましょうとかなりお客様にお勧めしていましたし……。山一の社員も社内融資で借入れを起こして買っていたと聞いていますし……。

――100円を割っていた時に、何万株も株を買った人がいましたね。

上原　ええ。結果的に皆さん、破綻と同時に株券が紙くず同然になっちゃったので、借金しか残らなかったといった話がありました。

沖縄証券でも山一破綻の影響はありましたね。山一が破綻したために、入金はしないというお客様もいて、結果として未済になった方もいらっしゃいました。また、山一は金曜日まで営業していて、3連休の後に破綻しましたけれども、私のお客様で木曜日が決済日で、ご入金を頂戴したというケースもありました。

――何も知らずに破綻の日を迎えたわけですが、保護預り証券の移管やオンラインのつなぎ先を切り替えないと、週明けから営業できませんよね……。

上原　当時の社長の伊藤さんが山一から来られた方で、沖縄に来る直前まで、山一で業務部長をしておられたんです。業務部というのは、地場証券の取りまとめ部署だったんですね。ですから、いろんな証券会社の方々と懇意にしてられたんです。

たまたま、破綻の直前にご親族の披露宴で東京にいらっしゃったので、伊藤さんが山一の方と接触したり、大東証券〔現在のみずほ証券〕さんをよくご存じだったので接触をされて、うまく大東証券につなぐことができるように話をまとめてくださったんですけれど……。

われわれも大変ですよ。土、日、月、毎日会社へ行って、電話は鳴りっ放しですからそれの対応をして、お客様からの出庫依頼も来ますしね。

――やはり、出庫されたお客さんもいらっしゃったわけですね。

上原　一時的に預り資産を出して、株券を避難されたお客様もいらっしゃいましたね。一部、よその証券会社に預けた方もいらっしゃったかもしれませんが、とりあえず手元に置いておいて、2カ月ほど経って、大丈夫なんだねと戻ってこられたお客様が大半でしたけどね。いちばん大きく預り資産を出したのは法人です。しかし、個人のほうは全体の比率からみても、かなり少数でした。

当時、大宝証券の社長〔上原輝光氏〕は、社員に向けて「沖縄の経済界は、沖縄証券を全面的に応援する」といった、という話があったやに聞いています。やはり同じ地域で同業ですからね。火の粉が自分のところに降りかかってくることをおわかりだったんでしょうね。

――なるほどね。それはそうでしょうね。

上原　同じ規模でしたから、片方がつぶれれば、もう一方も持たないですよね。全部がこちら側に来ることはありえませんので……。また、解約に備えて資金の手当も銀行さんにお願いをして準備していたんですけれども、解約も普段よりはるかに少ない金額しか来ませんでしたね。

そして、何より週明けから電話注文というかたちではありましたけれども、大東証券さんに注文をつなぐことができたので、お客様が混乱するということもなく、約定もちゃんとつきました。当初、ラインが1週間はつなげないといわれていましたけれども、ラインも3日間でつなぐことができましたので……。

――3日ということは、火曜日には大東証券へのラインがつながっていたと……。

上原　ええ、大東証券さんに……。

――じゃあ、特に大きな支障ということが起きたことはなかったわけですね。

上原　とりあえず、トータルでみればですね。

――しかし、土曜日の日経新聞〔『日本経済新聞』〕に「山一自主廃業へ」と出ましたけれども、実際に山一が自主廃業を決めるのは、その後じゃないですか。その間にきちんと道筋をつけておられたわけですね。

上原　夜中の2時か3時に、テレビでニュースに出ましたから、僕ら一般社員にも、明け方に「出社せよ」と電話が来たんです。

――破綻するだろうと見通しをつけていたわけですよね。

上原　当局がそういうふうにおっしゃっているわけですから、山一もそうせざるをえないだろうと……。

――山一の破綻で、当時、山一の系列証券もドミノ倒しで破綻すると予想されていましたけれども、そのなかで大東証券につなぎ先を切り替えたのは、富士銀行〔現在のみずほ銀行〕がバックにいたからということでいいんですか。

上原　基本的には、山一證券の火の粉をかぶっても連鎖倒産しない会社は、大東証券さんだろうと……。

――連鎖倒産しないのは、大東証券ぐらいだと踏んだわけですね。

上原　そうですね。

――当時、沖縄証券は山一證券の系列証券ですよね。山一はどのくらいの株を……。

上原　トータルでは、53％が山一グループの保有でした。山一證券は上限が5％しか持てませんので、それ以外のグループ会社、たとえば、山一土地建物ですとか、山一エンタープライズといった山一證券のグループ会社が沖縄証券の株式を持っていました。

――山一が破綻した後、山一が持っていた沖縄証券の株は、どういうふうに……。

上原　山一證券が破綻した後は、山一グループが持っていた53％の株式の処理がかなり問題になったんですけれども、山一投信委託〔現在の三菱ＵＦＪ国際投信〕さんがお持ちの10％は、山一投信委託さんがパートナーズ投信に変わりましたね。それはそのまま保有されたんです〔山一證券破綻に伴い、山一投信委託はパートナーズ投信へと社名を変更した後、東洋信アセットマネジメント、東海投信投資顧問と合併して、ＵＦＪパートナーズ投信となった。さらに、２００５年にＵＦＪパートナーズ投信は三菱投信と合併し、三菱ＵＦＪ投信となり、２０１５年には国際投信投資顧問と合併して、三菱ＵＦＪ国際投信となった〕。

ほかの山一證券や山一土地建物、山一エンタープライズが保有していた43%は、基本的には、沖縄の地元企業さんを中心にお願いしました。金融機関は、沖縄銀行さんも、沖縄海邦銀行さんも5%お持ちになっていましたし、コザ信用金庫さんにもお持ちいただいていましたので、事業法人を中心にお願いをしました。私も当時、法人部に所属しておりましたので、私が株式の保有をお願いした会社もたくさんございます。

富山　沖縄銀行というのは、当初はうちとはまったく取引はなかったんです。ところが、その後には、出向社員も送ってくる関係になっているんですよ。

上原　バブルのはしりの頃からですが、銀行さんも運用に力を入れようということで、沖縄銀行さんや沖縄海邦銀行さん、コザ信用金庫さんから人を受け入れていたんですよ。銀行から出向された方は、証券会社の現場で体感しながら勉強したわけです。また、営業特金で持ってこられたお金を運用しつつ、法人部に配属されて法人営業もされていたんです。

――そうしたこともあって、主として地元の企業が引受けられたわけですか。いまも上位10大株主はほぼ法人ですか。

上原　現在のおきなわ証券は日本アジアグループに属しております〔このヒアリングの後、2017年2月に日本アジアグループは、おきなわ証券株式全株を沖縄銀行に売却し、おきなわ証券は沖縄銀行の子会社となった。そして同年7月に商号をおきなわ証券から、おきぎん証券に変更した〕。2002年に傘下入りしまして、2003年に大宝証券も傘下に入ったことから、同年に〔両社は経営〕統合し、ひらがなに社名も変更しております。それ以前は、筆頭株主が沖縄銀行グループさんで12%ほど、二番手が大同火災〔海上保険〕さんの10%、そして沖縄海邦銀行さんの5%だったと思います。それ以下は、旧来の株主さんに加えて、山一グループの持株も地元の企業さんに小分けして持っていただきましたので、それよりさらに少ない持株だったと記憶しています。

富山　しかし、トータルとして、山一證券がつぶれたことによる影響は、それほど大きくはなかったですね。

――今日はどうも長い間、本当にありがとうございました。

◎本稿は、おきなわ証券株式会社代表取締役社長上原守氏にご同席いただき、小林和子、二上季代司、深見泰孝が参加し、２０１４年１月14日に実施したヒアリングの内容をまとめたものである。

（参考１） 沖縄証券の本土復帰前後の株主変遷

1971年11月13日現在		
株主名	株式数	持株比率
嘉数　昇明	14,450	32.1%
嘉数　昇	10,200	22.7%
崎山　喜昌	6,000	13.3%
琉球生命保険(相)	4,500	10.0%
新日本証券	2,250	5.0%
真栄城　玄松	2,250	5.0%
饒平名　知實	1,200	2.7%
嘉数　律子	700	1.6%
沖縄協栄産業(株)	680	1.5%
富山　積	500	1.1%
その他（９名）	2,270	5.0%
合計	45,000	100.0%
1972年5月13日		
株主名	株式数	持株比率
崎山　喜昌	26,000	26.0%
嘉数　昇明	24,450	24.4%
嘉数　昇	10,200	10.2%
琉生住宅(株)	10,000	10.0%
協栄産業(株)	5,930	5.9%
琉球生命保険(相)	4,500	4.5%
真栄城　玄松	2,500	2.5%
高倉　幸次郎	2,500	2.5%
新日本証券	2,250	2.2%
その他（19名）	11,670	11.7%
合計	100,000	100.0%
1973年７月27日		
株主名	株式数	持株比率
崎山　喜昌	10,000	10.0%
高倉　幸次郎	10,000	10.0%
山一証券	10,000	10.0%
中山　朝惟	10,000	10.0%
琉生住宅(株)	10,000	10.0%
(株)国場組	6,000	6.0%
高江洲　秀太郎	5,000	5.0%
漢那　よし子	5,000	5.0%
高倉　文子	5,000	5.0%
琉球生命保険(相)	4,500	4.5%
その他（22名）	24,500	24.5%
合計	100,000	100.0%

1961年1月30日	高等弁務官布令37号（「銀行、銀行業務及び信用供与」）公布
1961年2月15日	キャラウェイ高等弁務官着任（～1964年6月26日）
1961年11月10日	琉球証券株式会社と大宝証券株式会社、琉球政府の証券業者登録原簿に登録
1962年8月6日	金融検査部、銀行・相互銀行およびその役員の不正行為の防止について通達
1962年9月1日	高等弁務官布令37号（「銀行、銀行業務及び信用供与」）一部改正、同年9月1日施行
1964年7月30日	琉球政府、商法の一部を改正、株式の全額払込制を導入
1965年8月1日	金融検査部、金融検査庁に昇格
1965年9月2日	米国民政府、外資および技術導入の権限を琉球政府に委譲
1967年4月15日	IOS社、琉球政府の証券業者登録原簿に登録
1968年3月15日	琉球政府、IOS社へ6カ月（同年3月16日～9月15日）の営業停止を命令、さらに翌年4月19日に証券業者登録を取消し
1971年10月8日	日本政府、沖縄住民の個人預金を1ドル＝360円で読替えすることを保証すると決定
1972年5月12日	通貨交換レートが1ドル＝305円と決まる
1972年5月15日	沖縄の施政権が日本に返還され、沖縄県誕生（日本復帰）
1974年2月5日	沖縄証券、証券取引法第28条第2項に基づく大蔵大臣第1号・第2号・第4号免許取得

（参考２） 本土復帰までの沖縄証券関係年表

1945年９月７日	南西諸島の日本軍代表、無条件降伏文書に調印
1946年４月15日	旧日本円をＢ型軍票（Ｂ円）に交換＝第一次通貨変換（～４月28日）
1946年４月24日	沖縄民政府発足
1946年５月１日	株式会社沖縄中央銀行（本店・石川）が資本金100万Ｂ円で設立
1946年８月５日	Ｂ型軍票を新日本円へ交換＝第二次通貨交換（沖縄群島のみ）
1947年８月１日	Ｂ円を法定通貨に指定＝第三次通貨交換
1948年７月16日	法定通貨をＢ型軍票へ統一＝第四次通貨交換
1950年４月12日	単一為替レートが１ドル＝120Ｂ円に設定される
1952年４月１日	琉球政府発足
1953年５月15日	金一証券、琉球政府へ免許申請
1953年５月21日	金一証券へ有価証券業免許を許可（昭和13年の有価証券業取引法に基づき許可）
1953年10月５日	米国民政府経済財政部、琉球政府へ有価証券業の免許権限を委譲
1954年１月４日	琉球政府、株式会社金一証券へ免許許可
1954年１月５日	株式会社金一証券、有価証券業開業届出、資本金は200万Ｂ円（120万Ｂ円払込み）
1957年12月13日	証券取引法、公認会計士法公布、1958年１月１日施行
1958年２月１日	有価証券の募集または売出しの届出等に関する規則公布、施行〔同規則〕
1958年５月９日	琉球政府、資本金500万円以上の株式会社に対し、有価証券報告書を提出するよう新聞広告
1958年５月30日	証券取引審議会規則公布施行〔同規則〕
1958年６月10日	証券取引法の証券業者等に関する規則公布、施行〔同規則〕
1958年９月16日	Ｂ円をドルに交換＝第五次通貨交換（～９月20日）
1959年１月12日	軍用地料一括払廃止
1960年３月	沖縄証券設立準備事務所開設
1960年５月31日	沖縄証券発起人会開催、取締役に嘉数昇、長田義丸、当山真清、中地宏、金城英隆、嘉数律子、外間完和、稲泉薫、波平仁吉、饒平名知覧の10名、監査役に大城真吉、長田民の２名を選任
1960年６月18日	沖縄証券、玉塚証券株式会社と特約店契約締結
1960年６月25日	沖縄証券、琉球政府の証券業者原簿に第一号登録
1960年７月13日	琉球政府、外国人の株式取得制限を撤廃

第14章

地方証券のビジネスの変遷

深見　泰孝

1 はじめに

この20年の証券会社の経営環境を振り返ると、大きな変化を伴う二つの出来事があった。一つは、1998年に行われた証券業の免許制から登録制への移行である。これにより、証券業への参入障壁は下がり、IT企業や商品系、FX業者、短資会社など異業種からの新規参入が増えている。もう一つは、1999年に株式の委託売買手数料（以下、委託手数料）が完全に自由化され、株式ブローカー業務は従来のような収益性を確保できなくなったことである。

こうした証券業を取り巻く経営環境の変化を受け、この20年間で証券会社の再編が活発に行われてきた。第一に、従来の系列政策の見直しに伴うものである。歴史的に大量推奨販売やその後の時価発行増資では、販売力が必要であったため、大手証券を中心にグループ全体での販売力強化を目的に、中小証券を自社の系列下に収める系列政策が行われていた。しかし、1997年の金融危機を契機として、大手証券自身が生残りをかけたリストラに迫られ、その一環として系列政策の見直しが進められた。

第二に、委託手数料の完全自由化と時期を同じくして、わが国ではインターネットの普及が進み、それによって格安手数料を武器とするインターネット証券（以下、ネット証券と略記）の参入が本格化する。ネット証券の参入に伴い、委託手数料は一気に引き下げられ、対面証券会社はコスト構造の見直しに迫られた。そこで、中小証券を中心に合理化を目的とする再編が起きた。

第三に、銀行の参入による再編がある。銀行経営は、バブル崩壊後の超低金利政策の長期化で、利鞘が縮小している。『資金循環統計』によれば、1998年以降、非金融法人企業部門は資金余剰となり、『貸出・預金動向』によれば、２００1年から預貸率は１００%を割り込み、２０１８年3月には65・６%まで落ち込んでいる。これと軌を一にして、地方銀行による証券業への参入が増えている。すなわち、預貸ビジネスを補完する新たな収益源を求め、証券業への参入が行われている。２０１８年12月末時点で、地銀系証券は24社あるが、うち23社が２００７年以降に新規設立、証券会社との共同出資による設立、もしくは地方証券の買収によって参入している。

こうした再編の渦中にあるのは、地方に本拠を置き、主として同一都道府県内を営業地域とする会社である。全国の証券会社数は１９４８年末時点では８２０社あったが、１９６８年には２７７社となり、１９９８年4月が２９１社、そして２０１８年12月では２６６社となっている。しかし、これから東京に本社を置く業者を除くと、１９４８年末時点の６７６社に対し、１９６８年4月が１７３社、１９９８年4月には１２８社となり、２０１８年12月には71社となっている。つまり、全国の証券会社数だけをみれば、新規参入もあるために免許制移行時からそれほど大きな減少はみられないが、東京に本社を置く会社を除けばその数は半分以下になっており、特に地方の中小証券の再編、淘汰が進んでいる。

地方の中小証券は戦後、経営環境の変化に直面するたび、その変化に対応してきた。そこで、本稿では戦後、東京、名古屋、大阪以外に本拠を置く地方の中小証券を地方証券と定義し（注1）、そのビジネスを歴史的に振り返りたい。そして、地方証券が経営環境の変化に対して、どのような対応をし、現在に至っているのか、また、現時点での課題を考えてみることにしたい。

2 戦後改革と業者間格差の拡大

証券市場では戦後、取引仕法や規制などの制度面での大改革が行われた。二上［１９９０］は、この改革が戦前にみられた業者ごとの業態別多様性をなくし、多くの業者が四つの証券業務を併営したため、結果として大手４社のシェア上昇と、中小証券の系列化を進展させ、４社寡占を成立させたと指摘している。そこで、取引所再開前の証券市場と証券業者のビジネスから概観していこう。

(1) 戦後改革と4社寡占

４社寡占の背景には資本格差と店舗数格差がある。公社債専業者を祖業とする大手証券は、戦前から資本の拡充、全国的な店舗網の構築をしたのに対し、株式業者は特定顧客を相手に、顧客の来店を待って注文を受注していたことや（注2）、仲買商は受渡し、決済を必要としなかったため、資本や店舗網の必要性がなく、これらの拡充、構築はされなかった。戦後多くの業者が四つの証券業務を併営すると、この差は決定的な規模格差を生み出していくのである（注3）。以下、少し詳しくみていこう。

戦後、証券取引法による銀証分離規定によって、戦後は引受業務を証券業が担うわけだが、発行市場の規模が限られていたとはいえ、発行市場業務への参入には資本と店舗網が必要である。そのため、それへの参加は、事実上大手４社を中心とした資本力のある一部の業者に限られた（注4）。実際、１９４６年以降、配電会社株や再建整備増資株、さらには財閥解体に伴う放出株の募集売出しが始まる。証券会社はその配給機関としての役割を果たすわけだが、その割当ては資本と全国的な販売網を持つ大手4社に傾斜配分され、そのことが4社の全国的な新規顧客獲得、一定の顧客基盤の確立に役立ったのであった。

他方、登録業者には小規模資本の業者が多かった。それは、1948年の改正証券取引法で最低資本金規制を設けなかったことと、各社の系譜に由来する。戦後、証券業に登録した業者の起源は、公社債専業者を起源とする大手4社に対し、その他の業者は、①戦前の仲買商、②戦前の現物商、③戦前に①や②で働いていた場立ちや営業員が独立、④顧客として証券取引をしていた者による創業に分類できる。

公社債専業者は戦前から引受業務を行うため、資本を拡充し、債券の受渡決済、券面の保管のため、全国的な店舗網を構築していた。それに対し、①には戦前から最低資本金規制が設けられており、一定の資力は保持したが、清算取引の受渡決済は帳簿の書換えだけですませていたことと、店舗規制（注5）もあって特定投資家を相手にした商売をしていたため、店舗網の構築をしていなかった。また、②は最低資本金規制もなく、無資力な業者も多かった（注6）。また、③も①、②と比べれば資本が乏しいと考えられ、④も自身の取引手数料節約を目的に会社を設立しており、小資本であったと考えられる。つまり、②、③、④の多くは店舗網を持たない小規模業者であったと考えられる。

このことは図表1からも明らかとなる。1948年に登録された証券業者820のうち、大手4社、後に投信10社（江口証券、大井証券、大阪屋証券、岡三証券、角丸証券、大商証券、玉塚証券、日本勧業証券、山叶証券、山種証券）、運用5社（光亜証券、第一証券、日東証券、丸三証券、八千代証券）と呼ばれる19社を除いた業者の資本は少なく、1948年末時点で大手4社とその他業者の資本金の差は約50倍、その後も増資を繰り返す大手4社との差は、拡大する一方であった（注7）。

ただ、発行市場での間接発行は限られており、結局各社とも株式流通市場業務、特に株式ブローカー業務に依存せざるをえなかった。しかし、株式流通市場業務では、戦後の財閥解体や財産税の徴収により、既存顧客が没落する一方、

図表1　大手4社とその他業者の資本金の推移

（単位：千円）

	大手4社		投信10社		運用5社		その他業者		
	資本金	1社平均	資本金	1社平均	資本金	1社平均	業者数	資本金	1社平均
1948年12月	200,000	50,000	101,000	10,100	12,000	2,400	801	785,944	981
1949年12月	800,000	200,000	354,000	35,400	24,000	4,800	1,133	1,836,428	1,621
1950年12月	800,000	200,000	394,000	39,400	61,000	12,200	939	2,198,911	2,342
1951年12月	800,000	200,000	439,000	43,900	79,000	15,800	842	2,448,851	2,908
1952年12月	2,000,000	500,000	755,000	75,500	111,000	22,200	808	3,815,075	4,722
1953年12月	4,000,000	1,000,000	1,230,000	123,000	186,000	37,200	829	4,692,725	5,661
1954年12月	4,000,000	1,000,000	1,498,000	149,800	216,000	43,200	828	4,998,525	6,037
1955年12月	4,000,000	1,000,000	1,498,000	149,800	236,000	47,200	696	5,091,725	7,316

（出所）　藤原［1956］p.210、各社社史より作成。

財閥解体などで顧客の大衆化が進んだことと、戦後改革による清算取引の禁止は、受渡決済や券面の保管、大衆投資家への投資勧誘のための人や場所を必要とし、店舗網の構築を迫った。こうした経営環境の変化は、全国的な店舗網と資力を持つ大手4社を優位な立場に置いた。そして、資本格差と店舗数格差は、低利資金の調達や兼業承認にも影響を与えた。

多くの証券業者は戦後、株式流通市場業務に依存したわけだが、売買高の多寡は低利の営業資金をどれだけ調達できるかに帰着した。低利資金を提供する証券金融会社は、会員業者の財務内容、営業状況を勘案して会員別に融資限度枠を設定しており、大手業者は低利資金の調達でも優位に立った。これに対し、非会員業者はそもそも証券金融会社からの融資を直接受けられず、取次母店から融資を受けていたため、資金枠は小さなものであった。

また、運用預りも低利資金の調達を補強する重要な役割を果たしたわけだが、これも当初は大手4社にしか兼業承認は与えられなかった。その後、運用預りの兼業を希望する業者が増えると、資本金1億円以上であることなど、その可否に業者の規模が問われたのであった。そして、もう一つ兼業承認を必要とした業務に投資信託業務がある。これも兼業の承認には運用の巧拙ではなく業者の規模が問われ、その条件として資本金2億円、従業員数500人、20以上の営業店舗数が求められた（注8）。

こうして、投資信託業務や運用預り業務の兼業が大手4社のみに認められ、大手4社は投資信託を大量に販売する一方、割引金融債の販売も拡大させた。そして、顧客に販売した割引債を、運用預りを通じて投資信託からの資金調達に利用し、その資金で自己売買を行って、価格形成力を強化させた。このように、投資信託や割引債の販売は、投資予備軍の囲い込み、顧客基盤の拡大のみならず、低利資金の調達を可能にするという副次的な効果も生み出していた。

加えて、投資信託は収益面では顧客からの手数料のみならず、投信委託会社からの売買注文の受注によって委託手数料も獲得でき、収入拡大にも貢献した。そして、その組入銘柄を選定するのは証券会社の株式部であり（注9）、投信を組成できた大手4社と発行会社との取引関係を有利にした（注10）。こうして、4社は投資信託業務と運用預り業務の兼業を通じて、経営を安定させるとともに、市場占有率を拡大させ、4社寡占の基礎をかたちづくったのであった。

(2) 4社寡占形成過程での地方証券

4社寡占の基礎がつくられていた時、地方証券も他社と同様に株式ブローカー業務への依存が高かった。地方証券は、大手業者の顧客層（法人や企業オーナー、大企業の役員）とは異なり、地域の農家や商店主、寺院など小口の個人投資家を顧客として取り込んでいく（注11）。しかし、株式ブローカー業務は市況に依存するため、小規模業者ほど従業員の歩合外務員依存を高め、人件費を変動費化させることが一般的であった（注12）。

その一方で、営業を歩合外務員に依存せず、社員営業のみで対応していた会社もあった。ただ、人件費が固定費化して市況悪化時にそれが負担となるため、この方針をとれたのは、一部業者に限られる。したがって、歩合依存の低い会社は、投資クラブの結成による得意客の囲い込み（注13）や、投資信託の募集（注14）、同業者取引の受注（注15）、さらには開業希望者を社員として雇用し、その地域での営業を委ねた会社（注16）など、新規顧客の開拓や注文発注を増やす取組みを行っていた。

さて、地方証券のビジネスは、小口の個人投資家を相手とする株式ブローカー業務を主としたわけだが、なかには自己売買の比重が高い会社もあった。ここでいう自己売買には2種類あり、一つは自らがリスクをとって行う自己思惑である。もう一つは日計り商いや鞘取りといった低リスクの取引である。前者に関しては、資力薄弱な業者が利鞘獲得をねらった投機取引を借入金で行ったため、1953年のスターリン暴落やその後のデフレ不況時に、それが返済できずに倒産するケースも散見された。このほかにも、顧客注文を取引所に通さずに自らが相手方となって呑むケース、信用取引枠を超えて受注した注文を自己で向かうケース、このほかにも顧客サービスの一環として決済を立て替え、相場変動によって損失の発生や立替金の回収不能などを引き起こした業者もあった（注17）。

その結果、小規模業者を中心に1957年までの8年間で業者数は半減した。その要因には、これまで述べた以外にも、収支均衡がとれずに廃業したケースや、最低資本金規制の導入と、その引上げに対応できずに廃業や準大手証券の支配下に入ったケースもみられるが、このような要因から小規模業者が再編されていくのであった（注18）。

3 日本経済の高度成長と地方証券

(1) 証券恐慌以前の株式流通市場の拡大

終戦からの10年間、証券市場は株式流通市場だけが跛行的に発展を遂げたが、高度成長期もその流れに大きな変化はない。発行市場は発行量こそ拡大したものの、株式発行市場では依然として株主割当額面発行が主であり、公社債発行市場も、引き続き日本銀行の統制下に置かれた計画消化割当ての場にすぎなかった。一方の流通市場も、公社債流通市

図表2　全国株式売買高（往復計算）と東証修正平均の推移

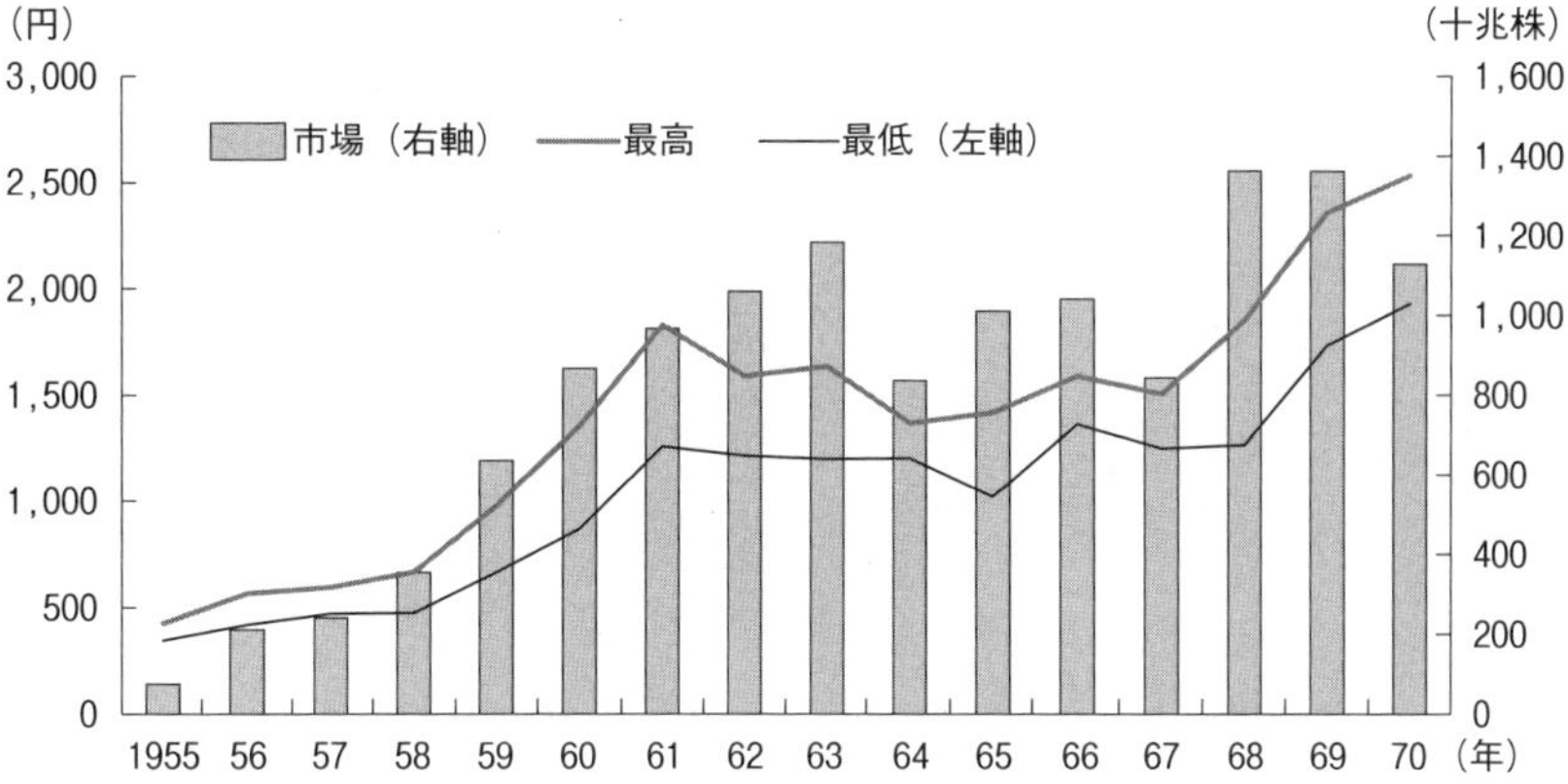

（出所）　日本証券業協会連合会［1972］p.868、野村證券『証券統計要覧』より作成。

場は再開したものの、発行価格が市場価格を無視して決められたため、売れば損が発生するので、売買はほとんどなかった（注19）。

他方、１９５５年に始まる高度成長期に、株式流通市場は大幅にその規模を拡大させた。図表2によれば、１９５５年以降、１９６３年まで一貫して売買高は拡大し、これにほぼ連動して東証修正平均株価も上昇を続けた。こうした株価上昇は日本経済の高度成長が根底にあるが、株式流通市場の拡大は主として投資信託がけん引し、それを大量推奨販売と運用預りが補完した。

すなわち、１９５５年の株式投信の年末元本額は５９５億円であったが、１９６１年には1兆円を超え、こうした投信を通じた株式流通市場への大衆資金の動員が、株式流通市場の拡大に寄与した。そして、大手業者による大量推奨販売もそれを補完した。大量推奨販売を成功させるには、①株価に影響を与える企業情報の収集が可能、②大量の在庫保有、株価維持が可能、③強力な販売力の三つが求められる。このうち②を可能にしたのが、投資信託と運用預りであった（注20）。つまり、投資信託と大量推奨販売、運用預りは、お互いが補完し合いながら、株式流通市場の拡大をけん引したのであった。

このように、証券市場は高度成長期に入っても、株式流通市場のみが跛行的に発展しており、証券業者も引き続き株式流通市場業務を主とせざるをえなかった。ただ、投資信託業務や運用預りを兼業できた大手証券は、それらを通じて得た価格形成力を武器に、株式ブローカー業務を拡大し、さらにその販売力の強さが引受業務での案件獲得でも優位に立たせた。

しかし、大量推奨販売と投資信託、運用預りを駆使した売買高の拡大は、一方で大規模販売組織を必要とするため、固定経費も増大した。相場が好調なときは、投信の手数料や委託手数料収入が増加するため固定経費の増大もまかなえたが、逆回転が始まると大規模販売組織の弊害が露呈する。1961年の公定歩合引上げや、金融引締めに伴う相次ぐ増資を契機とする株価下落を受けて、投資信託の信託財産は流出を始めた。また、株価の下落は、委託手数料収入の減少や自己売買での売買損計上、手持株の評価損をふくらませ、証券業者の財務を蝕んでいった。こうして証券恐慌の発生に至ったのであった。

(2) 証券恐慌前の地方証券

高度成長期の証券市場では、大手証券は投資信託と運用預りをテコに規模拡大、収入源の多角化を実現させたのに対し、地方証券は依然として、株式ブローカー業務に依存した経営が続いており、客層や商売の方法に大きな変化はみられなかった（注21）。

この時期、地方証券の新たな課題として、地方証券取引所（以下、地方取引所と略記）の衰退が持ち上がった。その理由は、地方取引所の会員業者が、準大手証券などに合併され支店となったことと、短波放送の登場により、重複上場銘柄の株価が東京証券取引所（以下、東証と略記）でのそれに一元化され、証券取引の東証への集中が始まったからである（注22）。図表3に示したように、1955年頃から東証に売買高シェアが集中する一方、大阪、名古屋を除いた地方取引所のそれは、軒並み1%を割り込むまでに低下した。このことが、重複上場銘柄の取引をさらに東証へ集中させ、地方取引所のいっそうの衰退を招いた（注23）。

図表3　取引所別売買高シェアの推移

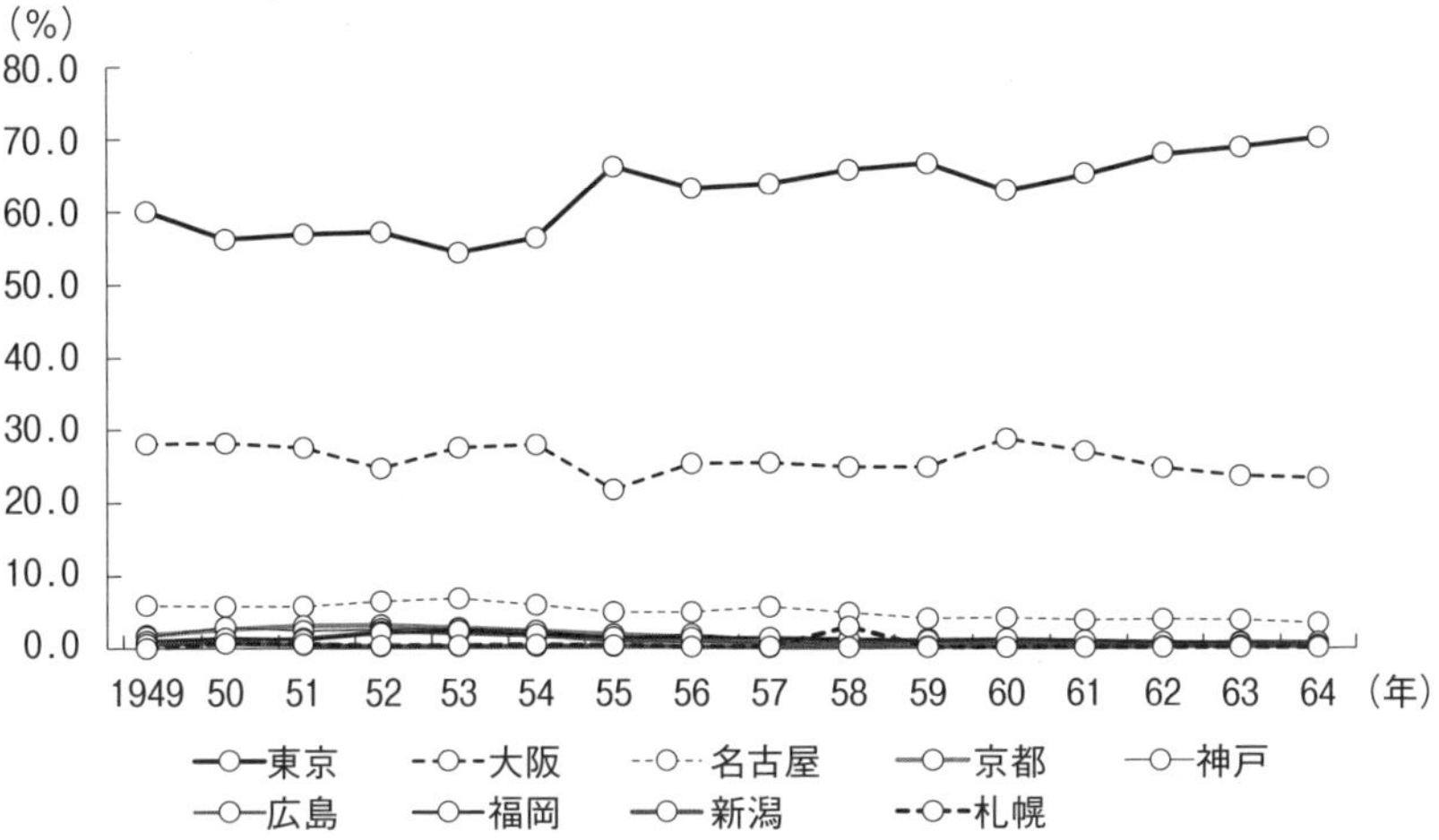

（出所）　東京証券取引所［1955］［1961］［1965］より作成。

地方取引所の会員業者は、地方取引所のシェア低下に伴い、重複上場銘柄の注文を東証へ発注する必要が出てくるが、それには東証会員業者（取次母店）への再委託が必要になり、その手数料（再委託手数料）が高率であったことが、地方証券のブローカー業務の採算性を悪化させた（注24）。

地方取引所の衰退に対する地方証券の対応は、大きく四つに分かれた。その一つがつなぎ機関の設立であり、もう一つが取次母店との関係強化、そして、収支均衡を図るための歩合外務員依存の強化、最後が募集業務の強化である。つなぎ機関の設立については、新潟、札幌、福岡の各取引所会員業者が、再委託手数料の節約を目的に日本協栄証券を設立した。つなぎ機関の設立により、地方取引所の会員業者は、重複上場銘柄発注の際の、再委託手数料が必要なくなり、ブローカー業務の採算性は大幅な改善をみたのであった（注25）。

次に、地方証券がとった対応は、経営の独立性よりも生残りを優先させ、取次母店との関係強化による実質的な支店化であった。この場合の利点は、①資金面でのバックアップ、②取次母店が引受けた売出株などの提供、③業績悪化が予想されるときの営業支援、④人材の派遣などがあげられる。他方、取次母店にとっ

図表4　1963年9月時点での業者規模別歩合依存度

	業者数	店舗数	従業員	うち 歩合外務員	歩合依存度
大手4社	4	456	34,144	448	1.31%
投信10社	10	465	21,079	1,246	5.91%
運用5社	5	143	4,586	175	3.82%
その他会員	170	1,075	23,177	3,175	13.70%
非会員	370	735	13,863	5,500	39.67%
合計	559	2,874	96,849	10,544	10.89%

（出所）　大蔵省理財局証券年報編集委員会［1964］p.167より作成。

ても証券界での勢力拡大や、大量推奨販売の際の価格形成力強化などに利点があるため、これに応じたのであった（注26）。

また、ブローカー業務の採算性悪化に対応した収益構造への転換のため、人件費の変動費化が行われた（注27）。ブローカー業務の採算性悪化は、地方取引所の衰退による再委託手数料の発生にあるが、このほかにも株式ブローカー業務は市況依存業務であることも相まって、小規模業者ほど歩合外務員への依存を高めていた（図表4）。

ただ、すべての地方証券が例外なく、歩合依存を高めたわけではなく、ウツミ屋証券や荘内証券、大山証券、大熊本証券、長野證券などは、社員営業を維持していた（注28）。そして、これらの業者に共通していたのが、債券などの募集業務の強化であった。

ウツミ屋証券や丸福証券、荘内証券、大熊本証券では1960年代中盤から、割引債と電話債の販売を強化している（注29）。これらの手数料率は株式のそれと比較して非常に低かったが、割引債の場合は1年満期であるために定期的な乗換えが期待でき、電話債は換金を望む人が多く、取引の量が期待できた。つまり、募集残高の拡大や取扱高の拡大によって、収益への貢献が着実に期待でき、安定収益の確保につながった。このように、地方証券の一部では証券恐慌が本格化する過程で、フロービジネスからストックビジネスへの移行が模索され始めていたのであった。

しかし、証券恐慌は、株式ブローカー業務を中心に営業していた地方証券にも大きな影響を与えた。証券恐慌が本格化していく1964年に売買高は減少に転じ、大蔵省の『全国証券会社営業報告集計表』によれば、1964年度の委託手数料は581億円にとどまった。これは前年比42・2％の減少であり、全国の証券業者513社のうち409社が損失を計上した。損失計上の主たる要因は委託手数料の減収であるが、それに加えて手持有価証券の値下り、不良立替金の切捨て、証券業者自身もしくは従業員の思惑売買が損失拡大に拍車をかけた。

また、証券恐慌を前に、証券業者の財務強化と経営の適正化を目的として行われた、1963年6月の最低資本金の引上げ、さらに坂野通達や免許基準に代表される比率行政の開始が、1950年代中頃の再編に続く2度目の再編につながり、経営能力が不十分なものや不健全な目的で登録する業者を市場から退出させたのであった。

(3) 証券恐慌後の地方証券

証券恐慌は大手、特に準大手証券の経営に大きな打撃を与えた。もちろん中小証券も損失を計上しており、影響はあったものの大手ほどではなかった。大手、準大手証券は、比率行政の実施を背景に店舗、人員の合理化、収入構成の変革、財務構造の転換に取り組んだ（注30）。その結果、収入構成は委託手数料収入を中心に、手数料収入と売買益で全収入の約70％を占めるようになった。

その一方で、証券恐慌後からオイルショックまでの間、大手、準大手証券は、売買高の増加に伴う事務処理量の増加、公社債や累積投資業務、ファミリーファンドの募集能力拡大を支えるべく、第一次オンラインの構築を進めた。また、対日投資の自由化や日本企業の海外での資金調達の増加を背景とする海外進出や公募時価発行の開始もあり、引受手数料収入も急増していた。

他方、地方証券は依然としてブローカー業務のみを行う業者と、割引債、電話債や投資信託などの募集業務にも注力する業者に大別された。前者は歩合外務員依存が高い会社を中心にみられ、そうした会社は信用供与によって歩合外交を支援していた（注31）。他方、歩合依存の低い会社は、確定利付証券の販売を通じて、新規の個人投資家開拓にも注力した（注32）。募集業務は証券会社にとって営業資産の拡大だけでなく、薄利ではあるが安定収入が期待でき、市況依存からの脱却や経営基盤の強化に重要な役割を果たした（注33）。

また、大手、準大手証券がオンラインシステムの構築を進めたのに対し、地方証券でも事務の機械化、オンライン化に踏み出す業者もみられた。しかし、システムの開発には資金や人材確保が必要となり、またシステム構築後の固定的な維持コスト負担も課題であった。そこで、地方証券は取次母店のシステムの導入や東京証券計算センターなどへの外部委託、システムの共同利用（注34）で対応し、バックオフィス事務の負担減や軽量化に努めたのであった（注35）。

4 安定成長、バブル期の地方証券

(1) 市場規模の拡大と外国人、法人取引の強化

1973年のオイルショックを契機に、日本経済の高度成長は終焉を迎え、1974年には戦後初のマイナス成長に陥った。安定成長への移行に伴い、設備投資需要の減少、減量経営の進展により、法人部門の資金需要は減退、手元資金が積み上がった（注36）。これにより同時期、企業の余資運用は運用利回り重視に変化し、これに加えて保険や年金基金、投資信託などの機関投資家も有価証券投資を拡大、さらに、オイルマネーの先進国への流入も相まって、証券市場の機関化が始まる。

他方、1970年代になると有償増資の主流が次第に公募時価発行へと変化し、高株価維持を目的とした株式持合いによる法人化も進んだ。加えて、相対的な金利水準の低さから、日本企業による海外での転換社債やワラント債の発行が始まり、企業の資金調達方法の多様化、弾力化も進められた。これらを背景に、大手、準大手証券は法人の余資運用、機関投資家の純投資拡大への対応としての法人営業の強化、外国人投資家による対日証券投資の拡大への対応として海外拠点の充実、オイルマネーの開拓を進めた。そして企業の資金調達方法の多様化への対応として引受機能が強化され、そこからさらに、調達した資金の一時的な運用や、株主構成の改善などの関連業務の受注へと進み、幹事機能の強化が図られた（注37）。

また、複雑な金利計算を伴う新商品の開発や、機関投資家を含めた法人、外国人投資家に向けた営業の強化には、取扱商品の多角化のみならず、顧客ニーズにきめ細かに対応する必要もあった。そこで、顧客サービスの充実、事務合理化を目的とした第二次オンライン、顧客向けのポートフォリオ管理システム、国際オンラインシステムなどが相次いで開発されていくのであった。

(2) 地方証券のビジネスの特徴

日本経済の安定成長への移行や、公募増資の一般化に伴って起きた証券市場の機関化、法人化は、法人営業に弱い地方証券にとっては逆風であった。また、持合いによる利回り低下が、地方証券の主たる顧客であった個人投資家を証券市場から離反させた。このことをふまえ、『日経金融年報』（注38）に掲載の札幌、新潟、東京、名古屋、京都、大阪、神戸、広島、福岡に所在の証券会社126社（うち、地方証券は17社）の営業成績を用いて、地方証券のビジネスを分析していこう。

まず、株式ブローカー業務への依存度の高さからみていこう。図表5に1979～1990年における証券各社の営

図表５　営業収益に対する委託手数料の比率（1979～1990年）

依存率	会社名
70.0%～	丸金（73.1%）、立花（71.7%）、中井（71.2）、寿（70.7%）、山源（70.5%）、**八幡（70.4%）**
67.5～69.9%	**萬成（69.3%）**、三京（68.6%）、**光（68.6%）**、**丸近（68.5%）**、**前田（68.3%）**、**丸福（68.1%）**、共済・丸八（68.0%）
65.0～67.4%	岩井（67.1%）、**上光（66.9%）**、中野（66.6%）、金吉・**都（66.5%）**、菱光・塚本（66.3%）、**六和（66.2%）**、丸一（65.9%）、廣田（65.8%）、内藤（65.5%）、東海・木村（65.4%）、岡地・**大盛（65.3%）**、永和・大徳・**新和（65.2%）**、大華・松彦・黒川木徳（65.1%）
62.5～64.9%	豊・**西村（64.9%）**、小川（64.8%）、岡徳・**日新（64.7%）**、山吉（64.5%）、山文・**越後（64.1%）**、**神栄石野（64.0%）**、**中（63.9%）**、大七（63.7%）、ナショナル田林（63.3%）、大沢・日本（63.0%）、安藤（62.8%）、丸荘（62.5%）
60.0～62.4%	大万・大塚・東洋（62.4%）、藍澤・伊藤銀・平岡（62.2%）、**ウツミ屋（62.1%）**、今川・日の出（61.9%）、岡三（61.8%）、須々木（61.6%）、福山（61.4%）、泉（61.3%）、更栄・コスモ（61.2%）、室清・明和（61.1%）、大中・山和（61.0%）、ワールド（60.9%）、中央・和光（60.5%）
57.5～59.9%	三木（59.7%）、三重・東和・水戸（59.5%）、日産・丸国（59.4%）、千代田（59.1%）、三洋（58.9%）、金十・日栄・丸万（58.5%）、明光（58.2%）、石塚（58.1%）、山丸・一吉（57.8%）、三栄・高木（57.7%）、丸宏・新日本（57.5%）
55.0～57.4%	丸和（57.3%）、山種（57.1%）、大東・内外（56.9%）、大福（56.8%）、金万・大成（56.3%）、丸三（56.2%）、赤木屋・中原（55.5%）、日本勧業角丸・光世（55.1%）
52.5～54.9%	山二（54.2%）、東光（53.9%）、協立（53.8%）、第一（53.7%）、小柳（53.4%）、十字屋（53.1%）、関東（52.6%）
50.0～52.4%	日興（52.1%）、一成（52.0%）、偕成（51.6%）、共和（51.2%）、松井（50.1%）
～49.9%	山加・山一（49.3%）、極東・東京（47.3%）、三澤屋（47.1%）、大和（46.7%）、野村（44.4%）、金山（41.5%）、国際（40.9%）

（※１）　該当する10期のうち５期以上数値の掲載がない会社は除外している。
（※２）　地方証券は太字にし、下線を引いている。以下、図表９、15も同様。
（出所）　日本経済新聞社［1979－2007］より作成。

業収益に占める委託手数料の比率を示した。図表5から以下3点が指摘できる。1点目として、公社債専業者に系譜を持つ大手4社は総じて委託手数料への依存が低い。最も数値が高い日興証券でも52・1％にとどまる。同様に旧運用5社も、大手4社同様に委託手数料への依存は低位にとどまっている。2点目として、中小証券のそれは大手、準大手証券に比べて比率は高く、東証非会員業者のそれが会員業者のそれより高いことが指摘できる。3点目が地方証券のそれは、全体のなかでも高いことである。

では、なぜ地方証券は委託手数料収入に依存せざるをえなかったのだろうか。これまで述べたように、地方証券は概して小資本の会社が多く、かつ非会員業者あるいは地方取引所の会員業者であることが多い。証券業には四つの業務があるが、自己売買でリスクの低い日計り商いをするには、流動性の高い取引所の会員である必要がある。しかし、地方証券は東証会員でない業者が多く、流動性の低下していた地方取引所では、日計りで収益を得るのは困難であった。また、日を跨いだ取引も考えられるが、リスクが高いことに加え、地方証券は小資本ゆえ資本バッファーも少なく、これも現実的ではなかった。

また、引受業務もあるが、それを行うには最低でも資本金が2億円以上必要であり、それが可能な業者は限られていた。同時期、東証会員の中堅、中小証券には、大手銀行が金融自由化を見据えた証券業務進出の橋頭堡として、それの系列化、総合証券化を進めた（注39）。その結果、大手銀行の系列に入った中堅、中小証券は、銀行の主要顧客企業の資金調達の際、幹事選定や引受シェアの決定で銀行がその後ろ盾となり、法人取引受注の足がかりをつくった。一方、同時期に地方銀行も地方証券に出資しているケースもあるが、その多くは系列化が目的ではなく、あくまでも地方証券側の安定株主獲得の要請に、地方銀行が応じたにすぎない（注40）。それゆえ、東証会員業者への大手銀行の出資のケースと異なり、ブローカー業務以外の業務に進出するチャンスが与えられることもなかった。

こうした理由から、地方証券はブローカー業務に依存せざるをえないわけだが、ブローカー業務に関連する金融収支

図表6　金融収支を含むブローカー業務依存の推移

（単位：百万円、％）

	1979〜1990年				1991〜1998年		1999〜2007年	
	委託手数料		金融収益		委託手数料	金融収益	委託手数料	金融収益
	金額	比率	金額	比率	比率	比率	比率	比率
上光証券	949	100.0	109	100.0	92.1	101.7	79.3	18.8
丸福証券	2,094	100.0	210	100.0	70.9	94.8	92.0	28.4
西村証券	1,449	100.0	215	100.0	57.1	80.1	56.3	20.2
丸近証券	720	100.0	89	100.0	65.9	88.5	56.3	10.0
都証券	810	100.0	145	100.0	100.8	128.1	—	—
六和証券	665	100.0	73	100.0	91.1	71.6	82.4	9.4
光証券	1,334	100.0	142	100.0	85.6	147.2	138.1	66.9
ウツミ屋証券	5,214	100.0	499	100.0	68.6	147.7	77.0	64.8
八幡証券	1,324	100.0	115	100.0	93.0	110.9	90.3	42.7
新和証券	827	100.0	73	100.0	130.1	135.8	97.4	14.6
中証券	1,911	100.0	384	100.0	64.9	45.6	99.0	14.1
大盛証券	591	100.0	80	100.0	65.0	57.4	—	—
萬成証券	989	100.0	110	100.0	69.4	74.7	59.0	18.5
前田証券	1,924	100.0	185	100.0	127.6	110.7	172.6	77.5
越後証券	1,354	100.0	122	100.0	68.5	45.8	—	—
日新証券	329	100.0	27	100.0	82.1	70.3	—	—
神栄石野証券	6,906	100.0	523	100.0	84.2	115.5	—	—
営業収益に占める金融収益の比率	7.5				7.3		2.2	

（注）　1991年以降は1979〜1990年を100％とした数値。
（出所）　日本経済新聞社［1979－2007］より作成。

もみておこう。図表6に地方証券17社の委託手数料と金融収支が、営業収益に占める比率の推移をまとめた。図表6によれば、地方証券の金融収支が営業利益に占める比率の平均は7・5％である。大手4社のそれは9・9％、旧投信10社（大阪屋証券、岡三証券、三洋証券、新日本証券、日本勧業角丸証券、山種証券、和光証券）のそれは6・4％、さらにこれらを除いた97社のそれは7・0％であったから、中堅、中小証券のそれよりも少し高い（注41）。

当時、野村證券の個人投資家に対する信用取引開始基準は、預り資産5000万円以

図表７　募集業務関連収入の推移

（単位：百万円、％）

	1979～1982年		1983～1990年	1991～1998年	1999～2007年
	金額	比率	比率	比率	比率
上光証券	199	100.0	186.0	156.2	97.5
丸福証券	396	100.0	241.4	167.9	170.6
西村証券	309	100.0	203.2	130.4	48.4
丸近証券	157	100.0	153.7	122.0	29.2
都証券	154	100.0	187.2	222.9	—
六和証券	156	100.0	167.3	192.9	49.7
光証券	268	100.0	152.4	136.1	72.3
ウツミ屋証券	1,468	100.0	186.8	123.6	77.0
八幡証券	309	100.0	155.4	154.0	101.4
新和証券	140	100.0	267.4	325.7	180.9
中証券	371	100.0	209.2	208.5	165.4
大盛証券	170	100.0	113.7	95.9	—
萬成証券	234	100.0	168.0	160.2	—
前田証券	333	100.0	255.4	293.4	201.6
越後証券	298	100.0	224.8	156.8	—
日新証券	80	100.0	189.4	155.8	—
神栄石野証券	1,333	100.0	279.2	214.1	—

（注）　1983年以降は1979～1982年を100％とした数値。
（出所）　日本経済新聞社［1979－2007］より作成。

上であったのに対し、中小証券のそれは野村證券よりかなり緩やかであった（注42）。しかも、地方証券の金融収支の比率は、準大手以下のそれより高いことから、当時の地方証券の主たる顧客は、信用取引を多用する個人投資家と推測できる（注43）。

そして、１９８０年代になると、多くの地方証券がバッククオフィス業務の機械化、オンライン化をおえており、各社には固定的なシステムコストが生じていた。しかし、ブローカー業務は市況に依存するものであり、収益のブレも大きい。そこで、地方証券は既存顧客とは異なる新たな投資家層の獲得と、それを実現できる商品が必要となった。そこで、地方証券も中国ファンドを積極的に販売し、新規顧客開拓の糸口とした（注44）。

このほかにも、ゼロクーポン債を取扱う会社（注45）や、非会員業者が共同で設定した投信を販売する会社（注46）、さらには系列外の投資信託を販売し、その見返りに投信委託会社からの委託注文を受ける会社（注47）もあった。これらの会社はいずれも、営業資産の拡大や募集業務による安定収益の確保が、盤石な経営基盤の構築には必要と考え、フロービジネスからストックビジネスへの移行を図っていたのであった（注48）。このことをふまえて、募集業務関連収入の推移を図表7に示した（注49）。図表7によれば、各社の数値は中国ファンドの募集前に比べてあがっていた。このことから、バブル期に地方証券も募集業務を拡大させていたことがわかる。

5 バブル崩壊後の地方証券

1989年末に日経平均株価はピークを迎え、その後20年以上にわたって株式取引は低迷を続けた。1985～1990年の5年間の東証の売買代金は、年間平均が221兆4800億円であった。しかし、その後、証券不祥事の表面化や急激な円高に伴う不況、不良債権問題と金融システム不安が相次ぎ、投資家が証券市場から離反した。その結果、1990～1998年の東証の売買代金は102兆5900億円となり、バブル期の46・3％まで低下した。売買代金の減少は市況依存産業である証券会社の経営にも大きな影響を与え、証券会社の営業収益も1990年3月期決算をピークに減少に転じた。

1985～1998年の13年間の決算が明らかな124社の営業収益は、バブル期（1985年9月期決算～1990

図表8　バブル期とバブル崩壊後（1991〜1998年）の営業収益の変化 （単位：%）

会社名	比率	会社名	比率
前田証券	89.3	ウツミ屋証券	54.1
新和証券	80.4	神栄石野証券	52.2
都証券	71.6	大盛証券	48.7
光証券	70.0	萬成証券	48.6
八幡証券	66.9	新潟証券	48.5
六和証券	66.1	丸近証券	47.7
上光証券	60.7	越後証券	44.8
日新証券	56.0	西村証券	42.3
丸福証券	54.9		

（注）1985〜1990年を100%とした数値。
（出所）日本経済新聞社［1979－2007］より作成。

年3月期決算）には年平均4兆4000億円だったが、バブル崩壊後（1991年3月期決算〜1999年3月期決算）のそれは2兆3000億円となり、バブル期の52・2%に低下した。

同時期の大手4社の営業収益はバブル期の53・8%、旧投信10社は48・2%まで落ち込み、これらに地方証券17社を除いた96社のそれは51・7%であった。他方、地方証券17社のそれは図表8に示したとおりであり、おおむねその他のグループよりは落込みが小さい。その要因は、大手、準大手証券やバブル期に総合証券化した業者は、法人向けの大口取引や引受業務を背景に業績を急伸させたわけだが、バブル崩壊による資金需要の低迷、IPO減少に加え、財テクも終焉を迎え、引受手数料と委託手数料収入の両方が減少した。

他方、地方証券はバブル期に法人取引とは無縁で、個人取引を中心に営業していたため、法人取引縮小の影響は小さく、そのことが収益の落込みを小幅でとどめた要因であったと考えられる。

しかしバブル崩壊後、ただでさえ収益悪化に苦しんだ証券界に対し、金融制度改革や金融ビッグバンにより、①銀証分離政策の見直し、②委託手数料の完全自由化、③証券業の登録制への移行という従来のビジネスモデルを根底から覆す経営環境の変化が予定されていた。これに加えて、バブル崩壊に伴う法人取引の縮小で、大手、準大手証券も個人取引分野へのいっそうの注力を始めたため、個人取引分野での競争は激化した。

バブル崩壊後、証券界はビジネスモデルの見直しを迫られたわけだが、大手業者はブローカー業務依存を下げたのに対し、地方証券はむしろそれを高めていた（図表9（注50））。加えて、地方証券は同時期に金融収支の比重も高めた（図表6）。しかし、そもそも相場低迷に伴って営業収益が減少しており、これらの収入自体は1991年3月期をピークに年々減少していた。では、地方証券はどの業務でブローカー業務関連収入の落込みをカバーしたのだろう。

地方証券に残された途はディーリングで収益をあげるか、債券や投資信託といった募集業務で収入を増やすかしかない。そこで、次にディーリング業務をみていこう。ディーリングによる収益は相場に依存するため、証券会社のビジネスの変貌を明らかにするには、むしろ売買注文全体に占める自己売買の比率を確認したほうがよい。図表10には、『日経金融年報』でデータがとれる安定成長期（1979～1990年：126社）、バブル期（1991～1998年：128社）、バブル崩壊後（1999～2007年：86社）の自己売買比率をまとめた。図表10によれば、安定成長期、バブル期よりも、バブル崩壊後のほうが、業界全体として自己売買比率が高まっていることがわかる。

したがって、バブル崩壊後、地方証券を含む東証非会員業者にとって東証会員権の取得は、業務、収入源の多角化という点で、重要な経営課題となった。ただ、当時は東証会員権の数が限られていたことと、取得コストが非常に高かったため、非会員業者は自社の売買高、取次母店に支払っている再委託手数料と会員権購入にかかるコストを比較考量し、東証の会員権を取得するか、否かの経営判断に迫られた（注51）。

このことをふまえたうえで、バブル崩壊後、地方証券各社のディーリングに対する態度を明らかにするため、地方証券18社の自己売買比率の推移を図表11に示した。当然ながら、東証会員業者と非会員業者で対応に違いがみられた。東

図表9　証券各社の株式委託売買収入依存度（1991～1998年）

依存率	会社名
70%～	立花（73.1%）、中井（72.9%）、東宝（72.7%）、**丸近（70.3%）**
67.5～69.9%	千代田（69.9%）、**上光（69.7%）**、丸一（69.5%）、こうべ（69.4%）、**大盛（68.9%）**、**八幡（68.7%）**、木村（67.7%）、**六和（67.6%）**
65～67.4%	大万（67.4%）、**都・新和（67.3%）**、西（67.2%）、**越後（67.1%）**、**神栄石野（66.9%）**、廣田（66.6%）、**日新（66.3%）**、大徳（66.0%）、今川・**萬成（65.9%）**、公共（65.8%）、寿・**西村（65.3%）**
62.5～64.9%	**津山（64.9%）**、大沢（64.4%）、松彦（64.0%）、金吉（63.3%）、黒川木徳、共済（63.0%）、センチュリー（62.9%）、山吉（62.4%）
60～62.4%	**前田（61.5%）**、藍澤・山種（61.3%）、協立（61.2%）、三栄（61.1%）、一成（61.0%）、大中（60.9%）、**丸福（60.8%）**、丸金・岡徳（60.5%）、丸八・平岡（60.2%）、日本（60.1%）
57.5～59.9%	岡地・岩井（59.9%）、ナショナル田林（59.8%）、豊・**新潟（59.5%）**、大華（59.4%）、丸荘・金十（59.1%）、山源（58.5%）、中原（58.4%）、水戸・大東・金万（58.3%）、松井（58.2%）、大塚（58.0%）、十字屋（57.9%）、内藤・山丸・成瀬（57.8%）、山文、内外（57.5%）
55～57.4%	三京（57.3%）、菱光（57.2%）、第一（57.0%）、安藤（56.9%）、石塚（56.5%）、東洋（56.3%）、中央（56.1%）、泉・**光（55.8%）**、福山・関東（55.6%）、丸和（55.4%）、偕成（55.3%）、明和（55.1%）、三木（55.0%）
52.5～54.9%	丸万・**ウツミ屋（54.9%）**、共和（54.6%）、大成（54.5%）、高木・コスモ（54.4%）、大七（54.3%）、小川・丸国（54.2%）、日産（54.1%）、丸宏（53.7%）、日の出（53.5%）、東和（53.4%）、三澤屋・一吉（53.0%）、エース（52.9%）、日栄・丸三（52.8%）、ワールド（52.7%）、山加（52.6%）
50～52.4%	永和（52.0%）、東海（51.8%）、岡三（50.7%）、小柳（50.0%）
～49.9%	明光（49.7%）、堂島（49.5%）、山和（48.3%）、三洋（48.0%）、東京（47.9%）、赤木屋（47.7%）、和光（46.4%）、金山（46.0%）、新日本（44.2%）、極東（41.8%）、山一（36.5%）、光世（35.8%）、日興（35.5%）、大和（31.3%）、国際（28.0%）、野村（27.9%）

（注）　該当する8期のうち4期以上数値の掲載がない会社は除外している。
（出所）　日本経済新聞社［1979－2007］より作成。

図表10　証券会社の自己売買比率

	1979～1990年	1991～1998年	1999～2007年
60％～	1	6	42
55～60％	2	5	2
50～55％	3	10	3
45～50％	6	14	1
40～45％	9	14	6
35～40％	19	12	7
30～35％	24	15	1
25～30％	11	19	4
20～25％	14	4	3
10～20％	13	8	5
0～10％	24	21	12

（出所）日本経済新聞社［1979－2007］より作成。

証会員業者5社（注52）の自己売買比率は大幅に増加をみたのに対し、非会員業者のそれは、むしろ低下させていた。つまり、東証会員業者には日計りのチャンスがあったのに対し、地方取引所の衰退が著しく、地方取引所会員業者にはもはやそのチャンスは皆無となり、自己売買で収入を確保することは不可能であった。

次に、募集業務の業績をみていこう。先にあげた図表7によれば、バブル崩壊後、地方証券の多くは、バブル期と比べて、営業収益に占める募集業務の比率が縮小しているが、安定成長期に比べれば、ほぼすべての会社で上昇している。この時期にはＭＭＦや、規制緩和を利用した自社専用投信、共同投信の販売を始める地方証券も現れた（注53）。

専用投信は前田証券が１９９０年、丸福証券が１９９４年に販売している。両社ともに顧客の要望に応えたもので、前田証券のそれは地元企業株で運用され（注54）、丸福証券のそれは割引債の乗換先となるようなローリスク商品が開発された（注55）。このほかにも、独立系非会員証券10社で公開販売専用ファンドの販売を開始し（注56）、

図表11　地方証券各社の自己売買比率の推移

（単位：%）

会社名	1979～1990年	1991～1998年	1999～2007年
ウツミ屋証券	7.18	46.66	64.03
越後証券	7.20	2.19	—
上光証券	1.58	5.33	1.01
神栄石野証券	23.34	18.58	—
新和証券	3.73	1.50	1.54
大盛証券	5.44	0.38	—
津山証券	—	2.40	43.91
中証券	4.82	0.94	0.29
西村証券	3.05	1.18	14.29
日新証券	0.97	0.84	—
萬成証券	11.17	25.73	0.36
光証券	11.54	38.20	88.12
前田証券	7.44	41.63	63.47
丸近証券	4.23	5.73	19.60
丸福証券	3.14	25.85	57.22
都証券	0.27	1.70	—
八幡証券	0.92	0.46	5.69
六和証券	1.50	0.90	0.40

（出所）　日本経済新聞社［1979－2007］より作成。

九州では地場5社で地元企業や関連企業、さらにはASEANの優良企業で運用する商品を販売していた（注57）。このほかにも、荘内証券や大山日ノ丸証券、岡宮証券などでは外債や外国投信の募集が行われた（注58）。つまり、この時期に地方証券のなかでも、募集業務を強化する会社が増えているのであった。

このようにディーリングや募集業務の拡大が試みられたものの、営業収益は相場の下落に連動して低迷を続けており、バブル期の積極経営で増大したコストをまかなえない。そこで、不採算店舗の閉鎖（図表12）やバックオフィ

図表12　業者規模別店舗数、従業員数の推移

年	4社			総合証券			その他会員証券			非会員証券		
	会社数	店舗数	従業員数	会社数	店舗数	従業員数	会社数	店舗数	従業員数	会社数	店舗数	従業員数
1991	4	537	51,283	42	1,566	71,582	83	693	17,435	81	337	5,133
1992	4	559	51,791	42	1,577	68,485	83	714	16,723	81	353	4,893
1993	4	535	50,142	44	1,412	62,103	81	637	14,334	80	328	4,326
1994	4	519	47,114	44	1,358	56,903	81	620	13,466	84	326	4,366
1995	4	514	45,187	44	1,325	53,535	81	595	13,665	93	330	5,835
1996	4	509	43,605	44	1,280	49,648	81	571	12,655	78	298	3,980
1997	4	509	41,359	45	1,279	46,339	80	539	11,452	77	285	3,629

（出所）　大蔵省証券局『大蔵省証券局年報』各年版より作成。

ス業務の外部委託（注59）などのリストラが行われ、収入の減少に対して、支出の減少で収支均衡を図る努力が続けられた。

こうしたリストラを経ても、依然として損失計上の続く会社は、委託手数料自由化を目前に控えて、自ら解散や自主廃業、営業譲渡によって市場から退出した。加えて、大手業者自身もバブル崩壊後、業績が低迷し、自身が外資や銀行からの出資を受け入れざるをえないほど経営が危殆に瀕し、従来のような系列政策の維持は不可能となり、系列政策の見直しが行われた。その過程で中堅証券以下の再編が進められていくのであった。

6　手数料自由化後の地方証券

1998年以降、証券業への参入が免許制から登録制へと移行し、委託手数料の自由化も実施された。このことを契機に、異業種から証券業への参入が相次いだ。日本の場合、それがインターネットの普及とほぼ同時であったため、1999年以降、格安な委託手数料を武器にしたネット証券が参入し、ブローカー業務を中核に据えた対面証券会社は、ビジネスモデルの根本的な転換を迫られた。

委託手数料の完全自由化に伴い、委託手数料率が固定手数料時代と自由化

図表13　取引方法別の手数料比較

（単位：円、％）

約定金額	手数料				ディスカウント率		
	固定時代(a)	自由化後			(b)／(a)	(c)／(a)	(d)／(a)
		対面証券(b)	通信取引(c)	ネット取引(d)			
100万円	11,500	10,772	7,845	5,481	6.33	31.78	52.34
300万円	29,500	26,971	20,544	13,756	8.57	30.36	53.37
500万円	47,500	42,755	33,090	21,959	9.99	30.34	53.77
1,000万円	82,500	73,592	59,096	38,452	10.80	28.37	53.39
3,000万円	197,500	171,576	145,060	95,888	13.13	26.55	51.45
5,000万円	272,500	223,370	179,110	145,753	18.03	34.27	46.51
1億円	385,000	256,885	217,758	208,722	33.28	43.44	45.79
3億円	785,000	371,526			52.67		
5億円	1,035,000	478,435			53.77		
10億円	1,535,000	716,100			53.35		

（注）　自由化後の手数料は三つの取引とも各業者の平均金額。
（出所）　東京証券取引所［1997］p.46、日本証券業協会［2000］p.3-9より作成。

後1年で、どの程度引き下げられたかを図表13に示した。図表13によれば、対面証券の500万円以下の約定金額では、固定手数料時代と比較して6～10％程度の割引にとどまっているが、通信取引では30％、ネット取引では50％以上の割引が行われていた。ネット証券による手数料の割引は年々拡大しており、その結果、株式ブローカー業務の収益性が悪化していった（図表14）。

図表14によれば、手数料自由化前は東証での売買代金と東証会員業者の委託手数料収入は連動していたが、手数料自由化後はネット証券の参入により、売買代金が増えても委託手数料収入は伸びなくなっている。売買高が近似する1989年と2004年の委託手数料収入は、前者が2兆8085億円だったのに対し、後者は8680億円まで落ち込んでいた。それでも1991～1998年に比べて、株式ブローカー業務への依存を高めた会社が多くみられた（注60）（図表15）。

また、1979～2007年の経営指標が明らかになる業者（82社）を対象に、金融収支が営業収益に占める比率の変化を調べると、1979～1990年は平均7・6％、

図表14　東証売買代金と委託手数料収入の推移

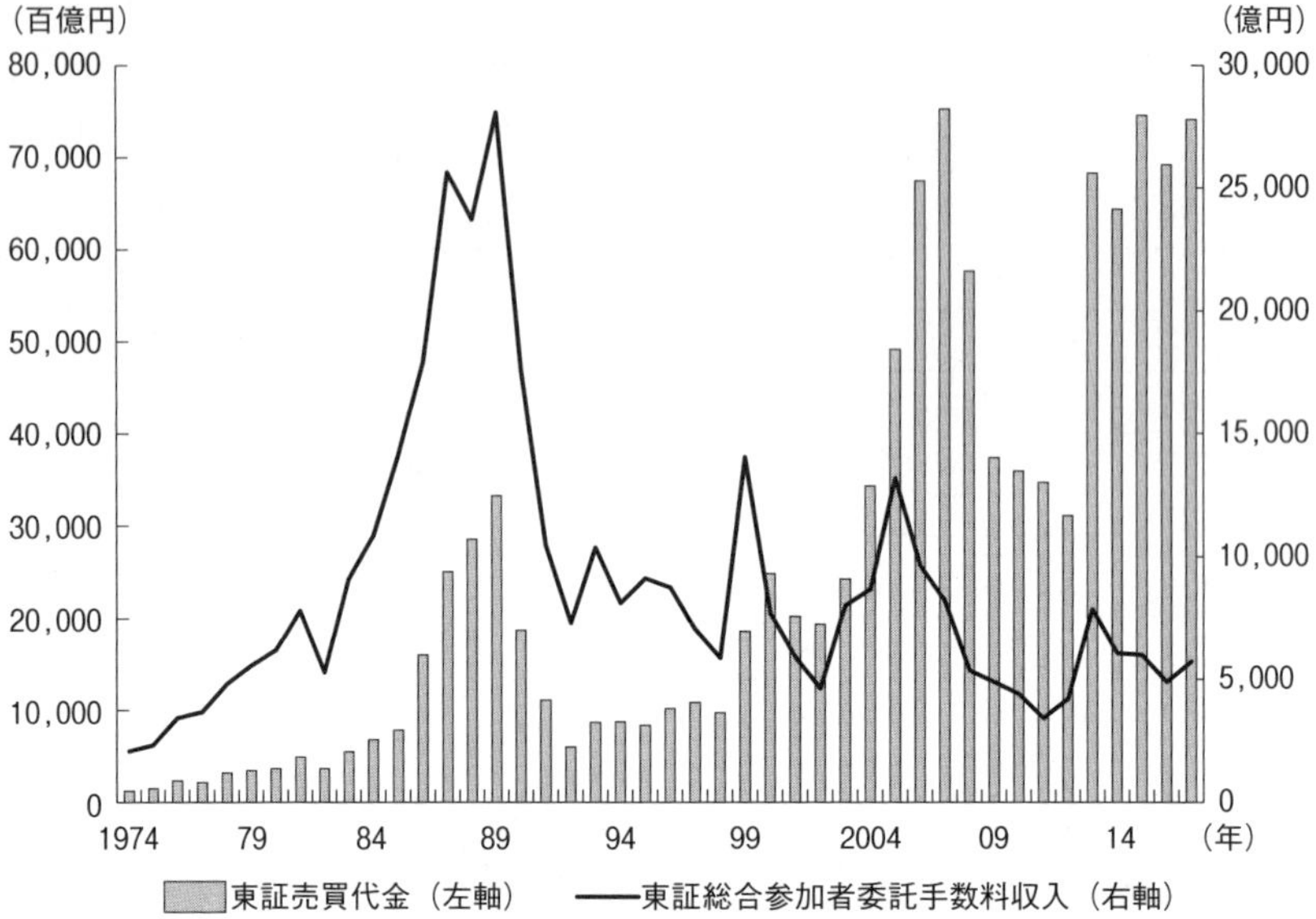

（出所）『東証統計月報』『東証要覧』『証券』各年版、東証ホームページより作成。

１９９１～１９９８年は平均９・３％であることから、証券会社にとっては貴重な収入であった。ところが、手数料自由化後の１９９９～２００７年のそれは平均３・６％へと急低下していた。地方証券（13社）でもそれは同様であり、１９７９～１９９８年までは平均７・５％程度であったが、手数料自由化後は２・２％へと低下していた。

もう少し詳細にみると、地方証券13社のうち、手数料自由化後の金融収支が、１９９８年以前より50％以上低下した会社は12社にのぼった。つまり、従来対面証券にとって主要顧客であった信用取引を使って高回転を繰り返す顧客が、対面証券から流出していたことを意味する。

こうした環境変化に、従来はブローカー業務に強く依存していた会社も、ディーリングでの収益拡大を模索する会社と、募集業務を強化する会社に大きく二分された。まず、１９７９～２００７年のデータがとれる82社の自己売買比率を確認すると、１９７９～１９９０年は26・７％、１９９１～１９９８年は34・９％であった

図表15　証券各社の株式委託売買収入依存度（1999～2007年）

依存率	会社名
70%～	**丸近（88.6%）**、**六和（86.5%）**、大徳（86.1%）、大万（85.6%）、寿（82.96%）・**津山（80.2%）**、**西村（79.7%）**、立花（79.0%）、中原（77.3%）、（旧）センチュリー（76.6%）、**八幡（76.1%）**、日産センチュリー（76.0%）、**上光（75.8%）**、**新和（74.7%）**、松井・**新潟（74.3%）**、岡地（73.9%）、室清（73.5%）、丸国（73.4%）、黒川木徳（72.6%）、木村（71.4%）
67.5～69.9%	水戸（69.8%）、SBI（67.8%）、エイチ・エス（67.7%）、リテラ・クレア（67.6%）
65～67.4%	オリックス・三栄・**前田（66.5%）**、廣田（66.3%）、インヴァスト（66.2%）、明和（65.8%）、日の出（65.6%）、**丸福（65.1%）**
62.5～64.9%	岩井（64.5%）、中央（64.4%）、SBIイー・トレード（63.3%）、金十（63.0%）、藍澤（62.9%）
60～62.4%	ヤマゲン（60.2%）、そしあす（60.0%）
57.5～59.9%	成瀬（59.7%）、岡安（59.5%）、永和（59.4%）、内藤（58.4%）、豊（57.5%）
55～57.4%	（旧）泉（56.9%）、いちよし（56.8%）、**ウツミ屋（56.7%）**、関東堂島（56.2%）、エース（55.9%）、日本アジア（55.1%）
52.5～54.9%	安藤（54.9%）、東洋（54.8%）、丸和（54.7%）、共和（53.8%）、高木（53.6%）、丸三（53.4%）
50～52.4%	コスモ（52.4%）、SMBCフレンド（52.2%）、日本グローバル（51.9%）、さくらフレンド（50.0%）
～49.9%	丸八（49.0%）、（旧）丸万（47.8%）、東京（47.6%）、金山（46.5%）、ユニマット山丸（46.2%）、岡三（45.4%）、**光（45.0%）**、のぞみ（44.0%）、三京（43.9%）、山和（43.0%）、（旧）つばさ（41.9%）、大和（41.6%）、みずほインベスターズ（40.5%）、三木（38.6%）、新光（38.3%）、山二（36.7%）、金吉（35.8%）、十字屋（34.4%）、日興（32.3%）、極東（30.4%）、光世（30.2%）、三菱UFJ（29.7%）、野村（27.1%）、アーク（26.3%）、**ばんせい（18.8%）**、赤木屋（5.5%）

（注）　該当する9期のうち5期以上数値の掲載がない会社は除外している。
（出所）　日本経済新聞社［1979－2007］より作成。

が、１９９９~２００７年のそれは52・6%へと急上昇していた（注61）。地方証券のそれを図表11で確認すると、手数料自由化以降の数値が平均以上の会社が４社あり、この４社はいずれも東証会員であるとともに、手数料自由化前後で自己売買比率を20~50%増やしている。

しかし、それも２０１０年に東証の新株式売買システム導入により、証券取引の高速化やＨＦＴ業者の参入が本格化すると、日計り商いなどの日を跨がないディーリングでは、取引アルゴリズムとシステムの性能が問われるようになり、従来、会員証券が得意としていた日計り商いで収益をあげることは困難となった（注62）。手数料自由化後、82社のうち自己売買比率が70%を超えていた会社が29社あったが、３分の１強に相当する12社は廃業、他社への部門売却、無償譲渡、買収によって姿を消している。地方証券13社でも自己売買比率の高かった４社のうち２社が、地銀系証券に衣替えしている。

では、２００７年以降はどうだろう。地方証券各社のホームページなどに、２０１５年以降の『業務及び財産の状況に関する説明書』が掲載されていた62社（地銀系証券21社を含む）のうち、47社の自己売買比率は10%以下であった。このように、地方証券には東証非会員業者が多いこともあるが、東証にアローヘッドが導入されて以来ＨＦＴ業者の参入もあり、日計り商いでは収益をあげられなくなり、自己売買の比率を一気に下げたのである。

一方、従来から募集業務に注力し、営業地域に強固な顧客基盤を構築していた地方証券は、外資系証券と提携する事例がみられた。外資系証券は日本国内に営業基盤を持っていないため、各地域に提携先を持てば、募集能力の高い稠密な営業網を形成することができる。一方の地方証券にとっても独自性のある商品の仕入れや、質の高い情報の獲得が可能となり、相互の弱点を補完し合える関係となる。こうして外資系証券と提携し、投資信託や仕組債（ＥＢ債）、外債などの販売に注力する会社が増えた（注63）。

ところが、募集業務は安定収益が期待できるものの、株式のような回転が期待できず、手間がかかる割に収入への寄

図表16　東証売買代金と地方証券の委託手数料、募集関係収入の推移

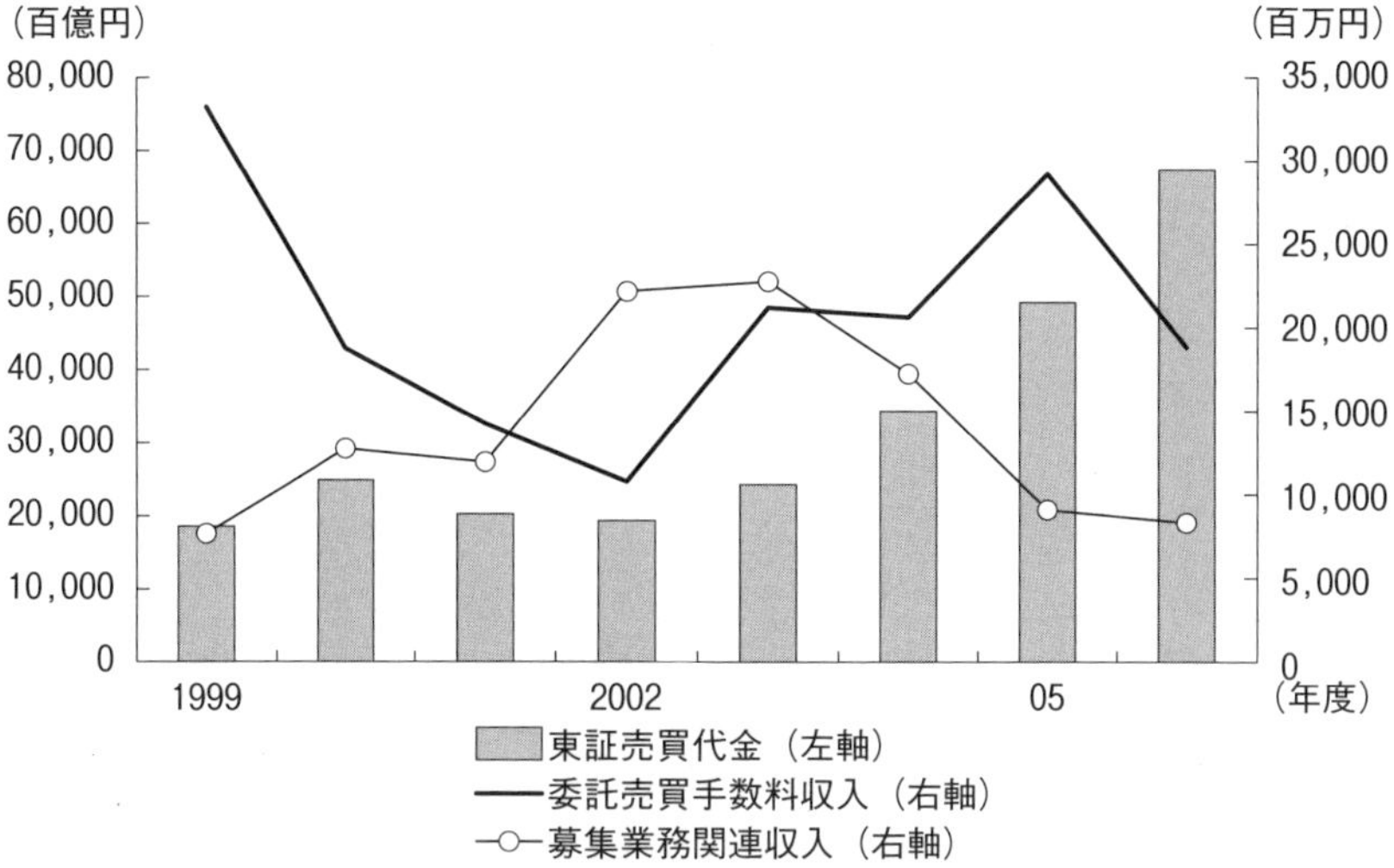

（出所）　日本経済新聞社［1979－2007］『東証統計月報』より作成。

与は株式より小さいので、株式の売買高が増えている過程では、証券会社は募集業務に消極的になるとされる（注64）。そこで、いざなみ景気前後の東証の売買代金と地方証券の委託手数料、募集関係収入の関係を図表16に示した。

図表16によれば、いざなぎ景気の開始とともに、地方証券全体では募集関連収入は低下している。ただ、図表17によって個別会社の推移を確認すると、各社で募集業務への対応には濃淡があり、ウツミ屋証券や丸福証券、新潟証券は相場上昇局面でも募集業務関連収入を積み上げており、着実にストックビジネスへと移行している業者もあった。

では、最近のアベノミクス下での募集業務はどうだろう。そこで、図表18に営業収益に占める募集関連収入の比率と経常利益の関係を示した。図表18はデータが2015年以降に限定されるが、一部例外もみられるものの（注65）、おおむね募集関連収入と経常利益には正の相関がみられる。

また、既存業者でも一部の会社は、募集関連収入が営業収益の50%以上を占めており、これらの会社では着実にストックビジネスへの移行が進んでいることがわかる。加えて注目されるのは、従来、株式ブローカー業務を主としてきた業者

図表17　東証売買代金と地方証券の募集関係収入の推移

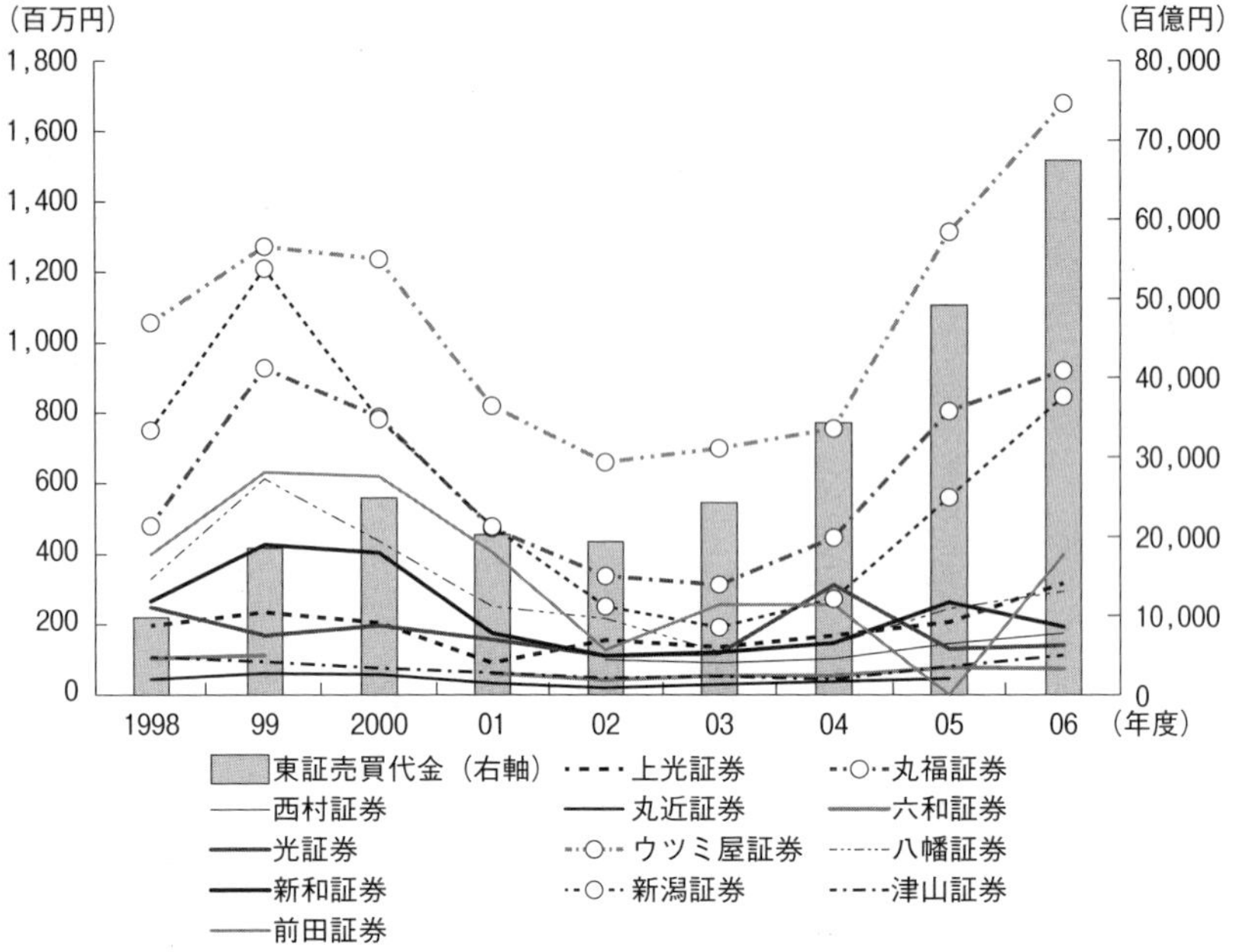

（出所）　日本経済新聞社［1979－2007］『東証統計月報』より作成。

図表18　2015年以降の募集収入比率と経常利益

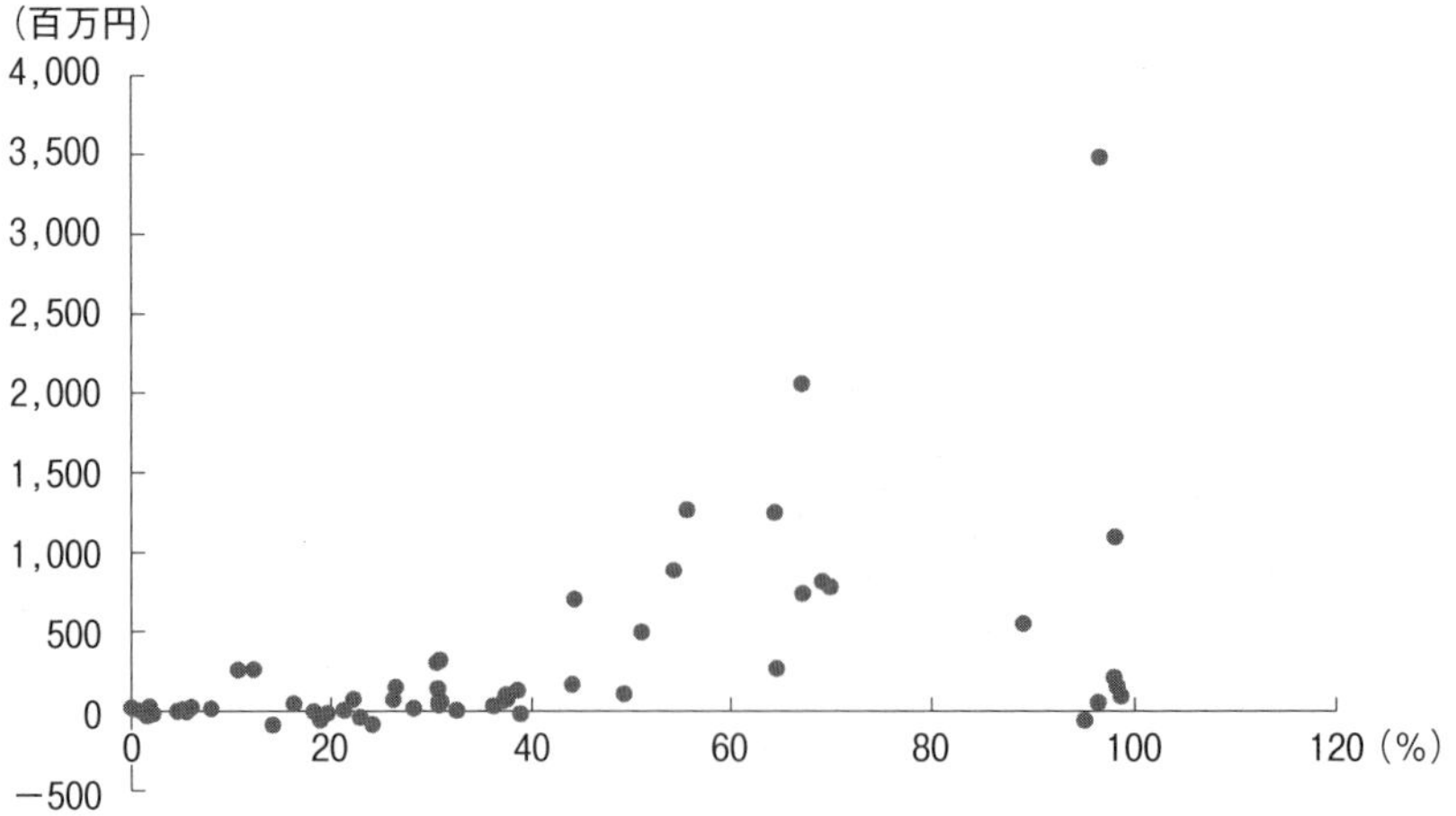

（出所）　各社「業務及び財産の状況に関する説明書」『東証統計月報』より作成。

でも、募集関係収入が経常利益の30％以上を占める会社が、増えてきていることである（注66）。これらの会社では、募集関連業務で安定的に収益をあげながら、株式ブローカー業務で収益の上乗せを目指しているといえよう。

7 むすびにかえて

地方証券は戦後、個人投資家に対する株式ブローカー業務を中心に収益をあげてきた。しかし、金融制度改革や金融ビッグバンによる異業種からの参入や、それに伴う委託手数料の引き下げにより、主たる顧客の流出が始まった。その結果、株式ブローカー業務への高い依存は営業収益の低下を招き、生残りが困難になっている。

こうした経営環境の変化に対し、地方証券がとった戦略は自己売買に注力する会社と、募集業務に注力する会社に大別された。前者は東証会員権を持つ業者にみられた特徴である。バブル崩壊後、株式ブローカー業務が低迷すると、東証会員業者は日計り商いや裁定取引に方途をみつけた。ところが、２０１０年に東証がアローヘッドを稼働させると、自己売買での収益獲得は困難になり、自己売買への比重を一気に低下させている。

他方、後者は従前から募集業務に注力していた会社を中心に、ストックビジネスへの移行を本格化させている。募集業務は預り資産に応じて収益を確保できるため、市況に左右されず安定的な収益が期待できる。そして、募集関連収入と経常利益には正の相関もみられた。したがって、委託手数料自由化後、従来は株式ブローカー業務を中心にしていた地方証券でも、募集業務への注力を始めるケースも散見されるようになった。

ただ、募集業務の競争も激化している。その理由は新たな参加者の参入が始まっているためである。その一つは顧客の資産、負債のポートフォリオを把握している地方銀行であり、もう一つがこれまでアクティブトレーダー向けに、格安手数料を提示して株式ブローカー業務で収益を拡大してきたネット証券である。前者は預貸率の悪化や相続に伴う金融資産の流出に備え、資産形成サービスを本格化し、相次いで証券子会社を設立している。後者は新たな顧客層の獲得をねらって、投資信託の販売を積極化させている。つまり、募集業務に活路を見出した地方証券も、顧客情報を豊富に持つ地方銀行と、格安手数料を武器にしたネット証券に挟撃され、顧客に対するなんらかの付加価値の提供が求められているのである。

それを考えるキーワードが、そもそも証券業が顧客に提供している価値とは何かではないだろうか。金融機関は情報の非対称性を軽減、緩和することが、顧客に提供する価値である。個人投資家に対しては、資産運用のアドバイスを通じて、顧客の資産形成を手助けすることであり、法人取引では資金調達やM＆Aなどを通じた企業規模の拡大を支援することである。

アメリカの地方証券では、エドワード・ジョーンズのように小規模店舗で稠密な店舗網を構築する会社もあれば、会社自体がＲＩＡに転身する会社もみられる。これらに共通する特徴は、顧客に寄り添い、資産運用の伴走者として、顧客本位に立った質の高いアドバイスを提供しようとしているところにある。

最近、こうした資産運用アドバイスには、ネット証券やフィンテック企業もロボットアドバイザーを用いて参入してきており、今後さらに激しい競争が予想される。したがって、地方証券がこうした競争に打ち勝つには、それぞれの外務員のアドバイスの質や専門性を高めていくことはいうまでもない。それに加えて、アメリカでもみられるように、フィンテック企業と提携し、ロボットアドバイザーを補完的に使いながら、外務員が顧客に対するアドバイスを行うハイブリットモデルの導入も検討していく必要があろう。そして、何よりこうした質の高いアドバイスを顧客に提供することを通じて、顧客の資産形成を手助けし、預り資産を積み上げていくストックビジネスへの転換が必須である。ここにこそ地方証券の生き残る途があるのではないだろうか。

【注】

1 なお、東京、名古屋、大阪以外に本拠を置く中小証券を地方証券と定義したのは、これら三つの地域に所在する業者は、取引所の会員業者であることが多く、その場合ディーリングや同業者取引などが行えたが、その他の地域の業者に会員業者はほとんどなく、それらをほぼ行えなかったためである。

2 東海証券［1994］p.7

3 二上［1990］p.34－37に詳しい。

4 特に債券引受は、そもそも戦前から引受けに参加していたレギュラー9社で93％（大和証券、日興証券、野村證券、山一證券が各20％、日本勧業証券が5％、山叶証券、玉塚証券、角丸証券、大阪商事が各2％）を消化（日本勧業証券［1967］p.125－126）していた。また、三木純吉氏によれば、レギュラー9社以外の業者が引受団に入るためには、個別に発行会社と幹事会社の了解を得る必要があり、しかも引受団に入れても、0・2～0・3％しか割当てを受けられなかったとされる（大阪証券取引所［1958］p.16）。それに加え、債券引受に参加できる業者が限られたもう一つの理由は、当時採用されていた人為的低金利政策により、市場金利を無視して発行された債券が売れ残った場合、証券業者は、①逆鞘を計上して保有を継続するか、②途中売却して売却損を計上するかしかなく、それを穴埋めできる資本がなければ、参入は事実上困難だった。

5 戦前の店舗規制は、深見［2017］に詳しい。

6 仲買人は戦前から最低資本金規制や営業保証金が定められ、一定の資本が必要とされた。これに対し、現物商は自由営業の期間が長く、1938年の有価証券業取締法による免許制導入の際も最低資本金規制はなく、営業供託金も取引所仲買人の保証金に比べるとかなり低額であったため、少ない資本で営業が可能だった。

7 大手4社は1948年には債券の引受けに備えた増資をすませていた（大阪証券取引所［1960］p.28）。その後も営業資金調達のために増資を繰り返したのに対し、その他業者は1950年に最低資本金規制が導入されたことを契機として、規制をクリアできない業者の淘汰が始まった。

8 証券投資信託法7条2の1では、免許申請者の資本金額は5000万円と規定されていたが、内規で資本金2億円と決められていたとされる（山種証券［1984］p.269）。

9 共和証券［1989］p.95

10 二上［1990］p．41－42

11 日本証券経済研究所［1984］p．575、本書p．141、331、413、425

12 二上［1991］p．45

13 荘内証券［2014］p．19

14 本書p．340

15 本書p．643－646

16 丸福証券［2000］p．121

17 このほかにもヘタ株取引に手を出して、取引相手からの回収不能や登録取消となった業者と取引し、連鎖的に破綻したケースもみられた（千代田證券［1984］p．36－39）。

18 藤原［1956］によれば、中小証券業者の生残りには、①強固な顧客基盤の獲得か、②徹底した自己思惑、もしくは③強力な資金バックを得るしかないとし、①、②は成功が保証されないため、③を選択する業者が多かったとする。また、大手業者の系列下に入れば、売出株の仕入れが可能となることも、系列入りの判断材料になっていたようである。

19 深見、二上［2014a］p．108－109、公社債市場研究会編［2011］p．5－6

20 大量推奨販売では、投信やディーラー部門が特定銘柄を買い集めて株価をあおる一方、時期をみて手持ち証券を顧客に販売し、その後再びディーラー勘定でその銘柄を市場から買い集め、さらに株価を吊りあげた。この時の資金は、投資信託で預かった資金の一部をひも付きコールとして借り入れるわけだが、その担保に運用預りで顧客から預かった割引債を利用していたのであった。

21 東証の会員業者であれば、同業者取引や自己売買での収益獲得も期待できたが、地方取引所の会員業者は地方取引所の売買高が減少し、鞘取りや日計り商いのチャンスは以前より縮小していた。いわんや非会員業者は取次母店に注文を再委託するしかないため、採算面で厳しい状況が続いていた。

22 証券ジャパン［2015］p．83－84

23 証券ジャパン［2015］p．85

24 再委託手数料率は1958年以前は60％であった。その後、1958年に実質負担額が50％となった（再委託手数料は55％だが、実費戻しが5％を上限に認められた）。また、1960年には実質負担額は40％（再委託手数料率が50％、実費戻しは10％）となり、１９６９年には実費戻し上限の20％への引上げが行われ、実質負担額が30％となった。

25 日本協栄証券を介して重複上場銘柄の取引をした場合、その手数料は地方取引所への場口銭に加え、通信費などの実費を上乗せするだけですんだとされる（深見、二上［２０１７c］p．１２１－１２３、本書p．45－47、１７９－１８４）。

26 藤原［１９５６］p．３６１－３６２、大阪証券取引所［１９５８］p．24－25、本書p．２３６

27 当時、中小証券が歩合外務員依存を高めたことは、二上［１９９１］p．１０３に詳しい。

28 本書p．１３５、３３６、４６３－４６４、５９４－５９５、６６２－６６３

29 ウツミ屋証券［１９８１］p．9、丸福証券［２０００］p．１８１－１８２、大熊本証券［２００７］p．19－20、荘内証券［２０１４］p．25

30 伊牟田［１９７２］では、経常収支率を均衡させるため、手数料収入の減少にあわせて店舗、人員の合理化による経費削減の一方で、企業規模の大小を問わず、ブローカー業務を主体する業務構造への転換が進められたことを指摘している。

31 歩合外務員は売上げが収入に直結するため、売買回転の少ない募集商品を取扱うインセンティブが低く、高回転が期待できる株式営業に偏向する傾向があった。したがって、歩合依存度の高い業者は、信用供与などで歩合外務員の株式営業を支援したのであった。

32 ウツミ屋証券は「債券のウツミ屋」宣言をし、１９６５年からの10年間で債券の引受募集高が4億円から１１８億円に急拡大していた（本書p．４５６－４５７）。

33 出田信行氏によれば、証券恐慌後、電話債の買取業務で経営を維持した会社が全国に数多くあったとされる（本書p．６５２－６５５）。また、割引債で人件費や固定費のカバーを目指していた会社もみられた（本書p．１３３－１３７、３３５－３４０）。

34 システムの共同利用の代表例が名古屋での事例である。名古屋証券取引所正会員各社は、日本電子計算に委託し、大型計算機を共同利用していた（東海証券［１９９４］p．１１０－１１１）。

35 今村証券は独自の経営哲学を貫徹するため、１９７０年代からシステムの自社構築を続けているが、こうしたケースはまれなケースであった（本書p．２５３－２６０）。

36 小峰編［２０１１］p．70－74

37 二上［２０１５］p．81

38 『日経金融年報』の数値に関しては、1979～1988年までは9月期、1990年以降は3月期の数値を取り上げている。

39 東証会員業者の系列化は、銀行側は証券業務への橋頭堡の構築が、会員業者は単独では困難な引受免許の取得や総合証券化に加え、法人取引受注の足がかりや法人部門、国際部門への人材獲得なども期待できた。また、同時期に大手証券による中小証券の系列化も進められた。これは大手証券にとっては系列運用会社が組成した投信の販売チャネル拡大、中小証券には取扱商品の多様化が利点であった。

40 本書p.360－363、675－676

41 大手4社などと金融収支を比較したが、大手、準大手証券のそれには信用取引による収益に加え、保有有価証券の受取利息、配当金も含まれているのに対し、中小証券のそれはそのほぼすべてが信用取引による収益であるが、『日経金融情報』では内訳が明らかでないため、あえてこの数値を用いて比較している。

42 地方証券17社の信用取引開始基準が明らかではないが、中央証券のそれは1986年までは預り資産200万円以上であった。その後、1986年には300万円以上、1988年に700万円以上に改定し、1992年には350万円以上に再改定された。また、内外証券は1985年までは預り資産100万円以上であったが、その後、1986年に200万円に改定し、さらに1987年には500万円に再改定された。とはいえ、野村證券のそれよりはかなり緩めの設定であった（中央証券［1993］p.263、内外証券［1990］p.228、240）。

43 このことは、地方証券への聞取りでも信用取引枠の関係で、取次母店を複数持っていたことが語られており、そのことも傍証となろう（本書p.138、349－351、641－642、深見、二上［2018］p.91－92）。

44 大山日ノ丸証券の今井陸雄氏によれば、中国ファンド以降、証券会社に対するイメージが大きく変わり、それまで顧客は裏口から店内に入っていたが、表玄関から入れるようになり、また、女性顧客が増えたと話されている。加えて、NTT株の放出が証券投資に対するイメージを変えたと話されている（本書p.626）。

45 本書p.140－141

46 本書p.260－264、340－343、663－666

47 丸福証券［2000］p.339

48 1970年代中盤には、地方証券が募集業務に注力しようとしても、その玉が仕入れられないことがあった。そこで、日本証券業協会地区会長懇談会で、小規模業者も毎月一定額の国債を仕入れられるよう、国債委託販売団が結成された（ウツミ屋証券［1981］p．201）。

49 ここでの募集業務関連収入とは、債券の委託手数料、投信の募集手数料、債券のディーリング益、投信の代行手数料である。なお、『日経金融年報』には投信の代行手数料は明記されていないが、中小証券のその他収入はほぼすべてが投信の代行手数料であるため、その他収入を投信の代行手数料とした。

50 1991～1998年の営業数値が判明する、118社を対象としている。

51 ウツミ屋証券や永和証券は再委託手数料の節約のために東証会員権を取得したのに対し、丸近証券や香川証券、山形証券は東京支店の出店経費や会員権取得コストをふまえ、取次母店を介した取引発注を継続した（本書p．440－441、458－461、522－523、深見、二上［2017］p．100－109）。

52 この5社のうち会員権を取得していたのは、ウツミ屋証券、光証券、前田証券、丸福証券の4社であるが、これに東京に同系列の東京神栄証券を持っていた神栄石野証券は、実質的には会員業者であるため、東証会員業者に含めた。

53 1986年5月に規制が緩和され、中小証券でも専用ファンドの販売ができるようになった。ただし、専用投信の販売要件として、①ファンドの規模が50億円以上であること、②販売計画が従来の投信、債券の販売実績に鑑みて過大でないこと、③安定的に投信を販売する方針を持っていること、④独自性があること、が求められた。こうした専用投信は、1986年に25本、1987年には74本が組成され、設定額は1986年が1962億円、1987年は7655億円であった（投資信託協会［2002］p．183）。

54 本書p．681－682

55 本書p．221－223

56 本書p．260－264、340－343、663－665

57 本書p．665－666

58 本書p．140－141、343－346、615－618

59 バックオフィス業務を外部委託する目的は、管理部門の人員を営業部門に配置転換できることや、繁閑の差が大きい名義書換えなどの業務への人手の手当が不要となること、そして、オフィススペースの縮小による不動産賃貸料の節約が期待された。

60　ITバブルやいざなみ景気によって、日経平均株価が上昇していたこともその背景にあったと考えられる。
61　バブル崩壊後、中堅証券や中小証券は人件費を削減しつつ自己売買益を確保する目的で、歩合制の契約ディーラーを増やした（『日本経済新聞』1999年11月19日朝刊）。成功報酬型の歩合ディーラーは、利益を会社と分け合う一方で、損失はディーラーに負担させるケースが多く、歩合ディーラーを増やして自己売買益を確保しようとした会社が多かった。
62　深見、二上［2015］p. 89－96
63　深見、二上［2013］p. 16－19、本書p. 81－85、298－305、466－467、532－534、615－618、667－668、685－687
64　深見、二上［2014b］p. 104－106
65　募集関連収入比率が高いにもかかわらず、経常利益が少ない会社の多くは開業間もない地銀系証券が多く、その他はレセプト債問題で損失を計上した会社である。
66　本書p. 79－85、298－305、420－425、615－618、652－656

【参考文献】

有沢広巳監修［1978］『証券百年史』（日本経済新聞社）
伊牟田敏充［1972］「「証券恐慌」後の証券業経営」『証券経済』115号（日本証券経済研究所）
ウツミ屋証券［1981］『ウツミ屋証券30年史』
大蔵省証券局年報編集委員会［1965］『大蔵省証券局年報　第3回　昭和40年版』
大蔵省証券局年報編集委員会［1977］『大蔵省証券局年報　第15回　昭和52年版』
大蔵省理財局証券年報編集委員会［1964］『理財局証券年報　第2回　昭和39年版』
大阪証券取引所［1958］「わが国証券市場の構造を語る（三）」『インベストメント』第11巻第3号
大阪証券取引所［1960］「わが国証券市場の構造を語る（20）」『インベストメント』第13巻第7号
共和証券［1989］『共和証券五十年史』
公社債市場研究会編［2011］『戦後公社債市場の歴史を語る』（日本証券経済研究所）
小峰隆夫編［2011］『日本経済の記録　第2次石油危機への対応からバブル崩壊まで（1970年代～1996年）』（内

閣府経済社会総合研究所）
証券ジャパン［２０１５］『証券ジャパン70年史　ゆたかな未来へあなたとともに』
証券処理調整協議会編［１９５１］『ＳＣＬＣ業績誌』
荘内証券［２０１４］『荘内証券株式会社70年史　１９４４‐２０１４』
第一証券［１９６９］『三十年の歩み』
大熊本証券［２００７］『大熊本証券70年史』
中央証券［１９９３］『中央証券合併10年史』
千代田證券［１９８４］『千代田証券三十五年の歩み』
東海証券［１９９４］『東海證券五十年史』
東京証券業協会［１９５１］『東京証券業協会十年史』
東京証券業協会証券外史刊行委員会［１９７１］『証券外史』（東京証券業協会）
東京証券取引所［１９５５］『統計年報』証券臨時増刊
東京証券取引所［１９６１］『東証統計年報』
東京証券取引所［１９６５］『東証統計年報』
東京証券取引所［１９９７］『東証要覧』１９９７年版
投資信託協会［２００２］『投資信託50年史』
内外証券［１９９０］『内外証券百年史』
二上清［１９８３］「証券業経営の史的展開」『証券経済』第１４６号（日本証券経済研究所大阪研究所）
二上季代司［１９９０］『日本の証券会社経営―歴史・現状・課題―』（東洋経済新報社）
二上季代司［１９９１］「中小証券経営について」『証券経済』第１７５号（日本証券経済研究所大阪研究所）
二上季代司［２０１５］「わが国証券市場、証券業界の戦後70年」『彦根論叢』４０６号（滋賀大学経済学会）
日本勧業証券［１９６７］『日本勧業証券株式会社60年史』
日本銀行調査統計局「資金循環統計」
日本銀行金融機構局「貸出・預金動向」

日本経済新聞社［1962］『証券白書』昭和37年版
日本経済新聞社［1979－2007］『日経金融年報』各年版
日本証券業協会連合会［1972］『二十年史』
日本証券業協会［1998］『証券業報』4月
日本証券業協会［2000］「株式売買委託手数料実態調査」
日本証券経済研究所［1984］『日本証券史資料　戦後編』第4巻
日本証券経済研究所［2001］『日本証券史資料　戦前編』第2巻
野村證券［1976］『野村證券株式会社五十年史』
深見泰孝［2017］「戦時期の証券会社経営について―山一證券を中心に―」『証券経済研究』第97号（日本証券経済研究所）
深見泰孝、二上季代司［2012］「90年代金融制度改革の立役者に聞く―松野允彦氏証券史談―」『証券レビュー』第52巻第3号（日本証券経済研究所）
深見泰孝、二上季代司［2013］「地場証券界の重鎮が語る戦後証券史―木村茂氏証券史談（上）―」『証券レビュー』第53巻第9号（日本証券経済研究所）
深見泰孝、二上季代司［2014a］「「債券の大和」の歴史を語る―奥本英一朗氏証券史談（上）―」『証券レビュー』第54巻第2号（日本証券経済研究所）
深見泰孝、二上季代司［2014b］「兜町のリーダーに聞く―菊池廣之氏証券史談（下）―」『証券レビュー』第54巻第8号（日本証券経済研究所）
深見泰孝、二上季代司［2015］「兜町の重鎮に聞く―安陽太郎氏証券史談（下）―」『証券レビュー』第55巻第3号（日本証券経済研究所）
深見泰孝、二上季代司［2017］「大阪証券界の重鎮に聞く―片山通夫氏証券史談―」『証券レビュー』第57巻第8号（日本証券経済研究所）
深見泰孝、二上季代司［2018］「日興証券国内営業の歴史を語る―磯野久司氏証券史談―」『証券レビュー』第58巻第4号（日本証券経済研究所）

藤原信夫［1956］『証券白書』昭和31年度版、産業経済研究所
丸福証券［2000］『丸福証券百年史』
水戸証券［1971］『五十年史』
持株会社整理委員会編［1951］『日本財閥とその解体』
山一證券［1958］『山一證券史』
山種証券［1984］『山種証券五十史話』

別に集計し、10月以降は各都道府県別に集計している。

（単位：百万円）

1972年	1973年	1974年	1975年	1976年	1977年	1978年
602,115	443,044	346,920	357,800	519,285	471,676	828,475
62,563	49,857	42,628	60,840	74,649	70,471	114,987
25,192	21,384	17,219	18,525	53,016	52,136	93,392
281,171	223,482	142,923	184,386	258,952	198,740	340,046
97,951	70,940	56,262	71,384	115,405	95,988	155,811
110,260	76,095	62,957	69,523	93,171	91,069	163,376
173,269	159,346	117,806	122,814	193,131	162,785	261,489
224,319	189,460	158,813	178,022	261,045	251,549	418,955
230,768	191,564	165,319	188,888	278,478	236,630	371,842
328,931	256,744	216,326	224,006	313,232	271,006	471,049
362,405	307,848	277,628	302,424	441,870	426,130	715,663
491,712	421,426	407,149	441,291	656,136	582,913	1,012,449
18,604,477	13,577,659	10,268,753	12,554,696	19,266,803	17,990,112	28,051,866
1,384,983	1,116,469	879,892	1,026,874	1,558,788	1,239,119	1,987,526
489,375	378,745	302,566	339,499	471,142	430,160	728,254
109,103	89,794	68,761	97,415	151,582	126,634	203,715
227,123	180,270	153,911	169,904	241,153	211,215	360,137
340,553	288,718	226,681	237,389	378,380	299,589	431,179
956,008	707,247	557,981	645,470	951,042	774,164	1,171,051
2,652,016	2,049,539	1,637,425	1,826,687	2,664,383	2,359,626	3,602,299
400,415	340,517	261,527	277,329	383,470	349,308	489,668
382,515	300,879	227,012	242,948	338,666	300,120	447,719
237,021	192,983	144,386	168,913	231,213	188,390	299,297
239,826	198,289	139,412	160,166	241,675	191,719	332,359
94,876	84,305	62,026	66,886	96,707	79,609	135,064
995,681	844,508	631,169	734,009	1,093,761	899,040	1,463,145
7,764,905	6,051,919	4,449,346	4,950,646	6,499,226	5,865,238	8,917,040
1,738,067	1,400,152	1,042,605	1,149,414	1,729,157	1,433,694	2,263,629
313,406	245,772	195,607	215,993	271,107	240,734	357,904
399,947	356,172	262,898	269,008	375,922	303,954	476,313
91,245	85,249	66,729	70,754	108,071	83,534	139,907
90,733	68,120	55,621	56,456	75,953	64,180	97,685
488,683	404,366	311,001	338,935	430,867	365,395	605,291
800,458	642,259	517,960	539,542	828,780	724,375	1,164,070
306,550	236,206	191,871	182,277	264,079	232,265	360,987
182,348	155,464	123,750	139,867	200,260	175,079	294,071
308,712	279,103	188,858	211,884	293,602	232,628	367,035
288,228	238,854	189,599	215,878	306,136	250,922	357,991
109,400	90,393	66,345	82,165	143,586	114,025	178,674
895,450	681,241	539,552	636,585	991,740	864,156	1,311,659
56,885	42,125	35,698	42,071	62,541	59,477	101,934
156,619	122,699	90,540	106,115	158,127	127,298	199,333
155,775	112,432	86,347	99,601	162,665	137,672	210,502
103,595	82,322	63,539	71,014	107,750	100,047	170,629
67,501	49,579	41,060	56,958	82,322	73,741	128,589
96,608	80,168	60,754	72,592	109,231	84,907	134,596
7,415	8,585	9,681	14,864	15,129	13,829	21,642
44,527,160	34,194,293	26,162,811	30,290,706	44,543,386	39,897,046	62,510,292

【巻末資料】

都道府県別株式売買代金の推移（1966〜1980年）

※表中の数値は、各協会所属協会員の委託注文（売りおよび買い）の合計売買代金である。
※1968年の数値は、１～９月は北海道、東京、名古屋、京都、大阪、神戸、広島、九州の各協会

都道府県	1966年	1967年	1968年	1969年	1970年	1971年
北海道	8,305	6,820	66,205	360,165	190,751	349,332
青森			7,044	46,478	25,363	35,482
岩手			2,020	9,875	5,310	15,467
宮城			24,440	150,301	90,099	149,535
秋田			10,584	60,218	33,123	53,226
山形			6,392	39,856	23,727	67,928
福島			16,522	102,118	65,012	110,582
茨城			17,812	116,532	75,868	137,412
栃木			16,326	99,490	68,566	141,963
群馬			32,651	187,132	110,552	194,050
埼玉			15,876	105,447	88,744	215,056
千葉			29,726	190,437	131,479	279,196
東京	6,092,540	5,192,617	9,465,330	9,577,369	6,557,046	10,275,771
神奈川			100,808	656,326	425,080	793,199
新潟	22,671	15,642	59,442	261,096	151,240	336,483
山梨			7,702	51,894	32,579	71,811
長野			11,400	79,221	40,999	131,913
岐阜			29,622	195,135	104,879	204,101
静岡			93,113	621,561	345,785	615,051
愛知			283,598	1,738,259	1,023,825	1,788,164
名古屋	320,657	349,762	398,724			
三重			33,008	182,499	123,195	234,781
富山			26,617	169,761	106,860	237,178
石川			15,535	99,337	61,202	132,758
福井			17,066	123,571	75,038	154,803
滋賀			5,227	28,505	21,365	65,116
京都	64,788	80,603	131,164	613,284	377,943	646,195
大阪	1,992,892	1,757,789	3,125,475	3,938,310	2,434,158	4,546,046
兵庫			143,960	910,862	540,778	1,026,310
神戸	52,289	27,547	55,401			
奈良			23,684	201,278	122,915	205,603
和歌山			33,713	229,832	142,047	294,637
鳥取			3,557	24,430	13,518	53,632
島根			7,733	58,555	30,370	57,155
岡山			39,599	235,054	159,565	279,605
広島	52,773	28,833	119,496	457,098	280,618	505,260
山口			27,435	159,419	99,221	197,268
徳島			16,625	117,244	64,923	121,082
香川			25,108	150,308	90,196	184,744
愛媛			24,891	161,543	94,651	193,419
高知			13,453	76,769	42,287	62,456
九州	22,314	16,690	19,114			
福岡			96,554	592,734	336,500	545,277
佐賀			7,393	45,756	23,501	45,849
長崎			15,099	90,962	53,938	107,343
熊本			15,168	80,941	52,711	93,856
大分			7,003	40,803	30,635	52,776
宮崎			4,004	31,723	18,188	30,794
鹿児島			9,143	56,697	31,252	56,526
沖縄						
合計	8,629,227	7,476,303	14,757,565	23,526,184	15,017,608	26,096,191

単位：百万円)

1984年	1985年
1,414,387	1,661,221
248,817	283,168
245,940	271,565
588,506	722,834
196,419	198,352
278,807	297,233
528,166	571,004
669,871	715,305
689,597	702,523
805,492	907,274
1,660,570	1,859,488
2,026,780	2,356,800
70,305,881	81,534,201
3,720,680	3,851,534
1,340,895	1,400,714
424,697	412,750
723,659	778,217
876,847	935,548
2,371,236	2,368,145
6,668,473	7,042,424
953,219	1,026,232
985,676	899,588
575,825	616,837
546,050	541,271
409,218	416,489
2,679,948	2,643,851
17,539,438	18,926,829
4,103,830	4,233,410
706,175	736,638
940,595	966,003
281,847	284,349
211,272	184,388
1,285,361	1,268,608
2,013,307	1,980,050
664,804	698,617
490,904	463,354
641,235	684,927
710,811	794,083
300,525	311,344
2,477,218	2,616,381
214,558	206,293
377,468	350,563
472,095	564,072
347,263	327,718
267,155	265,870
341,915	348,672
74,790	109,928
136,398,220	151,336,662

都道府県別株式売買代金の推移（1981〜1985年）

※表中の数値は、各協会所属協会員の委託注文（売りおよび買い）の合計売買代金である。

都道府県	1979年	1980年	1981年	1982年	1983年
北海道	863,061	795,579	1,114,579	718,093	1,127,845
青森	150,488	125,299	198,239	120,283	182,505
岩手	106,154	90,831	172,813	106,527	165,650
宮城	363,665	323,006	522,942	329,175	510,554
秋田	136,864	116,543	174,339	141,820	187,843
山形	209,855	180,651	238,499	145,362	214,250
福島	280,471	274,938	376,264	261,197	423,278
茨城	422,540	407,621	512,681	349,014	556,291
栃木	385,860	365,713	452,170	346,957	576,164
群馬	458,005	451,364	559,296	386,296	643,341
埼玉	740,239	812,546	995,680	764,821	1,284,945
千葉	1,154,764	1,161,499	1,304,389	970,770	1,610,113
東京	28,229,882	29,994,172	40,568,351	30,992,410	51,748,552
神奈川	2,023,937	1,933,443	2,690,640	1,951,958	3,029,072
新潟	695,532	737,575	925,580	695,703	1,054,707
山梨	208,533	204,649	260,046	203,475	338,670
長野	381,803	372,850	519,920	376,571	567,984
岐阜	483,501	464,661	689,355	451,112	740,095
静岡	1,197,474	1,132,941	1,565,090	1,107,132	1,819,618
愛知	3,668,002	3,622,411	4,946,949	3,227,231	5,206,604
名古屋					
三重	491,368	511,116	610,728	474,327	819,433
富山	467,068	473,017	628,107	484,136	819,661
石川	338,486	325,869	415,696	296,722	463,779
福井	351,646	320,392	408,417	274,499	472,159
滋賀	129,866	137,498	219,999	170,228	307,267
京都	1,527,049	1,323,356	1,752,068	1,318,769	2,145,016
大阪	8,473,407	8,563,943	11,046,606	8,042,839	13,308,048
兵庫	2,015,979	2,005,464	2,692,687	1,902,568	3,120,913
神戸					
奈良	370,199	386,963	542,715	369,027	570,249
和歌山	459,189	447,991	589,554	431,333	710,074
鳥取	149,324	138,383	206,065	142,713	227,835
島根	120,214	103,200	114,207	85,717	144,327
岡山	609,549	585,796	776,631	532,936	934,721
広島	1,235,155	1,091,621	1,401,058	992,615	1,562,337
山口	422,108	387,596	447,758	318,394	529,377
徳島	306,188	276,397	382,336	251,557	400,327
香川	338,017	329,252	455,733	330,532	553,462
愛媛	351,561	337,566	495,131	329,548	513,949
高知	205,352	199,093	284,161	195,571	271,531
九州					
福岡	1,345,921	1,278,242	1,694,429	1,216,830	1,917,046
佐賀	89,671	89,660	112,168	95,402	161,723
長崎	216,914	190,639	268,059	191,968	287,126
熊本	252,449	223,064	287,264	227,248	367,435
大分	173,053	179,098	268,794	207,638	292,487
宮崎	129,180	130,340	185,187	125,286	196,706
鹿児島	158,244	146,617	245,393	186,102	271,603
沖縄	26,032	28,000	34,934	37,185	49,869
合計	62,913,820	63,778,464	85,353,705	62,877,596	103,406,541

（単位：百万円）

1990年		1991年		1992年		1993年		1994年	
売買代金	(A)	売買代金	(A)	売買代金	(A)	売買代金	(A)	売買代金	(A)
2,612,581	29.9%	1,418,738	39.9%	646,282	41.4%	904,494	30.4%	1,031,837	20.8%
339,916	31.6%	193,112	32.7%	94,597	37.7%	156,034	31.7%	159,781	32.1%
404,700	28.4%	205,721	44.3%	77,998	35.8%	126,982	33.6%	118,673	38.4%
1,386,484	29.3%	704,060	42.0%	292,016	44.1%	442,772	34.7%	427,260	26.4%
309,189	30.4%	147,150	32.9%	59,323	29.0%	111,016	20.1%	97,326	21.8%
565,173	24.8%	250,270	30.5%	121,782	24.5%	179,972	26.4%	173,127	26.1%
893,375	32.1%	515,117	40.4%	221,628	43.7%	366,205	36.0%	331,863	31.3%
1,431,051	36.7%	913,360	48.5%	474,117	49.9%	683,897	41.8%	627,642	34.7%
1,448,337	35.9%	874,642	47.9%	427,347	52.4%	592,837	41.2%	708,207	28.3%
1,646,843	35.1%	943,717	43.7%	420,486	41.2%	659,560	34.5%	641,147	31.8%
4,597,768	40.9%	2,805,785	53.1%	1,282,694	51.7%	1,934,558	44.3%	1,728,949	39.1%
4,716,849	40.7%	2,903,571	52.1%	1,392,637	53.2%	1,848,855	41.7%	1,705,235	38.7%
264,747,236	12.8%	157,601,401	14.0%	88,949,463	11.0%	119,715,883	8.9%	136,547,524	6.5%
8,014,851	39.8%	4,450,956	48.5%	1,951,782	45.0%	3,101,608	38.7%	2,844,885	34.0%
2,285,122	31.1%	1,317,585	44.5%	635,944	41.2%	957,076	39.3%	986,132	36.6%
633,083	35.6%	402,515	49.8%	190,724	49.2%	295,551	39.6%	280,419	32.0%
1,423,471	34.4%	867,365	43.5%	438,245	47.5%	626,738	43.0%	577,734	40.5%
1,763,466	36.4%	923,557	46.8%	462,303	44.8%	645,118	39.7%	602,899	36.4%
4,022,617	36.8%	2,317,116	48.4%	1,052,526	46.1%	1,531,606	37.8%	1,536,293	32.4%
12,595,116	35.4%	7,044,676	48.9%	3,662,309	44.9%	5,068,842	37.7%	5,281,943	31.4%
1,609,757	38.9%	994,425	51.7%	489,659	49.5%	710,353	42.5%	693,410	36.5%
1,580,794	36.4%	978,369	45.8%	470,031	44.1%	617,321	41.2%	573,870	35.0%
970,892	37.5%	575,309	48.9%	289,819	44.4%	414,715	41.6%	380,250	36.1%
913,868	36.4%	561,678	46.6%	256,163	47.0%	361,195	42.9%	329,753	40.5%
684,267	40.5%	416,761	48.2%	202,140	54.4%	261,014	46.0%	236,558	39.7%
5,420,365	35.2%	3,084,602	47.1%	1,423,473	45.9%	1,848,212	39.3%	1,724,819	35.0%
36,636,565	34.5%	20,341,504	44.8%	9,561,256	40.5%	12,756,606	32.6%	12,473,934	27.2%
7,232,787	36.1%	4,289,436	48.5%	1,862,063	49.5%	2,638,354	41.7%	2,572,864	35.6%
1,357,231	34.1%	766,104	46.3%	357,162	45.9%	556,707	39.7%	549,463	37.0%
1,300,932	40.1%	840,326	50.2%	403,026	53.5%	629,415	46.6%	576,716	40.4%
392,639	34.7%	220,071	48.6%	115,033	42.6%	165,668	40.7%	143,602	35.8%
296,401	34.1%	180,788	45.0%	72,056	42.9%	113,997	37.5%	115,677	39.2%
2,143,477	30.6%	1,271,744	42.6%	571,936	47.9%	863,104	38.7%	819,965	35.0%
3,408,545	31.2%	2,014,783	39.9%	918,371	39.0%	1,236,544	32.6%	1,161,930	31.1%
985,038	33.6%	608,544	46.6%	272,448	41.8%	408,828	38.3%	424,752	34.0%
790,239	38.1%	458,841	51.6%	244,113	47.8%	344,132	45.1%	300,274	46.4%
1,407,608	34.3%	743,756	42.6%	377,170	41.3%	559,324	34.4%	494,344	32.1%
1,144,363	38.3%	658,516	48.1%	361,028	42.1%	470,951	34.9%	421,465	31.0%
499,172	31.4%	289,534	40.0%	139,334	36.8%	204,234	32.6%	193,901	29.0%
4,328,522	28.5%	2,280,063	42.4%	1,136,886	45.2%	1,580,975	38.4%	1,578,506	34.3%
286,018	28.7%	175,714	35.4%	78,936	29.8%	112,296	29.2%	100,553	25.2%
543,062	34.2%	341,633	43.4%	192,285	43.0%	262,550	34.4%	236,618	30.6%
1,013,372	32.6%	491,114	37.4%	225,558	37.2%	354,844	28.5%	329,174	22.4%
494,417	22.1%	291,926	37.8%	137,509	37.3%	199,220	28.5%	197,664	27.7%
315,998	25.2%	194,181	41.3%	82,332	32.4%	136,397	34.0%	122,302	29.0%
605,968	30.5%	365,824	43.4%	182,243	34.6%	222,226	34.4%	207,199	26.9%
418,845	29.9%	291,015	47.1%	140,797	49.3%	170,562	38.1%	142,992	34.3%
392,618,070	20.1%	230,526,975	24.2%	123,417,030	20.3%	168,149,348	17.0%	183,511,431	13.0%

都道府県別株式売買代金の推移（1986年～1994年）

※表中の数値は、各協会所属協会員の委託注文（売りおよび買い）の合計売買代金である。
※表中の(A)は、各協会所属協会員の委託注文の売買代金に占める信用取引の比率である。

都道府県	1986年		1987年		1988年		1989年	
	売買代金	(A)	売買代金	(A)	売買代金	(A)	売買代金	(A)
北海道	3,437,207	26.7%	4,251,929	22.0%	4,408,147	25.4%	4,490,628	23.3%
青森	501,962	26.5%	583,174	19.7%	535,667	24.7%	630,647	22.7%
岩手	549,981	26.0%	695,774	22.9%	661,643	25.7%	680,601	24.3%
宮城	1,522,080	34.7%	2,046,116	29.0%	1,958,509	34.4%	2,131,136	30.3%
秋田	402,607	40.5%	572,031	34.4%	547,503	26.9%	597,463	22.0%
山形	608,297	19.6%	860,608	18.5%	909,149	18.2%	1,049,737	15.7%
福島	1,043,822	30.7%	1,263,080	23.7%	1,326,792	32.4%	1,446,467	28.0%
茨城	1,317,195	27.6%	1,863,635	26.0%	1,850,629	33.5%	2,361,639	30.0%
栃木	1,203,702	32.9%	1,941,942	29.1%	2,084,837	35.3%	2,392,538	28.6%
群馬	1,763,422	28.9%	2,485,113	24.1%	2,392,233	29.7%	2,625,052	28.3%
埼玉	3,455,392	36.3%	5,456,889	30.9%	6,333,229	39.0%	7,336,104	34.2%
千葉	3,943,088	35.6%	6,148,171	30.4%	6,434,381	37.9%	7,572,990	33.5%
東京	162,474,351	16.5%	288,807,412	13.2%	324,635,798	16.8%	407,669,135	12.5%
神奈川	7,321,185	32.0%	10,952,728	29.0%	11,542,968	38.6%	13,332,633	35.7%
新潟	2,320,192	37.7%	3,248,810	29.7%	3,336,657	35.6%	3,935,046	30.4%
山梨	769,606	32.7%	1,046,672	24.9%	953,648	34.4%	1,111,268	31.4%
長野	1,459,397	31.8%	1,911,677	26.2%	1,954,335	34.5%	2,332,988	31.5%
岐阜	1,660,877	39.1%	2,241,914	29.9%	2,215,839	32.6%	2,965,716	30.9%
静岡	4,159,860	30.7%	5,688,185	26.0%	6,134,700	32.7%	6,937,135	30.1%
愛知	12,363,830	31.9%	18,039,893	27.8%	17,928,741	33.9%	20,699,669	30.3%
三重	1,791,531	33.0%	2,485,513	28.2%	2,470,162	33.9%	2,667,180	31.7%
富山	1,548,601	30.8%	2,379,041	23.3%	2,402,454	24.6%	2,693,419	27.2%
石川	1,245,663	34.5%	1,424,032	29.3%	1,403,781	34.7%	1,570,790	30.4%
福井	956,623	39.0%	1,377,610	31.7%	1,348,619	36.4%	1,507,495	33.1%
滋賀	689,002	38.2%	952,561	30.9%	1,001,113	40.1%	1,119,565	33.9%
京都	4,874,954	32.7%	7,129,438	27.4%	7,539,360	32.3%	8,448,342	30.7%
大阪	35,318,951	36.3%	51,100,972	29.6%	53,170,067	35.1%	60,992,217	29.1%
兵庫	7,355,740	32.9%	10,381,849	30.3%	10,856,935	34.5%	12,036,136	30.4%
奈良	1,244,625	39.1%	1,753,037	29.5%	1,837,216	34.5%	2,194,747	30.1%
和歌山	1,707,180	39.8%	2,137,805	33.3%	1,983,525	37.9%	2,131,427	33.1%
鳥取	517,965	26.9%	731,891	22.2%	660,231	37.6%	685,900	33.8%
島根	309,369	30.1%	370,526	25.9%	384,606	35.4%	407,288	30.3%
岡山	2,125,751	28.3%	2,817,945	24.5%	2,853,782	28.2%	3,295,550	24.4%
広島	3,226,853	34.1%	4,501,684	27.0%	4,749,411	31.4%	5,669,411	27.3%
山口	1,145,368	35.4%	1,492,018	28.4%	1,529,303	32.0%	1,769,323	28.4%
徳島	787,755	34.1%	1,274,381	25.5%	965,056	32.9%	1,158,686	29.5%
香川	1,202,637	32.0%	1,636,283	27.3%	2,200,116	46.2%	2,520,277	36.2%
愛媛	1,455,685	30.1%	1,841,724	23.3%	1,848,796	30.7%	1,911,318	31.8%
高知	519,400	28.5%	761,251	18.7%	655,608	26.9%	769,870	25.3%
福岡	4,444,560	30.9%	5,481,386	24.9%	5,605,980	31.4%	7,314,833	27.3%
佐賀	372,476	21.8%	481,773	21.1%	432,107	27.7%	451,268	24.1%
長崎	583,053	30.7%	761,821	25.6%	761,624	31.8%	917,817	31.6%
熊本	915,257	29.7%	1,264,087	21.2%	1,367,928	27.1%	1,792,309	28.6%
大分	600,997	27.0%	789,093	22.1%	740,031	22.8%	742,989	19.5%
宮崎	401,815	30.3%	482,892	24.1%	459,995	26.1%	549,286	24.2%
鹿児島	514,514	28.3%	755,894	20.5%	779,444	27.6%	936,466	26.3%
沖縄	183,713	30.1%	350,670	21.9%	447,369	32.2%	619,448	28.1%
合計	288,318,088	23.9%	467,022,935	18.8%	508,600,023	23.1%	619,171,949	18.5%

（単位：百万円）

1999年	
売買代金	(A)
1,629,179	35.5%
472,609	54.3%
261,752	36.6%
849,669	32.7%
242,043	35.8%
488,456	47.7%
709,323	35.5%
1,636,032	28.7%
1,552,121	34.1%
1,373,021	36.0%
3,758,281	35.7%
3,776,645	34.2%
235,946,723	8.7%
6,352,829	31.6%
1,585,099	41.8%
618,237	35.6%
1,601,452	54.1%
1,331,110	43.5%
3,356,894	35.2%
8,869,453	37.2%
1,531,871	44.1%
1,152,614	41.9%
867,103	37.4%
753,028	45.5%
583,132	34.8%
3,725,307	39.5%
19,744,648	34.4%
5,598,814	36.9%
1,286,593	35.9%
913,268	35.5%
395,056	47.4%
240,293	36.7%
1,873,358	32.6%
2,463,835	36.3%
1,021,628	40.4%
610,279	31.2%
1,129,843	40.7%
1,018,740	35.3%
482,065	33.9%
3,190,704	33.2%
273,942	33.1%
423,532	29.0%
615,922	35.0%
414,278	28.2%
281,230	32.5%
459,029	31.7%
215,949	40.0%
327,676,989	16.4%

都道府県別株式売買代金の推移（1995年～1999年）

※表中の数値は、各協会所属協会員の委託注文（売りおよび買い）の合計売買代金である。
※表中の(A)は、各協会所属協会員の委託注文の売買代金に占める信用取引の比率である。

都道府県	1995年		1996年		1997年		1998年	
	売買代金	(A)	売買代金	(A)	売買代金	(A)	売買代金	(A)
北海道	970,427	24.2%	1,049,179	24.0%	901,022	23.0%	522,057	23.6%
青森	157,294	40.4%	167,888	34.0%	134,498	33.9%	144,286	26.7%
岩手	119,281	34.7%	135,741	35.9%	107,553	36.0%	66,317	20.3%
宮城	444,665	30.1%	439,082	30.8%	309,246	34.6%	257,177	33.1%
秋田	118,888	24.6%	135,953	27.0%	104,972	31.4%	63,388	21.1%
山形	162,910	39.2%	191,457	28.1%	133,514	34.5%	131,126	29.4%
福島	341,762	35.8%	382,107	37.0%	276,247	35.6%	211,617	37.7%
茨城	696,678	35.7%	891,600	30.2%	654,257	28.1%	433,547	28.7%
栃木	707,354	30.9%	721,981	33.5%	846,651	16.8%	364,471	31.3%
群馬	676,088	29.0%	739,064	32.8%	506,856	30.8%	399,430	30.7%
埼玉	1,722,994	43.0%	1,913,655	39.4%	1,310,228	37.8%	990,303	37.7%
千葉	1,824,014	39.1%	2,498,432	33.7%	1,336,382	35.5%	967,888	34.2%
東京	130,342,122	7.0%	151,945,936	6.8%	167,239,897	4.4%	140,110,596	4.5%
神奈川	2,938,541	35.7%	3,519,383	32.0%	2,798,621	27.1%	1,589,868	31.2%
新潟	854,465	42.8%	1,050,620	36.4%	671,664	41.0%	575,090	38.6%
山梨	303,531	35.9%	343,974	34.2%	190,204	29.0%	181,789	21.3%
長野	612,920	47.0%	705,056	47.2%	494,363	44.9%	455,994	42.0%
岐阜	599,233	41.2%	797,272	36.1%	545,800	35.5%	517,650	31.9%
静岡	1,427,339	35.9%	1,712,328	34.6%	1,135,299	36.0%	936,449	31.7%
愛知	4,694,192	37.8%	6,448,838	29.2%	5,412,126	23.9%	3,944,654	26.0%
三重	709,976	41.2%	815,204	36.4%	555,084	38.7%	484,431	40.2%
富山	623,460	36.4%	689,554	40.8%	527,096	34.5%	406,799	36.6%
石川	394,521	37.8%	460,832	37.3%	310,833	33.2%	265,176	30.6%
福井	335,631	35.4%	365,426	39.8%	267,685	34.1%	198,127	39.4%
滋賀	272,562	47.0%	315,992	42.3%	232,260	33.9%	157,572	34.0%
京都	1,714,740	34.4%	2,229,285	33.2%	1,692,948	34.5%	1,258,961	31.0%
大阪	12,967,376	29.8%	14,677,650	30.7%	11,384,281	23.5%	8,315,881	25.4%
兵庫	2,262,496	40.0%	2,842,986	37.8%	1,951,499	36.8%	1,530,268	36.9%
奈良	533,272	39.0%	800,314	30.1%	454,946	34.5%	441,669	31.8%
和歌山	610,918	36.2%	687,922	33.7%	546,053	28.0%	289,685	34.5%
鳥取	144,222	38.8%	173,839	37.2%	133,706	45.4%	100,128	41.4%
島根	118,113	39.3%	134,086	37.2%	87,834	33.6%	74,573	32.2%
岡山	854,610	36.1%	935,261	41.6%	599,897	36.7%	433,852	34.1%
広島	1,287,246	35.6%	1,444,358	30.6%	829,228	29.2%	647,203	33.7%
山口	444,150	38.3%	497,832	34.4%	320,055	31.0%	277,358	29.0%
徳島	295,431	47.2%	350,710	43.8%	250,258	37.6%	205,391	35.6%
香川	474,133	35.2%	526,440	36.0%	389,215	34.4%	340,180	28.8%
愛媛	425,347	36.0%	496,735	33.5%	369,840	31.9%	307,593	30.7%
高知	206,229	30.9%	227,451	32.6%	181,460	30.3%	155,961	23.5%
福岡	1,576,937	36.9%	1,821,043	35.4%	1,256,057	35.3%	940,446	31.9%
佐賀	116,852	29.6%	133,721	29.7%	88,385	28.5%	66,429	23.9%
長崎	234,763	33.9%	240,413	30.7%	152,353	32.4%	123,385	27.6%
熊本	310,662	25.8%	352,628	24.2%	228,423	31.1%	186,260	30.2%
大分	196,107	33.7%	222,330	33.6%	150,357	34.0%	106,835	28.6%
宮崎	134,347	35.0%	176,715	36.8%	97,903	24.8%	82,766	16.3%
鹿児島	216,658	30.0%	235,112	26.5%	173,398	41.4%	187,831	37.0%
沖縄	152,212	43.8%	157,979	42.3%	110,086	40.2%	90,179	48.2%
合計	177,327,669	14.4%	207,801,364	13.8%	208,450,540	9.3%	170,538,636	9.0%

地方証券史
——オーラルヒストリーで学ぶ地方証券のビジネスモデル

2019年 8 月14日　第 1 刷発行

企画・監修者　公益財団法人 日本証券経済研究所
編　著　者　深見　泰孝　・　二上　季代司
発　行　者　加藤　一浩

〒160-8520　東京都新宿区南元町19
発　行　所　一般社団法人 金融財政事情研究会
企画・制作・販売　株式会社 き　ん　ざ　い
出 版 部　TEL 03(3355)2251　FAX 03(3357)7416
販売受付　TEL 03(3358)2891　FAX 03(3358)0037
URL https://www.kinzai.jp/

校正：株式会社友人社／印刷：株式会社太平印刷社

ISBN978-4-322-13467-4